清代史

孟森・原著

吳相湘・校讀　蔡登山・主編

孟森先生遺著

清代史

胡適敬題

孟心史先生遺像

海寧陳家

孟森

清談官閥侈遭遇者，無不知海寧陳家。其見之紀載，出自王士禛者，近光錄有詩曰陳崇禮名見時詢以家世，崇禮以係武進籍對，若時資科甚盛，陳奏乃陳元龍、陳世倌之宗。乾隆六元出巡，四回南巡海寧陳家，世道攜說送達陳氏安瀾園，清河為乾門，許若入山，事見宗譜，從此其元浦所齋隆記，所以海寧陳家之名，日上日隆，中業以前，且證於朝野，已累至三品大官，其辭以稱之，而可謂盛一名詞，無諛用以標題，亦為一時流行之語也。

此傳海寧陳家之隆，乃至載代有帝一，實甚，寄於所聞。或謂係明祖，或謂係高宗，而是四方傳言，然以指目高宗者為多。蓋高宗南巡四至海寧陳氏之安瀾園，而陳之宅有堂扁曰愛日堂，為御書文[illegible]有一扁曰春暉堂，亦御書。皆以帝王賜題而用人子事父母語意，此皆帝出乎陳之所本也。當清季上自搢紳下逮婦孺，莫不知海寧陳家子有一人為帝之說，而以為清謝滿族，滿為胡虜，其實乾嘉福澤最由漢族旁移其祚，乃有此光昌之運。是說也，尤為漢人所樂道，以眾口一詞，牢不可破。今為一一分析言之。

其以聖祖為陳氏子者，謂世祖年二十四而崩，或云其子皆不育，急欲抱他人子自飾，其所以令者世祖有八子。夫世祖已有第二子，皇長子牛鈕殤，[illegible]年生三歲而殤；皇二子裕憲親王福全，順治十年生；聖祖生於順治十一年，皇四子以下不必再計。福全之壽至康熙四十二年六月乃卒，蓋無三子，聖二子而嗣位，不能謂無子而抱他人子也。聖祖六次南巡，其五次皆至杭州而返，時未嘗及浙江

目次

編校前言

這一冊清代史是　先師孟心史（森）先生的清史、清初三大疑案考實、香妃考實、海寧陳家的彙輯。

清史是民國二十四年至二十六年，孟先生在北京大學教授清史的講義，全書分兩編十章，但第二編原稿目錄著明：「第六章　光宣未造　嗣出」。故實際上第二篇只有五章，敍事止於同治末年。民國二十六年冬，先生歸道山，時値對日抗戰，各大學遷設西南各省，「詩書缺，惟口舌」；中國文化服務社爲適應需要，特根據北大講義組本複印。逮抗戰勝利，編者重回故都，與同學數人整理　先師遺稿，沒有發現這第六章的續稿，因此，現在重印也只有根據北大舊本；但爲便利讀者：特將本文與引錄分別用不同字體，並加標點，以醒眉目。原擬用符號，因顧及成本增加，影響購買力只好作罷。同時並在書中「余另有專文，不具述」的地方作附註，將　先師有關論文篇名和發表的書刊名稱指出，以便讀者尋求參考。又爲增進一般讀者閱覽和硏究的興趣，在這許多論文中特選出淸初三大疑案考實作本書附錄之一。

香妃考實初發表於北京大學國學季刊第六卷第三號，是　先師爲答謝北大師生慶祝他七十壽辰（民國二十六年春）而特撰的，但不幸這一期的國學季刊還沒有全部印竣，七七事變發生，日本軍隊侵入北平，北大出版部被迫停工，許多印件都逐漸散失。幸而這一香妃考實的抽印本有幾冊已先期送到　先師寓所，遂得保存；民國三十六年冬，編者重回北平，承同學單君將他自　先師手中獲得並已珍藏十年的一冊轉贈，三十七年戡亂軍事緊張之際，編者自北平南飛江寧，旋又渡海來臺，始終挾持這一流傳極稀的刼遺珍本，今天得以重印問世，眞是不幸中之大幸。

海寧陳家一文，也是兩遭大刼的孑遺。稿成於民國二十六年夏，就其文末自註，可知爲七七事變以後作品，也可說是　先師最後成篇論文，因是秋　先師染疾入醫院，終致不起。全文原已送交北平故宮博物院文獻論叢，並經印刷廠檢排一部份，値蘆溝橋變作，博物院的工作遭受影響，論叢被迫停刊，原稿退還　先師。民國三十六年冬，編者在　先師寓所整理遺稿時發現此文，經商請母校當局按原稿影印刊於北京大學五十周年論文集中，不幸在印刷時北平又淪入竹幕，編者曾爲這一手稿的再遭厄運而感傷；直到去夏遊歷美國，在美國西岸圖書舘獲見這一論文集甲編，此一手稿亦影印其中，眞喜出望外。現在特付排印，並將手稿影本攝製一頁於篇首，以爲兩遭浩刼仍得流傳的紀念。

此書交印在去年冬，祇因印刷廠工作繁忙及編者東遊日本，以致延誤刊期。但編者敢告慰於海內外人士：卽在日本獲見大陸書店近刊之孟森明清史論著叢刊二冊，其中沒有清史講義和香妃考實及海寧陳家；三大疑案考實也只採錄一部份。因此，這一冊書的珍貴價値就更不待煩言了。

吳相湘

中華民國四十九年十月二十五日於臺北

第一編　總論

清代史

第一編　總論

第一章　清史在史學上之位置

清未有史也，而有史稿。史稿爲革命後政府所修。若以革命爲易代之限，則清史稿與史有同等效力。然革命後同爲民國，而政府之遞嬗，意義有不盡同。故前一期政府之所修，又爲後一期政府之所暫禁，今猶在審查中，卒蒙弛禁與否未可知。要之，吾輩今日之講清史，猶不能認清史稿爲勒定之正史也。則於史學上無一定之史書，可作根據。但論史之原理，一朝之經過，是否有爲修正史之價值？能統一國土，能治理人民，能行使政權，能綿歷年歲，則能占一朝正史之位置，意義全矣。政府之意亦非謂清不當有史，但未認清史稿卽爲清史。然則於清一代史料之正確者，懸設一正史之位置處之，史料極富。清史稿爲排比已有其具體之一大件，亦應在懸設正史之位置中，參加史料之一席。眞正史料，皆出於史中某一朝之本身所構成，謏聞野記，間資參考，非作史之所應專據也。

清之於史，自代明以來，未嘗一日不踐有史之系統。中國史之系統，乃國家將行一事，其動機已入史，決不待事成之後乃由史家描寫之。描寫已成之事，任何公正之人，必有主觀，若在發動之初，由需要而動議，由動議而取決，由取決而施行，歷史上有此一事，其甫動至確定，一一留其蛻化之痕跡，則雖欲不公正而不能遇事揑造，除故意作僞之別有關係者外，國事之現象，如攝影之留眞，妍媸不能自掩也。有史之組織，清代明時未嘗間斷，故有史之系統未嘗差池。民國代清，獨未嘗留意此事。及今而始議保管檔案，保管檔案乃抱殘守缺之事，非生枝發葉，移步換形，而皆使之莫可逃遁之事也。中國有史之系統，嚴正完美，實超乎萬國之上。由科鈔而史書，由史書而日錄，而起居注，而絲綸簿，清代又有軍機處檔。具此底本，再加種種之纂修，實錄又爲其扼要。分之而爲本紀，爲列傳，爲方略，爲各志各表，史已大備。易代後就而裁定，其爲史館自定者無幾矣。清史稿卽就此取材，故大致當作清史規範。而其原件之存在，因印刷之發達，流布尤多，故以此大宗史料，歸納之爲清史。而此清史之在史學上位置，必成正史，則無可糾駁矣。

近日淺學之士，承革命時期之態度，對清或作仇敵之詞；旣認爲仇敵，卽無代爲修史之任務。若已認爲應代修史，卽認爲現代所繼承之前代。尊重現代，必並不厭薄於所繼承之前代，而後覺承統之有自。清一代武功文治，幅幀人材，皆有可觀。明初代元，以胡俗爲厭，天下旣定，卽表章元世祖之治，惜其子孫不能遵守。後代於前代，評量政治之得失以爲法戒，乃所以爲史學。革命時之鼓煽種族以作敵愾之氣，乃軍旅之事，非學問之事也。故史學上之清史，自當占中國累朝史中較盛之一朝，不應故爲貶抑，自失學者態度。

第二章 清史體例

清史今皆祇可謂之史料，未成正史。惟清史稿爲有史之輪廓，後有修訂，大約當本此爲去取。則清史稿之與前史異同，其爲斟酌損益之故，卽吾輩治清史所應討論者也。紀志表傳，四大總類，仍前不變。紀有十二，最後爲宣統紀，據金梁校刻記，言初擬爲今上本紀，後改定。今上本紀之名，自爲不合，稱宣統紀亦屬變例。宣統乃一國紀年之號，非帝身所獨有，若稱宣統帝，猶爲宣統朝之帝。否則以遜國而稱遜帝，亦尙相符。古有易代而前代之君存在者，修史時其君已亡，則由後代爲之追謚，而卽以謚入史，若漢之獻帝，元之順帝，皆是。清遜帝獨在，而史稿已成，無謚可稱，似當以遜帝名紀。志目十六：曰天文、災異、時憲、地理、禮、樂、輿服附鹵簿、選舉、職官、食貨、河渠、兵、交通、刑法、藝文、邦交。其交通邦交兩志爲前史所無。今以時政重要，專爲作志。其災異則所以變前史之五行志。時憲卽曆，清避高宗諱，改曆書爲時憲書，其實時憲乃清曆之名。歷代曆皆有名，且或一代數名，而曆之公名不變。清改明之大統曆爲時憲曆，至曆字咸諱遂去之。史稿作志，曆志竟稱時憲志，亦屬不辭。假如明之曆志，豈可作大統志。但文字因避諱而流變，其例亦多，姑不論。第其志中全載八線表，篇幅占全志三之二。夫八線表爲步天濟算之用具，習算者人人挾之，且充用之八線表，亦無需密至七八位。清修明史，已用新法列圖，卽具八線之法，而不必盡推其數，今何必於志中括其用具？若果爲便用計，則豈不更有八線對數表乎？學校習算之生，皆挾一表，書非難得，史志又非便人工作之文，不應浪費篇幅。以災異變前史之五行，不可不謂爲進步，又倣明五行志，削事應之附會，似皆取長去短；然所載事目，仍拘於五行之分項，豈非矛盾？夫果以災異而後志，則必有關於國計之盈絀，民生之登耗，若水旱饑饉疾疫之類，載之可也；一時一地之物異，一人一家之事變，載之何爲？尤可異者，狂人服異二事。人之狂爲生理中之事，以醫學爲統計，人之狂者正多，何時何地不有狂人，而志獨載雍正三年七月一狂人云：靈川五都廖家塘，有村民同衆入山砍竹不歸，一百四十餘日始抵家，所言多不經。清一代二百六十八年，祇有此一狂人，其狂之程度又甚馴善，若在世俗言之，乃小說家所謂遇異人得道者，以此列入災異志，當是清國史館原有五行志曾列此事，今不知抉擇而隨手採入，未免苟且固陋。服妖之說，尤非有政刑之國所應爲。朝不信道，工不信度，有此見象；若謂國無法度卽是災異，則又不當終清之世僅得一事。志云：道光十七年，崇陽鄉民好服尖頭帽鞋，站步不穩，識者以爲服妖。由事實言之，叔季之世，奢靡之鄉，服之妖者占多數，何可勝載。其人痾一事，以一產三男占篇幅十之七八，此事古或以爲祥，清代功令亦在優待之列，此云人痾，豈節育家言乎？至藝文志之爲目錄學家詬病，則在疏漏，較時憲災異兩志之常識未具，猶爲有間。表目十：曰皇子、公主、外戚、諸臣封爵、藩部、大學士、軍機大臣、部院大臣、疆臣、交聘。軍機大臣爲前史所無，部院大臣卽明史七卿表，而衙門加一理藩院，官職列至侍郎。其軍機理藩院之增加，乃應合時制，侍郎之添列，則用意周密，殊便考核。任其事者爲職官製表專家吳君廷燮，亦人存政舉之道。疆臣一表，比之方鎮；清中葉以來，實有外重之漸，卽其初設督撫爲專官，已有兼轄軍民之柄，位尊地重，史列年表，亦應時代而爲之。而駐防之將軍都統亦列疆臣，又清之特制也。交聘有表，與外交有志相應。傳目十五：曰后妃、諸王、諸臣、循吏、儒林、文苑、疇人、忠義、孝義、遺逸、藝術、烈女、土司、藩部、屬國。其中疇人一傳，前史所無；古豈無明習曆算之人，一藝之長，史家爲之類傳，無庸另標專目，九數屬之保氏。經生不通算術，本不得爲全材，孟子言千歲之日至可坐而致，可見其視此學問之餘事，不過孔門六藝之一耳。清代經師能治曆者甚多，阮文達偶然創作疇人傳，並非爲史立例，史稿乃沿之，似亦多事。併入經學爲宜。儒林一傳，沿清代學風之弊，以詞章爲文苑，考據卽爲儒林。考據中專究文字學者，明明文苑耳，而亦與尊德性飭躬行者並驅爭先，且形容以身教人者爲迂腐，爲空疎，人心風俗，於是大壞。此亦非清史稿作俑，舊國史館儒林傳已立此例，蓋爲乾嘉以來學風所劫制，不自知其舍本逐末，而卒爲世道之憂也。此皆其可議者也。

吳相湘謹案：孟先生撰有「清史稿應否禁錮之商榷」載北京大學國學季刊（今收入中國近代史論叢第一輯第一冊——正中書局印行）另撰有「清史傳目通檢」（北平圖書館館刊第六卷第二、三期）、「清國史館列傳統編」（全書未印行，序文已刊載民國二十六年四月二十二日天津益世報讀書周刊）。

第三章 清代種族及世系

三代以前，皆推本於黃帝，秦亦由伯益而來。封建之世，淵源有自，數典不忘其祖，其可信之成分，較後世爲多。漢附會豢龍之劉累，僅憑左氏之浮夸，半涉神話。唐祀老聃，明尊朱子，則皆援引達人，以自標幟。宋更揑造一神人爲聖祖，所謂趙玄朗者，終亦不甚取信于子孫臣庶。元自附於吐蕃，蒙古源流一書究屬荒幻。惟清之先，以種族論，確爲女眞，以發達言，稱王稱帝，實已一再。肅愼與女眞，古本同音，中間以移殖較繁之所在，就其山川之名而轉變，遂爲抑婁，爲勿吉，勿吉又爲靺鞨，唐末仍復女眞，故知其本名未改。中國史書屢改其名，而在彼實一時之部落名義，非全族有廢興也。女眞既爲清之先固定種族，此族亡於清之豢養太久，族亡而清亦亡。當其族之未亡，唐時成渤海國，有五京十五府六十二州，爲海東盛國，不但疆域官守建置可觀，卽其享國年歲，由唐開元十七年乙巳大武藝建號改元，至後唐同光三年乙酉爲遼所滅，傳國一百九十七年，亦可謂根深柢固之一國家矣。此族雖暫屈於遼，而元氣未漓，猶能自保其種，契丹不足與同化，女眞不自混他族。未幾又乘遼之衰，與遼代興。金一代自有正史位置，不勞縷述。所謂一再爲帝王者如此。元能滅金，不能滅女眞之種，僅驅還女眞故地，仍不能直轄其種人，舉其豪酋，世爲長率，有五萬戶之設。其中斡朵憐萬戶，後遂爲建州女眞。清之始祖布庫里雍順（布庫里，山名；雍順，實錄本作英雄，乾隆時改。）居俄漠惠之鄂多理城，蓋卽此始受斡朵憐萬戶職之女眞部酋長，故推爲始祖。時在元初，余別有清始祖考，已出版（史語所集刊）①不詳迹於此。據朝鮮實錄，斡朵里爲金帝室之後。其餘圖門江流域女眞，即建州全部女眞，尙爲金之平民。迤北之兀狄哈女眞，在金亦爲同種而別族。然則淸爲金後之近屬。金與渤海，發跡之地同在女眞南部，接壤高麗。淸又承金，是其種族之強固，千年之間，三爲大國，愈廓愈大。苟其種族保存，竟不妨爲再實三實之木。淸以享國之久，占盡中土之光榮，又値世運之迭進，騎射之長，保守無益，獷悍之性，則因享用習慣，消磨於溫飽之餘。其種既亡，雖有掙扎，亦漢人之懷舊者自爲之，實與淸之種族無涉，此種族之古今興廢大概也。

建州女眞，既爲女眞中最優秀之部分，初因居渤海之建州，謂之建州女眞。自元設五萬戶時，建州之名必已存在。元亡歸附於明，明就其建州部落之名，授以土官衛職，而即名建州衛②。先授建州衛職者，爲元之胡里改萬戶阿哈出。由阿哈出復招致斡朵里萬戶童猛哥帖木兒，授以建州左衛指揮之職。淸之初系，爲明之建州左衛。始授左衛職之猛哥帖木兒，又因其姑姊妹中有入明宮爲妃嬪者（見朝鮮實錄永樂年事）因內寵之故，至陞都督職銜，淸實錄謂之都督孟特穆，乃以布庫里雍順爲分族之始祖，孟特穆爲肇基王迹之祖。故後開國建號，尊孟特穆爲肇祖。以記其得國實由孟特穆承明寵待而來。孟特穆即猛哥帖木兒，而去其童姓不著。孟特穆距布庫里雍順約三四代。太祖責兀喇貝勒布占泰，謂其於己之祖先爲天女所生，乃十世以來之事，豈有不知。則太祖爲孟特穆六世孫，並其本身爲第七世，其前亦不過三世。元享國短，元初授布庫里雍順萬戶，不及百年已入於明，其間亦祇應有三世時限。孟特穆襲職或已入明初，或尙在元末，俱未可知。而其父名揮厚，亦爲萬戶，見朝鮮實錄。再上即必有名范察者，當爲布庫里雍順之孫。孟特穆尊爲肇祖，其子爲充善，爲褚宴，明作董山童倉，童爲其姓，倉當卽褚宴之合音。朝鮮則謂童倉卽董山，董山之弟，朝鮮則名重羊，或充善也，或眞羊，或秦羊，充善之子妥羅，妥義謨，錫寶齊篇古。妥羅繼充善襲建州左衞職。而錫寶齊篇古，篇古二字爲職名，或云卽萬戶之譯音。錫寶齊原作石豹奇，清實錄謂爲充善之第三子，明實錄爲重羊之子，名失保。明人謂清太祖爲建州之枝部，清實錄亦謂興祖福滿係石豹奇之子。惟太祖確爲建州左衞酋長，朝鮮實錄明著之。且太祖嘗以建州左衞印信文書致朝鮮，其爲石豹奇之後，則非世襲左衞都督者。明人謂失保受指揮職，又謂太祖之先世爲都指揮，則其說皆合。興祖一世不見於明實錄，以其時建州方弱。妥羅之後世奉朝貢，其枝部酋無他事接觸中朝，遂不著錄。清之尊爲興祖者，在太宗崇德元年，初用帝制，追尊四親之世，興祖爲太宗高祖，適當四親之首，故上不及石豹奇，而適以此不見明實錄之一代爲追尊所親之始。若肇祖則緣始祖而尊之。以故充善石豹奇兩世，以親盡而爲追尊所不及。入關後因之。但興祖以下，一世景祖，二世顯祖，卽太祖之祖若父，在明實錄亦載其事實，後來與景顯三祖以親盡而祧，太祖則不祧，祧廟中遂永奉肇興景顯四祖。致論清事者疑其世系之不確，則未嘗深求其故也。太祖爲開創之祖，清世自應不祧。

今先將太祖以上世系，表列如左：

（甲）合各紀載所詳之清世系

一世	二世	三世	四世	五世	六世	七世	八世	九世	十世
布庫里雍	范察	童揮厚	童猛哥帖	充善					

顧

始受元代斡朶里萬戶職。淸稱天女所生。認爲始祖。

以太祖自謂天女所生子之後十世。姑定范察爲第二世。據淸實錄：謂爲子孫內之一幼兒，不能確定果爲爲子抑爲孫也。

襲萬戶。姓童。至太祖乃作姓佟。

木兒

先襲萬戶。後歸明授建州左衛指揮，升至都督。淸稱都督孟特穆。追尊肇祖。朝鮮謂其又姓夾溫，則金之合音。爲兀狄哈女眞所殺。

襲建州左衛長。亦稱都督。以叛伏誅。明作董山。

褚宴

坐董山叛逆罪。充發福建。死於戍所。

石豹奇

受都指揮職。明作失保。

福滿

以太宗建淸國。爲四親之首，追尊興祖，祇見淸實錄。爲石豹奇之子。

覺昌安

福滿第四子。追尊景祖。明作叫場。原作覺常剛。

塔克世

覺昌安四子。追尊顯祖。明作他失。原作塔石。

太祖

塔克世長子。

（乙）清實錄所詳之世系

一世	布庫里雍順　天女所生。不夫而孕。浴於池。食朱果成胎。既生。命其姓爲愛新，愛新爲金之義。其實女眞自謂金後
二世	
三世	
四世	都督孟特穆　追尊肇祖
五世	充善　肇祖一子 褚宴　肇祖二子。原作除烟。
六世	妥羅　充善一子。原作脫落。妥義謨，充善二子。原作脫一莫。 錫寶齊篇古　充善三子。原作石豹奇。
七世	福滿　石豹奇子。追尊興祖。
八世	覺昌安　福滿四子。追尊景祖。原作覺常剛。
九世	塔克世　覺昌安四子。追尊顯祖。原作塔石。
十世	太祖　名努爾哈赤。塔克世長子。

者，無不稱姓金。

太祖以前爲明之屬夷，受明之恩遇獨厚。猛哥帖木兒被戕於兀狄哈，其弟凡察及子童倉，求避入遼東邊，明允之。既居邊內，久之乃所居地爲夷所應占，明反退以撫順爲邊，斡朵里本在朝鮮東北境，至是乃盡移撫順邊門外，占舊日遼東境內之地。自是得避兀狄哈之難。明之惠於屬夷者，以建州女眞所被爲最厚，淸世盡諱之，於淸史料中固不見其事，於明史料中雖見，而淸修明史，務盡沒之。至今日始大發明，而以余爲發明最多，可云前無古人者也③。

肇祖當元亡以後臣附於高麗，在高麗王氏朝末，而爲李氏太祖未篡高麗時之麾下夷將，時當洪武初年。至明收遼東，平海西，聲威已至東海之濱，建州女眞中，先由阿哈出歸附，繼招致肇祖並歸明，故淸之祖先見之明代及朝鮮記載者，恰與明開國時相次。明一代二百七十餘年，淸先世亦附見，未嘗間斷。前史無論何朝，其開國以前祖先之事實，未有如淸之先世，彰彰可考，既詳且久者也。充善以叛伏誅，當時之叛，亦並無與明爲敵之志，不過桀驁不馴，不守屬夷禮節耳，以此誅死。其後馴伏無擾。直至太祖，在建號天命之初，對明猶朝貢不輟。太祖身自朝明者三次，皆見明實錄。明寵以高官，既爲都督，又進龍虎將軍，則淸實錄亦自載之。而又自謂與明爲敵國，自古未嘗臣服，則徒自失實，煩史學家爲之糾摘，於淸實無加損也。太祖之建號天命，本自稱爲金國汗，而亦用中國名號，自尊爲天命皇帝，其實並非年號，並未以天命二字爲其國內臣民紀年之用。特帝業由太祖開創，在淸史自當尊爲開國之帝。入關後相沿以天命爲太祖之年號，則亦不足深辨。至太宗改稱天聰，亦是自尊爲天聰皇帝，非以紀年。觀太宗修太祖實錄，屢稱天聰皇帝，爲不可分離之名詞，可以見之。太祖實錄成於天聰九年，時雖尙無帝制之心，而已有爲國存史之意，亦見志量之不同其他夷酋。實錄旣成，明年又實行建國，去舊國號之金而定爲淸。觀其以夷稱君爲滿住，後卽就改爲滿洲以名其國，則淸之爲淸亦就金之口音而變寫漢字，謂爲淸國耳。而淸之一朝實定名於是。故天聰十年有大舉動，改元崇德，則眞用爲年號，不自稱崇德皇帝矣。國號爲淸，乃禁人稱金；國名爲滿洲，乃禁人稱女眞。淸實錄中有「禁人稱珠申，務令改稱滿洲」之文，珠申卽女眞之對音，亦卽肅愼以來之古音也。逮世祖繼統，混一中國，天命天聰皆成年號，帝統旣定，就其開國以後之世系，以一朝定制，表列如左：

世數	廟號	諡法	年號	享國	陵名	干支	御名	卽位	崩年
一	太祖 本不知有諡法	高。原諡武。先在天聰間，年號。	天命本係尊號，後相沿卽作年號。太祖以遺甲起	景顯二祖死於明李成梁兵火，其葬地亦於順治十	福陵 以上自肇祖以來四祖至四十三年乙卯，爲	起兵自明萬曆十一年癸未，明作奴兒哈赤。朝鮮	努爾哈赤 原作弩兒哈奇，十八歲。	起兵爲二十五歲。稱汗爲五十八歲。	六十八歲。

二

太宗文

。天聰九年，明叛將許世昌，奏請上謚，並改先汗之稱爲先皇，始曰武，康熙元年改謚高。

，歸怨同種之尼堪外蘭而討之，未致仇明也。歷年兼并同種，經三十三年而稱金國汗，並稱天命皇帝，又歷十一年。天聰本係尊稱，後相沿亦作

六年，並稱永陵，並葬一處。

十七年

未稱金國時。四十四年丙辰至天啓六年丙寅，爲稱天命時。

昭陵

作老可赤。譯文原無正字。

自明天啓七年丁卯至崇禎十

皇太極。亦作黃台吉，黃太

三十六歲

五十二歲

年號。至天聰十年四月十一日，改其年爲崇德元年。太宗於是始改清國號。清帝皆一建元，無改元者。太宗建清國後，實亦一建元。

六年癸未。

樞。

三
世祖
章
順治
十八年
孝陵
元年即明崇禎十七年甲申。至十八年辛丑。
福臨 不令天下避諱。
六歲 元年爲明崇禎十七年三月流賊陷京師，清兵方犯明。吳三桂請入關，共破賊，改計討賊。五月，攝政王兵入京，迎帝還都。十月朔即中國
二十四歲

四	五	六	七
聖祖	世宗	高宗	仁宗
仁	憲	純	睿
康熙	雍正	乾隆	嘉慶
六十一年	十三年	六十年。傳位仁宗，稱太上皇帝。至嘉慶四年正月初三日崩。又爲太上三年加三日。	二十五年
景陵	泰陵	裕陵	昌陵
自壬寅至壬寅	自癸卯至乙卯	自丙辰至乙卯	自丙辰至庚辰
玄燁	胤禛	弘曆	顒琰
帝位。八歲	四十五歲	二十五歲	二十七歲。正月朔受
六十九歲	五十八歲	傳位年八十六。崩年八十九。	六十一歲

								禪改元。	
八	宣宗	成	道光	三十年	慕陵	自辛巳至庚戌	旻寧	三十九歲	六十九歲
九	文宗	顯	咸豐	十一年	定陵	自辛亥至辛酉	奕詝	二十歲	三十一歲
十	穆宗	毅	同治　先定祺祥。太后垂簾，殺贊襄政務王大臣端華肅順等，改同治，始即位。自七月十七日文宗崩，	十三年	惠陵	自壬戌至甲戌	載淳	六歲	十九歲

			十月初九日即位。						
十一	德宗	景	光緒	三十四年	崇陵葬已在民國二年	自乙亥至戊申	載湉	四歲	三十八歲
十二			宣統	三年遜國		自己酉至辛亥	溥儀	三歲	六歲遜位

淸世系既明，宜可即按世次分敍矣。顧淸有特殊之制度，爲中國人所不了解，淸代官書亦不明載者，則八旗之制是也。淸自入主中國，謂其爲異族戰勝而來則是矣，謂其如何苛待漢族，則較之歷代本族之君主，亦未見專制之加甚。且君無甚昏甚暴之行，若明之正德天啓諸君，淸所未有也。謂私厚於滿洲，則亦與明之私厚於宗室等也。明之橫征暴斂，未亂之時，有萬曆之礦使稅使，既亂之後，有萬曆至崇禎之累次加賦，淸則以明爲鑒，而永不加賦之祖訓，子孫竟能永守之也。明外困於淸，內困於盜，淸並無此兵災，而土崩瓦解，易於明之亡國也不知若干倍蓰，此何故也？淸以特殊制度興，亦以特殊制度之崩潰而敗。有代興之勢力，即傾覆之勢力，欲恃此勢力以自存，其生命已操之人手矣。外有强鄰，政治相形見絀，不滿人望，人欲傾覆之，此所謂政治革命，乃政治慾望之革命，非必待政治威虐而逼極革命

也。方其特殊勢力盛時，征討四出，威之所加，雖不及元而有過漢唐；及特殊勢力既去，偏不去滿漢之界限，而寄命於漢族之手，乃益重滿族之軍權以制漢族。當其未招漢族之不滿，則士大夫結一勢力以擁護之，所成中興之功，正益形所挾種族之脆弱。至外國接觸益密，漢族不滿之意，清卒無以慰之，則呼吸而倒。自古亡國未有易於清者。故欲知清一代之眞相，不可不知其特殊勢力之所在。特殊勢力在八旗，而八旗之根柢，漢人不知，滿人亦不能言，官書不悉載，此不能不深加探討以明之也。

註①中央研究院歷史語言研究所集刊第三本第三冊「清始祖布庫里雍順之考證」

註②同書：「清史稿中建州衞考辨」。

註③詳見孟先生撰「明元清系通紀」（北京大學出版，已印行十六冊）。蓋按明代之紀元繫清代之世系，史實顯明可見。

第四章　八旗制度考實

清一代自認爲滿洲國，而滿洲人又自別爲旗人。蓋即以滿爲清之本國。滿人無不在旗，則國之中容一八旗，即中國之中涵一滿洲國，未嘗一日與混合也。然自淸入中國二百六十七年有餘，中國人無有能言八旗眞相者。既易代後，又可以無所顧忌，一研八旗之所由來，即論史學，亦是重大知識；然而至今尙無有也。蓋今始創爲之。

淺之乎視八旗者，以爲是淸之一種兵制，如淸史稿以八旗入兵志是也。夫八旗與兵事之相關，乃滿洲之有軍國民制度，不得舍其國而獨認其爲軍也。至食貨志亦有八旗丁口附戶口之內，稍知八旗與戶籍相關矣，然言之不詳，仍是膜外之見，於八旗之本體究爲何物，茫然不辨。則以其蛻化之跡，已爲清歷代帝王所隱蔽。不溯其源，無從測其委。以其昏昏而欲使人昭昭，宜其難也。

八旗者，太祖所定之國體也。一國盡隸於八旗，以八和碩貝勒爲旗主，旗下人謂之屬人。屬人對旗主，有君臣之分。八貝勒分治其國，無一定君主，由八家公推一人爲首長。如八家意有不合，即可易之。此太祖之口定憲法。其國體假借名之，可曰聯邦制，實則聯旗制耳。太宗以來，苦心變革，漸抑制旗主之權，且逐次變革各旗之主，使不能據一旗以有主之名，使各旗屬人，不能於皇帝之外，復認本人之有主，蓋至世宗朝而法禁大備，純以漢族傳統之治體爲治體，而尤以儒家五倫之說壓倒祖訓，非戴孔孟以爲道有常尊，不能折服各旗主之禀承於太祖也。世宗製朋黨論，其時所謂朋黨，實是各旗主屬之名分。太祖所制為綱常，世宗乃破之為朋黨，而卒無異言者，得力於尊孔為多也。夫太祖之訓，亦實是用夷法以為治，無意於中夏之時，有此意造之制度，在後人亦可謂之亂命，但各旗主有所受之，則憑藉固甚有力。用儒道以易之，不能不謂大有造於清一代也。夫儒家名分之說，在中國有極深之根柢，至今尚暗貧束縛者不少，而國人或自以為已別有信仰，脫離崇儒之範圍，此亦不自量之談耳。

凡昔人所紀之八旗，若明末，若朝鮮之與清太祖太宗同時所聞，皆非身入其中，語不足信。而清代官書，則又抹撥實狀。私家更無述滿洲國本事者。故求八旗之眞相，頗難措手。但言清事，非從清官書中求之，不足徵信。於官書中旁見側出，凡其所不經意而流露者，一一鈎剔而出之，庶乎成八旗之信史矣。

八旗之始，起於牛彔額眞。牛彔額眞之始，起於十人之總領。十人各出箭一枝，牛彔即大箭，而額眞乃主也。此為太祖最初之部勒法。萬曆十一年癸未，太祖以父遺甲十三副起事，自後即有牛彔額眞之部伍。吞併漸廣，糾合漸多，至萬曆二十九年辛丑，乃擴一牛彔為三百人，而牛彔額眞遂為官名。蓋成率領三百人之將官。當時有四牛彔，分黃紅藍白四色為旗，蓋有訓練之兵千二百人矣。

征服更廣，招納更多，一牛彔三百人之制不變，而牛彔之數則與日俱增。自二十九年辛丑，至四十三年乙卯，所增不止女眞部族，除夜黑（後於乾隆時改葉赫）外皆已統一。且蒙古漢人亦多有降附。蓋十四年之間，增至四百牛彔，則為百倍其初矣。於是始設八旗。蒙漢雖自為牛彔，猶屬於一個八旗之內，而八旗之體制則定於是。後來蒙漢各設八旗，不過歸附之加多，於八旗建國之國體，毫無影響。此會典及八旗通志等官書所能詳，無庸反覆鉤考矣。

武皇帝實錄：辛丑年：是年，太祖將所聚之衆，每三百人立一牛彔厄眞管屬。前此凡遇行師出獵，不論人之多寡，照依族寨而行。滿洲人出獵開圍之際，各出箭一枝，十人中立一總領，屬九人而行。各照方向，不許錯亂。此總領呼爲牛彔（華言大箭）厄眞（厄眞華言主也）。於是以牛彔厄眞爲官名。

又乙卯年：太祖削平各處，於是每三百人立一牛彔厄眞。五牛彔立一扎攔厄眞。五扎攔立一固山厄眞。固山厄眞左右立美凌厄眞。原旗有黃白藍紅四色，將此四色鑲之爲八色，成八固山。

武錄文本明瞭，不明則附注，頗詳原始。其後改修高皇帝實錄，屢修而屢益不明。

八旗通志：太祖高皇帝初設四旗。先是，癸未年，以顯祖宣皇帝遺甲十三副征尼堪外蘭，敗之，又得兵百人，甲三十副。後以次削平諸部，歸附日衆。初，出兵校獵，不論人數多寡，各隨族長屯寨行，每人取矢一，每十人設一牛彔額眞領之。至辛丑年，設黃白紅藍四旗。旗皆純色，每旗三百人，爲一牛彔。以牛彔額眞領之〔原案云：謹案是年爲編牛彔之始。嗣後設固山額眞、梅勒章京、甲喇章京等官（梅勒章京等名，自天聰八年四月辛酉始定。惟固山額眞存。）雍正二年以八旗都統印信額眞二字作主字解，非臣下所得用，改爲固山諳班。茲謹按年月，於改定以後書新名，改定以前仍舊稱，以昭初制。〕甲寅年（實錄作乙卯），始定八旗之制，以初設四旗爲正黃正白正紅正藍增設鑲黃鑲白鑲紅鑲藍四種，爲八旗（原注：黃白藍均鑲以紅，紅鑲以白。）。每三百人設牛彔額眞一，五牛彔設甲喇額眞一，五甲喇設固山額眞一。每固山設左右梅勒額眞各一，以轄滿洲蒙古漢軍之衆。時滿洲蒙古牛彔三百有八，蒙古牛彔七十六，漢軍牛彔十六。

以上三百有八牛彔中，有滿洲蒙古牛彔，當是滿蒙混合之牛彔。七十六蒙古牛彔，則爲純粹之收編蒙古牛彔。當設四旗時，牛彔額眞以上無統轄之上級官，知其初卽以一牛彔爲一旗。後來牛彔之數滋多，甲喇固山，層累而上，亦必不俟乙卯而始有上級之統轄，特至乙卯始勒定制度耳。

八旗各有旗主，各置官屬，各有人民，爲並立各不相下之體制。終太祖之世，堅定此制，不可改移。太宗不以爲便，逐漸廢置，使稍失其原狀，而後定於一尊，有爲君之樂。已身本在八大貝勒之列，漸致超乎八貝勒之上，而仍存八貝勒之名。既塗飾太祖之定法，又轉移八家之實權，其間內併諸藩，所費周折與外取鄰敵之國相等，然其遺跡不能盡泯。至世宗朝而後廓然盡去其障礙。蓋以前於太祖設定之八家，能以其所親子弟漸取而代之，至世宗則並所親之子弟亦不顧沿襲祖制，樹權於一尊之多，此又其更費周章者也。

終淸之世，宗室之待遇有所謂八分。分字去聲，恩禮所被，以八分爲最優，故封爵至公，即有入八分不入八分之別。此所謂八分，亦祇存太祖時建立八家之跡象。八分爲舊懸之格，無固定之八家，故宗室盡可以入八家或不入八家也。

宗人府事例封爵：九不入八分鎭國公，十不入八分輔國公。案語云：謹案天命年間方立八和碩貝勒，共事議政，各置官屬，凡朝會燕饗，皆異其禮，賜賚必均及，是爲八分。天聰以後，宗室內有特恩封公，及親王餘子授封公者，皆不入八分。其有功加至貝子，准入八分。如有過降至公，仍不入八分。

八和碩貝勒，世無能盡舉其名者。實則其名本未全定。且和碩貝勒亦本無此爵名，而即沿以和碩貝勒爲稱，亦竟無八人之多。蓋許爲旗主，即稱爲和碩貝勒，即未必許爲旗主，對外亦嘗以八和碩貝勒爲名號，此皆由太祖定爲國體，不得不然。入關以後，乃不復虛稱八和碩貝勒。但旗主之實猶存，至雍正朝乃去之耳。

東華錄太宗錄首：丙辰年太祖建元天命，以上及長子代善，第五子莽古爾泰，弟貝勒舒爾哈齊之子阿敏，並爲和碩貝勒。國中稱代善大貝勒，阿敏二貝勒，莽古爾泰三貝勒，上四貝勒。（國史舊代善傳，載此事盡同。）據此八和碩貝勒中，有明文授此爵者爲四人，而太宗居其一，且以齒爲序而居最後。今考之太祖實錄，則並無此明文。而天命元年未建號以前之勸進，已稱「由此四大貝勒爲領袖」，則以爲建元時授此爵者亦不成文之賞典也。東華錄所據之實錄云然，仍以東華錄證之：

東華錄太祖錄：天命元年丙辰（明萬曆四十四年）春正月壬申朔，大貝勒代善、二貝勒阿敏、三貝勒莽古爾泰、四貝勒（貼黃），及八旗貝勒大臣，率羣臣集殿前，分八旗序立。上升殿，登御座。貝勒大臣率羣臣跪。八大臣出班跪進表章。侍衞阿敦、巴克什額爾德尼，接表。額爾德尼前跪，宣讀表文，尊上爲覆育列國英明皇帝。於是上乃降御座，焚香告天，率貝勒諸臣行三跪九叩首禮。上復升御座。貝勒大臣各率本旗行慶賀禮，建元天命，以是年爲天命元年。時上年五十有八。

錄載此時已序大二三四貝勒，則以四人爲和碩貝勒，應早在其前。又以此四貝勒冠八旗貝勒之上，似四大貝勒之分高出八旗，此皆昧乎太祖時八旗八和碩貝勒之事實。

乾隆四年修定之太祖高皇帝實錄，大致與東華錄同。而所敘四大貝勒則更含混至不可通。

錄云：丙辰正月壬申朔，四大貝勒代善阿敏莽古爾泰及八旗貝勒大臣。……此以四大貝勒四字當太宗，若不知太宗與諸兄各稱四大貝勒者。愈改愈不合。武皇帝實錄最近眞相。

錄云：丙辰歲正月朔甲申（日誤。應從後改本作壬申。）八固山諸王率衆臣聚于殿前排班。太祖陞殿，諸王臣皆跪，八臣出班進御前，跪呈表章。太祖侍臣阿東蝦（蝦爲滿語侍衞）、厄兒得溺榜式（榜式卽巴克什。皆出漢文博士之音譯。後來作筆帖式。亦此音變。）接表，厄兒得溺立于太祖左，宣表，頌爲列國沾恩英明皇帝，建元天命。於是離坐當天焚香，率諸王臣三叩首，轉陞殿，諸王臣各率固山叩賀正旦。時帝年五十八矣。

統稱八固山諸王。固山卽旗。當時自表尊大，對漢稱王，對夷稱貝勒，原無差異，但係隨意自尊，無所謂爵命。于太祖則尊之曰皇帝，八旗旗主亦皆稱王，皆隨意爲之之事。所叩賀者原係正旦，亦更不知有登極之說。自此以下，更不言於諸王有所封拜。而代善以下四人，則於後此二年，時已當天命三年，直犯明邊襲破撫順清河時，稱之曰大王二王三王四王，從此常以此爲稱。則當天命初年，實於八固山中尤重視此四子則確矣。

清一代封爵制定，原無和碩貝勒一爵。蓋自崇德改元始有模倣帝制之意，而封爵有親王之名，卽倣明制。後更斟酌明宗室封爵定爲十四等，等級較明爲多，而待遇實較明爲薄。明皇子必封親王，且有國可就，親王諸子又必封郡王；清皇子封王，除開國八王外例不世襲，迄光緒中葉以前，破例止一次，卽世宗所特異之怡賢親王也。封王無國，雖其降襲多貝勒貝子兩等，然皇子受封，或僅封公而併不得貝子，雖亦旋有晉等，乃以示功過賞罰之權，無子孫必貴之例。此亦見清開國以後能以明宗祿之病國爲戒，自爲長治久安之慮。而天聰以前之所謂和碩貝勒，實卽後來之親王，且卽與國君並尊。此非詳考不能見也。

清宗人府封爵之等十有四：一和碩親王，二世子，三多羅郡王，四長子，五多羅貝勒，六固山貝子，七奉恩鎭國公，八奉恩輔國公，九不入八分鎭國公，十不入八分輔國公，十一鎭國將軍，十二輔國將軍，十三奉國將軍，十四奉恩將軍。皇子之封，降至輔國公世襲。親王以下餘子之封必考授，且降至奉恩將軍乃世襲。

明諸王傳首：明制，皇子封親王。親王嫡長子年及十歲，立爲王世子，長孫立爲世孫。諸子年十歲，封爲郡王，嫡長子爲郡王世子，嫡長孫則授長孫，諸子授鎭國將軍、孫輔國將軍、曾孫奉國將軍、四世孫鎭國中尉、五世孫輔國中尉、六世以下皆奉國中尉。皇子皆世襲親王，親王諸子皆世襲郡王，郡王諸子乃降至奉國中尉世襲。

觀清代所定宗室封爵，和碩之號止冠於親王，貝勒所冠之號止有多羅字樣，與郡王同。又崇德以前，清不封親王，崇德改元，倣明制而封親王，並稍定親王以下之宗室封爵。順治九年始仿明制設宗人府，即於此時斟酌明宗人府所掌封爵之制，而行清一代之制，其先清之大政皆出八和碩貝勒所議行。宗人府所掌其一也。

清史稿職官志：宗人府：初制，列署篤恭殿前，置八和碩貝勒，共議國政，各置官屬，順治九年設宗人府。

此所敍宗人府之原始，乃天聰以前事。篤恭殿爲天聰以前原名。篤恭殿前之列署，乃天聰前之舊制。太祖都瀋陽後，以迄天聰，所建宮闕，無外朝與內廷之別。篤恭殿即正寢，亦即正朝。所謂列署，即殿前東西各五楹之屋。崇德二年始建外朝，以宮前已臨大道，無地可拓，乃於宮之東別建一殿，謂之大正殿，左右列署十，而篤恭殿亦改名崇政殿，左右屋但名朝房，不爲列署。凡此因陋就簡，皆見清創業時實亦能撙節以養戰士，無致美乎宮室之意。

清一統志：盛京宮殿：大政殿在大內宮闕之東，崇德二年建，國初視朝之大殿也。殿制八隅，左右列署十，爲諸王大臣議政之所。又大內宮闕，在大政殿之西，南北袤八十五丈三尺，東西廣三十二丈二尺。正門曰大清門，（崇德元年始改國號曰清，則此門名，亦太宗時所定。）太祖時於門徬設諫木二，以達民隱。朝房東西楹各五。舊制：正殿曰崇政殿，原名篤恭殿。

當清代未有宗人府未定封爵制之前，並崇德未改元、未知模倣帝制之前，所謂貝勒乃沿女眞舊有尊稱，所謂和碩，據滿洲語譯漢爲方正之方字，初以此爲美名而取之，其後則貝勒之上既累親王郡王兩級，仍以和碩冠親王，明乎親王卽以前之貝勒也。後來之貝勒止冠多羅，與郡王同號；多羅在滿語譯漢乃理字，以此冠貝勒上，明乎後來之貝勒非以前之貝勒也。

四大貝勒稱和碩貝勒，原非若後來有封冊之典。考國史清初宗室濟爾哈朗傳：「幼育於太祖宮中，封和碩貝勒，天命十年十一月，同台吉阿巴泰等援科爾沁有功。」敍封和碩貝勒在天命十年前，則濟爾哈朗乃太祖時和碩貝勒，見有明文者。自太祖之子姪，除四大貝勒外，皆稱台吉。惟太祖長子以誅死之褚英，其長子都督（後改杜度），以天命九年封貝勒。代善一子岳託，二子碩託，三子薩哈廉，太祖七子阿巴泰，十子德格類，十二子阿格濟，俱天命十一年封貝勒。十四子多爾袞，十五子多鐸，俱云初封貝勒，不書年，當俱是天命十一年太祖崩後。蓋其時多爾袞年方十五，多鐸方十三，其母被太宗逼從太祖死時，猶以此二子託於諸王，則其先固未有分府置官屬之機會。而於太宗之嗣，已以貝勒之名義，在誓告天地之列。又太宗長子豪格，初封貝勒，天聰二年晋和碩貝勒。豪格之封貝勒，亦當是太祖崩時。傳言其以從征蒙古功，不過敍所以封之之故。豪格亦與於太宗嗣位誓告諸貝勒之列，蓋皆一時事，凡預於誓告者亦盡於以上數人。其杜度之貝勒，傳稱封於天命九年。是年二月十五日與科爾沁盟時，杜度尚稱台吉，或封貝勒在其後。濟爾哈朗之封和碩貝勒，傳敍在天命十年前，然十一年四月初九領兵收喀爾喀人民，尙稱濟爾哈朗爲台吉，則傳文亦未必盡確；卽使確矣，太祖諸子姪中，亦惟濟爾哈朗一人，爲天命年間四大貝勒以外之和碩貝勒；合之天聰間豪格爲和碩貝勒，淸一代爲和碩貝勒者不過六人。豪格尙不在天命間。則所云天命間之八和碩貝勒，皆爲口語隨意所命，無明文可據。凡爲八固山之主，卽是和碩貝勒，故求八旗之緣起，但當考其旗主，不當拘和碩貝勒之爵以求其人也。

天命間既以八和碩貝勒爲後來永遠隆重之八分，至天聰間四貝勒已爲君矣。然東華錄：天聰八年正月戊子朔，上御殿，命孔有德、耿仲明，與八和碩貝勒同列於第一班行禮。此時第一班仍爲八和碩貝勒，尤可見八和碩貝勒爲八分之通名，既非天命間原有之人，當時四大貝勒原人，惟大貝勒在列，二貝勒四年幽禁，三貝勒六年死，四貝勒正位爲君。至八固山之貝勒，則兩黃正藍又歸太宗自將。所云八和碩貝勒，其爲永存之空名可知矣。

八旗通志蒙古佐領緣起云：天聰八年六月，以和碩貝勒德格類、公吳訥格，所獲察哈爾國千餘戶，分給八旗。德格類本傳不言其爲和碩貝勒而八旗通志中有此文。又東華錄於德格類死時，亦書其銜在和碩貝勒。恐皆口語所命。而德格類之未嘗獨主一旗，但入其同母兄莽古爾泰之正藍旗爲貝勒，則自有證據詳後。今且先詳旗主。

八旗亦稱八固山，此清代一定之制。然太祖實錄中一見十固山執政王之語，其非八旗之制曾有改移也。所敍爲與蒙古喀爾喀五部誓詞，中稱滿洲國主併十固山執政王等。蓋對外應具名者有十人，而此十人皆爲旗主，知當時必有一旗不止一主之旗分，此應拈出，以徵旗主之或有歧異。

武皇帝實錄：己未天命四年十一月初一日，帝令厄革腥格、褚胡里、鴉希諂、庫里纏、希福、五臣，齎誓書與胯兒胯（後改喀爾喀）部五衞王等，共謀連和。同來使至岡干色得里黑孤樹處，遇五衞之王，宰白馬烏牛，設酒肉血骨土各一碗，對天地誓曰：「蒙皇天后土，祐我二國同心，故滿洲國主併十固山執政王等，今與胯兒胯部五衞王等會盟，征仇大明，務同心合謀；倘與之和，亦同商議。若毀盟而不通五衞王知，輒與之和，或大明欲散我二國之好，啻遣人離間而不告，則皇天不祐，奪吾滿洲國十固山執政王之算，即如此血出土埋暴骨而死。若大明欲與五衛王和，啻遣人離間，而五衛王不告滿洲者，胯兒胯　主政王都稜洪把土魯奐巴歹青，厄參八拜阿酥都衛蟒古兒代，厄希格特哄，台吉兀把什都稜，孤里布什代，大里汗蟒古兒代歹𤜕東兎葉兒登楮革胡里，大里漢把土魯恩革得里，桑阿里案布打七都稜桑阿力案巴丫里兎朵里吉內七漢位徹偶兒宰兎布兒亥都厄滕兒吉格等王，皇天不祐，奪其紀算，血出土埋暴骨亦如之。吾二國若踐此盟，天地祐之。飲此酒，食此肉，壽得延長，子孫百世昌盛，二國始終如一，永享太平。

武錄此誓詞，後經修改，刪除太不雅馴之文，俱不足論。其「十固山執政王」，乾隆修高皇帝實錄，改作十旗執政貝勒，尚存原義。東華錄於第一見處，改作八旗執政貝勒，第二見處刪去，則竄改無跡。若由王先謙氏以意所改，則太謬妄矣。

後復有「帝與諸王焚香祝天，昆弟勿相傷害」事。其所謂諸王，恰得八人，其四即四大貝勒。似此八人即所謂八和碩貝勒。但亦是一時之事。終太祖之世，所定八固山之貝勒非此八人也。惟此祝詞於淸父子兄弟中大有關係，錄如下：

武皇帝實錄：辛酉，天命六年正月十二日，帝與帶善、阿敏、蒙古兒泰、皇太極、得格壘、跡兒哈朗、阿吉格、姚托諸王等，對天焚香祝曰：「蒙天地父母垂祐，吾與強敵爭衡，將輝發、兀喇、哈達、夜黑、同一語音者，俱爲我有，征仇國大明，得其撫順淸河開原鐵嶺等城，又破其四路大兵；皆天地之默助也。今禱上下神祇，吾子孫中縱有不善者，天可滅之，勿刑傷，以開殺戮之端。如有殘忍之人，不待天誅，長興操戈之念，天地豈不知之，若此者，亦當奪其算。昆弟中若有作亂者，明知之而不加害，俱懷理義之心，以化導其愚頑，似此者天地祐之，俾子孫百世延長。所禱者此也。自此之後，伏願神祇不咎既往，惟鑑將來。」

此祝詞以名告天者，自是國之主要人物。其人則四大貝勒之外，有德格類、濟爾哈朗、阿濟格、岳託、四人之名，正合八固山之數。此後有大事具名者，又不定是此八人，且太祖遺囑中之各主一旗者，若多爾袞，若多鐸，皆不在內，則八和碩貝勒隨時更定，今尚非確定也。惟其告天之詞，謂子孫有不善者，待天自滅之，勿自開殺戮，一念操戈，即天奪其算，又請神祗不咎既往，惟鑒將來。據此云云，乃懺其既往操戈之悔也。後來改本漸隱約其詞，無此顯露。至東華錄則全無此文。要其子弟中先有推刃之禍，則可信矣。今以明朝紀載證之，太祖一弟一子，皆爲太祖所殺，而清實錄諱之。

從信錄：萬歷四十年十一月，奴兒哈赤殺其弟速兒哈赤，併其兵，復侵兀喇諸部。通紀輯要文同。

黃道周建夷考：初酋一兄一弟，皆以驍勇雄部落中。兄弟始登壟而議，既則建臺，策定而下，無一人聞者。兄死，弟私三都督（兀喇），酋疑弟二心，佯營壯第一區，落成置酒，招弟飲會，入於寢室，鋃鐺之（鎖之），注鐵鍵其戶，僅容二穴，通飲食，出便溺。弟有二名裨，以勇聞，酋悵其佐弟，假弟令召入宅，腰斬之。長子數諫酋勿殺弟，且勿負中國，奴亦囚之。其兇逆乃天性也。

從信錄：萬歷四十一年末引建夷考有云，御史翟鳳翀新入遼，疏稱奴酋……長子洪巴兔兒一語罷兵，隨奪其兵柄，囚之獄。

速兒哈赤，武皇帝實錄作黍兒哈奇，後改舒爾哈齊。太祖殺之而併其兵，復侵兀喇諸部，蓋速兒哈赤有私於兀喇，故殺之也。石齋謂奴酋有一兄一弟，此屬傳聞不確。太祖有四弟，同母者二，其母弟雅兒哈齊先卒無嗣，或以此誤傳爲太祖之兄。至舒爾哈赤之不得於太祖，則清實錄自有可徵。石齋謂私三都督，三都督殆謂兀喇酋布占泰。太祖圖兀喇，舒爾哈赤輙保持之。太祖兄弟之後母爲兀喇女，太祖不得於後母，或舒爾哈赤不然。至布占太爲烏喇酋，以其妹配舒爾哈赤。又舒爾哈赤兩女，先後嫁布占太。太祖志滅兀喇，舒爾哈赤屢掣其計，以清實錄證之：

武皇帝實錄：丙申年（萬歷二十四）十二月，布占太感太祖二次再生，恩猶父子，將妹滹奈送太祖弟黍爾哈奇貝勒爲妻。卽日設宴成配。又戊戌年（萬歷二十六）十二月，布占太不忘其恩，帶從者三百來謁，太祖以弟黍爾哈奇貝勒女厄石太妻之；盔甲五十副，勅書十道，以禮往送。

己亥年（萬歷二十七）速爾哈赤已有被太祖怒喝之事，見實錄，尙係征哈達而非征兀喇。意速爾哈赤於併吞建州近族之外，對海西用兵已不踴躍。其祖兀喇而得罪者如下：

武皇帝實錄：丁未年（萬歷三十五），東海斡兒哈部蜚敖城主策穆德黑謁太祖曰：「吾地與汗相距路遙，故順兀喇國主布占太貝勒。彼甚若虐吾輩。望往接吾等眷屬，以便來歸。」太祖令弟黍兒哈奇與長子烘把土魯貝勒，次子帶善貝勒，與大將非英凍虎兒憨（後改扈爾漢）等率兵三千，往蜚黍搬接。是夜陰晦。忽見旗有白光一耀，衆王大臣盡皆驚異，以手摩之，竟無所有。豎之復然。黍兒哈奇曰：「吾自幼隨征，無處不到，從未見此奇怪之事，想必凶兆也。」欲班師。烘把土魯帶善二王曰：「或吉或凶，兆已見矣，果何據而遂欲回？此兵一回，吾父以後勿復用爾我矣。」言訖，率兵疆進，至蜚敖城，收四周屯寨約五百戶，先令非英凍虎兒憨領兵三百護送。不意兀喇布占太發兵一萬截於路。虎兒憨見之，將五百戶眷屬扎營於山嶺，以兵百名看守，一面馳報衆貝勒，一面整兵二王，占山相持。兀喇來戰，殺其兵七人，我兵止傷一人。是日未時三王兵齊至，烘把土魯帶善二王各領兵五百，登山直衝入營。兀喇兵遂敗。時追殺敗兵之際，黍兒哈奇貝勒原率五百兵落後立於山下，至是方驅兵前進，繞山而來，未得掩殺大敵。及班師太祖賜弟黍兒哈奇名爲打喇漢把土魯。出燕（卽烘把土魯之名。後改褚英）名爲阿兒哈兔（後爲廣略貝勒）土門，帶善名爲古[illegible]把土魯。常書納奇布二將負太祖所托，不隨兩貝勒進戰破敵，領兵百名，與打喇漢勒貝立於一處，因定以死罪。打喇漢把土魯懇曰：「若殺二將，卽殺我也。」太祖乃宥其死，罰常書銀百兩，奪納奇布所屬人民。

速兒哈赤之不欲與烏喇戰，太祖之欲殺二將以示懲，皆爲明紀載殺速兒哈赤併其兵復侵兀喇佐證。常書納奇布二將，殆卽石齋所謂二名裨。此時不死，或後終不免。

武皇帝實錄：辛亥年（萬歷三十九）八月十日，太祖同胞弟打喇漢把土魯薨，年四十八。

實錄不書殺，然於太宗朝實錄書太祖坐舒爾哈齊父子罪。太宗實錄尙未見，錄東華錄：

天聰四年（崇禎五年）議舒爾哈齊子貝勒阿敏罪狀十六款，第一款：貝勒阿敏，怙惡不悛，由來久矣。阿敏之父，乃叔父行，當太祖在時，兄弟和好，阿敏唆其父，欲離太祖，移居黑扯木，太祖聞之，坐其父子罪，旣而宥之。及其父旣終，太祖愛養阿敏，與己子毫無分別，並名爲四和碩大貝勒。及太祖升遐，上嗣大位，仰體皇考遺愛，仍以三大貝勒之禮待之，此其一也。

據此則太祖確曾罪舒爾哈齊父子。所云移居黑扯木事，太祖實錄未見，至天聰間議阿敏罪時始涉及，可知爲當時不欲宣布之事。四大貝勒之名，在天聰間成三貝勒，太宗不欲復居舊名矣。

至烘把土魯之爲誅死，武皇帝實錄但於戊申年（萬歷三十六）三月，書阿兒哈兎土門及姪阿敏台吉，尅兀喇部異憨山城後，遂不復見。後來修高皇帝實錄，乃於乙卯年（萬歷四十三）閏八月乙巳朔增書：「皇長子洪巴圖魯阿爾哈圖土門貝勒褚英薨，年三十六」。似亦非凶死也者。然宗室王公傳褚英本傳則云：「乙卯閏八月，以罪伏誅，爵除。」則清國史中原未盡諱，特實錄諱之耳。清室世世以褚英之後爲有仇視列帝，欲爲乃祖報讎之意，又深明太祖父子之不相容，明代之說益信。

東華錄：順治五年三月辛丑，幽繫肅親王豪格。諸王貝勒子大臣會議，豪格應擬死、得旨：「如此處分，誠爲不忍，不准行。」諸王內大臣復屢奏言：太祖長子亦曾似此悖亂，置於國法。乃從衆議，免肅親王死，幽繫之，奪其所屬人員。

又，康熙四十七年九月，廢皇太子允礽，累日諭旨，其中庚寅諭有云：「昔我太祖高皇帝時，因諸貝勒大臣訐告一案，置阿爾哈圖土門貝勒褚燕於法」。丙午諭又云：「蘇努自其祖相繼以來，即爲不忠，其祖阿爾哈圖土門貝勒褚燕，在太祖皇帝時曾得大罪，置之於法，伊欲爲其祖報仇，故如此結黨，敗壞國事。」

雍正朝上諭八旗：四年二月初五日，允祉允祺允祐奏，將所奉皇考諭旨，恭錄繕奏。從前拘禁二阿哥時，皇考召衆阿哥入乾淸宮諭，有云：「八阿哥潛結黨與，蘇努馬齊等俱入其黨」。觀此可知蘇努馬齊自其祖父相繼以來，即爲不忠。蘇努之祖，即阿爾哈圖土門貝勒也，在太祖時因獲大罪被誅。馬齊之祖原在藍旗貝勒屬下，因藍旗貝勒獲罪，移置於上三旗，伊等俱欲爲祖報仇，故如此結黨，敗壞國事。

以上因八貝勒告天祝詞，考及太祖之推刃子弟，是爲天命六年之八貝勒，於四大貝勒外所具名者，爲得格壘、跡兒哈朗、阿吉格、姚託四人。及七年三月初三日，更由太祖明示八固山共治國政之國體：

武皇帝實錄：壬戌，天命七年（天啓二年），三月初三日，八固山王等問曰：「上天所予之規模，何以底定？所錫之福祉，何以永承？（近重譯滿洲老檔，亦有此段。其首數語直云：皇子八人進見問曰：「我等何人可嗣父皇，以登天賜之大位，俾永天祿？」）帝曰：「繼我而爲君者，毋令強勢之人爲之。此等人一爲國君，恐倚強恃勢，獲罪於天也。且一人之識見，能及衆人之智慮耶？爾八人可爲八固山之王。如是同心幹國，可無失矣。八固山王，爾等中有才德能受諫者，可繼我之位。若不納諫，不遵道，可更擇有德者立之。儻易位之時，如不心悅誠服而有難色者，似此不善之人，難任彼意也。至於八王理國政時，或一王有得於心，所言有益於國家者，七王當會其意而發明之。如已無能，又不能贊他人之能，但默默無言，當選子弟中賢者易之。更置時如有難色，亦不可任彼意也。八王或有故而他適，當告知於衆，不可私往。若面君時，當聚衆共議國政，商國事，舉賢良，退讒佞，不可一二人至君前。」

此段文字，爲太祖制定國體之大訓，非太宗所心願，故後來悉逐漸變革之。然於修實錄時，猶不能不多存幾分原意，因當時諸王之親受命者尚多也。要其字句中，或已有能抑揚損益，以就己意，而所載猶如此。近譯滿洲老檔，於不關要旨之文，多出若干，其緊要眼目轉不淸楚，蓋譯者之不解事也。實錄亦從滿文繙出，且爲天聰年間原繙，其文乃較後繙者爲更無諱飾，則竟讀實錄，無庸重錄老檔譯文矣。今詳其意，太祖謂嗣我爲君，恐挾國君之勢而獲罪于天，且一人不及衆智，惟八人爲八固山王，可以無失。此則明詔以八旗旗主聯合爲治，無庸立君矣。下更言卽以才德能受諫者可推爲領袖，但一不合衆意，卽可更易，尤不能任其不願易位而容其戀棧。更言八王在本固山中，有循默無能者，亦於本旗子弟中選人更代，亦不容其戀棧不讓。末言八人公議，不得一二人挾領袖之意專斷。據此知八旗共治，可以無領袖，卽賢能爲衆所推而作領袖，要爲衆議更易，卽須更易，不許戀棧。是推選之制及去留之權，仍操自八旗之公決，則絕非太宗後來之自卽尊位法也。太宗旣改父政，箝以強權，人不敢言，此正太祖之所諄諄不許者，宜後來多爾袞攝政時有「太宗卽位原係奪立」之語也。

東華錄：順治八年二月己亥，追論睿王多爾袞罪狀，有云：擅自誑稱「太宗文皇帝之卽位，原係奪立」，以挾制中外，

康熙間修太祖聖訓，大約皆粗淺之修齊治平語，又多引中國史事，連篇累牘，數典過於儒生，此必爲後來增飾之文；乾隆修高皇帝實錄，多據以增入，武皇帝實錄所未有也。太祖之八固山訓典，至天命

十一年六月下旬，尚有一最切要之諭，實錄且言其口語既畢，又書其詞與諸王。然則此為成文訓典，八固山所均受，太宗修實錄時，未能擯棄，即乾隆更修高皇帝實錄，亦尚不過稍潤其文；至東華錄乃大刪節，未知王氏以意為之，抑另據他本？夫天命十一年六月之末，實為太祖末命。武皇帝實錄雖亦於七月二十三日始書帝不豫，然七月二十三之上並無書事，直接此末命訓詞。乾隆修高皇帝實錄乃於其間夾入七月乙亥（初三日）兩長諭，其詞皆老生常談，必係後來以意添補，隔斷其緊迫之跡。考明人紀載，於是年二月，袁崇煥寧遠之捷，奴酋受創而回，憤懣疽發背卒。朝鮮人紀載，且謂太祖攻寧遠受傷遂卒。清實錄載太祖亦自言一生未遇之敗，大懷忿恨。則明與朝鮮所紀，當非盡誣。其間尚有用兵蒙古獲勝一事，乃太宗射死巴林部酋長之子囊取，蒙古畏服來歸，喀爾喀五部遂內屬，為蒙古分旗之嚆矢。此皆表揚太宗之武力，於太祖逝後所以能壓服諸兄弟之故，實非太祖於寧遠歸後，尚能力征經營也。至六月二十四日有此筆舌兼用之訓詞，雖不自言將死，亦已示倦勤，不能不信為最後之遺囑矣。

武皇帝實錄：丙寅，天命十一年（天啓六年），六月二十四日，帝訓諸王曰：「昔我祖六人，及東郭（後改董鄂）王佳、哈達、夜黑、兀喇、輝發、蒙古，俱貪財貨，尚私曲，不尚公直，昆弟中自相爭奪殺害，乃至於敗亡。不待我言，汝等豈無耳目，亦嘗見聞之矣。吾以彼為前鑒，預定八家但得一物，八家均分公用，毋得分外私取。若聘民間美女，及用良馬，須破格償之。凡軍中所獲之物，毋隱匿而不明分於衆。當重義輕財可也。此言每常曾訓誡，愼毋遺忘，而行貪曲之事。諸王昆弟中有過，不可不竭力進諫，而存姑息心。若能力諫其過，誠為同心共事人也。（以下先言己之訓言，成就汝等，愛之而非以厲之。並言己從艱苦得來，後人勿以安逸僨事。不關八固山國制度，節之。）昔金大定帝，自汴京幸故都會寧府（原注：在白山之東。）謂太子曰：「汝勿憂也，國家當以賞示信，以罰示威，商賈積貨，農夫積粟。」爾八固山（原注四大王四小王。）繼我之後亦如是。嚴法度以效信賞必罰，使我不與國事，得坐觀爾等作爲，以舒其懷可也。」言畢，書訓詞與諸王。

此訓詞中，首舉已吞併之各部，自近及遠，自先及後，自親及疏。最疏遠後及者爲蒙古，次則海西四部。先舉者則爲建州，建州中又以毛憐及岐州爲較疏，其序亦較後。最先言我祖六人，此「我祖六人」四字，後改作「寧古塔貝勒」，則謂與祖六子，景祖之兄弟六人矣。以建州事實言之，恐出附會。太祖本意當謂建州三衛。寧古塔貝勒乃左衛中一枝部，不得概括三衛也。竊意三衛後來內部各有分立，如朝鮮實錄在正嘉以前已云建州右衛有甫下土、羅下、兩酋長，隆萬以來明實錄中，建州衛來朝之都督，其名頗多，縱未必一衛定分爲二，或三衛已有六酋，太祖所云我祖六人，乃言我祖衛六酋，而由滿譯漢（書示諸王時係滿文）時，語稍含混，乾隆時遂作寧古塔貝勒。蓋其時於建州原文亦已不瞭，修辭時易生誤會，非必有意誣揑也。且景祖兄弟，據實錄亦尙利害相共。至太祖崛起，氣呑祖衛，六王之後恐其及禍，有謀弱其強暴，欲圖太祖者。不得以昆弟自相殺害盡誣六王，並誣及景祖也。此可以事理辨正者也。

太祖言以已所已呑之各部爲鑒，是以定八家均分之制。所盼於後人者乃八家分權，深戒一家集權。勉以重義輕財，同謀共事。由後言之，此實不可久持之幻想。幸而太宗力能改革，刑驅勢禁，取分裂者而統合之。種種費手，俟下再詳。至訓詞末段，鄭重呼爾八固山，下注「四大王，四小王」，乾隆改修本作「爾大貝勒四，小貝勒四」，直貫作正文，不作小注，惟刪「八固山」三字，使人不注意其卽爲八旗旗主。至東華錄竟改作爾諸貝勒四字，未知出王氏之意，抑另據一本。故近代讀淸世官書，不易了解其八旗初制之奇特，實緣無書可證也。惟東華錄太宗錄首，載太宗即位之非由父命，則甚明顯。錄以爲證：

東華錄太宗錄首云：太祖初未嘗有必成帝業之心，亦未嘗定建儲繼立之議。上隨侍征討，運籌帷幄，奮武戎行，所向奏功，諸貝勒皆不能及。又善撫億衆，體恤將士，無論疏戚，一皆開誠布公以待之。自國中暨藩服，莫不欽仰。遇勁敵輒躬冒矢石，太祖每諭令勿前，諸貝勒大臣咸謂聖心默注，愛護獨深。天命七年三月，諭分主八旗貝勒曰：「爾八人同心謀國，或一人所言有益於國，七人共贊成之。庶幾無失。當擇一有才德能受諫者，嗣朕登大位。」十一年八月庚戌，太祖高皇帝賓天，大貝勒代善長子岳託、第三子薩哈廉，告代善曰：「國不可一日無君，宜早定大計。四貝勒才德冠世，深契先帝聖心，衆皆悅服。當速繼大位。」代善曰：「此吾素志也。天人允協，其誰不從。」次日，代善書其議以示諸貝勒，皆曰善，遂合詞請上即位。上辭曰：「皇考無立我爲君之命。若舍兄而嗣立，既懼弗克善承先志，又懼不能上契天心；且統率羣臣，撫綏萬姓，其事綦難。」辭至再三，自卯至申，衆堅請不已，然後從之。

此段文尤明顯。太宗嗣立非太祖之命，而太宗在八貝勒中，尤有戰績，尤冒險圖功，爲衆所不及，此當是事實。所敍天命七年三月之諭，即上文已載之諭，而云「諭分主八旗貝勒」，旗各有主，語亦分明。惟於「擇一人嗣登大位」之下，節去隨時可以更易之語，則是後來竄改訓詞，以順太宗固定大位之意。論當時實力，太宗手握兩黃旗，已倍於他貝勒，又四小王皆幼稚，易受代善指揮。惟餘有兩大貝勒，阿敏非太祖所生，自不在爭位之列，莽古爾泰以嫡庶相衡，亦難與代善太宗相抗。故有代善力任擁戴，事勢極順。而代善之所以盡力，由兩子之慫恿，觀於清開國八王，世所謂鐵帽子王，其中太祖子三人，太宗子二人，太祖所幼育宮中之胞姪一人，其餘二人乃皆代善之後，以始封者爲皇子，故以郡王世襲。而此兩郡王，一為克勤郡王，卽岳託；一為順承郡王，卽薩哈廉之子勒克德渾。淸之所以報酬者如此，蓋代善實為淸之吳泰伯，從中成就者乃此二子。世或訛鐵帽子王內為有英王，此實不然。英王誅死，僅復宗籍，久之乃襲一鎭國公，王爵不終其身，何鐵帽之足云也。

鐵帽王必湊成八數。中間若太宗子承澤親王，後改號莊王世襲者，功績聲望，遠在諸王之下，其必湊一世襲罔替之數，正由太祖以來，八固山、八和碩貝勒、八家八分等舊號，傳為定說。於英王旣必不願其復爵，姑以莊王充數。睿王之復爵，終在意中，而睿王未復前，世宗已用怡王入世襲罔替之列，至睿王復時而得九鐵帽矣。至孝欽垂簾之獄，鄭王後得端華並其弟肅順兩罪魁，不廢鄭王爵，怡王後得載垣，亦始奪而旋復。莊王後載勛，拳匪時為罪魁，爵亦不奪。此皆示法祖之意。惟光緖間兩醇王，一則中興有功，一則有子入承大統，皆得世襲罔替，猶為有說。至宣統卽位，慶王亦世襲罔替，此則國無綱紀，見攝政載灃之無能，雖孝欽亦未必為此矣。

太祖遺訓中之四大王，自並太宗在內。其四小王究為何人？以前天命六年之告天祝文，偶具八人之名，至九年正月，與胯兒胯部，巴玉特衞，答兒漢巴土魯貝勒之子恩格得兒台吉誓文，則曰：「皇天垂祐，使恩格得里捨其己父而以我為父，捨其己之弟兄，以妻之兄弟為弟兄。（恩格得里先已妻舒爾哈赤女。）棄其故土，而以我國為依歸。若不厚養之，則穹蒼不祐，殃及吾身。于天作合之婿子而恩養無間，則天自保祐，俾吾子孫大王二王三王四王，阿布太台吉，得格壘台吉，戒桑孤台吉，跡兒哈朗台吉，阿吉格台吉，都督台吉，姚托台吉，芍托台吉，沙哈量台吉，及恩格得里台吉等，命得延長，永享榮昌。」據此則八固山諸王台吉，所可以對外及對天起誓者，四大貝勒外又有九人之多，則為十三人矣。故知前所云十固山執政王，亦是此同等文法，謂十個在固山中執政之王，非謂固山有十也。是年二月又與廓兒沁部盟，先由太祖自與設誓，復命大王二王三王四王阿布太台吉、得格壘台吉、戒桑孤台吉、跡兒哈朗台吉、阿吉格台吉、都督台吉、姚托台吉、芍托台吉、沙哈量台吉等，亦宰白馬烏牛，對來使同前立誓書而焚之。其預於誓文之王台吉同前。則是年之固山執政王為十三人，亦非八旗各一旗主之謂。乾隆修改實錄，本年前一誓，於四王用代善阿敏莽古爾泰之名，遂刪去太宗之名。於後一誓則又稱大貝勒二貝勒三貝勒四貝勒，東華錄則盡去之。開國時草昧之跡，士大夫往往欲代為隱諱，初不虞其失實也。

旗主中四大貝勒為定名，四小貝勒則求其確定，於宗室王公傳中檢得一據。蓋太祖最後遺命以阿濟格（即武皇帝實錄之阿吉格）多爾袞、多鐸、各主一旗，合之四大貝勒，已得七旗，其餘一旗，別有考訂。今先錄阿巴泰傳，以明阿濟格多爾袞多鐸各主一旗之事實：

國史宗室王公多羅饒餘郡王阿巴泰傳：天命十一年九月，太宗文皇帝即位，封阿巴泰貝勒。阿巴泰語額駙揚古利達爾漢曰：「戰則我擐甲冑行，獵則我佩弓矢出，何不得為和碩貝勒？」揚古利等以奏，上命勸其勿怨望。天聰元年五月。上親征明錦州，同貝勒杜度居守。十二月，察哈爾昂坤杜稜來歸，設宴，阿巴泰語納穆泰曰：「我與小貝勒列坐，蒙古貝勒明安巴克俱坐我上，實恥之。」納穆泰入奏，上宣示諸貝勒，於是大貝勒代善率諸貝勒訓責之曰：「德格類、濟爾哈朗、杜度（即舊作都督之改譯）、岳託（舊作姚托）、碩托（舊作芍托）、早隨五大臣議政，爾不預；阿濟格、多爾袞、多鐸，皆先帝分給全旗之子；諸貝勒又先爾入八分列，爾今為貝勒，心猶不足，欲與和碩貝勒抗，將紊紀綱耶？」阿巴泰引罪願罰，於是罰甲冑雕鞍馬各四，素鞍馬八。（阿巴泰舊作阿布太，太祖第七子。）

據代善所責阿巴泰語，八固山之主，四和碩貝勒外，惟阿濟格多爾袞多鐸三人各主一全旗，是爲七旗已各有主。其餘諸貝勒，但稱其或早隨五大臣議政，或先入八分列，未有謂其主一旗者，則太祖所擬定四大王四小王，尙有一小王未命，而八旗止七旗爲明命所定之主也；其餘一旗何在，則尙爲太宗所兼領，未知太祖之意究擬屬之何人，但當歿時尙未指派。在太宗以奮勇立功，多將一旗，亦所應得。但觀遺訓，累以八旗共治爲言，並以恃強倚勢爲戒，終不欲使一子有兼人之武力，其令太宗得挾有兩旗者，乃臨終倉卒，未及處分，亦意中無有一定可與之人，以故遲遲有待耳。今更舉太宗於太祖崩時挾有兩旗之證：

東華錄：太宗崇德四年，八月辛亥，召諸王貝勒貝子公等及羣臣集崇政殿，議疏脫逃人罪畢，又召傅爾丹至前曰：「此人於朕前欺慢非止一二，朕欲使爾等共聞之，是以明數其罪……太祖皇帝晏駕哭臨時，鑲藍旗貝勒阿敏，遣傅爾丹謂朕曰：『我與諸貝勒議，立爾爲主，爾卽位後，使我出居外藩可也。』朕召饒餘貝勒與超品公揚古利額駙、達爾漢額駙、冷格里、納穆泰、索尼等至，諭以阿敏有『與諸貝勒議，立爾爲主，當使我出居外藩』之語，若令其出居外藩，則兩紅兩白正藍等旗亦宜出藩於外，朕已無國，將誰爲主乎？若從此言，是自壞其國也。皇考所遺基業，不圖恢廓，而反壞之，不祥莫大焉。爾等勿得妄言。復召鄭親王問曰：『爾兄遣人來與朕言者，爾知之乎？』鄭親王對曰：『彼曾以此言告我，我謂必無是理，力勸止之。彼反責我懦弱，我用是不復與聞。』傅爾丹乃對其朋輩譏朕曰：『我主迫於無奈，乃召鄭親王來誘之以言耳。』」

據此則知太祖崩時，太宗挾有兩黃旗，故謂「各旗若效鑲藍旗出外，則兩紅兩白正藍皆可出外」，不數兩黃旗也。又知阿敏所主爲鑲藍旗，則八旗中三旗爲有主名矣。今再考正紅旗主，實爲大貝勒代善。

東華錄：太宗天聰九年九月壬申，上御內殿，諭諸貝勒大臣曰：「朕欲諸人知朕心事，故召集於此。如朕言虛謬無當，爾諸貝勒大臣卽宜答以非是，勿面從。夫各國人民呼籲來歸，分給爾貝勒等恩養之，果能愛養天賜人民，勤圖治理，庶邀上天眷佑。若不留心撫育，致彼不能聊生，窮困呼天，咎不歸朕而歸誰耶？今汝等所行如此，朕將何以爲治乎？大凡國中有強力而爲君者，君也。有幼冲而爲君者，亦君也。有爲衆所擁戴而爲君者，亦君也。旣已爲君，豈有輕重之分？今正紅旗固山貝勒等，輕蔑朕處甚多：大貝勒昔從征北京時，違衆欲返，及征察哈爾時，又堅執欲回，朕方銳志前進，而彼輒欲退歸，所俘人民，令彼加意恩養，彼旣不從，反以爲怨。夫勇略不進，不肖者不黜，誰復肯向前盡力乎？今正紅旗貝勒，於賞功罰罪時，輒偏護本旗，朕所愛者彼惡之，朕所惡者彼愛之，豈非有意離間乎？朕今歲託言出遊，欲探諸貝勒出師音耗，方以勝敗爲憂，而大貝勒乃借名捕蟶，大肆漁獵，以致戰馬俱疲，及遣兵助額爾克楚爾虎貝勒時，正紅旗馬匹，以出獵之故，瘦弱不堪，儻出師諸貝勒一有緩急，我輩不往接應，竟晏然而已乎。誠心爲國者固如是乎。……」

以上爲數代善之罪，而俱指其爲正紅旗貝勒者，大貝勒與正紅旗貝勒互稱。今取其足證大貝勒卽正紅旗貝勒而止。又其後有一款云：

往時阿濟格部下大臣車爾格有女，揚古利額駙欲爲其子行聘，大貝勒脅之，且唆正藍旗莽古爾泰，貝勒曰：「爾子邁達禮先欲聘之矣，爾若不言，我則爲我子馬瞻娶之。」夫阿濟格乃朕之弟，豈可欺弟而脅其臣乎？

此段又可證阿格濟之自主一旗，其下有大臣。太宗又言「不可欺弟而脅其臣」，則其旗下所屬，太宗是時亦認其爲阿濟格之臣也。又見「正藍旗莽古爾泰貝勒」，則正藍旗貝勒亦有主名矣。代善爲讓位與太宗而擁立之者，發端先言種種爲君之來歷不同，既已爲君，卽不能有所重輕，是因代善不免挾擁立之故對太宗不甚嚴畏，經此挫抑，後不敢復然，乃得以恩禮終始。此亦見太宗之自命爲君，絕不認太祖遺訓爲有效。然其對代善猶止挫抑而已，未嘗欲奪其所主之旗，至正藍旗之待遇則不同，是猶未忘代善擁立之惠也。

正藍旗旗主爲莽古爾泰，既見上矣。至此旗爲太宗所呑併，卽在本年，正可與正紅旗之待遇相較。稱代善之罪，經諸貝勒大臣、八固山額眞、六部承政，審擬畢，議請應革大貝勒名號，削和碩貝勒，奪十牛彔屬人，罰雕鞍馬十，甲冑十，銀萬兩，仍罰九馬與九貝勒（斯時除代善父子外，可知執政之貝勒蓋有九人。）薩哈廉貝勒，應罰雕鞍馬五，空馬五，銀二千兩，奪二牛彔屬人。奏入，上免之，罰代善月耳，惟在莽古爾泰死後，並在其同母弟德格類死後，未嘗及身受戮，此亦太祖所訓「寧待天誅，勿兄弟間自相推刄」之影響也。但固山則爲太宗所併，是爲後世天子自將三旗之由來。然自將三旗，後世乃以兩黃及正白爲上三旗，尙非此正藍旗，此則順治間之轉換，別詳於後。今先詳正藍旗之歸結。

東華錄：天聰六年十二月乙丑，和碩貝勒莽古爾泰薨，年四十六，上臨哭之。摘纓，服喪服，居殿側門內。丙寅，送靈輿至寢園，始還宮。

又，天聰九年十月己卯，管理戶部事和碩貝勒德格類薨，年四十。上臨其喪，哭之慟。漏盡三鼓方還。於樓前設幄而居。撤饌三日。哀甚。諸貝勒大臣勸至再三，上乃還宮。又，十二月辛巳，先是，貝勒莽古爾泰與其女弟莽古濟（本名蒙古姐）格格，格格之夫敖漢部瑣諾木杜棱，於貝勒德格類，屯布祿，愛布禮，冷僧機等前對佛跪焚誓詞云：「我已結怨皇上，爾等助我，事濟之後，如視爾等不如我身者，天其鑒之。」瑣諾木及其妻誓云：「我等陽事皇上，而陰助爾，如不踐言，天其鑒之。」未幾，莽古爾泰中暴疾，不能言而死，德格類亦如其兄病死。冷僧機首於刑部貝勒濟爾哈朗，瑣諾木亦首於達雅齊國舅阿什達爾漢（阿什達爾漢爲葉赫金台什族弟，故爲太宗諸舅，稱之曰達雅齊國舅。）隨奏聞於上。諸貝勒大臣等會審得實，莽古濟格格，並其夫瑣諾木，及莽古爾泰德格類之妻子，同謀屯布祿、愛巴禮，闔門皆論死，冷僧機免坐，亦無功，二貝勒屬人財產，議歸皇上。上以冷僧機宜敍功，財產七旗均分，命集文館諸儒臣再議。尋議莽古濟格格謀逆，不可追誅，兩貝勒妻子應處斬，若上欲寬宥，亦當幽禁。冷僧機宜敍功，瑣諾木昔佯醉痛哭，言「上何故惟兄弟是信，上在，則我蒙古得遂其生，否則我蒙古不知作何狀矣」。（此事亦見前議紅旗貝勒罪時，涉及哈達莽古濟格格，情節宜互詳。）上亦微喻其意。彼時上待莽古爾泰，德格類，莽古濟正在寵眷之際，瑣諾木雖欲直言，豈容輕出諸口，今瑣諾木先行舉首，應否免罪，伏候上裁。至屯布祿愛巴禮，罪應族誅。兩貝勒族人戶口，應全歸上。古人云：勿使都邑大於邦國。國寡都衆，亂之本也。如上與諸貝勒一例分取，則上下無所辨別矣。於是諸貝勒大臣覆奏，誅莽古濟，免瑣諾木罪。先是，莽古爾泰子額必倫會言：「我父在大凌河露刃時（事在天聰五年八月），我若在彼，必刃加皇上，我亦與我父同死矣」。其兄光衮首告，上隱其事，至是罪發，乃誅額必倫。莽古濟長女爲岳託貝勒妻，次女爲豪格貝勒妻，豪格曰：「格格既欲謀害吾父，吾豈可與謀害我父之女同處乎」，遂殺其妻。岳託亦請殺其妻，上止之。昂阿喇以知情處死（昂阿喇爲莽古爾泰母先適人所生子，蓋其同母異父兄也。）屯布祿，愛巴禮，及其親支兄弟子姪，磔於市。授冷僧機世襲三等梅勒章京，以愛巴禮屯布祿家產給之，免其徭役，賜以敕書。莽古爾泰六子：邁達禮、光衮、阿喀達舒、孫謀納海、德格類子鄧什庫等，俱黜爲庶人。二貝勒屬人財產俱歸上。賜豪格八牛彔屬人，阿巴泰三牛彔屬人，其餘莊田財物，量給衆人。以正藍旗入上旗，分編爲二旗，以譚泰爲正黃旗固山額眞，宗室拜尹圖爲鑲黃旗固山額眞。後籍莽古爾泰家，獲所造木牌印十六，文曰「金國皇帝之印」，於是携至大廷，召貝勒臣民，以叛逆實狀曉諭於中外。

正藍旗於是歸太宗，併入兩黃旗，別設兩固山額眞，則是兩黃旗有四旗，而其實則正藍一旗分爲兩也。此與後來自將上三旗之方式不同，直是消滅一正藍旗，而由兩黃旗分轄其衆，又不徑入兩黃旗，乃成原設兩黃旗。後又分正藍旗爲新兩黃旗，皆歸自將，幾乎破八旗之定制矣。要爲八固山少一強宗，始爲太祖遺訓痛革其理想之流弊。

莽古爾泰之積釁，據實錄之已見東華錄者，所載亦夥。其應否消滅此一固山，却與莽古爾泰之罪狀無涉。推太祖之意，將永存八固山之制，則以其屬人更立一固山貝勒可也。乃諸貝勒等議以歸上，太宗不能泰然承受，而曰財產七旗均分，又命文館儒臣再議。夫分財產非分其人衆也，結果莊田財物，量給衆人，卽七旗均分之謂矣。太宗之意，非利其財產，而特欲併其人衆以去一偪，故不更由諸貝勒議，而由儒臣議。儒臣乃以「大都耦國，亂之本也」之古訓，明示八固山平列之制當除，於是有此改革。若藍旗貝勒之罪狀，則轉爲藉端焉耳。玆併撮其釁之所由生，爲太宗兄弟間明其變態：

蔣氏東華錄：太祖元妃佟甲氏，諱哈哈納札青，生子二：長褚英，次代善。繼妃富察氏名袞代，生子二，長莽古泰，次德格類。此皆在孝慈高皇后來歸之前。

唐邦治清皇室四譜：繼妃富察氏，名袞代。爲莽塞杜諸祜女，初適人，生子昂阿拉（原注：昂阿拉，天聰九年十二月坐知莽古濟格格逆謀並處死。），後復歸太祖。明萬曆十五年，生皇五子原封貝勒莽古爾泰，踰數年，生創籍菁三女莽古濟格格，二十四年，生皇子原封貝勒德格類，天命五年，以竊藏金帛，迫令大歸，尋莽古爾泰弑之。

滿洲老檔祕錄：大福晉獲罪大歸（天命五年三月），皇妃泰察又告上（先已告宮婢納扎私通達海）曰：「大福晉以酒食與大貝勒者二，大貝勒皆受而食之。以與四貝勒者一，四貝勒受而未食。且大福晉日必二三次遣人詣大貝勒家，而大福晉深夜私自出宮，亦已二三次矣。似此跡近非禮，宜察之。」上聞此言，遂命達爾漢侍衞扈爾漢，巴克什額爾德尼，雅孫，蒙噶圖等四人，澈底查究，知泰察所告非虛誣。大福晉因上曾言「俟千秋萬歲之後，以大福晉及衆貝勒悉託諸大貝勒」。故傾心於大貝勒，日必二三次遣人詣大貝勒家，每值賜宴會議之際，必豔妝往來大貝勒之側。衆貝勒大臣雖微有所知，亦不過私自腹非，決不敢質直上聞，以觸大福晉大貝勒之忌也。上聞言，不欲以曖昧事加罪大貝勒，乃假大福晉竊藏金帛爲詞，遣使查抄。查抄之使至界凡，大福晉急以金帛三包送至達爾漢侍衞所居山上，還宮後遣人往取，爲達爾漢侍衞所覺，即與查抄之使同見上曰：「福晉私藏財物於臣家，臣豈有容受之理。今福晉私藏一事，臣實未知覺。即遣人來取，上亦未知，顯係臣家奴婢所爲，請予澈究」。上聞奏，立遣人往達爾漢所居山查察，果係屬實，即殺容受財物之奴婢。蒙古福晉告查抄之使言：「小阿哥家藏有大福晉寄存之彩帛三百端」。使者聞言，往小阿哥家，果獲彩帛三百端。又在大福晉母家抄出銀錢盈篋，大福晉告使者言：「蒙古福晉處亦存有珍珠一串。」使者以問蒙古福晉，蒙古福晉認爲大福晉所寄藏，使者遂取其珠。又聞總兵巴都里之二妻曾獻大福晉以精美倭緞若干端，又大福晉曾以朝服私給參將蒙噶圖之妻，以財物私給村民，祕不上聞。使者查抄既畢，遂將前情復奏。上歷問村民，皆認爲大福晉所賜，且舉所得財物悉送還。上乃大怒。遂以大福晉罪狀告衆曰：「大福晉私藏金帛，擅自授受，實屬罪無可逭。惟念所出三子一女，遽失所恃，不免中心悲痛。姑寬其死，遣令大歸。」遂取大福晉遺留宮中之衣物，發而觀之。所有私置庋藏之物，已無多矣。因命葉赫之納納寬烏珠、阿巴該、二福晉來觀，且告以大福晉之罪狀。遂以大福晉所製蟒緞被褥各二，衣飾若干，賜葉赫之二福晉。其餘衣物，悉賜大福晉所出之公主。又以皇妃泰察，不避嫌怨，首先舉發，遂命侍膳。

以上爲莽古爾泰兄弟之母。據實錄：「癸巳年：九國來侵海西四部蒙古等部，太祖安寢，滾代皇后推醒，問是昏昧，抑是畏懼？」則天聰間尚以皇后稱之。至乾隆修本則改作妃富察氏。此大歸事，實錄不載，而老檔詳之。莽古爾泰之弒母，亦見太宗實錄。東華錄所錄，太宗謂「皇考於莽古爾泰一無所與，故倚朕爲生，後弒母邀功，乃令附養於德格類貝勒家」云云，語殊矛盾，壬子年，見莽古爾泰與太宗同擊兀喇貝勒布占太，則固早從征伐。後於天命元年，同爲和碩貝勒，稱三貝勒，亦稱三王，即自有一固山之屬人及財產，何至倚其弟爲生，乃至天命五年以後，藉弒母邀功，始令附養於其同母弟家耶？語不近情。則知太宗之罪狀莽古爾泰，不必符於事實，不過欲殺兄以殖己之勢耳。錄如下：

東華錄：天聰五年八月甲寅。大凌河岸一臺降，攻城東一臺克之。上出營坐城西山岡。莽古爾泰奏曰：「昨日之戰，我旗將領被傷者多。我旗擺牙喇兵，有隨阿山出哨者，有隨達爾漢額駙營者，可取還乎？」上曰：「朕聞爾所部兵，凡有差遣，每致違誤。」莽古爾泰曰：「我部衆凡有差遣，每倍於人，何嘗違誤？」上曰：「果爾，是告者誣矣，待朕與爾追究之。若告者誣，則置告者於法；告者實，則不聽差遣者亦置於法。」言畢，面赤含怒，將乘馬，莽古爾泰曰：「皇上宜從公開諭，奈何獨與我爲難？我止以皇上之故，一切承順，乃意猶未釋，而欲殺我耶？」言畢，舉佩刀柄前向，頻摩視之。其同母弟德格類曰：「爾此舉動大悖！」遂以拳毆之。莽古爾泰怒詈曰：「蠢物何得毆我！」遂抽刀出鞘五寸許，德格類推其兄而出。代善見之，恚甚，曰：「如此悖亂，殆不如死！」上默然復坐，區處事務畢，還營，憤語衆曰：「莽古爾泰貝勒幼時，皇考曾與朕一體撫育乎？因一無所與，故朕推其餘以衣食之，遂倚朕爲生。後欲希寵於皇考，弒其生母，邀功於皇考，皇考因令附養於德格類貝勒家，爾等豈不知耶？今莽古爾泰何得犯朕。朕思人君雖甚英勇，無自誇詡之理。朕惟留心治道，撫綏百姓，如乘駑馬，謹身自持，何期輕視朕至此！」怒責衆侍衞曰：「朕恩養爾等何用？彼露刃欲犯朕，爾等奈何不拔刀趨立朕前耶？」又曰：「爾等念及皇考升遐時，以爲『眼中若見此鬼，必當殺之』之言乎？乃今目覩犯朕，何竟默然旁觀？朕恩養爾輩無益矣。」薄暮，莽古爾泰率四人止於營外里許，遣人奏曰：「臣以枵腹飲酒四巵，對上狂言，竟不自知，今叩首請罪於上。」上遣揚古利達爾漢傳諭曰：「爾拔刀欲犯朕，復來何爲？」時有塞勒昂阿喇者與俱來，並責之曰：「爾輩以爾貝勒來，必欲朕兄弟相仇害耶？爾等如強來，朕卽手刃之矣。」拒不納。（昂阿喇卽莽古爾泰異父兄）。又，十月癸亥，大貝勒代善及諸貝勒，擬莽古爾泰御前持刃罪，議革去大貝勒，降居諸貝勒之列，奪五牛彔屬員，罰馱盔甲雕鞍馬十四匹進上，盔甲雕鞍馬一匹代善，索靴馬各一匹與諸貝勒，仍罰銀一萬兩入官。

以上爲莽古爾泰得罪太宗之事實。及身後所被屬人出首，則皆隱昧未遂之犯。至其女弟莽古濟，其與太宗相怨之起因，乃由女嫁豪格之故，玆並詳其始末：

武皇帝實錄：乙亥年，太祖征哈達，海西四部之一，生擒孟革卜鹵。（明作猛骨孛羅）哈達遂亡。後太祖欲以女莽姑姬與孟卜鹵爲妻，放還其國。適孟革卜鹵私通嬪御，又與剛蓋通謀欲篡位，事洩，將孟革卜鹵、剛蓋，與通姦女俱伏誅。辛丑年正月，太祖將莽姑姬公主與孟革卜鹵子吳兒戶代爲妻。萬曆皇帝責令復吳兒戶代之國，太祖迫於不得已，令吳兒戶代帶其人民而還。哈達國饑，向大明開原城乞糧不與，太祖見此流離，仍復收回。

清皇室四譜：吳爾古代夫婦復來，歸依太祖，人稱皇女爲哈達公主，亦稱哈達格格。天命末夫亡，天聰元年十二月復嫁瑣諾木。

清史稿公主表有嫁瑣諾木之莽古濟公主，又稱太祖有女嫁吳爾古代，不知所自出，列爲兩人，蓋未考也。莽姑姬之名，後修實錄刪去，故列表時失察。其實太祖之女，舊實錄皆載其名，名下皆有姐字，此亦係蒙古姐耳。至其得罪太宗則天在聰九年：

東華錄：天聰九年九月丁巳，諸貝勒議奏：貝勒豪格娶察哈爾汗伯奇福金，阿巴泰娶察哈爾汗俄爾哲圖福金，上俞其請。時上姊莽古濟公主聞之，曰：「吾女尚在，何得又與豪格貝勒一妻也？」遂怨上。辛未，上還宮。是日移營將還，大貝勒代善以子尼堪祜塞病，遂率本旗人員各自行獵，遠駐營。時哈達公主怨上，欲先歸，經代善營前，代善命其福金等往邀，後親迎入帳大宴之，贈以財帛。上聞之大怒，遣人詣代善及其子薩哈廉所，詰之曰：「爾自率本旗人另行另止，邀怨朕之哈達公主至營，設宴饋物，以馬送歸。爾薩哈廉身任禮部，爾父妄行，何竟無一言耶？」

明日壬申，議大貝勒罪，並哈達公主罪，尙皆免之；於大貝勒罰銀馬甲冑，哈達公主亦僅禁其與親戚往來。至十二月遂成大獄，而正藍旗爲太宗所併。又其先有處分鑲藍旗事。

鑲藍旗主爲二貝勒阿敏。太宗亦先於天聰四年六月乙卯，宣諭阿敏罪狀十六款。蓋以阿敏等棄永平四城而歸，因並及他罪，免死幽禁，奪所屬人口奴僕財物牲畜，及其子洪可泰人口奴僕牲畜，俱給濟爾哈朗。鑲藍旗旗主，遂由阿敏轉爲濟爾哈朗。其未能奪之者，濟爾哈朗原爲天命年間和碩貝勒，未能主一固山，在太祖遺屬中有四大王四小王爲八固山之訓，後止有阿濟格多爾袞多鐸爲三小王，若增足四小王，本應無越於濟爾哈朗之上者，而鑲藍旗遂爲濟爾哈朗所專有。至世祖入關，濟爾哈朗被貝子屯齊等訐告。當上遷都燕京時，將其所率本旗原定在後之鑲藍旗同上前行，近上立營，又將原定在後之正藍旗，令在鑲白旗前行，革去親王爵，降爲郡王，罰銀五千兩，奪所屬三牛彔。此由世祖即位時，濟爾哈朗原與睿王同爲攝政，至睿王獨定中原，功高專政，不平相軋，遂爲睿王所傾，有此微譴，未幾復爵；及睿王薨，且極擠睿王，定其罪案，報復甚力。此不具論。但可證濟爾哈朗之保有鑲藍旗，又可證正藍旗併入兩黃旗，旗色未變，特於兩黃旗添設固山額眞以轄之耳。

兩黃兩藍正紅共五旗，既皆考得旗主，餘兩白及鑲紅三旗，自必即爲阿濟格多爾袞多鐸所主。三人皆一母所生，阿爾格固用事在天命間，而多爾袞、多鐸，於太祖崩時，年止十五，一止十三，乃先諸兄而均主全旗，自緣母寵子愛，英雄末年，獨眷少子。太宗乃代諸貝勒逼三人之母身殉，此亦倫理之一變。爲淸室後來所諱言，惟武皇帝實錄詳載之，改修實錄既定，一代無知此事者。今錄舊實錄文如下：

> 武皇帝實錄：天命十一年八月十一日庚戌未時崩，在位十一年，壽六十八。爲國事子孫，早有明訓，臨終遂不言。及羣臣輪班以肩帝柩，夜初更至瀋陽（帝不豫，詣淸河溫泉沐養，太祖回京，崩于靉雞堡，離瀋陽四十里。）入宮中。諸王臣幷官民哀聲不絕。帝后原係夜黑國主楊機奴貝勒女，嗣後立兀喇國滿泰貝勒女爲后，饒丰姿，然心懷嫉妬，每致帝不悅。雖有機變，終爲帝之明所制，留之恐後爲國亂，預遺言於諸王曰：「俟吾終，必令殉之。」諸王以帝遺言告后。后支吾不從。諸王曰：「先帝有命，雖欲不從，不可得也。」后遂服禮衣，盡以珠寶飾之，哀謂

諸王曰：「吾自十二歲事先帝，豐衣美食已二十六年，吾不忍離，故相從于地下。吾二幼子：多兒哄，多鐸，當恩養之。」諸王泣而對曰：「二幼弟，吾等若不恩養，是忘父也，豈有不恩養之理。」於是后於十二日辛亥辰時，自盡，壽三十七。乃與帝同柩。巳時出宮，安厝於瀋陽城內西北角。又有二妃阿跡根，代因扎，亦殉之。

錄言「為國事子孫，早有明訓，臨終遂不言。」明乎六月二十四日之遺囑，既口語，又書示，乃太祖末命之最要根據也。本錄此諭後遂接七月二十三日之帝不豫，以至八月十一日崩，更無一語，所謂「臨終遂不言」也。後修實錄於不豫前竄入閉穴之諭文數則，詞意不貫。其敍殉葬事則云：

先是，孝慈皇后崩後，立烏喇國貝勒滿太女為大妃。辛亥辰刻，大妃以身殉焉，年三十有七。遂同時而殮。巳刻恭奉龍輿出宮，奉安梓宮於瀋陽城中西北隅。又有二庶妃亦殉焉。

今以太祖立國之計言之，以八固山平列，阿濟格等同母兄弟得三固山，倘以一母聯綴於其上，勢最雄厚，五固山均覺畏之。去其總挈之人，可使分析。乘多爾袞、多鐸尚無成人能力時，一阿濟格不能抗，特矯遺命以壓迫之，可推見也。太祖因寵其母而厚其子，不思其所終極而適以害之。以八分立國，根本涉於理想，子孫世世能矯正之，於親屬為寡恩，於數典為忘祖，然為國家長久計，亦有不得已者，此亦貽謀之不善耳。茲更舉兩白旗屬睿豫二王之證：

東華錄：順治八年正月甲寅，議和碩英親王阿濟格罪。先是攝政王薨之夕，英王阿濟格赴喪次，旋即歸帳。是夕，諸王五次哭臨，王獨不至。翌日，諸臣勸請方至，英王途遇攝政王馬羣廝卒，鞭令引避，而使己之馬羣廝卒前行。第三日，遣星納、都沙，問吳拜、蘇拜、博爾惠、羅什，曰：「勞親王（英王子名勞親）係我等阿哥，當以何時來？」衆對曰：「意者與諸王偕來，或即來即返，或隔一宿之程來迎，自彼至此，路途甚遠，年幼之人，何事先來？」蓋因其來問之辭不當，故漫應以遣之。吳拜蘇拜博爾惠羅什等私相謂曰：「彼稱勞親王為我等阿格，是以勞親王屬於我等，欲令附彼。彼既得我輩，必思奪政。」於是覺其狀，增兵固守。又英王遣穆哈達召阿爾津僧格（二人豫王屬下人。）阿爾津以自本王夢後，三年不詣英王所矣，今不可遽往，應與攝政王下諸大臣商之，於是令穆哈達回，遂往告公額克親，及吳拜、蘇拜、博爾惠、羅什。額克親謂阿爾津曰：「爾勿怒，且往，我等試觀其意何如。」英王復遡召，阿爾津僧格乃往。英王問曰：「不令多尼阿格詣我家（豫王子名多尼），攝政王曾有定議否？」阿爾津等對曰：「有之。將阿格所屬人員置之一所，恐反生嫌，故分隸兩旗，正欲令相和協也。攝政王在時既不令之來，今我輩可私來乎？此來亦曾告之諸大臣者。」英王問曰：「諸大臣爲誰？」阿爾津僧格對曰：「我等之上有兩固山額眞，兩議政大臣，兩護軍統領。一切事務，或啓攝政王裁決，或卽與伊等議行。」英王曰：「前者無端謂我憎多尼多爾博（二人皆豫王子。多尼襲豫王爵，多爾博嗣睿王。），我何爲憎之。我曾拔劍自誓，爾時吳拜蘇拜博爾惠羅什等遂往告之，自此動輒恨我，不知有何過誤。」旣又曰：「退讓者乃克保其業，被欺者反能守其家。（此二語蓋謂豫睿二王皆死，而已獨存。）又言：「曩征喀爾喀時（順治六年十月，睿王征喀爾喀。）兩日風大作，每祭纛金（順治六年十二月，睿王元妃薨。）皆遇惡風（蓋謂睿王多遭天譴。）且將拶臢取去，見居正白旗（睿王之旗爲正白），爾等何爲不來，意欲離間我父子耶？」阿爾津僧格對曰：「似此大言，何爲向我等言之？王雖以大言抑勒，我等豈肯罔顧殺戮，而故違攝政王定議乎？」英王曰：「何人殺爾？」阿爾津僧格曰：「僅違攝政王定議，諸大臣自之諸王，能無殺乎。」於是英王大怒，呼公傅勒赫屬下明安圖曰：「兩旗之人，戈旗森列，爾王在後何爲？（兩旗謂睿豫二王之兩白旗。爾王謂多尼。時兩旗惟一王。）可速來一戰而死。」阿爾津僧格起欲行，英王復令坐曰：「不意爾如此。爾等係議政大臣。可識之。異日我有言，啓令爾等作證。阿爾津僧格對曰：「我等有何異說？兩旗大臣如何議論，我等卽如其議。（睿王嗣子卽豫王，時兩白旗爲一。）語畢還。具告額克親、吳拜、蘇拜、博爾惠、羅什。於是額克親、吳拜、蘇拜、博爾惠、羅什、阿爾津議曰：「彼得多尼王，卽欲得我兩旗。既得我兩旗，必強勒諸王從彼。諸王既從，必思奪政。諸王得毋誤謂我等以英王爲攝政王親兄，因而嚮彼耶？夫攝政王擁立之君，今固在也。我等當抱王幼子，依皇上以爲生。」遂急以此意告之諸王。鄭親王及親王滿達海曰：「爾兩旗向屬英王（向下當有不字），英王豈非誤國之人？爾等係定國輔主之大臣，豈可響彼。今我等既覺其如此情形，即當固結謹密而行。彼既居心若此，且又當生事變矣。」迨薄暮設奠時，吳拜蘇拜博爾豈羅什欲共議攝政王祭奠事，英王以多尼王不至，隨於攝政王帳前繫馬處乘馬策鞭而去。端重王獨留，即以此事白之端重王，端重王曰：「爾等防之，回家後再議。」又攝政王喪之次日，英王曾謂鄭親王曰：「前征喀爾喀時，狂風兩日，軍士及廝養，逃者甚多。福金薨逝時，每祭必遇惡風。守皇城柵欄門役，竟不著下衣。」又言攝政王曾向伊言，撫養多爾博，予甚悔之。且取勞親入正白旗，王知之乎。鄭親王答曰不知。又言兩旗大臣甚稱勞親之賢。此言乃鄭親王告之額克親吳拜蘇拜博爾惠羅什者。又謂端重王曰：「原令爾等三人理事，今何不議一攝政之人？」又遣穆哈達至端重王處言：「曾遣人至親王哈達海所，王已從我言，今爾應爲國政，可速議之。」此言乃端重王告之吳拜蘇拜博爾惠羅什者。至石門之日，鄭親王見英王佩有小刀，謂吳拜蘇拜博爾惠羅什等曰：「英王有佩刀，上來迎喪，似此舉動叵測，不可不防。」是日，勞親王率人役約四百名將至，英王在後見之，重張旗纛，分爲兩隊，前並喪車而行。及攝政王喪車既停，勞親王居右坐，[illegible]王居左坐，其舉動甚悖亂。於是額克親吳拜蘇拜博爾惠羅什阿爾津，集四旗大臣盡發其事，（四旗當是兩白兩藍。說見下。）諸王遂撥派兵役，監英王至京。又，於初八日英王知攝政王病劇，乃於初九日早遣人往取萬丹之女。以上情罪，諸王固山額眞議政大臣會鞫俱實。議英王阿濟格應幽禁，籍原屬十三牛彔歸上。其前所取叔王七牛彔，撥屬親王多尼（叔王即豫王。所取七牛彔，即前所云阿格所屬分隸兩旗者也。），投充漢人出爲民，其家役量給使用，餘人及牲畜俱入宮。勞親王先欲迎喪，令阿思哈白於敬謹王順承王，二王勿許。後英王欲謀亂，密遣人召勞親王多率兵來，令勿白諸王。勞親王遂不白諸王，擅率兵前往，應革王爵，降爲貝子，奪攝政王所給四牛彔。（挾有四牛彔是以能率兵來應。所率約四百人，其調發之權力可知。）

兩白旗爲睿豫二王所有，尚待下詳，此已明正白之爲睿王旗矣。細尋其跡，每旗或每牛彔，既屬某王，即調發由己，不關朝廷。可見太祖所定八固山並立之制，難與立國。時經太宗力圖改革，祖訓不易全翻，眞象如此。

阿格濟與多爾袞相較，明昧之相距太遠。清初以多爾袞入關，卽是天祐。至天下稍定，八固山之不能集權中央，又不無因攝政之故。沖主與強藩，形成離立，若英王亦有睿王意識，當睿王之喪，奔赴急難，扶植兩白旗，爲兩旗之人所倚賴，則席攝政之威，挾三旗之力（兩白正藍三旗，其說詳下），中立之兩紅旗，不致立異，懷忿之鑲藍旗不敢尋仇，世祖雖欲收權，尙恐大費周折。乃又英王自効驅除，鄭王乘機報復，先散四旗之互助，再挾天子以臨之，英王旣除，睿豫二王僅有藐孤，登時得禍，一舉而空四旗，大權悉歸皇室，此所謂天相之矣。

正藍旗亦屬睿豫二王旗下之經過，更當細考。此旗本係三貝勒莽古爾泰所主，天聰六年已歸太宗自將，至順治八年，當攝政睿王故後，漸發露睿王之罪，乃及正藍旗爲睿王所有。

東華錄：順治八年二月癸未。初，羅什、博爾惠、額克親、吳拜、蘇拜、等五人出獵歸，越數日，謂兩黃旗大臣曰：「攝政王原有復理事端重王敬謹二親王之意。」時兩黃旗大臣卽察其言動不順。又端重王謂兩黃旗大臣云：「羅什敬我，過於往日。彼曾召隋孫言，攝政王有復以端重王爲親王之意（順治六年三月，二王由郡王進親王。七年二月命理事。八月以事復降郡王。），已告知兩黃旗大臣矣。」又穆爾泰往視博爾惠病時，博爾惠言：「攝政王原有復理事兩王爲親王之意，我等曾告以兩黃旗大臣，今兩王已爲親王否？」於是穆爾泰歸語額爾德赫，額爾德赫云：「此言關係甚大，爾旣聞之，可告之王。」穆爾泰懼，未以告，而額爾德赫告於敬謹王，王因遇有頒詔事黎明至朝會處，遂以告端重王。旣入朝房，又以告鄭親王。其時端重王同兩黃旗相會云：「此爲我輩造釁耳，可訴之鄭親王。敬謹王云：「博爾惠所語穆爾泰之言，予先曾告知端重王，入朝房後又以告知鄭親王矣。」於是二王及兩黃旗大臣跪於鄭親王。兩黃旗大臣言：「羅什、博爾惠、額克親、吳拜、蘇拜等皆有是言，來告我等，旣又謂二王，皆我等兩黃旗大臣遲延其事耳。夫二王乃理事王也，若非二王發伊等之奸，豈不令二王與我等爲仇，而伊等得以市其諂媚乎？又前撥正藍旗隸皇上時，業已以和洛會爲滿洲固山額眞，侍衛顧納代爲護軍統領，阿喇善爲蒙古固山額眞。攝政王言：『予旣攝政，側目於予者甚多，兩黃旗大臣侍衛等，人皆信實，予出外欲賴其力以爲予衞，俟歸政然後隸於上。』其時曾致一書於貝勒拜尹圖，一書於譚泰，此諸王及朝中大臣所共知也。又將無用之巴爾達齊撥於黃旗，而不與正藍旗。此豈羅什、博爾惠等所不知乎（言知睿王約正藍旗俟歸政後仍隸於上。）？羅什自恃御前大臣，陰行蠱惑，爲欺罔唆搆之行，以多尼王歸正藍旗，給多爾博阿格兩旗，而分爲三旗，其意將奈誰何（當謂其意誰奈之何）？今照此分給，是皇上止有一旗，而多爾博反有兩旗矣。」於是鄭親王以下，尙書以上，公鞫之。以羅什博爾惠動搖國事，蠱惑人心，欺罔唆搆，罪狀俱實，應論死籍其家。

據此錄，當時攝政王已薨，其旗下用事之人猶以故見傳王意，卽欲指揮天子大臣，自成罪狀。天子之大臣亦僅稱兩黃旗大臣，則以八固山平列，幾乎復太祖所定故事矣。端重敬謹兩王本媚事睿王而得理事及親王之爵，旣降而復，當亦求之於睿王而得其生前之允許者。至是睿王屬人爲傳白王意，有惠於兩王，而兩王見朝局將變，反爲舉發之人，分其財物。至十六年乃議其「諂媚睿王、王死、飾爲素有嫌怨，分取人口財物」之罪，時二王亦已前卒矣。

其中敍睿王取正藍旗於天子自將之日，其立說爲兩黃旗人多信實，足恃爲禁衞之用，己則出外需加衞兵，調取歸己，俟歸政同時還返。王旣死而羅什輩以多尼入正藍旗，多尼原有之旗，併歸其弟嗣睿王之多爾博，是此時正藍旗爲多尼所主矣。至云「照此分給，皇上止有一旗，多爾博反有兩旗。」蓋謂將無用之巴爾達齊由睿王當時撥於黃旗，已將黃旗分隸無用之人，雖有兩黃旗而實止一旗，多爾博則獨擅兩白旗也。多尼之調正藍旗，事在七年十二月乙巳，睿王已死十七日。

東華錄：順治七年十二月乙巳，議政大臣會議英親王罪。（議罪事詳書於後十日。明年正月甲寅。此時蓋未定議。

）旣集，上命譚泰吳拜羅什傳諭議政王大臣等曰：「國家政務，悉以奏朕，朕年尙幼，未能周知人之賢否。吏刑工三部尙書缺員，正藍旗一旗緣事，固山額眞未補。可會推賢能之人來奏。諸王議政大臣，遇有重要大事情，可卽奏朕。其諸細務，令理政三王理之。」諸王大臣議奏：吏刑戶三部，事務重大，應各設尙書二員。吏部擬公韓岱，譚泰；刑部擬濟席哈，陳泰；戶部擬巴哈納，噶達渾；工部擬藍拜。調王多尼於正藍旗，以公韓岱爲固山額眞，阿爾津爲護軍統領。

是時世祖未親政，親政禮行於明年正月庚申。今之稱上命會議，所議皆睿王意恉。傳諭之譚泰吳拜羅什，皆睿王用事之人。所傳之諭，當亦是名義如此，其實皆攝政餘威也。多尼之調正藍旗，卽在會議中決之，至明年二月則以爲羅什等之罪狀矣。其前正月十九日，尙追尊睿王爲成宗義皇帝，妃爲義皇后，同祔太廟。王氏東華錄已削之，蔣錄具在，今原詔書亦存，是爲親政後八日。二月癸未爲初五日，旣議羅什等罪，再逾十日癸巳，則有蘇克薩哈克等首告睿王而追論其罪。蔣錄所載亦較王錄敍睿王罪狀多出自稱皇父攝政王，又親到皇宮內院等語，又有批票本章概用皇父攝政王之旨，不用皇上之旨，又悖理入生母於太廟等語。其處分之詞，王錄則云：「將伊母子並妻所得封典，悉行追奪。」蔣錄則云：將伊母子並妻，罷追封，撤廟享，停其恩赦。」一則尋常處分人臣之語，一則曾經祔廟恩赦，尊以帝號後之追削也。昭示罪狀詔書，首言「皇上冲年，將朝政付伊與鄭親王共理，多爾袞獨專威權，不令鄭親王預政」。是則怨毒之所在，猶是鄭睿二王之反覆，故自瞭然。世祖之不慊於攝政，在詔書內以「威偪肅王使不得其死，遂納其妃」爲最重大。則肅王固世祖長兄，其欲爲報怨宜也。

睿王之功罪，後來自有高宗之平反，不足置論。惟其爲兩黃白旗分之爭，則據東華錄尙有顯然可據者：

東華錄：順治八年四月辛亥，駐防河間牛彔章京碩爾對，以戶部諸臣給餉不均，於駐防滄州兩白旗兵丁則給餉不絕，於駐防河間兩黃旗兵丁則屢請不發，訐告尚書覺羅巴哈納等。部議巴哈納阿附睿王，曾撥令隨侍皇上，乃依戀不去，又將庫內金銀珠帛等物私送睿王府中，又私厚兩白旗兵丁，給餉不絕，有意刻待兩黃旗兵丁，竟不予餉。

以此益證明睿王所主者兩白旗，本係正白，而又兼領豫王故後之鑲白旗也。正藍則取之朝廷。睿王遂有三旗。至英王則本不理於攝政時，未能一致為用。但其旗分，則其他七旗皆有確實主名，惟餘鑲紅一旗，應為英王所主，但無可據，尚不如謂克勤郡王所主。其說見下。

清一代所紀八旗，分上三旗為天子自將，下五旗為諸王貝勒貝子公分封之地。上三旗為兩黃正白。夫兩黃之屬天子，太宗嗣位時早如此，已見前矣。正白則攝政時確屬睿王，其歸入上三旗，必在籍沒睿王家產之日。英睿二王皆為罪人，當時朝廷力能處分者，蓋有兩白正藍鑲紅四旗。其鑲白旗，以豫王已前歿，此時難理其罪，世祖既取睿王之正白旗，仍放正藍鑲紅兩旗，為任便封殖宗藩之用，但非八貝勒原來之舊勢力，則固已不足挾太祖遺訓與天子抗衡，而正紅之禮王代善，鑲藍之鄭王濟爾哈朗，各挾舊日之固山，亦已孤弱。今檢順治以後下五旗之設定包衣佐領，則知皇子以下就封，由朝廷任指某旗，入為之主，亦一旗非復一主。從前一旗中有爵者亦不止一人，但多係本旗主之親子弟，若德格類之亦稱藍旗貝勒，則固莽古爾泰之同母弟也。其他類推。

東華錄：康熙四十八年三月甲午，諭滿漢諸臣，中有云：「馬齊佟國維與允禩為黨，倡言欲立允禩為皇太子，殊屬可恨。」又云：「馬齊原係藍旗貝勒德格類屬下之人，陷害本旗貝勒，投入上三旗。問其族中有一人身歷戎行而陣亡者乎？」

據聖祖之言，藍旗貝勒爲德格類。在天聰六年治藍旗貝勒莽古爾泰之罪，牽及德格類。今觀此諭，則德格類亦在藍旗中稱貝勒，亦自有屬人，亦似與其兄各分所轄者。當時一旗容一旗之子弟，如濟爾哈朗未得阿敏之遺業時，亦必在阿敏之鑲藍旗中，自有分得之所屬。太祖於八固山，本以八家爲言，指其所愛或所重爲八固山之主，而其餘子弟固皆待八固山收卹之。特由各固山自優其所親，非其所親則屬旗下爲屬人而已。太祖之制本不得爲通法，太宗以來，刻刻改革，至睿王而固山之畛域又加強固，英王內訌，仇敵得間，乃一舉而奉之朝廷。此八固山制之一大變革也。今檢嘉慶初所成之重修八旗通志，於其下五旗設立之包衣佐領，可見各旗之入而爲主之王公，皆時君隨意指封，略無太祖八固山之遺意矣。

考包衣之名，包者滿洲語家也，房屋亦謂之包。蒙古氈帳謂之蒙古包，世以其爲氈帳而始名包，其實不然，卽謂蒙古人之家耳，雖不氈帳亦當謂之包也。衣者虛字，猶漢文之字。包衣牛彔額眞，卽家之佐領。旗制以固山額眞後改名都統者爲一旗之長官。在八貝勒尊貴時，都統乃本旗旗主之臣，君臣之分甚嚴。然八旗之臣，合之亦皆當爲國家效力。佐都統者每旗兩梅勒額眞，額眞既改章京，又改漢名爲副都統。下分五甲喇，始稱甲喇額眞，繼改甲喇章京，又改漢名爲參領。一參領轄五牛彔，始稱牛彔額眞，繼改牛彔章京，又改漢名爲佐領。此皆以固山之臣應效國家之用，別設包衣參領佐領則專爲家之輿臺奴僕，卽有時亦隨主馳驅，乃家丁分外之奮勇，家主例外之報效。立功後或由家主之賞拔可以擡入本旗。此下五旗包衣之制也。

上三旗則由天子自將。其初八旗本無別，皆以固山奉職於國，包衣（二字原不成名詞，後則作爲職名）奉職於家。其後上三旗體制高貴，奉天子之家事，卽謂之內廷差使，是爲內務府衙門。內務府大臣原名包衣昂邦，昂邪者總管之謂。凡各省駐防必謂昂邦章京，後卽改名總管。其源起於世祖入關，於盛京設昂邦章京，卽漢文中之留守。後推之各省駐防，又改名爲將軍，其下轄副都統，所以不稱都統者，都統專理旗務，留守及駐防，對一省有政治之關係，非止理本旗之務也，是以謂之總管。而包衣昂邦實爲家之總管。當其稱此名時，猶無特別尊嚴之意。至稱內務府大臣，在漢文中表示爲天子執御之長，其名義亦化家爲國矣。

清代宮禁，制御奄宦較明代爲清肅。此亦得力於內務府之有大臣。縱爲旗下人所任之官，究非刑餘私暱，若明之司禮秉筆等太監比也。清代因其家事原在部落時代，爲兵法所部勒，故較漢人認婦人女子爲家者有別。清之內務府，可比於各君主國之宮內省，不至如明代宮闈之黑闇，此由其故習而來。世祖雖設十三衙門，復明之宦官，非固山耳目所習，故世祖崩而又復包衣之舊。夫上三旗已化家爲國，不復爲宗藩私擅之資，可以別論。欲考見八固山遷流之跡，亦能化家爲國，一固山非復一家獨擅之武力，雖裁之以法制尙待世宗之朝，而順康以來，以漸蛻化，直至乾隆末爲止。見之八旗通志者輯而錄之，可見其絕非太祖制定之八固山，亦非順治　諸王分占之八旗矣。

八旗通志　上三旗（鑲黃　正黃　正白）包衣佐領不著編立所由

下五旗

一正紅　包衣參領五　第一參領下佐領一、分管二、

第二參領下佐領二、管領二、
第三參領下佐領一、分管二、
第四參領下佐領一、分管二、
第五參領下佐領一、分管三、

第一參領第一滿洲佐領　謹按此佐領係國初隨禮烈親王編立，原係世管。乾隆十六年因本族無現任五品以上應襲之員，經本旗奏改爲公中佐領。又乾隆十八年將第三參領所屬第二分管撥回，所有人丁併入本佐領內。（禮烈親王即大貝勒代善。淸初分屬時，此旗原爲代善所主，故溯其由來，猶有遺跡）

第一參領第一滿州分管　謹按此公中分管，係國初隨謙襄郡王編立。（謙襄郡王即代善子瓦克達。）

第一參領第二滿州分管　謹按（同上）

第二參領第一滿州佐領，係於第一參領內撥出。

第二滿州佐領，係於第三參領內撥出。

第一管領亦係於第三參領內撥出。

第二管領係於第四參領內撥出。

第三參領第一滿州佐領　謹按此佐領係國初隨禮烈親王編立，原係世管。乾隆七年因本族無五品以上現任應襲之員，經本旗奏改公中佐領。又乾隆十八年將本參領所屬第二分管撥回，所有人丁併入本佐領。

第三參領第一旗鼓分管　謹按此分管係國初隨禮烈親王編立。乾隆十八年，本參領第二分管撥回時所有人丁併入本分管。

第三參領原第二分管　謹按此分管係雍正年間康修親王之子永恩賜封貝勒時編立，乾隆十八年，貝勒襲封王爵，將此分管撥回，分併在王分各佐領分管下。（永恩，代善玄孫，即作嘯亭雜錄昭槤之父。）

第四參領第一滿洲佐領　謹按此佐領係順治年間隨恭惠郡王編立。（恭惠郡王亦代善孫，即順承郡王勒克德渾。）

第四參領第一旗鼓分管　謹按此分管係順治年間隨恭惠郡王編立。

第二旗鼓分管　謹按（同上）

第五參領第一滿洲佐領　謹按此佐領係順治年間隨貝勒杜蘭編立。（杜蘭亦代善孫，父穎親王薩哈廉。勒克德渾爲薩哈廉第二子，杜蘭爲薩哈廉第三子。）

第一旗鼓分管　謹按此分管（同上）

第二旗鼓分管　謹按（同上）

第三旗鼓分管　謹按（同上）

皆公中

由此可見正紅旗爲代善世有，久而不變。惟勒克德渾之後亦爲鐵帽王，其受封之旗分亦在正紅，即此旗旗主已分屬兩世襲罔替之王。其餘暫分之王貝勒不論。

二鑲白　包衣參領五　第一參領下佐領三、管領四。

第二參領下佐領一、新增佐領二、管領四、新增管領一、分管一。

第三參領下佐領一、管領四。

第四參領下佐領一、管領四。

第五參領下佐領一、管領三、分管二。

第一參領第一滿洲佐領，係國初編立。

第二滿洲佐領，亦係國初編立。

第三滿洲佐領，係順治元年編立。

第一管領，係康熙四十八年自第一佐領內分出。

第二管領（同上）

第三管領（同上）

第四管領（同上）

第二參領第一滿洲佐領，係雍正十三年增立。

第一管領（同上）

新增第二佐領，乾隆四十四年多羅儀郡王（高宗第八子永璇）分封時增立。

原第二管領，亦係雍正十三年增立。

新增第一管領，乾隆四十四年多羅儀郡王分封增立。

謹按第一第二管領，於乾隆二十八年和碩履親王（聖祖十二子允祹）薨後，封多羅履郡王時裁汰。（履郡王永珹，高宗第四子，嗣履親王後。）

原第三管領，亦係雍正十三年增立。

原第四領（同上）　謹案第三第四管領，並於乾隆四十二年多羅履郡王薨後封貝勒綿慧時裁汰。

第一分管係雍正九年編立。

第三參領第一滿洲佐領

原第一管領係康熙六年自內務府分出　謹案此管領於乾隆五十一年和碩裕親王薨後多羅裕郡王襲封時裁汰。（和碩裕親王爲世祖第二子福全所受爵，乾隆五十一年之裕親王乃福全孫廣祿，襲郡王乃廣祿子亮煥。）

第二管領（同上）

第三管領（同上）

第四管領（同上）

第四參領第一滿洲佐領，係康熙三十九年分立。

第一管領（亦同）

上第二管領係康熙四十八年編立。

原第三管領（同上）　謹案此管領於乾隆四十年和碩恒親王薨後多羅恒郡王襲封時裁汰（恒親王爲聖祖五子允祺爵。乾隆四十年薨者允祺子弘晊，襲郡王者弘晊子永皓。）

第四管領（同上）謹案此管領於乾隆五十四年郡王降襲貝勒時裁汰。

第五參領第一滿洲佐領初係包衣昂邦（漢文稱總管內務大臣）瑚彌塞管理。　謹案此佐領係康熙十四年封純親王時由鑲黃旗包衣分出。（純親王爲世祖第七子隆禧，康熙十三年封。）

第一管領係康熙十四年分立。

第二管領（同上）　謹案此管領多羅淳郡王薨後乾隆四十二年永鋆封貝勒時裁汰（聖祖七子允祐。封淳親王。子弘暻。襲郡王。）

原第三管領（同上）

下脫二分管

此旗原屬豫王多鐸。順治八年睿王獲罪，豫王牽及，此旗中已無豫王遺跡。爲世祖以下諸帝之子陸續分封。

三鑲紅　包衣參領五　第一參領下佐領二、旗鼓一、管領四。

第二參領下佐領二、分管二、管領三。

第三參領下佐領一，分管六。

第四參領下佐領一、管領一、分管五。

第五參領下佐領一、管領一、分管五。

第一參領第一佐領，係國初編立。

第二佐領亦（同上）

第一旗佐領，係雍正年間隨莊親王分封時立，王府派員兼管。（雍正元年，以弟聖祖十六子允祿嗣太宗孫博果鐸之莊親王。博果鐸之父，爲太宗七子承澤親王碩塞。）

第一佐領下第一管領，係雍正七年增立。

第二管領（同上）

第三管領（同上）

第四管領（同上） 謹案此管領裁汰

第二參領第一佐領，亦係國初編立。 謹案此參領下佐領管領俱隨克勤郡王分封時立。（崇德間，追封代善第一子岳託爲克勤郡王，子羅洛渾改衍禧郡王，孫改平郡王。至玄孫訥爾蘇當康熙四十年起，至雍正四年，正爲平郡王。子福彭，孫慶明，皆襲號平郡王。乾隆十五年，從弟慶恒襲。四十三年復克勤號。）

第二佐領（同上）

第一佐領下第一分管，亦係雍正七年增立。

第二分管（同上）

第二佐領下第一管領（同上）

第二管領（同上）

第三管領（同上）

第三參領第一佐領，亦係國初編立。 謹案此佐領隨貝勒褚英分封時立。（褚英，太祖長子誅。）

新增第一佐領，係乾隆五十一年隨貝勒綿懿分封時立。

下第一管領（同上）

第二管領（同上） （綿懿父高宗第三子永璋，封循郡王。其本生父成親王永瑆，清代親王以能書名。）

第一分管原隸第一參領內，初爲管領，康熙五十年改爲分管。雍正七年由第一參領撥隸。謹案此分管隨奉恩輔國公絕克堵分封時立。（絕克堵遍檢未得。其分封時立此分管，如爲改分管時，則在康熙五十年。如併在初爲管領時，則當更早。若以輔國公之爵名及絕克堵之對音字當之，則阿敏之曾孫齋克塔於康熙二十五年封輔國公，或是。）

第一分管係雍正七年增立

第二分管（同上）

第三分管（同上）

第四分管（同上）

第五分管（同上）謹案此五分管俱隨貝勒褚英設立。（上本參領下第一佐領，言係國初編立，而案語又言係隨褚英分封時立，則褚英非雍正七年始封也。此云雍正七年增立又云隨褚英設立，殆褚英時已立而廢，雍正七年乃復立，遂以復立爲增立耶。）

第四參領第一佐亦係國初編立。謹案此佐領係隨貝勒喀爾初琿分封時立。（喀爾初琿，岳託三子，皇子表作喀爾楚渾。順治六年由鎮國公晉貝勒，蓋亦克勤郡王之支裔。知此旗爲褚英誅後，轉入代善子克勤王屬。）

新增第二佐領，係乾隆四十六年隨貝勒綿億分封時立。（綿億爲高宗第五子永琪之第五子。）

下第一管領（同上）

第二管領（同上）

原第三佐領第三管領，係雍正七年由第一參領撥隸。謹案此管領久經裁汰（佐領亦不見管理人，其併裁耶，抑卽第一參領下之第三佐領，案語亦謂裁汰者耶？）

第四佐領下第一分管，係雍正七年增立。

第二分管（同上）

第三分管（同上）

第四分管（同上）謹案此四分管俱係隨貝勒巴思漢設立。（岳託第二子，順治六年由鎮國將軍晉。皇子表作巴思哈。亦順承王系。）

第五佐領下第五分管，係雍正七年由第三參領撥隸。謹案此分管隨貝勒褚英設立。

第五參領第一佐領，主係國初編立。

下第一分管，係康熙十七年分立。

原第二佐領下第一管領，係雍正七年由第一參領撥隸。

第三佐領下第二分管，係雍正七年由第三參領撥隸。

第三分管（同上）

第四分管（同上）

第五分管（同上）

以上下五旗包衣參領所屬佐領管領分管等，例隨各王公封爵增減。鑲紅旗包衣參領，舊轄佐領九員，管領十一員，分管十九員，兼管二員。乾隆元年，撥去佐領一員、管領三員、新增佐領二員、管領四員。

此旗祇有克勤王遺跡，及褚英亦有遺跡。至莊王則在雍正時封入，可不論。夫褚英被罪時，八旗尚未分定，未必有分封故事，或封其子杜度，即以爲名耶？克勤王在此旗，所分包衣甚多，自是此旗旗主。康熙四十五年，曹寅摺，聖祖指令以鑲紅旗王子爲其壻，當時以克勤王後之平郡王爲鑲紅旗主。

四正藍包衣參領五第一參領下佐領三、管領一、分管四、

第二參領下佐領五、管領一、分管四、

第三參領下佐領三、分管九、

第四參領下佐領三、分管五、

第五參領下佐領五、管領一、分管五、

第一參領新增第一佐領、係乾隆二十五年增立。

新增第二佐領，係乾隆二年和親王分府時設立。（世宗第五子弘晝，雍正十一年封和親王。）

新增第三佐領（同上）

新增第一管領（同上）

第一分管，係雍正四年編立。

第二分管

第三分管

第四分管

第二參領新增第一佐領，係乾隆二十五年增立。

新增第二參領，係乾隆二年誠親王分府時設立。（聖祖第二十四子允祕，雍正十一年封誠親王。）

新增第三佐領（同上）

第四佐領　謹案此佐領係國初饒親王分封時設立。（饒親王當即饒餘親王，太祖七子阿巴泰，崇德元年由貝勒加封號饒餘，順治元年晉為郡王，三年薨，康熙元年追封親王，當是順元郡王封。）

第五佐領

新增第一管領，係乾隆二年誠親王分府時設立。

第一分管

第二分管，係順治九年編立。

第三分管（亦同上）

新增第四分管，係乾隆三十九年弘昈封貝子設立。（弘昈諴親王第二子。）

第三參領第一佐領 謹案此領係康熙十四年恭親王分封時設立。（世祖第五子常頴，康熙十年封恭親王。）

第二佐領 謹案（同上）

第三佐領 謹案此佐領原設第五參領所屬第一佐領，乾隆四十三年分封睿親王，將此佐領移入。

第一分管 謹案此分管係康熙十四年恭親王分封時設立。

第二分管 謹案此分管係國初設立。

第三分管係國初設立。

第四分管

第五分管

第六分管 謹案此旗鼓分管係公慶怡分內，國初設立。（公慶怡不詳）

第七分管 謹案此分管原係第五參領所屬第三分管，乾隆十三年復封睿親王，將此移入。

第八分管係乾隆四十三年復封睿親王時增立。

第九分管（同上）

第四參領第一佐領

第二佐領 謹案第一第二佐領，俱係雍正元年分封怡賢親王時設立。（聖祖第十三子允祥，封怡親王。）

第三佐領 謹案此佐領係雍正九年分封寧良郡王時設立。（怡王第四子弘晈，分封寧郡王。）

第一管領

第二管領

第三管領

第四管領　謹案第一第二第三第四管領，係雍正元年分封怡賢親王時設立。

第五管領　謹案此管領係雍正九年分封寧良郡王時設立。

新增第一佐領係乾隆二十五年增立。

第二佐領

第三佐領　謹案第一第二佐領係國初設立豫親王屬下。（據東華錄，當是嗣豫王時，由攝政王所付與多尼者，此第一第二即第二第三乃未有新增以前事。）

新增第四佐領，係乾隆四十四年分封定郡王時設立。（高宗一子永璜，封定親王。永璜一子綿德，後降郡王，降後又革，改由二子綿恩襲郡王，五十八年仍晉親王。）

新增第五佐領（同上）

新增第一管領（同上）

第一分管

原第二分管　謹案此原係貝勒弘昌屬下。乾隆五年弘昌獲罪，將此分管存公。乾隆四十一年本旗奏將分管內官員兵丁，分與近派王公門上，其分管之缺裁汰。（弘昌為怡王第一子）

新增第三分管，係乾隆四十二年公綿德分封時將前項人丁撤回設立。（綿德四十一年革郡王爵，四十二年封鎮國公。）

第四分管　謹案此分管係國初設立

第五分管　謹案此分管原設在第一參領所屬第五分管，後移於第五參領屬第四分管。（然則由第四五分）

此旗原係莽古爾泰所主，為太宗所自取，順治初又歸睿王，後又暫屬豫王子多尼，睿王得罪後遂為諸王任便分封之旗分。

五鑲藍　包衣參領五　第一參領下佐領四

第二參領下佐領四

第三參領下佐領四

第四參領下佐領三、管領一、

第五參領下佐領四、管領二、

第一參領第一佐領　謹案此佐領係順治年間鄭親王分封時編立。

第二旗鼓佐領　謹案此旗鼓佐領亦（同上）

第三佐領　謹案此管領亦係（同上）

第四佐領係康熙三十九年自花色佐領內分出。謹案此佐領亦改管領。（第四參領第二滿洲佐領順治間鄭王分封時編立，其第五任管理名花善）

第二參領第一佐領　謹案此佐領亦改管領。

第二滿洲佐領　謹案此佐領係順治間鄭親王分封時編立。

第三滿洲佐領　謹案（同上）

第四滿洲佐領　謹案此佐領係雍正元年隨理郡王（允礽二子弘晳）分封時編立。原志失載，今增入。（雍正六年晉弘晳理親王，乾隆四年革爵）。

第三參領第一滿洲佐領　係康熙三十七年分立。謹案此佐領改爲管領。

第二滿洲佐領，係雍正元年分立。

第三佐領，係雍正九年分立。謹案此佐領改爲管領。

第四佐領，係雍正六年分立。

第四參領第一佐領　謹案此佐領係順治年間鄭親王分封時編立。

第二滿洲佐領　謹案（同上）

第三佐領　謹案此佐領後改管領。

第四管領　謹案續增第四管領，係乾隆元年隨奉恩輔國公永璥分府時編立。（允祕三子弘晉之三子。）

第五參領第一佐領　謹案此佐領係順治年間貝勒商山分封時編立。（商山，皇子表作尚善。舒爾哈齊八子費揚武之二子。順治六年由貝子封貝勒，十六年降貝子，康熙十一年復。）

第二佐領係康熙四十七年自三探佐領內分出。謹案此佐領後改爲第二管領。（第二參領第二滿洲佐領，順治間鄭親王分封時編立。初係三探管理，三探年老辭退，以七品典儀官姜汝亮管理。）

第三佐領係雍正十三年編立，謹案此佐領後亦改爲第三管領。第四佐領係康熙三十九年自翁阿代佐領內分出。謹案此佐領亦改爲管領，後因公弘晀獲罪，將包衣人等分給各王公門上。乾隆四十一年將此管領裁汰。（第一參領第三佐領係管領，順治間鄭王分封時編立。第二任管理名翁郭代。）

新增第三佐領，乾隆五十九年十七阿哥分封多羅貝勒時編立。（高宗十七子永璘，五十四年封貝勒，嘉慶四年晉慶郡王，二十五年晉慶親王，諡僖。奕劻即其孫。）

第六管領（同上）

此旗原係阿敏所主，後歸鄭王濟爾哈朗，故多有鄭王遺跡。順治年間已將貝勒商山封入，雍正以後多任意分封。

由以上所考得，八固山惟正紅尚保存代善之系統，次則鑲藍旗，亦留濟爾哈朗遺跡，其餘皆盡屬後起之王公。蓋自順治八年後，已盡破太祖八固山分立之制：上三旗既永爲自將，下五旗亦故主罕存。強宗各擁所屬之弊已掃除矣。然王公分封之旗，既入而爲之主，體統尚尊。旗下臣於旗主，其戴朝廷爲間接之臣僕，旗員惟旗主之命是遵，故雍正諸王心存不服，尚能各樹黨羽以抗朝廷，非諸王之能要結，在祖訓家法有所稟承，旗員自視此為天經地義，不可違也。再通考其源流如下：

> 東華錄太宗錄首：天命十一年九月庚午朔，上既即位，欲諸貝勒共循禮義，行正道，交相儆戒。辛未，率貝勒代善、阿敏、莽古爾泰、阿巴泰、德格類、濟爾哈朗、阿濟格、多爾衮、多鐸、杜度、岳託、碩託、薩哈廉、豪格、誓告天地曰：「皇天后土，既佑相我皇考，肇立丕基，恢宏大業，今皇考上賓，我諸兄及諸弟姪，以家國人民之重，推我為君，惟當敬紹皇考之業，欽承皇考之心。我若不敬兄長，不愛弟姪，不行正道，明知非義之事而故為之，或因弟姪等微有過愆遂削奪皇考所予戶口，天地鑒譴。若敬兄長，愛子弟，行正道，天地眷佑。」諸貝勒誓曰：「我等兄弟子姪，詢謀僉同，奉上嗣登大位，宗社式憑，臣民倚賴。如有心懷嫉妬，將不利於上者，當身被顯戮。我代善、阿敏、莽古爾泰三人，善待子弟，而子弟不聽父兄之訓，有違善道者，天地譴責。如能守盟誓，盡忠良，天地保佑。我阿巴泰、德格類、濟爾哈朗、阿濟格、多爾衮、多鐸、杜度、岳託、碩託、薩哈廉、豪格等，若背父兄之訓，而弗矢忠藎，天地譴責。若一心為國，不懷偏邪，天地眷佑。」誓畢，上率諸貝勒向代善、阿敏、莽古爾泰、三拜，不以臣禮待之，各賜雕鞍馬匹。

此段誓文，猶見滿洲國俗，以各貝勒相誓為正名定分之道。豪格，太宗子也，而亦與此誓，居奉上嗣位之功，又可作「不利於上，身被顯戮」之約，此在帝制定後，必為極失體之夷風，而在當時則父子兄弟，互相角立，為根本當然之舉，猶是八大貝勒之制。不過欲使親生之子亦於諸強宗內分劃一席。在太宗為得計。羣雄對立之勢迫，父慈子孝之說微，此猶謹守八固山共治之訓示也。有太宗與諸貝勒之合誓，又有諸貝勒合誓，然後有三大貝勒與十一貝勒之相對而誓，終之以三大貝勒受太宗率諸貝勒之拜。依然前此四大貝勒與小貝勒之體統。自此直至天聰五年末，猶守太祖八家並立，但分大王小王之意；未幾，阿敏獲罪幽繫，三大貝勒又止存其二，對立之勢愈弱：又未幾而二大貝勒復屈就臣列。此爲太宗改更父訓之一勝利。

東華錄：天聰五年十二月丙申。先是，上卽位，凡朝會行禮，代善，莽古爾泰並隨上南面坐受，諸貝勒率大臣朝見，不論旗分，惟以年齒爲順。禮部參政李伯龍奏：「朝賀時每有踰越班次，不辨官職大小，隨意排列者，請酌定儀制。」諸貝勒因言：「莽古爾泰不當與上並坐」。上曰：「曩與並坐，今不與坐，恐他國聞之，不知彼過，反疑前後互異」。以可否仍令並坐，及李伯龍所奏，命代善與衆共議。代善曰：「我等奉上居大位，又與上並列而坐，甚非此心所安。自今以後，上南面居中坐，我與莽古爾泰侍坐於側，外國蒙古諸貝勒，坐於我等之下，方爲允協。」衆皆曰善，並議定行禮。奏入，上是之。至是諭曰：「元旦朝賀，首八旗諸貝勒行禮，次察哈爾喀爾喀諸貝勒行禮，次滿洲蒙古漢官率各旗官員行禮。官員行禮時，先總兵官固山額眞，次副將，次參將遊擊，擺牙喇、纛、額眞，侍衛，又次備禦，各分班序行禮。」

此爲太宗改定朝儀，不與從前平列之大貝勒仍講均禮之始。先由漢人發端，而諸貝勒乃以本年莽古爾泰有御前持刃議罪事，以莽古爾泰不當並坐，迎合太宗之意，豈知太宗志在改革，轉命代善議，而代善不得不並已之並坐議改，奏入，上乃是之。於是君臣之分定，八固山共治之法除矣。

太宗時革共治制爲君主制，然於諸旗主之各臣其所屬，猶立法保障之。

八旗通志典禮志王府慶賀儀：崇德元年，定親王生辰及元旦日，該旗都統以下佐領以上官員，齊集稱賀，行二跪六叩頭禮。郡王生辰及元旦日，本府屬員齊集稱賀，行二跪六叩頭禮。貝勒生辰及元旦日，本府屬員齊集稱賀，行一跪三叩頭禮。若該屬官員無事不至府行慶賀者。治罪。

據此，崇德元年之親王，皆爲旗主，故皆有所謂「該旗都統以下佐領以上官員」。郡王卽無之。因此可爲太宗時之旗主加一考證。凡崇德元年封和碩親王者，卽是旗主，亦卽是天命間之和碩貝勒。自此以後，貝勒祇有多羅之號，尤可見和碩親王之卽爲和碩貝勒所蛻化也。考崇德元年封和碩親王者凡六人，追封者一人：代善爲和碩禮親王，多爾袞爲和碩睿親王，多鐸爲和碩豫親王，濟爾哈朗爲和碩鄭親王，豪格爲和碩肅親王，薩哈廉於是年正月死，不及封而追封爲和碩穎親王，以其子阿達禮襲爲多羅穎郡王，岳託爲和碩成親王，至阿濟格則爲多維武英郡王，直至順治元年始封和碩英親王。則於太宗時阿濟格雖有太祖遺命，命爲全旗之主，迄未實行，至籍沒時僅有十三牛彔，卽係他旗中分受之少數。蓋當在睿王之正白旗內分給，而豫王又分以七牛彔，仍非全旗之主也。阿濟格之爲人，狂穉無理，不足重任，雖有遺命，靳之亦無能爲。而太祖所云四小王：濟哈爾朗、多爾袞、多鐸、三人自無疑義，又其一必爲代善長子岳託。豪格乃太宗親子，固不應徑取阿濟格所受遺命而代之，其同封和碩親王，不過示將來可以代興之意。卽欲使主一旗，亦當在太宗自領旗分內給之。岳託封和碩親王，必爲旗主。阿濟格於是年封郡王，卽非旗主。再證以鑲紅旗之包衣，祇見克勤郡王之遺跡，克勤郡王乃岳託由親王降封，子孫遂以此世襲，列爲八鐵帽之一。薩哈廉之後遂亦以順承郡王世襲，然非太宗時旗主，故包衣遺跡，順承王之包衣盡在正紅旗內。兩黃正藍爲太宗自領，餘五旗歸一大王四小王，至此而主名定矣。

旗主及近親子弟之有郡王貝勒爵者，屬人於生辰及元旦不詣慶賀，卽須治罪。此其本旗主臣之分，有國法爲之保障。特旗主則並旗內大臣亦爲其臣。旗主之近親，則以府內官屬爲限，卽包衣內旗員爲純粹之家臣。本旗旗員兼爲國之臣，對本旗惟盡臣禮於旗主，不必盡於旗主之子弟也。

本旗旗員之盡臣道於其主，生辰元旦如此，婚喪等事可知。而八旗通志於婚喪禮惟詳乾隆時之見行制，不及初制。惟於雍正朝上諭八旗得有反證：

> 上諭八旗：雍正四年六月二十三日，奉上諭：「嗣後貝勒貝子公等，如遇家有喪事，將該屬之文武大臣，著吏兵二部開列具奏，再令成服。其官員內有在緊要處行走者，着各該管大臣指名具奏，令其照常辦事。特諭。」

此所云該屬之文武大臣需吏兵二部開列者，乃旗下人見爲文武大臣，非旗內之大臣。旗內大臣惟有都統及副都統，無所謂文武，亦無庸吏兵二部分開。至其他官員，則並非大臣之列者，世宗皆不許旗主家任意令其成服，則旗下屬人之不容專盡臣道，且有明諭。至本非屬人，由朝命任爲本旗之都統以下等官，更不待言。雖對貝勒貝子而言，親王郡王或臨於屬人加尊，其不能臣朝廷之臣，不能與崇德元年之規定相合，亦可理推也。

昔年京朝士大夫傳言，松文清筠既爲相，一日召對不至，詢之乃主家有喪事，文清方著白衣冠，在主家門前執打鼓之役。帝乃令擡入上三旗，免爲主家所壓抑。此說固不確。文清乃蒙古，非滿洲，其生在嘉道間，爲相在嘉慶十八年以後，已在雍正諭禁之後。此或雍正間之事，因有此事而有此諭，要皆爲世宗革除八旗舊制之一端也。

太宗雖兼并他固山，乃求強而非以求富。八固山之負擔，仍以八家爲均分之準，則兩黃旗未嘗不作兩家負擔計也。滿洲新興之國，地廣人稀，得人力即可墾地。聚人先資養贍，八家負擔養贍之費。在天聰八年，正藍尙未取得，而兩黃久歸自將，初不因自將之故而與六固山有殊，亦不因一人兼將兩固山而不負兩家之費也。

東華錄：天聰八年正月癸卯，衆漢官赴戶部貝勒德格類前訴稱：「我等蒙聖恩，每備禦幫丁八名，止免官糧。其餘雜差，與各牛彔下堡民三百五十丁，一例應付。我等一身，照官例贍養新人，較民例更重，所幫八丁，旣與民例一體當差，本身又任部務，所有差徭從何措辦？徭役似覺重科。況生員外郎尙有幫丁，望上垂憐，將所幫八丁准照官例當差，餘丁與民同例。」德格類以聞，上遣龍什希福察訊差役重科之由，所訴皆虛。因前買婦女，配給新人，未曾發價，故云。詔戶部卽以價償各備禦。又諭禮部貝勒薩哈廉曰：「此輩皆忘却遼東時所受苦累，爲此誑言耳。若不申諭使之豁然，則將些少之費，動爲口實矣。」於是薩哈廉奉上命傳集衆官諭曰：「爾衆漢官所訴差徭繁重，可謂直言無隱。若非實不得已，豈肯前來陳訴。然朕意亦不可隱而不言，當從公論之。朕意以爲爾等苦累，較前亦稍休息矣。何以言之？先是，爾等俱歸併滿洲大臣，所有馬匹，爾等不得乘，而滿洲官乘之；所有牲畜，爾等不得用，滿洲官強與價而買之；凡官員病故，其妻子皆給貝勒家爲奴；旣爲滿官所屬，雖有腴田，不得耕種，終歲勤劬，米穀仍不足食，每至鬻僕典衣以自給。是以爾等潛通明國，書信往來，幾蹈赤族之禍。自楊文朋（八旗通志作楊文明）被訐事覺以來，朕姑宥王等之罪，將爾等拔出滿洲大臣之家，另編爲固山，從此爾等得乘所有之馬，得用所畜之牲，妻子得免爲奴，擇腴地而耕之，當不似從前典衣鬻僕矣。」

此段見建州始之待漢人，實視爲奴虜。漢人中本爲明之官吏，則招徠之輒妻以女，稱爲額駙，若李永芳佟養性之類皆是。由是漢奸亦相率歸附。凡自天命至天聰初，來附者頗見於貳臣傳中。然所挾以俱降之士兵，或無所挾之漢人，陷於建州者，困苦如此，此淸代官書之自述供狀也。漢人因此思歸，通書反正，太宗發覺其事，不惟不用威虐，反以此自反其過，改善待遇，此見建州之有大志，迴非羣夷所能爲。惟漢人另編固山，據淸代官書，在前則太祖初設八旗，事在萬曆甲寅乙卯年間，其時有漢軍牛彔十六，在八旗之內，此卽所謂歸併滿洲大臣時也。其另編固山不詳何時，惟於崇德二年七月乙未，言分烏眞超哈一旗爲二旗，則其先必有編爲一旗之時，是卽另編時矣。今於八年正月有此諭文，則另編必在其前。考清貳臣馬光遠傳：「明建昌參將，本朝天聰四年，大兵克永平，光遠率所部投誠，授副都統，隸漢軍鑲黃旗，賜冠服鞍馬。五年，上親征明，圍大凌河，光遠從，招降城南守臺百總一，男婦五十餘人，卽令光遠撫之。七年，詔於八旗滿洲佐領分出漢人千五百八十戶，每十丁授綿甲一，以光遠統轄，授一等子爵。」據此，則另編漢軍爲一固山，卽七年事。東華錄：七年七月辛卯朔，命滿洲各戶漢人有十丁者，授綿甲一。共千五百八十人，命舊漢兵額眞馬光遠等統之，分補舊甲喇缺額者。此文亦敍此事。然敍述不明。蓋其誤在傳錄時已自不瞭，故語不可解，當以光遠傳改正之。而光遠傳文亦有誤。如云「投誠授副都統，隸漢軍鑲黃旗。」當天聰四年漢軍尚未分旗，卽至崇德初旗所分一旗兩旗，亦止由整旗而分左右翼，兩翼旗猶純用玄青，並無鑲黃之名，況在天聰四年乎？以意度之，當云「隸鑲黃旗漢軍」，舊隸於滿洲鑲黃旗內之漢軍牛彔耳。漢人於旗制隔膜，清中葉以前，史館諸臣已不瞭如是，宜及今不可不加以研究也。

爾等以小事來訴，無不聽理，所控雖虛，亦不重處。是皆朕格外加恩，甚於滿洲者也。困苦之事，間或有之，然試取滿洲之功與爾等較之，孰難孰易？滿洲竭力爲國，有經百戰者，有經四五十戰者，爾等曾經幾戰乎？朕遇爾等稍有微勞卽因而擢用，加恩過於滿洲，若與滿洲一例較傷論功以爲升遷，爾今之爲總兵者，未知當居何職？爾漢官皆謂滿洲官員雖嫻攻戰，貪得苟安，不知憂國急公，我等戰功雖不及滿洲，憂國急公則過之。及覽爾等章奏，較前言有異矣。爾等另編固山之時，咸云：「拯我等於陷溺之中，不受滿洲大臣欺淩，雖肝腦塗地，不能仰答上恩於萬一」。今覽爾等所訴之詞，前言相忘。爾等訴稱苦累甚於滿洲，盍向熟諳差役者問之。若以滿洲相較，輕則有之，甚則未也。古聖人有云：「以家之財養賢，則取國而國可得；以國之財養賢，則取天下而天下可得」。此言皆爾等素所知也。國小民稀，朕及貝勒之家各量所有均出之，以養上天畀我之民，此卽古聖人所謂家財國財之義也。既知此例，所輸大凌河數人贍養之資，遂出怨言，爾等何其言行不相顧耶？朕謂爾等博知典故，雖非聖賢，必有通達事理者，自朕以及貝勒，尙散財無吝，使爾等果能達於事理，豈以隨衆輸納爲苦耶？他國之主，皆斂民間財賦以供一己之用，有餘方以養人；我國賦稅，朕與諸貝勒曾有所私乎？我國民力，朕與諸貝勒曾有所私役乎？妄取國賦糜用於家，役民力以修治宮室，不以國事爲念，止圖一己便安，爾等當諫之：朕爲國家朝夕憂勤，荷天眷佑，殊方君長頭目，接踵來歸，猶恐不能招致賢才，解衣衣之，推食食之，凡賞賚歸附之人，皆八家均出，何曾多取一物於爾等也？禮部亦有漢官，試往問之，八家每年出羊若干，貂裘野獸酒米筵宴若干，明告於爾。當國中年歲荒歉，八家均出米粟，賑濟貧民，朕與諸貝勒又散給各固山滿洲蒙古漢人贍養之，爾等豈不知乎？朕與八固山貝勒於新附之蒙古、漢人、瓦爾喀、虎爾哈、卦爾察、以及舊滿洲漢人蒙古等，凡貧窮者，給與妻室奴僕、莊田牛馬、衣食贍養、何可勝數，此皆爾等所明知者。爾等果憂國急公，其間縱有愚昧無知，自言其苦者，爾等猶當勸諭，乃反因此些小之費遂出怨言，所謂急公過於滿洲者，徒虛語也。

此段見其自矜無私費，無私役，皆以朕躬與諸貝勒並提。雖以君主自居，未能不以諸貝勒爲有共治之分。是太祖遺意之未遽泯滅者。八家並稱，仍以八固山爲出治之主名。君主雖臨於上，不能獨居其功，其自將之固山，仍與他固山平列，惟已以一人超乎其上，此是太宗時八旗制蛻化眞相。

爾等會奏云，一切當照官職功次而行之。我國若從明國之例，按官給俸，則有不能。至所獲財物，原照官職功次加以賞賚。所獲土地，亦照官職功次給以壯丁。先是分撥遼東人民時，滿漢一等功臣，占丁百名，其餘俱照功以次給散。如爾等「照官職功次」之言果出於誠心，則滿漢官員之奴僕，俱宜多寡相均；爾漢官或有千丁者，或有八九百丁者，餘亦不下百丁，滿官曾有千丁者乎？果爾計功，論理滿洲一品大臣應得千丁，自分撥人丁以後，八九年間，爾漢官人丁多有溢額者。若謂新生幼稚耶，何其長養之速？若謂他國所獲耶，爾漢官又未嘗另行出征，此如許人丁不知從何處增添也。爾等之過，朕知而不究，其貝勒滿洲大臣，以爾等私隱人丁，孰不懷怨？若不任爾等多得，而有較滿洲更加苦累之心，豈不將滿洲漢官戶下人丁，和盤計算，照官職功次再爲分撥乎？倘如此分撥，爾千丁者不識應得幾人也。爾衆官在明國時，家下人丁若干，今有若干，何不深思之？滿漢官民雖有新舊，皆我臣庶，豈有厚薄之分？今既如此，爾等亦同滿洲，三丁抽一爲兵，凡出征行獵，一切差徭，俱一例分毫不缺，爾等以爲何如乎？試取朕言與爾等所言，從公忖量，有欲言者不必疑慮，切直言之可也。且滿洲之偏苦於漢人者，不但三丁抽一也，如每年牛彔出守臺人八名，淘鐵人三名，鐵匠六名，銀匠五名，牧馬人四名，固山下聽事役二名，凡每牛彔下，當差者十有四家。又每年耕種以給新附之人，每牛彔又出婦人三口。又耀州燒鹽，畋獵取肉，供應朝鮮使臣驛馬，修築邊境四城，巡視邊牆，守貝勒門，又每牛彔派兵一名，防守句驪河，（通志作亘流河，注即句驪河。）每牛彔設哨馬二匹，遇有倒斃則均攤買補。征瓦爾哈時，每牛彔各餵馬二三匹從征，又派擺牙喇兵十名，兵丁二三名，往來馳使，差回又令餵養所乘馬匹，遇有各國投誠人來，撥給滿洲見住屯堡房屋，令滿洲展界移居，又分給糧穀，令其舂米納酒，每年獵取獸肉，分給新附之人，發帑金於朝鮮，貿易布匹，仍令滿洲負載，運送邊城。又有窖冰之役，每年迎接新附之虎爾哈，於教場看守貂皮猞猁猻等皮，兼運送新米。朝鮮蒙古使至瀋陽，擺牙喇章京各出人一名，逐日運給水草。夏月至，更有運給水草之役。又每年採蔘，負往朝鮮貨賣（此當即是皮島通商），每固山以一戶駐英格地方，巡緝盜蹤，又以一戶駐瀋陽渡口，看守船隻。此皆滿洲偏苦之處，若不向爾等詳切言之，爾等亦未必深信也。

此段見滿洲開國，以草昧之部落，而內政外交有條不紊。尚無錢幣之制，純恃實物爲交易，所恃者土地閒曠，山林產珍貴之物。當天下未定，滿洲人居然任其勞費，而處外族以優逸，用廣招徠。生事簡單，然使有久計。文字無多，細繹之，民生國計盡心經理之法，皆見於此。尤不易者，投誠人來，授以滿人見住之屯堡房屋，而原住之滿人展界移居以讓之，此非滿洲上下眞能一心，何以得此？國無大小，實心爲政，虛心待人，事必有濟。自太祖初興至此，傳經兩代，時踰五十年，銳意圖強，有進無止，而中國以萬曆天啓之朝局應之，思宗有志救亡，而用聚斂之臣以奪民生，信刑餘之賤以斥士類，好谿刻瑣細之才，以拒純正思大之議論。對敵情固茫然，對民情尤漠然。爲淵敺魚，爲叢敺爵，非兩相對照，不易瞭也。其宣諭漢官之詞，和平誠懇，有以服其心，絕不壓以威力，較之思宗明知民力不任，猶曰「暫累吾民一年」，一年之後更不提「暫」字，興亡之判，非偶然矣。諭畢復有末尾一段，併錄以盡其曲折：

> 總兵官石廷柱、馬光遠、王世選、及副將參將遊擊皆曰：「控訴之事，我等不知，皆衆備禦所爲」。遂將爲首八人執之。薩哈廉問曰：「爾等既云不知，當戶部貝勒遣布丹往問時，何云知之？又何爲將苦累之事備呈於部耶？」對曰：「各備禦向我等不會言差役重科，但言欲訴幫丁八人之事，故布丹來訊我等，答云知之。至具呈之事，乃龍什、希福、令我等將所有差徭備細開寫，我等無知，故爾開送奏聞。」上曰：「諸臣既云不知，可將備禦八人並釋之。倘治其罪，後有苦累，亦更無敢言者。各官及備禦，勿令謝恩。若謝恩，則是欲罪而復赦之也。」

委曲周至，眞能買漢奸之心。統觀全文，猥陋僅能達意，自是關外原來記載，非經中國文人以瞻天頌聖之格調爲之潤色。且出兩造口語，非虛揑之宣傳文也。下各官惶恐語略之。

太宗時雖收各固山之權，而處分之法仍視八固山爲八家私物，以奪此予彼爲懲勸。夫牛彔而可隨時予奪，必非太祖八固山並立之本意。太宗能立予奪之法，是卽改革八家之根據。然自將之三固山亦在予奪處分之內，則並立之遺跡尚存也。崇德改元時，正藍已歸太宗，故云三固山爲自將。

八旗通志兵制志軍令，崇德三年諭：凡和碩親王多羅郡王多羅貝勒固山貝子，臨陣交鋒，若七旗王貝勒貝子却走，一旗王貝勒貝子拒戰，七旗護全，即將七旗佐領下人丁給拒戰之一旗。若七旗拒戰，一旗卻走，即將卻走人丁分與七旗。若一旗內拒戰者半，卻走者半，即以卻走人丁分給本旗拒戰者。有因屯紮他所，未拒戰而無罪者，免革人丁。其拒戰之王貝勒貝子，別行給賞。若七旗未及整伍，一旗王貝勒貝子拒戰得功者，按功次大小俘獲多寡賞之。野戰時，本旗大臣率本旗軍下馬立，王貝勒貝子等率護軍乘馬立於後。若與敵對仗，王貝勒貝子大臣不按隊伍輕進，或見敵寡妄自衝突者，奪所乘馬匹及俘獲人口。

觀此軍令，八旗於戰時，皆以王貝勒等爲主將。大臣即都統以下，其責任乃主將負之。大臣可以進退，旗主之事也。旗主則以旗下人丁爲賭勝之具，焉得而不以所屬人爲旗主之臣，使號令得行也。

自此經睿王攝政之局，天子與親王各挾固山之武力，與政權爲消長。世祖親政初一大改革，睿王之正白旗尤爲充實，而收爲自將之上三旗，遂成一定之制，餘分屬諸王貝勒之五旗，謂之下五旗，已絕不足言平立之舊矣。以天命間之四大王論：一王化帝，一王剝奪（莽古爾泰之正藍旗），一王遞嬗（阿敏之鑲藍旗，移轉於弟濟爾哈朗。）其爲原主者，僅一代善之正紅旗。以天命末遺屬所定之四小王論：其三可知者乃阿濟格、多爾袞、多鐸。太祖有此殊寵之三子之母，遂遭諸王所公嫉，而迫使殉。又奪阿濟格之一小王，以益代善之子。又太宗自擅兩旗，無可分給，而暫缺其一。迨取之阿敏以予濟爾哈朗，始具四小王之數。實則入諸王手者已止有五旗，所謂下五旗，其中已無原來旗主，供朝廷隨意分封者兩旗（鑲白正藍），有原來旗主者三旗。又分天命間原屬大王之旗。止有一旗（正紅），子孫衆多，逐漸分封，世襲罔替之王乃居其二（禮親王克勤郡王），其餘郡王貝勒隨世遞降者不計。倘亦漢衆建諸侯而小其力之意。天命後原屬小王之旗則有二旗，一由原主獲罪遞嬗而來（鑲藍之濟爾哈朗），一由不遵太祖遺囑，別授充數（鑲紅之岳託），其權源本不強固，故皆有隨時封入之王貝勒，而鑲紅爲尤甚。蓋旗主之武力已減削無餘，各旗自有固山額眞，爲天子任命之旗主，非宗藩世及之旗主，宗藩受封於旗，乃養尊處優之地，旗之行政，天子之吏掌之，則不啻有庳之封也。親貴雖或典兵，所指揮者非有自主之本旗，特假天潢之重，以臨禁旅之上，而鎭攝後來歸順之雜軍，所謂八旗皆朝廷之所運用，天子特於六卿兵部之外，自爲一積世之軍閥，而親貴則皆不得分焉。此清代特殊之養威居重之地也。旗主消散而禁旅歸公，威稜所由極盛，旗人墮落而異軍特起，種族所以漸衰。此一代興亡之大數也。

順康間，八旗之武力已爲國家所統一，而親王之體制，乃因從前八和碩貝勒之平行，對國家猶存各臣所屬之舊，此已無礙於立國之大計。故聖祖臨御甚久，尚無革除之意。至世宗因嗣統不無取巧，諸王間不盡誠服，而諸王各有臣屬，視各忠其主爲祖宗定制。此本八固山以來太祖設定特殊之綱紀，旗員中有視爲天經地義者。世宗於諸王，束縛馳驟，呵譴誅戮，諸王所飲恨，所屬亦間與同抱不平，此爲高宗以來絕無之事。蓋經世宗朝之剗削芟夷，乃始全一人威福之柄。諸王之帖服，與朝士至無交往之自由。八固山對抗朝廷之習，可謂無餘。而宗室與士大夫間，隔絕氣類，積數十年，衣帛食粟，養尊處優，盡爲尸居餘氣，種族益不可溝通，行能益無從比較，是爲滿人亡種之漸。

康熙間，諸王皆通賓客，或羅致文學之士，助其編纂書籍，以務聲名，最著最大者，如圖書集成律曆淵源二書，皆世宗兄誠親王允祉招致文學士陳夢雷、楊文言等所作。世宗即位後，以此爲大罪，誠王幽禁而死，禍及子嗣，陳楊則坐以敗類之名，譴逐擯斥。此事可詳述別爲專冊。至如校勘家何焯詞臣秦道然，皆以王府賓禮而獲重罪。淸通禮：朝士與王貝勒等，但有途遇避道之禮，並無詣府通謁之禮。淸一代，帝室近親，絕少宮庭燕閒之樂。天子之尊嚴，諸王之觳觫，較之歷代史書，親屬間君臣之希闊特甚。此亦一代之特色。

清代皇子不一定封王，是制度之善者。然旗下俗稱，遂以封爵與王號分離。雍正間有明諭禁止。又對諸王不敢稱名，亦有明禁。此於政體未嘗非不私其親，要亦世宗防宗室閑之作用。

雍正上諭八旗：元年十月十六日，奉上諭：親王郡王等俱有封號，所以賜與封號者，蓋爲稱呼設也。如無封號之王貝勒，即應直呼其名耳。至九貝子十四王之稱，國家並無此例。嗣後凡無封號諸王貝勒等，即呼其名。若再如前稱呼，斷然不可。將其曉諭八旗併各部院衙門。至各省督撫等，如奏章內不書其名，仍有寫九貝子十四王者，該部即行奏聞。再小人等並將閒散宗室亦稱爲王，又有貝勒王，貝子王、公王、之稱，嗣後若有如此稱呼者，決不寬恕。著該部嚴行禁止。特諭。

至旗人主屬之分，太祖所遺之跡，及世宗而盡破除之。八旗之軍政，先已移歸都統，其戶婚田土之事，都統雖亦理之，尙不足盡掣諸王之肘，亦并不欲旗人旗產盡隸於本旗都統，於是逐事諭禁之，設御史稽察之，令各旗交互代管之，於是一旗自爲主屬之界限盡去。

雍正上諭八旗：康熙六十一年十一月七日，奉上諭：下五旗諸王屬下人內，京官自學士侍郎以上，外官自州牧縣令以上，該王輒將子弟挑爲包衣佐領下官，及哈哈珠子執事人（王子之隨從人，曰哈哈珠子。），挫折使令者甚衆。嗣後著停止挑選。其現在行走人內，係伊父兄未任以前挑選者，令其照常行走，若係伊父兄既任以後挑選者，俱著查明撤回。或有過犯，該王特欲挑選之人，著該王將情由奏明，再行挑選。特諭。

此爲加高旗員身分。以抑旗主之尊之始。

又：雍正元年正月二十九日，奉上諭：從前皇考之時，凡上三旗大臣侍衛官員人等，俱不許在諸王門下行走，即諸王屬下人，非該屬處亦不許私相往來。著領侍衛內大臣及旗下大臣等，各將該管侍衛官員等嚴行稽察，嗣後如有私相行走之人，一經查出，即行參劾。如不糾參，經朕查出，或被旁人首告，定將該管大臣一併從重治罪。將此詳悉再行曉示。特諭。

此先斷各旗屬下互尊他旗旗主之路。

又。雍正元年三月十八日，奉上諭：下五旗旗下官員兵丁，原不在諸王阿哥門下看守行走。朕與大阿哥曾經奏請，始令看守。其餘並未具奏，亦盡皆倣效。今不得復行如此。且旗下官員亦不敷用，著撥回旗下當差。行走三阿哥門上者亦著撥回。若即行撤去或有不便之處，亦未可知。著都統詳議。令諸王具奏特諭。

此亦縮小諸王役使旗丁之範圍。凡世宗在藩邸時自蹈之弊，此時皆禁斷。如此者亦多。若結交外廷，需索帑項，皆有自犯於先自禁於後之事。可見聖祖時待諸王本寬，世宗特加嚴峻，要亦本非惡事，不具錄。

又：雍正元年六月二十九日，奉上諭：凡旗員爲外吏者，每爲該旗都統參領等官所制。自司以至州縣，於將選之時必勒索重賄，方肯出給咨部。及得缺後復遣人往其任所，或稱平日受恩，勒令酬報；或稱家有喜喪等事，緩急求助；或以舊日私事要挾。至五旗諸王不體卹門下人等；分外勒取，或縱門下管事人員，肆意貪求，種種勒索，不可枚舉，以致該員竭蹶饋送，不能潔己自好，凡虧空公帑罹罪罷黜者，多由於此。嗣後如有仍蹈前轍，恣意需索等弊，許本官密詳督撫轉奏。督撫即據詳密奏。倘督撫瞻顧容隱，即許本官封章密揭都察院，轉爲密奏。倘又不爲奏聞，即各御史亦得據揭密奏。務期通達下情，以除積弊。外任旗員勿得隱忍畏懼，朕不治以干犯舉首之罪。將此着內閣通行八旗、直省督撫、徧諭內外旗員知悉。特諭。

凡世宗所力破旗下痼疾，皆自太祖以來使旗各自主所釀成，清代若不經此裁制，主權安得而尊，國本安得而定？世宗之得位或有慚德，逆取順守，或亦不讓唐宗也。

又：雍正元年七月十六日，奉上諭：滿洲御史，事務無多；八旗各派御史二員，亦照稽察部院衙門之例，一應事務，令其稽察。如旗下有應密奏及應題參事件，俱着密行具奏。再五旗諸王，有不按定例，使令旗人，及濫行治罪者，亦着查參。這所派監察御史，着調旗分派，特諭。

自是八旗為政府以下之八衙門，非各自為政之八旗。痛改祖制，然列祖必深贊許之。

八旗都統，舊為八旗官屬，已見前矣。雍正間每以親王郡王任各旗都統，皆萬不能臣屬他王貝勒者。先是康熙末年，屢以皇子辦理旗務，即不欲假手於本旗王貝勒，而特命皇子出為代辦。其辦旗務，正居都統地位，非該旗王貝勒地位。但不能臣屬於該旗王貝勒，則無可疑。惟尚非竟任為都統。至雍正間乃明任為都統矣。都統為八旗之行政官，不為臣屬，於是旗之行政盡屬都統。該旗王貝勒祇受其分得之包衣，受俸餉於旗內，於是旗主不但無耦國之嫌，並不預旗之內政矣。

清史稿聖祖諸子傳：淳度親王允祐傳：康熙五十七年十月，正藍旗滿洲都統延信征西陲，命允祐管正藍三旗事務。輔國公允䄉傳：康熙五十七年，命辦理正黃滿洲蒙古漢軍三旗。履懿親王允祹傳：五十七年，辦理正白旗滿洲蒙古漢軍三旗事。

此為康熙間已用各旗王貝勒所不能臣屬之親貴分別干與各旗之始。其每一旗色合滿蒙漢三旗者京師八旗宿衛駐地以旗色分區，而以滿蒙漢按色相次也。今再考其所以派皇子辦事之故：

八旗通志敕諭：康熙五十七年十月三十日，諭議政大臣內大臣等曰：「每旗都統副都統，或有起家微賤，專意徇庇，一應補放官員併佐領等事，恆有遲至數年或十年不奏者。或一官病故已久，數年尚仍給俸者。一切事件，漫不稽查，甚是曠廢。近聞都統石文英，不出門戶，亦不見人，有事來奏，每不待事畢，祇圖早歸，亦不瞻仰朕容，甚屬不堪。正藍旗都統顏信，前往出兵，其滿洲蒙古漢軍三旗之事，着七阿哥辦理。正黃旗都統巴賽，署理將軍事務，其滿洲蒙古漢軍三旗之事，着十阿哥辦理。正白旗滿洲都統何禮，差往雲南，其滿洲蒙古漢軍三旗之事，着十二阿哥辦理。如此辦理，別旗各相效法，自必發憤勤事也。」

觀此諭，康熙間旗務掌於都統，而王貝勒不之問。其間正黃正白本屬上三旗，由天子自將，即派皇子辦旗務，亦無權限之分別。而正藍旗則爲下五旗，旗務廢弛，不令該旗王貝勒整頓，乃另派皇子，固已視本旗王貝勒爲享有包衣祗候之地，無過問旗務之權矣。

雍正間則直以親王爲都統，自後更爲常制，不必復言。今舉雍正時之親郡王爲都統者：

禮親王後改號康親王，崇安，雍正間官都統，掌宗人府。

克勤郡王後改號平郡王，雍正四年，訥爾蘇削爵，子福彭襲，授右宗正，署都統。

順承郡王錫保，雍正四年諭：「錫保才具優良，乃國家實心效力之賢王，可給與親王俸授都統。」

果郡王允禮，雍正上諭八旗：三年九月初八日，有諭鑲紅旗都統多羅果郡王允禮。

此皆見清史稿本傳及諭旨。蓋雍正間既創此例，以後則諸王之歷官都統爲常事，不足復道。惟康熙末之都統，似以同色旗中滿洲都統有干預蒙漢二旗之權。當亦是雍正以後始各自爲政。其滿蒙漢各旗之都統副都統，本不分界限，滿人可作蒙漢旗都統副都統，蒙漢旗人亦可作滿洲都統副都統。參領以下則各自用本旗之人。

上諭八旗：雍正元年正月初十日，奉上諭：「將八旗之滿洲蒙古人員，屢放漢軍參領，則該旗缺出，反致乏人。漢軍旗下，亦還得人。嗣後漢軍參領缺出，即將漢軍旗下人員引見具奏。特諭。」

雍正初革除各旗旗主之權，復有專諭。當上三旗下五旗既分之後，所需革除者亦祇有五旗，較太宗時本易爲力。太宗雖始終握定兩黃旗，究亦非太祖遺囑所許，對諸王較難操切。

又，雍正元年七月十六日，奉上諭：看來下五旗諸王，將所屬旗分佐領下人，挑取一切差役，遇有過失，輒行鎖禁，籍沒家產，任意擾累，殊屬違例。太祖太宗時，將旗分佐領分與諸王，非包衣佐領可比，欲其撫循之，非令其擾累之也。從前朕之伯叔爲諸王時，雖漸失初意，尙未過甚；致朕兄弟輩，所分包衣佐領之人既少，而差役復多，因而不論旗分佐領，包衣佐領，一槩令其當差，其餘諸王，遂亦從而效之，或有不肖王等，因漁色之故，多斃人命，人所共知。且護衛等尙無不奏而擅行革退之例，如此日流而下，則五旗之人竟有二主，何以聊生，所關甚大。著嗣後仍照舊例，旗分人員止許用爲護衛，散騎郎、典儀、親軍校、親軍，或諸王挑取隨侍之人，或所屬人內在部院衙門及旗下行走者兼管家務，或需用多人以供差役，或補用王府官職，成令隨侍子姪，著列名請旨。將奉旨之處，知會該旗都統等，令都統等覆奏。其旗分人員不許擅行治罪，必奏聞交部。如不請旨，斷不可也。倘仍有將旗分人員妄行擾累，令其多供差役，兼管散職，著該旗都統等奏聞，若都統等隱匿瞻徇，一經御史參劾，即將該部統等治罪。特諭。

世宗箝制諸王至此，較之太祖分付八固山之意，判若天淵。然後來帝所欲箝制之諸王旗分中人，尙有不顧天威而效忠本主者，則祖制之約束甚久，旗人固視爲綱常大義也。天無二日，民無二王，以儒家名分之說壓之，始無間言，可知儒教之入人久深，過於開國之祖訓也。

又，雍正元年十二月初一日奉上諭：老安郡王（太祖八子饒餘郡王阿巴泰子岳樂）居心甚屬不善，諂附輔政大臣等，又恃伊輩長，種種觸忤皇考之處，不可悉述。皇考寬仁，加以容宥，以如此之深恩，而安郡王之諸子，全然不知感戴竭誠，效力行走。馬爾渾、京喜、吳爾占等兄弟之中，互相傾軋，恣行鑽營，塞恒圖又生妄想，冀得王爵，殘害骨肉，以致皇考鬱悶等事，係衆所共知者。安郡王諸子之中，馬爾渾尙屬安分，其中華啓，亦無惡處，上天不佑，將應襲封王爵之人令其絕嗣，因此皇考稍加躊躇審度，而安郡王之子孫卽怨及皇考，以至吳爾占塞恆圖等，屢次形於辭色之間。夫國家恩施，豈可倚恃而強邀乎？今廉親王以不襲封安郡王之故，鑽營讒害，離間宗室，搖動該王屬下人等之心，以累世仰受太祖太宗世祖聖祖恩施之舊人，豈肯倚附此輩，以遂其擾亂國家之意？今強欲令襲封安郡王，則朕從容施恩之本意，俱不可行矣。將襲封安郡王之本發回，不准承襲。其屬下佐領，朕俱撤出，另賜他人。將由安郡王之屬下撤出給與廉親王怡親王之佐領下人等傳集，宣旨諭云：爾等俱係朕之臣下，國家惟有一主，朕將爾王不准承襲者，其故如此。爾等若知爾王之罪，當卽仰遵朕所辦理，中心悅服，竭誠爲國效力行走。倘仍顧念舊日屬主，違背大義，沽取小忠之名，而蹙額致怨於朕，爾等卽將爾主屈抑之處，表白聲明具奏。若所陳得理，朕卽襲封爾王，並將爾等給回舊屬。如謂王本無功，其罪案是實，略無遊移，則更有何言。不於奉旨賜給之王處效力行走，仍顧戀舊主，以廉親王爲爾王屬下之婿，鑽營行走，朕必誅之。再將賜給廉親王之安郡王屬下佐領，俱撤出給與怡親王，並降旨與怡親王，此所給人內，如有爲其舊日屬主，致怨於朕，及不肯奉爾爲主，一心效力行走者，以至行於顏色之間，或有仍瞻顧鑽營於其間者，王卽奏聞，朕必將伊置之於法。特諭。

諭中亦以旗下屬人顧戀舊主爲效忠，不敢遽以遵守祖訓爲罪，故有此反覆開諭之文。惟其取咎之故，實在廉親王之欲助安郡王。廉親王卽後來之阿其那，乃安郡王之外孫婿。安郡王功在國史，此忽謂其無功，則挾帝王之勢以臨之，人亦無敢反駁。要之雍正諭旨，皆支離詞費，半由對兄弟有慚德，半由所革除者爲祖制，不能不煩瑣言之，冀達其意也。

又，雍正三年五月二十日奉上諭，旗下所存之官房，若令各該旗辦理，參領等或有作弊之處，亦未可定。相應調旗管理爲善：鑲黃旗之房，着正白旗管理；正白旗之房，着鑲黃旗管理；鑲白期之房，着正藍旗管理；正藍旗之房，着鑲白旗管理；正黃旗之房，着正紅旗管理；正紅旗之房，着正黃旗管理；鑲紅旗之房，着鑲藍旗管理；鑲藍旗之房，着鑲紅旗管理。特諭。

雖一房屋之微，亦不能由各旗自爲窟穴，太祖所命八固山各自爲主之制，可云摧滅無餘矣。是時乃始開屠戮兄弟之隙，知其助之者寡。然世宗猶刻刻防舊屬之戴主，有決無其事而故爲周內者，若雍正四年二月初五日，允祉允祺允祐，奏述康熙年間，面奉皇考罪狀允禩之旨，中有云：「蘇努馬齊，自其祖父相繼以來卽爲不忠。蘇努之祖，卽意爲廢略阿爾哈圖土門貝勒也，在太祖時因獲大罪被誅。馬齊之祖，原在藍旗貝勒屬下，因藍旗貝勒獲罪，移置於上三旗，伊等俱欲爲祖報仇，故如此結黨，敗壞國家」一。夫蘇努可云爲祖報仇，馬齊特先世爲藍旗貝勒屬人，亦云爲祖報仇，乃爲其祖代報故主之仇矣。考馬齊以鑲黃旗著籍，姓富察氏，父米斯翰，登朝已在康熙年。祖哈什屯，乃曾隸正藍旗者。天聰時改隸鑲黃旗，卽由太宗治兄莽古爾泰弟德格類之罪，而奪其正藍旗。世之相距遠矣，其說已不足信。且按之聖祖原諭，今載東華錄者，與允祉等所述正相反。今錄以互證如下：

東華錄：康熙四十八年正月甲午諭有曰：「馬齊原係藍旗貝勒德格類屬下之人，陷害本旗貝勒，投入上三旗，問其族中有一人身歷戎行而陣亡者乎？乃不念朕恩，擅作威勢，朕爲人主，豈能容此？馬齊之弟李榮保，妄自尊大，虛張氣焰，朕屢加警戒而怙惡不悛，亦當治罪。馬齊等着諸王大臣會集，速審擬奏」。是日，康親王椿泰等遵旨審鞫馬齊等，覆奏：「馬齊係正藍旗貝勒德格類屬下，陷害本旗貝勒，投入上三旗，其旗中並無一人行間效死者。今馬齊圖謀專擅，欲立允禩爲皇太子，且馬齊於御前拂袖而出，殊爲可惡。不可留於斯世者也。李榮保妄自尊大，虛張氣焰，亦甚可惡。俱應立斬。馬武與馬齊李榮保，係親兄弟，亦應立絞。馬齊馬武李榮保及馬齊之兄馬思喀等之子孫，有職者革職，概行枷責。其妻子並發黑龍江。馬齊之族護軍參領壯圖等，有職者革職。其護軍披甲及閒散人，俱鞭一百。」奏入，諭曰：「馬齊原不諳事，此數年中起自微賤。歷升至大學士。其處心設慮，無恥無情，但務貪得，朕知之已久，早欲斥之；乃潛窺朕意，而蓄是心，殊爲可惡，理應立斬，以爲衆戒；朕因任用年久，不忍卽誅，着即交允禩，嚴行拘禁。李榮保着免死，照例枷責，亦聽允禩差使。馬武着革職，其族中職官，及在部院人員，俱革退。世襲之職，亦着除去，不准承襲。」又諭：「馬思喀在日，曾有效力之處，着將伊子佐領三等侍衞衲爾泰從寬釋放。」

以上康熙間議馬齊罪原文，迭諭及康親王等審鞫覆奏，反覆成一讞牘，必非虛假。所云馬齊之祖，乃屬於德格類，而陷主以歸太宗，得收入太宗親將之鑲黃旗者。豈但不爲藍旗貝勒報仇，如果有忠於藍旗之人，且當甘心於馬齊，以爲藍旗貝勒報仇耳。允祉等記憶聖祖諭旨之說，或亦世宗所授之辭，非其本意。但此矛盾之說，實爲世宗惟恐諸王貝勒舊屬之爲主報仇，且覺諸兄弟之尚有心腹忠黨，故有此蛇影杯弓之見解。總之諸王有黨，原於舊有主屬之分；主屬之必應效忠，原於太祖之遺訓。明乎此而世宗朝文煩意曲之處分諸王諭旨，皆有物焉爲之梗，不能不曲折以達之者，其梗何在，即太祖八固山之制是已。至馬齊之罪案，根本爲無意識，亦非聖祖之所深罪。其後李榮保之裔大盛，女爲高宗孝賢皇后，子爲忠勇公傅恆，孫爲文襄王福康安等，固與康雍間偶被之譴責，無影響也。

又，雍正四年五月十四日，諭有云：「當時伊等見二阿哥廢黜，以爲伊等奸計之所致，邪黨愈加堅固，公然欲仗邪黨之力，以東宮之位，爲可唾手而得。慢無忌憚，竟有敢與皇考相抗之意，此實朝廷之大患，國家之深憂。是以朕即位以來，百凡經理，費盡苦心。乃三年之久，頑邪尚未盡化，風俗尚未丕變，爾等滿洲大臣，急宜醒悟。當日世祖章皇帝御極，正在沖齡，睿親王輔政，大權在握，一日以黃色衣示在廷大臣，問可否衣著，而此時大臣尚有爭以爲不可。凡滿洲耆舊內，此等行事，不可枚舉。剛方正直之風，權勢所不能奪者，歷歷可考。當時上三旗風俗。只知有君上。後因下五旗之人與上三旗之人並用，遂染下五旗卑微之習。然從前下五旗之人，雖各有該管之主，而其心亦只知有君上，不知有管主也。何以至於今日，遂苟且卑靡，一至於此」？如昨日都統五格，在朕前奏對，尚將濩罪削籍之允禩稱之爲主，五格乃一無知武夫，此則風俗穨壞，大義不明之故也。孟子云：「遵先王之法而過者，未之有也。」朕事事效法祖宗，願爾等亦效法爾之祖宗，忠誠自矢，一念不移。古人云：『天無二日，民無二王。』臣子之於君上，乃天經地義，苟懷二心而存游移瞻顧之念，卽爲亂臣賊子。天理國法豈能容乎。如阿靈阿鄂倫岱等之奸惡，不明大義，其存心行事，爾等當以爲戒。當日滿洲風俗醇樸，尊君親上之心，最爲肫篤，雖遇天潢宗室，未嘗不加禮敬，而君臣之大義必明，金石之心腸不渝。朕今日之諄諄訓誡，不憚反覆周詳者，無非欲正人心，化風俗，使國家永享升平之福耳。

世宗改革旗制，明明不法祖宗，而偏以法祖爲言。又言旗人之祖如何尊君不尊主，其實乃兩黃旗之尊主，其主卽君耳。又以世祖初之上三旗爲言。世祖之初，何嘗定爲上三旗？世宗亦含混言之，欺彼旗員亦不甚明瞭八十年前故事。至以孔孟之說相壓，其時教化無有二義，無人敢於非聖，遂將太祖違理之制淘汰。中國歷代草昧時之陋態，經儒家以六經爲標幟，以孔子所舉之堯舜爲歸極，乃漸入於國家之正軌，此所以爲萬世師也。今特以科學爲不及人，以爲受儒家之毒，古之儒者，六藝兼賅，若欲令人於學問中通一二科學以應事，自是多能鄙事之一；若孟子言「天之高也，星辰之遠也，苟求其故，千歲之日至可坐而致也」，則何嘗不知推步之術？然豈肯與疇人子弟爭一日之短長哉。（「疇人」一詞見史記天官書，清史以通算學之仕均稱爲疇人。）若以藝術傲聖賢，孔子謝之曰：「吾不如老農，吾不如老圃」。孟子亦可謝人曰：「吾不如歐几里得」而已矣！

至八旗之效用，在清代實亦有得力之處。能將軍閥鎔化於其中，無立時裁兵之棘手，而使習門之兵，積悍之將，安插能滿其意。用封建之法，而勢力甚微，享用卻甚可恃。且部曲不必盡散，包容於旗制之中，其世襲皆以佐領爲單位，得一部人卽編一佐領。其始行於女眞各部，其後推之蒙古漢人，至其不足成旗而但能佐領者若俄羅斯佐領，若高麗佐領，皆以安其俘獲投順之人。苟非其遺丁自就衰微，清廷實能長守封建之信，故人亦安心。

蒙古之編爲八旗也，其太宗爲兩次征服所得之衆，一爲喀爾喀部，二爲察哈爾部。此皆兵力所取。其不勞兵力而來附者，則與爲盟好，謂之藩部，不收編其人，不設官治其土地也。蒙旗人亦較少。滿漢軍旗每旗五參領，蒙旗每旗止左右二參領，此其大概也。

漢軍編在招徠漢人之時。至入主漢土，則舊兵還爲地方之兵，別其旗色於八旗之外，謂之綠旗，其兵卽曰綠營。而明季宿將之有選鋒者，鉅寇之有死黨者，不可使之散在一地爲患，則以八旗之制編之，使分得滿洲豢養之利，此清初偃武修文之根本法也。聖武記謂漢軍舊名烏眞超哈，乃滿洲八旗附屬之漢人，自尙耿孔攜來大軍，乃編爲天祐天助二軍，遂附益之而成漢軍八旗。淸史稿兵志亦因此說。其實不盡合事實。當其爲天祐天助等軍名，卽是未能變更其組織而消化其界限。至三藩旣平，而後就其力屈受編者編爲漢軍。惟吳三桂所部，除散其裹脅外，悉發邊遠充軍，不編佐領，則以罪人待之。昔在黑龍江聞臺站之軍役皆吳三桂舊部之子孫，當可信也。蓋觀漢軍各佐領中，尙耿孔三家皆有，獨無吳後，知必另有安插矣。

漢人在滿洲軍中自成爲牛彔者，名烏眞超哈。天聰七年始編爲一旗，前已據貳臣馬光遠傳考定之矣。至八旗通志敍漢軍緣起，特從崇德二年始，各官書亦從此始。此特由一旗分爲二旗之始。旣曰一旗，則在滿洲八旗中分出爲旗，不可不明其始也。而各書不能言之。幸有馬光遠傳可據。其自崇德二年以後之演變，及清初軍事大定以後之措置，清之所以能收拾全國，使數十年縱橫之兵匪得告安謐，於漢軍之編制實有關係。惟編制八旗，分設佐領，自賴有滿洲八旗爲之根柢。組成漢軍八旗以後，又賴有滿洲八旗鎭壓而率領之，故能追隨於宿衛之列，聽調於駐防之令。前有躐取官祿之階，後有長養子孫之計，武夫悍卒，不散爲游手無業之徒，非擾亂無謀生之地，此八旗制之大成就也。三藩以後賴此而定，中葉用兵，不甚添募，不覺安插之苦。至咸同軍興，舊兵不可用，清所恃爲武力中堅之八旗，盡不可用，於是兵盡召募。事平以後，無舊安插法可用，裁者爲會黨，覓食於游手之中；存者亦爲駢枝，糜餉於舊額之外。故有兵事時，兵尙得將而可用，無兵事以後，兵乃被裁而無可消納，終致一決而不可收拾也。明之開國，納兵於衛所。清之開國，納兵於八旗。今後已見擁兵之多，未定納兵之計。論者欲納之於地利實業，是誠然矣。國土日蹙而地利微，民生日凋而實業盡，旋乾轉坤，在當國者刻苦以持己，爲國民塞已漏之巵；誠懇以便民，爲國民扶僅存之力；無不可救之危局。危局挽而消兵之策行其中，此鑒往以知來之事也。終之以漢軍佐領考略，爲清代盡其八旗之作用，此治清史之實有借鑑者矣。

漢軍佐領考略

崇德二年七月，分烏眞超哈（漢文稱漢軍）一旗爲兩旗。以昂邦章京（漢文稱總管章京爲將軍訛音）石廷柱爲左翼一旗固山額眞，以昂邦章京馬光遠爲右翼一旗固山額眞。

四年六月，分烏眞超哈二固山官屬兵丁爲四固山，每固山設牛彔十八員，固山額眞一員，梅勒章京二員，甲喇章京四員。正黃鑲黃兩旗，以馬光遠爲固山額眞，馬光輝張大猷爲梅勒章京，戴都崔應泰楊名遠張承德爲甲喇章京。正白鑲白兩旗，以石廷柱爲固山額眞，達爾漢、金維城、爲梅勒章京，金玉和、佟國蔭、佟代、爲甲喇章京。正紅鑲紅兩旗，以王世選爲固山額眞，吳守進孟喬芳爲梅勒章京，金礪、郎紹貞、王國光、臧國祚、爲甲喇章京。正藍鑲藍兩旗以巴顏爲固山額眞（降淸之李永芳之長子），李國翰土賴爲梅勒章京，張良弼曹光弼劉仲錦李明時爲甲喇章京。初，兩固山纛色皆用玄靑，至是改馬光遠纛以玄靑鑲黃，石廷柱纛以玄靑鑲白，王世選纛以玄靑鑲紅，巴顏纛純用玄靑。（兩白旗缺一甲喇章京。原文各書同。）

七年六月：初，烏眞超哈止設四旗，至是編爲八旗，以祖澤潤、劉之源、吳守進、金礪、佟國賴、（睿正子）石廷柱、巴顏、墨爾根轄、李國翰八人爲固山額眞。祖可法、張大猷、馬光輝、祖澤洪、王國光、郭朝忠、孟喬芳、郎紹貞、裴國珍、佟代、何濟吉爾、金維城、祖澤遠、劉仲錦、張存仁、曹光弼、爲梅勒章京。是年七月，以錦州松山杏山新降官屬兵丁分給八旗之缺額者。其餘男子婦女幼穉共二千有奇，編發蓋州爲民。又蒙古男女幼穉共四百二十有奇，又漢人八名。分賜恭順王孔有德：男子十名婦女幼穉十六口。懷順王耿仲明：男子十名，婦女幼穉十二口。智順王尙可喜：男子十名，漢人一名，婦女幼穉十二口。續順公沈智祥：男子五名，婦女十六口。察罕喇嘛：男子三名，婦女幼穉三口。其餘分賜公以下梅勒章京以上養之。

順治二年十一月，以和碩德豫親王多鐸等，招降公侯伯總兵副將參遊等官三百七十四員撥入八旗。

三年四月，分隸投誠官於八旗，編為牛彔。

十八年十月，戶部請將新投誠官員分旗安置。現到偽漢陽王馬進忠之子都督僉事馬自德，准入正黃旗。偽國公沐天波之子沐忠顯，准入正白旗。未到偽延安王艾能奇之子，原鎮國將軍，今左都督，艾承業，准入鑲黃旗。

康熙元年三月，允義王孫徵淳所請，令屬下投誠各官均撥三旗。

二十年九月，兵部題准耿昭忠等呈稱：家口甚多，難以養贍，照漢軍例披甲食糧，既可當差効力，又可均贍老幼家口，編為五佐領，令在京佐領管轄，每佐領下設驍騎校一員，小撥什庫（漢文稱領催）各四名，馬甲各五十四名，步軍撥什庫兵各十三名。此五佐領俱係耿昭忠耿聚忠等屬下，不便分晰，應將伊等本身，一併俱歸入正黃旗漢軍旗下。

二十一年十二月，戶部議准建義將軍林興珠既歸併鑲黃旗漢軍，令該都統歸與缺少壯丁。其佐領下應給地畝籽粒口糧，照例支給。俟支俸後裁去。所居房屋，工部給發。

二十二年十二月，命尚之孝尚之隆等家下所有壯丁，分為五佐領，隸鑲黃旗漢軍旗下。

乾隆五十五年五月，安南黎維祁及屬下人等，奉恩旨令其來京，歸入漢軍旗，分編一佐領。

摘錄尚孔耿軍收編，以明其非在稱天祐天助軍時。沈志祥附。

鑲黃旗漢軍。　第一參領第四佐領，原係定南王孔有德所屬佐領，康熙二十二年進京，撥隸本旗。

（孔有德早亡，而其所屬亦至三藩平後乃進京。原有佐領名色而不隸八旗。）

第二參領第二佐領，原係隨續順公沈志祥駐防廣東之佐領，初以蔣有功管理，康熙二十二年進京，撥隸本旗。貳臣孔有德傳：八年（天聰）三月，詔定有德軍營纛旗之制。以白鑲皂別於滿州及舊漢軍，號天祐兵。

又尙可喜傳：四月（天聰八年），詔至盛京，賜敕印，授總兵軍營纛旗，以皂鑲白，號天助。

又耿仲明傳：是年（天聰八年）秋，從征明。由大同入邊至代州。屢敗敵兵。仲明每奉命出征，輒與有德偕。其軍營纛旗亦以白鑲皂，號天佑兵。

第二參領第七佐領，原係駐防福建人丁，康熙二十二年進京，始編佐領，分隸本旗。

第三參領第三佐領，原係定南王孔有德所屬人丁，康熙二十二年進京，始編佐領，分隸本旗。孔軍亦不盡有佐領名色。

第三參領第八佐領，原隨續順公沈志祥駐防廣東人丁，康熙二十四年進京，始編佐領，分隸本旗。貳臣沈志祥傳：「崇德六年，率所部隨大軍圍錦州。七年，凱旋。賜貂裘，降戶。志祥請令部衆隸八旗漢軍，於是隸正白旗」。按雖有此文，殊未能符事實。見下各文。

第四參領第八佐領，原係隨平南王尙可喜駐防廣東人丁，康熙二十二年進京，編爲佐領，分隸本旗。

第五參領第七佐領，原係定南王孔有德所屬佐領，初以劉進孝管理，康熙二十二年進京，始隸本旗。

旗。

正黃旗漢軍　第一參領第一佐領，係康熙四十八年，將定南王孔有德所屬官兵編爲佐領。孔部亦有先於平三藩而編佐領者。（第二參領第一佐領同）

又第五佐領，係康熙二十年編設。通志案：此佐領係耿昭忠耿聚忠，因所屬家口人衆，分編爲五佐領。雍正十一年，作爲世管佐領。乾隆三年，亦定爲勳舊佐領。又乾隆三年七月二十九日，正黃旗漢軍都統奏：臣旗耿姓三個公中佐領，奉旨改爲世管佐領，其佐領下人等，應作爲屬下，或作爲另戶，恭請欽定。奉旨：此佐領照前所降諭旨：仍作爲世管。其佐領下人等，俱實係另戶，著曉諭伊等知之。

第三參領第八佐領，係康熙二十二年編設，初隸鑲紅旗。……三十七年，此佐領撥隸本旗。通志案：此佐領原係耿精忠屬下，隨將軍馬九玉征雲南兵丁一千，於康熙二十一年進京，編爲五佐領之一，屬蘇彥卓克托公。

第四參領第一佐領，係康熙二十四年，將隨續順公沈熊昭駐防廣東之壯丁一百四十八名編爲佐領。沈氏家兵至易世後猶待編旗。

又第七佐領係康熙二十年編設。通志案：此佐領原係和碩額駙耿昭忠等，因隨伊祖投誠人多，不能養贍，部議編爲五佐領之一。陳都策（第五任）革退後，因盧世英呈控，經王大臣議，請將五佐領內航海舊人、關東舊人、公主媵人，七百餘名編爲公中佐領三，其福建等省隨來壯丁，及耿姓各戶下家人三百餘名，編爲耿姓世管佐領二。此卽三公中佐領之一也。乾隆三年，又因耿化祚呈控，後奏請將三公中二世管俱照鑲藍旗尙維邦佐領例，一體作爲福珠里佐領。奉旨：兩世管佐領作爲福珠里佐領，三公中佐領作爲世管佐領。乾隆十五年，奉旨仍爲公中佐領。（福珠里華言勳舊。）

第五參領第二佐領，康熙二十年編設。通志案：此佐領亦係以耿昭忠等隨來壯丁編立。雍正十一年，另編爲公中佐領。以金通保管理。（金通保本參領，承耿化祚緣事革退後。）乾隆三年，作爲世管佐領。乾隆十五年，奉旨仍爲公中佐領。

又第五佐領，係康熙十八年將隨定南王孔有德駐防廣西之官兵編爲牛彔。

正白旗漢軍 第二參領第三佐領，原係定南王孔有德所屬佐領，初以王守仁管理，康熙二十一年進京。

第四參領第四佐領，係康熙十八年將定南王孔有德所屬官兵編爲佐領。

又第八佐領，係康熙二十二年將平南王尙可喜所屬官兵編爲佐領。

第五參領第二佐領，係康熙二十四年將續順公沈熊昭進京之兵丁編爲佐領。其第一佐領內，亦有續順公沈鐸續順公沈廣文兩次管理。

又第八佐領，係康熙二十二年將廣東進京之兵丁編爲佐領。

正紅旗 第一參領第一佐領，係順治元年將定南王孔有德所屬人丁編爲牛彔。初隸正黃旗，雍正四年始撥隸本旗。

第三參領第三佐領係駐防福建佐領，康熙二十二年進京，分隸鑲藍旗。四十六年撥隸正黃旗。雍正四年始撥隸本旗。

又第五佐領，係康熙二十二年將駐防廣東兵丁編爲佐領。初隸正黃旗，雍正四年始撥隸本旗。

第四參領第四佐領，係康熙二十二年將駐防廣東兵丁編爲佐領。初隸正黃旗，雍正六年始撥隸本旗。

第五參領第五佐領，原係定南王孔有德所屬佐領，初以陳逃林管理，康熙二十二年進京，分隸正黃旗，雍正四年始撥隸本旗。

鑲白旗　第三參領第五佐領，係康熙二十二年將廣西駐防兵丁編爲佐領，初隸正白旗，雍正四年撥隸本旗。

又第六佐領，係康熙二十二年將廣東駐防兵丁編爲佐領初隸正白旗，雍正四年撥隸本旗。

第四參領第五佐領，係康熙二十二年編設，初隸正白旗，以一品官線緘管理，線緘故，以其弟線緒管理，線緒故，以阿里哈尼哈番石顯爵管理，石顯爵故，雍正四年，此佐領撥隸本旗。（以後乃均不由線姓。）按線國安於康熙十三年從吳三桂叛，十五年病死，子成仁復歸順，原係孔部。又第六佐領，係康熙二十二年將廣東駐防兵丁編爲佐領，初隸鑲黃旗，雍正九年撥隸本旗。

正藍旗　第四參領第六佐領，係康熙十八年將定南王孔有德所屬官兵編設佐領。

第五參領第六佐領原係定南王孔有德所屬佐領，康熙二十二年進京，分隸正白旗，雍正九年撥隸本旗。

鑲藍旗　第二參領第三佐領，係康熙二十二年將福建駐防兵丁編為佐領。

第五參領第五佐領。係康熙二十三年編設。通志案：此係康熙年間賞給尚之隆五佐領之一。於乾隆三十九年因佐領出缺，奏請調取擬正人員。奉旨：此佐領雖係尚之隆親子孫，分定三佐領內之一，但既經管理兩個，若仍令伊支派管理，未免過優，着將此一佐領作為伊合族內公中佐領。　按尚之隆五佐領，皆在本旗內，其孰為之隆親子孫管理之兩個佐領，志未明載。其佐領數如下：

第一參領第六佐領，係康熙二十三年編設，初以王國瑞管理，王國瑞因病辭退，以尚崇垣管理。（以下皆歸尚氏世管）

第二參領第五佐領，係康熙二十三年編立，初以田毓英管理，田毓英故，以驍騎校劉思義管理，劉思義故，以尚崇廙理（以下歸尚氏所管）

第三參領第五佐領，係康熙二十二年編設，初以尚崇志管理。（以下皆尚氏世管）

第四參領第六佐領，係康熙二十三年編設，初以李芳臣管理，李芳臣緣事革退，以拜唐阿尚之縉管理。（以下歸尚氏世管）

兵制志二

雍正八年，上諭：前漢軍懇請出兵效力，朕諭該都統等，漢軍騎射生疎，平時不肯演習，而務出征效力之虛名，於事無益，可於每旗操演兵丁千名備用。昨據都統等奏：鑲黃正黃正白三旗，除當行當差兵外，現在輪流操演，可得千人。正紅鑲白鑲紅正藍鑲藍五旗，除當差外，不敷千人之數。我朝定鼎，漢軍從龍入關，技勇皆可用。今承平日久，耽於安逸，是以武藝遠不如前。自今官至提鎮副參者寥寥無幾，而在內簡用都統副都統時亦難其人。朕思漢軍生齒日繁，當籌所以教養之道。而額設之兵，為數又少，似應酌量加增，於國家營伍，旗人生計，均有裨益。且如在外駐防漢軍，子弟日漸繁衍，即本身錢糧，各有定數，難以養贍，應令餘丁回京當差。又如外任官子弟，往往以隨任為名，游蕩荒廢，前曾有旨嚴禁，悉令回京當差，學習弓馬。又如候缺微員，一時難以銓選者，若情愿入伍當差，到選班時，仍許輪流補用。又如內府人丁亦衆，於充役當差外，其閑散人丁，撥入八旗充驍騎亦可。再五旗諸王之漢軍佐領，仍屬本王外，其貝勒貝子公等之漢佐領，實無所用，應撤歸旗下公中當差，且可免掣肘之虞。其如何增設漢軍佐領，永遠可行，着詳議具奏。嗣議定：漢軍鑲黃旗，四十三佐領有半。正黃正白二旗，皆四十二佐領。正紅旗二十七佐領有半。鑲白旗二十八佐領。鑲紅旗二十七佐領。正藍鑲藍各二十八佐領。通計領催槍手礮手棉甲兵教養兵銅鐵匠弓匠聽差護城守門守礮守火藥局守教場，以及步軍門軍，共萬七千五百二十八人。今應於原有之二百六十五佐領及兩半分佐領外，增設三佐領，並增兩半為兩整分。上三旗每旗定為四十佐領，下五旗每旗補足三十佐領，共二百七十佐領。其新設佐領下，應增領催十五名，步軍領催三名，步軍四十八名。每佐領增足槍手四十名，棉甲兵八十名。上三旗每旗補足教養兵一百八十八名，下五旗補足教養兵一百四十九名，共增兵二千四百七十二名，以足二萬之數。至新增各項兵丁，應於在京閑散壯丁，及外省駐防漢軍餘丁、外官隨任子弟願充驍騎者、並候選未得之微員內、選補。再下五旗漢軍佐領，除王等仍舊分設外，貝勒貝子公等佐領，悉歸各旗，作為公中佐領。

按漢軍佐領，皆天下初定時招納之叛降驍悍。清既爲之編制，始終未嘗歧視。歷世既久，尙悉心理其傳襲之糾紛，使之得所，倚恃朝廷，爲世世豢養之計。此亦淸之取信於降人，不使生心。觀封爵表貳臣所封爵多傳至辛亥失國乃止，此亦見淸初之消兵誠意。

其所謂諸王貝勒下之漢軍，則包衣內之佐領，非漢軍八旗之佐領。包衣內漢人投入願爲奴隸者，尙不得與漢軍旗比，漢軍旗尙以殘餘武力受編，在國家爲息事寧人之計，包衣乃自願受役而投旗者。又淸初漢官過犯免死者，往往令入漢軍旗，乾隆時則以漢軍生齒繁多，又准其自願呈請出旗矣。

第二編　各論

第二編 各論

第一章 開國

清之開國，不能謂於國民先有何種功德。本以夷族崛興，難言政治知識。顧其種族爲善接受他人知識之靈敏種族，其知識隨勢力而進，迨其入關撫治中國，爲帝王之程度亦不在歷朝明盛諸帝之下。若非死於安樂，以致亡國滅種，在女眞之根性，實一優秀之民族也。

女眞種族，至清而已有三國，且愈後而愈盛，已見上編。惟其極盛，乃致滅亡。受漢族之奉養，以消磨其特長，又欲自別異於漢族。既已無能，而又顯非族類。輕視與讎視交並，一旦覆之，無可留戀，此爲清亡之實狀。當太祖以前，未能鼓其武力，而狡展卽非同種各部所及。以物資之缺乏，仰中國爲贍生之計，此夷狄之常態，中國御夷未失道時，因其所求，以爲銜勒，順則與之，逆則奪之，又多存其部落，予以世職而保其並生並育，自居於興滅繼絕扶弱抑強之帝德，而實制其兼並坐大之圖，此明以前之邊計也。女眞雖狡，固不能不就此束縛。自肇祖至景顯，清之所謂四祖，今皆考見其受明厚恩，爲諸夷最：求高官以誇衆，則予以都督之尊；求托庇以避讎，則徙之遼邊之內。其詳見余「明元清系通紀」。

第一節 太祖

自太祖以前，可紀之事，較前代帝王開國以前之祖宗功德可謂獨多。余別作明元清系通紀，成專書數十冊，今不復複述。述之自太祖始。太祖自二十五歲以前，景祖顯祖皆在，在父祖重蔭之下，無事可紀。實錄載其不得於繼母等事，與創業無關，亦不述。景顯二祖，本導明總兵李成梁圖其同種建州右衛酋王杲阿台父子，而爲成梁軍中所駢殺。明人謂太祖以夷月餘孽，俘虜孤童，給役李成梁家，成梁撫之有恩，故與李氏有香火情。以今考之，不爲無因，而亦不能盡確。如謂太祖爲四歲孤童，有弟舒爾哈赤更幼，皆由成梁長養，此則不確。二祖死後，太祖卽與尼堪外蘭尋讎，年歲相合，斷不能於二祖既死再由成梁撫之二十年，然後長大稱兵。成梁之誅阿台，在萬曆十一年，與淸實錄相合①。不數年間，明已假借太祖，官以都督，寵之以龍虎將軍，亦與淸實錄略同。而明實錄皆有年歲可紀。故四歲孤童受撫於李成梁之說，實出附會。惟太祖始起，正爲成梁衰暮之年，以敷衍悍酋，期保威名，以全晚節，但得太祖表示效順，卽保奏給官，甚且棄地以餌之，爲廷臣宋一韓等所糾，按臣熊廷弼所劾，俱見實錄及諸臣章疏。又舒爾哈赤之女，有爲成梁子如柏妾者，太祖之求媚於成梁，自亦無所不至，皆見明實錄，亦見明元淸系通紀。當萬曆四十六年以前，太祖雖已極狡展，然朝有嚴命卽陽示觳觫遵守，中朝猶視爲屬夷首鼠當態。雖朝鮮來報建酋已立國僭號，亦不欲先詰，以爲小醜戲侮，見怪不怪可以了事。太祖亦倏進倏退，可伸可屈，深中明季苟且之隙。僭號在萬曆四十四年丙辰，至四十六年戊午四月十三日壬寅，以七大恨告天。（七大恨原文今不見，並非實錄所載之文。今北京大學史料室存有天聰四年正月印刷黃牓，爲再度入關複述戊午七恨之文，事實頗有不同，當尙是戊午原狀；事隔十三年，對明之心理尙未變；且明邊內外耳目相接，所需此牓文之效用，尙未悟其無謂，故有複述牓發之舉，可信其正是原文。縱有改竄，必最相近。實錄之始修，已在天聰九年，時已覺膀示七恨之徒揚已醜，特史中不能不存一告天事實，乃改竄以錄之。故有實錄以後，即是改本。其詳已見北大史學社出版之余文②，亦不複述。）襲破撫順，守將遊擊李永芳叛降，繼又破清河，於是爲公然犯順，對明稱兵。

明年，萬曆四十七年，即太祖稱天命之四年，明發大兵分四路討建州，用楊鎬爲經略。鎬固承平時科目庸材，李成梁已前死，鎬等方倚李氏餘威以自壯，固爲敵人所嗤。命將調發，期日違路，盡洩於敵。太祖得設伏以待，盡覆其師，師號稱四十餘萬，並調朝鮮兵爲助。明四路將帥，忠勇驍健者皆殉，劉綎杜松，世尤惜之，坐爲經略非人所誤。獨李如楨遲遲不進，聞敗全師而還。鎬之私李，李之通敵，益爲世口實，是敗也，天下震動，明乃用前巡按熊廷弼代鎬，太祖遂斂兵不動，間以零騎掠邊，如向來夷人草竊故技。廷弼方規畫大舉，事未集而中朝羣議其老師怯戰，排擊之使去。廷弼身捍大敵，相持年餘，朝廷不以未有喪失爲功，而以不急撻伐爲罪，於廷弼所圖制勝方略，亦漠然不知且不問，以袁應泰代之。太祖知新經略易與，又大入邊。天啓元年三月（天命六年）十三日取瀋陽，二十一日即取遼陽。袁應泰自焚死。中朝又大震，復起熊廷弼而斥前之攻廷弼者。而太祖則已由故居赫圖阿喇移遼陽，謂之遷都，一改其寇鈔出入飽即颺去之故態矣。

明既復用熊廷弼，時廷臣祗有黨派，無一主持之人。偏私乖戾者不必言，即最和善之首相葉向高，亦以座主袒護門生王化貞，以遼東巡撫抗經略，不用其命，是爲經撫不和。而內閣本兵皆袒化貞，再濟之以多數之臺諫，毀經而譽撫，廷弼無所措手足。李永芳在太祖軍中，勾通化貞部下游擊孫得功，誑化貞謂永芳內應，共圖太祖。化貞恃為立功之奇祕，益藐視廷弼。廷弼乞休，廷議已允之，而太祖於天啓二年正月已攻化貞防遼河之兵，得功欲執化貞歸太祖，為他將挾化貞以走，遂棄廣寧；遇廷弼來救，知廣寧已不守，遂偕入關。其實太祖未敢即入廣寧，未敢即犯河西。廷弼憤化貞所為，以為僨事非己之罪，不以死爭廣寧，不以身殉關外，惟冀廷臣敗後覺悟，知重己之才而用之，以收後日之效，此則廷弼之忿恚失計，亦不得為無罪也。當時經撫已盡棄關外，太祖兵所不到，亦盡為蒙古占領。明旋用孫承宗以閣臣督師，又漸收遼西地。太祖不敢逼，於其間籠絡蒙古，使與己合，以孤明邊。又自遼陽徙瀋陽。蓋由西窺關門北略蒙古皆近捷也。啓疆心雖切，而明守關有人，即不敢動，太祖之善待時機如此。遷瀋陽在天啓五年（天命十年）三月，與承宗相持者三年。

天啓時，魏忠賢肆惡，逐年加甚。奄黨與承宗不相容。五年十月，允承宗致仕，以高第為經略。太祖知有可乘，六年正月，大舉西攻。第急檄盡棄承宗所復地，退守關門。寧遠前屯衛道員袁崇煥，以職守所在，固守寧遠城不奉命。第無如何，但撤他列城，委寧遠不顧。將吏不欲棄地者，忿第所為，從崇煥死守。太祖視寧遠城小，圍攻，意可立拔，兩日為崇煥再挫，死傷多，乃撤圍還，咄咄自恨，謂生平未遇此敗，疽發背以八月殂，稱號十一年。跡太祖所為，謂有積功累德，應主中國，在清代自言之則然，就史實考之，則實無有。清之取天下，純由武力。其知結民心，反明苛政，實自世祖入關時始。太祖實錄載初起時，以趫健警悟，當大敵不懼，受重傷不餒，以此稱雄。具載清官書，不具錄。要其以勇悍立威，為羣夷所戴，遂能驅率夷族，裹脅益多。自是以訓練夷衆見長。清實錄轉不載，而明實錄載之。

錄數則，可知太祖之養成武力，實已橫絕一世。古云女眞兵滿萬不可敵。正以騎射之長，在中國爲特殊藝業，在女眞爲普通生活所必需。所未能得志於中國者，無大隊部勒之法，雖有長技，亦祇能零鈔取勝耳。中有大豪，能取得衆人信仰，再以天然識力，悟行軍部勒之道，是卽金世阿骨打之流矣。

明實錄：萬歷四十八年正月壬寅，熊廷弼疏有云：「奴賊戰法，死兵在前，銳兵在後。死兵披重甲，騎雙馬，衝前，前雖死而後乃復前，莫敢退，退則銳兵從後殺之。待其衝動我陣，而後銳兵始乘其勝。一一效阿骨打兀朮所爲，與西北虜精銳在前，老弱居後者不同，此必非我之弓矢決驟所能抵敵也，惟火器戰車一法可以禦之。」

又天啓元年正月壬寅，戶科給事中趙時用疏請練兵，言「臣聞奴酋練兵，始則試人於跳澗，號曰水練，繼則習之以越坑，號曰火練；能者受上賞，不用命者輒殺之。故人莫敢退縮。」

凡此皆明廷之所聞奏，事在太祖稱天命之第五第六年。此可以知清興之武力。

太祖又習知中國事，據明實錄，朝貢親到北京者三次：

萬歷十八年四月庚子，建州等衛女直夷人奴兒哈赤等一百八員名，進貢到京，宴賞如例。（按上年九月乙卯，始命建酋都指揮奴兒哈赤爲都督僉事。蓋受此陞職以後親來朝貢也。淸錄敍太祖受明都督職，在二祖爲李成梁所斃時，並將授龍虎將軍亦並爲一時之事，皆故事簡略之語）。

又二十六年十月癸酉，宴建州等衛進貢夷人奴兒哈赤等，遣侯陳良弼侍。是爲二次入京。

又二十九年乙丑，宴建州等衛貢夷奴兒哈赤等一百九十九名，侯陳良弼侍。

是爲三次入京。

又有言太祖以傭工禁內，窺瞷多年者：

明實錄：萬歷四十七年三月戊戌，戶科給事中官應震奏保京師三議：一曰皇城巡視應議。聞奴酋原係王杲家奴，在昔杲縣首藁街時，奴懷忿恚，尋卽匿名傭工禁內，窺瞷多年。夫大工匪今日急務，已停而復興，就裏夾雜奸人，亦所時有。今須急停，以防意外。

按乾清坤寧兩宮災，在萬曆二十四年，自後乃有所謂大工。太祖或冒名充工入內。但亦傳聞之詞，似無確據。官應震意在請停大工，述此流傳語耳。

又五月癸未朔：戶科給事中李奇珍，以陷城覆將，疏論原任遼東巡撫李維翰、經略楊鎬、總兵李如楨併應逮問。又稱如柏曾納奴弟素兒哈赤女爲妾，見生第三子，至今彼中有「奴酋女婿作鎮守，未知遼東落誰手」之謠，速當械繫，以快公憤。不報。

此事當是事實。太祖與李成梁結托極深，中間并有此女爲李妾之援繫，又不待勾結叛將佟養性李永芳而始一一賚爲額駙也。

第二節 太宗

太宗名黃台吉。往時蒙古酋長每有此名，卽華言皇太子之音譯。譯音無正字，或又作皇太極。清實錄以爲天意預定，有此暗合之佳名。此亦無可附會之附會。

蔣氏東華錄：太宗文皇帝，太祖第八子，諱皇太極。史臣云，太祖名子爲□□□者，國中原無漢與蒙古籍，及爲汗，閱漢蒙古書，漢之諸君曰皇太子，蒙古繼位者曰皇太極，天意已預定矣。

太祖創業，以軍隊立國，軍編爲八旗，每旗主以一貝勒，八貝勒並立。崩年遺訓，以此爲後金國定制，不立一人爲主器之子。太宗在八貝勒中，其序爲第四，謂之四貝勒。在太祖時，四貝勒戰功獨多。太祖崩時，八旗亦未遵太祖意分配，太宗獨挾兩旗，勢陵諸貝勒上。兄代善爲大貝勒，與其子岳託薩哈廉兩人議戴太宗爲八貝勒領袖，始猶與代善阿敏莽古爾泰三大貝勒並坐而治，餘稱小貝勒，不敢與諸大貝勒齒，然太祖八旗並立之遺訓未遽改也。既爲領袖，乃自稱天聰皇帝。天聰四年，以罪廢鑲藍旗貝勒阿敏。阿敏有弟濟爾哈朗，早與本旗攻戰之事，與兄共爲旗主，故阿敏廢而旗屬濟爾哈朗。然並坐之大貝勒則已少一人矣。至天聰六年元旦，乃正位南面專坐，代善莽古爾泰旁侍，是爲後金國進一步之君主政體。是年，莽古爾泰死後，三年，莽古爾泰同母弟德格類又死。未幾，所屬追首莽古爾泰兄弟罪惡，削爵除宗籍，收所部正藍旗歸太宗自將。太宗獨領三旗。蓋兩黃始終由太宗兼領，至是併正藍得三旗，而諸貝勒分領各一旗，其勢力大不侔矣。是爲後金國又進一步之君主政體。是年爲明崇禎八年，即天聰九年，得傳國玉璽於元裔插漢林丹汗之太妃蘇泰所。明年四月遂廢後金號，改號曰清，亦創年號曰崇德。以前天聰皇帝，乃與太祖之天命同爲尊號，用以紀年，乃相沿借用；至是則有年號，以天聰十年四月以後爲崇德元年矣。是爲更進一步，公然成立之君主政體。

太宗始被推爲八貝勒首，袁崇煥遣使來弔，以覘金國內情。太宗以禮報使，而明廷譁然，謂崇煥通敵。太宗以其間與明相周旋，而急攻朝鮮，以絕其從後牽掣之患。朝鮮事明最忠，太宗取城下盟，多所約束，使朝鮮不爲明助。旋以袁崇煥約和無成，遂回軍指中國。明廷論方指摘崇煥，太宗乘機以反間中之。兵越山海關大路，由蒙古地入大安口攻龍井關入遵化，京師戒嚴，崇煥入援，明廷有右毛文龍者，有不慊於通弔違州者，並爲一談，雖無反間，崇煥猶將不免。太宗之用間殺崇煥，直襲小說中蔣幹中計故事，本極拙劣，明之君臣自有成見，與相湊合，壞此干城，而崇煥伏法③爲清室敺除矣。太宗兵下遵化，在崇禎二年十一月，明能戰之將，趙率教滿桂先後戰沒。清兵薄德勝門，起前大學士孫承宗視師，淸兵退，歷破京東各州縣，大掠數月，至崇禎三年五月，仍由遵化出邊。永平遵化及所屬各城皆復。時明流賊已熾，淸兵又屢擾，明廷大困。明崇禎九年，卽太宗天聰十年四月，遂定有天下之號曰淸。

天聰十年四月乙亥朔，越十有一日乙酉，黎明，太宗率諸貝勒大臣，祭告天地，受寬溫仁聖皇帝尊號，建國號曰大淸，改元崇德，卽以是年爲崇德元年，追尊始祖爲澤王、高祖爲慶王、曾祖爲昌王、祖爲福王，上太祖尊謚曰承天廣運聖德神功肇紀立極仁孝武皇帝，廟號太祖，太后尊謚曰孝慈昭憲純德眞順承天育聖武皇后。定太廟制：前殿安奉太祖太后神位，後殿安奉正中始祖，左高祖，右曾祖，左末祖各神位，右末安奉皇伯祖禮敦神位。禮敦亦於是時追封爲武功郡王。

太宗建立淸代時之意識，據東華錄所載如此。此合後來紀載。有可考證者數事：(一)太祖時已定國號爲金，或稱大金，亦稱後金。是猶以女眞先世帝號爲榮，欲爲紹述而已。至是乃闢而去之，直以金之半壁天下爲未足，易一號以自標幟焉。顧其金之改爲淸，意義何在？余向者持論，謂淸卽金之諧音，豈女眞語未變，特改書音近之漢字耳。聞者駁之，謂金淸非同音字，金爲侵覃韻之合口音，與庚韻之淸大不同。吾以爲女眞何知音韻之學，從其效漢語時所肖之音，音近卽取之，故效漢語呼夫人則曰夫金，旋作福金，又作福晋，金與晋固非音韻學家所謂同音，金與晋及人字，不相距尤遠乎？而滿漢譯文可以相通，何以金之不可爲淸也。然此究爲無據之空談，近乃得一確證：滿人金息侯梁撰有光宣小紀，亦稱淸卽金之諧音，並舉瀋陽撫近門額，漢文稱大金天聰年，其滿文卽終淸世之大淸字樣，是可知金之爲淸，改漢不改滿，有確證矣。(二)太宗追尊先代，太祖本已用汗與帝並稱，顯祖以上乃僅稱王號。後至順治五年十一月，始定肇興景顯四祖之稱。在太宗時，惟以始受明都督官職者爲始祖，謂之都督孟特穆，其近代則自高祖起，爲追尊所及之限。故此時所封慶王，後來所尊爲興祖，不必有何勳望，無庸疑其爲建州左衞以外，別有傳說。(三)當太宗時，高曾祖考俱在四親之內，不應祧法。其以高曾祖三世與始祖俱安奉後殿者，以別於手創大業之太祖而已。後世乃以後殿爲卽祧廟，此中國士大夫之禮學，實非太宗所知。顧一成不改，遂爲淸一代之廟制。

自雍正以後，顯祖以上適在可祧之列，遂以後殿爲祧廟耳。(四)後殿神位，原有五座，武功郡王禮敦儼然與四祖並尊，此亦當時草昧之制。後於崇德四年八月退禮敦爲配享之列，此惟見清史稿禮敦傳，而國史於乾隆間補武功郡王等列傳，直以禮敦爲崇德元年即配享太廟。配享則應在兩廡。且東華錄對崇德元年亦明言配享者爲費英東額亦都兩人。時但有功臣配享，未知有宗室配享也。蓋至崇德四年而稍悟廟制之非，後殿乃獨存四祖矣。(五)崇德建元，實是紀元之始。以前天命天聰皆尊號，非與一國臣民紀年之用。說已見前。

太宗之建清國，其動機在上年八月得元代傳國玉璽於元裔林丹汗之蘇泰太后。林丹汗爲元順帝後，居察哈爾，逼明邊，明謂之插漢，自以爲蒙古大汗，虐視近邊蒙古諸部，爲諸部所不附。清於天聰八年，以兵逼林丹汗走死，逾年得其傳國璽，乃定立國之計。先由諸王貝勒偕已附之蒙古部落勸進，並告朝鮮，使預勸進之列，朝鮮忠於明，不肯從，太宗既改號，首伐朝鮮，滅其國，脅其君伏罪而復置之，自是朝鮮不敢復通於明，稱臣質子，永爲清屬國矣。明方苦流寇，崇德二年，即明崇禎十年，既下朝鮮，明年即復入塞，明督師侍郎盧象昇戰死。又明年，移剿賊之總督洪承疇禦清，流賊益熾。承疇與清相持於寧錦，太宗攻之累年，以崇德七年二月克松山，承疇降，遂下錦州。冬十一月，又入薊州，連下畿南山東州縣，至明年四月乃北還。時爲明崇禎十六年，流賊已徧蹂中原，明祚岌岌，而太宗以其年八月初九日庚午崩，世祖以六齡嗣位，遂爲代明有國統一華夏之主。

第三節 世祖

世祖名福臨，太宗第九子，以崇德八年八月二十六日丁亥襲父位，由叔父睿親王多爾袞，從叔父鄭親王濟爾哈朗同輔政，詔以明年爲順治元年。事既定，即以兵乘明之擾，累犯關外諸城，然不能薄關門也。順治三月十九日丁未，流賊李自成陷京師內城，帝自經，賊僭稱帝，國號大順，改元永昌。四月初四日辛酉，秘書院大學士范文程啓攝政王入定中原，略言：

上帝潛爲啓佑，正攝政諸王建功立業之會，成丕業以垂庥萬禩者此時，失機會而貽悔將來者亦此時。中原荼苦已極，黔首無依，思擇令主以圖樂業，間有一二嬰城固守，自爲身家計，非爲君效死也。明之受病，已不可治，大河以北，定屬他人。其土地人民，不患不得，患得而不爲我有耳。我雖與明爭天下，實與流寇角也。今日當任賢以撫衆，使之近悅遠來，蠢茲流孽，亦將臣屬於我。彼明之君，知我規模非復往昔，言歸於好，亦未可知。倘不此之務，是徒勞我國之力，反爲流寇驅民也。舉已成之局而置之，後乃與流寇爭，非長策矣。往者棄遵化、屠永平、兩經深入而返，彼地官民必以我爲無大志，縱來歸附，未必撫卹，因懷攜貳，蓋有之矣；然而有已服者，有未服宜撫者，是當嚴申紀律，秋毫勿犯，復宣諭以昔日不守內地之由，及今進取中原之意，而官仍其職，民復其業，錄賢能，卹無告，風聲翕然，大河以北，可傳檄而定。河北一定，可令各城官吏移其妻子，避患於我軍，因以爲質，又拔其德譽素著者，置之班行，俾各朝夕獻納。王於衆論，擇善酌行，聞見廣而政事有時措之宜矣。此行或直趨燕京，或相機進取，要於入邊後山海長城以西，擇一堅城，頓兵而守，以爲門戶，我師往來，斯爲甚便。

文程此言，於清之開國，關係甚鉅。攝政王時非一人，故文中累稱攝政諸王。清僥天幸，以多爾袞入關成大功，其明達足以聽納正論；然其時能持論者實無幾人，舊人中惟文程，降臣中惟洪承疇，爲有見地，而多爾袞皆能虛受其言。此文爲文程預定大計之始，蓋猶但知賊之必將亡明，未知明帝之已殉國也。東華錄所載如此，國史本傳已修飾而失眞相，史稿更甚。今雖未見初修之太宗實錄，要知東華錄中文程之文必猶近原狀，以其暴露清軍以往之態度，尚非有成大業之志，必爲後來之所諱言也。自今以前，武力勁矣，招降納叛之道得矣，惟要結關內之人心，殊未留意。所留意者在鈔掠，自不能恤人疾苦。

自今乃以救民水火爲言。多爾袞深納之，此爲王業之第一步。是月七日甲子，祭告南伐，翌日乙丑，賜多爾袞大將軍敕印，丙寅啓行。十三日庚午次遼河，已知賊陷京師，以軍事諮洪承疇，承疇上啓，略如文程旨，皆爲淸有天下之大關鍵。而多爾袞之能聽受，則天之所以厚淸而生此美質也。承疇略言：

> 我兵天下無敵，將帥同心，步伍整肅，流寇可一戰而除，宇內可計日而定。宜先遣官宣布王令：此行特掃除逆亂，期於滅賊，抗拒者誅，不屠人民，不焚廬舍，不掠財物，降者官則加升，軍民則秋毫無犯，不服者城下之日誅其官吏，百姓仍予安全，有首倡內應立大功者，破格封賞；法在必行，此要務也。寇遇弱則戰，遇強則遁，今得京城，財足志驕，已無固志，一聞我軍至，必焚宮殿府庫西遁，賊之騾馬不下三十餘萬，晝夜兼程可二三百里，我兵抵京，賊已遠去，財物悉空，亦大可惜。今宜計道里，限時日，輜重在後，精兵在前，出其不意，從薊州密雲近京處疾行而前，賊走則卽行追勦；倘坐據京城以拒我，則伐之更易，庶逆賊撲滅，神人之怒可回；更收其財畜以賞士卒，殊有益也。明守邊兵弱馬疲，猶可輕入，今恐賊遣精銳伏於山谷狹處。以步兵扼路，我國騎兵不能履險，宜於騎兵內選作步兵，從高處覘其埋伏，俾步兵在後，比及入邊，則步兵皆騎兵也，孰能禦之？抵京之日，我兵連營城外，斷陝西宣府大同眞保諸路來攻，流寇雖不能與大軍相拒，亦未可以昔日漢兵輕視之。

承疇此言，已知賊據京師，猶未料其先已東來，供我迎擊，則所謂天相之矣。吳三桂導引入關，並不用馬步迭代之法，懸兵度險，天之所啓，事半功倍。然承疇則老謀深算，久熟寇情，其言固非無當。而變鈔掠之暴，爲弔伐之仁，則其識與文程等也。

先是寇棘，明用薊遼總督王永吉議，棄關外諸城，召寧遠總兵吳三桂入衞；三桂徙寧遠兵民五十萬衆而西，抵豐潤，聞燕京已陷，不敢前。賊拘三桂父襄招三桂，而遣降賊之唐通白廣恩率兵向關門。三桂聞家口被掠，怒作書絕父，且急遣使至多爾袞軍前乞師。多爾袞時尙未至寧遠，得書卽進，途次復得三桂趣進之書，兼程而行，距關十里。自成以三桂抗不受招，自將精銳二十萬東擊三桂，又令唐通等前鋒二萬騎繞出關外夾攻。多爾袞遊擊敗通等於一片石。翌日，師至關，三桂出迎，大軍入關。自成率衆自北山橫亘至海，嚴陣以待，是日大風，塵沙蔽天，軍少不及賊之半，多爾袞命三桂兵居右，滿洲兵在其左，令曰：「賊陣大，首尾不能顧，可鱗次集我兵，對賊陣尾突之，必勝。」三桂受命先搏戰嘗賊，風沙中咫尺莫辨，力鬥良久，全軍呼譟者再，風旋止，滿洲鐵騎橫躍入陣，所向摧陷。自成方挾明太子諸王於高岡觀戰，俄塵開，見甲而辮髮者，驚曰：「滿洲至矣！」遂土崩，逐北數十里，斬獲數萬。自成走京師，焚宮殿，載輜重西遁。多爾袞令三桂及阿濟格、多鐸，兼程追賊，勿入京。即軍前承制進三桂爵平西王，令關內軍人皆薙髮。誓諸將曰：「此行除暴救民，滅賊安天下，勿殺無辜，勿掠財物，勿焚廬舍，違者罪之。」牓諭官民以取殘本殺共享太平之意。自關以西各城堡百姓逃竄山谷者，皆還鄉里薙髮迎降，用文程承疇等言也④。

五月初二日己丑，多爾袞至燕京，故明文武諸臣皆出迎五里外。下令禁兵士入民家，百姓安堵。多爾袞入居武英殿。蓋宮殿遭賊焚殘破，惟此殿獨完也。翌日庚寅，令兵部傳檄直省郡縣，歸順者官吏進秩，軍民免遷徙。文武大吏籍戶口錢糧兵馬，親齎至京。觀望者討之。故明諸王來歸者，不奪其爵。在京職官及避賊隱匿者，各以名聞錄用。卒伍欲歸農者聽之。又翌日辛卯，令官吏軍民爲明帝發喪，三日後服除，禮部太常寺具帝禮以葬。初六日癸巳，令故明內閣部院諸臣，以原官同滿洲官一體辦理。初八日乙未，阿濟格等報及賊於慶都，擊敗之，追至眞定，又破走之。近畿諸郡縣皆降。二十二己酉，葬故明莊烈帝、后周氏、妃袁氏、熹宗后張氏、神宗妃劉氏，並如制。先是，賊以三月二十八日丙辰遷帝后梓宮於昌平，昌平人啓田貴妃墓以葬，至是用帝禮爲改葬也。至七月庚子，並設故明長陵以下十四陵官吏，司守護焉。

霸者假借仁義，亦可與王者同功。要其優禮前代之意雖假，而於寬恤民生，使久罹水火之人倚我以圖蘇息，則事實不可誣也。當天命天聰間，未嘗不厚結關外之人及關內來歸之人，然未能推此意於關內。觀其累次犯塞，輒挾告天七大恨牓文，向關內軍民布告，此於收拾人心有何益處？豈明之軍民，見此牓而代爲不平，亦有仇明順敵之意乎？固知天聰以前，清固以悍夷自處，絕未有得天下之意識也。崇德改元以後，亦未見若何改觀。及此而始自命王者之師，居然大異於蠻夷寇盜。多爾袞於征朝鮮時，朝鮮實錄中載其舉動，在滿洲中獨爲溫雅得體，固其資質之美，即天之所以啓女眞，生才非意想所及也。而其最大之獻納莫如范文程，節錄文程國史傳如左：

文程從師渡遼河，吳三桂來乞師，文程曰：「闖寇猖狂，中原塗炭，近且傾覆京師，戕厥君后，此必討之賊。我國家上下同心，兵甲選鍊，誠聲罪以臨之，恤其士夫，拯厥黎庶，兵以義動，何功不成？」復言「好生者天之德，兵者聖人不得已而用之，自古未有嗜殺而得天下者。國家欲統一區夏，非乂安百姓不可」。於是申嚴紀律，妄殺者有罪。旣敗流賊二十萬於山海關，我兵長驅而西，民多逃匿。文程草檄宣諭曰：「義兵之來，爲爾等復君父仇，所誅者惟闖賊。師律素嚴，必不汝害。」民心遂安。師入北京，建議備禮葬明崇禎帝。時宮闕灰燼，百度廢弛，文程收集諸曹冊籍，布文告，給軍儲，事無巨細，咸與議焉。

以上見攝政王之所行，皆文程之所議擬；其尤爲清一代永久惠民之政者，則立除明季加派一事，能立起人民樂生之心，而天下已大致定矣。至清一代竟能永行之，以不加賦爲祖訓，爲定制；此則清之自有器量，能收名臣之用者，必其意度亦本與契合可想也。文程傳又言：

明季賦額屢增，而籍皆燬於寇，惟萬曆時故籍存。或欲於直省求新冊，文程不可，曰：「卽此爲額，猶恐病民，豈可更求哉」。自是天下田賦，悉照萬曆年間則例徵收，除天啓崇禎年間諸加派，民獲蘇息。

攝政王既定燕京，卽派員率師先定山東山西，蓋由近漸及各省。明福王以五月戊子朔由馬士英以兵擁戴入南京，初三日卽監國位，十五日進稱帝，建號弘光。當擁立福王時，向時持清議者，皆以北都黨案反覆，王爲鄭妃孫，鄭氏乃造成各案之主體，又以王失教無善行，意不欲贊定策議，爲士英所脅，而諸不快意於清流者羣和之，自始卽挾有意見。以諸正人於擁立有異議，激王疎遠正人，出史可法於外，以士英當國，起用奄黨阮大鋮，盡翻逆案，國事皆在馬阮，王又童昏，南都事不可爲。而攝政王於六月十一日丁卯，與諸王大臣定議，建都燕京，遣使奉迎車駕。世祖以九月十九日甲辰自正陽門入宮。十月乙卯朔，親詣南郊告祭天地，卽皇帝位，頒大清時憲曆。翌日丙辰，以孔子六十五代孫允植，封衍聖公，其五經博士等官襲封如故。十日甲子，上御皇極門頒詔天下，大赦。乃議佐命開國親郡王及滿洲諸臣封爵，所司損益前典以聞，並察歸降文武官紳。其先後輕重之序如是。詔中除宣赦外，悉屬蠲除明季苛雜加派賦稅。地畝錢糧，悉照前明會計錄，自順治元年五月朔起，如額徵解。鹽法亦然，凡加派各餉，俱行蠲免。仍免本年額引三分之一。又自五月朔以前，所有本色折色各數十種款目錢糧，逋欠在民者，一律豁免。另一款亦係豁除逋欠，當是指雖無民欠實據，亦概予豁除。至五月朔以後之蠲免。則大軍經過地方仍免正糧一半，歸順州縣非經過者，免本年三分之一。關津商稅普免一年。明末所增之商稅則永遠豁免。曾經前明因兵災全免錢糧之地方，仍予全免，不在免半及三分免一之例。近畿六十八衞軍人，明時派供內廷柴炭，永免且禁私派，招商辦買充用。京城行商車戶僉派徭役，及北直河南山東山西等省截銀，明末所已免派免解者，均照現行事例蠲除。京師東中西三城，因屯紮禁衞軍人，不得已令官民之家遷讓。其遷居之戶，所有田地不拘坐落何處，概免租賦三年。南北城居家雖已遷徙，而房屋被人分居者，亦於所有田地不拘坐落何處，概免租賦一年。丁銀不照原有定額，查覈老幼廢疾，並予豁免。軍民年七十以上，許一丁侍養，免其徭役。明季直省屯田司助工銀兩，准予豁免。直省漂流挂欠及明係浸沒之錢糧，已經追比在官者，自五月朔以前事件，一律免追釋放。經寇刼失之錢糧亦同。凡此皆從明末人民生計之苦，曲折體貼；又於明時已有之惠恤，不因現在加惠之通令轉有廢閣。此開國第一恩詔，適合人民苦於征納，思解倒懸之心理。與未入關前對待關內方法，截然不同。出以世祖登極詔書，實即攝政王聽納羣言，熟籌民瘼所得之結果。其餘培風化、收人望、敬禮先代帝王賢聖、守護明代陵寢諸端，皆合中國舊來崇尚，無復夷風。攝政王樂引漢人爲滿洲舊人所嫉，此亦其所收之效也。詔牓今尚有存者，東華錄亦載全文，不能備錄。淸史稿世祖紀已有所刪節矣。

方世祖將卽位時，明使左懋第馬紹愉陳洪範奉金幣求和，爲割地偏安計，不報。旣卽位後，逾兩旬，以十月二十五日己卯，命豫親王多鐸爲定國大將軍，進取江南。先淸河南北未服軍民屯堡，所過悉平。閱數日，以英親王阿濟格爲靖遠大將軍，西討李自成。兩王皆攝政王同母兄弟。英王直由綏德取延安州，斷賊西竄之路。豫王自河南破賊於潼關，連敗賊至西安，賊被迫東遁出陝。乃命豫王移師向江南，英王專剿賊。時在順治二年四月。以是月十八日庚午，豫王師至揚州，諭明督師閣部史可法等降，不從。二十五日丁丑，克揚州，可法不屈見殺。五月初五日丙戌，師渡江，明守將鄭鴻逵等舟師潰，遂陷鎮江，由丹陽句容抵南京。初十日辛卯，明弘光帝先遁。翌日，馬士英亦遁。南都士民擁獄中所囚崇禎太子出監國。十五日丙申，豫王至南京，勳臣趙之龍、閣臣王鐸、部臣錢謙益等以城降。南都既下，明所以繫人心者略盡。以後隆武之在閩，魯監國之在海上，永曆之在兩粵滇黔，奔迸流離，苟存名號，士大夫之思用世者，爭就新朝矣。

崇禎太子之獄，始於是年三月。弘光及馬阮，以北來之太子爲僞，下之獄，而朝士多信爲眞。士民不慊於時政，亦誹議君相。其先於上年十二月，北都先見崇禎太子，清廷以爲僞，殺之，並殺認太子爲眞者。至南中復見太子，史可法得北使左懋第等訊，知太子已被害於北，不附和繼至之太子，朝士則謂可法受馬阮脅制而然。然余考之：北都太子實不僞，即南都太子非眞也。（別有專論已出版⑤，不復贅。）六月，明總兵田雄馬得功等執弘光獻於豫王。閏六月，英王追李自成至湖廣，窮竄入通城之九宮山，自縊死（從明史流寇傳）。是時，明唐王聿鍵即帝位於閩，建元隆武。魯王以海稱監國於浙。豫王多鐸既克南京，並下杭州，旋召還，以貝勒勒克德渾代將。三年正月，又以太宗長子肅親王豪格爲靖遠大將軍，征四川。至冬十一月，清軍平閩，隆武帝殉。豪格亦斬張獻忠於西充。會明遺臣復立桂王由榔於肇慶，改元永曆。流寇張李餘孽鉅萬數，先後歸之。南明之兵，多爲寇孽，自隆武倚鄭芝龍立國，鄭氏即前時受撫之海寇。至永曆盡收張李殘寇，不收則無兵可作聲勢，收之亦無彈壓之力，非惟不足圖功，亦且備受屈辱。清對南明，亦用漢人為前驅，使相屠殺，是為吳尚耿孔四王之兵。吳三桂原為明將，所統為明之官軍。尚可喜、耿仲明、孔有德，皆毛文龍舊部，亦盜類也。清用此諸軍，自有八旗為中堅以臨督之，其勢自不敵。然猶亙十餘年，終世祖之世未能悉平南服。聖祖即位後，永曆帝乃為緬甸所縛獻，魯王亦卒。自是無與清對立之明。以國統言：自康熙元年以後始為眞統一中國，在述清史者可認為主體，不復以清與明為分別之詞矣。

世祖開國之制度，除兵制自有八旗為根本外，餘皆沿襲明制，幾乎無所更改。明之積重難返，失其祖宗本意者，清能去其泰甚，頗修明明代承平故事。順治三年三月，繙譯明洪武寶訓成，世祖製序頒行天下，直自認繼明統治，與天下共遵明之祖訓，此古來易代時所未有。清以為明復仇號召天下，不以因襲前代為嫌，反有收拾人心之用。明祖立法，亦實有可以修明之價值。若閉關之世不改，雖至今遵行可也。故明之代元，史家極應研究其制作，清之代明，綱紀仍舊，惟有節目之遷流，自非詳考不足標其大異之點。八旗制已有詳考，餘從略。其馭宮庭奄宦之法，清實大勝於明，但在世祖開創時，亦已模倣明制：十年六月，設內十三衙門，嚴為限制，令宦官不得過四品；十三年六月，又倣明祖立鐵牌，禁內官干政。此皆有復蹈明奄禍覆轍之漸。十五年三月，有大學士陳之遴，前恭順侯吳惟華，賄結內監吳良輔之獄。之遴惟華流徙籍沒，之遴遂死貶所，吳監被旨嚴飭，而世祖卒愛暱之。崩前五日，實錄已書不豫，而是日尚幸憫忠寺，觀吳監祝髮，其為自知不起，令吳監避禍耶？抑自恐命促，令所愛代為出家，以媚佛求佑耶？二者必居一於此。要之世祖御世時，無改革奄寺之計。其處斬吳良輔及廢十三衙門，乃世祖崩後太后及輔政諸臣之意。此清史之所不詳，見余三大疑案考實（見本書附錄一）。

清入關創業，為多爾袞一手所為。世祖沖齡，政由攝政王出。當順治七年以前，事皆攝政專斷。其不為帝者，攝政自守臣節耳。屢飭廷臣致敬於帝，且自云「太宗深信諸子弟之成立，惟予能成立之。」以翼戴沖人自任，其功高而不干帝位，為自古史冊所僅見。薨於順治七年十二月初九日戊子，當時猶用帝禮，祔廟上謚，稱成宗義皇帝，以稱其實。乃未幾以屬下首告「王曾製八補黃袍，令與大東珠、朝珠、黑貂褂，潛置棺內」等事，坐以悖逆之罪。夫既以帝號加之，凡形式上之帝制，何者為不可犯，此與追尊之詔豈非矛盾？惟王與肅王不合，因肅王致死而又取其福晉。肅王為世祖長兄，於此事不無懷憤。又於順治五年冬至，初次郊天恩詔，尊稱王為皇父，世乃傳太后有下嫁攝政王之事。今見之筆墨者，惟明遺臣張煌言之蒼水詩集有「春官昨進新儀注，大禮恭逢太后婚」之句，確為當時人語。然蒼水以鄰敵在遠，讎恨鄙夷，因傳聞而作揶揄之詞，難為信史。世所傳則謂春官指禮部尚書，而其人則坐以錢謙益，以附會謙益之所以為高宗深惡；且傳有謙益撰太后大婚詔文，清亡後頓見傳播，而故老亦多信之。余考謙益未為禮部尚書，多爾袞稱皇父時，謙益去世已久。且考朝鮮實錄，當時有「擬議攝政稱皇父」之語，並不涉及太后之下嫁，即其未奉大婚詔之明證。惟舊東華錄議多爾袞罪時，有「身到皇宮內院」一語，或可為事有曖昧之據，但不必為太后有私，且有私亦與下詔大婚，公然稱慶有別。以其坦然尊為皇父，轉信其非有曖昧之慙，直如古者尚父仲父之君尊其臣而已。此事詳見余三大疑案考實，不具錄。攝政王之身後澂咎，固緣世祖之心有不平，亦因鄭親王濟爾哈朗始本同爲攝政，後以多爾袞功高，已爲所掩，後於四年七月又停其輔政之職，而代以多爾袞之同母弟多鐸。多鐸於定天下實亦功高，先攝政而死，至攝政死後，鄭王再起輔政，有報怨之心，益搆攝政之罪。觀高宗之爲攝政昭雪，極道「世祖沖年受惑，誣此賢王」，則其子孫自有公論。要爲開創時之一大反覆，不可不紀者也。

當世祖時，南方尚未悉定，然朝廷已見開明之象。前七年爲攝政代行，親政以後，雖有攻異端、寵側妃，不無太過之失，然資稟英明，不至妨政⑥。世傳世祖之崩御非實，乃緣愛寵董鄂妃，妃死而帝爲僧以殉之，蓋以媚佛寵妾並爲一談。余別有世祖出家考實，爲三疑案之一，有以深明其不然。要其媚佛而不以布施土木病民，寵妾而不以女謁苞苴干政，惟見其理解之超，情感之篤，蕭然忘其萬乘之尊，眞美質也。自攝政王好延攬漢人，用陳名夏而南方名士多所薦起。親政以後，政策仍前，由八旗掌握實力，天子則樂就漢人文學之士，書思對命，綽有士大夫之風，居然明中葉以前氣象。正嘉以後童昏操切之習略無存者，天下忘其爲夷狄之君焉。順治朝，通攝政親政兩時期觀之，其有君人之度，略無更改。摘數事爲例：

二年五月壬午朔：河道總督楊方興進濟寧州瑞麥，有三四歧者，有八歧十歧者。得旨：「時和年豐，人民樂業，卽是禎祥，不在瑞麥。當惠養元元，益加撫輯。」

是月丁酉，故明中書張朝聘輸木千章，助建宮殿，自請議敘。諭以「用官惟賢，無因輸納授官之理」。令所司給值。

三年七月壬戌：江西巡撫李翔鳳進正一眞人張應景符四十幅，得旨：「凡致福之道，惟在敬天勤民，安所事此？朕廷一用，天下必致效尤，其置之。」

四年正月丙午，河南巡撫吳景道，以芝草產於嵩山，表賀，得旨：「政教修明，時和年稔，方爲祥瑞，芝草何必稱奇。」

八年正月己未，世祖將親政之前一日，戶部尚書覺羅巴哈納等入奏事畢，上問曰：「外間錢糧，有無益之費否?」巴哈納等奏曰：「有。京師營建，用臨淸甎，土質堅細，遣官一員燒造。分派漕船裝載抵通，又由五閘撥運至京，給與脚價。」上曰：「營造宮殿，京師燒甎，儘可應用，又費錢糧撥運，甚屬無益。漕船遠涉波濤，已稱極苦，再令裝載帶運，益增苦累。臨淸燒造城甎，著永行停止，原差官撤回」。越三日壬戌，江西進額造龍碗，得旨：「朕方思節用，與民休息。燒造龍碗，自江西解京，動用人夫，苦累驛遞，造此何益？以後永行停止。」

此可知入關以後，攝政與親政時代無殊，皆能用中國賢明之君爲法，定天下固自有氣度也。明季習於苛斂，攝政時用范文程言，一切釐革。然亂世胥吏，伎倆百出，嘗試不已，非有明決之識，眞實之意，輒爲羣小所眩惑。「與其有聚斂之臣，寧有盜臣」，眞知此意者少矣。順治朝不肖疆臣時時有規復加派之請，輒廢黜不行，舉例如下：

國史土國寶傳：五年五月，仍授江寧巡撫。蘇松常三府白糧，明季僉民戶輸運，民以爲苦，至是復明初官運制，國寶言「民戶一遇僉點，往往傾家，今改官運，一切皆給於官，而經費不敷，請計畝均派運費，民皆樂從」。諭曰：「僉點固屬累民，加派豈容輕議」。下部察核官運經費果不敷否。部臣言「經費未嘗不敷，惟嚴絕尅減虛冒諸弊，則用自裕」。黜國寶奏不行。華亭縣有義田四萬八百餘畝，明光祿寺署丞顧正心置以贍宗族助差徭者。國寶初撫吳，即令有司收其米四萬三千餘石給兵餉，及國寶降調（以擅殺非陣擒之吳易黨降調），周伯達代爲巡撫，以充織造匠糧入奏，戶部議：「今察勘義田在明時曾否題明，創置者有無子孫。」至是國寶以實覆奏。戶部尚書巴哈納謝啓光等核議：「義田所以卹貧助徭，非入官之產，宜仍令顧正心子孫收穫。至兵餉匠糧，皆有正項取給，其擅用義田米，責國寶償還。」六年，國寶疏請加派民賦佐軍需，給事中李化麟言：「加派乃明季弊政，民窮盜起，大亂所由。我朝東征西討，興師百萬，未嘗累民間一絲一粟。今國寶遽議加派，開數年未有之例，滋異日無窮之累。」上復黜國寶奏不行。

此皆攝政時事，後亦持之甚謹。終清一代，以永不加賦為大訓，眞所謂殷鑒不遠，以實心行之，非高呼愛民，圖一時宣傳之用者比矣。明之餘弊，窟穴於其中者迭試不已，能受善言乃能撲滅之。復舉廠衞緝事之弊再見一例：

清史稿季開生傳附張國憲，疏言「前朝廠衞之弊，如虎如狼，如鬼如蜮，今易錦衣為鑾儀，此輩無能逞其故智；乃臣聞有緝事員役，在內院門首訪察賜畫；賜畫特典，內院重地，安所用其訪察？城狐社鼠，小試其端，臣竊謂宜大為之防也。」疏入，下廷臣議禁止。得旨：「鑾儀衞專司扈從，訪役緝事，一概禁止。」廠衞之禍始息。

世祖善畫，得自天授，侍從之臣，往往蒙賜，具見諸家記載，此賜畫自必指此，亦見其稟質之美。

世祖朝為人詬病之政事，莫如圈地逃人兩事。此為國初瞻徇滿人不得不行之策。圈地尚止一時，督捕逃人，歷時較久，相傳為滿清之罪惡，不可不一述其眞相：

(一)圈地　據東華錄及史稿世祖紀，諭戶部清查無主荒地，給八旗軍士，事始元年十二月丁丑。然在前十餘日己未，順天巡按柳寅東奏，已言清查無主地，而條陳其圈換五便，則朝議當已發動在前。考是年七月癸卯，太監吳添壽等請照舊例遣內員徵收涿州寶坻縣皇莊錢糧，攝政王諭「差官必致擾民，著歸併有司，另項起解。」是為畿輔原有明代不屬民有之地，發動於內監思擅其弊藪，有此自効，而攝政王不從。近畿皇室及勳貴，本係占奪民間之地，已經積久，取以給入關之旗軍，未為不合，自朝議將定，柳寅東始以圈換爲請，則紛擾起矣。然亦圖一勞永逸耳。寅東奏言：

> 無主之地與有主之地，犬牙相錯，勢必與漢民雜處，不惟今日履畝之難，日後爭端易生。臣以爲莫若先將州縣大小，定用地多寡，使滿洲自占一方，而後以察出無主地，與有主地互相兌換，務使滿漢界限分明，疆理各別而後可。蓋滿洲人共聚一處，阡陌在於斯，廬舍在於斯，耕作牧放，各相友助，其便一。滿人漢人，我疆我理，無相侵奪，爭端不生，其便二。里役田賦，各自承辦，滿漢各官，無相干涉，亦無可委卸，其便三。處分當，經界明，漢民不至竄避驚疑，得以保業安生，耕耘如故，賦役不缺，其便四。可仍者仍，可換者換，漢人樂從，其中有主者歸併，自不容無主者隱匿，其便五。

此奏下戶部詳議速覆，越十餘日，諭行清查撥給，則以滿漢分居各理疆界爲言，則用寅東策矣。是爲圈撥所由起。若但撥無主地，即無所謂圈矣。

> 諭戶部：我朝建都燕京，期於久遠，凡近京各州縣民人無主荒田，及明國皇親駙馬公侯伯太監等死於寇亂者，無主田地甚多。爾部可概行清查，若本主尙存，或本主已死而子弟存者，量口給與；其餘田地盡行分給東來諸王勳臣兵丁人等。此非利其土地，良以東來諸王勳臣兵丁人等無處安置，故不得不如此區畫。然此等地土，若滿漢錯處，必爭奪不止，可令各州縣鄉村，滿漢分居，各理疆界，以杜異日爭端。

圈而後撥，其兌換能否公平，當視承辦之長官。然動必有擾，自不可諱。至外省駐防，亦有故明藩府莊田等在。又有滿兵初到，秩序未定，如韓慕廬所記蘇州城內所居里爲旗兵圈佔之事，此尤軍興時之變態，不足論矣。夫圈地之擾，若清代竟永遠行之，其國祚必不能如此之久。當開國時不得已而暫行，則在歷史上固爲可恕。且世祖明有不得已之表示，較之明代溺愛子弟，向國民婪索莊田者，尙較有羞惡是非之心。至後來之永停圈地，則在康熙年間。其時親貴已漸就範，不需屈法以奉之，故於康熙二十四年有順天府尹張吉午一奏，戶部不敢議准，而聖祖特旨俞允，此可見圈地一事之可已則已，清於病民之政實未嘗如明代之甚也。

> 東華錄，康熙二十四年四月戊戌，戶部議覆順天府府尹張吉午奏請康熙二十四年始，凡民間開墾田畝，永免圈取，應不准行。上諭大學士等：「凡民間開墾田畝，若圈與旗下，恐致病民，嗣後永不許圈；如旗下有當撥給者，其以戶部見存旗下餘田給之。」

（二）逃人　當清室在關外，爲明建州衞時，往往掠漢人爲奴，視爲大利。被虜者者逃至朝鮮，朝鮮輒解送中國，建州恨之，時爲寇於朝鮮，以爲報復。此積世糾纏之事，具見朝鮮實錄。太宗既以兵力壓伏朝鮮，乃嚴約不許解送，而漢人尙有逃入朝鮮以求庇者，朝鮮涕泣拒之，或有不忍坐視中國人爲奴，私自縱還中國者，清必予以重罰。是爲滿洲督捕逃人舊法。入關以後，各旗風習如故，所欲得保障於國家者，以有逃人法爲最要。而其時則情僞又不同。因立法之嚴，有冒充逃人以害良善之事，故清初以此事爲厲民之大者。世祖雖知之，時方用八旗之力以定天下，不能違國俗，拂衆情也。史稿李裀傳獨詳此事，錄如下：

> 八旗以俘獲爲奴僕，主遇之虐輒亡去。漢民有願隸八旗爲奴者，謂之投充，主遇之虐亦亡去。逃人法自此起。十一年，王大臣議：匿逃人者給其主爲奴，兩隣流徙，捕得在途復逃，解子亦流徙。上以其過嚴，命再議，仍如原議上。十二年，裀上疏極論其弊，曰：「皇上爲中國主，其視天下皆爲一家，必別爲之名曰東人，又曰舊人，已歧而二之矣。謂滿洲役使軍伍，猶兵與民不得不分，州縣追攝逃亡，猶清勾逃，不得不嚴覈，是已；然立法過重，株連太多，使海內無貧富良賤，皆惴惴莫必旦夕之命，人情洶懼，有傷元氣，可爲痛心者一也。法立而犯者衆，當思其何利乎隱匿，而愍不畏死，此必有居東人爲奇貨，挾以爲囮，殷實破家，奴婢爲禍，名義蕩盡，可爲痛心者二也。犯

法不貸，牽引不原，卽大逆不道，無以加此。破一家卽耗一家之貢賦，殺一人卽傷一人之培養，十年生聚，十年敎訓，今乃用逃人法戕賊之乎。可爲痛心者三也。人情不甚相遠，使其居身得所，何苦相率而逃，況至三萬之多，其非盡懷鄉土念親戚明矣，不思恩義維繫，但欲窮其所往，法愈峻逃愈多，可爲痛心者四也。自逮捕起解，至提審赴質，道路驛騷，雞犬不寧，無論其中冤陷實繁，而瓜蔓相尋，市鬻鍋鐺殆盡，日復一日，生齒彫殘，誰復爲皇上赤子，可爲痛心者五也。又不特犯者爲然，饑民流離，以稽察東人故，吏閉關，民扃戶，無所投止，嗟此窮黎，朝廷方蠲租煮粥，衣而食之，奈何因逃人法迫而使斃，可爲痛心者六也。婦女躑躅於郊原，老稚僵仆於溝壑，強有力者犯霜露，冒雨雪，東西迫逐，勢必鋌而走險。今寇孽未靖，招撫不遑，本我赤子，乃驅之作賊乎？可爲痛心者七也。臣謂與其嚴於既逃之後，何如嚴於未逃之先。今逃人三次始行正法，其初犯再犯，不過鞭責，請敕今後逃人初犯卽論死，皇上好生如天，不忍殺之，當倣竊盜刺字之例，初逃再逃，皆於面臂刺字，則逃人不敢逃，卽逃人自不敢留矣。」疏入留中。後十餘日，下王大臣會議，僉謂所奏雖於律無罪，然七可痛情由可惡，當論死。上弗許，改議杖徙寧古塔，上命免杖，安置尙陽堡，逾年卒。上深知逃人法過苛，重紬王大臣議，罪裀。十三年六月，諭曰：「朕念滿洲官民人等，攻戰勤勞，佐成大業，其家役使之人，皆豢養自艱辛，加之撫養，乃十餘年間，背逃日衆，隱匿尤多，特立嚴法，以一人之逃匿而株連數家，以無知之童僕而累及官吏，皆念爾等數十年之勞苦，萬不得已而設，非朕本懷也。爾等當思家人何以輕去，必非無因，爾能容彼身，彼自體爾心，若專恃嚴法，全不體恤，逃者日衆，何益之有。朕爲萬國主，犯法諸人，孰非天生烝民，朝廷赤子？今後宜體朕意，使奴僕充盈，安享富貴」。十五年五月復諭曰：「督捕逃人事例，屢令會議，量情申法，衷諸平允。年來逃人未止，小民牽連被害者多，聞有姦徒假冒逃人，詐害百姓，將殷實之家指爲窩主，挾詐不已，告到督捕，冒主認領，指詭作眞，種種詐僞，重爲民害。如有旗下姦宄橫行，許督撫逮捕，併本主治罪。」逃人禍自此漸息。

裀傳所載，其奏疏見蔣氏東華錄，而王錄不載。世祖兩諭，則王錄有之，蔣錄所卡收也。想是王所據實錄不書裀奏，蓋不欲彰當時之過。裀意重治逃人，並不責旗下主家，而已爲滿人所忌恨如此，可見入關後之逃人，絕非關外時之比。乃恃國家設立重法，而旗下姦人與民人之黠者合成訛詐之局。原立法止罰重窩逃，不深究逃者，正欲保護還歸之家奴仍爲舊主操作，姦人於是專放囮誘，投殷實之家寄宿，即以窩主誣之，以遂其索詐取盈之計，故重處逃人，即姦民有所畏而不敢爲旗下之囮也。順治間人文字中，涉逃人者頗多，不能備錄。惟其漸次救正，細傳言由於世祖之兩諭，觀其事實，則順治朝猶未改督捕之功令，至康熙時乃併無所事於督捕，則弊根爲已拔矣。玆先詳督捕衙門之設立：

史稿魏琯傳：八旗逃人，初屬兵部督捕，部議改歸大理寺，琯疏言其不便（時琯爲大理卿），乃設兵部督捕侍郎專董其事。即以琯爲督捕右侍郎，見東華錄十一年正月甲辰，琯傳失載，貳臣琯傳亦失載。

國史吳達禮傳：十一年正月，上以八旗逃人日衆，增設兵部督捕侍郎郎中員外主事等官，另置廨署，專理緝捕事，擢吳達禮爲左侍郎。

史稿職官志，兵部下：十一年，增置督捕滿左侍郎漢右侍郎各一人。漢協理督捕太僕寺少卿二人。尋改左右理事官。滿漢各一人。滿漢郎中各一人。員外郎滿洲七人。漢軍八人。漢一人。堂主事。滿洲三人。司主事一人（十四年增一人）漢主事六人。司獄二人。分理八司（當是旗各一司），掌捕政（三營將弁隸之）。十二年，增置督捕員外郎八人（旗各一人）。康熙三十八年，省督捕侍郎以次各官，併入刑部。刑部止設督捕司，掌八旗及各省逃亡。

順治朝以八旗逃人爲一大事，至兵部內專設衙門，而以京畿巡捕三營隸焉。官職繁多，其銜各旗王公之意，無所不至。魏琯以職掌論逃人事，流徙尚陽堡；李裀以科臣言此事繼之，俱死戍所。王大臣言所奏於律無罪，然「七可痛情由可惡，當論死」；是論罪並不依律，但旗人以爲「可惡」，即當「論死」耳。世祖亦曲從之，俾言逃人事者多死於戍所，故逃人事實爲淸初秕政。但至康熙中葉，已盡革此衙門，併刑部僅爲一司，所掌乃與各省應捕逃犯爲同等，且旗下竟無逃人案，督捕司對旗務轉以防禁旗人無故離京爲專責，則立法已平。旗人無所利於逃人，國法亦無所庇於縱逃之旗人，此事自然消滅。則一時之弊害，特國基未固時有此，尙非一朝怙惡不悛之事，如明之廠衞奄人比也。

世祖朝於明季朋黨相攻，概不顧理其說。馮銓爲奄黨而首先召用，至言官交攻，輒罪言者，當時用銓，取其明習故事，內閣票擬等明之舊法，由銓復行之。從前邪正派別，固非所當問，又其招降納叛，封賞不吝，且持之以久，要之以信，降人封爵直至淸亡而始與盡者甚多。此亦見定天下之氣度，能使武夫悍將，流賊餘孽，釋甲來歸，功名可保，旣降者心安，未降者亦知勸。檢史稿封爵表一一可見。舉一最顯之事爲例：如牛金星爲李自成丞相，明國亡君殉皆繫此寇。當賊據燕京時，金星以僞相之威福，紀載洋溢；逮寇滅之後，金星歸宿，世頗忘之。史稿季開生傳附當若柱，乃悉金星入淸之仕履，並世祖之優容焉。若柱傳如左：

若柱疏言「賊相牛金星，弒君殘民，抗拒王師，力盡始降，宜要顯戮；乃復玷列卿寺，靦顏朝右。其子銓同父作賊，冒濫爲官，任湖廣糧儲道，贓私鉅萬。請將金星父子立正國法，以申公義，快人心。」得旨：「流賊僞官投誠者，多能效力，若柱此奏殊不合理。應議處」。遂罷歸。

以糾舉賊黨爲不合理而削職，似乎獎奸，然其時天下擾攘，方事招徠，以散亂黨。若柱陝西蒲城人，順治四年進士，自庶吉士改給事中，則此必改官後所奏，事在世祖親政前後，招降之事方急，所以待牛金星者如此，願歸者可以無疑矣。此所謂「雍齒且侯，吾屬無患」。漢高所以爲豁達大度，如此類矣。金星父子甘就此不重要之官，正新朝所視爲奇貨者。

第二章 鞏固國基

第一節 聖祖嗣立至親政

明後迭次建國於南方，適與世祖一朝相爲起訖。明雖數盡，淸所假以驅除者，不能專恃八旗。旗軍人數固不足，且盡用旗人敵漢，亦於招徠之道隔膜。故除用故明文臣任招撫外，亦用明舊帥舊軍，與旗距未服者以聲氣相呼召，此吳三桂等諸藩之所以擁衆難散也。淸所倚以平定南方，常爲先驅者，蓋有四藩：吳三桂獨專亡明之功，由其手逼取永曆帝於緬甸以歸，有代沐氏世鎮雲南之意，封之爲平西王，爲最強之藩。耿仲明之孫精忠，襲封靖南王，及平南王尙可喜之子之信，更有定南王孔有德，雖已於順治間爲明所攻，城陷而死，然部曲猶與三藩相呼應。此爲開國以來不易消之巨患。世祖未壯而崩，親政以後不過十年，旣於明代厲民之政，痛與革除，復能以籠絡士大夫，洗刷關外傖荒。適成一除舊布新氣象。旣遭短折，聖祖以八歲嗣位，又落於輔政諸臣之手，以開創大業，成於兩代沖齡之主，當時柄國之親貴，惟以定國爲務，不知覬覦天位，是亦孟子所謂社稷之臣，以安社稷爲悅。明初兩世有親藩之禍，淸初兩世得親貴之力，新開化之種族，淳樸有甚於漢人，此亦其不可輕量者。

世祖以順治十八年正月初七日丁巳夜子崩，史稿誤會夜子字，繫於丙辰（此亦史稿應改正之一點），初八戊午頒遺詔，初九己未卽位，改元康熙。此遺詔頗由世祖太后主持，以輔政大臣同意發布。於世祖之過舉，臚列無遺，引爲己罪者十四事。其中以子道未終，永違太后膝下爲兩款，此名分之引罪；而首列漸習漢俗，於祖宗淳樸舊制日有更張爲一款，又宗室諸王友愛未周爲一款，滿洲世臣不能事任，部院印信亦令漢官掌管爲一款，求不得罪於實力所在之滿臣，用意甚切。而輔政亦滿臣，其以入關以來接近漢臣爲慽，豈非一日。此可見在廷之有意見。而其實世祖爲已過之事而引罪，聖祖亦並未因遺詔之故而疏遠漢臣，是敷衍滿臣自有不得已，而有密之地自有權衡，亦不至眞爲滿臣所把持。此亦英明之見端，與清末之反爲親貴所挾而致亡，正有天淵之別。至見賢未能盡擧，見不善未能盡退兩款，雖係門面語，中有事實，亦見誠懇。厚己薄人，糜費不節兩款。御朝絕少，上下否塞一款。自恃聰明，不能納諫一款。知過未改一款。亦非政治有甘苦者不能言。而於端敬皇后即董鄂妃之喪，踰濫不經一款，爲世祖生時所不肯言。設立內十三衙門與明同弊，亦不似生時愛幸吳良輔情狀。東華錄言遺詔由王熙麻勒吉二學士所草，世祖諭令奏知皇太后宣示。而王熙自著年譜，敍此時又深明其有秘密不敢直言，則遺詔直由太后所改定，未必世祖臨崩前所見之原草也。說詳余「世祖出家考實」，不重錄。兩事中端敬喪之踰制，不過認已往之過，而廢止十三衙門，爲清一代突過往古歷朝之善制。生時立此衙門，未爲獨有之失德，遺詔廢此衙門，則眞能以明爲鑒，在歷史爲非常之舉也。

廢內十三衙門，處斬內監吳良輔，清史稿世祖聖祖兩紀互相矛盾。世祖紀順治十五年三月甲辰書良輔受賄伏誅，聖祖紀順治十八年二月乙未書誅良輔，其實兩俱有誤。東華錄於前一月日書良輔賄案發覺，結之云「良輔尋伏誅」。史稿忽其「尋」字，於後一月日書「諭旨廢十三衙門」，中有「良輔已經處斬」一語，亦未必斬於是日。惟世祖崩前五日，已書不豫，而尙親幸法源寺爲良輔祝髮，知斬良輔決非世祖崩前之事，已見世祖出家考實。史文之待訂者往往類是。幸而史料具在，可以考確，否則又成疑竇，此不獨清史稿爲然也。

聖祖初年之輔政，爲索尼、蘇克薩哈、遏必隆、鼇拜、四人，皆非宗室。受命後以非從來成例，跪請諸王貝勒共任，諸王貝勒以遺命不敢違，乃奏知皇太后，誓告於皇天上帝及大行靈前，中有「不私往來諸王貝勒等府，受其饋遺」之語，是亦以太后爲中心，遺詔爲根據，懲於前次攝政之太專，以異姓舊臣當大任，而親王貝勒監之，其用意可見也。然事權所在，必有積重。輔政四人中，忠梗者居其二。有一專橫之鼇拜，卽有一緘口不語之遏必隆，康熙初仍有輔政跋扈之事。至八年五月，聖祖親政，輔政時於國家本計，民生要務，亦無大影響。其資望最高之索尼，於康熙六年六月先卒，卒之前，因鼇拜專擅，於三月內請聖祖早親政，而未卽行。至七月己酉初七日始行親政禮，然鼇拜橫暴猶昔。自索尼卒，鼇拜不循遺詔中原次，自居輔臣之首。先是，鼇拜以己隸鑲黃旗，國初圈地，鑲黃旗屯莊在保定河間涿州之地，嫌其瘠薄，令以正白旗所圈之薊遵化遷安諸州縣分地相易，正白旗地不足，別圈民地補之。令下所涉州縣旗民俱大擾，耕耨盡廢。大學士兼管戶部尙書蘇納海、直隸總督朱昌祚、巡撫王登聯，俱力爭之，輔臣中惟蘇克薩哈隸正白旗，不贊圈換之議，餘均徇鼇拜議。尙書督撫坐遲誤阻撓論死，蘇克薩哈不對，鼇拜卒矯詔並予棄市，事在五年十二月。明年聖祖親政，蘇克薩哈請守先帝陵，罷輔臣任，鼇拜與其黨大學士班布爾善等謂蘇克薩哈不欲歸政，論以大逆，與其長子俱磔死，餘子孫俱斬決，籍其家，並斬及其族人白爾赫圖等。奏入，聖祖不許，鼇拜攘臂上前，強爭累日，卒坐蘇克薩哈後，餘悉如議。

又前後殺大臣不附己者，與弟姪及同黨相比，至請申禁言官，不得上書陳奏。八年五月，乃詔逮鼇拜廷鞫，褫職籍沒，與其子那摩佛俱禁錮之，弟姪及同黨多坐死。及鼇拜死於禁所，乃釋那摩佛。後聖祖晚年，念鼇拜戰功多，賜一等男爵，以其後襲。世宗朝並復其一等公爵，世襲罔替，加封號曰超武。乾隆間復降為一等男世襲。

聖祖初年輔政四臣事實，及鼇拜伏罪，據官書，鼇拜罪亦終不掩功。而世傳聖祖逮鼇拜時，恐其不勝，至譎以取之，具見滿人紀載。史稿亦錄入本紀云：八年五月戊申，詔逮輔臣鼇拜交廷鞫。上久悉鼇拜專橫，特慮其多力難制，乃選侍衛拜唐阿年少有力者，為撲擊之戲。是日鼇拜入見，即令侍衛等掊而縶之。於是有善撲營之制，以近臣領之，云云。觀上雖親政，鼇拜攘臂上前，必行其意，竟無如之何，則帝之威令有不行，至以術取乃定。是亦見聖祖童年，早能不動聲息，以銷肘腋之患。而輔政之始末，亦清初一重事，不可不稍詳也。

四輔臣時，有復行明季加派之失，數月即罷，未為永害，要亦輔政時之闕失。史稿四輔臣傳論云：「四輔臣當國時，改世祖之政，必舉太祖太宗以為辭。然世祖罷明季三餉，四輔臣時復徵練餉，並令併入地丁考成，此非太祖太宗舊制然也，則又將何辭？」考此事紀傳志皆不見，獨見此於傳論，意謂事非經久，可不特書，附著一語，亦文省事增例也。然清以不加賦為特長，非明著此變，恐成疑議。考東華錄，順治十八年八月甲寅，戶部遵旨議覆：「查明季加增練餉，並無舊案，止有遺單一紙，每畝派徵一分。直隸等十三省共計五百七十七萬一千餘頃，每畝一分派徵，計徵銀五百餘萬兩。請敕該撫於十八年為始，限三月徵完解部。至雲貴係新闢地方，無舊案可查，敕該撫於見徵田地內，照數徵派，彙冊到部。」得旨「如議速行」、是年十二月己未，左都御史魏裔介奏請停止，辛酉諭戶部：「除順治十八年已派外，康熙元年通行停止，爾部作速刊示，偏行曉諭，使小民咸知。」

鼇拜既逮治，圈地事停，諸被誣者皆復，或予諡卹。於是舉經筵，置日講官，改內三院大學士銜為殿閣大學士，復翰林院，用儒臣編纂經義。凡輔政時所不足於世祖朝之漸染漢俗者，次第復舊。十二年五月，侍臣請以夏至輟講，聖祖特諭：「學問之道，宜無間斷，其勿輟。」視朝講學，納諫求言，悉用前代盛明故事。接見士大夫之日多，士大夫寖寖嚮治，而撤藩之議起。

第二節 撤藩

南明既亡，天下絕望，謂清業可定矣。實則必危必亂之癥結，其不易拔除，較之取勝於末運之朝，伸威於稔惡之寇，其難不啻倍蓰。天下初定，驕悍之武夫，反側之兇盜，以擊鬥為專業，不樂歸農者，屯結不散，戴一渠魁為延其生命之計，此渠魁即今所謂軍閥。清初武力，自有根柢，但用漢人號召漢族，招降納叛，事半功倍。大勢既定，則解散編制，必有一番擾亂。其所以毅然措手不稍遲回者，亦正恃有有根柢之武力在也。其時屯結之衆，統名三藩。三藩之實力，以吳三桂為首。三桂既以兵逼緬甸，縛獻明永曆帝以自效⑦，朝廷先撤旗兵北歸，亦所以示放牛歸馬，將與天下更始。雖其報功之典不能不用前明沐氏鎮滇之體制相待，然逐漸裁兵，則與爵位並非一事。三桂為延長兵事計，一攻廣西之隴納山蠻，再平貴州之水西烏撒兩土司，以武功震耀於朝廷，而實厚自封殖。朝廷議裁綠營，三桂亦聽命，於康熙四年，奏裁雲南綠旗兵五千有奇，則以綠旗爲明之經制舊軍，而其先所挾藩屬甚衆，又廣收逋寇以益之，蓋裁老弱而實已增精銳也。

隴納山蠻與水西土司，用兵一在二年，一在三年，非一地，非一事。史稿未明清修貳臣傳文義。水西設治，以比喇爲平遠，蓋平遠治在水西之比喇壩也。史館不考事實，遽改比喇爲隴納，此需訂正。又三桂傳所增事實，有不盡可信者，別見下。至如稱三桂爲江南高郵人，籍遼東，當有所據。俟再考證。

三桂藩屬，於順治十七年三月癸亥定平西靖南二藩兵制時，已有佐領五十三。一佐領計有甲士二百，而丁數五倍之。計五丁出一甲，是有壯丁五萬餘也。分左右兩都統，雖用清制，然統將皆所部署，皆其死黨。是年七月戊午，又有旨如三桂請，以投誠兵分忠勇義勇各五營，營各千二百人，統以由寇投明，由明復投三桂之劇盜馬寶等十將，皆爲總兵。十月復請設雲南援剿四鎮總兵官，以四川湖廣本任之統兵大員爲之。更樹死黨於雲貴兩省之外，貴州自由三桂兼轄，兩省督撫咸受節制。用人則吏兵二部不得掣肘，用財則戶部不得稽遲。所除授號曰西選。三桂之爵，進爲親王。據五華山永曆帝故宮爲藩府，增華崇麗藉沐天波莊田七百頃爲藩莊，廣徵關市、榷鹽井金礦銅山諸利，一切自擅。通使達賴喇嘛，互市北勝州。遼東之參，四川之黃連附子，遣官就運轉鬻收其直，富賈領其財爲權子母，謂之藩本。厚餌士大夫之無籍者，擇諸將子弟四方賓客肄武事，材技輻輳。朝臣一指摘，抗辭辨詰，朝廷輒爲譴言者以慰之。尙耿二藩始並封粵，耿藩旋移閩。三藩鼎踞南服，糜餉歲需二千餘萬，近省輓輸不給，仰諸江南，絀則連章入告，既嬴不復請稽核。耗天下之半。三桂專制滇中十餘年，日練士馬，利器械，水陸衝要，徧置私人，各省提鎮，多其心腹。子應熊，尙世祖妹和碩長公主，朝政纖悉旦夕飛報。此未撤藩前所有不可終日之勢也。

西選之說：相傳吳三桂所除授之官，各省皆有，每出一缺，部選者到任，往往遇西選者先到，則折回。魏源聖武記亦言西選之官徧天下。此恐傳之太過。在雲貴兩省則必有是事，偏天下之說或非也。當時敢於論三桂者不過三人，多得罪去。御史楊素蘊所論，專指三桂用人授官一事，疏言：「三桂以分巡上湖南道胡允等十員題補雲南各道，并奉差部員亦在其內，深足駭異」。又言：「三桂疏稱：『求於滇省，既苦索駿之無良；求於遠方，又恐叱馭之不速。』則湖南四川，去滇猶近；若京師山東江南，距滇不下萬里，不知其所謂遠者，將更在何方。皇上特假便宜，不過許其就近調補耳，若盡天下之官，不分內外，不論遠近，皆可擇而取之，則何如歸其權於吏部銓授爲名正而言順？縱或雲貴新經開闢，料理乏人，諸臣才品，爲藩臣所素知，亦宜請旨令吏部籤補；乃徑行擬用，不亦輕朝廷而褻國體乎」？據此，則當時所論三桂任官之不法，亦不過謂所轄雲貴省內缺官，任意指調他省及京朝之員充補；非他省缺官，三桂輒以遣員來補也。楊疏在順治十七年，雖其後三桂跋扈尚久，然天下之官有缺，何由報知滇省而得據爲選授之柄？終覺於理不近也。

康熙十二年三月，平南王尚可喜首請歸老遼東，以子之信留鎮粵，自率兩佐領之衆，及藩屬孤寡老幼自隨。時尚耿二藩各有十五佐領，及綠旗兵六七千，丁口二萬。部議盡移所部隨可喜歸遼東。將行，而三桂精忠以七月間先後請撤藩以探朝旨。朝議不敢決允，惟尚書莫洛等數人獨言宜撤，命議政王貝勒大臣會核，仍不敢決。聖祖特旨允二藩請，悉移遼東，分遣部院大臣入滇粵閩，獎諭並經理撤藩事。侍郎折爾肯，學士傅達禮至滇，三桂遂以十一月二十一日殺雲南巡撫朱國治反。折爾肯等被留，貴州巡撫總兵以下皆降。雲貴總督甘文焜駐貴陽，聞變出走，爲所屬叛將圍之，自刎死。十二月，京師聞變，召還閩粵所遣部臣，停撤尚耿二藩。三桂自稱天下都招討兵馬大元帥，以明年甲寅爲周王元年。時天下岌岌，京師亦有稱朱三太子謀放火舉事者，未及期，爲同黨所首，獲數百人，首事者遁去。勘問乃爲奸民楊起隆所爲，非眞朱三太子，而朱三太子之名則自此徧中於人心；蓋自南明之亡，思明者無所繫屬，乃始傳言明崇禎帝尙有第三子在人間，欲戴以起事者雖未辨眞僞，然歷數十年而卒獲朱三太子其人，殺之而後心安焉；其有舉動則始於是。時朝命削三桂爵，以順承郡王勒爾錦爲寧南靖寇大將軍，討之。執三桂子額駙應熊下之獄。孔有德部衆尙在廣西，加其壻孫延齡撫蠻將軍，其故將線國安爲都統，命鎭廣西，以恩結之。

明年春正月，三桂陷沅州。偏沅巡撫駐長沙，聞風已棄城遁。總兵吳之茂以四川叛應三桂，巡撫提督皆降，四川盡陷。夷陵總兵徐治都赴援，退守防地。二月，三桂連陷湖南諸郡，直至岳州，湖南又盡陷。孫延齡亦以廣西叛。三月耿精忠反，執福建總督范承謨幽之，巡撫降。襄陽總兵楊來嘉以穀城叛。先是，湖南四川皆三桂分布黨羽，設援剿諸鎭地，至是響應甚速。四月，詔以分調禁旅遣將分防情形寄示平南王尙可喜，以籠絡之。蓋四藩中孔有德舊部亦已變，獨尙藩未動，可喜年老，決無意發難，將留此爲南方一屏蔽。而是月則誅三桂子應熊，並孫世霖。削孫延齡耿精忠職爵，示無所瞻顧。三桂聞應熊誅，驚曰：「上少年，乃能是。」初，倉卒起事，天下以三桂剿絕明後，無可假借之名義，僭號爲周，人心非屬，三桂至澧州，意頗前却。至是，推食而起，曰：「事決矣！」耿藩既變，浙東響應。精忠既遣其將馬九玉曾養性入浙，又遣白顯忠犯江西，所至土匪蠭應，江西尤甚。八旗勁旅與相持於中原，迭有勝敗，未能速進。朝廷通使於達賴喇嘛，欲藉其力號召信仰黃教之靑海蒙古，由西邊攻川滇之西。發詔川滇黔諸省供應軍食，蓋以從亂之地餌蒙古軍。詔書刋十三年八月初三日。此詔不見東華錄，亦不見史稿敍其事日，蓋亦紛亂之拙計；其後達賴喇嘛並不出蒙軍，反以割地連和爲請，朝議却之。詔書見存史料室⑧。可見當時應付之不易。是時赴浙應敵者，以康親王傑書爲奉命大將軍。赴粵者，以安親王岳樂爲定遠平寇大將軍。防守陜西者，以尙書加大學士衔莫洛爲經略。至十二月，陜西提督王輔臣又叛，經略莫洛死之。十四年二月進陷蘭州，自此爲三桂兵力所極。廣西則叛將高雄時時窺廣東，尙可喜老病不能軍，子之信刼其父降三桂。於是諸藩之毒盡發。甘肅尙存張勇王進寶諸將，能與相持，中原則旗軍督率地方文武，漸有收復。爲三藩禍旣熾而地域有所限制，可與言恢復時矣。

十五年五月，撫遠大將軍圖海，敗王輔臣於平凉，輔臣降，詔復其官，授靖寇將軍，立功自效，諸將並皆原之。以此鼓叛者來歸之氣。時官兵各路皆捷，諸藩勢日蹙。十月，傑書師次延平，耿藩將耿繼善以城降。精忠遣子顯祚獻自鑄印乞降。精忠蓋亦效三桂所爲，稱總統兵馬大將軍，蓄髮易衣冠，鑄裕民通寶錢。至是，獻其印降，傑書入福州疏聞，命復其爵，從征海寇自效。海寇者，鄭成功子錦尙據臺灣，是時入閩浙，不問官軍叛軍守地，乘亂略取，陷漳州，海澄公黃芳度殉。亦逼建昌，耿藩守將耿繼善遁。朝廳因敕傑書速進，乘機下福州。十二月，尙之信使人詣簡親王喇布軍前乞降，且乞師，願立功贖罪。詔赦其罪，且加恩優敍。孫延齡爲三桂將吳世琮所殺。踞桂林。十六年三月，以莽依圖爲鎭南將軍，赴廣州。四月至南安，叛將嚴自明以城降，遂克南雄入韶州。五月己卯，之信出降。命復其爵，隨大軍討賊。十七年，於時三桂已起事閱六年，自稱爲周五年之三月朔，以地日蹙，援日寡，思建號以繫從亂者封拜之望，用羣下勸進，稱帝，改元昭武，以所在衡州為定天府，置百官，大封諸將，國公郡公侯伯有差，頒新曆，舉雲貴兩湖鄉試，號所居曰殿，瓦不及易黃，以漆髹之，構蘆舍萬間為朝房，築壇衡山，行郊天即位禮。是時年六十七，老病噎，八月又病痢，噤不能語，召孫世璠於滇，未至而死。世璠抵貴陽，其下即擁嗣稱帝，改號洪化。當是時，巨魁既死，孤雛繼業，其下驍悍敢死之夫猶能奉以周旋。官軍聞三桂死，銳氣自倍，然與世璠軍戰，猶迭有進退。叛黨之兇悍固結不易解散可知。三桂所用水師將領林興珠先已降，朝廷封以侯爵，資其習水之用，乃收洞庭之險，急攻湖南。將軍莽依圖等徇廣西，吳世琮走死。西軍則張勇所用趙良棟，自略陽破陽平關，克成都，王進寶自鳳縣破武關，取漢中，進克保寧順慶。鄂邊將軍吳丹，提督徐治都，自巫山克夔州重慶。湖南大軍貝勒察尼等迭取各郡縣，三桂所都衡州亦下。於十九年春，在湘之藩下諸將均歸貴陽就世璠，世璠令再擾川南，降將譚弘復叛，夔州再陷。朝命罷吳丹，以趙良棟盡護四川諸軍，與定遠平寇大將軍彰泰由湖南，平南大將軍賚塔由廣西，分三道入雲南。十月，彰泰克鎮遠，薄貴陽，世璠與其將吳應麒等奔還雲南。二十年正月，賚塔與彰泰兩軍會於雲南之嵩明州。二月，進攻雲南省城，並收雲南各郡縣。世璠拒守久不下。九月，趙良棟軍亦渡金沙江來會。良棟議斷昆明湖水道速攻之。十月二十八日戊申，世璠自殺。次日，其將線緎率衆降，戮世璠尸。傳首京師，所署將吏悉降。十二月丁酉，遣官行祭告禮。己亥，宣捷受賀。先是，羣臣請上尊號，不許，癸卯，乃上太皇太后皇太后兩宮徽號，頒恩詔，赦天下。

三桂起事之年，聖祖年方冠，撤藩議起，事由尚可喜請歸老而由其子代鎮，非請撤也；部議遽以撤藩發允，朝議兩歧。英主獨斷，實已定於此時。尚藩不求撤而已撤，吳耿乃不自安，求撤以相嘗試，一旦盡允之。當日情事，於二十年十二月，羣臣以大憝既除，請上尊號，聖祖召議政王大臣、大學士、九卿詹事道等官諭曰：「曩者平南王尚可喜奏請回籍，朕與閣臣面議，圖海言斷不可遷移，朕以三藩俱握兵柄，恐日久滋變，馴致不測，故決意撤回。吳三桂反叛，八年之間，兵民交困，倘復再延數年，百姓不幾疲敝耶？憶爾時惟莫洛、米斯翰、明珠、蘇拜、塞克德等言應遷移，其餘並未言遷移必致反叛，議事之人至今尚多，試問當日曾有言吳三桂必反者否？及吳逆倡叛，四方擾亂，多有退而誹毀，謂因遷移所致，若彼時諉過於言應撤者，盡行誅戮，則彼等含寃泉壤矣。朕自少以三藩勢日熾，不可不撤，豈因吳三桂反叛，遂諉過於人邪。賊雖已平，瘡痍未復，君臣宜益加修省，恤兵養民，布宣德化，務以廉潔爲本，共致太平，若遂以爲功德，崇上尊稱，濫邀恩賞，實可恥也。」羣臣等再以「皇上一切調度，非臣等意慮所及，理應加上鴻稱，以顯功德」爲請。復諭：「吳三桂初叛時，僞劄煽惑，兵民相率背叛，此皆德澤未孚，吏治不能剔釐所致。今幸地方平靖，獨念數年之中，水旱頻仍，災異疊見，師旅疲於征調，被創者未起；閭閻困於轉運，困苦者未甦。且因軍興不給，裁減官員俸祿，及各項錢糧並增加，各項銀兩未復舊，每一軫念，甚歉心懷。若大小臣工，人人廉潔，俾生民得所，風俗醇厚，教化振興，雖不上尊號，令名實多；如政治不能修舉，則上尊號何益？朕斷不受此虛名也。朕自幼讀書，覺古人君行事，始終一轍者甚少，嘗以爲戒，惟恐幾務或曠，鮮克有終，宵衣旰食，祁寒盛暑，不敢少間，偶有違和，亦勉出聽斷，中夜有幾宜奏報，披衣而起。總爲天下生靈之計。今更鮮潔清之效，民無康阜之休，君臣之間全無功績可紀，倘復上朕尊號，加爾等官秩，則徒有負愧，何尊榮之有？至於太皇太后皇太后加上徽號，詔赦天下，理所宜然。其上朕尊號之事，斷不可行」云云。所敍撤藩之初廷議情狀，及藩變以後歸咎情狀，皆見事由主斷。以圖海之威重，且不主張，親貴中亦絕無成見，惟受命出師，效其奔走之力，扼要屯駐，能守而後言戰。叛黨有來歸者，不吝爵祿，且實保全之，不輕斬刈，此不能不謂聖祖之有作爲矣。

又觀其經亂討伐八年之中，朝廷舉措，極示整暇。其時天下士夫，皆有望治之心，並無從亂之意，逸民遺老，亦早痛恨三桂之絕明，尤無人贊助藩變者。要亦聖祖善馭天下士夫。略舉其跡：十二年歲杪聞變發兵，而十三年二月實錄書上御經筵，中間有皇子生皇后崩等事，命將行師又無日無之。八月再書上御經筵，則典禮無廢也。九月朔諭翰林院掌院學士傅達禮等：「日講關係甚大，今停講已久，若再遲恐致荒疎。日月易邁，雖當此多事之時，不妨乘間進講。於事無誤，工夫不間，裨益人心不淺。爾衙門議奏。」院臣以幾務殷繁，間日一進講。上曰：「軍機事情，有間數日一至者，亦有數日連至者，非可限以日期，其仍每日進講，以慰朕惓惓向學之意。」

六月舉經筵，康熙朝自九年爲始。十三年不因軍務而間斷，此可書也。而史稿本紀，二月書「上御筵」，八月不書，九月朔乃書之，因諭每日進講。與東華錄不同。此史稿不明故事之誤也。經筵與日講並非一事。九月無御經筵之理。因九月朔有每日進講之諭而移併一處，望文生義，不可不訂正之。

十四年四月諭：「日講原期有益身心，增長學問，今止講官進講，朕不覆講，但循舊例，日久將成故事，不惟於學問之道無益，亦非所以爲法於後世也。嗣後進講時，講官講畢，朕仍覆講，如此互相討論，庶幾有裨實學。」

康熙間講學之風大盛：研求性理，此時已用熊賜履開其先聲，纂脩經義，明習天文算學，皆於此開其端。以天子諄諄與天下通儒，爲道義之講論，實爲自古所少。其足以繫漢人之望者如此。而考其時勢，則正復黔粵蜀湘盡陷，東南浙閩兩廣江西蠢蠢思變，方於十三年歲杪議親征而未發之時。無論其爲鎮定人心與否，要能無日不與士大夫講求治道。其勝宦官宮妾蔽錮深宮之主遠矣。

十五年十月，命講官進講通鑑。以前代得失，有裨治道，撰擬講章進講。覆奏從綱目中擇切要事實，首列綱，次列目，每條後總括大義，撰爲講說，先儒論斷亦酌量附入。十六年，三藩盡叛，各寇皆發之後，叛服之數曉然，兵事大有把握。三月諭翰林院掌院學士喇沙里，令翰林官將所作詩賦詞章及直行草書不時進呈。上召至懋勤殿，親自披閱。以御臨書賜喇沙里。此又振興文事，爲鴻博開科先聲。皆極得撫馭漢人之法。兵事實力在八旗世僕，人心向背在漢士大夫。處漢人於師友之間，使忘其被征服之苦，論手腕亦極高明矣。

故宮有聖祖巡幸出征時報告兩宮太后及訓示諸皇子之語，文理甚拙，字體亦劣，於康熙朝御書文彩，或有假借。然南巡時對衆揮毫，傳布甚夥，斷非僞爲；或道途手簡，轉是內豎等所代作，未可以此疑之。

是年五月初四日己卯，尙之信降，而是日諭大學士等：「帝王之學，以明理爲先。格物致知，必資講論。向來日講，惟講官敷陳講章，於經史精義，未能研究印證，朕心終有未慊。今思講學必互相闡發，方能融會義理，有裨身心。以後日講，或應朕躬自講朱註，或解說講章，仍令講官照常進講。爾等會同翰林院掌院學士議奏」。尋覆議：「講官進講時，皇上或先將四書朱註講解，或先將通鑑等書講解，俾得仰瞻聖學。講畢。講官仍照常進講」。據此則帝於講官所進講章，擬於未講之先，自將講章向講官先講，然後由講官再訂正之，覆議未敢任此也，聖祖則可謂好學矣。自後日講時帝自晰經傳之旨極多，皆於進君子退小人親賢遠佞之意，就聖賢之語有會而發，東華錄所載極多，不具錄。十七年正月，詔舉博學鴻儒。時三桂尙未稱帝，叛衆意尙堅，而海內士夫嚮往之誠，歌頌之盛，已視朝廷之舉動而日有加增矣。歷年巡幸之事，若行圍講武，巡近畿訪民疾苦，巡邊，謁陵，視祀明陵，觀禾勸耕，每奉太皇太后以行，所至亦以講官從，進講不輟。其時關外勤樸之風未改，所經過無累於民，實錄累書其所幸，若士民之遊歷無異也。時西南戰事方急，中原及畿輔已晏然嚮治如此。然都城北鄰蒙古察哈爾部，自太宗征服以後，林丹汗走死，其子額哲來降，得其傳國璽，念係元世祖的裔，封爲親王，仍冠內蒙四十九旗之上，傳至布爾尼，當康熙十四年，徵其兵助討藩變，不至，旋煽奈曼等部同叛，以多鐸孫信郡王鄂札爲撫遠大將軍，圖海爲副，討之，六閱月而平。史稿圖海傳，討布爾尼時，禁旅多調發，圖海請籍八旗家奴驍健者率以行，在路騷掠一不問，至下令曰：「察哈爾元裔，多珍寶，破之富且倍」。於是士卒奮勇，無不一當百。戰於達祿，布爾尼設伏山谷，別以三千人來拒，既戰伏發，土默特兵挫，圖海分兵迎擊，敵以四百騎繼進，力戰覆其衆，布爾尼乃悉衆出，用火攻。圖海令嚴陣待，連擊大破之，招撫人戶一千三百餘，布爾尼以三十騎遁，科爾沁額駙沙津追斬之，察哈爾平。據此則滇亂年餘時，又對察哈爾用兵。除調不附察之蒙旗赴討外，官軍主力乃八旗家奴，則旗下正兵已盡發，可見南方軍事之棘。但所謂家奴，即屬包衣下人物，誘以利即成勁旅，又可見八旗風氣之悍勁。考圖海傳此文，舊史館傳所無，出李元度先正事略，李想自有本，今未能詳矣。

主撤藩者，親貴中無人，重臣若圖海，亦力持以爲不可。莫洛等言之而聖祖用之，是廟謨先定，非羣策也。統兵大將則皆親貴，然一蹉跌卽召回，無始終其事者，則運用在一心，非倚辦於一二大將也。贊撤藩而出預軍事者，僅一莫洛，早爲叛將所戕，明珠翼言而言中，以此邀後來之寵，其時非有主持之力。聖祖隨材器使，疆臣中得李之芳能捍閩浙之患，蔡毓榮能收雲南會師之功，武臣中得西陲數將，張勇及王進寶趙良棟，能與中原之師夾擊收效。是皆因事見材，非先倚此數人而舉其事。聖祖之平三藩，爲奠定國基之第一事。少年智勇，確爲事實。又能功成不自驕滿，力辭尊號，惟務講學，開一代醇厚之風，較之明萬曆以來，不郊不廟不朝，而邊將小小捕斬之功，無歲不宣捷頒賞，君臣以功伐自欺，以張號蒙賞，糜費國財，互相愚濫，其氣象何啻天壤之隔也。

鴻博開科，正在滇變未平之日，而其時文運大昌，得才之盛，至今尙爲美談。非特當時若不知西南之未靖，卽後之論世者，亦若置三藩爲又一時事，而以己未詞科爲淸代一太平盛事⑨。今爲提出以時事相比論之。且應知己未詞科，純爲聖祖定天下之大計，與乾隆丙辰之詞科，名同而其實大異。此論淸事之一要點也。康熙十八年三月朔，試薦舉博儒之士一百五十四人於弘文閣，先賜宴，後給卷，頒題璇璣玉衡賦，省耕二十韻。讀卷官派大學士李霨、杜立德、馮溥、掌院學士葉方藹，凡四人。取中一等二十名，二等三十名，俱入翰林，先已有官者授侍讀侍講，曾中進士者授編修，布衣生員以上授檢討。俱令纂修明史。其中理學政治考據詞章品行事功，多是籠罩一代者，而其誓死不就試者爲尤高，至更能有高名而不被薦，尤爲絕特，若顧炎武是矣。是時高才博學之彥，多未忘明，朝廷以大科羅致遺老，於盛名之士，無不攬取，其能薦士者，雖雜流卑官，亦許呈薦。主事、內閣中書、庶吉士、猶爲清班，若兵馬司指揮劉振基之薦㠇鴻烈，督捕理事張永祺薦吳元龍。至到京而不入試者，亦授職放歸，若杜越傅山諸人；入授而故不完卷，亦予入等，若嚴繩孫之僅作一詩是也。蓋皆循名求士，大半非士之有求於朝廷。後來丙辰再舉大科，入試百九十三人，取一等五人，二等十人，補試二十六人，取一等一人，二等三人，試至兩場，二等授職，貢監祇得庶吉士，踰年散館，有改主事知縣者，而士以爲至榮，且得士亦遠不及己未之品學，部議三品以下所薦，不准與試，皆以資格困之。是士有求朝廷矣。故康熙之制科，在銷兵有望之時，正以此網羅遺賢，與天下士共天位，消海內膜視新朝之意，取士民之秀傑者以作興之，不敢言利祿之途，足以奔走一世也。此事宜與平三藩之時代參觀，彌見聖祖作用。

第三節 取臺灣

三藩既平，國勢已振，而鄭氏猶踞臺灣。東南濱海之地，禁民勿居，又禁出海之民，以爲堅壁清野之計。仍時時有海警。八旗勁旅，不習風濤，於此無能爲役。自三藩既平，漢人思以功名自奮者，自然乘時會而生。臺灣在臥榻之側，然惟漢人能圖之。成大功者姚啓聖施琅二人，而世皆傳姚之功爲施所掩。國史所紀，頗與私家所傳不盡合。而臺灣之歷史，以前多不明瞭，茲悉約爲辨正焉。

古書無臺灣之名，而其地距福建之泉州絕近，豈自古沿海之人，一無聞見？近柯先生劭忞著新元史，於外國琉求傳後繫論曰：「琉求，今之臺灣。今之琉求，至明始與中國通。或乃妄合爲一，誤莫甚矣。」此說極是。史書中琉求有傳，惟隋書宋史及元史。隋書云：「琉求國居海島之中，當建安郡東。水行五日而至」。隋建安郡，當今與泉漳汀濱海諸郡地。又云：「大業元年，海師何蠻等，每春秋二時，天清風靜，東望依希似有烟霧之氣，亦不知幾千里。三年，煬帝令羽騎尉朱寬，入海求訪異俗，何蠻言之，遂與蠻俱往，到流求國，言不相通，掠一人而返。明年又往，撫慰不從，取其布甲而還」。宋史：「淳熙間，琉求人猝至泉州水澳圍頭等村殺掠，人閉戶則免」。元史：「琉求在南海之東，漳泉興福四州界內，澎湖諸島與琉求相對，亦素不通。天氣清明時，望之隱約若烟若霧，其遠不知幾千里也，西南北岸皆水，至澎湖漸低，近琉求則謂之落漈。漈者，水趨下而不回也。凡西岸漁舟到澎湖以下，遇颶風發作，飄流落漈，回者百一，琉求在外夷，最小而險者也。世祖至元末，遣使楊祥阮鑑等往宣撫，以二十九年三月二十九日自汀路尾嶼舟行，至是日巳時，海洋中正東望見有山長而低者，約去五十里，祥稱是琉求國，鑑稱不知的否，祥乘小舟至低山下，以人衆不親上岸，令軍官劉閏等二百餘人，以小舟十一艘載軍器，領三嶼人陳煇者登岸，岸上人衆，不曉三嶼人語，爲其殺死者三人，遂還。四月二日至澎湖。」

據諸史所言，地望距泉汀極近，自汀屬海嶼往，且不過一日可達，部署登岸，被抗而還，抵澎湖計亦不過一兩日程，其爲臺灣地無疑。至明洪武初所詔諭之琉球，則儼然舊國，與元以前所紀無文字無年歲無疆理無官屬者，文野迥異，國有三王，曰中山、曰山南、曰山北，皆以尚爲姓，而中山最強。洪武五年正月，命行人楊載以即位建元詔去其國，自是隨使入朝貢，奉箋表無虛歲。三王迭來，且請子弟入國學。其距中國道里，據淸通典，自福州五虎門出海，歷程一千七百里至其國。擴琉球國志略，康熙五十八年遣使測量，琉球偏東五十四度，距福州八度三十分，推算徑直海面一千七百里，船行則福州至姑米山四十更，計二千四百里；回五十更，計三千里云。與五日程之說大異，故曰新元史之說確也。淸一統志尙以歷史之琉求爲明以來之琉球，其敍臺灣，莫詳於國史施琅傳，琅疏言：「明季設澎水標於金門，出汎至澎湖而止。臺灣原屬化外，土番雜處，未入版圖，然其時中國之民，潛往生聚於其間，已不下萬人。鄭芝龍爲海寇時，以爲巢穴。及崇禎元年，鄭芝龍就撫，借與紅毛爲互市之所，紅毛遂聯結土番，招納內地民，成一海外之國，漸作邊患。至順治十八年，海逆鄭成功攻破之，盤踞其地」。據此則臺灣原爲鄭氏巢穴，特踞一地於土番之中，未有建置之規劃耳。至芝龍就撫於明，乃以臺灣借紅毛爲互市所，則亦若澳門之於葡萄牙，本以爲好而相假，非紅毛以力取之也。紅毛爲其時西洋人之通稱，實爲荷蘭國人，紅毛經營三十餘年，乃成一海外之國，成功乃以兵力逐久假不歸之荷蘭，又傳子至孫，奉明正朔者二十餘年。是則開闢臺灣者始終爲鄭氏。姚啓聖爲淸代平臺首功，諸家紀啓聖事，謂生於鄭芝龍起事之歲，至年六十而臺灣鄭氏亡，啓聖亦卒。以爲天特生啓聖與臺灣終始。啓聖生明天啓四年甲子，芝龍入臺卽在是年，至崇禎元年卽讓與紅毛而身就撫，是據臺不過四年，且無海外立國之計，一招卽受撫，其不重視臺可知也。此既名爲臺灣以後之歷史也。

姚啓聖人奇事奇，輕俠豪縱，爲路人可以殺人報仇，郇人患難，可以不自顧其身命。以犯法亡入旗。在明末本爲浙江會稽籍諸生，入旗後中康熙二年旗籍第一名舉人，出爲縣令，多奇特之行。康親王傑書統兵討耿精忠，啓聖從立功，洊陞至福建布政使，尋擢總督。臺灣鄭經，即成功子，閩亂以來，屢侵略福建沿海郡邑，其將劉國軒尤能軍，啓聖禦之，連復所侵地，遂以收全臺爲已任，開修來館以納降，不惜金錢重賄，多行反間，以携其黨。不終歲，將士降者二萬餘人。又請前被裁之水師提督施琅，以百口保其復任。施琅者，泉州晉江人，雄傑習於海，故隸芝龍部，芝龍降於貝勒博洛，琅族叔福從之，琅從成功招，留爲明用，既而與成功不相得，遁歸福所。琅父大宣及弟顯，俱爲成功所殺。琅既歸新朝，久之無所遇，歸居泉州。順治十一年十二月，朝命鄭親王世子濟度爲定遠大將軍，征成功，入泉州，拔琅從軍。十二年，成功攻福州，琅擊却有功，授同安副將，進總兵。康熙元年，擢水師提督。時成功已死，子經統其衆，琅累戰有功，加右都督，授靖海將軍。康熙七年，密陳鄭氏克取狀，而部議難之，且以爲疑。遂裁水師提督，召琅入爲內大臣，隸鑲黃旗將軍。十六年，復水師提督，啓聖累保琅未用。二十年，鄭經又死，子克塽幼，內閣學士李光地亦奏保琅，乃復任琅爲水師提督焉。

先是，鄭氏已屢敗，盡棄閩省海邊地，並海壇金門厦門等羣島。鄭氏之衆，悉歸臺灣。旗軍在閩無所用，啓聖使客說耿精忠自請入朝，亦勸康親王傑書請班師，悉其供億之費，從事平臺。時鄭克塽襲稱延平王，而事皆取決於其下劉國軒馮錫範。琅以國軒最悍，時方守澎湖，計一戰破之，則臺灣可不戰下。遂以二十二年六月攻澎湖，力戰克之，國軒遁歸臺灣，克塽及錫範等果震慴乞降。琅以八月率師入臺受降，克塽及國軒錫範以下皆出降。琅由海道專船奏捷，而啓聖則馳驛入奏，遲琅奏二十日而達。聖祖得捷音甚喜，立封琅靖海侯。啓聖以積年經畫之勞，賞竟弗及。會啓聖又奏言廟謨天定，微臣無力；聖祖益疑其有怨望意。未幾啓聖以疽發背卒，卒後尙論之士多有爲啓聖鳴不平者，因於琅有貶辭。其實爲國立功，琅與啓聖所見自同，惟其奏捷取巧，受爵不讓，有攘功之跡，掠賞之情，亦可議者。其論臺灣之善後，朝議主遷民棄地不設守，李光地爲泉州產，於此役頗自謂有所參預，聖祖亦以其曉事詢問之，光地尤主張招紅毛畀以其地，此見光地自撰語錄及年譜，聖祖不納。琅疏爭其事，略言：「順治十八年，鄭成功攻紅毛破之，踞臺灣地，窺伺南北，侵犯江浙，傳及其孫克塽，積數十年。一旦畏天威，懷聖德，納土歸命，以未闢之方輿，資東南之保障，永絕海邦禍患，人力所能致之。若棄其地、遷其人、以有限之船，渡無限之民，非數年難以報竣。倘渡載不盡，竄匿山谷，所謂藉寇兵而齎盜糧也。且此地原爲紅毛所有，時在垂涎，乘隙復踞，必竊窺內地，重以夾板船之精堅，海外無敵。沿海諸省，斷難晏然。至時復勤師遠征，恐未易見效。如僅守澎湖，則孤懸狂洋之中，土地單薄，遠隔金門廈門，出足不受制於彼，而能一朝居哉。部臣蘇拜撫臣金鋐等，以未履其地，莫敢擔承，臣伏思海氛既靖，汰內地溢設之官兵，分防兩處，臺灣設總兵一，水師副將一，陸營參將二，兵八千；澎湖設水師副將一，兵二千。初無添兵增餉之費，已足固守。其總副參遊等官，定以二三年轉陞內地，誰不勉力竭忠？其地正賦雜糧，暫行蠲免。現在一萬之兵，仍給全餉，即不盡資內地轉輸。蓋籌天下形勢，必期萬全，臺灣雖在外島，實關四省要害，無論耕種猶資兵食，固當議留；即荒壤必藉內地輓運，而欲其不爲紅毛，亦斷不可棄。棄之必釀成大禍，留之誠永固邊隅。事關封疆重大，伏祈乾斷施行。」疏入，下議政王大臣等，議仍未決。總督啓聖從琅議，上召詢廷臣，大學士李霨是琅，尋侍郎蘇拜亦請從琅，與啓聖同議，請設總兵等官及水陸兵，並設三縣一府一巡道，上允行。蓋成琅之美者啓聖也，琅實負啓聖，啓聖何嘗忌琅？其卒於是年，亦壽數適然耳；必謂憤鬱致死，不淺之乎論啓聖哉。琅又疏言：「克塽納土歸誠，應携族屬，劉國軒馮錫範應携家口，同明裔朱恒（小腆紀傳作魯世子桓）等，俱令赴京。其武職官一千六百有奇，文職官四百有奇，應候部議。降兵四萬餘人，或入伍或歸農。」詔授克塽公銜，國軒錫範伯銜、俱隸上三旗，其餘職官及朱恒等，命於附近各省安插墾荒。旋授國軒天津總兵。終清之世，鄭氏之後及國軒錫範，皆以世襲佐領、轄其所屬，至清亡乃止。

第四節 治 河

河患恒在大亂之後。兵事正殷，無能顧及此事。明季李自成決河以灌汴梁，天災而以人禍成之，尤爲盜賊縱橫時慣例。清興治河有名者，世祖時即用楊方興朱之錫二人先後爲總河，其時無所謂科學，方法皆得之工人之經驗。其爲治河名臣者，第一係廉潔第二即勤懇。廉潔則所費國帑，悉數到工，勤懇則視工事爲身事，可以弭河患者無不留心，除力所不及外，不至以玩忽肇禍。有此二者，其收效恒在徒講科學者之上。蓋雖精科學，仍當以廉潔勤懇爲運用科學之根本也。方興之錫皆足以當之。順治元年五月，攝政王兵始入京。六月，遣王鰲永招撫山東河南。七月，即命方興總督河道。十四年乞休還京師，所居僅蔽風雨，布衣蔬食，四壁蕭然。代者即之錫，亦任十年，至康熙五年卒官。時總督朱昌祚奏之錫遺績，言：「之錫治河十載，綢繆旱潦則盡瘁昕宵，疏濬隄渠則馳驅南北。受事之初，河庫儲銀十餘萬，頻年撙節，見今貯庫四十六萬有奇。及至積勞攖疾以河事孔亟，不敢請告，北往風清，南至邳宿，夙病日增，遂以不起。」此皆述其實，非溢美也。徐兗淮揚間頌之錫惠政，相傳死爲河神。乾隆時，高宗巡視河工，順民意封佑安助順永寧侯神號，春秋祠祭，民稱之曰朱大王云。後數年乃得名河臣靳輔。輔任總河在康熙十六年，時吳三桂叛，諸藩諸降將響應，兵事極棘，河道不治，先後潰決，淮黃交病，水浸淫四出，下河七州縣淹爲大澤，淮水全入運河，清口涸爲陸地。十六年正略有轉機，中原已無動搖之象，而輔以先任皖撫。帝獎其實心任事，急欲治河，遂授爲河道總督。輔到官即周度形勢，博採輿論，爲八疏同日上之。議疏下流，治上流，塞黃淮各處決口，規畫甚備。又議經費所出，計需銀二百十四萬八千有奇，應令直隸江南浙江山東江西湖北各州縣借徵康熙二十年田賦十之一，工成後由淮揚被水田畝涸出收穫，及運河通行經過商貨徵稅補還。又議裁併冗員，明定職守，嚴河工處分，諱決如諱盜例。又議官吏工成優敍。復議工竣守隄兵役，期二百日畢工，日用夫十二萬三千有奇。當時工料之賤如此，而廷議以軍興難其事，謂募夫太多慮擾民。帝命輔熟籌，乃寬其期限爲四百日，運土改用車馱，募夫可減至四之一，廷議允行，於是治河始有徹底之計劃。十八年如期工竟，急謀增賦，議淮揚已漸有涸出地畝，除丈量還民外，餘田可行屯田法。時論以爲有礙民業，乃不直輔，而所修之工亦有小決處，河水亦未盡復故道，輔自請處分，部議當奪官，帝命輔戴罪督修，部又以決口議令輔賠修，帝以賠修，非輔所能任，不允。此皆帝之能用才不聽有司以文法困之也。既而議者謂「下河被水，輔乃築堤堵水不使下，何不就下河濬使出海，而反蓄水於高處，既徙拂就下之性，又以下河所涸地規屯田之利以病民」，劾輔甚厲。劾之者皆正人，若于成龍湯斌皆是。帝詢淮揚仕京朝者，侍讀喬萊等亦右成龍，而輔堅持堵築，謂下河不可濬使出海。帝意不能不從衆議，令侍郎孫在豐董濬口之役，發帑二十萬專任之，總河仍任輔。輔言：「下河形如釜底，近海轉高，濬之水不能出，徒令海水倒灌爲患」，持之甚堅。言官劾輔請加罪，至比之舜之殛鯀，又言屯田累民，並及其幕客陳潢，罪狀無所不至。御史郭琇旣劾輔，同時劾大學士明珠，直聲震天下，而劾明珠疏亦及輔，以故輔之功罪，時論頗不定。至今紀載中尙然。帝諭廷臣：「輔挑河築堤，漕運無誤，不可謂無功。屯田事亦難逃罪，近論其過者甚多。人窮則呼天，輔不陳辯朕前，復何所控告耶？」時在康熙二十七年。三月，帝御乾淸門，召輔與成龍琇等廷辯，輔成龍於築堤濬口，各持所見不相下，琇獨言輔屯田害民，輔引咎，遂坐罷，諸右輔者並降謫有差，陳潢亦坐譴。

淸初治河，必兼治運。元明以來，建都在北，而糧從南來。運道獨恃一水。運河絕黃河而北，故治河必先顧運。視今海陸皆有輪軌爲交通，情形迥異，故瞻顧尤多。輔旣治河，又以漕運向有河運一節，蓋淸口而上，漕艘行黃河中有百八十里，乃再入運，輔以避風濤之險，自駱馬湖鑿渠，歷宿遷桃源，至淸河仲家莊山口名曰中河。對淸口僅行黃河數里卽入中河，直達張莊入運，此與明初陳瑄鑿淸江浦導水由管家湖入鴨陳口達淮，謂之淸口者，爲淮南北兩大功。當築堤濬口兩論未定以前，先有此通漕成績，故不濩罪。後在豐濬口功卒不就，成龍等亦皆認主張之非。三十年，帝復思起用輔，而輔以老辭矣。帝於三藩平後，卽親視河南巡。二十三年二十八年兩次南巡皆閱河，益獎諭輔。及是，帝言「朕聽政後，以三藩及河務漕運爲三大事，書宮中柱上，至今尙存。河務不得人，必誤漕運。及輔未甚老而用之，亦得紓數年之慮。」仍命爲總河。輔辭，疏請前此繕治所未竟者數事，則疏請復陳潢官，並起用前坐累同貶之熊一瀟、達奇納，趙吉士三人，旋卒，賜祭葬，諡文襄。帝之治河，謂能一勞永逸，非也；然愛惜人材，曲盡衆論，有疑義則身臨決之。一時理想之說，朝野沸騰，未嘗瑩聽而輕罪爭執之人，兢兢業業於武功告成之後，在帝尙爲盛年，而持重有爲若是，可謂有道之氣象矣。陳潢者，杭州才士，輔過邯鄲呂祖祠，見題壁詩署潢名，異之，蹤跡得潢，禮之入幕。輔所建白，多自潢發之。帝首次南巡閱河，問輔必有通今博古之人爲佐，以潢對。後輔疏言潢佐治十年勞，授潢僉事道銜。郭琇劾輔連及潢，逮至京卒，後以輔疏請復其官。生平言河務，有友人張靄生次而述之，爲治河述言十二篇。聖祖能用輔，輔能禮潢，以事功學問名世，由今觀之，皆盛世事也。聖祖爲閱河巡幸，亦與高宗之侈遊觀勞供頓者有不同焉。

第五節　綏服蒙古

內蒙四十九旗，早服淸。漠北三汗，猶以前代帝族自居，其預朝覲會盟之事，在康熙中葉以前，間以例貢邀賞，略如前代中外對抗意。聖祖不輕啓邊釁，亦未有相圖意也。三汗者，元順帝後達延車臣汗，爲蒙古退出塞外後中興之汗，自漠北入居漠南。蓋明初擯蒙古於漠北，至是乃復近塞，有子十人，其四入漠南，子孫占內蒙四十九旗之大半。第八子格埒森札留故土，號所部曰喀爾喀，析衆萬餘爲七旗，授子七人領之，分左右翼。長子阿什海之後長右翼，所部尊之曰札薩克圖汗。第四子諾諾和長左翼，其後尊爲土謝圖汗。又有第五子阿敏都喇勒後，尊爲車臣汗，地在瀚海以北，漢唐兵力盛時所不能有，爲元都和林所在，古北匈奴之王庭也。左翼復有諾諾和之第四子圖蒙肯，以尊奉黃教爲西藏達賴喇嘛所喜，令所部奉之視三汗，是爲中路賽因諾部，康熙時尙未定襲號，喀爾喀尙祗有三汗，而實分爲四部。太宗崇德初，以察哈爾平，漠南悉定，遣使宣捷於喀爾喀，喀爾喀來聘，厚賚之，旋貢裘馬等物來謝，詔定制獻歲白駝一，白馬八，曰九白之貢。此亦蒙古以土物邀賞於中國之慣例，不足言內嚮也，順治間，掠內蒙巴林部，中朝責之，令歸所掠人畜，不奉詔，歷十年始請盟，詔賜盟宗人府。羈縻而已。喀爾喀西鄰厄魯特蒙古，乃明之所謂瓦喇，時稱衛拉，分四部：曰準噶爾、曰杜爾伯特、曰土爾扈特、曰和碩特。準噶爾踞伊犁，勢甚張，康熙中，其酋長噶爾丹自立為準噶爾汗，襲取青海和碩特部，兼有四衛拉特。復南摧回部城郭諸國盡之，轉而北，思並喀爾喀會喀爾喀左翼土謝圖汗，攻右翼扎薩克圖汗，殺汗而奪其妻，三部內鬨，中朝方遣使偕達賴喇嘛之使為之和解，而噶爾丹亦使其弟人喀爾喀，故激土謝圖汗之怒，汗執殺之，噶爾丹遂藉詞報復，喀爾喀又不設備，二十七年夏，噶爾丹突襲土謝圖汗，汗名察琿多爾濟，拒戰大敗。時中朝遣使赴俄羅斯勘界，路經外蒙，喀爾喀乞援，因揚言中國有專使來助己，噶爾丹亦具書來，使臣以好語兩釋之，喀爾丹知中朝無干涉意也，進兵益急，遍躪三汗地，諸部皆奔潰，謀所向，請決於所奉大喇嘛，大喇嘛時為土謝圖汗察琿多爾濟之弟，其名號謂之哲布尊丹巴呼圖克圖，巴呼圖克圖者活佛之弟子，亦崇拜為佛者也，諸部意將近投俄羅斯，呼圖克圖言「俄不奉佛，俗尚言語服色皆相距遠，莫若全部內徙，可邀萬年之福」，衆從之，於是七旗舉族款塞內附。帝命尚書阿喇尼等迭發歸化城及獨石張家二口倉儲，並賜茶布牲畜十餘萬以贍之，使借牧科爾沁地。

是時外蒙內嚮為清收撫藩屬之一大關鍵。苦失之毫釐，折入俄國，北徼全局皆變。喀爾喀既去，必為俄國藉取厄魯特之先機，後來所定新疆天山南北兩路，恐亦盡改其形勢矣。故清於哲布尊丹巴呼圖克圖，尊禮甚至，非宗教之關係，乃政治得其裨益甚大也。雍正元年正月丙申，上親弔哲布尊丹巴胡土克圖，遣使護其喪歸。東華錄敍其事云：

先是理藩院奏：『澤卜尊丹巴胡土克圖，原係法教內之第一人，數世行善，垂九十年，當噶爾丹叛亂時，身率七旗之喀爾喀等來歸，最爲有功。伊係喀爾喀汗之子，土謝圖汗之弟。遭逢聖朝，疊蒙殊遇，前年聖祖仁皇帝面諭之曰：癸卯年朕壽七十，爾壽九十，大慶之年，爾必前來，斷勿食言。胡土克圖領旨而回。今雖年邁衰病，遵旨來京謁見梓宮，志願已遂，泊然示寂。請照達賴喇嘛班禪額爾德尼之例，給賜名號印冊，以示優典。』得旨俞允，命給與名號印冊。旣而上且臨弔，喀爾喀土謝圖汗，以停止往弔奏請。上諭：『胡土克圖極蒙皇考軫念，禮遇加隆，皇考升遐係甲午日，今胡土克圖圓寂亦係甲午日，佛果聖因，證明不昧。胡土克圖非尋常僧人比，朕躬親往，懸帕供茶，以盡朕心。將此旨傳與喀爾喀汗王駙馬及胡土克圖徒屬知之。』至是，理藩院以移送澤卜尊丹巴胡土克圖龕座請派大臣官員護送前往，上特命敦郡王允䄉，世子弘晟，齎賜印冊奠儀，又命散秩大臣尚崇廙等護送胡土克圖龕座前行，所過蒙古地方，毋得任意需索。

蒙古游牧記引松筠綏服紀略圖詩注：康熙二十七年喀爾喀衆議就近投入俄羅斯，因請決於哲布尊丹巴呼圖克圖，呼圖克圖曰：「俄羅斯素不奉佛，俗尚不同我輩，異言異服，殊非久安之計，莫若全部內徙，投誠大皇帝，可邀萬年之福」衆欣然羅拜，議遂決。余在庫倫時，有頭等台吉格齊多爾濟者，乃額駙敦多布多爾濟之孫，年近八十，廣記故實，此事乃其所述云。

據以上述，外蒙內嚮由於哲布尊丹巴喇嘛。清自建州初起，無事不僥天祐，此亦不期然而然。在清世可云積德累仁而得此，今從易代後觀之，則臣工善頌之語，固不足信，其王氣之偶鍾，獨邀天幸則確也。額駙敦多布多爾濟即爲噶爾丹所敗來歸之土謝圖汗察琿多爾濟之孫，襲汗爵者，尚聖祖第六女固倫恪靖公主，以此由郡王進親王。格齊多爾濟當松筠辦事庫倫時，年近八十，松筠住庫倫，在乾隆五十年至五十五年，上距雍正元年約七十年，童時固猶及見大喇嘛，且爲其近屬從高叔祖，所傳確也。又與世宗諭文吻合，足爲清撫外蒙之實在緣起。然非有平三藩取臺灣之威信在前，及勤政安民之太平景象在目，固亦不足徠此遠人也。

帝既受喀爾喀降，噶爾丹亦遣使來貢，訴土謝圖汗殺其弟，釁由彼啓。上爲責土謝圖汗，而敕反其侵地。噶爾丹既衆有回部青海漠北，驕蹇不奉命，要求執送土謝圖汗及哲布尊丹巴胡土克圖，乃罷兵西返。帝不許。達賴喇嘛以奉中朝命，遣使往諭噶爾丹，爲喀爾喀講好，達賴使來，亦傳達賴意，執送其仇土謝圖汗及哲布尊丹巴，可以圖成，且由己保其安全。帝亦不允。往復甚久。至二十九年五月，噶爾丹以追喀爾喀爲名，選銳東犯，朝廷所遣尙書阿喇尼以蒙古兵禦之，令喀爾喀衆居前，又爲所敗，遂乘勝入內蒙地。六月，帝下詔親征，命兄裕親王福全爲撫遠大將軍，皇長子胤禔副之，領左翼出古北口，弟恭親王常寧領右翼，爲安北大將軍，出喜峯口，右翼遇賊烏珠穆沁部地，地在古北口東北九百餘里，戰不利，賊遂越烏珠穆沁而南，至烏蘭布通，距京師止七百里，與左翼遇賊，以萬駝縛足臥地，背負箱垜，蒙以濕氈爲障，士卒於垜隙發火銃，謂之駝城。官軍隔河以礮擊駝多斃，陣斷爲二，步騎爭先陷陣，遂破其壘。賊遁而帝舅內大臣佟國綱亦戰歿。帝於先數日亦因病回鑾，噶爾丹又遣西藏濟隆胡土克圖來乞和。帝所遣康親王傑書出歸化城截賊歸路者，因賊乞和，奉裕親王檄，不復邀擊。明年，帝出塞至多倫泊受喀爾喀各汗各台吉朝，編審旗分，與內蒙四十九旗同列。親諭喀爾喀左右兩翼釋憾，特封前被土謝圖汗所殺札薩克圖汗沙喇之親弟策旺札布爲和碩親王，代領部衆仍襲汗號，以慰安之。卽免土謝圖汗擅殺之罪，使歸於好。三十一年，立火器營，以用兵征噶爾丹惟大礮能制勝也。噶爾丹又奏請不敢復乞土致謝圖汗，惟哲布尊丹巴爲達賴喇嘛弟子，乞送達賴所。達賴使人助之請。帝皆不許。時達賴第五世實已死，其第巴（喇嘛所置之行政官）名桑結者，秘不發喪，矯達賴之命行事，與噶爾丹相比暱。噶爾丹陽恭順中朝，與達賴請上尊號，旣卻之又屢書索仇人，陰遣使內蒙各部叛歸己。內蒙以聞，帝以二十九年之役未得志，密令內蒙諸部僞許內應以誘之。三十四年，賊果南掠，臨漠南，久踞不去。三十五年正月，帝復下詔親征。二月啓行，帝率禁旅由獨石口出中路，以黑龍江將軍薩布素率東三省兵出東遏其衝，歸化城將軍費揚古（卽世祖董鄂妃之弟）甘肅提督孫思克（明王化貞部下叛將孫得功之子），率陝甘兵出寧夏西路邀其歸。噶爾丹畏中國火器，乞援於俄羅斯，俄新與中國定界約和，不許。中路軍偪賊境，東路軍未至，西路軍亦言賊盡焚草地，迂道秣馬，糧運又阻雨，士馬餒困，乞上緩軍以待。大臣有請回鑾者，帝怒不從，疾趨克爾倫河，遣使告噶爾丹駕至，噶爾丹不信，登山望見黃幄龍纛，環以幔城，又外爲網城，軍容山立，大驚，拔營宵遁。翌日，大軍至河，北岸已無一帳，渡河追之，不及，命內大臣明珠盡運中路糧以濟西師，西師已入土謝圖汗部地，抵土拉河上之昭莫多（譯言樹謂多樹之地）。噶爾丹謂精銳畢集御營，西師來者必較易與，費揚古亦以羸師誘之，設伏於林木中，孫思克先以綠旗兵據高阜與戰，賊仰攻甚久，伏兵起，賊敗潰，乘夜追之，至天明收軍斬千級，降三千，獲駝馬牛羊廬帳器械無算，並殪其可敦阿奴。可敦者汗之妃也，先嘗爲策妄阿喇布坦所刼，不知何時歸，至是陣斃。噶爾丹狼狽遁。帝親撰銘勒察罕拖諾山及昭莫多之山而還。

噶爾丹之爲準噶爾汗也，繼其兄僧格之位，僧格子策妄阿喇布坦，及索諾木喇布坦。噶爾丹奪策妄阿喇布坦之妻，又殺其弟索諾木喇布坦（從東華錄，與聖武記不同），策妄阿喇布坦因率兵五千而逃。後噶爾丹往烏蘭布通，策妄阿喇布坦盡收噶爾丹之妻子人民而去，遂居回部土魯番地。康熙三十年，遣侍讀學士達虎賚敕由嘉峪關往土魯番頒賞，明年九月又奉旨差員外郎馬迪往，至哈密，爲噶爾丹遺屬下戕殺。噶爾丹留外蒙久，日思內犯，策妄阿喇布坦潛收準噶爾故地。噶爾丹嘗襲殺馬迪之後，尙有具奏，言「前爲澤卜尊丹巴土謝圖汗，陳奏三言，乞以一言爲定。初意卽欲仰請宏仁，發回七旗於故土。因地方旣遠，糧食不足，且未歸之前，凡所留輜重，俱被策妄阿喇布坦刼去，諸物無存。今惟恃達賴喇嘛之恩，得以安集。謹將從前遲久之處，遣使陳奏，請敕裁斷」云云。當是時，噶爾丹尙以索畀仇人爲言，而其故地爲策妄阿喇布坦所刼，亦明知朝廷一再通使，無可隱諱，轉以此爲所以不能遽離外蒙之故，要亦情見勢絀矣。達虎之往，據諭文謂聞彼叔姪不睦，故遣達虎往問其故。策妄阿喇布坦請朕加恩，故遣馬迪復往頒賜。蓋聖祖偵敵甚悉，早有仇噶爾丹之人，朝廷通使往來，覆準部之根本。又噶爾丹之伎倆亦經嘗試，積年籌計，固知親征一舉，先聲卽足以奪之。大臣猶以婦人女子之見，勸沮不前，其智固出人君下矣。噶爾丹旣怯於禁旅，猶冀逞志於偏師，而費揚古孫思克俱能不負閫寄，一戰而勝，此則命將之不謬。噶爾丹已無矯展之餘地，嗣是回部迭來輸誠，欲復其被奪之地，請與策妄阿喇布坦合謀擒噶爾丹，噶爾丹亦遣使乞降，窺覘朝旨，帝限以七十日，過此卽進兵。明年正月，已逾七十日，再詔親征，哈密已執噶爾丹之子來獻。二月啓行。啓行之日，哈密又擒戕害使臣馬迪之兇犯來獻，噶爾丹所部厄魯特亦先後來降。益知噶爾丹困極，掘草根爲食，然終不自歸，可見其至死倔強，而帝之勝算在握，則固絕無疑義。四月，至狼居胥山，方命回鑾，費揚古奏：「厄魯特丹濟拉等來告，閏三月十九日，噶爾丹至阿察阿穆塔台地方飲藥自盡，以其屍及其女鍾齊海共率三百戶來歸。」帝復勒銘於狼居胥山而還。朔漠平。至京師，御門受賀，始用古太學告成禮，蓋有志於文治武功，並隆三代，自亦不自滿假之道也。而喀爾喀盡復其故牧地，且擴衞拉特於阿爾泰山之外，漸開唐努烏梁海及科布多之境，於三汗所部以外，於此時則爲甌脫地焉。匈奴自古天驕，元時入居中國則有之，令其誠服內嚮，前無有也。策妄阿喇布坦，絕噶爾丹之歸路，乘中國之兵力，而又自恃其險遠，盡占準噶爾故土，數十年後，再爲中國殲除，雍乾兩朝，成開闢新疆之大業。昔也日闢國百里，詩人之言可以興矣。

聖武記謂準噶爾汗僧格死，其弟噶爾丹殺僧格長子而自立，其次子策妄那布坦與其父舊臣七人逃居土魯番，其說微異。僧格與異母兄車臣及卓特巴巴圖爾爭屬產被殺，噶爾丹乃僧格同母弟，已爲僧事達賴喇嘛於唐古特，奉達賴命歸轄其衆，執車臣戕之，後殺僧格次子。而策妄阿喇布坦居長，因所聘妻與噶爾丹阿奴爲女兄弟，噶爾丹奪之，乃率所部逃土魯番。又聖武記言噶爾丹可敦阿奴被礮斃於昭莫多之戰，稱其頎晳敢戰，披銅甲，佩弓矢，騎異獸，似駝非駝，精銳悉隸麾下。此亦附會小說狠主家風，未必事實。殷化行西征紀略敍昭莫多戰時，噶爾丹及其妻阿努娘子等皆冒礮矢，舍騎而鬥，鋒甚銳云云，則此戰阿奴實偕。阿奴前爲策妄阿喇布坦所掠，康熙三十年，達虎之使土魯番，正奉命通問於策妄阿喇布坦及阿奴二人，後阿奴歸喀爾丹而復死於陣。鍾齊海卽阿奴所生。阿奴許嫁其女於其弟噶爾亶多爾濟，噶爾亶多爾濟自聞於朝，東華錄具載之。要之噶爾丹內情，中朝得厄魯特報告甚悉，三駕親征，乃知彼知己，戰必勝攻必克之事。聖祖以萬乘之尊，留心邊事，過於朝士大夫，可謂明矣。功成不受尊號，勤勤講學，以轉移風俗為務，其局量自有可觀。當時紀載，侈其若何靈異，若何神武，過甚其詞，或未可信。

第六節 定西藏

西藏本名唐古特，亦作土伯特，蓋即唐宋時所謂吐番，元明始謂之烏斯藏，距印度近，俗喜浮圖法，經教至多。元世祖封土番僧八思巴為帝師大寶法王，以領其地，後嗣世襲其號，西藏遂為佛教宗主。明承元舊，其始亦藉其教以化獷俗，尊中國，為行政之便宜而已，中葉以後，所授西天佛子，灌頂國師，錯居京師，頗亦亂政。然中國封號，為番僧承襲，朝貢互市，保世職為土司，終明世不為邊患。則馭番之本意亦未為有失。其實藏中佛法在明時已成末路，所持密宗，為吞刀吐火以炫俗，彼土自行宗教改革，早在明中葉以前。僧宗喀巴者，生永樂十五年丁酉，由西寧入藏，得道於甘丹寺，年六十二，成化十四年戊戌死。初亦紅衣習舊教法，既以改革師巫流弊為己任，即會衆自黃其衣冠，乃分別舊教為紅教，而新教稱黃教焉。死時遺囑二大弟子，世世轉生，稱呼畢勒罕，演大十教，呼畢勒罕，華言化身也。二弟子一曰達賴喇嘛，二曰班禪喇嘛，喇嘛華言無上，其以二喇嘛傳法者，易世互相為師，有所傳授也。呼畢勒罕，蓋皆死而自知其所往生，常在輪廻，本性不昧，弟子輒迎而立之，其說不可究詰。觀清一代喇嘛之史實，則亦可知其為國家之作用矣。達賴一世敦根珠巴，本番王子，受宗喀巴衣鉢，若如來之舍位出家，法名爲羅倫嘉穆錯，既得道，仍以教主作人王，爲藏衆所宗仰，二世以下，分設理事之佐曰第巴等，助教之弟子曰胡土克圖，時當明正德中，名聞中國，謂能知三生事，人稱活佛，帝慕願見之，命中官劉允乘傳往迎，闕部科道交諫不聽，珠琲爲幡幢，黃金爲供俱，鑄金印，具犒賞，醫蝎廩餼，携鹽茶數十萬石，行內江船舶亘二百餘里，沿途支官廩驛馬，供張將士千餘人，所過疲困，往返期以十年，爲迎取供養之地。既至藏，達賴避不見，將士怒，脅以威，爲番衆所敗，寶貨器械盡失，死傷狼藉，允奔還，戒部下勿言，以空匧馳奏，而武宗則已崩矣。世宗既立，旋且奉道而毀佛，世又以喇嘛爲有先見。三世鎖南嘉穆錯，明史作鎖南堅錯，由順義王俺答迎奉至青海，勸其自通中國，時當萬曆初，中國始知有活佛，於是紅教舊封諸法王，皆俯首稱弟子，改從黃教。諸部數萬里，熬茶膜拜，視若天神，諸番王徒擁虛位，號令不行，實權在宗門，而河套青海蒙古亦守其戒，不爲鈔暴，西邊安枕五十餘年，亦佛教之效。清初太宗崇德間，由歸服之蒙古居間通使，烏斯藏東界連青海，亦唐古特同族，明爲西番地，明末，厄魯特蒙古和碩特部固實汗，以兵吞青海，並及烏斯藏之喀木地（喀木今稱西康），達賴居前藏曰衞，而舊襲王位曰藏巴汗者居後藏，時爲達賴四世雲丹嘉穆錯，其第巴復乞兵於青海固實汗，襲藏巴殺之，固實汗遂以班禪居後藏，而遣長子達延居藏轄其衆，號鄂齊爾汗，第六子多爾濟佐之，號達賴巴圖爾台吉。世祖統一中國，二喇嘛迭來貢獻。順治九年來朝，奏請在歸化城或代噶覲見，蓋欲帝遠迎。下廷臣議，滿大臣請無失蒙古心，漢大臣爭以爲不可，世祖從漢大臣議。十三年西藏闡化王來貢，詢係第巴冒稱。闡化王自明初爲唐古特國主，爲藏巴所破，已隸於藏巴，藏巴又被戕，乃由固實汗以闡化王給第巴，詔詰第巴罪，時主藏事者實爲固實汗之子鄂爾齊汗，康熙九年，鄂爾齊汗卒，子朋素克嗣，號達賴汗。十三年，吳三桂既叛，諭達賴喇嘛：若三桂竄藏即擒獻。喇嘛奏稱：「若欲徵兵，可召青海達賴巴圖台吉相援。」達賴巴圖台吉即達賴汗也。朝廷爲傳諭滇蜀，備青海兵到供應，而青海兵不赴，達賴反爲三桂乞裂土罷兵，聖祖拒之。此達賴在日，政由第巴。自明末召青海兵，入殘藏巴而握全藏實權，至是，皆喇嘛昏庸，第巴專擅之時代也。二十二年而達賴示寂，以後遂爲第巴諱不發喪，稱喇嘛名號行事，殘喀爾喀，祖噶爾丹，以致噶爾丹就滅。凡朔漠之役，朝命達賴和解而益決裂，噶爾丹輒挾達賴以要索土謝圖汗及哲卜尊丹巴喇嘛。達賴有所奏請，皆不便於事，敕責之，達賴尋奏乞給第巴爵，詔封第巴爲唐古特國王。三十五年親征噶爾丹，俘降衆，得第巴奸狀，敕責第巴，第巴疏稱達賴喇嘛尚存，而別令其使尼麻唐呼圖克圖密奏達賴示寂，恐唐古特生變，故隱之，今第六世靜寂已十五年，乞勿遽宣。帝遣使往視新達賴喇嘛，嚴詰第巴罪，第巴具服，帝諭獎達賴汗，達賴汗遣使賀捷，並遣子拉藏內附。未幾，達賴汗卒，拉藏嗣。第巴惡拉藏，計毒之不死，拉藏執殺第巴。奏至，敕封拉藏輔教恭順汗，諭獻第巴所立達賴喇嘛。使至，策妄阿喇布坦亦遣人往迎，拉藏兩不遣，帝諭近臣：「蒙古奉佛，有達賴喇嘛名，皆皈向之，倘爲策妄迎歸，則蒙藏皆向彼矣。然拉藏必終執獻朝廷也。」既而果執獻，而此喇嘛道死。

第妄阿喇布坦自噶爾丹既死，盡收準噶爾故地。聖祖以其有絕噶爾丹後路功，畫阿爾泰山以西予之，策妄乃盡效噶爾丹所爲，漸圖吞四衞拉特爲一，先取土爾扈特阿玉奇汗女，而離間其父子，其子携衆萬五千戶至，沒入之，復阻其貢道，禁其入藏熬茶，阿玉奇遂全部投俄羅斯，而土爾扈特歸策妄矣。杜爾伯特本與準噶爾同族，皆明時也先之後，分牧而爲所屬，復潛師入藏，襲殺拉藏汗，又併在藏之和碩特部，時在康熙五十六年，而西藏又爲準夷所據矣。是時乃有達賴喇嘛之眞呼畢勒罕發見。當四十五年，拉藏汗之獻僞喇嘛而死於道也，藏中復立博克達山之阿旺伊什嘉穆錯爲達賴喇嘛，而其時裏塘有名索諾木達爾札者，生子名羅卜藏噶勒藏嘉穆錯，幼而慧，唐古特衆及青海諸台吉敬事之，拉藏汗以已執獻一達賴，又扶立一達賴，不欲復有達賴出，將殺之，索諾木達爾札襁負走免，青海諸台吉爭言拉藏不辨眞僞，拉藏挾班禪喇嘛共證其所立之達賴爲眞，且謂青海諸台吉所共信，請給冊印，詔卽封之。事在四十九年三月。青海台吉自拉藏辭誣，爭不已，朝廷乃諭徙羅卜藏噶勒藏嘉穆錯置內地，以其父護之，居西寧宗喀巴墜胞衣地之黃教祖寺。及五十六年，策妄阿喇布坦襲殺拉藏，禁所立之達賴於札克布里廟。明年事聞，詔西安將軍額倫特赴援，侍衞色稜宣諭青海蒙古以兵來會，甫入藏，爲準噶爾兵潛出大軍之後，截餉道，師遂潰，盡覆焉。於是青海蒙古憚進藏，慫臾罷奉達賴羅卜藏噶勒藏嘉穆錯，奏言隨地可安禪榻，與大兵恐擾衆。王大臣皆懲前敗，不決進兵議。聖祖命皇十四子固山貝子允禵爲撫遠大將軍，四川巡撫年羹堯爲四川總督仍管巡撫事。旋諭議政大臣等：「新胡必爾汗（此從東華錄，卽他書所謂胡必勒漢。）奏稱各處俱有禪牀，皆可安設，若爲我興兵，實關係衆生，此或是新胡必爾汗之意，或是青海台吉等密屬具奏。儻新胡必爾汗與青海台吉同意，此胡必爾汗不可送往青海。若無此意，必將新胡必爾汗送往，安設禪牀，廣施法教，令土伯特之衆誠心歸向，則策零敦多卜（策妄所遣將兵入藏之台吉）

自畏勢難遁。我師進藏定立法教之後，或留兵一二千暫行看守，或久住，則藏衆 我兵。縱策妄策零發兵前來，彼勞我逸，即可剿滅，今若照衆大臣議，惟自守我邊，則自西寧至川滇邊內外，皆土番雜居，與藏番俱是一類。藏爲彼據，則藏兵卽彼兵。邊疆土番亦不能保爲我有。爾等所議不合，著另行周詳定議具奏」。又諭：「往年用兵三藩，用兵外蒙，皆有不主進兵之親貴大臣。隨時撤回，幸不失機會。玆衆喀爾喀及青海俱服風化，而策妄霸占藏地毀其寺廟，散其番僧，青海台吉理應奮勇致討，乃口稱維持黃教，却無實心效力之人。策零敦多卜領兵在藏，我兵隔遠不能救，伊等步行一年，忍饑帶餒，尙能到藏，我兵獨不能赴乎？今滿漢大臣咸謂不必進兵，此時不進兵安藏，賊無忌憚，或煽惑沿邊番部，將作何處置耶？安藏大兵，決宜前進。」是時已在五十九年正月。既決策，由撫遠大將軍允禵遵旨傳集青海王台吉等，會議進兵安藏及送新胡必爾汗往藏，皆無異言。覆奏並請封新胡必爾汗。以五十九年二月癸丑封爲宏法覺衆第六世達賴喇嘛，賜金冊印，定派滿漢官兵及青海兵送入藏，內外蒙各部並澤卜尊丹巴胡土克圖等亦遣使會送。

斯時喇嘛之妄庸已著，而番衆於宗教之信仰則尙甚堅。聖祖以獨斷安邊，恰中肯綮。乘青海之有信，又和碩特與準噶爾之有仇恨，藏衆則喇嘛被禁，法器被遷，亦盼新胡畢勤罕如望歲，是時以大軍之聲威，鼓吹青海之信仰，號召內外蒙及澤卜尊丹巴喇嘛之景從，冊印新頒，此眞彼贋，情勢自定。又發兩路兵，以靖逆將軍富寧安出北路，由外蒙阿爾泰山。振武將軍傅爾丹，征西將軍祁里德等出南路，由甘肅邊外巴爾庫爾（卽巴里坤）。分入準噶爾境部。南路兵以本年七月初一日起程，北路兵以六月十六日起程以護軍統領噶爾弼爲定西將軍，都統延信爲平逆將軍率青海及內外蒙西套蒙古兵護達賴喇嘛行。阿爾泰及巴爾庫爾兵攻準，前進迭有擒斬，策妄不暇救藏，而噶爾弼自四川進拉里，稍有戰事，所至第巴喇嘛紛紛迎降。拉藏遺臣康濟鼐從中起而相應。延信自青海進卜克河，策零敦多卜迎戰，累敗之。撫遠大將軍領大兵駐西寧邊外，理入藏諸軍餉，奏言：「八月二十三日官兵進藏，探知策零敦多卜等已逭還準部，請撤駐防兵。」蓋官軍已平藏，執附賊喇嘛百餘，斬其渠五人。達賴喇嘛以九月壬申入拉薩聖地坐牀。第五輩達賴示寂幾四十年，第六輩達賴始定。明年，敍藏人迎降功，封第巴康濟鼐，阿爾布隆，固山貝子，隆布鼐輔國公，理前藏務。頗羅鼐札薩克一等台吉，理後藏務。皆拉藏時遺臣。藏安而西寧青海川滇之邊舉安。以宗教爲綱領而提挈之，初不甚費兵力，蓋處之得其道也。惟準夷尚在，西域未平，尙煩雍乾兩朝之繼述。然在康熙時則爲中國所拓之藩籬，較漢唐盛時已駕而上之，更無論宋明兩代矣。

第七節　移　風　俗

入關之初，以兵事爲重，其於政務，但期規復明代紀綱，即不至淩亂無序，故以引用明季舊臣爲急。舊臣之肯效用，皆後世所定爲貳臣，其人風骨自不足言，用其明習故事，而以滿洲重臣驅策之，士大夫之風範未有聞也。世祖朝所任宰相，初年則范文程、寧完我，稍知政體，亦不足開一朝風氣；至後來引援用者，若馮銓、金之俊、王永吉、謝陞、劉正宗之徒，人材卑下，又如陳名夏、陳之遴輩，稍稍用事，恩禮不終，亦不足甚惜。至傅以漸、呂宮爲開國首兩科一甲一名進士，用爲閣臣，不過以狀元宰相歆動漢人，爭思入彀，其爲公輔之器與否，非所計也。各部院大臣，順治五年以前無漢尚書缺，四年以前，都察院止有滿人爲承政，後始以漢人爲左都御史，所用亦多爲貳臣，督撫在兵事時，任用亦未如法，皆所謂過渡時代。惟清廷自入關卽痛抑苛歛，有獻聚斂之議者力斥之，若蘇撫土國寶之流是也。故根本不朘民生，不失爲開國氣象。若云君明臣良，有師濟之風，則猶有待。

聖祖嗣位，初政屬在輔臣，未見起色。熊賜履以忤鼇拜意，屢欲譴之，帝卽從中保全，至鼇拜敗，遂以傾害賜履爲罪狀之一。賜履雖非醇儒，然知尊重儒術，爲聖祖討論宋儒學說所自始。康熙初爲弘文院侍讀，上萬言書請甄別督撫，以民生苦樂爲守令之賢否，以守令貪廉爲督撫之優劣，而本原之地在朝廷，尤在立綱陳紀用人行政之間。一曰參酌古今，勒爲會典，則上有道揆，下有法守。一曰修舉職業，肅官箴而奮士氣，力指當時憂憤者謂之疏狂，任事者目爲躁競，廉靜者斥爲矯激，端方者詆爲迂腐，間有讀書窮理之士則羣指爲道學，誹笑詆排，欲禁錮其終身而後已。一曰庠序之教在讀書講學，求聖賢理道之歸，不使高明者或汎濫於百家，沈淪於二氏；下之則惟揣摩舉業，爲弋科名掇富貴之具。一曰明詔內外，一以儉約爲尚，自王公以及士庶，凡宮室車馬衣服，規定經制，不許逾越。痛陳禮壞俗奢爲饑寒之本原，盜賊訟獄凶荒所由起。末言根本尤在皇上。生長深宮，春秋方富，宜慎選左右，薰陶德性，隆師傅之禮，選侍從之賢。講幄非事虛文，經筵非應故事。考六經之文，監歷代之跡。體諸身心，爲敷政出治之本。佞倖不置於前，聲色不御於側。非聖之書不讀，無益之事不爲。內而深宮燕閑，外而大廷廣衆，微而言動起居，維持此身，防閑此心。主德清明，君身強固，直接二帝三王之心法，自足措斯世於唐虞，又何吏治之不淸，民生之不遂。此疏卽爲鼇拜所惡，請以妄言罪之，而帝不許，轉遷侍讀學士。復疏言「朝政積習未除，國計隱憂可慮」。鼇拜傳旨詰問「積習隱憂」實事。以「無據妄奏沽名」議鐫級，帝又原之。以迄於鼇拜逮問，復疏擧經筵，卽擢國史院學士。未幾復設內閣，設翰林院，以爲掌院學士。擧經筵卽用爲講官。帝之好善如此。賜履尙非表裏如一之眞儒，然帝向善之誠，足以招天下之以善來告者矣。

侍聖祖講學最親且久者，莫如李光地。光地天資敏銳，讀書析理能入細。御纂諸經，皆光地居校理之名，當卽光地主其事。故雖有僞道學之誚爲聖祖所覺，而恩眷仍隆。觀光地自撰語錄述詐僞不信是其所長，不似道學人渾厚之態。聖祖尊宋學，所纂集經說乃欲集宋學之成，故徐乾學以藏宋經學家言之富，假手於權相明珠之子性德，刻通志堂經解以供蒐采。乾學與性德，溺於詞章，能刻經解，不能充道學。光地與熊賜履則願以纂經解治道學自任。熊李有師生之誼，李入翰林，熊爲教習庶吉士官，且於上前力保之，然以爭寵相軋有隙，熊始倚修書，後移其事任於光地，熊甚憾李，李亦深謗熊。二人蓋以道學爲得君之專業，故人品皆不純。然上有好者，下必甚焉，天下不敢以佻達之見菲薄道學，而眞儒遂得用世，不以迂拙樸僿見擯，則熊李猶金臺之郭隗，當居招致之功，要爲人君好尙之標幟耳。熊李雖皆有僞道學之疵病，然官至極品，以淸廉終，李稍任封疆亦有政績，空尙自愛其鼎，未嘗敢盡踰道學之閑。提倡道學究能養成士大夫風氣，此亦其徵驗也。今略敍熊李僞道學之據：

賜履於康熙十四年由內閣學士超授武英殿大學士，兼刑部尙書。十五年，陝西總督哈占疏報獲盜，開復疏防官，下內閣，賜履誤票三法司核擬，既檢舉，得旨免究，賜履改草簽，欲諉咎同官杜立德，又取原草簽嚼而毀之，立德以語索額圖，事上聞，吏部議賜履票擬錯誤，欲諉咎同官杜立德，改寫草簽，復私取嚼毀，失大臣體。坐奪官歸。此爲清史稿本傳文。光地語錄述此事，窮形盡相。據言賜履既誤票，帝詰問，未辨爲何人所票也，賜履同閣取誤票之本插入他閣臣票本內，以同官中杜立德較粗疏，故插杜票本中，而易其一本歸己，謄寫所票簽，取其原簽嚼毀之。立德審誤票之本非己所曾閱，簽上字跡，問代寫之中書林麟焻，亦不認，檢用過之簽條亦較本數少一條，立德向首相索額圖喧爭，一滿學士覺羅沙麻言「今日來過早，在南坑倒着，見熊阿里喀達（即中堂）檢本，口內嚼一簽。」索遂與杜同啓奏，熊落職回，既回寓江寧，帝猶以經義與相通問，至二十九年再起，而光地已嚮用矣。

光地以康熙三十三年督順天學政，聞母喪，命在任守制，光地乞假九月，回里治喪，御史沈愷曾、楊敬儒交章論劾，上令遵初命。給事中彭鵬復疏論光地十不可留，目爲貪位忘親，排詆尤力。乃下九卿議，命光地解任，在京守制。此亦清史稿光地本傳文。史館舊傳載鵬疏原文，足使光地置身無地，略言：「以三年之通喪，請爲九月之給假，於禮則悖，於情則乖，於詞則不順」。又言：「光地有不可留者十：一則上諭十六章，首敦孝弟。二則太皇太后之喪，聖躬哀瘠。皆斥光地不能體貼則效。三則聞光地哭母甚哀，勉強衡文，必多恍惚。四則閩變時以忠貞聞，今使人疑不孝未必能忠，並議其後而歎其先。五則談理講道於平日，爲珪爲璋，倏忽瓦裂。以上五端尙與他人言略同，其六謂「九月大功服，人皆談言微刺」，其七謂「生童匿喪，褫革嚴處，萬一犯者詰侍郎袞絰何以在此，何辭以對？」其八謂「學校之堂曰明倫，以不祥之身儼然而登，奈橋門環視何？」其九謂「本年正月，上諭諸臣，申禮義廉恥難進易退之意，光地今日，禮乎義乎？進退難易之謂何？悖聖訓而失本心。」其十謂「光地必曰君命何敢辭，古人喪中辭起復，曰金革之變禮不可施於平世，綱目黑書以予之，皇上教孝教忠，固辭必無不允，而光地不辭而請假九月。凡此十不可留，貪位忘親，司文喪行，宜重其罰。」疏入傳旨詢問。鵬又疏言：「皇上令光地在任守制，或以此試光地耳。光地深文厚貌，道仁道義，言忠言孝，一式諸此，而生平心術品行，若犀燃鏡照而無遁形。皇上所以留之之意，臣鵬愚戇不能知，使光地而亦不知，貪戀苟且而姑為此給假九月之請，外以欺人，則為喪心；使光地而早已自知，詭隨狡詐而姑為此給假九月之請，內以欺己，則為挾術。夫為人子而甘於喪心，為人臣而敢於挾術，兩者均罪，光地必居一焉。以此赴任不可，以此回籍尤不可。蓋回籍則母死有知，恨其不誠，當必陰殛；而赴任則士生至性，憤其銜血，誰甘面從？嗟乎，光地當聞命而絕不一辭，則忍於留矣，皇上即罰其忍，使之在京守制，以動其市朝若撻之羞；光地忘通喪而假易以暫，則安於久矣，皇上即罰其安，使之離任終喪，以為道學敗露之恥。臣與光地，家居各郡，然皆閩產也，今若此人人切齒，桑梓汗顏。伏乞皇上察光地患得患失之情，破光地若去若就之局，不許赴任，不許回籍，春秋誅心，如臣所請。萬一光地依然督學，則光地得信其術，故哀其辭曰：九月且不獲命，況三年乎。而蚩蚩者亦曰：是欲終之而不可得也。下售其術，上受其名，臣鵬實拊膺疾首。前疏光地十不可留，如稍有涉私，是責光地以不孝而先自蹈於不忠，所以跪聽傳旨，一一瀝鳴，以頭搶地，嗚咽而不能自已也。」疏入，得前旨。此五月朔日事。至閏五月初四日試翰林官，乃以「理學眞僞論」命題，不可謂非爲光地發矣。其後恩遇終始獨隆，自緣經傳彙纂深當帝旨，非重其道學門面。彭鵬兩疏全文，蔣氏東華錄載之。故舊傳亦載，而王錄刪之，未知其故。史稿亦不載，或祗據王錄乎？

彭鵬第二疏謂上令光地在任守制或以此試光地，此實得聖祖之情。光地子鍾倫於此時侍父在任，寄諸叔父書曰：『此月初一日，部覆彭無山參本，奉旨：「李光地不準回籍，着解任在京守制」。彭前後共兩疏，前疏著九卿會議，旨問彭鵬：「爾與李光地同鄉，意欲相爲，適所以害之。我留他在任，自有深意，不然，朕豈不曉得三年之喪，古今通禮。我所以留李光地之意，恐一說便難以保全。九卿如要我說，我便說。不要我說，我便包容。彭鵬，爾參某欲令其回籍，此正合着他意思。爾此言，豈不是奉承他？」於是彭第二本乃有在京守制之語，中間窮極醜詈矣。九卿聞旨有「要我說不要我說之語」皆云「皇上包容臣子，臣子如何必要皇上洗發出來，還求皇上包容爲是。」今旨已下，便只得在京行三月哭奠，朝夕嗚號，以暫洩哀情，杜門省罪，鏬隙漸消，乃可相時乞歸營葬。在今且當浮游隨分，小抗之則大創在睫，所關非特平常也。阿爹此番攖此大故，慘折之餘，加以震動，晦冥不測，氣體大爲衰羸，脾胃不能消納，腹多痛。楚姪在此眞百身難分。翹首南望，心肝如焚。』此書報當日實狀，所謂包容，謂不說破試出假道學耳。不准回籍，解任在京守制，悉如鵬疏所請，豈非深惡此時之光地。後來光地孫重編光地年譜，幷將此等家書載入，未知何以不諱視惡竟至於此。全祖望以負友、奪情及外婦之子三事深譏光地，此不能多及，略之。

熊李以道學逢君，事未足訓，然淸世士大夫之風實自道學挽之，祇可云聖祖能尊道學。而世必以光地終始眷遇，奉爲淸代道學之宗師，不但耳食者爲此言，誠淸儒學案者亦盛推熊李，則以其著書立說，尊程朱，崇正學，辨道統，致力甚勤耳。儒者在野，效用不及在朝之大。明季講學之風不替，然偶一登朝，則廢死戮辱，身罹其禍。淸初朝士，若二魏（蔚州魏象樞柏鄉魏裔介）亦道學中人，而以道事君，未成風氣。史稿魏象樞傳，康熙十一年毋喪終，用大學士馮溥薦，授貴州道御史，入對，退而喜曰：「聖主在上，太平之業方始，不當以姑且補苴之言進」，乃分疏言「王道首教化，滿漢臣僚，宜敦家教，督撫任最重，有不容不盡之職分，有不容不去之因循，宜責成互糾。制祿所以養廉，今罰俸例太嚴密，宜以記過示罰，增秩示恩。治河方亟，宜蓄人才，備任使。戒淫侈宜正人心，勵風俗宜修禮制」。聖祖多與褒納，蓋帝之好善樂道，道學家有以察之。其後以達官而從祀文廟者，淸世共三人，皆康熙朝名臣，則陸隴其、湯斌、張伯行是也。其講道學而未入兩廡，然治有奇績，守有異操者，亦皆在康熙朝，若于成龍、陳鵬年、趙申喬諸公，皆入淸儒學案。于公最不可及，趙則以刻覈太過爲累，年家子戴名世與趙子熊詔同爲四十八年己丑科鼎甲，熊詔狀元，名世榜眼，五十年十月趙忽舉發「名世爲諸生時恃才放蕩，語多悖逆，今列巍科，猶不追悔前非，焚削書板」，名世以此棄市，此世所謂南山集案者也。名世以時方修明史，對南明以爲猶昭烈之於漢，應存紀傳等文，南山集中有與余生書一篇，論及此事，此何所謂大逆，在聖祖本爲有道之君，然私天下之一念，深忌明後之尙繫人心，實爲不免，蓋亦種族之顧忌所促成。時當朱三太子案甫結，而太子被廢，諸王競謀繼統，國本岌岌可危，趙所舉發，殆適中當時之忌，遂處以大辟。而趙之事不干已，逢君之惡，實可痛恨。道學家往往有此類不情之事，則亦不可諱言也。

道學決不負人國家，讀陸隴其湯斌張伯行諸人傳狀，其德量操守政事皆足令人神往。其餘縱不如是純粹，而奇特或更過之，如于成龍諸人皆是。一時公卿，儒雅謹厚，布在朝列，不可數計。此皆所謂薰德而善良者。帝於道學之外亦重文藝，公卿多以述作名世，其間若徐乾學、高士奇、則以招權納賄聞，此即不講學者之有才不免無行，帝亦明知之而不深究，使於文史得盡其長，但不令在朝久處禁近而已。康熙朝之達官，幾有北宋士大夫之風，而道學之一脈，歷雍乾兩朝，名臣迭出，以學案小識所載，考其淵源，皆自康熙朝理學諸臣所傳播種子。直至道咸兵亂，平亂者根本在湘中理學，不可謂非聖祖種其因而歷代收其果。至同光幼主，母后當權，宦官宮妾，敗壞綱紀，而後士大夫之風掃地以盡，至今以爲服官即是奔競以得之，驕淫以享之，一入利祿之途，便爲罪惡之首。移風易俗，必有好善樂道之人居最高之位以倡之。清聖祖所作養，數世享之而不盡，蓋風氣不易成，既成亦不易毀滅也。

理學專家，以程朱陸王爲門戶，而以程朱爲正統，若能詆陸王，便足衛道。清儒亦然。但清之理學，實以帝王好尚，爲有力之提倡。帝王爲求有益於政俗，但得躬行實踐之儒，不問門戶。且聖祖雖尊道學，而於道學家故習——厭武備、斥邊功——皆不樂從，亦未嘗有失敗。三藩之變，魏家樞謂「舞干羽而有苗格，不煩用兵，撫之自定」，則意在與三桂連和也。臺灣之平，李光地謂「隔海難守，指以與紅毛爲可」，則何厚於異族而讎於本族之鄭氏也。聖祖雖不從迂腐之說，而所有武功，皆因勢利導，非專塗肝腦以自爲功，屢奏大效，而終身不受尊號，不生侈心，勤勤講道談經，至老不輟，不改尊重道學面目，是聖祖之講學，高出於諸臣上也。文廟從祀之典，漢儒以外爲道學所專享，尤以程朱之學爲正宗。清代增祀，則自康熙五十四年增宋范仲淹，雍正二年增縣亶、牧皮、樂正子、公都子、萬章、公孫丑及漢諸葛亮，宋尹焞、魏了翁、黃幹、陳淳、何基、王柏，元趙復，金履祥、許謙、陳澔，明羅欽順、蔡清，本朝陸隴其。道光二年增明劉宗周，三年增本朝湯斌，五年增明黃道周，六年增唐陸贄，明呂坤，八年增本朝孫奇逢。後又增宋文天祥、謝良佐，咸豐初增公明儀及宋李綱、韓琦，七年增公孫僑及宋陸秀夫，明曹端。同治二年增毛亨，及明呂柟，方孝孺，七年增宋袁燮及本朝張履祥，光緒初元增本朝陸世儀，繼又增漢許愼，河間獻王劉德，宋輔廣，游酢，呂大臨，本朝張伯行，三十四年增本朝王夫之，黃宗羲，顧炎武。較其所增，不限於道學，事功、氣節、學問、政事，其卓絕者每預焉，頗以用世爲蘄嚮。清之食報於理學名臣者正厚，非顓顓爲道學持門面也。至程朱陸王門戶，識學案者謹守之，國家原不必局於此。陸九淵王守仁陳獻章，明代早從祀，特學案小識所擯不齒數之孫奇逢則從祀，所尊爲翼道之李二曲則道光九年御史請祀，部已覆准，而特旨不從，此則好尙大異。夫唐氏之擯孫先生，謂其入國朝年已七十，不應講學，此於門戶之外，別加罪狀，理極不通。道學家之横生意見往往如此。故門戶之見不足取也。江藩宋學淵源錄又去其有位於朝，國史應立傳者不載，則似理學爲隱逸者所專，而天民大人之說荒矣。漢學家言宋學，固自隔閡。

第八節 興文教

世祖朝已有御製勅纂諸書，如人臣儆心錄、資政要覽、內則衍義、孝經衍義、易經通注、孝經注、道德經注等，具在四庫。世祖享年不永，雖雅意右文，未能大昌文化。聖祖親政以後，勤學好問，早歲已然。三藩作難，天下洶洶，而經筵日講，不懈益勤。大勢稍定，即舉鴻博之科，網羅才俊，既修明史，並肄諸經。既而南方大定，益治益安，四部諸書，繁重不易整理者，悉詔儒臣因前代之舊，審訂修補，以便承學之士。唐之貞觀，宋之太平興國，明之永樂，皆同此宏願，而享國之永，舉不及聖祖。又其用才各當，辨析心性，貫串古今，各有專學，如李光地徐乾學輩，君臣師友，討論從容，萬幾之暇，日以心力注之，不但若前代開館承修，稱制勒定而已。經則成易書詩春秋四纂，字學則成字典及音韻闡微，輿地成皇輿表皇輿全圖，類纂之書則以朱子全書及性理精義為最精粹。其供人蒐討政實、百世承用不能廢之佩文韻府、淵鑑類函、分類字錦、及圖書集成等鉅大類書，下至時令藝術譜錄志乘、全唐詩、古文淵鑒、歷代賦彙、唐宋元明四朝詩選等總集。又有康熙間纂修未畢，刊行於雍乾兩朝者，若明史、若通鑑輯覽、若子史精華、若駢字類編，皆是。下至詠物題畫諸詩，亦集其大成，選為巨帙，裨益學人，可謂美富矣。古帝王於一代之中。成就學林沾溉之書，多至如此，雖文治極盛之朝未易相匹。而從古帝王所未提倡之絕學，為聖祖之特長者，更有天文算學一事。初曆法在明末用徐光啓言，引西洋人法改新曆，未及行而明亡。攝政王入京，修曆西人湯若望即上言：「所訂歷推得本年八月朔日日食圖象，乞屆期遣官測驗」。遂改用時憲曆名，頒行天下。既而回回科秋官正吳明炫攻訐新法，又有新安衛官生楊光先叩閽糾湯若望之謬，言時憲書面題依西洋新法五字尤不合。時皇子榮親王（即董鄂妃所生）殤，若望以官欽天監選擇葬期，光先等糾其山向年月俱犯忌殺，曆與星命幷爲一談。廷臣不解曆法，惟知排外，於康熙四年議若望罪至凌遲，科官斬決。赦若望免，餘依處斬。於是復用明大統曆舊術，以光先掌監務。光先初不甚解推步，康熙七年頒明年曆有閏，旣又自知有誤，檢舉，諭天下停止閏月。時若望已死，其徒南懷仁言所頒各法之謬，測驗皆合，於是斥光先，用懷仁爲監副，卹若望。自九年始，復用新法。於是聖祖始逮治鼇拜，實行親政，於新舊曆法之糾紛蓋有意究其故矣。聖祖習算學，今宮中尚往往得當時算草，而與梅文鼎之學最契。有楊文言者亦精天算，爲誠親王允祉撰律曆淵源，其中數理精蘊一種，有借根方術。據文鼎孫瑴成言，聖祖親以此術相授，而後悟金元時之天元一術，文鼎書中所未言，然則得諸數理精蘊，疑爲文言所傳習也。借根方爲西人算學，乃代數術之舊名，亦其初境，而當時以爲西名阿爾熱八達乃東來法之意，然則由東方之天元一術轉爲西方之借根方。借根方者，借一根爲未知數，與立天元一同，輾轉求之，恒得帶縱各乘方式，開方而後得數，故謂之借根方。始借根以算，後借方以得數也。此與天元一術無異，與普通代數術亦無異。聖祖學算之所造如是。而步天測地，用經緯線以繪輿圖，皆自康熙朝創之。算術已溝通中西。帝王之學，儒者專門習之，僅與相副，此實好學深思之效。若再假以年，更爲國中學人鼓倡，或早與西人科學之進步相提攜矣。淸一代算學以梅氏爲功力最深，亦與聖祖之學爲最有聲氣，節錄梅氏祖孫本傳文證之如下：

史稿梅文鼎傳：己巳（康熙二十八年）至京師謁李光地，謂曰：「歷法至本朝大備矣，而經生家猶若望洋者，無快論以發其趣也。宜略仿元趙友欽革象新書體例，作簡要之書，俾人人得其門戶，則從事者多，此學庶將大顯。」因作曆學疑問三卷。光地扈駕南巡，駐蹕德州，有旨取所刻書籍回奏，光地匆遽未及攜帶。遂以所訂曆學疑問謹呈，求旨（求當作奉）：「朕留心曆算多年，此事朕能決其是非。將書留覽將發。」二日後召見光地，上云「昨所呈書甚細心，且議論亦公平，此人用力深矣。朕帶回宮中，子細看閱。」光地因求皇上親加御筆批駁改定，上肯之。明年癸未春，駕復南巡，於行在發回原書，面諭光地：「朕已細細看過」，中間圈點塗抹及簽（誤作籥）貼批語皆上手筆也。光地復請此書疵謬所在，上云「無疵病謬（病字當衍），但算法未備」。蓋其書本未完成，故聖諭及之。未幾，聖祖西巡，問隱淪之士，光地以關中李永、河南張沐、及文鼎三人對。上亦夙知永及文鼎。乙酉二月南巡狩，光地以撫臣扈從，上問宣城處士梅文鼎焉在？光地以尚在臣署對。上曰：「朕歸時，汝與偕來，朕將面見。」四月十九日，光地與文鼎伏迎河干，淸晨俱召對御舟中，從容垂問，至於移時。如是者三日。上謂光地曰：「曆象算法，朕最留心。此學今鮮知者，如文鼎眞僅見也。其人亦雅士，惜乎老矣。」連日賜御筆扇幅，頒賜珍饌。臨辭，特賜「績學參微」四大字。越明年，又命其孫瑴成內廷學習。五十三年，瑴成奉上諭：「汝祖留心律曆多年，可將律呂正義寄一部去，令看，或有錯處，指出甚好。夫古帝有都俞吁咈四字，後來遂止有都俞，卽朋友之間亦不喜人規。觀此皆是私意，汝等須竭力克去，則學問長進。可併將此言寫與汝祖知之。」恩寵爲古所未有。

文鼎孫瑴成傳：明代算家，不解立天元術。瑴成謂立天元一，卽西法之借根方。其說曰：「嘗讀授時曆草求弦矢之法，先立天元一爲天。而元學士李冶所著測圓海鏡亦用天元一立算。傳寫魯魚，算式殊不易讀。明唐荆川顧箬溪兩公互相推重，自謂得此中三昧。荆川之說曰：「藝士著書，往往以祕其機爲奇，所謂天元一云爾，如積求之云爾，漫不省其爲何語」。而箬溪則言「細考測圓海鏡，如求城徑，卽以二百四十爲天元半徑，卽以一百二十爲天元。卽知其數，何用算爲，似不必立可也」。二公之言如此。余於顧說頗不謂然，而無以解也。後供奉內廷，蒙聖祖仁皇帝授以借根之法，且諭曰：「西人名此書爲阿爾熱八達，譯言東來法也」。敬受而讀之，其法神妙，誠算法之指南。竊疑天元一術之頗與相似，復取授時曆草觀之，乃煥然冰釋，殆名異而實同，非徒似之而已。夫元時學士著書，臺官治曆，莫非此物，乃歷久失傳。猶幸遠人慕化，復得故物。東來之名，彼尚不忘所自，而明人視若贅疣而欲棄之。噫，好學深思如唐顧二公尚不能知其意，而淺見寡聞者又何足道哉。

聖祖於學問文章之士，恂恂往復，不以訑訑之聲色拒人，舉梅氏爲一例，與布衣共講樸學，爲舊學而轉教其後人，差等百世之王，實所罕見，自少至老，不改其初。由其勤學好問觀之，孰知其力掃三藩威行萬里羌戎稽首、朔漠歸心、爲神武不世出之主哉。此則眞與文教，非浮慕開明之象者也。

第九節　盛明之缺失

聖祖卽位之年，明裔始亡，遺民無可歸嚮，乃移而屬諸隱遁之故明皇子。其時朱三太子實在民間，雖莫能迹其確址，風聲自不可盡泯。吳三桂起事之年，京師亦有朱三太子事開始。自是隱約出沒，恒掛人口。至康熙三十八年南巡，謁明太祖陵，敕訪明後備古三恪之數，且舉元後蒙古之恩禮不替爲證，天下未嘗不聞而義之。然決無人敢冒死希此榮寵。在朱三太子自身或眞有亡國之恨、光復之願，則雖屈於無力，亦決不欲出臣異種；而其他故明疏屬亦莫有入網羅者。則滿洲人之深忌華夏故主，誠中形外，人盡喻之，可想見矣。至四十七年乃卒洩漏朱三太子眞相，審理既確，卒以假冒誅之，盡殺其子孫，此事余別有述⑩，不備載。夫歷代帝裔得保全者原少，清朝爲明討賊入關，有國亦已六七十年，擬乎杞宋之封，或出由衷之語。夫曹魏代漢而山陽有國，其亡乃在晉永嘉之亂；司馬代魏而陳留就封，其卒亦在晉惠太安之初。曹馬世稱篡竊之兇，猶能容前代之君如此。聖祖不能容明裔，亦胸中自有種族之見，惟恐人望之有歸，此則後來排滿亦自種之因也。

聖祖以儒學開一代風氣。儒家言天子至於庶人皆以修身爲本，身修則家齊，然後可以治國平天下。

聖祖過舉無多，不可謂身不修，然諸皇子之狠戾殘賊，太子旋廢旋立，既立復廢，臨朝痛哭，不能救正，至晏駕亦有疑義，復開兄弟相殺之端，此亦人倫之變矣。帝於諸王，縱之太過，教之太疏。始立太子亦留心爲擇師保，而爲權倖所間，敬禮不終，後遂無人再敢爲太子師者，太子亦不復擇師。觀應詔陳言之董漢臣，當太子有師保時，而以「諭教元良」一再爲說，與「愼簡宰執」並擧，則太子必有不率教之徵象。而爲太子師者卽湯斌，斌亦言「慚對董漢臣」，蓋有不可顯言之故在。其「愼簡宰執」一言，侵及明珠余國柱，閣臣合而讒言者，湯斌爲衆矢之的，或獲重譴。當是時，明珠權傾內外，正人悚息，以傾軋牽及太子之師，無從施救。太子如此，諸王可知。聖祖於訓子之事，不列於政治朋黨之外。旗下人家視教子之師爲教書匠，此風在聖祖時已然，殆亦關外遺傳之弊習也。錄其事證如下：

史稿理密親王允礽傳：康熙十四年十二月乙丑，聖祖以太皇太后皇太后命立爲皇太子。太子方幼，上親教之讀書。六歲就傅（太子以十三年五月初三日生，於十八年爲六歲。）令張英李光地爲之師。又命大學士熊賜履授以性理諸書。二十五年（太子十三歲），上召江甯巡撫湯斌以禮部尚書領詹事，斌薦起原任直隸大名道耿介爲少詹事，輔導太子。介旋以疾辭，逾年斌亦卒。

蔣氏東華錄：康熙二十五年二月敍湯斌奏永禁蘇州上方山五通淫祠後，卽云：先是，廷臣有言輔導皇太子之任非湯斌不可者，至是，上諭吏部曰：「自古帝王諭教太子，必簡和平謹恪之臣，統領官僚，專資贊導。江甯巡撫湯斌，在講筵時素行謹慎，朕所稔知，及簡任巡撫以來，潔己率屬，實心任事，允宜拔擢大用，風示有位。」

又，五月不雨，詔臣工直言得失。靈臺郎董漢臣以「諭教元良、愼簡宰執」奏，御史陶式玉劾漢臣摭浮泛之事、誇大其詞，請遽繫嚴鞫。下九卿議，有欲重罪漢臣者。尋奉特旨免議。大學士余國柱以湯斌當九卿會議時有「慚對董漢臣」之語，傳旨詰問。斌奏「董漢臣以諭教爲言，而臣忝長宮僚，動違典禮，負疚實多。」上以詞多含糊，令再回奏。斌言「臣資性愚昧，前奉綸音，一時惶怖，罔知所措。年來衰病侵尋，惩過叢集，勛違典禮，循省自慚。乞賜嚴加處分，以警溺職。」上因其遮飾，仍不明晰，嚴飭之。

以上蔣錄所有，而王錄皆無之，殊爲可異。有何可諱而煩刪削？如實錄未削而王氏不錄，豈以此爲無關政事耶，而舊國史館湯斌傳又悉載入。要之，當時宰執之非人，固大不理於人口，而與元良之教並學，則太子失教亦爲一大事可知。明珠擅權，余國柱濟惡，閣員悉受指麾，廷臣多承意旨，湯斌之由巡撫入爲太子師，亦由明珠輩不得婪索於蘇省，慫恿內召，機械變詐，盛極一時。聖祖無尊重子師之誠意。清代名流，以湯爲一代名臣之最，記其言行事實者極多，史稿略採衆說，得其大意，與舊史館傳純爲官樣者有別。錄如下：

史稿湯斌傳：方明珠用事，國柱附之。布政使龔其旋坐貪，爲御史陸隴其所劾，因國柱賄明珠得緩。國柱更欲爲斌言，以斌嚴正，不得發。及蠲江南賦，國柱使人語斌，謂皆明珠力，江南人宜有以報之，索賕，斌不應。比大計，外吏輦金於明珠門者不絕，而斌屬吏獨無。二十五年，上爲太子擇輔導臣，廷臣有學斌者，詔曰：「自古帝王，諭教太子，必簡和平謹恪之臣，統率宮僚，專資輔翼。湯斌在講筵時。素行謹慎，朕所稔知；及簡任巡撫，潔己率屬，實心任事，允宜拔擢，以風有位」。授禮部尚書管詹事府事。將行，吳民泣留不得，罷市三日，遮道焚香送之。初，靳輔與按察使于成龍爭論下河事，久未決，廷臣阿明珠意，多右輔，命尚書薩穆哈、穆成額、會斌勘議。斌主濬下河，如成龍言。薩穆哈等還京師，不以斌語聞。斌至，上問斌，斌以實對。薩穆哈等坐罷去。二十六年，五月不雨，靈臺郎董漢臣上書指斥時事，語侵執政，下廷議，明珠惶懼，將引罪，大學士王熙獨曰：「市兒妄語，立斬之，事畢矣。」斌後至，國柱以告，斌曰：「漢臣應詔言事，無死法。大臣不言而小臣言之，吾輩當自省。」上卒免漢臣罪，明珠國柱愈恚，摘其語上聞，並摭斌在蘇時文告語曰「愛民有心，救民無術」，以爲謗訕。傳旨詰問。

斌惟自陳「資性愚昧，衍過叢集，乞賜嚴加處分」。左都御史璙丹王鴻緒等又連疏劾斌。會斌先薦候補道耿介為少詹事，同輔太子，介以老疾乞休。詹事尹泰等劾介僥倖求去，且及斌妄薦，議奪斌官，上獨留斌任。國柱宣言上將隸斌旗籍。斌適扶病入朝，道路相傳，聞者皆泣下，江南人客都下者將擊登聞鼓訟冤，繼知無其事，乃散。九月改工部尚書，未幾疾作，遣太醫診視。十月自通州勘貢木歸，一夕卒，年六十一。斌既卒，上嘗語臣曰：「朕遇湯斌不薄，而怨訕不休，何也？」明珠國柱輩嫉斌甚，微上厚斌，斌禍且不測。

耿介：登封人，與斌俱先以詞臣為監司，解官師事孫奇逢講學，為清道學名儒。斌薦與同輔太子，正是重視輔導太子之責。斌遭搆忌，牽連及介，遂並休致。

史稿儒林耿介傳：二十五年，斌疏薦介賦質剛方，踐履篤實，家居澹泊，潛心經傳，學有淵源。召為侍講學士，旋陞詹事府少詹事，特命輔導皇太子。上嘗命書字，介書「孔門言仁言孝，蓋仁孝一理。仁者孝之本體，孝者仁之發用。不言仁，無以見孝之廣大，不言孝無以見仁之切實」四十三字以進，上悅，書「存誠」二大字賜之。會斌被劾，介引疾乞休，詹事尹泰劾介詐疾，並劾斌不當薦介。部議革職，奉旨免革職，依原道員品級休致。在朝凡五十三日，遂歸。

又吏部尚書達哈塔，旗員中之賢者，康熙十八年，魏象樞保清廉官，以達哈塔與陸隴其同薦。至是，亦以尚書為太子講官，與湯耿並獲咎。

史館達哈塔傳：二十六年四月以雨澤愆期，詔同大學士勒得洪余國柱等，清理刑部獄囚。時尚書湯斌少詹事耿介等為皇太子允礽講官，達哈塔奉命，與湯斌耿介並輔導皇太子。六月，以講書失儀，三人俱罰俸。達哈塔奏言：「臣奉命輔導東宮，誠欲竭力自效，恪供厥職。奈賦性愚拙，動輒愆儀，數日之內，負罪實多。以湯斌耿介，尤不能當輔導之任，況庸陋如臣，敢不即請罷斥」。下部察議，以「輔導東宮，為日未久，遽自請罷，規避圖安。應革職。」得旨寬免。

達哈塔以滿籍大臣，同輔導太子，即同獲咎，又不比耿介之為湯斌所薦應與株連矣，然亦以講書失儀，與湯耿同罰。而湯耿之獲咎，則又不言講書失儀事。要是止人不能爲太子師而已。是年八月，達哈塔亦以他事降級卒，嗣後更不聞有士大夫爲太子師者，惟於諸家集中，見太子作字吟詩，由聖祖傳視諸臣，諸臣例爲諛頌，或太子自以令旨賜諸臣詩字，諸臣紀恩等作。無親切輔導之人。設有之，則太子失愛時，必有士大夫遭其罪戮者矣。夫太子生在康熙十三年，明年立爲太子，至二十六年祇十四歲，於湯耿諸臣被譴，未必有所關涉，要其不可受教之故，必自有在。太子母孝仁皇后，索尼之女，大學士索額圖之妹。聖祖諸子多爲私親所暱比，其例甚多，聖祖平時似不過問，至釀禍乃咎之，則唆太子不率教者卽此私親矣。

史館索額圖傳：皇太子允礽以狂疾廢黜，上諭廷臣曰：「昔允礽立爲皇太子時，索額圖懷私倡議，凡服御諸物俱用黃色，所定一切儀制，幾與朕相似。驕縱之漸，實由於此。索額圖誠本朝第一罪人也」。

然則太子之不能率教，自有養成驕縱之人。明珠余國柱欲排擠湯斌，引之於輔導之任，卽是投之陷阱。聖祖諸子之禍，不能謂非無由致之。至世宗取得大位，於國事實能勝繼承之任，此亦淸自得天之幸，非人事所能及也。撮書康熙晚年太子諸王之禍如左：

理密親王允礽傳，自湯斌卒後續敍云：太子通滿漢文字，嫻騎射。從上行幸，賡詠斐然。二十九年七月，上親征噶爾丹，駐蹕古魯富爾堅嘉渾噶山，遘疾，召太子及皇三子允祉至行宮，太子侍疾無憂色，上不懌，遣太子先還。三十三年，禮部奏祭奉先殿儀注，太子拜褥置檻內，上諭尙書沙穆哈移設檻外，沙穆哈請旨記檔，上命奪沙穆哈官。

此事殊可怪。定一拜褥之位置，而禮臣張皇如此。檢東華錄，事在三月丁未，錄云：「諭大學士等，禮部奏祭奉先殿儀注，將皇太子拜褥置檻內。朕諭尙書沙穆哈曰：『皇太子拜褥應設檻外，沙穆哈卽奏請朕旨，記於檔案，是何意見？着交該部嚴加議處」。尋議尚書沙穆哈應革職交刑部，侍郎席爾達多奇均應革職。得旨：「沙穆哈著革職，免交刑部。席爾達多奇，俱從寬免革職」。禮部定祭先儀注，必過尊太子，雖有諭移太子拜褥向下，亦不敢從，請旨記檔，冀免後禍。太子之驕縱，及其左右如索額圖等之導以驕縱，聖祖之明，豈有不知，不思變化太子氣質，但嚴處禮臣，使之聞之，父子之間，過存形迹，亦失諭教之道，惟有坐待其禍發而已。

傳文云：三十四年，冊石氏爲太子妃。三十五年二月，上再親征噶爾丹，命太子代行郊祀禮，各部院奏章聽太子處理。事重要，諸大臣議定啓太子。六月，上破噶爾丹還，太子迎於諸海河朔。命太子先還。上至京師，太子率羣臣郊迎。明年，上行兵寧夏，仍命太子居守。有爲蜚語上聞者，謂太子暱比匪人，素行遂變。上還京師，錄太子左右用事者置於法，自此眷愛漸替。

錄太子左右用事者置於法，其時爲三十六年，太子年二十四。此節文證以東華錄，是年九月甲午，上還京師，而先二日壬辰，諭內務府處分膳房人、茶房人、哈哈珠子等人。則所謂太子左右用事者，未有一外廷士大夫也。

東華錄：康熙三十六年九月壬辰，上諭內務府總管海喇孫等：膳房人花喇、額楚、哈哈珠子德住，茶房人雅頭，伊等私在皇太子處行走，甚屬悖亂，着將花喇德住雅頭處死，額楚交與伊父英赫紫，圈禁家中。

膳房茶房皆執御小臣，哈哈珠子爲王子親隨，此等人本可奔走宮府，而以行走爲悖亂，其中必有悖亂事實。額楚一名可交與其父圈禁，其父必係親切要人。太子既獲冊立，尚何所求，而樂與廝役小人交結如此，可見聖祖失教。十年前，自湯斌耿介等獲咎之後，東宮已無正人爲左右，詹事府名爲東宮官屬，與輔導之事絕不相關，太子方在英年，而不親師保如此，其亦異於前代盛明之主矣。

又云：四十七年八月，上行圍，皇八子（當作皇十八子。或排印時誤脫。）允祄疾作，留永安拜昂阿，上回鑾臨視。允祄病篤，上諭曰：「允祄病無濟，區區稚子，有何關係，至於朕躬，上恐貽高年皇太后之憂，下則繫天下臣民之望，宜割愛就道」。因啓蹕。九月乙亥，次布爾哈蘇台，召太子。集諸王大臣，諭曰：「允礽不法祖德，不遵朕訓，肆惡虐衆，暴戾淫亂，朕包容二十年矣，乃其惡愈張，僇辱廷臣，專擅威權，鳩聚黨與，窺伺朕躬起居動作。」（此章所引各上諭，亦均見朝鮮實錄，非經世宗改作也）

聖祖於此時有包容二十年之說，是年太子方三十五歲，二十年前僅十五歲耳。是年爲康熙四十七年，二十年前爲二十七年，其前一年卽湯斌耿介獲咎，董漢臣以天旱陳言涉及太子之時。可知太子之不率教，其實擧國已知，雖不從明珠等閣員殺董漢臣，而太子師橫被責讓，並無約束太子之意，蓄意包容，遂歷二十年而決裂，豈非姑息之愛誤之。

又云：平郡王訥爾素，貝勒海善，公普奇，遭其毆撻，大臣官員，亦罹其毒。朕巡幸陝西江南浙江，未嘗一事擾民。允礽與所屬恣行乖戾，無所不至，遣使邀截蒙古貢使，攘進御之馬，致蒙古俱不心服。朕以其賦性奢侈，用凌普爲內務府總管，以爲允礽乳母之夫，便其徵索。凌普更爲貪婪，包衣下人無不怨憾。

不用正人輔導，而用太子乳母之夫，總管內務府，以便其徵索。夫使太子徵索於內務府，內務府所轄者包衣，自然以貪婪取怨，豈非姑息縱惡之至？

又云：皇十八子抱病，諸臣以朕年高，無不爲允祄憂。允礽乃親兄，絕無友愛之意。朕加此責讓，忿然發怒，每夜偪近布城裂縫窺視。從前索額圖欲謀大事，朕知而誅之。今允礽欲爲復仇，朕不卜今日被鴆，明日遇害，晝夜戒愼不寧。似此不孝不仁，太祖太宗世祖所締造，朕所治平之天下，斷不可付此人。上且諭且泣，至於仆地。

索額圖欲謀大事句，東華錄作「助伊潛謀大事」，語更明顯，則往時已有圖逆發覺之事，但或以爲事出索額圖，未必太子本意耳。考國史索額圖傳，事在四十二年四月。傳所敍與此不同。索額圖已於四十年以老乞休，允之。四十一年復召侍太子德州養病。以時方南巡，太子侍行，至德州而病，帝遂回鑾而留太子德州養病也。太子養病必召其私親侍，且爲縱惡之私親，是時猶純爲姑息如此。索額圖先爲家人訐告罪款，留中未宣，至四十二年乃傳諭：「家人告爾，留內三年，有寬爾之意，而爾背後怨尤，議論國事，結黨妄行，舉國俱係受朕深恩之人，若受恩者半，不受恩者半，即俱從爾矣。去年皇太子在德州時，爾乘馬至皇太子中門方下，即此是爾應死處。爾自視爲何等人耶。朕欲遣人來爾家搜看，恐連累者多，所以中止。若將爾行事指出一端，即可正法。念爾原係大臣，朕心不忍。令爾閒住，又恐結黨生事，背後怨尤議論。着交宗人府拘禁。尋死於禁所。傳所敍諭辭，吞吐不明。訐告之款，未明何事。而結黨妄行，若非舉國受恩，即可俱被誘惑而去，據此情罪，直是與帝互爭天下。天下非索額圖所能有，其爲代太子謀早取大位明矣。其下忽又掩過重情，但責以德州侍疾時，乘馬失禮於太子，即是死罪，與上說大異，又云若搜看其家，恐多連累，則又非失禮而有犯逆，且不可使有連累，則顧忌甚切，自屬爲太子地矣。然則索額圖助太子謀逆之案，早發覺於五年之前，太子不悛，又日日在防範之內，廢太子之禍固已迫在眉睫矣。

又云：即日執允礽，命直郡王允禔監之。誅索額圖二子格爾芬、阿與吉善，及允礽左右二格、蘇爾特、哈什太、薩爾邦阿，其罪稍減者遣戍盛京。

觀所誅者乃索額圖二子，餘亦旗下人員，大抵索等所援引同類。此時有名之罪人不過如此。十一年前所置於法之太子左右用事人，更於旗下羣小，並不必紀其名，則太子之隔絕士大夫，固已久矣。諭教元良之語，初不足動聖祖之心。在二十餘年之前，早信從士大夫，斥退私親，扶植正士，以坊表東宮，其時方十四五歲童子，少成若性，薰德善良，何至異日之慘。

又云：次日，上命宣諭諸臣及侍衛官兵，略謂：「允礽爲太子，有所使令，衆敢不從，卽其中豈無奔走逢迎之人。今事內干連，應誅者已誅，應遣者已遣，餘不更推求，毋危懼」。上旣廢太子，憤懣不已，六夕不安寢，召扈從諸臣涕泣言之。諸臣皆嗚咽。旣又諭諸臣，謂觀允礽行事與人大不同，類狂易之疾，似有鬼物憑之者。及還京，設氈帳上駟院側，令允礽居焉，更命皇四子與允禔同守之。尋以廢太子詔宣示天下，上並親撰文告天地太廟社稷曰：「臣祗承丕緒四十七年餘矣，於國計民生，夙夜兢業，無事不可質諸天地。稽古史冊，興亡雖非一轍，而得衆心者未有不興，失衆心者未有不亡。臣以是爲鑒，深懼祖宗垂貽之大業自臣而隳，故身雖不德而親握朝綱，一切政務，不徇偏私，不謀羣小，事無久稽，悉由獨斷。亦惟鞠躬盡瘁，死而後已。在位一日，勤求治理，不敢少懈，不知臣有何辜，生子如允礽者，不孝不義，暴虐慆淫，若非鬼物憑附，狂易成疾，有血氣者豈忍爲之。允礽口不道忠信之言，身不履德義之行，咎戾多端，難以承祀。用是昭告昊天上帝，特行廢斥，勿致貽憂邦國，痛毒蒼生。抑臣更有哀籲者：臣自幼而孤，未得親承父母之訓，惟此心此念，對越上帝，不敢少懈。臣雖有衆子，遠不及臣，如大淸歷數綿長，延臣壽命，臣當益加勤勉，謹保終始。如我國家無福，卽殃及臣躬，以全臣令名。臣不勝痛切，謹告」。

此爲第一次廢太子，其時已言「似有鬼物憑之」，遂開允祉首告允禔厭勝事。厭勝當亦不誣，但促其首告，或此「疑爲鬼附」之說。要之，聖祖之愛憎太子，初無成心，非有移愛他子而致此，則甚可信。祭告文不見東華錄，王錄惟云「翰林院奉敕撰之文，不當帝意，自撰此文」。翻淸書時，又將「鞠躬盡瘁死而後已」二語改譯，再諭以『不可改。不可以爲此係人臣語，人君實更應鞠躬盡瘁』云云。據此則祭告文實是親筆。世疑宮中發見聖祖親筆文，文字俱甚劣，遂以爲御筆盡出倩代者。前言淸列帝作字，每對衆揮毫，不應盡假，文理亦於講讀談論中窺見程度。證以此文，及其論飭選譯之人，決非不能作通順文字者也。

又云：太子旣廢，上諭「諸皇子中，如有謀爲皇太子者，卽國之賊，法所不宥」。諸皇子中，皇八子允禩謀最力，上知之，命執付議政大臣議罪，削貝勒。十月，皇三子允祉發喇嘛巴漢格隆，爲皇長子允禔允礽厭事，上令侍衛發允禔所居室，得厭勝物十餘事。上幸南苑行圍，遘疾還宮，召允礽入見，使居咸安宮，上諭諸近臣曰：「朕召見允礽，詢問前事，竟有全不知者，是其諸惡，皆被魘魅而然，果蒙天佑，狂疾頓除，改而爲善，朕自有裁奪」，廷臣希旨，有請復立允礽爲太子者，上不許。左副都御史勞之辨奏上，上斥其奸詭，奪官予杖。旣上召諸大臣，命於諸皇子中擧孰可繼立爲太子者，諸大臣擧允禩。明日，上召諸大臣入見，諭以太子因魘魅失本性狀。諸大臣奏，上旣灼知太子病源，治療就痊，請上頒旨宣示。又明日，召允礽及諸大臣同入見，命釋之。且曰：「覽古史冊，太子旣廢，常不得其死，人君靡不悔者，所執允礽，朕日不釋於懷，自今召見一次，胸中乃疏快一次。今事已明白，明日爲始，朕當霍然矣」。又明日，諸大臣奏請復立允礽爲太子，疏留中未下。上疾漸愈，四十八年正月，諸大臣復疏請，上許之。三月辛巳，復立允礽爲皇太子，妃復爲皇太子妃。

此爲太子廢後復立。聖祖顧念其子，疑爲鬼物所憑，而又恰有謀太子者適爲厭勝之事。太子之失德自不緣厭勝而來，而其乘此疑團遂認爲被厭勝，以圖一時之復位。帝雖欲復立，終疑請復立爲圖見好太子作異日居功之地，則務譴臣下之言復立者。窺伺帝旨之徒，遂疑帝實不欲復太子，而別擧允禩以當之，又大失帝意，此善投機會者之弄巧反拙，成康熙間奪嫡案之一大反覆。

自四十八年三月，復立太子，逾二年，至五十年十月，復以旗籍大臣多人，為太子結黨會飲，所牽涉者有戶部書辦沈天生等，串通本部員外郎，包攬湖灘河朔事例，額外多索銀兩，諸大皆受賄，為數亦不過數千金，因謂允礽求此等人保奏。惟其不仁不孝，難於進益，徒以言語貨財，賣屬此輩，潛通信息，尤屬無恥之人，此其痛斥太子，情節猥瑣，東華錄甚詳，而似亦不甚近情。以將傳帝位之太子，何求於羣小而與為朋比？史稿撮敍更不分明，疑其中有難言之隱矣。諸大臣者，尚書耿額又指為索額圖之家奴，欲為索額圖報復，牽連審訊，至明年五月始結，罪至絞監候以下有差，而太子尚未俱廢，使其覺悟改悔，未嘗不留與時機。而太子為人，衆臣既盛道其聰明，聖祖亦言其騎射言詞文學無不及人之處，何以甘入下流，為稍知自愛之子弟所不肯為，此則失教之至。而縱使習染於旗籍昏憒之索額圖家，少成若性，豈非溺愛不明於先，而又不能終於憤憤，盡失英主之本色，以致有一廢再廢之舉耶。太子過惡，前輩別無記載，故祗有疑其寃抑。意為奪嫡之餘。世宗朝修聖祖實錄，多未可信。然世宗於允礽初無圖奪之迹，後因不立太子，始生事在人為之志，乃別是一事。謂允禵輩奪嫡甚烈，適為世宗驅除，未始不幸獲漁翁之利則有之，若謂聖祖實錄盡出雍正朝偽撰，則於事理為不必然。而其證據今尤有可舉者，錄之以存其眞相：

朝鮮實錄，肅宗三十四年戊子，卽康熙四十七年，十一月庚寅（是月癸酉朔，庚寅乃十八日）書：皇曆齎咨官韓重琦，齎來清國咨文，清國廢其太子胤礽。本朝方物之贈太子，勿令齎來。其廢黜詔制略曰：「荒淫無度，私用內外帑藏，捶撻大臣以下，欲為索額圖（礽胤之外親名）傍伺朕躬，若不於今日被鴆，卽明日遇害」云。

據此則廢太子詔，實是當時原文。

又三十五年己丑，卽康熙四十八年，三月甲午（是月壬申朔，甲午爲二十三日）書：冬至使閔鎭厚、金致龍、金始煥等自淸國還，引見勞慰，仍問虜中事，鎭厚對曰：「（以下先言朱三太子事。略之。）蓋聞虜中形止，漸不如前。胡人持皇帝陰事，告外人無所隱。如乍廢太子，旋復其位；毆曳馬齊，仍官其子。處事已極顚倒。而又貪愛財寶，國人皆稱愛銀皇帝。且太子性本殘酷，百姓公傳道之曰：『不忠不孝，陰烝諸妹』。若其諸子之暴虐，乃甚於太子云。胡命之不久，此可知矣。」

朝鮮忠於明，始終對淸視爲胡虜。乾隆以後稍改，然終不忘明。蓋小國見解，自命爲箕子之後，而於女眞持種族之見甚深。因種族之見，其詆淸帝本不甚作美辭，自難盡信。但所傳淸國百姓談太子過惡及諸子之無佳譽，當是得諸聞見。

史稿允礽傳：五十一年十月，復廢太子，禁錮咸安宮。

據本紀從東華錄，書廢太子在九月庚戌，卽九月晦日。次日十月辛亥朔，御筆硃書諭王大臣，故允礽再廢在五十一年十月。諭中有云：「前次廢置，情實憤懣，此次毫不介意，談笑處之而已」。故更無頒詔等事。

又云：五十二年，趙申喬疏請立太子，上諭曰：「建儲大事，未可輕言。允礽爲太子時，服御俱用黃色，儀注上幾於朕，實開驕縱之門。宋仁宗三十年未立太子。我太祖太宗亦未豫立。漢唐已事，太子幼冲，尙保無事，若太子年長，左右羣小，結黨營私，鮮有能無過者。太子爲國本，朕豈不知。立非其人，關係匪輕。允礽儀表學問才技，俱有可觀，而行事乖謬，不仁不孝，非狂易而何？凡人幼時，猶可敎訓，及長而誘於黨類，便各有所爲，不復能拘制矣。立皇太子事未可輕定」。自是上意不欲更立太子。雖諭大學士九卿等裁定太子儀仗，卒未用。終清世不復立太子。

不立太子，爲清一代特色。乾隆朝有端慧太子永璉，則由追贈。復作儲貳金鑑，集古來立太子之爲禍事跡，垂訓後世。亦皆以康熙朝事爲炯戒焉。證以朝鮮實錄，亦載太子之立而復廢，略如清國史所說：

> 朝鮮肅宗實錄：三十八年，即康熙五十一年壬辰，十二月癸酉（二十四日）：先是，李樞以彼中事情報備局曰：皇帝在熱河時，部院重臣相繼下獄。回鑾後，面諭大臣，放置太子，而姑無頒詔之擧云。故詳探。則以爲太子經變之後，皇帝操切甚嚴，使不得須臾離側，而諸弟皆在外般遊，故恨自己之拘檢，猜諸弟之閒逸，怨恨之言，及於帝躬。而皇帝出往熱河，則太子沈酗酒色，常習未悛，分遣私人於十三省富饒之處，勒徵貨賂，責納美姝，小不如意，訴譖褫罷。皇帝雖知其非，不得已勉從。而近則上自內閣，下至部院，隨事請託，必循其私而後已。皇帝自念年邁，而太子無良。其在熱河時，部院諸臣，曾受太子請託，屈意循私之人，鎖項拘囚。回鑾後放置太子於別宮云。其後仍付其禮部咨文，而我國所獻太子方物，亦令停止矣。

朝鮮實錄所載，與東華錄約略相符。益知聖祖實錄，非世宗以意修改。而世宗於太子之廢，實無所干預。但神器無所歸，乘機取得大位。康熙間極力營謀奪嫡者，至時反爲他人拾取而去，因忿極而多不遜之言行，遂開世宗屠戮兄弟之端。余別有考，不具錄（見本書附錄一）。

奪嫡之獄，允禩爲主。度允禩籠絡人心，其術必有大過人者。諸兄弟皆爲盡力，宗藩貴戚，滿漢大臣，亦多有預其謀者。老臣如佟國維、馬齊，勳舊如遏必隆之子阿靈阿，佟國綱之子鄂倫岱，明珠之子揆敍；漢文臣如王鴻緒，皆以舉允禩爲太子被譴。兄弟中如允禔，允䄉，允禟，允禵，皆甘推戴。允禔爲皇長子，尤身犯大不韙以遂其私，不知何以歸心允禩至此。世宗亦專以允禩爲大敵。互見余所作世宗入承大統考。

史稿允禔傳：四十七年九月，皇太子既廢，允禔奏曰：「台礽所行，卑汚失人心。術士張明德嘗相允禩必大貴，如誅允礽，不必出皇父手」。上怒，詔斥允禔凶頑愚昧，並戒諸皇子勿縱屬下人生事。允禔因喇嘛巴漢格隆魘術，厭廢太子，事發，上命監守，尋奪爵幽於第。四月，上將巡塞外，諭「允禔鎮魘皇太子及諸皇子，不念父母兄弟，事無顧忌，萬一禍發，朕在塞外，三日後始聞，何由制止?」下諸王大臣議。於八旗，遣護軍參領八，護軍校八，護軍八十，仍於允禔府中監守。上復遣貝勒延壽，貝子蘇努，公鄂飛，都統辛泰，護軍統領圖爾海，陳泰，並八旗章京十七人，更番監守。仍嚴諭「疏忽當族誅」。雍正十二年卒，世宗命以固山貝子禮殯葬。

又允禩傳；聖祖第八子，康熙三十七年三月，封貝勒，四十七年九月，署內務府總管事。太子允礽既廢，允禩謀代立，諸皇子允禟、允䄉、允禵，諸大臣阿靈阿、鄂倫岱、揆敍、王鴻緒等，皆附允禩。允禔（原作祉當誤）言於上，謂相士張明德言，允禩（原作禔當誤）後必大貴，上大怒。會內務府總管淩普以附太子得罪，籍其家，允禩（原作禔當誤）頗庇之，上以責允禩，諭曰：「淩普貪婪巨富，所籍未盡。允禩每妄博虛名，凡朕所恩施澤，俱歸功於己，是又一太子矣。如有人譽允禩，必殺無赦」。翌日，召諸皇子入諭曰：「當廢允礽時，朕即諭諸皇子，有鑽營爲太子者，即國之賊，法所不容。允禩柔奸性成，妄蓄大志，黨羽相結，謀害允礽。今其事皆敗露，即鎖繫交議政處審理」。允禟語允禵，入爲允禩營救。上怒，出佩刀將誅允禵。允祺跪抱勸止，上怒少解，仍諭諸皇子議政大臣等毋寬允禩罪，逮相士張明德會鞫，詞連順承郡王布穆巴，公賴士，普奇，順承郡王長史阿祿。張明德坐淩遲處死，普奇奪公爵，允禩亦奪貝勒爲閒散宗室。上復諭諸皇子曰：「允禩庇其乳母夫雅齊布。雅齊布之叔廄長吳達理與御史雍泰同榷關稅，不相能，訴之允禩，允禩借事痛責雍泰。朕聞之，以雅齊布發翁牛特公主處（聖祖第十三女和碩溫恪公主下嫁翁牛特杜棱郡王倉津）。允禩因怨朕，與褚英孫蘇努相結，敗壞國事。允禩又受制於妻，妻爲安郡王岳樂甥，嫉妬行惡，是以允禩尙未生子。此皆爾曹所知。爾曹當遵朕旨，方是爲臣子之理，若不如此存心，日後朕考終，必將朕躬置乾淸宮內束甲相爭耳。

聖祖斥責允禩，深刻如此。縱諭諸皇子語或一時未達外廷，然會鞫張明德，詞連多人，又奪允禩貝勒，當已明白可共喻矣。然又有大臣會擧爲太子一事，終疑太不近情。或斥責允禩之語，不無世宗朝添入，至其被擧而爲聖祖所責，則固事實。允禩之奪貝勒，則但以聞張明德誕語而不奏聞耳。

又云：上幸南苑，遘疾還宮，召允禩入見，並召太子使居咸安宮。未幾，上命諸大臣於諸皇子中，擧可爲太子者，阿靈阿等私示意諸大臣擧允禩，上曰：「允禩未更事，且罹罪，其母亦微賤，宜別擧。」上釋允礽，亦復允禩貝勒，四十八年正月上召諸大臣，問倡擧允禩爲太子者，諸臣不敢質言。上以大學士馬齊先言衆欲擧允禩，因譴馬齊，不復深詰，尋復立允礽爲太子。

以上爲允禩奪嫡曲折。後世宗卽位，引近允禩，首封親王，畀以重任，初不致憾於奪嫡，且擧允禩之大臣，亦多倚任。後來深罪允禩，不緣奪嫡前案。別見余三案考實中世宗入承大統案。太子復立後又廢，斯時允禩無可希冀，而允禵獨爲撫遠大將軍，疑聖祖有付託意。允禵爲世宗同母弟，後亦不容於世宗，當時人言籍籍，以爲世宗乃奪允禵之位。允禵行十四，世宗行四；所謂「親承末命時，以聖祖傳十四皇子之語，改十字爲于字而奪之」也。語見大義覺迷錄，世宗自述而自闢之。要之聖祖諸子，皆無豫敎，惟世宗之治國，則天資獨高，好名圖治，於國有功。則天之祐淸厚，而大業適落此人手，雖於繼統事有可疑，亦不失爲唐宗之逆取順守也。

第三章　全　盛

世宗高宗兩朝爲清極盛之時，特世宗操勞，且戕賊諸兄弟，亦覺少暇豫之樂；高宗則享盡太平之榮，位祿名壽直可侈擬舜之大德，然日中則昃，衰象亦自高宗兆之，分節如下：

第一節　世宗初政

康熙六十一年十一月十三日甲午戌刻，聖祖崩於暢春園。帝親爲更衣訖，當夜即奉還大內，安於乾清宮。翌日以次，未即位已下諭稱朕，翌日即十四日乙未，戌刻始大殮。既殮，第一命令即允禩允祥馬齊隆科多四人總理事務，第二諭即命撫遠大將軍奔喪來京。第三諭即封允禩允祥爲親王，允礽子弘皙爲郡王。急用隆科多以報其擁立之功，急召允禵以防其在邊掌兵之患，急封允禩以平其鷸蚌相爭爲漁翁得利之氣，固非有爲允礽報怨之意明也。清史稿允禩傳於雍正初插入數語云：「皇太子允礽之廢也，允禩謀繼立，世宗深憾之，允禩亦知世宗憾之深也，居常怏怏」。以此領起下文漸漸得罪。此實望文生義，未將大義覺迷錄等書世宗諭旨細意尋繹。蓋雍正間之戮辱諸弟，與康熙間奪嫡案事不相關，余已別有考，以下於世宗朝兄弟間之事不復論列，今專述世宗圖治之能事。

世宗即位在康熙六十一年十一月二十日辛丑，十二月初七日戊午停止直省將軍督撫提鎮等官貢獻方物，十三日甲子詔直省倉庫虧空，限三年補足，逾限治罪。此事史稿食貨志言「聖祖在位六十年，政事務爲寬大，不肯官吏，恆特包荒，任意虧欠。上官亦曲相容隱，勒限追補，視爲故事。世宗在儲宮時，即深悉其弊，即位後，諭戶部工部：嗣後奏銷錢糧米石，物價工料，必詳查覈實，造冊具奏，以少作多，以賤作貴，數目不符，覈估不實者，治罪。並令各督撫嚴行稽查所屬虧空錢糧限三年補足，毋得藉端掩飾，苛派民間。限滿不完，從重治罪」。

史稿志文意在表明世宗初吏治財政整飭之狀，然繳繞不明。忽言補足虧空，忽言覈實奏銷，殊難瞭解。檢東華錄則係同日兩諭，各爲一事，一諭戶部，一諭戶工二部。

諭戶部：「自古惟正之供，所以儲軍國之需。當治平無事之日，必使倉庫充足，斯可有備無患。……近日道府州縣，虧空錢糧者正復不少，揆厥所由，或係上司勒索，或係自己侵漁，豈皆因公挪用？皇考好生如天，不忍即置典刑，故伊等每恃寬容，毫無畏懼，恣意虧空，動輒盈千累萬。督撫明知其弊，曲爲容隱，及至萬難掩飾，往往改侵欺爲挪移，勒限追補，視爲故事，而全完者絕少。遷延數載，但存追比虛名，究竟全無着落。新任之人，上司逼受前任交盤，彼旣畏大吏之勢，雖有虧空，不得不受，又因以啓效尤之心。遂藉此挾制上司，不得不爲之隱諱，任意侵蝕，展轉相因，虧空愈甚。一旦地方或有急需，不能支應，關係匪淺。朕深悉此弊，本應即行徹底清查，重加懲治，但念已成積習，姑從寬典：除陝西省外（陝甘隣青海，時爲軍務省分。）限以三年。各省督撫將所屬錢糧嚴行稽查，凡有虧空，無論已經參出，未經參出，三年內務期如數補足，毋得派累民間，毋得藉端遮飾。限滿不完，定行從重治罪。三年補足之後，再有虧空，決不寬貸。至於署印之官，……始而百計鑽營，旣而視如傳舍，……於前任虧空視作泛常。接受交盤，復轉授新任，……嗣後如察出此等情弊，必將委署之上司與署印之員，一併嚴加治罪。爾部可即傳知各省督撫。」

諭戶工二部：「財者利用之源，古帝足國裕民，務必制節謹度。朕初即位，每恐府庫金錢，中飽於胥吏之侵蝕。以後凡戶工二部，一應奏銷錢糧米石，物價工料，必須詳查覈實，開造清冊具奏，毋得虛開浮估。倘有以少作多，以賤作貴，數目不敷，覈估不實者，事覺，將堂司官從重治罪。」

世宗承聖祖寬大之後，綜覈名實，一清積弊，亦未嘗立予懲治，自能洞見外省情僞。此政治一大刷新，應特敍列。而牽混不淸，史官可謂以其昏昏使人昭昭矣。此等處皆史稿之應糾正者。

雍正元年元旦，頒諭旨訓飭督撫提鎭，文吏至守令，武將至參游凡十一道。每諭文各千言內外，各就其職掌而申儆之。國家設官，久而忘其應循之職，與者擅爲恩私，受者冒其祿利，奔競無恥，用心皆在職掌之外。世宗在未卽大位以前，必先有此提綱挈領之知識。百官職掌，近六百年來皆自明太祖定之，後來因事損益而已。持以爲督責之柄則可以爲君，奉以爲率由之準則可以爲臣，世宗則知其故矣。然各諭空文太多，尙不如明祖之切實頒爲格式，要其意則已蘄向乎是，文繁不具錄。

世宗於申儆各官，以吏治民生爲首。嗣是有諭各部院及科道翰林院各衙門，頒侍衞內大臣八旗大臣等，逐事申儆，皆盡情僞。雍正一朝，硃批奏摺，上諭八旗，上諭內閣，皆刻成鉅帙。其未刻者不知凡幾，而已選刻者不下數十萬言。自古勤政之君，未有及世宗者。諭旨批答，皆非臣下所能代。曲折盡意，皆出親裁。有照例閣臣票擬者，略一含糊，輒被詰問。試舉一例：

雍正元年七月戊子，諭內閣：「前因年羹堯奏稱：趙之壇情願捐銀一萬兩，往布隆吉爾地方築城效力。朕念趙之壇係功臣之後（良棟之孫），若伊才具不勝知府之任，道員事簡易辦，捐銀敍用，似屬可行。若趙之壇才克勝任，卽留知府用。見今趙弘燮虧空庫銀三四十萬兩，交與趙之壇料理，又何必另外捐銀。況年羹堯啓奏，築城已有張連登王之樞等可以竣事，今復遣往效力議敍，似又開一捐例，斷不可行。若布隆吉爾築城，張連登等所捐之貲不克完工，令年羹堯密摺具奏，再將情願效力者發往。此朕從前諭旨也。爾等票籤，全不符合。將朕緊要語句，俱行遺漏。爾等俱係聖祖仁皇帝委任大臣，聖祖仁皇帝天縱生知，兼之臨御日久，諸事精熟，爾等舛錯之處，全賴聖祖仁皇帝改正，所以不至誤事。今朕臨御之初，內藉大學士，外藉督撫提鎮，理應諸事勤慎，盡心協辦。如前日本上脫落一字，事雖甚小，然不得謂小事便可輕忽。本章用心細閱，自無錯誤。又如前日蔡珽所奏之事，即係年羹堯奏過之事，爾等又票該部議奏，朕疑其或有異同，照簽批發，及覩部議，仍是一事，何至玩忽如此。朕若如爾等玩忽，督撫本章概批依議，用人一途聽之九卿隨意保舉，豈不省事。但爾等可以負朕，朕何忍負我皇考之深恩乎。況朕於爾等陳奏，虛心採納，並未有偏執之處，人非聖賢，孰能無過，爾等若能指摘朕過，朕心甚喜，改過是天下第一等善事，有何繫吝。以箝結爲老成，以退諉爲謹慎，非朕所望於爾等之意也」。

世宗初政，精核如此，久而不衰。雍正朝事又是一種氣象。雖多所責難，並不輕於戮辱，亦未視朝士皆出其下，予智自雄。較之高宗，尙爲遠勝。至其刻深慘毒，惟對繼統一事有所訐發，或有意居功要挾之人。天資自非長厚。然正極力愛名。至其英明勤奮，實爲人所難及。從初政可以概其十三年全量者也。

第二節　雍正朝特定之制

雍正朝有兩種創制，遂爲一代所遵行。一曰併地丁，停編審。二曰定火耗，加養廉。今分述之：

一、地丁。古者布縷、粟米、力役三征，征一緩二。唐時租庸調猶沿之，至改兩稅而其目併矣。明行一條鞭，所併之目尤多。要其總數不重於什一，即爲常賦之法。但一切負擔可併。庶人往役之義，則自清以前未改也。編審人丁，計丁徵費，以充百役。一條鞭雖已併古者丁徭在內，然丁仍有役，徭亦有課，故論者以爲重複賦民。然總額苟不至病民，民亦安之。清承明舊，盡免明末之加派，已慶更生。聖祖康熙五十一年諭曰：「海宇承平日久，戶口日增，地未加廣，應以現在丁册定爲常額。自後所生人丁，不徵收錢糧。編審時止將實數查明造報」。廷議：「五十年以後，謂之盛世滋生人丁，永不加賦。仍五歲一編審」。戶部議：「缺額人丁，以本戶新添者抵補。不足，以親戚丁多者補之。又不足，以同甲糧多之丁補之」。原聖祖之意，以承平久而戶口增，續續滋生，所能享國土之生產祗有此數，而丁賦則隨滋生而加，故限年截止，以爲人丁定額，新生者不復納賦。此亦窮思極想，務欲惠及人民之意。然立法不澈底，人丁不盛之家既不享其惠，且若丁少於前，反需向親戚同甲之家商求補額，豈不反成周折？不有通變，此美意終將廢閣。會聖祖崩，世宗卽位，雍正元年九月，直隸巡撫李維鈞奏請將丁銀攤入田糧，部議應如所請，於雍正二年爲始，造冊征收。得旨：九卿詹事科道會同確議具奏。九卿旋議覆：「應令該撫確查各州縣田土。因地制宜，作何攤入田畝之處，分別定例，庶使無地窮民免輸納丁銀之苦，有地窮民無加納丁銀之累」。得旨：「九卿不據理詳議，依違瞻顧，皆由迎合上意起見。卽如本內有地窮民一語，既稱有地，何謂窮民，不與有米餓莩之語相似乎？朕於諸事，本無成見，有何迎合之處。所發會議事件，原欲與衆共商，當理卽朕意。朕不自以爲是。所議允當，朕卽不從，不妨面折廷諍，再三執奏。卽不顯言，亦可密摺敷陳。聖祖良法美政，布在方策，朕與爾等期共相黽勉，以臻至治。原本發還九卿，著仍照戶部議行」。

以上爲九月戊戌諭，原文極長。且勉且責，媿勵交至。玆節其成事實之語。夫聖祖有此美意，世宗必不欲廢閣之，欲符「地有定限，丁亦有定額」意，惟有丁隨地起一法，李維鈞奏之，部議從之，以其爲古所未有之制，再令盈廷會議。以示鄭重，九卿則六部都察院及通政大理之總名，加以詹事科道，是爲會議。乃以預議者多，反疑上意或與戶部原議未合，遂作此延宕支節之詞，設或允行，卽廢閣之變相耳。其實世宗自有主宰，仍照戶部議行，何其簡捷。

惟丁隨地起以後，丁額與賦稅無關，編審自可不必。即行編審，亦屬具文。乃一定之理。故後來論者，謂淸之戶口無確數，實攤丁於地之爲弊。動稱四萬萬，究竟標準何在？亦不過據二百年來某一年之隨意冊報耳。戶口無確數，一切無從統計，則意在利民而反以病國。可以見定法之不易。然此非世宗本意也。初雖丁攤於地，編審之法未改。停止不審，始於雍正四年。因直隸總督李紱改編審行保甲一疏，略云：「編審五年一舉，雖意在淸戶口，不如保甲更爲詳密，既可稽察游民，且不必另查戶口。請自後嚴飭編排，人丁自十六歲以上，無許一名遺漏。歲底造冊，布政司彙齊，另造總冊進呈。冊內止開里戶人丁實數，免列花戶，則冊籍不煩，而丁數大備矣」。

淸戶口之數，與編審相關者，從食貨志考之，明季喪亂之後，至順治十八年，會計天下民數，千有九百二十萬三千二百三十三口，較之四萬萬之數蓋二十分之一而不足也。康熙五十年爲據定丁額之年，是年得二千四百六十二萬二千二百二十四口，亦不足四萬萬之十七分之一。其後丁數仍由編審移補，較定額時稍有增加，其餘滋生人丁則日多。停編審以後，則無所謂定額與滋生，人口激增，民無顧忌，直至道光二十九年，有四萬一千二百九十八萬六千六百四十九口，此即近世中國人口四萬萬之說，所由來也。咸同軍興，人口自減，亦每年全國冊報。至光緒元年，有三萬二千二百六十五萬五千七百八十一口。三十三年釐定官制，有民政部，以調查戶口爲職掌。旋諭直省造報民數，務須確查實數，以爲庶政根本。宣統元年復頒行塡造戶口格式，令先查戶口數，限明年十月報齊，續查口數，限宣統四年十月報齊，至三年十月，據京師內外城、順天府、各直省、各旗營、各駐防、各蒙旗所報、除新疆湖北廣東廣西各省、江寧青州西安凉州伊犂貴州西寧各駐防、泰寧鎮熱河各蒙旗、川滇邊務、均未冊報到部外，凡正戶五千四百六十六萬八千有四、附戶千四百五十七萬八千三百七十、共六千九百二十四萬六千三百七十四戶。凡口數，男一萬三千九百六十六萬二千四百一十、女九千九百九十三萬三千二百有八，共二萬三千九百五十九萬四千六百六十八口。時湖北已起事月餘，兩廣爲革命起源，大吏累次遇刺，邊遠則功令之遵奉逾期，駐防亦然。合計當亦未足四萬萬。是爲清最末一次調查戶口較確之數。

花戶之名，以田爲主。田之多少，戶各不同，而均之於里甲。一甲中之戶，田多者自充一戶，少者合數戶爲戶，尤少者附於甲尾。插花相間，故名花戶。後來俗稱戶爲花戶，似非本旨。康熙元年，戶科給事中柯聳疏請均田均役，中有云：「查一縣田額若干，應審里長若干。每里十甲，每甲田若干，多者獨充一名，田少者串充一名，其最零星者附於甲尾，名曰花戶，此定例也。」

當編審停止之時，頗整頓保甲。如果保甲法不弛，戶口何至無可稽考。但閉關之世，盈虛消長皆在國內，聽民自生自息，官吏以不擾民爲上理，鄉民出入相友，姦盜本不易收容。數十年前，餘糧棲畝，不知設守；携貲夜行，不畏路刼；惟城市人多雜處，則人家自謹門戶，官亦有事稽查。命盜重情，地方官勒限參處，滿四參離任。以此維整治安。雖有保甲，不甚嚴密。通商以後，各國有統計而我國獨無，根本在戶口不瞭。乃知編審之廢，在地丁併徵，因咎康雍之失計。其實因賦役而編審，則隱匿者必多。康雍戶口較之嘉道時祗一二十分之一，所編審者亦非眞相，不如厲行保甲之有實際。特自治之事當假手於願治之民人，古未深明此理，遂無徹底綜覈之法。康雍之不欲擾民，自是當時善政，不必異世而轉作不恕之詞也。丁銀攤入地畝，以直隸李維鈞奏請為始，每地賦一兩，攤入丁銀二錢二厘，嗣後各直省一體仿行，於地賦一兩，福建攤丁銀五分二厘七毫至三錢一分二厘不等，山東攤一錢一分五厘，河南攤一分一厘七毫至二錢七厘不等，甘肅河東攤一錢五分九厘三毫，河西攤一分六毫，江西一錢五厘六毫，廣東攤一錢五厘六毫，廣西攤一錢三分六厘，湖北攤一錢二分九厘六毫，江蘇安徽畝攤一厘一毫至二分二厘九毫不等，湖南地糧一石徵一毫至八錢六分一厘不等。自後丁徭與地賦合而為一，民納地丁之外別無徭役矣。惟奉天貴州以戶籍未定，仍地丁分徵。又山西陽曲等四十二州縣亦另編丁銀。察其輕重之故，蓋賦重之地攤丁較輕，因重賦所加，每畝攤銀數錢，雖每兩加數分，已為一兩畝地所攤之加款，至賦輕之地，數十畝而後攤銀一兩，加至二三錢，在一畝所加實更微也。

二、養廉。自古官祇有俸，而俸恒不足以給用。不能無取盈之計。明俸尤薄，官吏取盈之道，自必於賦額加以浮收，公然認為官吏俸薄，此為應得之調劑。清初命其名曰火耗。火耗者，本色折銀，畸零散碎，經火鎔銷成錠，不無折耗，稍取於正額之外，以補折耗之數，重者每兩數錢，輕者錢餘。行之既久，州縣重斂於民，上司苛索州縣，一遇公事，加派私徵，名色既多，又不止於重耗而已。承明季加派之後，國庫嚴禁加派，而地方不免私徵。其端既開，遂無限制。康熙季年，陝西督撫以虧空無法填補，奏請以舊有火耗之名加徵少許，專為填虧空之用，此火耗明入奏案之由來也。

東華錄：康熙六十一年九月戊子，諭扈從大學士尚書侍郎學士等：「據陝西巡撫噶什圖奏稱：『陝西虧空甚多，若止於參革官員名下追補，究竟不能速完。查秦省州縣火耗，每兩有加二三錢者，有加四五錢者，臣與督臣商議，量留本官用度外，其餘俱捐補合省虧空，如此則虧空即可全完』等語。朕謂此事太有關繫，斷不可行。定例私派之罪甚重。火耗一項，特以州縣官用度不敷，故於正項之外量加些微，原是私事。朕曾諭陳璸云：『加一火耗，似尚可寬容。』陳璸奏云：『此乃聖恩寬大，但不可明諭許其加添。』朕思其言深爲有理。今陝西參出虧空甚多，不得已而爲此舉，彼雖密奏，朕若批發，竟視爲奏准之事，加派之名，朕豈受乎？特諭爾等滿漢諸臣共知之。」越六日甲午，又諭扈從大臣等：「總督年羹堯將虧空錢糧各官奏參革職，其虧空錢糧，至今不能賠補。今又因辦理軍需，陝西巡撫噶什圖，總督年羹堯會商，將民間火耗加增墊補等情奏請。第民間火耗，止可議減，豈可加增。朕在位六十一年，從未加徵民間火耗，今安可照伊等所奏加增乎。……」

康熙末之提及火耗，爲督撫計及挪用，而聖祖不肯允從，恐爲盛德之累。然又明知故昧，留以贍官吏之私，此不澈底之治法，沿歷代故事而來。在聖祖爲恤民艱、存政體、慮官困，多方兼顧，而非以自私，自是有道之象，然至世宗則有以成就之矣。

東華錄：雍正二年六月乙酉，山西布政使高成齡摺奏：「臣見內閣交出請禁提解火耗之條奏，臣伏思直省錢糧，正供之外，向有耗羨。雖多寡不同，皆係州縣入己。但百姓既已奉公，即屬朝廷之財賦，臣愚以爲州縣耗羨銀兩，自當提解司庫，以憑大吏酌量分給，均得養廉。且通省遇有不得已之費，即可支應，而免分派州縣，借端科索。至以羨餘賠補虧空，今撫臣諾岷，將每年存貯耗羨銀二十萬兩留補無着虧空之處，先經奏明。臣請皇上敕下直省督撫，俱如山西撫臣諾岷所奏，將通省一年所得耗銀約計數目先行奏明，歲終將給發養廉、支應公費、留補虧空，若干之處，一一具摺陳奏。則不肖之上司不得借名提解，自便其私，如條奏所慮矣」。諭：「此事着總理事務王大臣，九卿詹事科道，平心靜氣，秉公持正會議，少有一毫挾私尙氣，阻撓不公者，國法具在，斷不寬宥。各出己見，明白速議具奏，如不能畫一，不妨兩議三議皆可」。

當時內閣條奏，係請禁提解火耗。禁提解非禁徵收，則州縣可取火耗於民間，上司不能提火耗於州縣，私收者永任其爲私，監司不許過問而已。此爲體恤州縣，而又不欲監司分肥，亦不徹底之見解。但較之前代，以進羨餘而得獎擢者，得體已多。高成齡辨正閣奏，以爲火耗非提解不可，無所利於提解，仍以體恤州縣，明定爲永久之公廉，及補一時之虧空，一舉而數善備，養廉之說始此。

是年七月丁未，總理王大臣九卿科道等議覆高成齡疏，得旨：「所議見識淺小，與朕意未合。……朕非不願天下州縣絲毫不取於民，而其勢有所不能。歷來火耗皆州縣經收，而加派橫徵，侵蝕國帑，虧空之數，不下數百餘萬，原其所由，州縣收火耗，分送上司，各上司日用之資，皆取給於州縣，以至耗羨之外，種種餽送，名色繁多，故州縣有所藉口而肆其貪婪，上司有所瞻徇而曲爲容隱。與其存火耗以養上司，何如上司撥火耗以養州縣乎？」

以上爲俸薄不能無火耗，而火耗不可不使公開。不公開則爲州縣存火耗以養上司，公開則爲上司撥火耗以養州縣，二語最中的。世宗見解實出廷臣之上。

又云：「爾等請將火耗酌定分數，朕思州縣有大小，錢糧有輕重。地廣糧多之州縣，少加火耗已足養廉，若行之地小糧少之州縣則不能矣。惟不定分數，遇差多事煩，酌量可以濟用，或是年差少事簡，即可量減。又或遇不肖有司，一時加增，而遇清廉自好者，自可減除。若竟爲成額，必致有增無減。」

此時養廉制未定，世宗所慮者仍是後來反對養廉制之理論。未幾仍爲定額，見下。此駁定分數之議。

又云：「又奏稱提解火耗，將州縣應得之項聽其扣存，不必解而復撥，今州縣徵收錢糧，皆百姓自封投櫃，其折封起解時，同城官公同驗看，耗羨與正項同解，分毫不能入己。州縣皆知重耗無益於己，孰肯額外加徵？」

隨徵隨解，顯然有據，解時不能隱匿，解後不能重徵，惟解乃爲正耗分明，此駁扣存之議。

又云：「應令諸岷高成齡二人盡心商榷，先於山西一省內試行，此言尤非，天下事惟可行不可行兩途。以爲可行，則可通行於天下；以爲不可行，則不當試之於山西。以藥試病，鮮能愈者。以山西爲試之之省，朕不忍也。

世宗意在定制通行，此駁山西試行之議。

又云：「又奏稱提解火耗非經常可久之道。凡立法行政，孰可歷久無弊？提解火耗原一時權宜之計，將來虧空清楚，府庫充裕，有司皆知自好，則提解自不必行，火耗亦當漸減。今爾等所議，爲國計乎？爲民生乎？不過爲州縣起見。獨不思州縣有州縣之苦，上司亦有上司之苦。持論必當公平，不可偏向。」

當時議者不反對火耗名色而反對提解，故世宗謂「爲州縣起見」。又養廉之制未定，提解火耗，仍兼顧見在之虧空，虧空完後乃可專定養廉也。故下文又言朝廷與百姓一體，朝廷經費充足，歉收可以賑恤，百姓自無不足之虞，清補虧空，於國計民生均益，是提解仍注重清虧空。

又云：「爾等所奏，與朕意不合。若令再議，必遵議覆准，則朕亦不能保其將來無弊。各省能行，聽其舉行；不行者亦不必勉強，可將此諭旨並爾等所議之本交存內閣。」

據此則本令詳議，卻仍以不議終結；本不欲獨令山西試行，卻又不令他省必行，世宗亦慎重之至。

清史稿食貨志渾括此文，殊不清晰。今從東華錄核之。當雍正二年六七月間，朝廷雖極力議論此事，帝意不以廷臣之延宕爲然，尤不以主張不提解爲然，而卒留作懸案，以後至何時勒定火耗改爲養廉，東華錄不復見；食貨志言「於是定爲官給養廉之制」，此句着於渾括二年諭旨之後，實與諭旨原文不貫。考之會典事例，則至五年始爲各省定額。

會典事例戶部俸餉門，外官養廉類，首敍其緣起云：雍正五年，山西巡撫奏：裁汰州縣耗羨，酌中量留，分給各官養廉，以爲日用之資。奉旨：各省督撫就該省情形酌議具奏。嗣據各省陸續奏到，節省增減，著爲定額。

山西巡撫發端是二年事，奉各省酌議具奏之旨，當即七月乙未諭後所云「交與內閣，內閣即更請旨飭下各省」也，以非明發，亦無決斷，遂不入實錄，故不見東華錄。各省陸續覆到，終成定制，首冠以雍正五年，即其定制之年矣。不然，山西發端在二年，何云五年耶？

要之，清初沿明，官俸太薄，官無自給之道，不得不有所取資。制定養廉，即是加俸。且俸因處分而可罰，廉則罰所不及。廉之數較之俸多至數十倍，如正從一品俸銀一百八十兩，米一百八十斛，正從二品俸銀一百五十五兩，米一百五十五斛，總督兼尚書銜者為從一品，不兼者為正二品，而總督養廉，多者若陝甘雲貴至二萬兩，少者若浙閩四川，亦一萬三千兩，其間一萬八千一萬五千各有差。又如七品俸銀四十五兩，米四十五斛，而知縣七品，其養廉多者，首縣至二千兩，少者簡缺亦六百兩，其有四五百兩者，則簡不成體之縣，間有一二，蓋例外矣。其後京官亦有有養廉者，八旗官員亦有有養廉者，皆別指款項，不在火耗之內。供各省官員養廉，地大糧多之縣，火耗甚微，以吾所知，吾鄉武進陽湖等縣，正銀一兩加耗僅三分耳。

清世制度，多沿明舊。清全盛時，極知補救，然不敢言制作，故歷帝皆傾佩明太祖，奉行惟謹。而不敢學其自我作古，此亦或有自知之明。如官員加俸一事，僅以養廉之名，補苴於俸之不足，仍不敢動額定之俸。惟加徵火耗，悉數用於外官之養廉，無絲毫流用，則可見清帝於財用之致慎。既與國人約永不加賦，終清世謹守之。惟以用銀剪鑿不便，折價收錢，清末以二千二百文為一兩。當時銀賤，每兩有數百文之餘謂之平餘。漕米則每年由藩司約省城紳士公議，照時定價，本折兼收，聽民自便，惟每石徵脚費錢一千零五十二文，由官收兌運解。此清末綱紀未破裂時所永遵行者，吾鄉爲賦重之區，每平原上則田一畝徵銀兩忙共一錢三分有零，徵米六升三合有零，當時無所謂附加稅，完納此數，即所入皆民之生產矣。故清世之賦甚輕。其稅額後雖不可復用，然其制節謹度，不敢逾定制一步，清之歷朝遵行不替，其風亦可嘉也。

其尤可念者，清一代惟加徵火耗爲跡近加賦，雍正朝之審愼出之，絕不流用，專用於外官之養廉，似已心安理得，乃至高宗初立，尙以爲疑，復大徵廷臣意見。此亦清之家法視加派爲最不祥之事也。

食貨志：自山西提解火耗後，各直省次第舉行。其後又酌定分數，各省文職養廉二百八十餘萬兩，及各項公費悉取諸此。及帝即位，廷臣多言其不便，帝亦慮多取累民，臨軒試士即以此發問，復令廷臣及督撫各抒所見。大學士鄂爾泰、刑部侍郎錢陳羣、湖廣總督孫嘉淦，皆言「耗羨之制，行之已久，徵收有定，官吏不敢多取。計已定之數與未定之前相較，尙不逮其半。是迹近加賦實減徵也。且火耗歸公，一切陋習悉皆革除。上官無勒索之弊，州縣無科派之端，小民無重徵之累，法良意美，可以垂諸久遠。」御史趙青藜亦言：「耗羨歸公，裒多益寡，寬一分則受一分之賜。且既存耗羨之名，自不得求多於正額之外。請無庸輕議變更。」惟御史柴潮生以爲耗羨乃今日大弊。詔從鄂爾泰諸臣議。

輕徭薄賦，爲清一代最美之政；而官俸太薄，有此提解火耗制定養廉之舉。乾隆間尙恐其迹近加賦，而與內外諸臣共議之。食貨志渾括甚略，今各舉其事實如下：

東華錄：乾隆七年四月乙未下，注云：是月庚寅朔，策試天下貢士金甡等，制曰「……務民之本，莫要於輕徭薄賦，重農積穀。我國家從無力役之征，斯固無徭之可輕矣，而賦猶有未盡合於古者乎？賦之外有耗羨，此固古之所無也，抑亦古嘗有之，不董之於官，則雖有若無，而今不可考耶？且康熙年間無耗羨，雍正年間有耗羨，無耗羨之時，凡州縣蒞任，其親戚僕從，仰給於一官者不下數百人。上司之苛索，京官之勸助，又不在此限。而一遇公事，或強民以樂輸，或按畝而派捐，業田之民，受其累矣。自雍正年間，耗羨歸公 所為諸弊，一切掃除，而游民之借官吏以謀生者反無以餬其口。農民散處田間，其富厚尙難於驟見，而游民喧闐城市，其貧乏已立呈矣。人之言曰：『康熙年間有清官，雍正年間無清官』；亦猶趙燕無鎛，非無鎛也，夫人而能為鎛也。（語出考工記。作「粵之無鎛也」，不作燕趙無鎛。下又云燕之無函也，秦之無廬也，胡之無弓車也。各自為文。則此句作燕趙無鎛有誤。）而議者猶言徵耗羨為加賦，而不知昔之分項皆出於此而有餘，今則日見其不足，且動正幣矣。是以徒被加賦之名，而公私交受其困而已矣。將天下之事原不可以至清乎？抑為是言者率出於官吏欲復公款者之口乎？多士起自田間，其必不出此。而於農民之果有無利弊，必知之詳矣。……其毋以朕為不足告，而闕之隱之；其尙以朕為可告，而敷之陳之。悉言其志，毋有所諱。」

乙未諭：「辦理耗羨一事，乃當今之切務。朕夙夜思維，總無善策，是以昨日臨軒試士，以此發問。意諸生濟濟，或有剴切敷陳，可備採擇見諸施行者。乃諸貢士所對，率皆敷衍成文，全無當於實事，想伊等草茅新進，未登仕籍，於事務不能曉徹。此亦無怪其然。今將此條策問，發與九卿翰林科道閱看，伊等服官有年，非來自田者間可比，可悉心籌畫，各抒所見，具摺陳奏，候朕裁度。若無所見，亦不必勉強塞責。至外省督撫，寄重封疆，諒已籌算有素，並着各據所見，具摺奏聞。務期毋隱毋諱，以副朕集思廣益之意」。

此為臨軒發問不得要領，再徵內外清要大僚意見之事實。是科一甲三人，金甡狀元，浙之仁和人。榜眼楊達曾，探花湯大紳，皆蘇之陽湖人。一時羨科第之榮，其實廷對碌碌，無裨實用，此見科目之非必得才，而成才實資閱歷，未必閉戶讀書眞能知天下事也。既而言者紛然，又妄有揣摩，以為帝意求取民善法，除加賦而別計殖財，竟未信天子實有官民兼恤之心，祇問火耗之當徵不當徵，非有他意。遂復遭申飭。而清一代慎重於加賦之意愈見。

是月乙巳諭：各省辦理火耗，朕恐有不便於民，是以於廷對入之策問。諸生無所敷陳，甚有不知耗羨爲何事者。又降旨詢問九卿翰林科道並督撫等，庶幾合衆論以求一是。此集思廣益之意。有所見即就事敷陳，無所見不必勉強塞責，諭旨甚明。乃諸臣竟有於耗羨之外，旁牽側引，答非所問，即說到耗羨，亦究竟不知原委，萬難見諸施行。甚至潘乙震之請開捐，路斯道之請鑄幣，尤爲荒謬之極。諸臣沾沾以國用爲言，竟似國用實有不足，不得不從權計議者。此風一開，言利之徒，接踵而起，爲害甚大，豈止有妨政體。不但諸臣不當揣摩及此，即專司錢穀之臣亦不當徒以綜覈爲盡職也。因係降旨詢問，雖乖謬特從寬宥。此後再有節外生枝，必治罪以爲妄言之戒。

於是廷臣商榷甚久，又踰半年以上，至十一月乙丑，由大學士等歸納內外諸臣覆到各奏，統爲一議，奏略如下：

「耗羨歸公，法制盡善，不可復更，衆議僉同，有一二異議者，皆係不揣事勢不量出入之論。伏思耗羨由來已久，弊竇漸生。世宗憲皇帝允臣工所請，定火耗歸公，革除州縣一切陋習。各該省舊存火耗提解司庫，爲各官養廉，及地方公事之用。從此上官無勒索，州縣無科派，小民無重耗。以天下之財爲天下之用，國家毫無所私，可以久遠遵行，弗庸輕改。至總督高斌孫嘉淦等請耗羨通貯藩庫，令督撫察覈，仍復年終報部之例。查各省動用存公銀，款項繁多，若未悉情形，既行飭駁，勢必掣肘。若竟聽其任意費用，則侵濫之弊無從剔除。惟送部查覈。諸弊可釐。應如所請行。此爲內外衆議，覆由大學士取爲定論，請定永遠遵行」。得旨如下：

錢糧有耗羨，事勢必不得已。未歸公以前，賢者兢兢守法，不肖者視爲應得，盡入私囊。一遇公事，或強民輸納，或按畝捐派，無所底止。州縣以上官員，養廉無出。收受屬員規禮節禮，以資日用。州縣有所藉口，恣其貪婪，上官瞻徇而不敢過問。甚至以餽遺之多寡，爲黜陟之等差。吏治民生，均受其弊。我皇考定歸公之例，就該省舊收之數，歸於藩司，酌給大小官員養廉，有餘則爲地方公事之用，小民止循舊有之章，有輕減無加益也。而辦公有資，捐派不行，賢者無用矯廉，不肖不能貪取，愛養黎元，整飭官方，並非爲國用計而爲此舉。以本地之出，供本地之用，國家並無所利於其間。然通天下計之，耗羨敷用之處不過二三省，其餘不足之處仍撥正供以補之，此則臣民未必盡知者。此十數年中辦理耗羨之梗概。朕御極以來，頗有言其不便者，是以留心體察，並於今年廷試，以此策問諸生，諸生敷衍成文，無當實事，於是降旨詢問九卿翰林科道並各省督撫。今據回奏，大抵以官民相安已久，不宜復議更易。其中偶有條陳一二事者，不過旁枝末節，無關耗羨歸公本務。朕再四思維，州縣所入既豐，可以任意揮霍，上司養廉無出，可以收納餽遺，至於假公濟私，上行下效，又不待言矣。向朕所聞，未必不出於願耗羨在下以濟其私者之口。朕日以廉潔訓勉臣工，今若輕更見行之例，不且導之使貪，重負我皇考惠民課吏之盛心乎？此事當從衆議，仍由舊章。特頒諭旨，俾中外臣民知之。餘着照大學士等所議行。

於是火耗與正賦，並明載由單串票。養廉自督撫至雜職皆有定額。因公辦有差務，作正開銷，火耗不敷，別支國庫。自前代以來，漫無稽考之贍官吏，辦差徭，作一結束。雖未能入預算決算財政公開軌道，而較之前代，則清之雍乾可謂盡心吏治矣。因此事利弊複雜，再舉當時贊否兩方議論之工者作一比較，俾是非可瞭然焉：

史稿錢陳羣傳：及敕詢州縣耗羨，疏言「康熙間，州縣官額錢糧，收耗羨一二錢不等，陸隴其知嘉定縣止收四分；清如隴其，亦未聞全去耗羨也。議者以康熙間無耗羨，非無耗羨也，特無耗羨之名耳。世宗出自獨斷，通計外吏大、小員數，酌定養廉，而以所入耗羨，按季支領，吏治肅清，民亦安業，特以有徵報收支之令，不知者或以爲加賦。皇上詢及盈廷，臣請稍爲變通：凡耗羨所入，仍歸藩庫，各官養廉及各州縣公項，如應支給，其續增公用名色不能晝一，多寡亦有不同，應令直省督撫，明察某件應動正項，某件應入公用，分別報銷，各省州縣，自酌定養廉，榮悴不一，其有支給者，應令督撫確察量增，俾稍寬裕。仍飭勿得耗外加耗。以重累民。則既無加賦之名，並無全用耗羨辦公之事，州縣各有贏餘，益加鼓勵。

據此知康熙間不歸公之耗羨，以陸清獻之清，祇取每兩四分，是爲康熙朝有清官。至養廉既定，就吾所見，清末之吾鄉武進陽湖二縣，每兩不過三分；嘉定亦賦重糧多之縣，斷不亞於武陽，而猶非每兩四分不能給，則有耗羡以後之州縣，其淸有過於陸淸獻，而決不得謂之淸官，是爲雍正朝無淸官矣。不均者重行支配，公事多者並動正項報銷，辦公且不全仰耗羡，是卽諭旨中申定之意。蓋卽自錢文端發之。其極指耗羡歸公爲大弊者則如下：

又柴潮生傳：疏言「耗羡歸公，天下之大利，亦天下之大弊也。康熙閒法制寬略，州縣於地丁外私徵火耗，其陋規匿稅亦未盡釐剔。自耗羡歸公，一切弊竇悉滌而淸之，是爲大利。然向者本出私徵，非同經費，其端介有司，不肯妄取，上司亦不敢強。賢且能者，則以地方之財，治地方之事，故康熙循吏多實績可紀，而財用亦得流通，自耗羡歸公，輸納比於正供，出入操於內部，地丁公費，除養廉外無餘賸，官吏養廉，除分給幕客家丁，修脯工資，及事上接下之應酬，輿馬蔬薪之繁費，亦無餘賸。地方有應行之事，應興之役，一絲一忽悉取公帑。有司上畏吏兵二部之駁詰，下畏身家之賠累，但取其事之美觀而無實濟者，日奔走之以爲勤，故曰天下之大弊也。夫生民之利有窮，故聖人之法必改。今耗羡歸公之法，勢無可改，惟有爲地方別立一公項，俾任事者無財用窘乏之患，而後可課以治效之成，臣請將常平倉儲仍照舊例辦理，捐監一項留充各省公用。除官俸兵餉動用正項，餘若災傷當拯恤、孤貧當養贍、河渠水利當興修、貧民開墾當借給工本、壇廟祠宇橋梁公廨當修治、採買倉穀價值不敷皆於此動給，以地方之財，治地方之事，如有大役大費，則督撫合全省而通融之。又有不足，則移隣省而協濟之。稽察屬司道，核減屬督撫。內部不必重加切核。則經費充裕，節目疏濶，而地方之實政皆可舉行。設官分職，付以人民，只可立法以懲貪，不可因噎而廢食。唐人減劉晏之船料而漕運不繼，明人以周忱之耗米爲正項，致逋負百出，路多餓殍。大國不可以小道治，善理財者固不如此。此捐監之宜充公費也。」

潮生此疏，食貨志謂其獨指耗羡歸公之弊，併乾隆七年廷議耗羡而言之。其實潮生奏在十年，所陳理財三策，此乃捐監宜充公費之一策，故言耗羡歸公，法無可改；但有司無寬餘任用之資，治地方一切之事，咎耗羨歸公之約束太嚴，其說絕不可行。必欲財政不爲法拘，仍當立活動之法。所謂國稅地方稅之分款，豫算決算之逐年制定，人民有權監督財政，尤爲根本。既不當徒咎耗羨之歸公，更不當指捐監爲不竭之財源，成永久之裨販。捐監隨人所願，既無的數可定，監生盡出捐納，太學之制已亡。盡人皆爲監生，久久又誰甘捐此濫品？其立想已非通論。故凡不顧耗羨歸公者，皆非通達政體之言也。淸世最重民生，其蠲免賦稅，至不待凶歉，而以豐年留民餘力，頗似漢之文景。康熙五十年以後，每用三年一周普免天下錢糧之法，所謂百姓足君孰與不足，康雍乾三朝頗知其旨矣。

第三節　武功之繼續一——收靑海及喀木

前於綏服蒙古篇，已言準噶爾之侵掠外蒙，適爲淸代效毆除之力。準噶爾爲四衞拉特之一，其強盛在噶爾丹爲酋長之時。以前自明末以來，則以和碩特爲四衞拉特之首。四衞拉特本以天山之北，阿爾泰山之南，爲其聚牧之地。和碩特汗圖爾拜琥，本元太祖弟哈布圖哈薩爾十九世孫。哈圖哈薩爾之八世孫烏嚕克特穆爾始分爲和碩特部，又九傳至博貝密爾咱始稱衞拉特汗。衞拉特明人謂之瓦喇，原非元代帝室之裔，至和碩特入居之，則衞拉特中有元之帝裔矣。始居烏魯木齊，卽後設迪化府，爲新疆省城地。圖爾拜琥爲博貝密爾咱之孫。又稱顧實汗，襲據靑海，遂徙牧焉。靑海本古西羌，唐以後爲吐蕃地。吐蕃亦分四部：一曰靑海，二曰喀木，卽今西康，三曰藏，亦稱前藏，四曰後藏。顧實汗既襲靑海，並取喀木。吐蕃後音轉爲圖伯特，又作唐古特，唐古特故有王，明末時爲藏巴汗。其時黃教已盛，而藏巴不尊信之。四世達賴喇嘛雲丹嘉穆錯之第巴乞兵於顧實汗，入藏攻殺藏巴汗以達賴班禪二喇嘛分主前後藏黃教，而以其長子達延統藏地爲汗，於是唐古特爲和碩特蒙古所有。傳至達延之孫拉藏汗，爲準噶爾策妄阿喇布坦所襲殺。其時第六世達賴喇嘛眞僞發生糾紛，中朝順青海部人信仰與其族拉藏汗被戕之讎，用青海爲出兵根據地，逐準噶爾據藏之將，納青海所奉之達賴喇嘛，入藏地安禪，事在康熙六十年，詳前定西藏篇。斯時中朝爲青海伸其達賴喇嘛之信仰，爲和碩特復其拉藏汗被戕之讎，用拉藏遺臣仍理藏地政務，可謂有惠於青海和碩特矣。乃至世宗嗣位，青海又叛。青海顧實汗卒於順治十三年，其子在青海者爲鄂齊圖汗，亦爲噶爾丹所破，自此爲準噶爾稱強於四衞拉特之時，四衞拉特皆受其壓制。康熙三十六年，聖祖既大勝準部，悍酋噶爾丹走死，和碩特台扎什巴圖爾等請覲，諭以「天暑未便，至秋涼來朝」。扎什巴圖爾爲顧實汗親子，特封以親王爵，餘諸青海台吉，授貝勒貝子公爵有差。又預定藏功，青海復振。準部憚中朝，不敢蹂青海，止戕顧實汗後人拉藏汗於藏地。扎什巴圖爾之子羅卜藏丹津既襲親王爵，從大軍入藏歸，感覺唐古特本皆和碩特部屬，已又顧實汗嫡孫，思復先世霸業，反結準酋策妄阿喇布坦爲助，於雍正元年夏誘青海諸台吉盟於察罕托羅海，令去淸廷所授王貝勒貝子公等爵，各用所部故號爲台吉，自號達賴琿台吉以統之。諸台吉中察罕丹津爲顧實汗曾孫，雍正元年以補敍定藏功，由郡王晉和碩親王，與羅卜藏丹津埒。額爾德尼額爾克托克托鼐亦顧實汗曾孫，由貝勒晉郡王。二人者，均不從叛謀，餘多附逆，或被脅從，遂以兵掠不附者。察罕丹津及額爾德尼及兩人所屬先後來歸，處之蘭州甘州境內。署撫遠大將軍貝子延信以狀聞，詔遣駐西寧之侍郎常壽諭和羅卜藏丹津。常壽尋疏報抵青海，羅卜藏丹津不從詔。十月，勅授年羹堯撫遠大將軍，改延信爲平逆將軍，而羅卜藏丹津亦執使臣常壽，筆帖式多爾濟死之，遂寇西甯，爲守將所敗。年羹堯旋奏迭敗來犯之賊，亦奏青海台吉以下被脅者屢次率屬來歸，又奏羅卜藏丹津送侍郎常壽回營。詔拿解西安監禁。時青海有大喇嘛曰察罕諾們汗者，自西藏分支住持塔爾寺，爲黃教宗，羅卜藏丹津誘使從己，於是遠近風靡，遊牧番子喇嘛等二十餘萬，同時騷動。二年正月諭：「逆賊羅卜藏丹津一事，喇嘛等理宜善言開導，令不致起事，戕害生命，是爲維持佛教。如不能，亦應呈明該將軍等閉戶安居；豈意反助背逆之人，糾合數千喇嘛，手持兵刃，公然抗拒官兵。及潰敗，尤不降順，入廟固守，以致追殺覆滅，有玷佛教甚矣。欽惟太宗時，第五輩達賴喇嘛遣使入覲，極爲恭順。世祖時又延至京師，蒙被殊禮。百年以來，法教興隆，皆我朝之恩賜。準噶爾寇犯招地，殺僧毀廟，聖祖遣師恢復，重安達賴喇嘛法座，佛教復興。如此隆恩，喇嘛並不感激，反助悖逆之人，兇惡已極，於佛門之教，尙可謂信受奉行者乎。將朕此旨徧諭各處寺廟喇嘛並住居蒙古扎薩克處之大小喇嘛知之。」

觀清世之待遇喇嘛，純以宗教操縱蒙藏，故不受佞佛之害。

越數日，年羹堯奏張家胡土克圖之胡必爾汗，原住西寧東北郭隆寺，屬下喇嘛甚多，又傳令東山一帶番人於正月十一日齊集拒戰，遣提督岳鍾琪進剿，轉戰數日，毀寨十七，焚屋七十餘所，前後殺傷賊衆六千餘名，隨毀郭隆寺。張家胡土克圖之胡必爾汗，衆喇嘛豫先攜往大通河西維隆地方，將達克瑪胡土克圖正法。凡此皆與元明以來崇信番僧之風大異。

是月以十二月丁亥始命岳鍾琪爲奮威將軍，專征青海。蓋以郭隆寺之役，兵止三千，破賊萬餘，大將軍羹堯喜謂鍾琪：「上知公勇，將命公領萬七千兵，直擣青海，約四月啓行何如？」鍾琪曰：「青海賊無慮十萬，我以萬七千當之，宜乘其不備。且塞外無畜牧所，不可久屯，願請精兵五千，馬倍之，二月即發。」羹堯以奏，帝壯之，故有此命。如期以二月八日出塞，中途見野獸羣奔，知前有偵賊，急麾兵進，果擒百餘，又殲其守哈達河之賊二千，於是賊無哨探。蓐食銜枚，宵進百有六十里，二十日黎明抵烏蘭穆和兒賊帳，賊尙臥，馬未銜勒，聞官軍至，驚不知所爲，則皆走。生擒賊母阿爾太哈屯及其妹夫克勒克濟藏巴吉查等，並男女牛羊無數。二十二日至柴旦木。羅卜藏丹津率二百餘人竄越戈壁，北投準噶爾。擒獲倡逆之黨吹喇克諾木齊、阿喇布坦鄂木布、藏巴札木等。八台吉之助亂者皆就擒。青海部落悉平。自出師至盪平，僅十五日。明以來所謂海寇，入清謂之和碩特，赫然大部，十五日而舉之，一時師武臣力，可謂神矣。三月初九日癸未奏至，次日即封年羹堯一等公加一精奇尼哈番（即子爵），岳鍾琪三等公。

五月戊辰（二十六日），王大臣等遵旨議善後事宜，悉據年羹堯奏請十三條：（一）青海各部落人等，分別功罪，以加賞罰。拒逆投誠隨軍效力之王台吉均加封爵，俘獲後效力，悔過後投誠之台吉，留原封爵。擾亂內地者革爵。助逆久而投誠者降爵。（二）青海部落，分別游牧居住，如內札薩克例，百戶置佐領一。不及百戶爲半佐領。該管台吉俱爲札薩克。揀選其弟兄內一人爲協理台吉。下設協領副協參領各一。每參領設佐領驍騎校各一，領催四。一旗有十佐領以上，添副協領一。每兩佐領酌添參領一。歲會盟，奏選盟長，不准私推。（三）朝貢交易，按期定地。貢期自明年始，三年一班，分三班，九年而周。自備駝馬，由邊入京。市易以四仲月，集西寧四川邊外那拉薩拉地，官兵督視，有擅入邊墉者治罪。(四)羅卜藏丹津所屬吹宰桑、察罕丹津從子丹衷部下宰桑色布騰達什等率衆降，各授千百戶等官，就地住牧。(五)喀爾喀及厄魯特四部之非和碩特者，不屬青海。諸部向錯居青海，爲所屬，今乘兵威，將喀爾喀、土爾扈特、準噶爾、輝特、各部人，照青海例編旗，分佐領，添設札薩克。分青海之勢，而益令各族台吉感恩。(六)西番宜屬內地管轄。陝西之甘州涼州莊浪西寧河州、四川之松潘打箭爐裏塘巴塘、雲南之中甸等處，自明以來，或爲喇嘛耕地，或納租青海，惟知有蒙古，不知有廳衛營伍官員。今西番歸化，應添設衛所，將番人心服頭目給與土司千百戶土司巡檢等職分管，仍轄於附近道廳及添設衛所。(七)青海等處宜加約束。青海、巴爾喀木（卽康。今稱西康。）藏、危（卽衛）、乃唐古特四大部，顧實汗據此 以青海地廣可牧畜。喀木糧富，令子孫游牧青海，而喀木納其賦。藏衛二處原給達賴班禪二喇嘛，今因青海叛逆，取其地交四川雲南官員管理。達賴喇嘛向遣人赴市打箭爐，馱裝經察木多、乍雅、巴塘、裏塘，向各處居住之喇嘛索銀有差，名曰鞍租。至打箭爐始納稅。應飭達賴喇嘛勿收鞍租，打箭爐亦免其稅。歲給達賴茶二千斤，班禪半之。(八)喇嘛廟宇定例稽察。西寧各廟，喇嘛多者數千，少者五六百，易藏奸。番民納租稅於喇嘛，無異納貢。喇嘛復畜盔甲器械。羅卜藏丹津叛，喇嘛率番衆爲抗官兵。應於塔兒寺選老成喇嘛三百名，給與印照，令守清規。嗣後歲察二次。廟屋不得過二百間，喇嘛多止三百，小者十餘，令首領喇嘛具甘結存檔。番民糧賦，令地方官管理，量各廟歲用給之。(九)邊防宜嚴界限。陝西邊外河州西寧蘭州中衛寧夏榆林莊浪甘州等處，水草豐美，林麓茂密，棄此不守，蒙古遂占犬草灘之地，將當寧湖爲牧廠，各處相通，竟無阻礙。應於西寧北川邊外上下白塔等處，自巴爾扎古至扁都都口。修邊牆，築城堡，令西番擾攘之區悉成內地。又肅州之西洮賚河、當馬爾、鄂敦他拉等，俱膏腴地，應令民人耕種。布隆吉爾地方修城駐兵之後，（卽安西州），漸至富饒。至夏寧險地，無過賀蘭山（卽阿拉善），顧實汗裔舊游牧山後，今竟移至山前。應令阿拉善札薩克郡王額駙阿寶飭屬歸阿拉善後，其山前營盤水、長流、等處，悉爲內地。（十）甘州西寧等處添設官弁營汛。青海巴爾虎鹽池，自古原係內地，蒙古等至西藏噶斯等處所必經過。應速取回。所設總兵副將參游都守千把等官，各有汎地及所管兵額（詳東華錄）。西寧改設同知，移原設之通判駐鹽池、辦理稅務。（十一）打箭爐等處亦添設官弁。青海既平，應併收喀木。除羅隆宗之東察木多、乍雅、地方俱隸胡土克圖管轄外，諸番目悉給印照，與內地土司一體保障，打箭爐外各處添設總兵副參游守千把，各定汎地兵額，統轄於新設總兵（詳東華錄），以爲川滇兩省聲援。青海屬左格諸番，急移內地。阿巴土司頭目墨丹住等從剿有功，應給安撫司銜，不隸青海轄。又黃勝關外設副遊都守汎地兵額（詳東華錄），隸松潘總兵轄。裏塘添設同知，管理兵糧，收納番民貢賦。南至滇，北至陝，俱可援助。（十二）邊地弁兵歸併裁汰。西寧寧夏等處，外有添設之兵，及川省內地，均可裁省兵弁（詳東華錄）。（十三）開墾邊內地方。西寧邊牆內大通地方俱屬可耕之田，可招西寧人民及駐大通兵丁之子弟親戚願往種地者。布隆吉爾遠在邊外，願去者少，行文刑部，發直隸山西河南山東陝西五省僉妻軍犯，除賊盜外發往。令地方官動支正項錢糧買給牛具籽種，三年後照例起科。又定禁約，青海十二事；前六事卽善後事宜中所有，其餘六事：（甲）背負恩澤，必行剿滅。（乙）內地差遣官員，不論品級大小，若捧諭旨，王公等俱行跪接。其餘相見俱行賓主禮。（丙）恪守分地，不許強占。（丁）差員商賈往過，不許搶換。（戊）父沒不許娶繼母及強娶兄弟之婦。（己）察罕諾們汗喇嘛廟內，不得妄聚議事。

雍正初因康熙間西陲兵事餘勢，本備對準，而適值青海和碩特，反結所仇之準部先動。世宗命將得人，以五千之衆疾驅入數十萬之蒙族番族及喇嘛勢力中，用十五日之期間，竄逐悍酋，盡擒其家屬同黨，懲治活佛，震懾番人，青海下而咯木與為一家，盡收為設官置戍布政宣威之地。較之康熙間綏服外蒙，縝密過之。又於其間盡復漢唐故疆，明代所陷於蒙古者。西寧並邊，玉門關內外，悉為郡縣奧區。北則逼視伊犁，南則直接藏衛，遂開平定新疆治理藏地之路。

第四節　武功之繼續二——再定西藏

羅卜藏丹津之奔準噶爾也，朝命準部歸之，不奉命。準噶爾自噶爾丹之死，從子策妄阿喇布坦報宿憾，傾噶爾丹，始假中朝之威，得收準部故地，漸有貳志，襲西藏，戕和碩特酋，旋又勾通為變，事敗而納其亡。情態已極反側，然未敢公然為寇。雍正朝雖亦命將征之，始失利而後獲勝，卒亦未奏大功。延至乾隆二十年，而後結羅卜藏丹津之案。此當專述於後篇。今先詳雍正中兵事之有結果者。

康熙末既定西藏，以和碩特拉藏汗舊臣第巴康濟鼐理前藏務，頗羅鼐理後藏務，同時封康濟鼐及同為第巴之阿爾布巴皆為固山貝子，隆布鼐為輔國公，同理前藏，頗羅鼐則封為札薩克一等台吉，理後藏務。各授噶卜倫。噶卜倫為唐古特高官，總理藏務者。定前藏設四噶卜倫，謂之四相。蓋自拉藏被戕以後，藏無汗，以噶卜倫共理之。雍正元年，詔給第六世達賴喇嘛冊印，別賜敕司噶卜倫務。則達賴喇嘛亦兼一行政長官之職。既平青海，於喇嘛頗有淘汰。三年，撤大軍還，以康濟鼐總藏務，阿爾布巴副之。是時年羹堯失帝意，於羹堯所奏唐古特善後事宜多有挑剔，阿拉善札薩克額駙阿寶忽稱被羹堯蔑視，曲加慰諭。羹堯已請勅阿寶讓出山前，歸牧山後，於奏善後事宜中已荷世宗獎允，忽又允阿寶請，以青海貝子丹忠所遺博羅充克牧地給之，並鈐青海族屬，且諭羹堯遣員賫餉助徙牧（博羅充克，卽漢地理志稱潢水。）又責羹堯不恤青海王公窮窘，給以萬金太薄。務損羹堯威信，以市恩於諸王公。既而以羹堯表文中「夕惕朝乾」語發難，奪大將軍，使爲杭州將軍，旋賜死。此別有故，詳余世宗入承大統考實，不具錄。而諸王分邀一時之賞賚，原無足重輕，惟阿寶則於七年以博羅充克克牧地隘，擅請再徙烏蘭穆和兒及額濟內河界，議罷削爵，尋復其爵而仍歸阿拉善牧地，不許復居青海，則仍用羹堯原定。固知羹堯規畫爲有方，世宗指摘爲別有用意。小小波折，去一羹堯，而邊計非有出入也。而唐古特之喀木部則於三年亦改羹堯原議，以察木多以東爲內地，以西羅洛宗等部仍屬唐古特，此則緣準部方張，意在中討，且將內徙達賴班禪以避之。準部平而唐古特自在掌握，當時未至其會也。而其時所委以與唐古特者則以康濟鼐及阿爾布巴爲治理全藏及喀木半境之首長，未幾康濟鼐被戕而藏地又擾。

第五世達賴喇嘛之昏憒，造成康熙間蒙古數十年之患。擁立一青海所信之胡必勒罕爲第六世達賴喇嘛，喇嘛年幼，以其父爲保護人，康濟鼐總藏務，爲噶卜倫之首，諸噶卜倫忌之，達賴之父索諾木達爾札娶噶卜倫隆布鼐之二女，隆布鼐特與達賴喇嘛姻，益聳動阿爾布巴不服康濟鼐，其黨札爾鼐附之。後藏之後阿里地，廷議令康濟鼐自擇人代為治理，康濟鼐遵旨議以其兄喀錫鼐色布登喇什為阿里總管。三年四月，既調年羹堯杭州將軍，以岳鍾琪為川陝總督，鍾琪奏分喀木西境仍隸唐古特，轄於其噶卜倫，世宗允之，遣副都統鄂齊往諭達賴喇嘛。五年正月，鄂齊奏唐古特情狀，恐阿爾布巴以下陰險黨附，構達賴與康濟鼐不睦，請罷隆布札鼐爾鼐，翦阿爾布巴羽翼。諭但令達賴偕康濟鼐阿爾布巴和衷齎諭之臣，以副都統瑪拉內閣學士僧格往，二臣遂駐藏，為駐藏設大臣之始。將康濟鼐與準噶爾搆兵，阿爾布巴隆布鼐，札爾鼐等結合前藏頭目，於是年六月戕康濟鼐。後藏噶隆（即噶卜倫）禮札薩克台吉頗羅鼐奏聞，並稱阿爾布巴等發兵來侵，被臣殺傷無算，今率後藏軍民前往剿捕，乞援。帝命陝西各路及四川雲南各派兵馬候調。既知康濟鼐被戕由西藏噶布倫彼此不睦，準噶爾策妄阿勒布坦尚未有窺伺之意，命撤備。十月，諭遣學士班第傳示岳鍾琪，令擇員入藏，密告駐藏之瑪拉僧格二臣，聽頗羅鼐征剿阿爾布巴，毋為阿爾布巴所惑，從中講和，轉致頗羅鼐受害。十一月乃命四川陝西雲南各遣兵進藏。以左都御史查郎阿、副都統邁祿、經理一應軍務。頗羅康知有援兵，藏中人心已震動厭亂，於六年五月率部至前藏界，藏斥候兵皆從之，鼓行而前。駐藏大臣瑪拉僧格即往布達拉地守護達賴喇嘛，頗羅鼐兵圍布達拉，越日，各廟喇嘛自擒獻阿爾布巴隆布鼐札爾鼐等。查郎阿抵藏，會同瑪拉僧格及頗羅鼐鞫阿爾布巴等罪俱實，誅之，藏地平。奏令頗羅鼐總理後藏事。其先康濟鼐所舉其兄喀錫鼐色布登喇什，於阿爾布巴來侵後藏時已戰歿，至是由頗羅鼐代，而令舉二人理前藏，暫由頗羅鼐兼轄前後藏，俟達賴喇嘛移居裏塘事畢乃回後藏。達賴至裏塘，建噶達寺居之，蓋將討準噶爾，防其襲殺篡取達賴為奇貨也。當是時，朝廷威德已足震懾西藏，達賴喇嘛私其父，於噶卜倫有所親疏，致相殘害而爲亂，其實未敢叛中朝。駐藏大臣居其間亦無恙。帝先敕二臣勿居間妨頗羅鼐事卽足平亂，出兵乃助頗羅鼐聲勢，便早集事耳。活佛之取信藏中，益知其無謂，中朝設官常駐治藏，與元明時之敬仰番僧者大異矣。

第五節　武功之繼續三——取準噶爾

準部自康熙初代和碩特雄長四部厄魯特，旁掠諸部，東則喀爾喀外蒙，西則哈薩克及葱嶺東西回部，南及唐古特，爲最強悍之種族。自爲聖祖所膺懲而其酋噶爾丹走死，策妄阿勒布坦旋卽代興，既擾西藏被逐回，入雍正朝陰結青海爲變。世宗平青海，策妄阿勒布坦納青海叛酋羅卜藏丹津，詔索之，始終不奉命。雍正五年冬，策妄阿勒布坦死，子噶爾丹策零立，好亂如其父，無馴伏意，朝廷謹防之，大軍再定藏地，噶爾丹策零使至，奏請入藏煎茶，其辭不順，至徙達賴喇嘛入內地避之。七年二月，諭王大臣等議申討，諭文備詳本末，可明歷來準夷爲患史實。稍渾括其文如下：

東華錄：雍正七年二月癸巳，諭諸王內閣九卿八旗大臣等：「準噶爾噶爾丹、策妄阿勒布坦、世濟其惡，我朝定鼎，各處蒙古傾心歸順，八十餘年，惟準噶爾一部落遁居西北五千里外，擾亂離間衆蒙古。噶爾丹身爲喇嘛，破戒還俗，娶青海鄂齊兒圖車臣汗（顧實汗兄拜巴噶斯之子）之女爲妻（卽阿奴）後又潛往青海，賊害妻父，擄其屬人，續因喀爾喀七旗內彼此稍有嫌隙，奏懇聖祖仁皇帝爲之和解，因遣大臣同達賴喇嘛使者前往，噶爾丹遣人暗探消息，遂以「喀爾喀卑視達賴喇嘛使人」爲辭，遣伊族內微末台吉多爾濟查布將喀爾喀汗台吉等肆辱，喀爾喀汗等怒彼狂悖，將彼殺害，遂稱殺害伊弟多爾濟查布，猝擊喀爾喀衆潰，紛紛來投，聖祖仁皇帝施恩養育，遣使往諭噶爾丹與喀爾喀和好，詎噶爾丹借追襲喀爾喀之名，入犯邊汛，仁皇帝遣使責問，噶爾丹設誓撤兵，乃並不歸依牧所，潛居克爾倫圖拉啍行窺伺，仁皇帝復降旨諭回原牧，佯稱遵旨，仍潛掠沿邊蒙古畜牧，蒙古不獲安居，我皇考遂親統大兵，聲罪致討，噶爾丹接戰大敗，妻子被擒，窘迫自殺。彼時恐有黷武之譏，中止搗巢。噶爾丹之妃策妄阿喇布坦與伊叔不睦，領七人潛逃至吐魯番居住，聖祖以伊潛迹逃生，加以恩澤，伊當感激歸誠，將噶爾丹餘賸部落賞給策妄阿勒布坦，彼時策妄阿喇布坦甚為恭順，其後離間伊妻父圖爾古特（即土爾扈特）之阿玉氣汗與其子三濟札布，誘三濟札布携萬餘戶至伊牧處，因而強占入已，從此窺伺青海，被哈密駐兵擊敗遁回，又假黃教為名，潛兵入藏，殺伊妻弟拉藏汗（策妄後妻顧實汗曾孫女），毀寺廟、殺喇嘛、掠供器，是以特遣大臣往問，乃伊阻兵拒命，聖祖仍賜包容，令大兵緩進，遣使示以能悔過懇恩，具奏時令降諭旨。朕紹登大寶，伊雖遣使求和，朕諭來分晰利害，又恐伊心懷疑貳，將兩路大兵盡撤，伊因此愈生驕傲，於定界一事妄欲侵占，朕又向來使降旨，令告知伊定界實於伊有益，如遵旨卽遣使具奏，不遵亦必遣使前來。乃伊並不回奏。伊旋身故，伊長子噶爾丹策零使來，奏聞伊父已經成佛，又稱欲使衆生樂業，黃教振興（此卽上所云「奏請入藏煎茶，其詞不順」）。此豈噶爾丹策零應出之語。伊欲求和，應代伊父謝罪懇恩，送回青海叛逃之羅卜藏丹津；乃敢以如許誕妄之詞見之陳奏。聞策零甚屬兇暴，西藏阿爾布巴等罪狀皆因與伊處相近，而羅卜藏丹津原係姻戚，彼此相依，倉猝窘迫時必有投奔準部之計，因頗羅鼐奮勇截其去路，未得前進，卽被擒獲。今朕已將來使遣回，若伊遵旨陳奏，臨時裁奪降旨。儻仍前玩抗不恭，將來必生事妄為。西北兩三路大兵盡撤，如許安享太平之喀爾喀等、及安插妥帖之青海西藏、必被擾害，此乃聖祖皇考注意未完之事，仰賴天祖顧祐，餉充軍奮，征討可行。遲疑不決，定貽後悔。此朕一人所見。用兵大事，不可輕率，著各抒所見，公同密議具奏」。尋議「準部三世匯惡，留此餘孽，喀爾喀、青海、西藏、必被擾亂，乞大彰天討。」得旨：「衆議僉同，卽着辦理」。

以上諭旨中，留其有關事實而略其故示威德之空文。又其述準部先世源流與明史不合，與蒙古源流亦不合。朔漠方略具載諭文，張穆遊牧記中已辨正之。謂準部未平，中朝傳聞未審。乾隆時撰蒙古王公傳，所敍卽不如此，故刪之。

三月丙辰，命領侍衛內大臣三等公傅爾丹爲靖邊大將軍，北路出師。川陝總督三等公岳鍾琪爲寧遠大將軍，西路出師。征討準噶爾。六月，上御太和殿，命大學士捧敕印授大將軍傅爾丹出征。官吏行禮畢，上率大將軍等詣堂子行禮，吹螺於兵部，大纛前行。禮畢，遂御長安門外黃幄，大將軍等佩弓矢跪辭，以次行跪抱禮，上親視大將軍等上馬啓行。其進兵攻戰之期，則猶定在明年也。十月十三日甲寅，岳鍾琪自巴爾庫（後改巴里坤，又改鎮西府，復爲廳。）奏噶爾丹策零使臣特磊於十月初六日至軍營言：「原解送羅卜藏丹津前來，聞總督有兵從哈密來，是以請示策零，將羅卜藏丹津仍回伊犂，輕騎齎摺前來」，語難憑信。得旨差員伴送至京。初六由巴里坤發摺，十三日已奉旨，當時驛遞亦甚速。八年五月諭：「準噶爾藏匿羅卜藏丹津，發兵致討，期於今年直擣伊犂。今噶爾丹策零遣使特磊奉表陳奏，謂已解送羅卜藏丹津，聞兵信暫中止，若赦其已往，卽行解送。朕欲將進兵之期暫緩一年，遣同特磊，並差大員往諭準噶爾，受封定界，敦族睦鄰，送出逃匿。俟特磊起身後，着岳鍾琪傅爾丹及參贊大臣等來京，應行事宜著詳議具奏。」尋議由傅爾丹知會岳鍾琪，先後到京，會同商酌。

聖武記謂噶爾丹策零之將解送羅卜藏丹津，以羅卜藏丹津與其族羅卜藏舍棱謀殺噶爾丹策零，事覺被執，故使特磊表獻，聞師出而止。此說不確。羅卜藏丹津依準部三十餘年，至乾隆二十年，伊犂平，乃就俘，高宗待以不死，且授其二子藍翎侍衞，則其久依準部，非有相謀之隙。至羅卜藏策凌乃噶爾丹策零妹夫，其棄噶爾丹策零將內附，且敗噶爾丹策零之追兵，亦傅爾丹所得諜傳，不足信。解送之說，乃詭詞以玩中朝耳。傅爾丹所奏諜言在九年六月，尤非此時事，乃其敗績前數日所奏也。

兩路大將軍方入覲，噶爾丹策零已令其宰桑禡木特以兵二萬至科舍圖汎，謀掠牛馬，總兵樊廷等禦却之。九年四月，傅爾丹進城科布多，於五月初六日身至築城處，據侍衞巴爾善等所獲準夷蘇爾海丹巴一名，供稱「噶爾丹策零遣其將大小策零敦多卜以兵三萬來犯，小策零敦多卜已至察罕哈達，大策零敦多卜兵未到，見到者止二萬餘名，而噶爾丹策零恐哈薩克聞訊，乘虛來攻，分兵兩處各萬人防守，噶爾丹策零遊牧處，兵丁不過二千自保。」又供「噶爾丹策零前令其妹夫羅卜藏策零率兵防哈薩克，羅卜藏策零自率其屬歸順中朝，噶爾丹策零又派兵追之，為所敗，續遣兵再追，因此大策零敦多卜延不得至」。傅爾丹信之，迭次具奏，並稱選兵萬人輕裝由科布多河西路以六月初九疾進。途次復迭獲準夷，語符前供。至七月丁卯（初六）諭大學士等：「據傅爾丹奏，羅卜藏策零來投，曾降旨緣路查問安置，今情形可疑，着密諭加謹防範」。而傅爾丹已於六月二十日遇賊二萬餘，連日交戰被圍，陣亡副將軍巴賽、查納弼，將校死者甚衆。索倫蒙古兵皆潰，惟滿兵四千衞輜重退渡哈爾哈河，七月朔得還科布多者二千人。岳鍾琪聞北路被圍使紀成斌進攻烏魯木齊（即今迪化）以分賊勢，賊已委城先徙，無所得。詔降傅爾丹為振武將軍，以順承郡王錫保代之，斬先遁之參贊陳泰，移科布多營退至察罕廋爾。又以馬爾賽為撫遠大將軍，屯歸化城，為後路援應，是役也，世宗張皇大舉，命將之禮極隆，蓋狃於青海之驟勝，實未嘗得準部要領。與康熙間朔漠之功大異。康熙時，噶爾丹轉歐喀爾喀來投，而策妄阿喇布坦已絕噶爾丹之歸路，聖祖皆先得其情而投其間。雍正時準夷無間可投，彼之行詐，中國之將帥茫然。夫無間可用，雖有良將，勝敗亦在相持之數，況命將又為蠢蠢之傅爾丹耶？

史稿傅爾丹傳：頎然嶽立，面微赬，美鬚髯。其為大將軍，延玉（張）實薦之。鍾琪嘗過其帳，見壁上刀槊森然，問安用此，傅爾丹曰：「此吾所素習者，縣以勵衆」。鍾琪出曰：「爲大將，不恃謀而恃勇，敗矣」。此據先正事略岳鍾琪事略載入。

時青海部落以防準夷設汎，亦乘間叛。雖由其本部未叛之王台吉自相追捕，已頗紛擾。世宗撫諭甚至，謂蒙古伇兀後，準部係奴僕，投中朝則爵賞稠疊，投準夷則徒受虐使。前後封誉勸導，諭旨諄切，而準部亦遣間誘煽，狡展不示弱。蒙古台吉頗有從叛者。西藏亦以防準夷故，再內徙達拉喇嘛至泰寧。年八月，西藏貝勒頗羅鼐奏報：「準噶爾欲送回拉藏之子蘇爾雜立爲西藏汗」。諭以「準夷殺害拉藏而擄其子，今稱送回，又與往年噶夷遣策零敦多卜，送回拉藏長子噶爾丹丹忠，遂襲藏而殺拉藏，如出一轍。以頗羅鼐以此宣諭唐古特衆。準夷屢窺北路科布多，朝廷已命撫遠大將軍大學士馬爾賽由歸化城進紮圖拉等處，會同喀爾喀王公防守」。九月，準夷大策凌敦多卜，取道阿爾台迤東，略喀爾喀。土謝圖汗部親王丹津多爾濟，三音諾顏部郡王額駙策凌，時皆以從征功授定邊副將軍，迎擊準夷，斬其驍將喀喇巴圖爾，大策凌敦多卜退走，仍布僞書，誘厄魯特公台吉等，多從叛者，復諄諭未叛者省悟，賞丹津多爾濟銀萬兩，策凌晉和碩親王，亦賞銀萬兩。十年六月，準夷小策凌敦多卜率衆三萬犯北路，七月，傅爾丹接戰大敗，西路岳鍾琪之師亦久無功，諭以鍾琪辦理軍務不妥，召還京。其先鍾琪奏軍事十六條，諭謂一無可釆。又奏築城於巴里坤西北四百餘里之木壘，屯兵一二萬，與巴里坤大營犄角。城未成，賊衆已偪哈密。鍾琪遣總兵曹勷擊敗之於二堡，又遣將軍石雲倬等赴南山口梯泉等處截賊歸路，雲倬發兵遲一日，賊已竄越。鍾琪劾之，既治罪，而大學士鄂爾泰並劾鍾琪，得旨削公爵及少保，降三等侯戴罪立功。七月城成，大軍由巴里坤進駐木壘，而已奉召還之旨，以副將軍張廣泗護大將軍印。鍾琪奏木壘四面受敵，必不可駐大兵，詔速撤回巴里坤。廣泗並言鍾琪主用車戰，敵準賊馬力，諭革鍾琪職，交兵部拘禁候議。越二年，大學士等覆訊擬斬決，得旨改斬監候。

禮親王昭槤嘯亭雜錄：岳威信公佩撫遠大將軍印，以入覲，命提督紀公成斌權其篆。會準夷入寇，據馬駝萬餘，紀不時奏，乃爲總督查郎阿所發，遂褫岳公爵，置紀於法。然嘗聞老卒有云：「岳旣入朝也，紀以滿人強勁，因以駝馬命副參領查廩領卒萬人驅牧。廩性懦葸，畏邊地寒，因以馬駝付偏裨，以五十人放牧，而已率衆避寒山谷間，日置酒高會，挾娼妓以爲樂。會準夷入寇，偏裨報廩，廩笑曰：『鼠盜之輩，不久自散』。因按兵不往。及馬駝被擄，廩聞信，乃先棄軍去，過曹總兵勷壘，呼曹救之。曹性卞急，因率兵往，爲其所敗，單騎而奔，賴樊提督廷率本標卒追之，轉戰七晝夜始却敵。廩見紀公，皆委罪於曹勷，紀笑曰：『滿人之勇，固如是耶』？將收縛斬之，會岳公至。紀告其故，岳公驚曰：『君今族矣。滿人爲國舊人，宗戚甚衆，吾儕漢臣，豈可與之相抗以干其怒耶』？因解廩縛，以善言諭之，因皆委罪於曹，斬之以徇，而以捷聞。廩乃恨公刺骨。會查郎阿巡邊，故廩戚也，廩因矯控岳公諸不法事，以及紀公掩敗爲功諸狀。查故怒岳公，因誣實其言以聞。上大怒，斬紀公於營，置岳公於詔獄，而廩官固如故也」。嗚呼。世宗之於岳公，君臣之際，可謂至矣，因忤一滿人卑職者，乃使青蠅之讒爲禍若爾，持國柄者可不省歟。

昭槤襲爵在嘉慶間，去雍正時七八十年，據一老卒言，未必極確，但鍾琪爲將有名，親貴猶崇拜之，覺世宗之譴責爲太過，則公道不可誣也。世宗以初卽位時平青海太易，時卽收功於鍾琪，至此大舉倖功，已屬驕兵，逮一再挫衂，以敵無釁可乘，雖鍾琪亦無必勝之策，遂斥其所陳軍事一無可采。旋因小人之間，至怒而欲殺鍾琪，此特洩忿於鍾琪耳。吐魯番產糧，鍾琪發馱馬往運，會準夷入寇，世宗謂爲鍾琪銜餉糧多之故，應給價令吐魯番自運云，以此歸罪，何至奪爵下獄論斬，故雍正年之用兵準部，爲失敗之兵事，特內度其帑藏充盈，軍士用命，尙不至遽傷元氣，則雖不知彼，尙能知己，故不至甚敗。且旋卽與準議和撤兵，洩忿於將帥而不敢洩忿於敵，故不以忿兵致害，此尙爲明主之事耳。然亦幸外蒙有一策凌能拒強敵，若純恃滿洲軍，外蒙不可保而青海西藏皆震動生變矣，危哉！

北路戰事，當十年七月，傅爾丹再失利，準夷突至杭愛山掠哲卜尊丹巴胡土克圖牧地。時哲卜尊丹巴已徙避至多倫泊，空無所得。八月，探知策凌軍赴本博圖山，遂突襲其帳於塔密爾河，盡掠子女牲畜，策凌還擊賊，並急報順承郡王請夾攻。賊方飽掠不設備，蒙古兵夜半繞間道出山背，黎明自天而下，賊倉皇潰遁，追擊大戰二日，賊大敗，而援師不至，策凌獨轉戰至額爾德尼昭，錫保及丹津多爾濟，無能爲助，額爾德尼昭地右阻山，左偪水，道狹而喇嘛寺橫亘之，寺卽蒙古語謂之昭也。蒙古兵乘暮薄險蹴準夷，賊三萬，擊斬其半，擠墜溺死亦半。蒙古兵傷者甚少。無兵夾攻，賊得突圍推河，盡棄輜重山谷間以阻追師。策凌急檄駐拜達里克河馬爾賽之師邀其歸路，拜達里克有城，城中有兵萬三千，副將軍達爾濟整兵待發，不許，副都統傅鼐至跪求亦不應，敵騎過者無復行列，翌日，將士皆不問將軍下令，自開城追斬尾賊千餘，賊酋則已先過矣。事聞，詔斬馬爾賽及附和阻撓之都統李杕以殉，旋並罪順承親王錫保，土謝圖汗親王丹津多濟，獨奬額駙策凌，晉封和碩超勇親王，大札薩克。策凌在雍正三年已奉詔於喀爾喀三部中自襲祖稱三音諾顏號，別爲三音諾顏部——喀爾喀於是始有四部。蓋分土謝圖汗部爲二，以土謝圖汗部已漸收西北境，拓至烏梁海科布多，由十七旗滋息至三十八旗，以策凌功，分二十旗使之別自爲部。至是更以討準夷大捷受上賞。若非此捷，則漠北大擾，震及漠南，討準一役爲不可收拾矣。親貴無能，將帥失律，不審敵情，驕兵取敗，賴策凌以蒙古兵累勝，佩定邊左副將軍印，屯科布多，總理進剿機宜，相持逾年，於十二年五月，諭停止進兵，遣使宣示準夷利害，退駐北路兵，示和意。十三年三月，噶爾丹策凌亦報使請和，爭定地界，謂阿爾泰原係厄魯特牧，杭愛乃喀爾喀牧，請由哲爾格西喇呼魯蘇至巴里坤，畫界分守。詔下策凌議。策凌言：「喀爾喀牧地可如所請，惟設汛已在哲爾格西喇呼魯蘇界外，應如故，準噶爾遊牧，應以喀爾齊斯及阿爾泰爲界」。帝韙之。諭噶爾丹策凌：「阿爾泰之屬厄魯特，乃噶爾丹從前之事，今可以爲界，不可以爲牧地」。付準夷使臣齎諭歸，並撤青海駐防兵。達賴喇嘛回藏，哲卜尊丹巴胡土克圖亦回牧，此雍正之於準噶爾，以征討始，以約和終。是爲西陲未竟之局。岳鍾琪至乾隆二年方出獄，囚禁蓋已五年，家居逾十年，至乾隆十三年用兵金川，乃再出立功，以十九年卒。明年，準部內釁已熟，大軍討平之，鍾琪不及見矣。

終世宗之世，以與準部議和爲歸結。乾隆元年，撤兩路大軍還。北路於烏里雅蘇台爲前線，鄂爾坤爲後路。西路以巴里坤爲前線，哈密爲後路。各留兵戍守。嗣是噶爾丹策凌尙與策凌往返爭阿爾台地，亦遣使來請於朝，俱弗許。四年，界議始定。十年，噶爾丹策凌死，次子策妄多爾濟納木札勒嗣。於時準夷尙守約，朝廷以其間平金川，蓋自十一年瞻對土司之亂始，至十四年春乃定。十五年二月定邊左副將軍超勇親王額駙策凌卒，特敕配享太廟，創蒙古諸藩未有之典，視怡賢親王例，崇祀京師賢良祠，諡曰襄，建碑紀功烈。從其世子成袞札布言，以遺意祔葬公主園寢。初，策凌有二子陷準部中，與準部議界時，準使至京師語及之，策凌不爲動，厲辭拒折，夷使意沮，乃定議。六月，授其子成衮札布嗣爲定邊左副將軍。西藏郡王頗羅鼐卒於十二年三月，頗羣鼐子珠爾默特那木札勒，以頗羅鼐請越其兄爲長子（郡王之應襲者稱長子）至十五年，陰通準部爲外應。旣請罷駐藏兵，得允，又襲殺其兄。揚言準部兵至，欲爲變，駐藏大臣都統傅清，左都御史拉布敦，先發圖之。以無兵，乃誘珠爾默特那木札勒至寺中登樓手刃之。二人亦爲其黨所害。帝命四川總督策楞提督岳鍾琪引兵入藏，達賴喇嘛已使公爵班第達擒逆黨以聞，遂止所調大兵，封贈先事靖變之二臣。自是藏中不復封汗王貝子，以四噶布倫分其權，而總於達賴喇嘛。命副都統班第爲駐藏大臣。班第達，頗羅鼐壻也，不附逆，先爲班爾默特納木札勒所惡，奪其孥，至是以達賴喇嘛令攝藏事，遂平亂。詔以其未能救護二臣，僅使以輔國公爵管理噶卜倫事。

金川，內地土司也。用兵雖久，得人卽蕆事。藏亂則與準噶爾相呼應。準部不平，西事終爲患。至乾隆十五年間，準噶爾內釁生，朝廷開闢新疆之機乃熟。是年正月壬子，準部使來，猶爲策妄多爾濟納木札勒所遣。蓋嗣汗位旣第六年矣。九月壬戌，準部宰桑薩喇率衆來降，朝廷始知策妄爾濟納木札勒已爲其姊夫薩奇伯勒克所殺，而助其庶兄喇嘛達爾札簒汗位。準部有同族兩台吉，皆名策凌敦多卜，冠大小字爲別，皆以謀勇輔策妄阿喇布坦父子，屢擾鄰境。及汗被弒，小策凌敦多卜之子達什達瓦，與輝特台吉阿睦爾撒納，和碩特臺吉班珠爾，謀立噶爾丹策凌幼子策旺達什爲汗，達什達瓦及策旺達什二人皆爲喇嘛達爾札所殺，時大策凌敦多卜之孫達瓦齊游牧額密爾，領準噶爾二十一昂吉之一，與阿睦爾撒納等懼禍及欲來降，定邊左副將軍成衮札布以聞，詔以準夷與中國祇定界約，未嘗定不納降人之約，許納之，而達瓦齊已變計走哈薩克，喇嘛達爾札宗之，遂竄歸，與阿睦爾撒納等又弑喇嘛達爾札而襲其位，準噶爾與杜爾伯特部同姓綽羅斯，同為明時也先後，向與準部同牧，牧地在額爾齊斯河，其台吉有三車凌，因部內亂，達瓦齊方篡，又與小策凌敦多卜之孫納默庫濟爾噶爾構兵，各召令為助，三車凌不知所可，遂謀內附以避之；三車凌：一名車凌，一名車凌烏巴什，一名車凌蒙克。內附之訊既達，詔定邊左副將軍納之，其部衆從者至五千餘戶，入邊令暫駐烏里雅蘇台。達瓦齊遣宰桑瑪木特追之，由博爾濟河入喀爾喀汛，不及復逸出，上以「守汛不謹」責駐防烏里雅蘇台副都統達青阿，達青阿召瑪木特至，誘擒之，械送京師，諭又責其「召而輒至，何用誘擒」，宥罪給冠服，就道中釋之歸。蓋用攻心之術矣。三車凌子弟亦有叛遁，詔厚撫其未叛以致之。準部日有離散，未幾內鬨又起。

達瓦齊之篡也，恃阿睦撒納及班珠爾等羽翼之。既而小策凌敦多卜之孫納默庫濟爾噶爾與達瓦齊搆兵不解，將與分轄準部。阿睦爾撒納復計誘納默庫濟爾噶爾殺之，恃功益驕橫。達瓦齊不能堪，以兵擊之，阿睦爾撒納遂偕班珠爾內附。事在十九年七月。阿睦爾撒納者，策妄阿勒布坦之外孫，班珠爾則其同母兄也。其父為和碩特顧實汗之玄孫，名噶爾丹丹忠。顧實汗曾孫拉藏，康熙末為西藏汗，其子丹衷，贅於準部。時準酋策妄阿勒布坦妻拉藏之姊，而以其女贅丹衷，假送壻女歸藏名，襲殺拉藏，亦殺丹衷。丹衷妻先生子名班珠爾，丹忠死時復有孕，生阿睦爾撒納，再嫁輝特部，阿睦爾撒納遂冒為輝特台吉，班珠爾則仍為和碩特台吉而居準部，至是來歸。準部中杜爾伯特部酋訥默庫以下，封郡王貝勒貝子輔國公台吉有差。輝特部酋阿睦爾撒納封親王，和碩特部酋班珠爾以下封郡王輔國公。瑪木特之歸也，爲達瓦齊掠阿睦爾撒納罪，阿睦爾撒納既內附，瑪木特感不殺恩，亦有歸志，詔授內大臣。二十年二月，大擧討準噶爾，命班第爲定北將軍，出北路，阿睦爾撒納副之。科爾沁親王色布騰巴爾珠爾，郡王成袞札布，內大臣瑪木特，參贊軍務，永常爲定西將軍，出西路，薩拉爾（十五年來降之準部宰桑）副之。郡王班珠爾，貝勒札拉豐阿，內大臣鄂容安，參贊軍務。各攜兩月糧，分出烏里雅蘇臺及巴里坤，期會於博羅塔拉河。緣途降者相繼。博羅塔拉河距伊犁三百餘里，達瓦齊素縱酒不設備，至是，倉卒遣親信兩宰桑出令箭徵兵，自率親兵萬人走保伊犁西北百八十里之格登山，阻淖爲營。官軍遮獲其徵兵之宰桑，具悉其國中解體狀，士爭奮渡伊犁河，追襲將及格登山，夜遣降人阿玉錫等率二十餘騎覘路，阿玉錫即乘夜大呼突其營，夷衆瓦解，達瓦齊踰冰嶺南走回疆，官兵以二十餘騎收其衆七千餘。達瓦齊率餘衆半途逃散，僅餘百騎，投所善烏什阿奇木伯克霍吉斯。大軍於伊犁獲數十年未獲之羅卜藏丹律，霍吉斯亦承將軍檄，執達瓦齊獻之。準部不血刃而平。逮獻俘至京師，帝以羅卜藏丹津在世宗曾有來歸不死之諭，亦赦之。既封功臣，亦封阿睦爾撒雙親王，食雙親王俸。薩喇爾一等超勇公，旋封達瓦齊霍吉斯皆爲親王郡王，分建四厄魯特汗，各部落設盟長及副將軍一人。

十月，阿睦爾撒納復亂，時大軍已撤，班第鄂容安留伊犁籌善後，僅餘兵五百。初，四部厄魯特本各有汗，準部強盛，伊犁始爲四部長，抗中國者數世。帝既命分建四部，阿睦爾撒納意不慊，陰使哈薩克布魯特諸部縱流言，非己總四部，邊不得安。擅誅殺擄掠，擅調兵，不服賜衣翎頂，不用副將軍印，自用渾台吉菊形篆印。帝令九月至熱河行飲至禮，中道北逸，日出煽亂。伊犁諸喇嘛宰桑蠭起相應。班第鄂容力戰走二百餘里，被圍死之。北路軍將既陷，西路永常有兵不相援，倉皇退回巴里坤。帝逮治永常，以策楞代。永常道死，又命玉保富德，達爾黨阿爲參贊，賜輕信縱逃之喀爾喀親王額林沁多爾濟自盡。二十一年二月，策楞等復伊犁，阿睦爾撒納遁入哈薩克。時追賊將及，賊遣人詐報有台吉諾爾布已擒阿逆來獻，玉保駐軍待之，先以紅旗報捷於策楞，策楞據以入奏。既知爲賊所誤，將軍參贊互相咎，謂馬力竭頓伊犁不進。帝命達爾黨阿哈達哈代之，命兆惠自巴里坤赴援。二十二年二月，達爾黨阿由西路擊敗哈薩克二千人，阿酋易服潛遁。又使哈薩克人來言：「需汗至即禽獻，乞暫緩師待」。達爾黨阿果下令駐軍，阿酋颺去。哈達哈出北路，又遇哈薩克不擊。從征降人宰桑見兩將軍皆見賣無能，皆輕之，諸部並叛，都統和起被誘殲焉。策楞玉保逮問，途次爲厄魯特所殺。兆惠以兵千五百入伊犁。阿酋聞諸部構亂，自哈薩克歸，會諸部於博羅塔拉河，欲自立爲汗。準部大擾。兆惠聞變，自濟爾噶朗河轉戰而南，沿途殺敵數千，於二十二年正月至烏魯木齊，敵衆皆會，連日數十百戰，至特訥格，不復能衝擊，乃結營自固。會帝先命侍衛圖倫楚率巴里坤兵往迎，圍乃解，復往剿巴約爾部落（屬杜爾伯特），始回巴里坤。四月，議大剿準部，定邊左副將軍成袞札布出北路，右副將軍兆惠出西路。會諸部落自相吞噬，兆惠兵至，諸酋先後授首，阿酋投哈薩克，哈薩克汗阿布賚與阿酋積釁，且懼大兵，遣使入貢。阿酋來投祇率二十人，遂先收其馬，阿酋驚，攜八人夜走俄羅斯界，帝命移檄索之，阿酋適患痘死，移尸近邊，命喀爾喀親王等赴驗以聞。成袞扎布以定邊左副將軍歸鎮烏里雅蘇臺。兆惠率兵四千，彈壓厄魯特餘黨，未幾而回疆兵事又起。

準噶爾之強也，西域回疆皆爲所屬，並屬及哈薩克布魯特諸部，至葱嶺以西回部，阿富汗俾路是等，皆役屬焉。準部既平，清之西北，自當以準部舊屬爲屬，顧後來以俄人認哈薩克爲其所屬，清廷不能糾正，哈薩克呼籲，亦畏難不欲受理，且視爲茂遠無稽，不催求其清理之道。蓋自嘉慶初年而已然。道光後漸多事，至西陲淪陷，俄占伊犂，交涉收回，天然讓步。但在兵力克取新疆之後，尚不十分蹇乞，較之東北界務，其喪失正同。無故各割地數千里，惰氣所乘，視疆宇爲無足愛惜。乾隆以前，日有進取；乾隆以後，日有放棄。殆所謂不進則退者耶。。

第六節　武功之繼續四　取回疆

回疆已服屬於準噶爾，準部既平，似已一併收功，不煩再舉，高宗初志本然。乾隆二十年正月甫動討準之兵，二月即傳諭西路參贊鄂容安：「漢時西陲，塞地極廣，烏魯木齊及回子諸部落，皆曾屯戍，有爲內屬者。唐初都護開府，擴地及西北邊。今遺地久湮，此次進兵，凡準噶爾所屬之地，回子部落內，伊所知有與漢唐史傳相合，可援據者，並漢唐所未至處，一一詢之土人，細爲記載，遇便奏聞，以資採輯。」此諭見東華錄，可見成功者自有意識，而事實正不如是之易也，數月內果平伊犂，而回部和卓木甫脫準部之覊絆，而準部則又有阿睦爾撒納之擾，回部因有大小和卓木之生心。鄂容安亦死於阿睦之變。回疆乃終煩武力取之矣。

回疆在漢唐時，早爲西域城郭之國，唐以前佛教流行，其變爲回教，世系有不能詳。而聖武記特鑿鑿言之，雖未知其所根據，然與他官書多未盡合，則亦不敢盡信也。

聖武記：「隋唐之際，其國王（天方國）謨罕驀德者，生而神聖，盡臣服西域諸國，始掃佛教，自立教，造經三十篇，敬天禮拜，持齋戒。葱嶺以西，皆尊曰天使。（回回語稱天使爲別諳拔爾，亦曰派罕巴爾。）傳二十有六世，曰瑪墨特者，當明之末年，與其兄弟分適各國，始自墨德踰葱嶺，東遷喀什噶爾，是爲新疆有回酋之始。卽霍集占兄弟等之高祖也。其回部舊汗，本元太祖次子哈薩岱之裔，世封回部。及瑪墨特自西方至，各回城靡然從之。旋值厄魯特強盛，盡執元裔諸汗，遷居天山以北。回部及哈薩克皆爲其屬。哈薩克行國，僅納馬，而回部各城則分隸諸昂吉，（準部昂吉二十一。昂吉者，分支也。乃台吉所有之戶下。）徵租稅，應徭役，並質回教酋于伊犂。康熙三十五年，噶爾丹敗後，其質伊犂之回酋阿布都實特自拔來歸，聖祖優䘏之，遣人護至哈密，歸諸葉爾羌。是爲霍集占兄弟之祖。至其子瑪罕木特，噶爾丹策零復襲執而幽之，並覊其二子，使率回民數千，墾地輸賦，長曰布那敦，亦曰博羅尼都，次曰霍集占，卽所謂大小和卓木者也」。篇末又著論，略曰：「考霍集占高祖瑪墨特之初遷喀城也，當明之末季，距其始祖派罕巴爾已千餘年。徒以來自天方，回人神明奉之，生卽所居爲寺，沒卽所墓爲祠。其時回疆各城，尙皆有汗，皆元太祖之裔，非回國裔也。順治初，哈密有巴拜汗，葉爾羌有阿布都汗，吐魯番有蘇勒檀汗，皆以葉爾羌酋名大宗，每表貢皆葉爾羌汗署名。康熙二十五年，貢表稱臣成吉思汗裔，承蘇賚滿汗業。其時尙未爲回酋所有。逮準噶爾強盛，攻破回子千餘城，自後無復表貢。而乾隆二十年大軍蕩平準部時，惟有吐魯番舊頭目莽蘇來降，此外無蒙古遺種。（吐魯番舊頭目亦已遷居哈喇沙，失其故土久矣。）然則回城各蒙古酋汗，蓋康熙中準夷滅之，非回教逐之。準夷旣滅元裔各汗，並執回教之長歸伊犂，是則霍集占祖宗並未占有回疆，享一日之威福。且派罕巴爾子孫分適各國，喀城和卓特其一支，非其嫡裔大宗也。彼大小和卓兄弟又非有功德于回民也。王師出之拘幽，反之舊部，飢附飽颺，報德以怨。……」

據魏氏言，蒙與回之遞代，亦由理想推之。事實不可以理想爲定斷，但當存爲一說耳。文已稍嫌武斷，證以史實，殊有非違。則因其推斷不確，並其確擧之名字世系亦大有疑問。

明史西域四衞傳略言哈密漢伊吾盧地，唐爲伊州，宋入於回紇，元末以威武王納忽里鎭之，尋改爲肅王卒，弟安克帖木兒嗣。洪武中，太祖既定畏兀兒地，置安定等衞，漸逼哈密。安克帖木兒懼，將納款。成祖初，遣使來朝貢馬，永樂元年十一月至京，明年六月封忠順王，八年封兎力帖木兒爲忠義王。（嗣王脫懽從弟）宣德二年，命二嗣王同理國政，自是二王並貢。成化三年，馬文升言番人重種類，且素服蒙古。哈密故有回回畏兀兒哈剌灰三種，北山又有小列禿乜克力相侵逼，非得蒙古後裔鎮之不可。今安定王族人陝巴，乃故忠義脫脫近屬從孫，可主哈密。五年春，立陝巴爲忠順王。六年春，土魯番速檀阿黑麻襲哈密，執陝巴。廷臣議，陝巴卽使復還，勢難復立，令都督奄克孛剌總理哈密事，與回回都督寫亦虎仙，哈剌灰都督拜迭力迷失等分領三種番人以輔之。十年，阿黑麻送還陝巴，土軍仍舊封。十八年，陝巴卒，其子拜牙卽自稱速檀，命封爲忠順王。時土魯番阿黑麻已卒，其子滿速兒嗣爲速檀。正德六年，滿速兒甘言誘拜牙卽叛。八年，拜牙卽棄城叛入土魯番。嘉靖初，刑部尚書胡世寧言，拜牙卽久歸土魯番，回回一種早已歸之，哈剌灰畏兀兒二族，逃附肅州已久，不可驅之出關，然則哈密將安與復哉，乞置哈密勿問。後哈密服屬土魯番，迄隆慶萬曆朝，獨入貢不絕，然非忠順王苗裔矣。

綜哈密傳文，明初其地已屬色目，而非蒙古。色目有三，曰畏兀兒，曰回回，曰哈剌灰。元以色目與蒙古爲階級，自與蒙古爲標異。輟耕錄載色目三十一種，畏兀兒作畏吾兒，回回同，哈剌灰當卽阿兒渾。畏兀兒哈剌灰所奉之教，未敢必爲回教。回回則必係回教，非回紇或回鶻舊有之名。唐回紇亦佛教，後天方之摩訶末教逐漸風行各國，元初惟知回紇爲西方大國，而奉摩訶末教，卽名此教爲回紇教，而奉此教者卽名之爲回紇，不暇深辨，音又訛爲回回。蓋回回之名，卽從奉回教而來，說詳屠氏寄蒙兀兒史。哈密爲回疆東界，元時已爲回族所居，則謂明末始有謨罕驀德二十六世裔孫瑪黑特，東遷喀什噶爾，爲新疆有回酋之始，其意殆謂以前祇有回民，而其中並無布教之領袖耶。且瑪墨特與其兄弟分投各國，皆在同時，獨瑪墨特東踰葱嶺，爲新疆回酋之始。其他兄弟所適之國尚多。當葱嶺以西回教之國皆待此而有回酋耶。哈密忠順王爲元代威武王之裔，非元祖次子哈薩岱之裔。哈薩岱元史作察合台，官書敍回部之祖亦作察哈岱，聖武記作哈薩岱，字已誤倒。威武王，元諸王表作威武西寧王，出伯，大德八年封，十一年進封豳王。又豳王，出伯，大德十一年由威武西寧王進封。喃忽里，延祐七年襲。喃忽里卽納忽里。然在進封豳王之後始襲，所進王非肅王，明史微誤。此王駐西寧或豳州，兼轄哈密。或元亡後退駐邊外而抵哈密。要爲元在中國本部之藩王，非察合台藩國之分王。速檀係回部酋長之稱，哈密傳中一見。下土魯番傳中，累易酋長，皆稱嗣速檀位，蓋卽今回教國中所稱蘇丹，淸官書作蘇勒檀。順治中之吐魯番蘇勒檀，名阿布勒阿哈默特。魏氏以蘇勒檀爲吐魯番汗之名，亦殊不審。

明史土魯番傳略：去哈密千餘里，漢車師前王地，隋高昌國，唐滅高昌置西州及交河縣，此則交河縣安樂城也。宋復名高昌，爲回鶻所據，嘗入貢。元設萬戶府。永樂四年其萬戶賽因帖木兒遣使貢玉璞，後其酋迭來朝貢，命爲都督僉事，或指揮僉事。或都指揮僉事。正統間，其酋也密力火者，侵併火州柳州，國日強，僭稱王。景泰天順間一再來貢，成化五年遣使來貢。其酋阿力自稱速檀，迭有奏請，不可盡從。九年春襲破哈密，執王母，奪金印，分兵守之而去，而修貢如故。諭獻還哈密王母及城印，屢不果。十四年，阿力死，其子阿黑麻嗣爲速檀，而哈密都督罕愼於十八年潛師克哈密。弘治元年，罕愼復被誘殺，仍據哈密，後獻還，又奪又還，求通貢如常。十七年，阿黑麻死，長子滿速兒嗣爲速檀，桀驁變詐踰於父，修貢如故。正德九年，誘哈密襲王拜牙卽叛歸已，復據哈密。朝廷大臣張璁桂萼等傾陷異己，起封疆之獄，譴逐楊廷和彭澤諸人。滿速兒桀驁益甚。中朝許通貢，而哈密存亡置不復問，河西稍獲休息。嘉靖二十四年，滿速兒死，長子沙嗣爲速檀，其弟馬黑麻亦稱速檀，分據哈密，而兄弟讎殺。嗣其弟瑣非等三人亦各稱速檀。迄萬曆朝，奉貢不絕。

土魯番在元設萬戶府，則非有駐守之汗王。其爲元裔與否，明史不著。正統間。酋阿力自稱王。成化間貢使亦稱其酋為速檀。自阿力以下，傳其嗣阿黑麻及滿速兒，三世桀驁。滿速兒尤能使哈密自投，朝廷不能復問，享國尤長，為土魯番最悍之酋。疑後世彼族自稱先業，侈言蘇賚滿汗，卽此滿速兒譯音之歧出也。

舊國史吐魯番回部總傳：順治三年，吐魯番蘇勒檀阿布勒阿哈默特阿濟汗，遣都督瑪薩朗號伯峯等奉表貢。諭曰：「吐魯番乃元青吉思汗次子察哈岱受封之地，前明立國，隔絕二百八十餘載，今得幸而復合，豈非天乎。」蘇勒檀者，猶蒙古稱汗。明成化時酋號如之。十年，貢表署蘇勒檀賽伊特汗。十二年，回使克拜齎葉爾羌表至，表署阿布都喇汗，諸表異名違例故，克拜告曰：「哈密吐魯番葉爾羌長皆昆弟。其父曰阿都喇汗，居葉爾羌，卒已久，有子九：長卽阿布都喇汗，居葉爾羌。次卽阿布勒阿哈默特汗，居吐魯番，先二年卒。次蘇勒檀賽伊特汗嗣之。次巴拜汗，居哈密。以得罪天朝故，為葉爾羌長所禁。阿布勒阿哈默特汗子代之。次瑪哈默特蘇勒檀，居帖力。次沙汗，居庫車。次早死。次伊思瑪業勒，居阿克蘇。次伊卜喇伊木，居和闐。前葉爾羌汗遣其弟自吐魯番請貢，故表稱吐番罕名。今以葉爾羌汗為昆弟長，故表稱葉爾汗名。」康熙十二年，吐魯番使烏魯和卓等至，貢表稱瑪木特賽伊特汗，署一千八十三年。二十年，吐魯番使伊思喇木和等貢，表署阿布勒穆咱怕爾蘇勒檀瑪哈默特額敏巴圖爾哈什汗，二十五年，復遣使烏魯和卓至，表稱臣青吉思汗裔承蘇賚滿汗業，謹守疆界，向風殊切，今特遣獻方物。三十四年，大軍議征噶勒丹。先是，噶勒丹強脅吐魯番為已屬，兄僧格子策妄阿爾布坦與搆怨，携父僧格舊臣七人走吐魯番，尋徙和博克薩哩。吐魯番為策妄阿喇布坦屬，至是刑部尚書圖納請檄吐魯番，令知罪祇噶勒丹，勿驚懼。詔允之。三十五年，噶勒丹敗遁，葉爾羌汗阿卜都斯伊特自軍所降，告葉爾羌有兵二萬，吐魯番有兵五千，請携孥赴吐魯番，宣聖德，偕策妄阿喇布坦擒獻噶勒丹。上憫其情，遣歸，噶爾丹尋走死。

順康間，回部來貢諸酋之為元裔，略如魏氏之說。惟稱吐魯番之回酋獨為蘇勒檀汗，稍未審。傳言噶勒丹強脅吐魯番為已屬，策妄阿勒布坦因與噶爾丹搆怨，走吐魯番，吐魯番遂屬於策妄阿勒布坦，為弱小順服隨遇而安之常態。仰準部爲上國，不獲自達於中朝。謂攻破千城，故無貢表，未必確。回雖屬於準，固未嘗滅絕。魏氏誤以蒙與回分爲二，其實回疆之蒙古諸汗卽是回酋。康熙十一年爲回歷千八十三年，十二年始達京師，署表固在前一年也。葉爾羌汗阿卜都斯伊特卽魏氏所謂回酋阿布都實特，而又謂爲卽霍集占兄弟之祖，則自爲派罕巴爾種，而非蒙古種，此爲官書所絕不言。不但此傳不言，其詳敍霍集占源流時亦不言，疑未必確。康熙時大軍未至伊犂。噶爾丹走死，伊犂已爲策妄阿勒布坦所據，所云自軍所降，未必由伊犂自拔來歸，特爲噶爾丹挾以從軍，軍敗出降耳。爲質伊犂之說既不確，且亦當是蒙裔之回酋，非派罕巴爾裔也。

舊國史回部台吉哈什木傳：吐魯番人，姓博爾濟吉特，爲元太祖裔。初，元太祖定西北諸部，分遣王駙馬等領之。次子察哈岱居伊犂，兼轄吐魯番回衆。越十傳，至特木爾圖呼魯克，棄蒙古俗，習回教。子吉匝爾和卓布哈爾拜密爾徙居吐魯番，不復有伊犂地。本朝康熙二十五年，有阿布勒穆咱怕爾蘇勒檀瑪哈瑪特額故巴圖爾哈什汗者，自吐魯番貢稱元裔，見吐魯番回部總傳。五十九年，大軍討準噶爾，由吐魯番進擊烏魯木齊，哈什木兄莽蘇爾，迎獻駝馬。軍還，策妄阿勒布坦罪之，禁諸喀喇沙爾。乾隆二十年，大軍定準噶爾，莽蘇爾聞之乞降。定北將軍班第奏請遣轄吐魯番舊屬，未定議而阿睦爾撒納叛，莽蘇爾等不獲歸吐魯番。二十四年，葉爾羌諸回城定，乃獲莽蘇爾及哈什木。二十五年入覲，上以其爲元太祖裔，詔並授一等台吉，留京師。

此爲吐魯番舊頭目莽蘇爾事之曲折。其遷喀喇沙，緣策妄阿喇布坦怒其迎大軍，獻駝馬。閱四十年而歸京師，受爵傳世，以終回疆蒙古之局。魏氏恍忽言之，反滋疑竇矣。

國史回部貝勒霍集斯傳：霍集斯，烏斯人，父阿濟斯和卓，爲吐魯番頭目。準噶爾脅徙喀喇沙爾，復自喀喇沙爾徙烏什。阿濟斯和卓死，葬阿克蘇。霍集斯嗣，居烏什。其兄曰阿卜都伯克，弟曰阿卜都里木，居阿克蘇。乾隆二十年，大軍征準噶爾，抵伊犂，達瓦齊竄踰庫魯克嶺。霍集斯偵達瓦齊將赴喀什噶爾，伏兵給迎，擒以獻。阿卜都伯克告葉爾羌喀什噶爾，將偕色沁（準部官名。專司賦者。）希卜察克衆襲庫車，阿克蘇，賽里木，多倫，諸回城，請遣舊和卓子歸。舊和卓曰阿哈瑪特，爲派罕帕爾裔，世居葉爾羌喀什噶爾轄回族，準噶爾誘執之，禁諸阿巴噶斯，竟恨死。子二：長布拉呢敦，次霍集占，仍羈阿巴噶斯。大軍至，乃釋之。將軍班第遵旨遣霍集斯偕布拉呢敦歸撫葉爾羌諸城。

此爲霍集占兄弟之緣起。其父爲舊和卓，名阿哈瑪特，與魏氏作瑪罕木特者略異。舊和卓爲世居葉爾羌喀什噶爾轄回族者，不言其先世之名，魏氏以爲卽名阿布都實特者。據前吐魯番總傳，葉爾羌汗阿卜都斯伊特，自卽阿布都實特其人。稱汗而不稱和卓，是蒙而非回。和卓與汗同居一地，特和卓專轄回族，是爲宗教之首領，與汗王等酋長之稱不同，恐非舊和卓之父也。魏氏蓋粗閱官書，遽以理想推斷，出之太快，於事實有未盡合。蓋準回兩部，經兵力盪平，後又以其地改設行省，不爲藩屬。藩屬尚多有記其原委者，有準部紀略，高宗所製，以矯正雍正間傳聞之誤，故尚有可據。回則無詳實之記載。魏氏約略敍之，不免失實，特爲疏通證明之如此。

乾隆二十年平伊犂，大小和卓木被羈於伊犂者，奉詔遣大和卓布拉呢敦先回，安撫葉爾羌等處。小和卓霍集占尚留伊犂。未幾，阿睦爾撒納復叛於伊犂，霍集占頗爲阿睦用。二十一年三月，官兵再入伊犂，阿睦遁入哈薩克，霍集占亦遁歸葉爾羌，遂與其兄布拉呢敦共謀糾回衆據境自守。朝廷方遣侍衛託倫泰赴葉爾羌喀什噶爾撫諭大小和卓，久未返。七月，定邊右副將軍兆惠自伊犂奏遣副都統阿敏道率兵往收阿克蘇庫車烏什各回部，且偵托倫泰信。是月，霍集占送託倫泰還，兆惠飭阿敏道馳往撫諭，霍集占驅率回衆，列城盡靡，庫車拜城阿克蘇等城阿奇木伯克（統理地方諸務之回官）鄂對等不從亂，奔伊犁，十月，兆惠奏霍集占悖逆狀，令鄂對等從阿敏道進兵。鄂對在道聞親族被殺，各城響應，小和卓心腹阿布都已守庫車勸阿敏道急歸，待大軍偕進。阿敏道不從，率索倫兵百，厄魯特兵三千，至庫車，霍集占在焉，閉城拒師，且詭言厄魯特吾仇，慮爲害，撤還卽降。阿敏道遂命厄魯特兵退，以百索倫兵入城，爲霍集占所執。明年遇害。從者數將及兵百人皆從死。是時，準噶爾餘黨以官軍自哈薩克撤回，復煽亂。兆惠駐伊犁，後路盡梗，整師東旋，至鄂壘扎拉圖，巴里坤辦事大臣雅爾哈善以聞，詔趣赴援。甫得脫歸。阿畬又回竄伊犁，北疆軍事亟。兆惠檄參贊大臣富德追阿畬，自駐濟爾哈朗地防回變。諭飭其不知緩急。蓋朝廷知回部無遠圖，先以靖準部爲急。五月，阿敏道死事事聞。九月，乃命兆惠等籌剿回部。詔授兆惠定邊將軍。二十三年正月，兆惠奏言沙喇嘩勒厄魯特賊衆萬戶，請先剿除。詔以參贊大臣雅爾哈善爲靖逆將軍，專辦回部。四月，兆惠奏準噶爾之事將竣；請由伊犁剿回部。七月，命與雅爾哈善合兵進剿。會雅爾哈善已圍庫車，霍集占來援，爲官軍擊敗，入城拒守。城以柳枝沙土密築甚堅，礮攻不能入。提督馬得勝穴地入城，已將及，雖爾哈善督之急，夜秉燧入穴開鑿，城賊見火光，於城內爲橫溝，灌水入穴。官兵皆沒。降回鄂對告雅爾哈善，庫車食且盡，霍集占必出走，城西鄂根河水淺可涉，北山通戈壁，走阿克蘇，分兵屯此二隘，霍集占可擒也。不省。越八日，霍集占夜引四百騎啓西門涉鄂根河遁，又數日，阿都卜克勒木復夜遁。餘頭人阿拉難爾等率老弱以城降。帝聞失霍集占，盛怒，以納穆札爾代爲靖逆將軍，三泰爲參贊。命兆惠至軍，斬疏縱之副都統順德訥，逮雅爾哈善及得勝逆京師，二十四年正月亦以失機鞫實正法。順德訥者，當霍集占逃出時，侍衛噶布舒知之以報，順德訥聞報，以夜不肯往追，令賊得渡河，據橋斷沒者也。未幾，參贊哈寧阿亦論斬。

回疆自古爲城郭國，勢分力弱，弓馬無持長，慓悍非素習，故西域從無爲中國患者。非勁敵也。惟中國之兵遠征，則主客異勢，一失呼應，後路可虞。統觀西師將帥，雅爾哈善等固爲旗下紈絝，僨事有餘；易以兆惠，不過較勇敢不避艱險耳，比之光緒初湘軍之節制，則不逮甚遠。其成功乃乘畢準部之勢，取準部之所已脅服者而繼續之，其事至順。霍集占爲回人中稍桀黠者，因其世爲和卓木之資望，由伊犂脫歸，親見阿睦爾撒納未俘，準夷已降者亦多反側，料中朝疲於奔命，無暇南來，故敢於僥倖一試耳。是時中朝實力甚厚，北路之軍未撤，別遣專征回部之師，若雅爾哈善等亦屬中材，大小和卓木在庫車早已就擭。迨二酋均逸，將帥斷誅，兆惠移伊犂得勝之師南下，踰天山，抵阿克蘇，回部頭目頗拉特等以城降，不數日，霍集斯心自烏什迎降。霍斯亦回部強族，前大軍初定伊犂，霍集斯因準酋達瓦齊遁入回疆，誘擒以獻。又以布拉呢敦及霍集占爲舊和卓子，請於大軍，得釋歸。故霍集斯以回部盛族，而又有德於霍集占兄弟，霍集占感且憚之。時阿睦爾撒納方爲副將軍，預討達瓦齊有功，霍集斯陰乞阿酋，事平以己長回部，中朝密防之。既而阿酋叛，霍集占兄弟繼之，遂析霍集斯兄弟子姪各居一城爲伯克。霍集斯父阿濟斯和卓，本吐魯番頭目，爲準噶爾累徙至烏什。至是，霍集占以霍集爲和闐伯克，子漠帕爾爲烏阿什伯克，兄伯卜都克爲葉爾羌伯克，兄之子阿布薩塔爾爲阿克蘇伯克，實挾之以從軍。至霍集古自庫車出竄，霍集斯紿之，請入烏什召其衆從徙，既入烏什，遂以兵拒霍集占。兆惠檄至，霍集斯父子出降，並遣子弟赴葉爾羌招降其兄阿卜都伯克，時在二十四年九月。回部降者已相踵，無堅城可相抗矣。十月初三日，兆惠兵至距葉爾羌四十里之輝齊阿里克，訊擒獲回人供，霍集占已入葉爾羌城，布拉呢敦駐當噶勒齊，離喀什噶爾一站地。奏言「葉爾羌城大，兵少不足合圍，且自烏什進兵，以三千餘人，行戈壁千三百里，馬亦疲乏。南路通痕都斯坦，巴達克山，喀達喇土爾伯等處，均擬駐兵堵截。又回人多窖粟，須分軍搜掘以窘之，令內自生變。以故兵馬皆需接濟。」十一月奏至，諭前命富德帥師自準部赴兆惠軍，著速進。又命阿里袞爲參贊大臣，選馬三千匹，率兵六百，親送兆惠軍營。而是時兆惠已被圍於黑水矣。

黑水之圍，清紀載侈張其事，其原蓋出高宗御製十全武功詩而來。按之東華錄，當時奏報無此誇大也。神奇之說，本不足信。今兩相比較，以考其實：

東華錄，二十三年十一月丁酉，阿克蘇辦事頭等侍衛舒赫德奏：「十月二十日，將軍兆惠差人送到文書，並所派往截喀什噶爾賊援之副都統愛隆阿，途中相遇，帶到移文，內稱：『將軍問知霍集占牧羣所在，領兵往攻，至葉爾羌城外，賊衆阻河爲陣，因渡橋攻剿。過兵甫四百餘，橋斷，賊四合，將軍奮擊，兩易馬俱中槍斃，面及脛俱傷，幸不甚重，力戰浮水至營，賊馬步萬餘來合圍，雖有剿殺，無馬不能衝突，遂掘濠結寨，賊亦結寨相持。計軍需馬駝，尚可供兩月食，惟軍器火藥不足。被圍後乘夜前行，遇愛隆阿之兵，令其先來通信』等語。」數日間，兆惠奏迭至，略言：「臣等渡河向葉爾羌城南進兵。十月十三日，賊兵約四五千騎，步賊在後，並迎出，溝內排立。臣等衝突，賊敗走，又放槍拒敵。臣等正在奮擊，賊又從兩翼夾攻，因馬力不能馳驟，回保大營。賊四面合圍，我兵殺賊雖多，陣亡亦百餘。總兵高天喜，原任前鋒統領、侍衛鄂實。原任副都統三格、侍衛特通額，俱歿於陣。騎賊數千，步賊亦多，與我兵接戰五晝夜，臣等固守大營，相機勦殺。口糧尚可支持一兩月。臣等以阿克蘇烏什既定，機不可失，輕敵妄進。臣兆惠罪實難逭。然策應之兵，年內齊集，尚可合力攻勦。」又據愛隆阿奏：「靖逆將軍納穆扎爾，參贊大臣三泰，於十月十三日帶巴圖魯侍衛奎瑪岱，並兵二百餘，前赴兆惠大營。夜四鼓時，遇回兵三千餘。倉卒衝拒，三人均已陣亡。」既而舒赫德又奏：「十二月初三日，詢據葉爾羌來投回人言，布拉呢敦霍集占馬步萬人，合圍大兵三十餘日，因聞布拉呢敦所轄之喀什噶爾屬城英吉莎爾，忽被布魯搶掠，二賊猝謀禦敵，是日薄暮，將軍領兵縱火奪賊營二，劫殺看守人衆過半。二賊謂將軍與布魯特有約，遣人議和，將軍射書傳諭，縛獻霍集占方允納款，往復未決，從此遂不交鋒。又軍營脫出之厄魯特人告稱，軍營掘得米一百六十窖，收馬千餘匹，駝千餘隻。布拉呢敦因喀什噶爾告急，撤回防禦，所留僅二百人。」二十四年二月，諭富德等奏報正月初六日領兵至呼爾璊，霍集占等率騎五千抗拒，轉戰至初九日，馬匹遠行力乏，不能悉行斬獲，是夜月落後，阿里袞送馬已到，即與分爲兩翼，陣戮賊衆甚夥。初十日天曉收兵。計五日四夜，殺賊千餘，及中傷者無算。布拉呢敦於初六日戰時，脅間中槍甚劇，舁入城，旋回喀什噶爾。計陣戮賊巴圖爾十五名，大伯克數十名。兆惠聞槍礮聲，即遣人齎文通信，等語。奉諭：舒赫德稱有烏什回人，告稱將軍掘得窖粟，及得馬駝各千，布拉呢敦已回喀什噶爾。今覽兆惠咨文，並未收獲馬駝，而富德又稱布拉呢敦臨陣負傷，舁入城中，是來投之回人托克托默特所言，盡屬子虛，或係霍集占遣來懈我軍心，自應查明此人見在何處，嚴拿，送軍營，交與兆惠審理。越數日，富德又奏：「呼爾璊轉戰五日，得兆惠資，於十三日至葉爾羌河岸偵探，相距二十里。十四日黎明，前進六七里，右翼阿里袞愛隆阿以槍礮敗賊數次，餘賊仍依蘆葦放槍，臣富德舒赫德領左翼兵急進，賊渡河而逃。計勦賊二三百人。又防城內突出，中軍與右翼以次進攻，令左隊努三等領馬兵堵截，尋至營盤，知將軍大臣官兵無恙。賊人屢敗，不敢來犯。見派努三等殿後，徐回阿克蘇。」

據上各奏報，兆惠被圍，自緣輕進，一時死高職旗員及漢總兵大員，為數不少，實屬將軍失機。至被圍數月，回人奄奄如不欲戰，可見並非大敵。口糧早稱尚可支持，亦不待得窖粟、獲馬駝、盡邀天賜。回人隔歲之糧，本以窖藏為習慣，故兆惠未被圍前，已奉明遣兵搜掘。即得窖粟，非有神奇也。乃國史兆惠傳及聖武記，則言之甚怪。清史稿兆惠傳又用聖武記文。魏氏文筆甚健，錄如下：

將軍兆惠移師而南，時兩和卓木奔阿克蘇，其伯克霍吉斯，即前禽獻達瓦齊受封者也，閉城不納，給令赴烏什，烏什亦不納，於是小和卓木奔葉爾羌，大和卓木奔喀什噶爾。兆惠使鄂對撫和闐，而霍吉斯隨軍。時兵皆未集，惟領步騎四千先行，而留副將軍富德勦餘賊，俟集大軍繼進。時小和卓木已堅壁清野，刈田禾，斂民入城，使我軍無可掠。又于近城東北五里，掘壕築臺，欲持久困我。而大和卓木據喀什噶爾相犄角。十月初六日，師至葉爾羌，陣于城東，兩翼兵先奪據其臺。賊東西北三門各出精銳數百騎，來當我，三戰三北，入城固守不出。城大十餘里，四面十二門，兆惠以兵少不能攻城，欲伺間出奇。先營城東隔河有水草處，結營自固。葱嶺北河經喀城外，葱嶺南河經葉爾羌城外。土人稱北河為赤水河，南河為黑水河，此所謂黑水營也。（回語稱赤曰烏蘭，黑曰哈喇，水皆曰烏蘇。）兆惠既分兵八百使副都統愛隆阿扼喀什噶爾援路，又偵知賊牧群在城南英奇盤山下，謀渡河取之，以充軍實。十三日，留兵守黑水營，而率千餘騎自東而南，甫渡四百騎，橋忽斷，城中賊出五千騎來截，我兵力奮突其陣，步賊萬餘繼之，騎賊復張兩翼，圍攻我後，我隔河軍不能相救，又地沮洳難馳騁，且戰且退，浮水還營，中途爲賊截隔數隊，人自爲戰。自旦至暮，殺賊千計，而馬多陷淖，亦陣亡將士百餘，傷者數百。兆惠左右衝突，馬中槍，再斃再易，明瑞亦受傷，總兵高天喜等俱戰歿。賊復逾河來攻五晝夜，我軍且戰且築壘，賊亦築長圍困我。十七夜，兆惠遣五卒分路赴阿克蘇告急，舒赫德飛章入告，賊於上游決水灌營，我師於下游溝而洩之。營依樹林，槍礮如雨，我師伐樹，反得鉛丸數萬以擊賊。會布魯特掠喀什噶爾，我軍縱火攻焚賊營，賊疑布魯特與我軍有約，大和卓乃使人議和。兆惠執其使，射書諭以必先縛獻霍占方許納款。又掘井得水，掘窖得粟，三月不困，賊駭爲神。初上以兆惠富德兩軍久暴露於外，將士皆勞頓，於兩月前即命靖逆將軍納木扎爾參贊三格往代，又命增調索倫察哈爾兵赴之。及是，兆惠檄愛隆阿率兵還阿克蘇催援軍，遇靖逆等以二百餘騎徑進，止之不可，復遇害。富德在北路，聞黑水圍急，即率新到之索倫察哈爾兵二千餘，及北路兵千餘，冒雪赴援。二十四年正月六日次呼爾璊，遇賊五千騎，且鬬且前，轉戰四夜晝，沙磧乏水，齒冰救渴。又乏馬，兵半步行。九日，渡葉爾羌河，距黑水軍尚三百餘里，賊愈衆，不能進，適巴里坤大臣阿里袞奏命以兵六百，馬二千，駝一千，合愛隆阿之兵千餘，夜至，遙望火光十餘里，知官軍與賊相持處也，又途遇我刼營之卒，知望援孔急，即橫張兩翼，大呼馳薄，聲塵合沓，直壓賊壘，與富德軍三路奮蹴。賊黑夜不知官兵若干萬，自相格殺潰遁。我師遂長驅進。未至黑水營數十里，又擊敗之，兆惠見圍賊日少，又遙聞槍礮聲，塵大起，從東來，而營中所掘井忽眢，知大軍已集，即勒兵潰圍，殺賊千餘，盡焚其壘，全大敗入城。兩軍會合，振旅還阿克蘇。

兆惠於解圍後還阿克蘇，高宗尚深責之。時和闐方被攻，不急救，乃共還阿克蘇，高宗謂前以一軍尚進至葉爾羌，今兩三軍會合，和闐近而阿克蘇遠，反奔還不顧。後和闐亦未失，回酋實無能爲。兆惠此時已因受封一等公，卒以功成加賞宗室公品級鞍轡。富德亦由伯封侯。視其方略則平平也。魏氏於兆惠入回疆時，不敍阻克蘇烏什迎降，未言振旅還阿克蘇。圍中拔出，未能克一城，何言振旅。中間誇大之語，若聖天子自有神助，即可不用兵力者然，此出高宗不負責之詩詞，遂爲官修諸書所承用。然實錄則無之。高宗當盈滿之日，好作粉飾之詞，正其日中則昃之象。更錄其詩如下。

御製十全詩文集「黑水行」：喀喇烏蘇者，唐言黑水同。去年我軍薄狪穴，強弩之末難稱雄。築壘黑水待圍解，詎人力也天帡幪。明瑞馳驛踰月到，（自注：毅勇承恩公明瑞，孝賢皇后姪也，命以副都統行間爲前鋒，召回京，問以被圍情狀，自葉爾奇木抵京，路萬五千里，疾馳踰月而至。）面詢其故悚予衷。蜂蟻張甄數無萬，三千餘人守從容。寄米濟軍軍氣壯，奚肯麥麴山鞠藭。引水灌我我預備，（自注：逆狪導渠淹我營壘，將軍兆惠等預開溝引之入河，且轉資其用。）反資衆飲用益豐。銃不中人中營樹，何至析骸薪材充。著木銃鐵獲萬億，（自注：賊據高施銃，鉛丸多集營樹上，我軍斫木爲薪，木中得鉛丸萬億，即取以擊賊，斃賊無算。）翻以擊賊賊計窮。先是營內所穿井，圍將解乃智其中。聞言爲之悵，諸臣實鞠躬。既復爲之感，天眷信深崇。敬讀皇祖實錄語，所載曾聞我太宗：時明四總兵未戰，正值大霧彌霿霿。敵施火礟樹皆毀，都統艾塔往覘攻。回奏敵礟止傷樹，我兵曾無傷矢弓。詎今伊昔蒙帝佑，覲揚前烈勵予沖。詎人力也天帡幪，大清寰海欽皇風。

此詩明言所據爲明瑞口語，非將帥奏報之文。奏報盡載實錄，東華錄錄之。將帥於奏報，已不無張功掩敗之習，若詩歌遺興，原無信史之責，而官私著述據之。自來帝制神權合而爲一，仗迷信以服人者，皆作如是觀可矣。

當黑水解圍，已在二十四年正月十四日，而阿克蘇辦事侍郎永貴奏：「准前赴和闐之侍衛齊淩扎布等呈稱，回黨鄂斯璊統衆六百，犯和闐所屬額里齊哈喇哈什兩回城，破克勒底雅一回城，請兵救援。即一面派兵，一面咨商由北路赴援黑水之參贊都統巴祿將所領之兵協剿。巴祿即奏以進援兆惠爲要，未往和闐。至兆惠救出以後，各軍會合，即遠道撤回阿克蘇，巴祿亦在撤回之列。兆惠乃於路奏擬回阿克蘇後，更由阿克蘇和闐兩路進兵，此時未便兵駐阿克蘇一處，已與阿里袞巴祿阿桂駐阿克蘇，俟馬駝糧餉，分兵一半，令愛隆阿駐烏什就糧，兼防喀什噶爾一路。和闐應援，自不可緩，但馬力疲乏，先揀官兵數百，令瑚爾起巴圖濟噶勒前往，沿途捉生詢問，若和闐守禦如舊，即會同夾擊，否則收兵來迎富德；俟糧餉馬匹到時，領兵接濟。臣兆惠俟辦足五千兵糧馬，再策應富德，並從和闐往取葉爾羌，並堵截逆賊逃往巴達克山等處路逕。奉諭：「兆惠富德等遽行撤回，不知是何意見？和闐去葉爾羌頗近，阿克蘇則甚遠，富德救援將軍，自謂了事猶可恕，兆惠身爲閫帥，待人救出即撤回，太不知愧奮。且不援和闐，豈不爲霍集斯所笑。和闐之圍，齊凌扎布以寥寥之衆尚能相拒，兆惠到彼即可敗賊，乃僅遣瑚爾起巴圖濟爾噶勒往塞責。又巴祿本接永貴行知，赴和闐援勦，以援兆惠未往，今將軍已援出，何以不援和闐？謂兵力不足，則兆惠一軍尚能相拒，況與富德兩隊會合，豈轉患其弱？謂馬力不足，則既可回至阿克蘇，何難就近赴和闐因糧以守？」旋兆惠等奏：「瑚爾起等二月二十日至和闐達哩雅阿，知額里齊等二城未陷，餘爲賊據。葉爾羌尚無賊衆前來。」諭：「所報和闐情形，霍集占兵力已窮蹙，兆惠等正月十四日解圍而出，至二月初二日，已逾半月。和闐回人尚云葉爾羌未有賊衆前來，是從前圍守軍營及侵犯和闐，不過烏合之衆，兆惠等應就見在兵力，加意奮勉，以冀大功速成。」既而哈喇哈什城被陷，齊凌扎布等脫出，仍隨同進兵，兆惠等由阿克蘇出兵，途次得和闐之克勒底雅及塔克等，回城人等聞官軍將至，擒獲賊人所用頭目來降，兆惠進兵喀什噶爾，於閏六月初三日至伊克斯哈喇。有喀什噶爾投誠回人，稱布拉呢敦將伊等搶掠潛逃，伊等即來迎大兵，即派人馳往喀什噶爾安撫城堡。據所屬牌租阿巴特回城伯克呢雅斯呈稱，六月間霍集占遣人告知布拉呢敦，焚毀葉爾羌喀什噶爾城堡，令回人等遷往巴達克山，我即閉城拒守。聞霍集占兄弟約於色呼庫勒之齊里袞巴議相會，於是檄知布魯特納喇巴圖等，截賊前往色哷庫勒投霍罕額爾德尼伯克之路，一面儘力尾追。富德亦奏：由固壖薩納珠前進，霍集占已棄葉爾羌逃往英吉沙爾，大小伯克等迎降，撫定其衆四萬餘戶。七月七日，追及阿爾楚山，復與賊戰，戮千餘，斬驍賊阿布都等，獲甲纛兵械無算，官兵僅傷一卒。又三日，至伊西洱庫泊，乃巴達克山界。山麓偪水，僅容單騎，賊輜重徒屬擁塞，官軍兩軍分扼其走路，令鄂對霍集斯樹回纛大呼招降，降者蔽山而下，霍集占手刃之不能止，凡降回衆萬二千，牲畜萬計。兩和卓木挈妻孥徒衆三四百人走巴達克山。巴達克山酋索勒坦沙奉將軍檄擒獻，以「回部信奉經典，不能自擒族類轉送與人」對，既而兩和卓怒巴達克山不恭，欲約鄰部擾之，乃與兵拒戰於阿爾渾林之嶺，禽其兄弟，函首軍門以獻。八月庚午，捷奏至京，宣示中外。於是葱嶺以西：布魯特、愛烏罕、博羅爾、敖罕、安集延、巴達克山諸國皆來庭。而北路則哈薩克本役屬於準部，在當時已從屬於中國。嘉慶以後，鎮守西北之旗籍大臣，視新疆爲彼族豢養地，於界務非所注意，俄人遂漸進佔，中央亞西亞回部盡失，而哈薩克亦由俄人認爲彼屬。哈薩克籲中朝申理，中朝憚煩，遂棄哈薩克爲俄屬，而準部境內有哈薩克聚居之地，反從而隸屬之。不戰而割地數千里，爲東北西北所同，此又盛極而衰之已事也。

高宗之取新疆，擴自古所無之版圖，雖元代西北土地尚踰於此，然三大藩各自立國，乃蒙古種族之龐大，幾與統治中國之元朝無涉，除元以外，清之武功爲極盛矣。然考其終極，西北之氣運當亡，收其功者無若何名績可紀。高宗廟謨獨運於上，指揮頗中肯綮，而元勳上將，若兆惠之儔，細核其功狀，實不足滿人意。高宗於此役，亦知取亂侮亡，事非艱鉅，特予豐鎬舊臣事前假以立功名，事後資以爲湯沐，其昏惰甚不堪者乃誅之，即成功者亦何曾有殊績。納穆札爾三泰，以將軍參贊之任，赴敵就死如偏裨，彌見朝廷命將之失。然且專征已非親貴，所用不過開國勳臣之裔，亦見八旗人材之日耗，與康熙時已大不侔矣。十全武功，鋪張極盛，而衰象早伏其中。清一代紀功之文，汗牛充棟，無有就實錄臚其平凡之狀者。總之，準部自伐而人伐之，回部不能抗準而反欲抗中朝，亦惟兩和卓之妄耳。天之予清特厚，高宗無憂盛危明之意，侈十全之武功，是其福過災生之漸。又以此私厚旗人，於邊計益閉塞無遠慮。後來一開行省而氣象大變，則知高宗之設置新疆，規模不足取矣。

回疆既平，以采玉爲一大役。和闐產玉聞天下，葉爾羌次之。定制：春秋采玉二次。葉爾羌玉山曰密爾岱山，距城四百餘里，崇削萬仞。山三成，上下皆石，惟中成玉，極望瑩然，人迹所不至。采者乘犛牛乃及其巘。鑿而隕之，重或千萬斤。色黝質青，聲清越中宮懸。先後貢重華宮，玉磬材、特磬、編磬，各如干事，又貢玉冊玉寶各八十具。白微黃者供宗廟，白微紅者備慶典。然此任土作貢，未爲病民。高宗朝，大功既成，侈心莫過，遂思以奇寶炫世，屢有采運大玉之事。今寧壽宮有重寶，乃玉一座，周圍鑿夏禹治水圖，是其遺蹟之一。阮元石渠隨筆，記「乾隆四十年間和闐貢玉，大至高七八尺，圍丈許。敕依大禹治水圖雕琢，發在揚州建隆寺治之。元時曾往敬觀。」阮文達之言如此。此玉入大內以後，外人不復見，無由證文達之說。清亡後乃得之於寧壽宮，具如所說。而又讀張澍養素堂文集，則知大玉之采，不止一次，勞費之鉅，於開闢之土，爲病已甚。聖武記言：「嘉慶四年，葉爾羌獲大玉三，青者重萬餘觔，葱白者八千餘斤，白者三千餘斤。邊臣侈其祥以聞。上以沙磧輦運勞人，急捐罷之。至今巋然存哈喇沙。」讀張澍文，乃知其詳。所云嘉慶四年，乃太上皇崩後棄玉之年，非采獲之歲也。

張澍「昭武將軍桂亭何公傳」：余外舅何公，諱守林，字崐崖，又字桂亭，西甯人也。由行伍積功，洊升湖北興國營參將，以足疾引退。後緣事褫職，論戍武威，遂家焉。（澍，武威人。因此得爲其子壻。）……其官巴里坤遊擊也，……時方運大玉，玉大如屋。製大車凡二十四輪，駕羸馬百餘匹，百人鳴鉦鼙鼓，千夫揮鞭呼喝從之。羸馬奔騰，踶歷夫役多死者，輪數轉即止，稍憩復鞭之行。軸或一日數折，則鳩匠修作。或値雨雪，人畜困泥中。官役苦之。大府以上用，不敢奏聞。公慨然曰：「是役不已，爲害甚大。」乃稟於欽差吳某、將軍杜某，言「此役日斃羸馬數十，士卒數十，日費金錢若干，萬不能運。即運至口，而中原地狹路窄，不可容。且舟船難載，橋梁難勝，亦斷不能運至京師。宜奏聞停止，以省民力而節財用。或奏明此玉應作何器，招集玉工，斲成坯段，則運之尙易。」吳使者，和相之舅父也，以此意致書和相，和相不聽，督運倍急，公浩歎而已。會仁宗睿皇帝卽位，和以罪誅籍沒，時於其家得吳書，有以上聞者，卽詔停止勿運。公之知大體也如此。

高宗於新疆定後，志得意滿，晚更耄荒。和珅以容悅得寵，務極其玩好之娛，不恤邊遠疾苦，此皆盛極之所由衰也。自此以前，可言武功；自此以後，或起內亂，或有外釁，幸而戡定，皆救敗而非取勝矣。雍正西南夷改流，乾隆前後金川兩役，以大軍與土司相角，勝之不足爲武。而初定金川時，以失機誅總督張廣泗、經略訥親，再定金川時，定邊將軍溫福敗死，雖終能夷滅之，損耗亦大，而亦預于十全武功之列，皆高宗之侈也。十全武功者：除準噶爾兩役，回部一役外，兩定金川爲土司，一定臺灣爲內地，緬甸安南各一役，廓爾喀兩役，爲徼外，徼外之役，疆土無所增加，政教亦無所推展，皆不復及。

第七節 世宗兄弟間慘禍

康熙間奪嫡之案，前已敍述。至雍正間，復於諸王多所戕殺。舊時因避時忌，不暇細考其曲折，鮮不以爲卽奪嫡之餘波，頌世宗者且以爲能代故太子報怨矣。不知奪嫡之魁爲允禩。雍正初尊以親王，任以總理，極意聯絡，事實昭然。後來變計，在實錄情節不備，論者益無所徵信。惟事結於曾靜勸岳鍾琪反清，與呂留良著書排滿。諸王同爲聖祖之子，豈有黨附於反清排滿之理，何以並爲一談，此必有故。昔時大義覺迷錄禁書，細閱者少。改革後大事研討，則眞相出矣。允禩之得罪於雍正朝，以不心服世宗之嗣位。而世宗之嗣位，自有瑕疵供人指摘。指摘之根由出於諸王，指摘之文字則在曾靜筆錄。呂留良乃其學派之牽涉，因治及反清排滿之罪，非世宗本意所重視也。此事余別有世宗入承大統考實，不具述。惟允禩輩前尙身預奪嫡，罪狀允禩者猶爲有說，至世宗兄皇三子誠親王允祉，前以保護太子聞，則有功於嫡；後又不入允禩等案內，則無嫌於世宗，祇以甘心閒散，不欲預聞政務爲罪，至奪爵禁錮以死。此事可作一補敍，知世宗有難言之隱在也。

東華錄：康熙六十一年十一月十三日甲午，聖祖崩。十六日丁酉，頒遺詔。二十日辛丑，世宗登極。十二月初九日庚申，上釋服，移居養心殿。十二日癸亥，諭：「陳夢雷原係叛附耿精忠之人，皇考寬仁免戮，發往關東。後東巡時，以其平日稍知學問，帶回京師，交誠親王處行走。累年以來，招搖無忌，不法甚多，京師斷不可留。著將陳夢雷父子發遣邊外。或有陳夢雷之門生，平日在外生事者，亦卽指明陳奏。楊文言乃耿逆僞相，一時漏網，公然潛匿京師，著書立說，今雖已服冥刑，如有子弟在京者，亦即奏明驅遣。爾等毋得徇私隱蔽。陳夢雷處所存古今圖書集成一書，皆皇考指示訓諭，欽定條例，費數十年聖心，故能貫穿今古，彙合經史，天文地理，皆有圖記，下至山川草木，百工製造，海西秘法，靡不備具，洵為典籍之大觀。此書工猶未竣，著九卿公舉一二學問淵通之人，令其編輯竣事。原稿間有訛錯未當者，即加潤色增刪，仰副皇考稽古博覽至意。」此為加罪諸王府官屬賓友之始，而適以誠親王開端。惟未明言兄弟相戕，用耿精忠牽涉立說。陳楊與耿藩舊事，久已消釋，今忽重提。其時追憾誠親王之得聖祖懽心，由於陳楊之以學問為輔佐，世宗當時相形見絀。甫即大位，即修此怨。其證如下：

清宮文獻叢編第三冊，載戴鐸清摺十件。其康熙五十七年第九件云：「奴才戴鐸謹啓：主子萬福萬安。奴才素受隆恩，合家時時焚禱，日夜思維，愧無仰報。近因大學士李光地告假回閩，今又奉特旨，帶病進京，關係為立儲之事，詔彼密議。奴才聞知驚心，特於彼處相探。彼云：『目下諸王，八王最賢』等語。奴才密向彼云：『八王柔懦無為，不及我四王爺，聰明天縱，才德兼全，且恩威並濟，大有作為。大人如肯相為，將來富貴共之。』彼亦首肯。但奴才看目下諸王各各生心，前奴才路過江南時，曾為密訪，聞常州府武進縣一人，名楊道昇者，此人頗有才學，兼通天文，此乃從前耿王之人也，被三王爺差人請去，養在府中，其意何為？又聞十四王爺，虛賢下士，頗有所圖。即如李光地之門人程萬策者，聞十四王爺見彼，待以高坐，呼以先生。諸王如此，則奴才受恩之人，愈覺代主子畏懼矣。求主子刻刻留心。此要緊之時。誠難容懈怠也。謹啓。」一件後記云：蒙批：「楊道旺在三府已有數年，此乃人人皆知」。又蒙批：「程萬策之旁，我輩豈有把屁當香焚之理。」又蒙批：「你在京時，如此等言語，我何嘗向你說過一句？你在外如此小任，驟敢如此大膽，你之死生，輕若鴻毛，我之名節，關乎千古。我作你的主子，正正是前世了」等諭。

戴鐸十啓，自康熙五十二年至六十年間之事，世宗即位以後，令鐸彙錄原文並所蒙批諭或摺存檔，不過明鐸時時望己作帝，而己則時時斥絕之，以見其並不與鐸同此奢望也。然其批諭語氣，豈是實行斥絕？所謂「其辭若有憾焉，其實乃深喜之」。證以十啓中前後各件，可以味其意旨：

第一啓，五十二年。略言：主子有堯舜之德，奴才受格外之知。當此君臣利害之關，終身榮辱之際，雖一言而死，亦可少報知遇於萬一。皇上有天縱之資，誠爲不世出之主；諸王當未定之日，各有不並立之心。處英明之父子，不露其長，恐其見棄；過露其長，恐其見疑。處衆多之手足，此有好竽，彼有好瑟；此有所爭，彼有所勝；此皆其所以爲難。孝以事之，誠以格之，和以結之，忍以容之，而父子兄弟之間，無不相得。我主子天性仁孝，皇上前毫無所疵。其諸王阿哥，俱當以大度包容，使有才者不爲忌，無才者以爲靠。昔東宮未事之秋，側目者有云：「此人爲君，皇族無噍類矣。」此雖草野之諺，未必不受二語之大害也。奈何以一時之小忿而忘終身之大害乎（一段）。至於左右近御之人，俱求主子破格優禮也。一言之譽，未必得福之速；一言之譖，即可伏禍之根。主子敬老尊賢，聲名久著，更求刻刻留心，逢人加意。素爲皇上親信者不必論，即漢官宦侍之流，似應見而俱加溫獎。在主子不用金帛之賜，而彼已感激無地矣。賢聲日久日盛，日盛日彰，臣民之公論，誰得而逾之（二段）。至於各部各處之閑事，似不必多與聞也。本門之人，受主人隆恩難報，尋事出力者甚多。興言及此，奴才亦覺自愧。不知天下事有一利必有一害，有一益必有一損，受利受益者未必以爲恩，受害受損者則以爲怨矣。古人云，不貪子女玉帛，天下可反掌而定。況主子以四海爲家，豈在些須之爲利乎（三段）。至於本門之人，豈無一二才智之士，但玉在櫝中，珠沉海底，即有微長，何由表見。頃聞奉主子金諭，許令本門人借銀捐納，仰見主子提拔人才至意。更求加意作養，使本門人由微而顯，由小而大，俾在外爲督撫提鎮，在內爲閣部九卿。雖未必人人得效，而或得二三人，未嘗非東南

> 半臂也（四段）。以上數條，萬祈采納。奴才今奉差湖廣，來往似需歲月。當此緊要之時，誠不容一刻放鬆，稍爲懈怠。倘高才捷足者先主子而得之，我主子之才智德學，素俱高人萬倍，人之妬忿一起，毒念即生，至勢難中立之秋，悔無及矣。蒙批：語言雖則金石，與我分中無用。我若有此心，斷不如此行履也。況亦大苦之事，避之不能，尚有希圖之舉乎。至於君臣利害之關，終身榮辱之際，全不在此，無禍無福，至終保任，故但爲我放心。凡此等居心語言，切不可動，愼之愼之。

世宗獎鐸語爲金石之言，又自明其無此意，不但無此意，且視爲大苦之事，避之不能，其餘事實俱不辯，則言行不相符已顯然矣。蓋所謂金石之言，惟第一段。世宗後來所持態度，頗與相合。故知其最爲心賞。惟所言英明之父，不露長則恐見棄，過露長則恐見疑，此種心理，豈是視爲苦事而欲避之？若欲避之，則不露長而聽其見棄足矣。即其處兄弟之間，欲不以氣焰使人生畏，蹈廢太子之覆轍，亦非避事之語。而獎之爲金石之言，皆言行之矛盾也。第二段要結名譽，是當時諸王所爭趨之路。世宗手法獨高，所不屑爲。若循鐸意，以此博臣民之共贊，是即過露長而使英主生疑也。此段必非所謂金石之言也。第三段見世宗在當時干預各部各省閑事，以招聲色貨利之奉，與諸王相等。以取賂而有所左右，右者以賄得之，自不以爲恩，左者以不納賄失之，則必抱怨。此亦未嘗非金石之言。但可知世宗未正位以前，招權納賄，是康熙諸王積習，後來亦自言在藩邸時舉動乃別有故，以後不許諸王藉口倣行，亦可與鐸說參證。第四段可知世宗於門下人，借與貲財，令其捐納得官，廣樹黨羽，豈非事實。黨世宗者有年羹堯隆科多兩人已足，而年隆兩人各不相知，戴鐸又何從而知？故雍正元年，鐸尚言恐年羹堯與十四王西邊有事，已願以死自誓，倒借給兵丁錢糧，冀用其力。則固不知羹堯專爲世宗防制十四王也。

第三啓，五十五年。略言：奴才路過武彝山，見一道人，行蹤甚怪，與之談論，語論甚奇。俟奴才另行細細啓知。蒙批有云：所遇道人，所說之話，你可細細寫來，做閑中往來游戲。

第四啓，五十五年。略言：所遇道人，奴才暗暗默祝，將主子問他，以卜主子。他說乃是一個萬字。奴才聞知，不勝欣悅。其餘一切，另容回京見主子時再爲細啓知也。福建到京甚遠，代字甚覺干係，所以奴才進土產微物數種，內有田石圖書一匣，匣子是雙層夾底，將啓放於其內，以便主子拆看。謹啓。

蒙批有云：你如此作事方是，具見謹愼。所遇道人，所說之話，不妨細細寫來。你得遇如此等人，你好造化。

道人談禍福，爲陰謀儲位明證。圖書匣雙層夾底，中藏啓本，又極稱其謹愼，此其曖昧妖惑，在史書皆作不道論。當時允禩之於相士張明德，與此何殊？聖祖方議允禩之罪，而世宗以大慾所在，效其尤而加甚焉。視爲大苦，避之不能，此等口頭禪，固亦示戴鐸輩不必拘泥矣。

第七啓五十六年。略言：奴才數年受主子高厚之恩，惟有日夜焚祝，時爲默禱，靜聽好音，不意近聞都門頗有傳言。奴才查臺灣一處，遠處海洋之外，另各一方，沃野千里。臺灣道一缺，兼管兵馬錢糧，若將奴才調補彼處，替主子屯聚訓練，亦可爲將來之退計。即奴才受主子國士之知，亦誓不再事他人也。蒙批：你在京若如此作人，我斷不如此待你也。你這樣人，我以國士待你，比罵我的還利害。你若如此存心，不有非災，必遭天譴。我勸你好好做你的道罷等諭。

此啓可見戴鐸之無知識。當五十六年十一月間，正十四王子允禵受命爲撫遠大將軍之日，故謂正在靜聽好音，而都門頗有傳言，即傳言允禵之已默承儲眷耳。因此請世宗代謀臺灣道缺，在海外屯聚訓練，冀作一島反抗嗣君之計，且表明不事他人，賴此一著。此豈知世宗之心？世宗於西陲早置一年羹堯，允禵此去，正落其度內。此固非戴鐸所知。但戴鐸輩此時已心索氣絕，直思據臺灣以作雍邸孤忠，直可矣可鄙之至。以上各啓，世宗若眞無倖心，每啓皆可斥絕，或竟舉發之，安有此迭次批諭乎？

世宗於允禩諸人，從奪嫡案中，已相形取得勝利，知前此力圖奪嫡者，更無再得儲位之望。而允祉則前以保護太子爲聖祖所心重，又以踴躍修書合聖祖尙文好學之意。其實效修書之力者乃陳夢雷楊文言二人，楊尤身負天算律呂絕學，爲聖祖自命獨有心得而舉世罕及之事，此實世宗所最忌而無如之何；甫卽位遽修怨於陳楊，其原委撮敍於左：

據陳夢雷松鶴山房集：夢雷與李光地均中康熙九年進士，均入翰林。同省同年，通家相得，同以請假回籍。而十三年撤藩之變，耿精忠以福建叛。旣逼夢雷從逆，又召外郡縉紳。光地自泉州安溪本籍至，以年家子先謁夢雷尊人。陳氏父子均勸光地勿受叛藩職，光地意未決。時楊文言在耿幕，與夢雷交密，夢雷約文言與光地相見，告以耿必無成，急歸謀間道通疏京師，請兵由贛州徑指汀州。精忠方以全力備仙霞關，大兵可由汀州直入閩腹地。朝廷得光地蠟丸書，致前敵行之有效，光地受上賞。十五年，精忠勢蹙乞降，文言遂歸。夢雷以十九年入都自陳，而朝議方以精忠爲所屬首告，降後仍通逆，召精忠對質治罪，而夢雷以職官從逆論死。光地爲明其非得已，然不言其上疏請兵時夢雷亦預謀也，故僅得減死戍遼東，時爲二十一年。至三十七年，聖祖東巡，夢雷獻詩稱旨，召還京，命侍誠親王邸，王命輯彙編一書，分類排纂羣籍至三千餘卷，校刊未竣而聖祖崩。世宗諭旨中改其名爲古今圖書集成，追論夢雷罪，再遣戍，時夢雷年已七十一，所云藩變時之罪，聖祖早宥免之，且頗蒙恩賚，獎其文學，御書聯語賜之，有「松高枝葉茂，鶴老羽毛新」之句，故夢雷以松鶴山房名其集，因怨光地，作絕交書行於世，世謂之安溪負友，成一公案。世宗於即位後追理夢雷前罪，實爲與允祉爲難，非聖祖憐才宥過意也。至楊文言以布衣入藩幕，在三藩未變以前，本不爲罪，既變被羈，精忠降而脫歸，所至不諱其在閩時事。十八年，夢雷入都，文言與偕行，夢雷得罪，無究及文言者。旋以天算絕學，應徵入明史館預修曆志。國史梅文鼎傳：「康熙間明史開局，曆志爲檢討吳任臣所修。嘉興徐善、宛平劉獻廷、常州楊文言，各有增定，最後以屬黃宗羲，又以屬文鼎。」蓋文言之預修曆志，尚在黃藜洲以前。當康熙二十六年丁卯，李光地自記其陛辭問對，尙言文言爲耿精忠幕賓，閩亂起，被留爲天文生。聖祖但問：「渠曉幾何原本否？」李奏：「似乎通曉。」上曰：「西洋書文理不通者多，用渠理法，改成通順，則盡善矣」云云。此見文言之依耿，聖祖時大廷公言不諱，而常欲以中國文字改述幾何原本理法，即今數理精蘊中之幾何原本。而精蘊爲曆律淵源之一種，淵源爲誠邸屬文言所修，其宗旨蓋定於是也。是時文言似尙未入史館。後既預史事，又爲徐乾學引參洞庭山書局。至四十年左右，乃由夢雷引入誠邸，修曆律淵源。據光地榕村語錄，四十一年壬午，南巡至德州，東宮病，駐蹕，語光地古尺、及天上一度當地上二百五十里等事，云已叫三阿哥自京師細細量來，三阿哥算法極精等語。其時文言入邸未久，而誠邸之精算學已爲聖祖所誇，則亦非初無所解，盡倚辦於文言，但或得文言指授而益可稱許耳。

文言字道聲，松鶴山房集中皆稱道聲，而光地集中雖亦稱道聲，亦或作道生，惟戴鐸啓本及雍邸批辭道昇。當康熙季年，世宗已極注意道昇之歸誠邸。道聲在閩，原無爲耿丞相之說，世宗追誣之，以歸罪於誠邸；此康熙六十一年世宗諭旨，不惜以天子誣罔匹夫，知其怨毒之鍾於誠邸，不過忌陳楊修書之能爲誠邸博聖祖之歡心而已。自此誠邸若口無間言，當亦可保其軀命，以其究無擠其儲位之實蹟也。然卒不能免者，則必以誠邸知世宗嗣位眞相，辭色之間既不竭誠輸服，將有發其隱覆之嫌，覺其坐罪之詞，多不成罪狀，由世宗自行宣布，而諸王大臣加以描畫，歸結於父子革爵正法，由特旨改爲拘禁終身，何其酷也。世宗所宣布誠邸罪名，惟見上諭旗務議覆中，東華錄無之，想已爲實錄所削。玆錄如下：

雍正八年五月上諭：誠親王允祉，自幼即爲皇考之所厭賤，養育於外，年至六歲，尚不能言。每見皇考，輒驚怖啼哭。

誠邸爲世宗兄，其幼時事，豈世宗所能置議？且此事豈論罪所當牽涉？

及年歲漸長，則性情乖張，行事殘刻：於皇考之前，則不義不孝；於其母妃，則肆行忤逆。是以皇考屢降諭旨，將其心術不端之處，宣示於衆。此擧朝所共知者。

誠邸生母榮妃，忤逆之說無考。惟於怡邸母敏妃之喪，在康熙三十八年，不滿百日薙髮，爲聖祖所責。允祉自怨自艾，作責躬集。陳夢雷集中有責躬集序文。

其接待諸兄弟，皆刻薄寡恩。諸兄弟皆深知其人而鄙棄之。

誠邸擁護廢太子，明見聖祖諭旨褒美之。其他刻薄，惟見本諭旨中怡邸喪事。誠邸有二兄，大阿哥以鎭魘太子爲誠邸所發，二阿哥卽太子，諸兄弟中惟誠邸救護之，爲聖祖所賞。其餘讎太子者自不慊於誠邸。若謂誠邸刻薄，誠邸無權，祇有情誼之不浹，並無危害之相加。諸弟若果鄙棄其兄，卽諸弟亦負不恭之罪，與不友等耳。此亦非論罪所當及。

其待朝臣，則倨傲無禮。其待所屬，則需索無厭。此亦中外所共知者。

此爲諸皇子所同然，世宗在潛邸時亦然，觀戴鐸啓本即可見。

> 從前二阿哥廢黜之後，允祉居然以儲君自命，私謂莊親王曰：「東宮一位，非我即爾。」其狂誕怪妄如此。

在儲位未定前，有此私語，但儲位定後即不復覬覦，亦不當論罪。至獨與莊親王語此，則知世宗所深忌者楊文言代修曆律淵源一書，當時必深契聖祖之意。莊邸亦諸皇子中習天算之學者，聖祖甚重此學，故有此揣度。當世宗發此諭之先，莊邸正彈劾誠邸，以引起種種罪狀。則前此私語，亦莊邸媚帝而舉發之耳。

> 皇考聖躬違和之時，朕侍奉湯藥，五內焦勞，而允祉不但無憂戚之容，而且有欣幸冀望之意，爲子臣所不忍言者。其天良盡泯，一至於此。

自誇其孝，責兄不孝，並無違忤實迹，祇想像於辭意之間，此不足以罪人，徒見己之不弟而已。

> 皇考以東宮儀仗禮服，從前定制太過，特命廷臣糾正，允祉見廷臣所議，忿然謾罵，且云：「如此則何樂乎爲皇太子耶！」

此本是爲太子不平，不過心眼拙直，狃於前此之尊貴太子，後覺貶損太過。亦有何罪？然宗人府王大臣議罪，則描畫之云：「當二阿哥廢黜之後，允祉居然以儲君自命，見廷臣更正東宮儀仗，輒忿然謾罵。此其妄亂之罪一也。」更引伸於世宗諭旨之外，可謂善承意旨矣。

> 康熙六十一年，皇考龍馭上賓。方有大事之夜，朕命允祉管理內事，阿其那管理外務。乃允祉私自出外，與阿其那密語多時，不知所商何事。此天奪允祉之魄，自行陳奏於朕前者。及朕令阿其那總理事務，阿其那則在朕前保奏允祉可以大用。此阿其那欲引允祉爲黨助，共圖擾亂國政之明驗也。

大事之夜，兄弟間何以竟不可通一語？既自行陳奏，可知原無避忌。阿其那方任爲總理，何能禁其有所保奏？若以當時被保奏爲罪，則當時任彼爲總理者，罪名豈不更重？

允祉在皇考時，侵帑婪贓，逋欠纍纍。朕恐其完公之後，家計未能充裕，兩次共賜銀十五萬兩，俾其饒足。而允祉每以該部催追數百兩數千兩之處，瑣屑瀆奏，怨忿不平，朕皆寬宥之。

逋欠是康熙間諸王常態。及世宗令該旗該部催追，特自發內帑贍給其乏，此是世宗限制諸王之能事。誠邸不知風色，尙忿催追而訴於帝前，此實長厚太過。既稱寬宥之，即不當論罪；而王大臣論之曰：「貪黷負恩之罪，法所難宥者一也。」則前之寬宥乃爲之併計加罪地也。

舉朝滿漢文武大臣，皆受皇考教養深恩，而朕藉以辦理庶政者。允祉屢奏朕云：「此輩皆欺罔之徒，無一人可信。」總之，凡爲國家抒誠宣力之人，允祉則視之如仇敵；而憸邪不軌之流，則引之爲腹心。如允禩當日與允祉仇怨最深，及允禩逆節顯著，朕令允祉搜其筆札，檢得塞思黑與允禩書，有「機會已失，悔之無及」之語，允祉竟欲藏匿，馬爾薩力持不可，始呈朕覽。又如允禵強悍罵凌，顧私黨而忘大義，朕革伊郡王，並伊子弘春貝子之爵，以教導之，而允祉於乾淸門之前，爲之嘆息流涕，其比溺匪類，肆無忌憚如此。

據此段諭文，正見誠邸於外廷無交結，而於諸弟則有恩私，與刻薄之說相反。罪之曰「比溺匪類，肆無忌憚，」則亦所謂何患無辭者矣。

又伊子弘晟，兇頑放縱，舉動非法，乃不可容於人世之人，朕寬恩但令禁錮，而允祉以此銜恨於心。蓋允祉溺此下愚之子，至尊君親上之義，亦所不顧也。

弘晟之不可容於人世，亦無事實。惟二年十一月庚戌，宗人府議奏：「世子弘晟，屢次獲罪，俱蒙恩宥。今又訛詐銀兩。請革世子爲閒散宗室，令伊父誠親王允祉嚴加約束。」從之。六年六月己亥，又議奏拏交宗人府嚴行鎖錮。如此而已。至銜恨於心，又無事實。特未能大義滅親耳。

又從前遣塞思黑往西大同時，朕將阿其那等黨惡種種，面諭允祉，允祉奏以「此等人能成何事」！後又密摺奏稱：「阿其那塞思黑等不忠不孝，罪惡滔天，若交與我，我卽可以置之死地」等語。朕諭之曰：「阿其那等罪惡當誅，自有國法。生死之柄，豈爾可操？爾此奏不知何心？」蓋允祉之意，欲暗置阿其那等於死，而不明正其罪，使天下後世議朕之非。此時曾向廷臣言之」。

此在誠邸爲希意太過，實非令舉。但在世宗則亦無罪可論。

數年以來，允祉進見，朕必賜坐，以朕勤政憂民之心告之。伊從未許朕一是字，且並未嘗一點首也。但以閒居散適之樂，娓娓陳述，欲以歆動朕怠逸之心，荒廢政事，以遂其私願。

弟爲天子，勤政愛民，已爲天子之兄，閒居自樂，正是各行其是。怠逸豈以此而歆動。古來中主能以此諒其諸弟者多矣。世宗方侃侃而談，使天倫之樂澌盡，豈不可愧。

前年八阿哥之事，諸王大臣無不爲朕痛惜，而允祉欣喜之色逾於平時。

此或爲太子舊怨。但既爲世宗所罪，則對罪人無甚哀戚亦不當論罪。

至於怡親王，公忠體國，夙夜勤勞，朕每向允祉稱道其善，冀以感悟之。而允祉置若罔聞，總未一答。今怡親王仙逝，因允祉素與諸兄弟不睦，果親王體素羸弱，不能耐暑，是以未令成服。而果親王再三懇請，允祉則淡漠置之。且數日以來，並不請朕之安，朕心甚爲疑訝。今據莊親王等參奏，不料允祉之狂悖兇逆，至於此極。以怡親王忠孝性成，謨猷顯著，爲皇考之令子，爲列祖之功臣，今一旦仙逝，不但朕心悲痛感傷；中外臣工，同深悽愴；卽草野小民，亦莫不以國家失此賢王，朕躬失此良佐，爲之欷歔歎息。況允祉以兄弟手足之情，乃幸災樂禍，以怡親王之薨逝為慶幸，尙得謂有人心者乎？又朕將褒奬表揚怡親王之諭旨，頒示在王府人等，衆人宣讀傳示之際，允祉並不觀覽，傲然而去，尙得謂有君上者乎？」

兄弟之間，意志不同，乃道義之品評，非刑法所裁制。此固不當論罪。文中以莊親王等參奏，定為狂悖兇逆，已至其極，則參奏中是否尙有別情？今檢東華錄，本月己卯，莊親王允祿內大臣佛倫等參奏：「臣等奉命辦理怡親王喪事，所見齊集人員，無不銜恩垂泣；獨誠親王允祉，當皇上親臨同宮之後，遲久始至。逮宣讀皇上諭旨之時，衆皆嗚咽悲泣，而誠親王早已回家。且每日於舉哀之時，全無傷悼之情。視同隔膜。請交與該衙門嚴加議處」云云。參奏語不過如此。謂兄臨弟喪不哀，何得加以狂悖兇逆之目。且兄不哀此一弟之喪，本非他一弟所能參論。又其不令成服，乃由帝旨。不成服之弟兩人，果親王則以懇請成服為逆探言外之隱衷，誠邸則以遵令不成服為拘守言中之明示，逆探者或有逢迎之能，拘守者何來狂悖兇逆之咎？

允祉從前過惡多端，不可枚舉。但因其心膽尙小，未必敢為大奸大惡之事。從前陳夢雷之案敗露，朕若據事根究，允祉之罪甚大。朕心不忍，姑令寢息。及後為諸王大臣等參劾，宗人府議覆拘禁，朕仍復寬恩，將伊降為郡王，薄示懲儆，而伊毫不知畏懼。今年又特加恩，復伊親王之爵，而伊毫不知感激。茲當怡親王仙逝，衆心悲戚之時，而允祉喪心蔑理若此，是法不知畏，恩不知感，以下愚之人而又肆其狂誕，勢必為國家之患。朕承列祖之洪基，受皇考之付託，不能再為隱忍姑息，貽患於將來也。其作何治罪之處，著宗人府諸王貝勒貝子公八旗大臣九卿詹事科道會同定議具奏。特諭。

陳夢雷案已見前，謂陳為耿藩從逆，則戍所召回，命入誠邸，乃由聖祖，非誠邸罪也；謂陳為招搖不法，則當時並無招搖害政事實。刑部滿漢尙書陶賴張廷樞皆不知所坐何等罪名，至均以輕縱降調，又何至罪及府主？乃諭中既涉及陳夢雷，王大臣議覆，遂於陳夢雷一款添出事實。文云：「允祉累日包藏禍心，希冀儲位，與逆亂邪僞之陳夢雷親暱密謀，遂將陳夢雷逆黨周昌言私藏家內，妄造邪術，拜斗祈禳，陰爲鎭魘；及事蹟敗露，允祉罪在不赦，我皇上法外施仁，不忍加誅」云云。周昌言前未見過，此時忽添邪術鎭魘等說，果有此事，縱對誠邸法外施仁，何以對陳夢雷僅止遣戍，且未究周昌言其人？意議覆之王大臣直以意爲之，且以楊文言含混爲周昌言耳。此種議覆，本無眞僞可辨。且今年已復親王爵，前事本不當復論。今所謂喪心蔑理，無過怡王之喪臨哭不哀一款，其餘皆任意誣蔑之辭。其實則陳夢雷楊文言爲所忌之人，古今圖書集成、曆律淵源二書爲所忌之物。是爲淸皇室之文字獄。較之允禩諸人以傳播世宗得位之不正而被罪者，更爲得已而不已，旣爲東華錄所不詳，想爲實錄之所已諱。臚舉之以見世宗之殘忍。至允禩允禟允䄉允禵之事，則東華錄之外，已詳余「世宗入承大統考實」中。

第八節　雍乾之學術文化上　禪學

聖祖以宋儒性理之學爲宗，用以培養士大夫風氣；其於致用，則提倡科學；實爲中國帝王前所未有，後亦莫之能及。故康熙間學術，德性與學問並重。而稽古右文，公卿風雅，天下翕然知所嚮往，其氣象已略述於前矣。至世宗而獨以禪學鳴。雍正八年以前，於兄弟間意所不慊者，排除已盡，十年以後，多刻佛經，又自操語錄選政，自稱圓明居士，亦隨諸大師之後，列爲語錄之一家。其傳播語錄，自是禪宗派別。然挾萬乘之尊，自我作古。所選語錄，首爲姚秦之肇法師，在達摩未到禪未成宗之日；其下共選十餘家，似皆禪宗，而又雜出一佛門以外之紫陽眞人，禪門以外之淨土宗蓮池大師，已則以居士厠禪宗諸師之後。又認章嘉胡土克圖爲恩師，則又錯入西藏密宗喇嘛教；所記章嘉口語，亦有似乎禪和，已之頓悟禪機，亦有似乎夜半傳衣之秘。喇嘛何知，此必世宗之作用耳。世宗選歷代禪師語錄，分前後集，後集又分上下。其後集下序云：

朕少年時，喜閱內典，惟慕有爲佛事。於諸公案，總以解路推求，以輕禪宗。謂如來正教，不應如是。聖祖勅封灌頂普慧廣慈大國師章嘉呼土克圖喇嘛，乃眞再來人，實大善知識也。梵行精純，圓通無礙。西藏蒙古中外之所皈依，僧俗萬衆之所欽仰。藩邸清閒，時接茶話者十餘載。得其善權方便，因知究竟此事。壬辰春正月，延僧坐七、二十、二十一，隨喜同坐兩日，共五枝香，卽洞達本來。方知惟此一事實之理。然自知未造究竟，而迦陵音乃踊躍贊嘆，遂謂已徹元微，儱侗稱許。叩問章嘉，乃曰：「若王所見，如針破窗紙，從隙窺天。雖云見天，然天體廣大，針隙中之見，敢謂徧見乎？佛法無邊，當勉進步。」朕聞斯語，深洽朕意。二月中，復結制於集雲堂，著力參求。十四日晚，經行次，出得一身透汗，桶底當下脫落，始知實有重關之理。乃復問證章嘉，章嘉國師云：「今王見處雖進一步，譬猶出在庭院中觀天矣。然天體無盡，究未悉見。法體無量，當更加勇猛精進」云云。朕將章嘉示語，問之迦陵音，則茫然不解其意，但支吾云：「此不過喇嘛教回途工夫之論，更有何事。」而朕諦信章嘉之垂示，而不然性音之妄可。仍勤提撕，恰至明年癸巳之正月二十一日，復堂中靜坐，無意中忽踏末後一關，方達三身四智合一之理，物我一如本空之道。慶快平生。詣章嘉所謝禮，國師望見卽曰：「王得大自在矣！」朕進問「更有事也無？」國師乃笑，展手云：「更有何事耶？」復用手從外向身揮云：「不過尙有恁麼之理，然易事耳。」此朕平生參究因緣。章嘉呼土克圖國師喇嘛，實爲朕證明恩師也。其他禪侶輩，不過曾在朕藩邸往來，壬辰癸巳間坐七時，曾與法會耳。

據世宗自言其得道，在禪門爲已得正果，在喇嘛門下，亦爲已成呼土克圖。其得道在壬辰癸巳間，是爲康熙五十一二年間，正太子復廢之會。世宗在其時親近沙門，當是表明其無意逐鹿。及後屠戮兄弟既盡，又追述其事，並重張其焰，以自身直接歷代高僧，著書立說，自成一人王兼作法王宗派，居之不疑。此當是掩蓋平生之殘忍，故託慈悲。觀其佞佛，絕無爲釋子眩惑之弊；英明固自天賦，要亦其對於宗教實非迷信，讀史者可得而推考之也。

世宗不認禪宗名德爲本師，而認章嘉佛。清廷之尊黃教，本以馭藩。喇嘛在所必尊，則即用以爲學佛之標幟。亦一客不煩二主之意。緇流攀附，無所影響。至其不倫不類，則王者自有大權。大藏中於世宗選輯之書及其自著語錄，皆赫然著錄，萬世宗門，引爲榮幸，孰識其宗派之歧。其嚴絕禪鑽之路，時時見於佞佛說中。如歷代禪師後集下序中，深抑性音，防其以蒙召之故高自位置。又於世祖時敬禮之二僧：以玉林屏絕虛榮，木陳稍參世法，一則揚之升天，一則抑之入地，以示其防杜攀緣之峻。在序文中即云：

朕身居帝王之位，口宣佛祖之言。天下後世理障深重者，必以教外別傳之旨，未經周公孔子評定，懷疑而不肯信。然此其爲害猶淺。若夫外託禪宗，心希榮利之輩，必有千般誑惑，百種譸詐。或曾在藩邸望見顏色，或曾於法侶傳述緒言，便如骨巖木陳之流，揑飾妄詞，私相紀載，以無爲有，恣意矜誇，刊刻流行，煽惑觀聽。此等之人，既爲佛法所不容，更爲國法所宜禁。發覺之日，即以詐爲制書律論。

世宗既談禪，又拒絕釋子，則恐語言文字無所附麗。徒恃刊刻二十八經，選輯歷代語錄，尚覺乏味乃又開堂授徒，以天子爲一山之祖。集其徒衆，自相倡和，命曰當今法會。其所擇之人，必取其不敢禪鑽者，而又以旨意嚴示之。觀所撰當今法會序，可想其防禁之密。序云：

朕自去臘閱宗乘之書，因選輯從上古德語錄。聽政餘閒，嘗與在廷之王大臣等言之。自春入夏，未及半載，而王大臣之能徹底洞明者，遂得八人。夫古今禪侶，或息影雲林，棲遲泉石，或諸方行脚，到處參堂，乃談空說妙者似粟如麻，而了悟自心者鳳毛麟角。今王大臣於半載之間，略經朕之提示，遂得如許人，一時大徹，豈非法會盛事。選刻語錄既竣，因取王大臣所著述，曾進呈朕覽者，輯其合作，編爲一集，錫名當今法會，附刊於後。朕惟如來正法眼藏，涅槃妙心，如杲日在空，有目共覩，迷者自迷，悟者自悟。誠於此一直超入，則經綸萬有，實爲行所無事。朕一日二日萬幾，諸臣朝夕不懈於位，莫非平治天下之爲，而卽於此深嘗圓頓甘露之味，可知此事之爲實際理地，而非狂參及解路所可得而託也。朕居帝王之位，行帝王之事，於通曉宗乘之虛名何有？況此數大臣，皆學問淵博公忠方正之君子，一言一行，從無欺妄，又豈肯假此迎合，爲諂諛小人之事？朕又豈有默傳口授，作塗汚慧命之端？誠以人果於心性之地直透根源，則其爲利益自他，至大而至普，朕之惓惓於此，固非無謂而然也。卷中言句，所謂「師子祇三歲，便能大哮吼」，可以啓人弘信，廣布正燈。是選之傳，或於宗風不無小補。至在內禁修之沙門羽士，亦有同時證入者六人，其所作亦附刊焉。是爲序。

法會中又有羽士在內。而歷代禪師語錄內，亦有紫陽眞人，竟無宗教門戶。四庫書目亦有釋家，而世宗御選御製之書竟不收入。尤異者，宮史御刻御製之書亦不涉及。外間傳刻，轉惟釋藏。淸之尊用佛教，絕非本心，視宗教爲一種作用，不足與大經大法相混。四庫定自高宗，宮史亦乾隆間所修。世宗之舞弄佛教，箝制佛教如彼，高宗之拒外佛教如此。更證以乾隆末年御製喇嘛說，則於淸代之約束西藏活佛，更可知以政馭教，決不以教妨政之眞相矣。喇嘛說作於廓爾喀既平之後。廓爾喀與西藏糾葛，引兵侵藏，中國討之，並聲西藏搆煽廓夷各喇嘛之罪，事定後作此說以諭衆也。其說云：

佛法始自天竺，東流而至西番。其番僧又相傳稱爲剌馬。予細思其義，蓋西番語謂上曰喇，謂無曰嘛，喇嘛者謂無上，即漢語稱僧爲上人之意耳。喇嘛又稱黃教，蓋自西番高僧帕克巴（舊作八思巴）始。盛於元，沿及於明，封帝師國師者皆有之。

自注：元世祖初封帕克巴爲國師，後復封爲大寶法王，並尊之曰帝師。同時又有丹師者，亦封帝師。其封國師者不一而足。明洪武初，封國師大國師者不過四五人。至永樂中，封法王西天佛子者各二。此外灌頂大國師者九，灌頂國師者十有八。及景泰成化間，益不可勝紀。

我朝惟康熙年間祇封一章嘉國師，相襲至今。

自注：我朝雖興黃教，而並無加崇帝師封號者。惟康熙四十五年勅封章嘉呼土克圖爲灌頂國師。示寂後，雍正十二年，仍照前襲號爲國師。

其達賴喇嘛，班禪額爾德尼之號，不過沿元明之舊，換其襲勑耳。

自注：黃教之興，始於明番僧宗喀巴。生於永樂十五年丁酉，至成化十四年戊戌示寂。其二大弟子曰達賴喇嘛，曰班禪喇嘛，達賴喇嘛位居首，其名曰羅倫嘉穆錯，世以化身掌黃教：一世曰根敦珠巴，二世曰根敦嘉穆錯，三世曰索諾木嘉穆錯，即明時所稱活佛錯南堅錯也，四世曰雲丹嘉穆錯，五世曰阿旺羅卜藏嘉穆錯，我朝崇德七年，達賴喇嘛班禪喇嘛遣貢方物。八年，賜書達賴喇嘛及班禪呼土克圖。蓋仍沿元明舊號。及定鼎後，始頒給勅印，命統領中外黃教焉。

蓋中外黃教，總司以此二人，各部蒙古一心歸之。興黃教即所以安衆蒙古，所繫非小，故不可不保護之，而非若元朝之曲庇諂敬番僧也。

自注：元朝尊重喇嘛有妨政事之弊，至不可問。如帝師之命與詔勅並行；正衙朝會，百官班列，而帝師亦專席於坐隅；其弟子之號司空司徒國公，佩金玉印章者，前後相望。怙勢恣睢，氣焰薰灼，爲害四方，不可勝言。甚至強市民物，捽捶留守，與王妃爭道，拉毆墮車，皆釋不問。並有「民毆西僧者截手，詈之者斷舌」之律。若我朝之興黃教，則大不然。蓋以蒙古奉佛，最信喇嘛，不可不保護之以爲懷柔之道而已。

其呼土克圖之相襲，乃以僧家無子，授之徒與子何異，故必覓一聰慧有福相者，俾爲呼必勒罕（即漢語轉世化生人之義）。幼而習之，長成乃稱呼土克圖，此亦無可如何中之權巧方便耳。其來已久，不可殫述。孰意近世，其風日下。所生之呼必勒罕率出一族，斯則與世襲爵祿何異。予意以爲大不然。蓋佛本無生，豈有轉世？但使今無轉世之呼土克圖，則數萬番僧何所皈依？不得不如此耳。

自注：從前達賴喇嘛示寂後，轉生爲呼必勒罕：一世在後藏之沙卜多特地方。二世在後藏大那那特多爾濟丹地方，三世在前藏對隴地方，四世在蒙古阿勒坦汗家，五世在前藏崇塞地方；六世在裏塘地方；現在之七世達賴喇嘛，在後藏托卜札勒拉里岡地方。其出世且非一地，何況一族乎。自前輩班禪額爾德尼示寂後，現在之達賴喇嘛與班禪額爾德尼之呼必勒罕，及喀爾喀四部落供奉之哲卜尊呼土克圖，皆以兄弟叔姪姻婭遞相傳襲，似掌此教之大喇嘛，呼必勒罕皆出一家親族，幾與封爵世職無異。即蒙古內外各札薩克供奉之大呼必勒罕，近亦有各就王公家子弟內轉世化生者。即如錫呼圖呼土克圖，即係喀爾喀親王固倫額駙拉旺多爾濟之叔，達克巴呼土克圖，即係阿拉善親王羅卜藏多爾濟之姪，諾尹綽爾濟呼土克圖，即係四子部落郡王拉什燕丕勒之子，堪卜諾們汗札木巴勒多爾濟之呼必勒罕即係圖舍圖汗車登多爾濟之子。似此者難以枚舉。又從前哲卜尊丹巴呼土克圖圓寂後，因圖舍圖汗之福晉有娠，衆即指以爲哲卜尊丹巴呼土克圖之呼必勒罕，及彌月竟生一女，更屬可笑。蒙古資爲談柄，以致物議沸騰，不能誠心皈信。甚至紅帽喇嘛沙瑪爾巴垂涎札什倫布財產，自謂與前輩班禪額爾德尼，及仲巴呼土克圖，同係弟兄，皆屬有分，唆使廓爾喀滋擾邊界，搶掠後藏。今雖大振兵威，廓爾喀畏懼降順，匍匐請命，若不爲之剔除積弊，將來私相授受，必致黃教不能振興，蒙古番衆猜疑輕視，或致生事。是以降旨藏中，如有大喇嘛出呼必勒罕之事，仍隨其俗，令拉穆吹忠四人降神誦經，將各行指出呼必勒罕之名，書簽貯於由京發去之金奔巴瓶內，對佛念經，令達賴喇嘛或班禪額爾德尼，同駐藏大臣，公同簽掣一人，定爲呼必勒罕。雖不能盡除其弊，而較之從前各任私意指定者大有間矣。又各蒙古之大呼必勒罕，亦令理藩院行文，如新定藏中之例，將所報呼必勒罕之名，貯於雍和宮佛前安供之金奔巴瓶內，理藩院堂官會同掌印之札薩克達喇嘛等，公同簽掣，或得其僧，以息紛競。

去歲廓爾喀之聽沙瑪爾巴之語，刦掠藏地，已其明驗。雖興兵進剿，彼即畏罪請降，藏地以安，然轉生之呼必勒罕出於一族，是乃爲私。佛豈有私，故不可不禁。茲予製一金瓶，送往西藏，於凡轉世之呼必勒罕，衆所舉數人，各書其名置瓶中，掣籤以定。雖不能盡去其弊，較之從前一人之授意者，或略公矣。夫定其事之是非者，必習其事而又明其理，然後可。予若不習番經，不能爲此言。始習之時，或有議爲過興黃教者，使予徒泥沙汰之虛譽，則今之新舊蒙古，畏威懷德，太平數十年，可得乎？且後藏煽亂之喇嘛，即正以法。

自注：上年廓爾喀侵掠後藏時，仲巴呼土克圖既先期逃避，而大喇嘛濟仲札蒼等遂託占詞，爲不可守，以致衆喇嘛紛紛逃散，於是賊匪始敢肆行搶掠。因即令將爲首之濟仲拏至前藏，對衆剝黃正法，其餘札蒼及仲巴呼土克圖等，俱拏解至京，治罪安插。較元朝之於喇嘛，方且崇奉之不暇，致使妨害國政，況敢執之以法乎？若我朝雖護衛黃教，正合於王制所謂「修其教不易其俗，齊其政不易其宜」；而惑衆亂法者仍以王法治之，與內地齊民無異。試問自帕克巴創教以來，歷元明至今五百年，幾見有將大喇嘛剝黃正法及治罪者？天下後世豈能以予過興黃教爲譏議乎？元朝曾有是乎？蓋舉大事者必有其時與其會，而更在乎公與明。時會至而無公與明以斷之，不能也。有公明之斷而非其時與會，亦望洋而不能成。茲之降廓爾克、定呼必勒罕、適逢時會，不勤聲色以成之。去轉生一族之私，合內外蒙古之願，當耄期歸政之年，復成此事，安藏輯藩，定國家清平之產於永久，予幸在茲，予敬益在茲矣。

自順治初，達賴喇嘛來京，要帝出迎，滿臣贊之，漢臣諫阻，卒從漢臣；時已絕非蒙古信喇嘛之故習矣。世祖學佛乃學流行中國之佛，視喇嘛純爲作用。世宗學佛，意更在語錄等書。明明學中國佛學，而偏戴章嘉佛爲師。宗派不同，強合爲一。捨雍邸故宅爲雍和宮，爲章嘉佛誦經之所，已稱居士，自謂得教外別傳，厠身於諸禪師之列。已則立地成佛，而不許天下攀附宗門，其爲別有取義，顯然可見。高宗嗣位，視世宗掩著之行爲，皆知其無益有損，故於雍正一朝之佛學絕不表章，此與殺曾靜張熙毀大義覺迷錄，同一幹蠱之事。大義覺迷錄一案，別見余「世宗入承大統考實」，不贅。至乾隆末作喇嘛說，更不爲世宗得道於喇嘛稍留餘地。蓋世宗之英明，猶欲以口舌勝人，術數馭世；高宗之英明，則知無所事此。其見解爲更進矣。

第十節　雍乾之學術文化下　儒學

世宗於吏治民生，極盡心力，講事功，實不講心性，晚乃遁入於禪，亦與世祖之學佛不同，自命爲已經成佛作祖，無所於讓。其對儒宗，則敬仰備至，不敢予聖。蓋知機鋒可以襲取，理道不能僞爲也。然所收純儒之效，遠遜康熙朝。卽有數理學名臣，亦不過守先朝作養之餘緒耳。清一代尊孔之事，莫虔於雍正一朝，後惟末季欲以孔聖救亡，復有過量之崇敬，則又非世宗時規模矣。前乎此者，世祖因前代之故，祀大成至聖文宣先師孔子，四配、十哲、兩廡、及啓聖公祠，祀位皆仍其舊，惟順治十四年，去大成文宣四字，改題至聖先師。康熙末，躋朱子於十哲，位卜子之次，而從祀增一范仲淹。蓋未嘗於文廟祀典多所改定也。雍正元年，詔追封孔子五代王爵，於是錫木金父公曰肇聖、祈父公曰裕聖、防叔公曰詒聖、伯夏公曰昌聖、叔梁公曰啓聖。孔子父自元以來已封啓聖王，明嘉靖時改封公，此爲先有之故事，以上四世，則封王自此始。舊稱啓聖祠，今以啓聖王爲祠中之一世，改稱崇聖祠。清世俗人則稱五王祠焉。二年，復以祔饗廟廷諸賢，有先罷宜復、或舊闕宜增、與孰應祔祀崇聖祠者，議一再上，於是復祀者六人：曰林放、蘧瑗、秦冉、顏何、鄭康成、范寧，增祀者二十人：曰孔子弟子二人：縣亶、牧皮，曰孟子弟子四人：樂正子、公都子、萬章、公孫丑，曰漢一人：諸葛亮，曰宋六人：尹焞、魏了翁、黃榦、陳淳、何基、王柏，曰元四人：趙復、金履祥、許謙、陳澔，曰明二人：羅欽順、蔡清，曰清本朝一人：陸隴其。入崇聖祠者一人：宋橫渠張子迪。陸隴其仕康熙朝，卒於康熙三十一年，距此不過三十二年。隴其篤守程朱，身歿未久而公論早定，可見聖祖所倡學風之純一。以立朝事實論，同僚間頗有異同，如李光地亦以講學名世，然於陸隴其之以爭捐納當罷奪官，即以其不諒時艱爲罪。光地固以講學爲投時之具者，不數年間，隴其之大名已定，非時論所能游移，則執德固而信道篤者獲伸於世；即清全盛時之學術，由此可觀其趨向矣。歷乾隆至嘉慶朝不改，於從祀不生異議。惟於乾隆二年復元儒吳澄祀，三年升有子若爲十二哲，次卜子商，移朱子次顓孫子師，不過取其相配平均耳，餘無他異。

雍乾間之儒學，天子不自講學，惟以從祀示好尙，於學術亦有影響。湯斌之人品，未必下於陸隴其，然以其學尙陸王，在道光以前，竟不能言從祀。清之中世，理學守門戶甚謹，於此可知。若李光地不免曲學阿世，亦自謂從事程朱，正投時好耳。其語錄謂湯斌以不好朱學，故不甚讀朱子書，光地指朱子上時君言事之書，謂龍逄比干不是過，斌乃折服。斯言故作雌黃，決非事實。湯何嘗不服朱子，惟受學於孫夏峯，宗爲陸王，得力有自，非待他人指出朱子有直諫之長而後服之。朱子處仁弱之世，寬大之朝，縱獻直言，決無殺身滅族之禍，正誼明道之君子皆能爲之，指以示斌，有何可以折服之處？凡光地所言，皆令人不敢置信。而要其揣摩時尙，與乾嘉以前理學宗傳相合，即知清中世之儒，篤信謹守。自是學術趨於一途。雖豪傑各有信仰，然使程朱能爲厲世摩鈍之用，則專爲學的，亦已足矣。湯斌等自信陸王，初不與程朱相詆毀，此即太平氣象。人品不足企陸隴其湯斌，而朱陸異同，爭辨不息，天下無道，辭有枝葉，此其驗矣。

雍乾間儒學無爭辨，而餘事則昌明文學。淸沿前代用科擧制，又沿明代以八股爲科擧取士之用。聖祖以身向自學，使天下承風。世宗以政事留心，不足言學問，其振興文教之事，則於雍正十一年正月諭各省建立書院，各賜帑銀一千兩爲倡，餘令各該省督撫豫籌膏火，以垂永久，不足者在存公銀內支用，擇一省文行兼優之士讀書其中，使之朝夕講誦整躬勵行，有所成就，俾遠近士子觀感奮發，亦興賢育才之一道云云。諭中又言各省學校之外，每設書院，臨御以來，未敕令各省通行，蓋欲徐徐有待，而後頒降諭旨。此爲省會徧設書院之始。自明初徧立郡縣學，是爲學校制。學官本爲課士而設，後不能擧其職，乃移其事任於書院。夫使同復學校初制，士以學官爲師，似不必盡待書院之山長，然延師之道不可以資格拘，就舊日任用學官之法，求爲士子得師，事必無濟。又爲士人求學而不出鄉，聲氣雖通，見聞不廣，終有隘陋之患。淸一代學人之成就，多在書院中得之，此固發展文教之一事也。是年四月，詔在京三品以上、及外省督撫會同學政，薦擧博學鴻詞，一循康熙年間故事。是詔未定試期，應詔薦擧者人數寥寥。至十三年八月，世宗崩，高宗卽位，十一月申諭速行保薦，乃於乾隆丙辰九月己未御試，十月，引見考取博學鴻詞劉綸等十五員，授翰林院編修檢討庶吉士有差。二年七月，復試續到博學鴻詞，授萬松齡等四人爲檢討庶吉士。是科取才之意，頗與康熙己未不同，得人亦不及己未之盛。然承平之世，天子右文，海內不但以入彀者爲榮，卽應試報罷之人，亦享高名於世，科目有靈，卽國家無故，此亦世運隆替之徵也。

淸一代有功文化，無過於收輯四庫全書，撰定各書提要，流布藝林一事。自古盛明之時，訪求遺書，校讎中秘，其事往往有之，然以學術門徑，就目錄中詔示學人，如高宗時之四庫館成績，為亘古所學有。蓋其搜羅之富，評隲之詳，為私家所不能逮，亦前古帝王所未及為也。四庫全書之起源，以安徽未政侍讀學士朱筠，於乾隆三十七年奉購訪遺書之詔，奏陳四事：一、舊本抄本，尤當急搜。二、中秘書籍，當標舉現有者以補其餘。一、著錄校讎當並重。一、金石之刻，圖譜之學，在所必錄。其第二款中有云：「臣在翰林，常翻閱前明永樂大典，其書編次少倫，或分割諸書，以從其類。然古書之全而世不恒覯者，輒具在焉。臣請敕擇取其中古書完者若干部，分別繕寫，各自為書，以備著錄。書亡復存，藝林幸甚。」內閣議覆內稱：「永樂大典一書，係永樂初年所輯，凡二萬二千九百餘卷，共一萬一千九十五冊。舊存皇史宬，復經移置翰林院典籍庫。扃貯既久，卷冊又多，派員前往庫內逐一檢查，據此書移貯之初，本多缺失，現在存庫者共九千餘本，較原目數已懸殊」等語。又奏「校核大典，就翰林院設辦事之所，並擬定條例進呈」。奉旨：「依議，將來辦理成編時，著名四庫全書。」是四庫全書之取名，本為輯大典中佚書而起，事在三十八年二月二十一日。至三月間，辦理四庫全書處又奏：「遵旨排纂四庫全書，仰蒙皇上指示，令將永樂大典內原載舊本，酌錄付刊，仍將內府所儲，外省取採，以及武英殿官刻諸書，一並彙齊繕寫，編成四庫，垂示無窮」等語；是知前此奉旨定名四庫全書，帝早有編定羣籍之意，方使四庫全書名實相稱。是為今存四庫全書辦理之原委。又其必為提要，最為四庫館中裨益藝林之偉舉，其端亦自朱筠發之。其奏陳四事中第三款云：「前代校書之官，如漢之白虎觀、天祿閣，集諸儒校論異同及殺青。唐宋集賢校理，官選其人，以是劉向劉知幾曾鞏等，並著專門之業。歷代若七略、集賢書目，其書具有師法。臣請皇上詔下儒臣，分任校書之選，或依七略，或準四部，每一書上，必校其得失，撮舉大旨，敍於本書首卷，並以進呈，恭候乙夜之披覽。臣伏查武英殿原設總裁纂修校對諸員，卽擇其尤專長者，俾充斯選。則日有課，月有程，而著錄集事矣」。後來提要規程實定於此。朱筠與弟大學士朱珪齊名，性情品行，學問文章，具載舊國史儒林傳，私家爲作傳記尤多，淸史不應無傳；他且不論，卽此四庫開館大典輯軼兩事，皆自筠發其端，爲一代文化述其源流，亦不應不有傳載，而淸史稿竟遺之，此爲遺漏之最難解者。

乾隆朝武英殿刊版之書，及御纂御定御製之書，較之康熙朝更多，具在宮史，不備列。其搜采各書，兼有自挾種族之慚，不願人以胡字虜字夷字加諸漢族以外種人，觸其忌諱，於是毀棄滅跡者有之，刊削篇幅者有之。至明代野史，明季雜史防禁尤力。海內有收藏者，坐以大逆，誅戮纍纍。以發揚文化之美舉，構成無數文字之獄，此爲滿漢雠嫉之惡因。統觀前史，暴君虐民，事所常有，淸多令主，最下亦不失爲中主，宜可少得罪於吾民，而卒有此荼毒士大夫之失德。今文字獄已有專輯，其不出於檔案者，余亦稍有搜輯⑪，當別成專著，不能列入本篇。惟乾隆以來多樸學，知人論世之文，易觸時忌，一概不敢從事，移其心力畢注於經學，畢注於名物訓詁之考訂，所成就亦超出前儒之上，此則爲淸世種族之禍所毆迫，而使聰明才智出於一途，其弊至於不敢論古，不敢論人，不敢論前人之氣節，不敢涉前朝亡國時之正義；此止養成莫談國事之風氣、不知廉恥之士夫，爲亡國種其遠因者也。

文字獄不暇細數，果屬觸犯而成獄，雖暴猶爲罪有可加，謂其爲違梗也。卽無意中得違梗之罪，而遂戮辱，猶謂使人知有犯必懲，不以無意而解免之，所以深懲違梗之嫌疑也。雍乾間文字之獄，有最難解者三事：謝濟世注大學，從禮記本，不從朱子四書集注本，不用程子所補格致傳；順承郡王錫保，參奏濟世謗毀程朱，此因濟世以參世宗所倚任之田文鏡得罪，希意摭拾其過。然禮記亦頒定之經書，既與四書並行，信此信彼，必無大罪，乃世宗則云：「朕觀濟世所注之書，意不止謗毀程朱，乃用大學內見賢而不能舉兩節，言人君用人之道，借以抒寫其怨望誹謗之私也。其注有『拒諫飾非，必至拂人之性，驕泰甚矣』等語，觀此則謝濟世之存心昭然可見」云云；遂深辨田文鏡之不當參，己之非拒諫，令議濟世罪。九卿等議斬決，後得旨免死，交錫保令當苦差，效力贖罪。此謝濟世之幸而不死，後卒釋回而以名臣傳於世者也。夫濟世既注經文，經文自是如此意義，而竟議斬，則如宋儒之說經多涉事理者，聖經賢傳孰非警戒人君之語，一涉筆即得死罪，程朱皆寸磔而有餘矣。乾嘉間天下貶抑宋學，不談義理，專尙考據，其亦不得已而然耳。故清一代漢學之極盛，正士氣之極衰。士氣衰而國運焉能不替？此雍乾之盛而敗象生焉者一也。陸生枏作通鑑論，今已不見其書。生枏與濟世均廣西人，得罪亦同時，同在錫保軍前，爲錫保所奏。世宗逐條諭駁，所引原文具在東華錄，可見生枏就鑑論鑑，所見與世各有異同，要是作論本色，絕無桀驁不馴，聳聽激變之語：一曰論封建，則云「封建之制，古聖人萬世無弊之良規，廢之爲害，不循其制亦爲害。至於害深禍烈，不可勝言」。又云「聖人之世，以同寅協恭爲治。後世天下至大，事繁人多，奸邪不能盡滌，詐僞不能盡燭，大抵封建廢而天下統於一，相既勞而不能深謀，君亦煩而不能無缺失。始皇一片私心，流毒萬世」等語。二曰論建儲，則云：「儲貳不宜干預外事，且必更使通曉此等危機」。又云「有天下者不可以無本之治治之」等語。三曰論兵制，則云「李泌爲德宗歷敍府兵興廢之由，府兵旣廢，禍亂遂生，至今爲梗，上陵下替」。又云「府兵之制，國無養兵之費，臣無專兵之患」等語。四曰論隋煬帝，則云「後之君臣，儻非天幸，其不爲隋之君臣者幾希」等語。五曰論人主，則云「人愈尊，權愈重，則身愈危，禍愈烈。蓋可以生人殺人賞人罰人，則我志必疏，而人之畏之者必愈甚。人雖怒之而不敢洩，欲報之而不敢輕，故其蓄必深，其發必毒」等語。六曰論相臣，則云「當用首相一人。首相奸諂誤國，許凡欲效忠者皆得密奏。即或不當，亦不得使相臣知之」。又云「因言固可知人，輕聽亦有失人。聽言不厭其廣，廣則庶幾無壅。擇言不厭其審，審則庶幾無誤。」又云「爲君爲臣，莫要於知人，而立大本不徒在政迹。然亦不可無術相防」等語。七曰論王安石，則云「賢才盡屏，諮謀盡廢，而已不以爲非，人君亦不知人之非，則並聖賢之作用氣象而不知」。又云「篤恭而天下平之言，彼固未之見，知天知人之言，彼似未之聞也。人無聖學，能文章，不安平庸，鮮不爲安石者」等語。八曰論無爲之治，則云「雖有憂勤，不離身心。雖有國事，亦第存乎綱領。不人人而察，但察銓選之任。不事事而理，止理付託之人。察言動，謹幾微，防讒間，慮疏虞。憂盛危明，防微杜漸而已。至若籩豆之事，則有司存」。又云「絳度數諫，異鑄順從，是以陷於朋比而不知。蓋有聖功即有王道。使徒明而不學，則人欲盛而天理微，固不能有三代之事功。至力衰而志隳，未有能如其初」等語。

以上皆世宗所舉通鑑論之原文，駁其是非可也，竟曰「罪大惡極，情無可逭，將陸生枏軍前正法，以爲人臣懷怨誣訕者之戒」云云。夫通鑑論原文必甚多，世宗特挑出此八端，必以其爲罪惡所在，無過於此數語，今試由讀史讀鑑者平心論之，有一語可致殺身否？即其論人君而作危詞，古所云城高池深，兵甲堅利，不得人和，委而去之，此乃寡助之至親戚畔之之定理。溫公作通鑑，本以爲法爲戒之故，分別詔人，學者能加以發揮，正是忠君愛國之眞意，以此擬殺身之禍，復誰樂致力於史實，以與國家社會相維繫乎？乾嘉學者，寧遁而治經，不敢治史，略有治史者，亦以漢學家治經之法治之，務與政治理論相隔絕，故清一代經學大昌，而政治之學盡廢。政治學廢而世變誰復支持，此雍乾之盛而敗象生焉者二也。

尹嘉銓爲故父會一請謚，又請將湯斌、范文程、李光地、顧八代、張伯行、及其父會一，從祀文廟，事在乾隆四十六年，奉旨拏交刑部治罪，並查伊家有無狂悖不法字蹟。此爲因冒昧瀆奏，而引入文字之獄。有司查得嘉銓所著書籍。嘉銓主聚徒講學，其文有云：「朋黨之說起而父師之教衰，君亦安能獨尊於上哉」。諭旨則云：「顯悖世宗御製朋黨論」。又有「爲帝者師」之句，則云：「無論君臣大義，不應妄語，即以學問而論，內外臣工，各有公論，尹嘉銓能爲朕師傅否？」又著有名臣言行錄，臚列本朝大臣，則云「朱子當宋式微，又在下位，今尹嘉銓欲於國家全盛之時，妄生議論，實爲莠言亂政」。又自稱古稀老人，則云：「朕御製古稀說，頒示中外，而伊竟以自號」云云。嘉銓不以朋黨爲非，又襲講學家自重之習，學孟子爲王者師之說；纂集當代大臣言行，乃留心文獻之要務；七十曰古稀，自杜工府有此詩句，人盡習稱，豈可以帝王專其利；高宗於上年剛及七十，自稱古稀天子；嘉銓之稱古稀，是否在其後，今尚未明，姑不論。此外日記中家庭瑣屑語，即有迂腐可笑，豈有殺身之罪？乃大學士等竟定擬淩遲處死，家屬緣坐，滿廷無救正之言，惟以逢迎爲宰相之責，是何氣象？特旨改絞立決，免其淩遲及緣坐，謂之加恩。是此案歸結。而諭旨又特提嘉銓二罪：因日記中記有任大理卿時，與刑部籤商緩決事，謂之市恩。又稱大學士協辦大學士作相國，則云「明洪武時已廢宰相，我朝相沿不改。祖宗至朕臨御，自以敬天愛民勤政爲念，復於何事藉大學士之襄贊？昔程子云，天下治亂繫宰相，止可就彼時闒冗而言，我國家世世子孫能以朕心爲心，整綱維而勤宵旰，庶幾永凝庥命，垂裕萬年」云云，此則視大學士爲贅疣。謂清沿明制，不設宰相，則不知明大學士五品，後來兼尚書宮保，其位乃尊，可云大學士非宰相。清則大學士正一品，禮絕百僚，何得云非宰相？有宰相便是闒冗，並戒世世子孫，不許倚任大臣襄贊，此眞亡國之言。是以當時之大學士，祇能希意議尹嘉銓之淩遲緣坐矣。孟子所謂訑訑之聲音顏色，拒人於千里之外，士止於千里之外，則讒諂面諛之人至矣。與讒諂面諛人居，國欲治可得乎？當時自大學士以下，孰非讒諂面諛，又是何氣象？天之厚清，實異尋常。康熙六十一年，享國之久，古已僅有。高宗二十五歲始卽位，自稱在位六十年必退休，居然滿六十年。以八十六歲之年，內禪仁宗，稱太上皇訓政踰三年，以嘉慶四年正月始崩，享壽至八十九歲。西陲拓地萬里，臣屬至葱嶺以西，衞藏以外。國內太平，文治自然興起。而順康雍乾四朝，人主聰明，實在中人以上。修文偃武，制作可觀。自三代以來，帝王之尊榮安富，享國久長，未有盛於此時者也。而乃盈滿驕侈，斬刈士夫，造就奴虜，至亡國無死節之臣，然後知自侮自亡之故，嗚呼晚矣。

第四章 嘉道守文

第一節 內禪

乾隆間，高宗嘗自言：踐阼之初卽以周甲歸政告天。至六十年九月初三日辛亥，帝御勤政殿，召皇子皇孫王公大臣入見，宣示立皇十五子嘉親王永琰爲皇太子，以明年丙辰爲嗣皇帝嘉慶元年。

高宗遵世宗家法，不立太子，惟密定皇儲，緘名於乾清宮正大光明扁額後。始於乾隆元年密定元后孝賢皇后所生皇二子永璉爲太子，三年殤，追贈爲皇太子，謚端慧。時仁宗未生。至三十八年，仁宗生十四歲，被密建爲太子。至六十年九月辛亥，集王公百官御勤政殿啟密緘，立爲太子，並命太子名上一字改書顒字，是爲嘉道兩朝帝諱自避習用字之始。

丙辰元旦舉行授受大典，帝侍太上皇詣奉先殿堂子行禮，遣官祭太廟後殿，太上皇帝御太和殿，親授帝寶，帝跪受寶，太上皇受賀畢還宮，帝卽位受賀，奉太上皇帝傳位詔書，頒行天下，覃恩有差。太上皇帝以寧壽宮爲頤養之所。太上有所行幸，帝必從。帝聽政必御乾清門。在圓明園則御勤政殿，三年之中，太上訓政。當乾隆之季，高宗倦勤，和珅用事，帝之得立與否，和珅頗有關係。既受內禪，高宗已稱太上，耄而健忘，和珅頗能左右其意指，清世所傳如是，然無正大之紀載，及閱朝鮮實錄，頗足徵實。節錄如左：

朝鮮正宗實錄：二十年，卽清嘉慶元年，三月十二日戊午，召見回還進賀使李秉模等。上曰：「太上皇筋力康寧乎

?」秉模曰：「然矣」。上曰：「新皇帝仁孝誠勤，譽聞遠播云，然否?」秉模曰：「狀貌和平灑落，終日宴戲，初不遊目。侍坐太上皇，上皇喜則亦喜，笑則亦笑。於此亦有可知者矣。」李秉模於二月十九日乙未，先有馳啓言：「正月十九日平明，因禮部知會，詣圓明園。午後，與冬至正副使入山高水長閣。太上皇帝出御閣內後，入參內班。禮部尚書德明引臣等及冬至正副使至御榻前跪叩，太上皇帝使閣老和珅宣旨曰：『朕雖然歸政，大事還是我辦。你們回國問國王平安。道路遙遠，不必差人來謝恩。……』黃昏時，太上皇帝從山高水長閣後御小舫，嗣皇帝亦御小舟隨之。又令臣等乘舟隨後。行數里許下船，入慶豐圖，太上皇帝御樓下榻上，嗣皇帝侍坐，設雜戲賜茶，使內侍引臣等乘雪馬行，一里許下岸，仍為引出退歸。……臣等使任譯問：『從今以後，小邦凡有進奏進表之事，太上皇帝前及嗣皇帝前各進一度耶?』答云：『現今軍機姑未定例，當自有文書出去』云。申後，禮部又送上馬宴桌于館所。二十六日，禮部知會有傳諭事件，年貢慶賀各該正副使明日赴部。故二十七日巳時，臣等及冬至正副使、與任譯詣禮部，則員外郎富森阿謄示傳諭事件，以為賀使帶來三起方物，業經欽奉勅旨，移準於下次正貢。再現奉勅旨。此後外藩各國，惟須查照年例，具表齎貢，毋庸添備貢物。於太上皇帝皇帝前作兩分呈進』云云。」

據此，則內禪以後，依然政由太上而和珅為出納帝命之人，對外使且然，一切政務可想。但多一已顯明之嗣皇帝，到處侍遊侍宴，以全神貫注太上和珅喜怒而已。此為仁宗動心忍性之日。

又，二十一年，即嘉慶二年，二月十七日戊子，冬至正使金思穆，副使柳烱，在燕馳啓曰：「臣思穆去年十二月二十七日追到燕郊堡，與副使臣烱、書狀臣翊模、會竣使事間，於皇帝宴戲，輒進參。太上皇召至榻前，親酌御酒，凡三賜之，又頻賜食物，命撰進觀燈詩。臣等各製七言律詩一首以進。賜緞疋筆墨。圓明園宴時，太上皇使和珅傳言：『爾還，以平安以過，傳於國王。』又問曰：『世子年紀幾何?』臣等對曰：『八歲矣。』又問：『已經痘乎?』臣等對曰：『未也』。」

又，二十二年，即嘉慶三年，二月十九日癸丑，冬至正使金文淳、副使申耆、馳啓：「臣耆與書狀官洪樂游十二月十八日入北京，陪表咨文詣禮部。清侍郎多永武率諸郎官依例領受後，臣等退歸南小館。二十一日，太上皇帝觀冰戲。禮部知會詣西華門外祗迎。太上皇帝乘黃幄小轎，到臣等祗迎處，使閣老和珅傳旨曰：『國王平安否？』對曰『平安。』又問『一國安乎？』對曰『安』。太上皇帝入西苑門，仍令臣等隨來，伺候於瀛臺近處，有旨賜食。引臣等一行坐於殿門簷階上，俱賜飯桌。又賜臣等御桌上克食。少頃，太上皇帝出御兩龍雪馬，設冰戲，臣等亦隨後觀戲。二十三日，賜臣耆及書狀官鱘鰉魚各一尾。臣文淳一行則十二月二十五日追到燕京，二十六日，賜臣等書狀官回回葡萄各一小袋。二十九日，皇帝行太廟歲暮祫祭，因禮部知會臣等，等待於午門外，皇帝乘黃幄小轎侍衛甚簡，出自午門，臣等祗迎。黎明，皇帝還宮。良久，自內賜臣等克食及鹿肉鹿尾，仍令退歸。三十日，設年終宴於保和殿，臣等兩人共一桌。少頃，皇帝先出御殿，候太上皇帝陞殿御榻，皇帝別設小榻，西向侍坐。樂作進爵，文武官亦皆陪食。又饋臣等酪茶一巡。禮部尚書德明引臣等進御座前跪，太上皇帝手舉御桌上酒盞，使近侍賜臣等，宴罷退歸，又賜臣等及書狀官榴柑各一桶，又自內務府頒送宴桌二座，此則朝宴所受之桌云。又自光祿寺輸送歲饌桌於臣等及書狀官。今年正月初一日，因禮部知會臣等與書狀官及正官等詣午門前伺候。皇帝乘黃幄小轎幸堂子，少頃回鑾，鳴鞭動樂。太上皇帝御太和殿，皇帝在殿內西向侍坐。文武官循序趨入。臣等隨入殿庭，立於西班末琉球使臣之右，行三跪九叩禮。太上皇帝旋即還內，又鳴鞭動樂。皇帝御太和殿，文武官及臣等行禮，一如初儀。禮畢退出。初五日，皇帝幸天壇行祈穀大祭，臣等詣午門前祗送。初六日回鑾時當爲祗迎，而是日太上皇帝與皇帝幸圓明園，兩處迎送，調難兼行，禮部只以太上皇帝動駕時祗迎之意知會，故臣等與書狀官俱詣三座門外伺候。日出後，太上皇帝乘黃幄小轎，到臣等祗候處，顧眄而過。須臾，皇帝坐馬而出，御乘鞍具皆用黃色，左右若干官騎馬侍衛。初十日，臣與副使同往圓明園，住接閭舍，則閭已前期設蒙古帳幕於山高水長之前云。十一日，通官引臣等入就班次，太上皇帝乘黃幄小轎而出，臣等祗迎後，太上皇帝入御蒙古大幕，皇帝西向侍坐，動樂設雜戲，親王及蒙古王以下俱賜宴桌，臣等兩人共一桌，饋酪茶一巡。禮部尚書德明引臣等詣御坐前跪，太上皇帝手舉御桌上酒盞，使近侍賜臣等。宴訖，太上皇帝乘轎還內，皇帝跟後步還。內務府預設賞賜桌於帳前左右，頒賜親王以下及各國使臣：文淳錦三疋、漳絨三疋、大卷八絲緞四疋、大卷五絲緞四疋、大荷包一對、小荷包四箇。臣耆錦二疋，漳絨二疋、大卷八絲綢三疋、大卷五絲綢三疋、大荷包一對、小荷包四箇。歲初設宴於紫光閣，例有此賞賜。今年不設紫光閣宴，故移給於蒙古幕宴。而琉球使臣賞賜亦如臣等。通官以太上皇帝特旨，引臣等進詣正大光明殿內，俾觀左右鰲山，行中譯員之黑團領者，俱爲隨入，琉球使臣亦許觀光。此則近年未有之事。自殿內至檻外，皆鋪花紋玉石。鰲山製樣，則正大光明殿內東西壁俱有層桌，桌上作五綵蓬萊山之形，巖壑高濶，樓閣層疊，珍禽奇獸琪樹瑤花，雜遝焜煌，不可名狀。內設機關而外牽繩索，則仙官姹女，自谷而出，繡幢寶蓋，從天而降，扃戶自開，人在其中，急灘如瀉，帆檣齊動。桌下圍以小帳，帳內設樂器，機括乍搖，止作如法，其聲俱是笙管絲鐘。臣等退出後，由禮部知會，撰進觀燈詩，以上元賜宴觀燈爲題。臣等各製七律一以進。十二日朝，禮部還給前詩，又送他題，而以承恩宴賚觀燈恭紀爲題，此則昨進詩未登徹，旋更出題云。故臣等又製七律一以進。琉球使臣亦應製。十四日，擬設燈戲於山高水長，以風緊姑停。十五日朝，先設放生戲，又賜宴於正大光明，通官引臣等入詣殿楹外。太上皇帝陞殿，皇帝西向侍坐，動樂設戲，各賜饌桌及酪茶一巡。禮部尚書德明引臣等至御座前，太上皇帝手擧御桌上酒盞，使近侍賜臣等木斑。又賜御棹一器，印花長餅及一盤豬羊。須臾，太上皇帝還內，皇帝隨入。罷宴，通官來傳禮部言：進詩使臣今當受賞，可留待。退待正大光明外門。臣等在東，琉球使臣在西。禮部侍郎多永武傳授御前加賞蟒緞一疋，大小絹紙四卷，福字方盞一百幅，筆四匣，墨四匣，硯二方，玻璃器四件，雕漆器四件。臣等處各賞大緞一疋，絹紙二卷，筆二匣，墨二匣。琉球國王及使臣，賞亦如之。亦設燈戲於山高水長。皇帝於前侍坐設角觝戲，賜酪茶一巡，饋果盒及豬羊肉鹿尾盤。又以元宵各一器，徧及臣等及從人。次第設燈火雜戲，西洋鞦韆，放煒埋火（謂焰火）尤轟烈如雷響，烟焰漲空。十六日歸館。十九日更詣圓明園。飯後，通官引臣等山高水長亭下。太上皇帝出座，皇帝侍坐。德明以特旨引臣等至御座前，太上皇帝使和珅傳言曰：『你們還歸，以平安以過之意傳於國王。』臣等叩頭退出班次，各賜酪茶一巡，果盒餅肉之饋，燈戲炮具之設，一如上元宴。幾畢，皇帝先入。宴畢後，太上皇帝入內。禮部官皆退。宦侍手招通官，引臣等隨入山高水長閣內，從後門出，逶迤數十步。太上皇帝所乘黃幄小轎載於小船，船上從官不過四五人。時已昏黑，而無燭炬，但有一人以火筒從岸前導，明燎左右。筒製以土。外施繪綵，內裝火藥。節次火衝光燭地。似因火禁嚴故。臣等乘小舟從行。琉球使臣亦隨入。其地極深嚴，兩岸皆造山，間有石假山，山亭水閣分六所，舟行幾一里，始泊岸而下，卽慶豐圖也。皇帝先候於此，侍坐如儀。御屏則紙塗而潢其中，每層安架，燃燭晃朗。前設燈架如屏而高廣倍蓰。燈架左右俱設燈棚，如白塔形，下廣上尖，四面燈影不可數計。仍賜閣老以下及臣等酪茶一巡，設雜戲於庭前。少頃罷宴，隨入朝官不過數十人，臣等退出，又乘小舟順流下，登岸步行一帿場（所謂一箭之地），此是正大光明之後也。仍爲出來（當卽由此而出）。二十四日，因禮部知會，臣等與書狀官及正官等詣午門前領賞御前年例，回送禮單外，萬壽聖節表緞四疋，裏紬四疋，妝緞三疋，雲緞三疋，豹皮七十張，馬一疋，玲瓏鞍韂全部。一體祗受。逢授於上通事處。使于臣等復命日同時呈納。琉球使臣二十五日另領賞。

乾隆末荒於遊宴，具見朝鮮實錄。至授受禮成，太上旣自命倦勤，又率帝般樂怠傲，稀御幾務。時禁旅苦戰苗疆，白蓮教紛擾川楚，天下不謂太平，而視爲癬疥，戲渝之態，不爲貶損。國史所不詳。屬國陪臣目擊之紀載，足盡當日訓政時情事。

又，三月二十二日丙戌，冬至書狀官洪樂游進聞見別單，中有兩款關太上皇帝及皇帝情狀：（一）太上皇帝容貌氣力，不甚衰耄，而但善忘比劇。昨日之事，今日輒忘。早間所行，晚或不省。故侍御左右眩於擧行，而和珅之專擅甚於前日。人皆側目，莫敢誰何云。（二）皇帝平居與臨朝，沈默持重，喜怒不形。及開經筵，引接不倦，虛己聽受。故筵臣之敷奏文義者，俱得盡意。閣老劉鏞之言，最多采納。皇上眷注，異於諸臣。蓋鏞夙負朝野之望，爲人正直，獨不阿附於和珅云。

和珅之權加重，乃由太上之記憶力益衰，和珅不過爲傳太上意旨之人，所傳之眞不眞，無從質證，不得不畏而奉之。則其對嗣君，不暇計自全之道，假借一時而已。嗣君於政事雖沈默，然講筵猶可擇人自近，其韜晦之程度，不過至不敢預政而止，未嘗至自飾爲淸狂也。附帝而不附和珅之人，和珅亦未盡傾陷，則亦非大姦慝。惟乘太上之耆昏而專擅，亦未嘗顧及後禍矣。

又，二十三年卽嘉慶四年，正月二十二日辛巳，冬至使李祖源，副使金勉柱，以淸太上皇帝崩逝事，及儀注一度，同封馳啓：十二月十九日到北京，直詣禮部呈表咨文，住南小館。二十八日，禮部知會臣等一行詣鴻臚寺，演元朝朝參禮，暹羅使臣同演。二十九日，皇帝幸太廟，禮部知會接駕。五更進午門前祇迎，暹羅使臣亦祇迎，在臣等下。禮部尙書紀昀押班。待皇帝還宮，臣等仍祇迎。少頃，以太上皇旨，引臣等入重華宮。太上皇御漱芳齋，引臣等進前，傳諭曰：「國王平安乎？」臣等謹對「平安」。仍命臣等退就班次。暹羅使臣亦參班。設宴觀雜戲。三十日，設年終宴於保和殿。禮部知會曉詣保和殿，坐東陛上。平明，皇帝出御殿內，舉樂設戲，進饌獻爵。賜臣等饌二人共桌。禮部尙書德明引臣等進御榻前跪，皇帝手賜御桌上酒，臣等受領。少頃，皇帝入內。本年正月初一日五更，臣等詣乾淸門外等候，天明，皇帝率三品以上行賀禮於太上皇帝。殿庭狹窄，諸王貝勒門內行禮，三品官及外國使臣門外行禮。禮畢，臣等由右上門至太和殿庭。少頃，皇帝出御太和殿受賀。三品以上官至外國使臣，行三拜九叩禮，一如太上皇帝前賀儀。蓋太上自昨冬有時昏眩，不能如前臨朝云。初三日卯時，太上皇帝崩逝於乾淸宮。戌時儀注來到，主客司移付。以朝鮮暹羅使臣等處各頒太布一匹，隨時成服。初四日昏後，禮部知會朝鮮暹羅使臣等，每日辰午申三時，赴景運門隨班舉哀。初五日黎明，臣等詣景運門外，參辰時哭班。留待午時，禮部以皇旨引臣等及正官一人入乾淸宮魂殿門外，暹羅使臣亦同入。午時參內哭班。仍退待景運門外。申時又參內哭班。退歸。初六日黎明又入乾淸宮，參三時哭班。在辰時前，以皇旨頒鹿肉三斤，似是解素之意。……初七日……傳訃敕使始差出。上敕散秩大臣侯漢軍張承勳，副敕則內閣學士滿人恒傑，通官一大倭克精額，二大太平保，副大倭昇額，一次繼文，二次保德。自禮部派定。起程日尙未的定。儀注一度。同封馳啓。

太上崩在正月初三，前數日歲杪時猶及見太上臨御問對，其使臣歲幣事宜及成服禮節，不關當日事狀者從略。朝鮮國中猶稱中國勅使爲北使，且以成服禮隆重爲恥，對故明久而猶慕戀不已，對淸則終以夷狄視之，此則直到朝鮮亡國猶然。特乾隆時累記宮庭之富盛，稍異以前詛咒薄非之口吻耳。

太上有遺詔，朝鮮於敕使到日，敕中即遺詔之文，然不見於東華錄。東華錄決不肯遺此冠冕文字。其不載當是實錄所本無。遺詔中自述功德，東華錄於上諭中述之，即緣以奉上尊謚。而於當日未藏之軍事，遺詔中作鋪張粉飾之語，上尊謚諭中不之及。別一諭則直發其欺蔽皇考高年之罪以歸責於將帥，是與遺詔不侔；可見太上初崩，在廷之舉措，旋即有所改正，此與和珅之得罪皆朝局之小小翻覆也。

朝鮮實錄：三月初二日庚申，幸慕華館迎勅，還御慶熙宮，宣勑於崇政殿。勅書曰：奉天承運太上皇帝詔曰：朕惟帝王誕膺天命，享祚久長，必有小心昭事之誠，與天無間，然後厥德不回，永綏多福。是以兢兢業業，無怠無荒。一日履乎帝位，即思一日享于天心。誠知夫持盈保泰之難，而慎終如始之不易易也。朕仰荷上蒼鴻祐，列聖貽謨，爰自沖齡，即蒙皇祖鍾愛非常，皇考慎選元良，付畀神器。即位以來，日慎一日。當重熙累洽之期，不敢存豫大豐亨之見。敬思人主之德，惟在敬天法祖，勤政愛民。而此數事者，非知之艱，行之惟艱。數十年來，嚴恭寅畏，不懈益虔，每遇郊壇大事，躬親展恪，備極精禋，不以年齒日高，稍自暇豫。中間四詣盛京，恭謁祖陵。永惟創業之艱，益切守成之懼。萬幾躬攬，宵旰忘疲。引對臣僚，批對章奏，從無虛日。各省雨陽豐歉，却縈懷抱。凡六巡江浙，相度河工海塘，軫念民依，如保赤子。普免天下錢糧者五，漕糧者三，積欠者再。間遇水旱偏災，蠲賑頻施，不下億萬萬。惟期藏富小民，治臻上理。仰賴天祖眷祐，海宇昇平，版圖式擴。平定伊犂回部大小金川，緬甸賓來，安南臣服，以及底定廓爾喀，梯航所至，稽首輸忱。其自作不靖者，悉就殄滅。凡此膚功之疊奏，皆不得已而用兵。而在位日久，經事日多，祇懼之心，因以日切。初不敢謂已治已安稍涉滿假也。回憶踐阼之初，曾默禱上帝，若能仰邀眷命，在位六十年，即當傳位嗣子，不敢有逾皇祖紀年之數。其時朕春秋方二十有五，預料六十年時日方長，若在可知不可知之數，乃荷昊慈篤祐，康強逢吉，年躋望九，親見五代玄孫，周甲紀元，竟符初願。撫衷循省，欣感交加。爰於丙辰正朝，親授璽皇帝，自稱太上皇，以遂初元告天之本志。初非欲自暇自逸，深居高拱，爲頤養高年計也。是以傳位之後，朕日親訓政，蓋自揣精力未至倦勤，若事優游頤養，則非所以仰答天祖深恩，不惟不忍，實所不敢，訓政以來，猶日孜孜，於茲又逾三年。近因勦捕川省教匪，籌筆勤勞，日殷盼捷，已將起事首逆，緊要各犯，駢連就獲，其奔竄夥黨，亦可計日成擒，蕆功在即。比歲寰宇屢豐，祥和協吉，衷懷若可稍紓，而思艱圖易之心，實未嘗一日弛也。憶歲庚申，爲朕九旬萬壽。昨冬皇帝率同王公內外大臣等，預請舉行慶典，情詞懇切，實出至誠，業降勅旨俞允。夫以朕年躋上壽，諸福備膺。皇帝合萬國之歡，申億齡之祝，固爲人子爲人臣者無窮之願。然朕之本衷，實不欲侈陳隆軌，過滋勞費。每思洪範以考終列五福之終，古帝王躬享遐齡，史冊相望，終歸有盡。且人生上壽百年，今朕已登八十有九，卽滿許期頤，亦瞬息間事。朕惟莊敬日強，修身以俟，豈尙有所不足，而奢望無已。朕體氣素強，從無疾病。上年冬臘，偶感風寒，調理就愈，精力稍不如前。新歲正朝，猶御乾清宮受賀。日來飲食漸減，視聽不能如常，老態頓增。皇帝孝養盡誠，百方調護，以冀痊可。第朕年壽已高，恐非醫藥所能奏效。玆殆將大漸，特舉朕在位數十年翼翼小心，承受天祖恩祐之由，永貽來葉。皇帝聰明仁孝，能深體朕之心，必能如朕之福。付託得人，實所深慰。內外大小臣工等，其各勤思厥職，精白乃心，用輔皇帝郅隆之治，俾億兆黎庶，咸樂昇平。朕追隨列祖在天之靈，庶無遺憾矣。其喪制悉遵舊典，二十七日而除。天地宗廟社稷之祭，不可久疏。百神群祀，亦不可輟。特玆誥誡，其各宜遵行。

此遺誥於嗣君初無抵觸，而官書竟不載。細繹仁宗諭旨，於勦匪軍事，詞氣與此迥殊。匪燄方張，距蕆事之期正遠，遺誥先作自欺欺人之語，仁宗殆覺其可愧，故於實錄去之。檢太上崩日，諭旨欲行三年之喪，諭有云：「服制一節，欽奉皇考遺詔，持服二十七日而除。」此三句卽根據遺誥而來，是必有一遺詔也。此詔頒之屬國，而卒不入實錄，其於應述功德，改用上諭，卽在太上崩逝之日。諭云：

「自古帝王，功德顯著，並有隆稱懿號，昭垂萬世，典至鉅也。我皇考大行太上皇帝，御極六十年，撫御萬邦，法天行健，遇郊廟大祀，必親必敬。崇奉皇祖妣孝聖憲皇后四十一年，大孝彌隆，尊養備至。綜覽萬幾，愛民勤政，普免天下錢糧者五，漕糧者三，積欠者再。偶遇水旱偏災，蠲貸兼施，以及築塘捍海，底績河防，所發帑金，不下億萬萬。至於披覽章奏，引對臣工，董戒激揚，共知廉法。禮勳舊而敦宗族，廣登進而育人才。征討不庭，則平定準部回部，闢地二萬餘里，土爾扈特舉部內附，征勦大小金川，擒渠獻馘，餘若緬甸安南廓爾喀，僻在荒服，戈鋋所指，獻賮投誠。其臺灣等處，偶作不靖，莫不立即殲除。此十全紀績，武功之極於無外也。」

自此以下，言其詩文全集之富，開四庫，刊石經，集石鼓文，復辟雍制，研六律，纂韋編，乃言文德；為遺誥中所未完，其以上則皆遺誥語而渾括之，遂以此代遺誥。而剿匪事則於次日癸亥別發一諭，正是不以遺誥為然之意。諭云：

我皇考臨御六十年，天威遠震，武功十全。凡出師征討，即荒徼部落，無不立奏蕩平。若內地亂民王倫田五等，偶作不靖，不過數月之間，即就殄滅。從未有經歷數年之久，糜餉至數千萬兩之多而尚未蕆功者。總由帶兵大臣及將領等，全不以軍務為事，惟思玩兵養寇，藉以冒功升賞，寡廉鮮恥，營私肥橐。即如在京諳達侍衛章京等，遇有軍務，無不營求前往，其自軍營回京者，即平日窮乏之員，家計頓臻饒裕。往往託詞請假，並非實有祭祖省墓之事，不過以所蓄之資，回籍置產。此皆朕所深知。可見各路帶兵大員等，有意稽延，皆蹈此借端牟利之積弊。試思肥橐之資，皆婪索地方所得，而地方官吏，又必取之百姓；小民脂膏有幾，豈能供無厭之求？此等教匪滋事，皆由地方官激成。即屢次奏報所擒戮者，皆朕之赤子，出於無奈，為賊所脅者。若再加之朘削，勢必去而從賊。是原有之賊未平，轉驅民以益其黨。無怪乎賊匪日多，展轉追捕，迄無蕆事之期也。自用兵以來，皇考焦勞軍務，寢膳靡寧，即大漸之前，猶頻問捷報。迨至彌留，並未別奉遺訓。仰窺聖意，自以國家付託有人，他無可諭。惟軍務未竣，不免深留遺憾。朕躬膺宗社之重，若軍務一日不竣，朕一日負不孝之疚。內而軍機大臣，外而領兵諸臣，同為不忠之輩，何以仰對皇考在天之靈。伊等即不顧身家，寧忍陷朕於不孝，自列於不忠耶？況國家經費有常，豈可任意虛糜坐耗，日復一日，何以為繼，又豈有加賦病民之理耶？近年皇考聖壽日高，諸事多從寬厚，凡軍中奏報，小有勝仗，即優加賞賜；其或貽誤軍務，亦不過革翎申飭；一有微勞，旋經賞復。雖屢次飭催，率有革職治罪嚴旨，亦未懲辦一人，即如數年中，惟永保曾經交部治罪，逾年仍行釋放。其實各路縱賊竄逸者，何止永保一人，亦何止一次乎？且伊等每次奏報打仗情形，小有斬獲，即鋪敘戰功。縱有挫衂，亦皆粉飾其辭，並不據實陳奏。伊等之意，自以皇考高年，惟將吉祥之語入告，但軍務關繫緊要，不容稍有隱飾。伊等節次奏報，殺賊數千名至數百名不等，有何證驗？亦不過任意虛捏。若稍有失利，尤當據實奏明，以便指示機宜。似此掩敗爲勝，豈不貽誤重事。軍營積弊，已非一日。朕總理庶務，諸期覈實，止以時和年豐、平賊安民爲上瑞，而於軍旅之事，信賞必罰，尤不肯稍從假借。特此明白宣諭。各路帶兵大小各員，均當滌慮洗心，力圖振奮。期於春令，一律剿辦完竣，綏靖地方。若仍蹈欺飾怠玩故轍，再逾此次定限，惟按軍律從事。言出法隨，勿謂幼主可欺也。

初四日既有此諭，而遣使頒發遺詔，自遠在其後。是在當時並不隱藏遺詔。雖與諭文牴觸，未計及也。惟可知遺詔乃寧壽宮所出，和珅等所定。又證以諭中言大漸之前，頻問捷報，迨至彌留，並未別奉遺訓之說。則遺詔本非實有太上親筆，與歷來遺詔出於顧命大臣等之手者一轍。本非仁宗所預知。後遂刪去亦不爲嫌也。所云「伊等以皇考高年，惟將吉祥語入告」，明揭前日欺飾之源。又云「朕心以時和歲豐平賊安民爲上瑞」，明不以捏報吉祥語爲瑞，言外可知太上之耄荒；與昔日處分張廣泗訥親等時，作用大異。一和珅得窺其旨，將帥皆從而附和之。仁宗時年已四十，猶自稱幼主，蓋憤於和珅福長安輩，以太上舊臣相臨也。

朝鮮實錄一月三十日戊子，書狀官徐有聞進聞見別單，中有云：(一)正月初四日，既褫和珅軍機大臣九門提督等銜，仍命與福長安晝夜守直殯殿，不得任自出入。又召入大學士劉墉，吏部尚書朱珪；珪則爲珅中傷，方巡撫江南，乃於初八日下珅於刑部獄，數珅二十大罪，布示中外。

初四日爲太上崩之明日，東華錄不書免和珅兩職事。至初八日丁卯，乃書以科道列款糾劾，奪大學士和[illegible]戶部尚書福長安職，下於獄。史稿本紀從之。下獄時乃奪和珅大學士職。初四日先奪兩兼職，不相牴觸，但可補史之略。至數珅二十大罪，東華錄所紀，非初八日一日之事。先之以十一日庚午諭：「苦塊之中，每思三年無改之義。皇考簡用重臣，斷不輕爲更易，獲罪者亦思保全。今和珅情罪重大，經科道列款參奏，實難刻貸。是以於恭頒遺詔日，即將和珅革職拏問，臚列罪狀，特諭衆知之」云云。是初八日拏問和珅，亦即於是日頒遺詔，是明明有遺誥也。所云臚列罪狀諭衆知之，即在初八日。科道糾參，由王念孫爲倡，見念孫本傳。原疏未見。蓋罪狀經上諭乃明，並非言官所盡知也。先以糾參而拏問，繼由王大臣鞫訊，和珅供認，乃有十一日之諭。諭中已言「鞫訊供認情事，著通諭各省督撫，令將已指出各款，如何議罪，並此外有何款蹟，各據實覆奏。」至十五日，直隸總督胡季堂覆到，再奉諭始定爲二十款。和珅本傳遂以宣布罪狀爲在十五日，其實初八日已宣布矣。第一款爲乾隆六十年九月初三日，蒙皇考冊封皇太子，尚未宣布諭旨，而和珅於初二日即在朕前先遞如意，漏洩機密，居然以擁戴爲功；可見和珅能得太上之意，而仁宗以此爲大罪，不受和珅之籠絡；和珅以仁宗韜晦，疑爲庸碌無能，故以擁戴爲功，冀邀傾注。帝亦默然若承受之，使和珅安心，乃得相安至四年親政之日。此見帝之尚有作用。二十罪國史具詳，今可不贅。十八日賜和珅自盡，史文遂以諭宣罪狀爲在其日，官書蓋未若朝鮮實錄能詳現狀矣。

徐有聞聞見別單又云：其子之尚公主者，其壻之爲郡王者，及婢妾奴僕，並時囚繫，封門拏籍。而使第八王按其事。珅之別業亦在西山之海甸，亦令皇孫一人按而籍之。珅之京第，實玩山積，過於王府。皇帝初欲剮殺之，皇妹之爲珅子婦者，涕泣請全肢體，屢懇不止，大臣董誥劉墉亦乘間言曾任朝大臣，請從次律。正月十八日，賜帛自盡。

珅臨絕作詩曰：五十年來夢幻眞，今朝撒手謝紅塵，他時水泛含龍日，認取香煙是後身。遂縊而死。

和珅有壻爲郡王，必是宗室，而未詳其人。雖經囚繫，亦必旋釋。和珅之獄，概未株連。仁宗初年，亦由操心慮患而來，故頗有意識，不甚爲過當之舉也。和珅姓鈕祜祿氏，正紅旗籍文生員，由其高祖尼牙哈那軍功襲三等輕車都尉；乾隆三十七年，始授三等侍衛；四十年冬，始遷乾淸門侍衛；四十一年正月，已授戶部右侍郎；三月，已命在軍機大臣上行走，四月，已授總管內務府大臣。自此遍歷重職，且爲翰林院掌院，四庫館正總裁，教習庶吉士，殿試讀卷累次。蓋不待高宗耄及，已邀特眷。當充乾淸門侍衛，即一見相得，此亦佞倖之遭逢不可思議者也。臨絕作詩，似偈似謠，不甚可解。或謂水泛含龍，似用夏后龍漦故事，爲孝欽禍淸之兆。香煙後身，孝欽或有煙癮，而和珅於嘉慶初已染此癖，亦未可知。當時能吸洋煙者爲絕少，至咸同光則不足奇。但以此爲讖，直謂再生作亡淸之禍首，以報身讎耳。此無稽之談，姑存軼聞。其解說則朋輩酒間拈朝鮮實錄此則而推測之詞也。和珅籍沒淸冊成專案，今已印行，詳故宮文獻叢編。

別單又云：新皇帝自丙辰即位以來，不欲事事，和珅或以政令奏請皇旨，則輒不省，曰「惟皇爺處分，朕何敢與焉」。是以珅亦恣行胸臆。至是，處置明決，衆心悅服。又下一諭，以爲重治珅罪，實爲貽誤軍國重務，而種種貪黷營私，猶其罪之小者，是以刻不容貸。初不肯別有株連。惟儆將來，不咎旣往。凡大小臣工，無庸心存疑懼。自有此詔，平日之趨附和珅者，始無疑懼之心云。

淸代兩權相，和珅以前有明珠，皆以得君之故，造成貪黷亂政之罪。和珅之貽誤軍國，正爲貪黷所必致，此外更有何因。仁宗分別言之，不過不欲株連，以此開脫行賄者耳。聖祖之於明珠，一經發覺其罪，即授權言官，使振綱紀。去明珠如土芥，且又不至養成大患，免其閣職，仍獲以內大臣效用。於所寵愛保全實多。高宗自謂英明，方之聖祖，有愧多矣。有制裁之臣民，享高年或可言福；無制裁之帝王，享高年恒足為禍。梁武唐明，其晚節類唐之尤甚者耳。

郭琇參明珠，直聲振天下，實由高士奇受聖祖意旨，令琇具奏，先以疏稿密呈，帝為定稿乃上，見李光地語錄。且云：「這樣寵比，很容易做」。然則聖祖之不欲自示聰明，而以風節成就臺諫，尤不可及也。

第二節　嘉慶間兵事一

乾隆末葉以十全武功自誇大，吏治不飭，滋生變端。得清強長吏可了者，必用帝室私親，旗下貴介，借以侈其專征之績。輕調重兵，但張聲勢，不求其肯綮所在。費繁役困，疊殞重臣。草草告蕆事，而患且百出。卒之得賢有司而後真有措手之道，歷十餘年乃大定，絕非高宗所信賴之武力克有成功。此亦見人君驕侈偏私，雖富強無益於事。嘉慶初平苗一事，官書侈福康安之功，於事實正相反，此亦盛極而衰之一徵象。守文之主，尚能補救於用人之際，盡反先朝耀兵而不察吏之弊，久乃敉平。此為清代平內亂中最有意義之一事。

乾隆間國威遠震，視邊裔蠢蠢之民，較腹地編氓尤為魚肉。苗介湘黔山中，環以鳳凰永綏松桃保靖乾州各城，官兵營汛相望。其馭苗也，隸胥如官，官尊如神。民與苗相接，亦存凌侮之意。官弁軍民，恣肆其虐。苗無所控，挺而走險。高宗未嘗不知，而不解苗民之倒懸，却急謀私親之封拜。國史載福文襄王破竹之功，百餘年來，讀史者亦從而尊信之，今不能不發其覆以爲後世之遇變者警也。

乾隆六十年二月初四日丙辰，湖廣提督劉君輔奏：「正月二十二日，准鎮筸鎮總兵明安圖咨：黔省松桃廳屬大塘苗人石柳鄧，聚衆不法，恐竄入楚境，見帶兵堵截。旋於二十五日，據鎮筸遊擊田起龍等稟稱：偵聞永綏廳屬黃瓜寨苗人石三保，糾衆搶刼，由永綏之黃土坡，及鳳凰廳之栗林，燒毀民房，殺斃客民，見在竭力保護城池等語。臣恐石三保等或與大塘苗人勾結，檄派永靖辰沅常德兵千四百名，速赴鳳凰栗林等處聽用。臣帶本標將弁及戰兵六百名前往辦理。」是爲苗亂之始。

是日諭軍機大臣等：「貴州湖南等處苗民，數十年來甚爲安靜守法，與民人分別居住。向來原有民人不准擅入苗寨之例。今日久懈弛，往來無奈，地方官吏暨該處土著及客民等，見其柔弱易欺，恣行魚肉，以致苗民不堪其虐，刼殺滋事。迨至釀成事端，又復張皇稟報。看來石柳鄧石三保等不過糾衆仇殺，止當訊明起釁緣由，將爲首之犯拏獲嚴辦，安撫餘衆，苗民自然帖服，何必帶領多兵前往，轉致啓其疑懼，甚或激成事端。是因一二不法苗民，累及苗衆，成何事體」云云。此諭深悉苗變原由，則整頓政治，不必倚恃兵威，應有定見。乃甫閱兩日戊午，湖廣總督福寧奏：「正月二十九日，據辰州府稟報，乾州城已被圍，倉庫被刼。並聞署乾州同知宋如椿、巡檢汪瑺，俱已殉難。各路苗人約有數千。鎮筸鎮臣明安圖在永綏鴉西地方被阻」等語。奉諭：「逆苗聚衆不法，必須痛加勦除。福康安迅速到彼。相機勦捕」等云。勦捕而煩此大勳貴，則封拜之慾起矣。再閱八日丙寅，又諭「和琳自西藏暫緩來京，接授四川督篆，帶印速赴酉陽駐紮，並諭孫士毅交卸督篆，仍暫留四川，設和琳帶兵策應勦捕事宜，期多一人多得一人之益」云云。和琳者和珅之弟，權貴翼集，封拜之慾更熾矣。至二十三日乙亥，又諭：「福寧奏『查詢起釁根由，據百戶楊國供，苗人生計本薄，客民等交易不公，與苗人爭執，以致生變』等語。客民與苗人爭利，固事之所有，但地方胥吏兵役，藉端滋事，良民尚被擾累，何況苗民，豈有不恣行凌虐之理。而地方微末員弁，任意侵欺，亦所不免。何得以客民交易爭執即爲起釁之由。此事著福康安於事定後必須切實查詢，究明嚴辦，以示懲創。」高宗既知苗民激變之有由，其查究應在剿殺之先；待事定後則屠戮已暢，封拜已遂，乃始埋激變之失，其何能及？

自是福康安和琳迭次奏捷邀賞。和琳旋命專任會剿，川督仍由孫士毅署理。福康安一賞三眼翎，再賞由公爵進封貝子，三賞貂尾褂，四賞官其子德麟副都統，在御前侍衛上行走，五賜御服黃裏元狐端罩。皆在六十年年內。明年嘉慶元年，更命贈其父傅恒貝子，至五月染瘴卒於軍，加郡王銜，從傅恒配太廟，諡文襄，子德麟襲貝勒，遞降至未入八分公，世襲罔替。和琳則一賞雙眼翎，再賞封一等宣勇伯，三賞上服貂掛，四賞黃帶，五賞加太子太保賞元狐端罩。入嘉慶元年，賞用紫韁。福康安卒，命督辦軍務，再賞三眼翎。八月卒於軍，晉贈一等公，諡忠壯，賜祭葬，命配饗太廟，祀昭忠賢良等祠，准其家建專祠。此苗亂未告蕩平，權貴所已邀之封拜也。其奏捷之詞，則攻破苗寨數十百計，擒獲匪酋吳八月。據稱八月自詭爲吳三桂後，自稱吳王，是爲福康安督辦時之功。福康安督七省官兵，計兩廣兩湖雲貴四川之兵皆集，與苗相持一年餘，始既奏幺麼不足數，及老師曠日，則頻以暴雨山潦阻漲爲詞，而餉道崎嶇，先後益兵數萬，降苗受官弁百餘人，月給鹽銀者數萬人，旋撫旋叛，軍士中暑毒死甚衆，數省轉翰，費巨萬計。及和琳代將，擒石三保，此爲和琳督辦時之功。八月和琳又卒，額勒登保代將，又斬石柳鄧父子及吳八月之子吳廷義。此數名酋，皆倡亂以來所指目。其實苗之爲亂，不與數酋相終始。不化苗爲民，則撤兵以後，苗中爲數酋所爲者何限。當時以著酋俱獲，平隴賊巢亦克，而白蓮教匪日益蔓延於川楚，急於移師應之，遂告石匪蕩平。又封明亮襄勇伯，額勒登保威勇侯，德楞泰子爵，鄂輝男爵。時嘉慶元年十二月十七日戊子也。至奏報中，大帥之運籌，將士之用命，賊勢之兇悍，逆寨之險阻，自是封拜應有之賚。以腹地蕞爾數百里間，勞師七省，用衆數萬，賊巢未平，指目之賊渠亦未盡獲。而二貴迭封，與開疆拓土之功無異。官文書所載如是。

聖武記一書，各篇亦多以官書爲本，間采私家著述，或轉有失實者。惟湖貴平苗，獨不據官書，極得事實。蓋自蕩平宣捷，爵賞既沛之後，苗變復起，經營十年，而後化苗爲民，易兵爲屯，純得力於政治。魏氏生長湘南，耳目相接，其鄉先輩嚴如熤號樂園者，躬預其事，又專著爲書，有苗防備覽三省邊防備覽等作。平苗與屯之傳稱，大功成於一手。魏氏熟嫻其事，又由傳稱後任姚興潔招修屯防志、鳳凰廳志，考訂公私文極詳，故此篇之首即云：「嗚呼！以臣所聞，乾隆六十年湖苗之役，蓋與當時頗殊」云。此蓋深悉鄉里近事，無庸作考訂疑似語矣。所敍大帥之失機、奏保之不實、誘擒石三保出於效順之土蠻，而由紳士嚴如熤力白其被誣之頭目張廷仲，始屢收其效。征苗之師，以嘉慶二年三月撤移，應湖北教匪之急，留官兵二萬分防。而苗兵受撫，月給鹽糧銀者三萬七千人。劫掠四出，邊無寧日。撫事由總督畢沅巡撫姜晟主之。及四年，黑苗吳陳受寇邊事聞，於是詔問久奏勘定，何復有糾衆數千進犯邊卡之事。是前此福康安和琳奏報不實，及草率蕆事之咎。自是湖貴大吏不敢諱用兵，始奏以鳳凰廳同知傅鼐總理邊務，乃有募勇修碉興屯充餉，苗疆乃安。國史亦載鼐傳。其平苗之功未嘗不紀，則元年之蕩平封拜，二年之奏凱移兵，其爲粉飾何如。聖武紀載鼐復總督百齡書，稍見眞相。魏氏集中又傅鼐傳一首，讀此乃知苗事眞相，具錄如左：

鼐復總督百齡書曰：「三苗自古叛服靡常，治之惟剿撫兩端，叛則先剿後撫，威克厥愛乃濟。邇者楚苗之役，福和二大帥，以七省官兵，撻伐二載而未底定，何哉？論者謂始則恃搏象之力搏兎，以爲功成指顧，而無暇總全局以商定算。繼則孤軍深入苗巢，前堅後險，實有羝羊觸藩之勢。兵頓烏草河、牛練塘、九龍溝者俱累月，不得已廣行招納，歸咎於客民爭占之滋釁，盡撤苗巢汛四十八處，以期苗釋怨罷兵，如豢貪狼、養驕子，大功未就，相繼賫志而歿。踵其後者，承士卒之疲勞，國帑之糜費，又値川楚事急，倉皇移師北去，是以苗志得氣盈，鴟張魚爛，不可收拾。而大兵既罷，勢難再議興戎。鼐思民弱則苗強，民強則苗弱。因而衞民以壯其氣，練勇以摧其鋒，駕馭以伸其信，進剿以威其兇。碉堡既成，我墉斯固。堅壁清野，無可覬覦，而後入其穴，扼其吭，奪其恃，殲其強，稂莠漸除，良善乃康。此又嘉慶二載來善後之情形也。」據此書則蕆事未蕆，而既報蕩平撤兵，不能復言兵事。於是所有眞實平苗之舉，反作非兵事論。使以前張皇諱飾之軍功，獨專封拜，豈不可笑。然仁宗能盡勞臣之才，官不必高而責猶可負，其功絕非向來勳貴所能企。此時已見滿漢之優劣矣。

國史傅鼐傳：嘉慶元年八月，調湖南鳳凰直隸廳同知。四年，隨巡撫姜晟截擊苗匪，設法生擒首逆吳陳受。上以傅鼐將首犯擒獲，尤爲出力，賞給知府銜，即行補用，仍交部議敍。五年正月，姜晟保薦堪勝知府人員，奏直隸鳳凰廳同知傅鼐於嘉慶元年到任，時値軍務甫經告蕆，該員清理苗占民田，安置歸業難民，苗民畏服。該員才長耐勞，能勝艱鉅，而不急公近利，爲丞牧中僅見之員，堪勝保薦。見在辦理鎭筸右營一帶荒棄民田，均給長壯丁勇抽撤鹽糧一事，未便遽令離任，俟其安善竣事，再行給咨送部。奏入報聞。八月，曬金塘砦黑苗因乏食出擾民村，鼐隨總吳富志那截擊之，殲斃首逆吳尚保，得旨獎勵，交部議敘。又諭曰：「鳳凰廳同知傅鼐，前經賞給知府銜，著加恩即照知府食俸，俟有苗疆道員缺出，再予升補。」六年正月，湖南巡撫祖之望奏：「苗疆建碉置卡，屯勇均田，頭緒紛繁。鳳凰同知傅鼐，克勝鉅任，不避勞怨，能得兵民心力，應責成該員，幫同道員，往來督率，獨總其成。」奉旨：「傅鼐實好，朕亦知其官聲。俟奏到時再降恩旨。」十一月，兩湖總督吳光熊奏：「苗疆一應邊務，必得專員親身周歷，隨時督辦。尤須文武員弁，同心共濟，方能妥速完善。見任道員鄭人慶，統轄苗疆，鎮箄地處緊要，應令常駐鎮城，坐鎮辦理，勢不能分身督查。鳳凰廳同知傅鼐，官聲辦事，均蒙聖明鑒察，自應仍令往來督率，以專責成。惟該員究係見任同知，與各廳營不相統轄，未免呼應不靈，即恐不無掣肘。查該員係蒙恩照知府食俸，遇有苗疆道缺准予升補之員，合無仰懇賞給道銜，令其總理邊務。」」諭曰：「傅鼐平日官聲甚好，在苗疆一年，一切築卡均田等事，俱能妥速完善，著加恩賞給道銜，即令其總理邊務。遇有苗疆道員缺出，准予升補。」七年丁父憂，湖南巡撫高杞奏留原任。諭曰：「傅鼐自嘉慶元年以來，辦理該處邊防妥協，素為民苗悅服。即見在所辦建城築堡設卡均田，仍係軍務善後事宜，此時未便驟易生手，著准其署理鳳凰直隸廳同知，不必開缺。」八年，永綏九里廳苗隴六生等糾衆滋畔，傅鼐等先期得信，設法擒捕，上嘉其辦理妥速，交部議敘。十年四月，永綏逆苗石崇四，與積匪石貴銀，糾集附近苗人，攻擾邊汛，鼐派員弁分調兵勇馳擊。復督率官兵，奮勇圍剿，疊次追捕，經官兵拏獲石崇四石貴銀，先後擒斬逆黨三百餘名，衆苗震懾，自行投首，呈繳器械，良苗安堵，地方寧謐。上以所辦殊屬可嘉，交部從優議敘。尋湖南巡撫阿林保奏：「據傅鼐稟稱，嘉慶元年平苗善後案內，奏將查出逆苗叛產，並咨民插花地畝，分給無業窮苗耕種。當日並未查明分給，所有田土悉為強苗侵霸，此次剿辦逆苗石崇四名下已有侵佔苗砦田地一千餘畝，其餘各犯亦多有侵占之田。見在分別清查，即照叛產歸公，另佃良苗耕種。正查辦間。遠近砦苗聞風震懾，各願將從前侵占田地全行繳出，請收作良田，分佃良苗，每年納租，以充公用。見在永綏七八九十等里，業已繳出一萬餘畝，其餘乾州鳳凰保靖等處亦紛紛呈繳，懇求一律辦理。鼐又請將邊防撤後、仍挑苗兵分交帶管，即將此項口糧賞給苗民支食。」疏入，得旨允行。五月，補授辰永沅靖道。十三年二月，來京引見，奏對詳晰。論曰：「傅鼐由佐貳出身，薦升道員，歷任苗疆十有餘年，剿除頑梗，安撫善良，前後修建碉卡哨臺一千餘座，均屯田土十二萬餘畝，收卹難民十萬餘戶，挑留屯練八千名，收繳苗砦器械四萬餘件，又復多方化導，將苗民安信巫師椎牛聚衆惡習，禁止革除，設立書院六處，義學一百處。近日苗民已知向學，籲求分額考試。所有鳳凰乾州一帶邊界苗衆，實已革面洗心，輯寧安堵。凡該省歷任大員，及在廷諸臣，多係傅鼐一人任勞任怨，不顧身家，盡心籌畫，克臻完善。朕久有所聞，特因未識其人，尚未特沛恩施。本日召見傅鼐，見其人安詳語練，明白誠實，洵屬傑出之才，堪爲苗疆保障。著加恩賞給按察使銜，令其先換頂戴，以示獎勵。」十四年，補授湖南按察使。十六年六月卒。（此下卹典，照巡撫例賜卹。諭文從略。）

國史傳最不明瞭，蓋緣嘉慶元年之苗疆蕩平案不撤銷，封拜不追奪，則苗疆不得爲軍事地方。所敍傅鼐之功，竟不知建碉、置卡、屯勇、均田、一切所爲何事。嘉慶四年之生擒首逆吳陳受，五年之殲斃首逆吳尙保，明係戰績，而隱約有似尋常捕盜。既云獨總其成，又云幫同道員，因總理邊務一年，而其官僅同知，不足呼應各廳營，乃賞道銜，丁憂不開同知缺，改爲署任，是大吏統軍奪情辦法，亦不敍明軍中墨絰之義。元年善後案，既定淸查叛產收繳苗寨器械，乃十年不辦，即是亂事未畢，無後可善。至此由鼐舉行，乃眞蕆苗疆兵事。敍述全不明晰。諭中言苗衆革面洗心，輯寧安堵，中外大臣多稱係傅鼐一人籌畫，則前此封拜多人，舉不及此一人矣。而將其出身佐貳，以示資格不及親貴，雖成永久之功，不及塗飾一時之計也。在鼐樂以才器自鳴，功名自奮，原不問區區官賞。但從此知漢人中有人材，非若旗員挾從龍之閥、椒房之親，賴專制之積威，朘舉國之物力，重賞嚴罰，驅策效死之士，僅成焦頭爛額之短計，不顧其後，兵撤即亂事如故。且苗本不出其鄉，窟穴不過數州縣。若有意塗飾，儘可糜爛三省而自謂太平，雖數十年間，亦或不至竄擾天下，震驚宮闕也。故自以為蕩平即蕩平也。知此則七省大兵本不當用。既用而撤移，官書有所牽掣，不言嘉慶元年以後尚有苗變。其實清一代能平內亂者，莫善於苗疆之役，而實在虛報蕩平不許動兵以後。魏氏於聖武記之外作傅鼐傳，此則既傳苗事之眞相，亦永為平內亂之炯鑒。所謂用武力之成分，少於用政治者甚遠，惟傅鼐足當之矣。錄魏氏傅鼐傳如下：

「嘉慶初，湖北四川教匪方棘，諸將移征苗之師而北，草草奏勘定，月給降苗鹽糧銀羈縻之，而苗氛愈惡。藉口前宣勇伯和琳苗地歸苗之約，遂蔓延三廳地。巡撫姜晟至，倡以苗為民之議，議盡應其求。時鳳凰廳治鎮筸，當苗衝，同知傅鼐有文武才，知苗愈撫且愈驕，而兵罷難再動，且方民弱苗強也，乃日招流亡，附郭棲之，團其丁壯而碉其要害，十餘碉則堡之。年餘，犄角漸密，苗妨出沒，遂死力攻阻。鼐以鄉勇東西援救，戰且修。其修之之法，近以防閑，遙其聲勢，邊牆以限疆界，哨臺以守望，礮臺以堵敵，堡以聚家室，碉卡以守以戰，以遏出，以截歸。邊牆亘山澗，哨臺中邊牆，礮臺橫其衝，碉堡相其宜。凡修此數者，近石以石，遠石以土。外石中土，留孔以槍，掘濠以防。又日申戒其民曰：勉為之，不可失也。是有三利：矢不入，火不焚，盜不踰。有三便：族聚故心固，扼要故數數，犄角故勢強。民競以勸，百堵皆作。而三年苗大出，焚掠下五峒，大吏將中鼐開邊釁罪，又兵備道田灝者，阿大吏意，吝出納以旁掣之。事且敗。會四年，鎮筸黑苗吳陳受眾數千犯邊，於是有苗疆何嘗底定之詔，責巡撫姜晟嚴獲首賊，鼐為禽之，始奏加知府銜俸。是年碉堡成。明年，邊牆百餘里亦竣。苗拚不能乘晦霧潛出沒。每哨臺舉銃角，則知有警，婦女牲畜立歸堡，環數十里戒嚴，於是守固矣，可以戰。時鎮筸左右營黑苗最患邊，適諜廳金塘驍苗悉出掠瀘溪，即夜三路擣毀其巢，復回要伏苟稀巖，大殲之。苗氣始奪。六年而貴州變起。蓋湖南環苗東南北三面七百餘里，其西南二百餘里之貴州邊尚未修備，故石峴苗復思狡逞，煽十四砦並附近湖南苗以叛。鼐以鄉勇千五百馳赴銅仁，而貴州巡撫伊桑阿至，叱其越境要功。鼐還楚界，伊桑阿遂以招撫勘定奏，回貴陽。時首逆槍械皆未繳，各砦方沸然，邊民赴愬雲貴總督琅玕，琅玕至，急檄鼐會剿，三日盡破諸砦。其破巖屯溝也，前兩路賊皆壘石守，爾使貴州兵攻其前，而自領鄉勇夜探山後徑，猿引上，黎明始達。礮天降，火砦起，貴州兵望之亦奮呼奪隘，遂連破五巢。其破上下潮也，萬山一峽，苗以死守，乃夜分貴州兵左右裹山圍之，而親督鄉勇，黎明攻峽，至晡，礮破之，進逼其砦。驍苗方迎死戰，卽分兵火砦，上潮潰而下潮亦望風潰，又爲守隘貴州兵禽斬。前後殲苗二千餘，三日掃穴平，琅玕奏楚勇功最。并仿湖南法，建碉堡守之。而伊桑阿冒功誤邊罪，爲新巡撫初彭齡所劾；伏法。爾遂奉旨總理邊務。爾以永綏孤縣苗巢，形如釜底，自元年盡撤營汛後，城以外卽苗地，有三難二可慮，議遷城花園，而貴州方藉永綏聲援，難其移，爾乃請於貴州邊設螺螄堡，移湖南守備戍之，助彈壓。於是總督琅玕亦奏移駐是。七年九月，廳旣移出，群苗爭占舊城，彌月槍礮聞黔境，爾以鄉勇數百，深入彈壓，忽遠近苗大集，爾急據吉多砦，苗數重環之，銃如雨驟。爾按兵不動，徐以奇計穿圍去。苗疑不敢偪，然自此遂議繳槍械以絕其牙距。其抗命者，則復有永綏生苗鳳凰黑苗之剿矣。初永綏以廳城孤懸掣肘，從未深擣其巢，及是果抗繳械，阻丈田。於是石崇四等糾數千苗，復大猖獗。而是時廳已移出，且分駐形勢地，又得貴州螺螄堡可駐兵，遂立以鄉勇千餘、苗兵二千往，首敗之夯都河，連燒六砦，乘勝窮追，宿陽孟岡，五鼓，萬苗突至，四面譟攻，我兵時火藥少，後路已絕，勢岌岌，會雨霰雜下，苗繩硝皆濕，槍凍。比曉，我兵刀槊並前，人自爲戰，蹙至山後，斬墮溺死二千餘，生禽石崇四。明春正月，移兵螺螄堡，連剿破口漏魚補抽等寨，皆焚巢破卵。是役也，賊起事卽戕良苗，故爾得以驅策苗兵，深入轉戰，月餘破砦十六，獲槍礮刀矛三千有奇，餘砦乞命降。永綏苗一舉平，由是師行所至，萬苗讋服，納兵恐後，羅拜犒迎。貴州吏未能行令於黔苗，爾並檄黔砦勒繳槍械，震叠罔抗，邊境銷兵。時嘉慶十一年也。」

以上爲平苗之眞實兵事。前此七省大兵，乃兵至苗竄，兵過苗集，治標不治本之策。聖武記：「嘉慶元年六月，和琳復乾州，使額勒登保等進攻平隴，而自與畢沅福寧及巡撫姜晟等（畢沅新任兩湖總督，福寧舊任，調督兩江。）遂奏善後章程六事。大抵民地歸民，苗地歸苗，盡罷舊設營汛，分授降苗官弁羈縻之。惟購收槍械一事，頗有關係而議旋寢。及嘉慶十年，兵備道傅鼐始按察勒繳四萬餘件云。」東華錄不載和琳善後六事疏，殆以善後之說爲虛飾，以後十年事實具在，故實錄刪之歟？國史和琳傳則曰：「七月，疏陳苗疆善後六事：淸釐田畝，歸併營汛，酌改土弁，修復城垣，收繳鳥槍，安插被難民人。上以收繳鳥槍一條尙須斟酌，仍敕和琳籌辦妥善。」然則繳械事反由上意寢之。此亦太上耄昏，和珅用事，知其弟所必不能辦而故緩之也。夫不繳械則何謂善後，給鹽糧以養持械之苗，使遇機而逞，此卽熊文燦招安張獻忠故事。和琳於給銀繳械二事尙不敢不並言，中旨成就其封拜之盛，亦由教匪日熾，急欲移師，樂得置不遠竄之苗爲後圖也。

傅又言：「初，乾隆乙卯，嘉勇貝子役苗時，川湖貴廣重兵環境，湖南提督劉君輔進五路平苗策，不用，故苗得併力拒大軍。鼐則偵諜閒然，聲東擊西，倏然其去，忽然其來。苗各自守則黨日離，不測則情益絀。從來備西北邊，莫善於李牧一大創之法，禦流寇莫如堅壁淸野法，而懲苗則莫如沈希儀雕剿法。鼐專用之，大小百戰，殲苗萬計，追出良民五千口，良苗千餘口，而所用不過鄉兵數千，則又其訓練有過人者。大都苗兵有三長：輿壑重巇，足仄目悸，獸蹠猱騰，如履平地，此一長也。地不可容大衆，其進無部伍行列，退則鳥獸竄，岡迴箐邃，賊忽中發，內暗外明，猝不及防，此二長也。銃銳以長，隨山起伏，命中莫失，惟腰繩藥，無重衣裝，耐饑渴寒暑，此三長也。鼐因苗地用苗技，先囊沙輕走以習步，仿造苗槍，立上中下三的，以習俯擊仰攻，臨敵亦不方陣進，呼聚嘯散，無異以苗攻苗。又苗兼挾利刀，乘火器甫發，冒煙豕突，因兼習藤牌刀法，狹路相逢，則短兵接戰，復以趨捷勝。每戰還必嚴汰，不但趦趄者去，貪掠者去，卽徒勇而昧機宜昧號令者亦去。數年始得精兵千，號飛隊，優養勤練而嚴節制之。行山澗風雨而行列不亂。遺貲貨載道無反顧者。共甘苦若妻孥，哭陣亡若子弟，報公憤如私仇。而鄉兵旣明地利，習苗情，又多被禍同仇之家，故致死如一。十年，剿永綏苗事聞，詔各省督撫提鎭以鼐練鄉勇法練官兵。宋史稱辰州土官秦再雄練土兵三千，皆披甲渡水，歷山飛塹，遂一方無邊患。故詳著之，庶後籌邊君子有考焉。」

以上爲平苗兵來歷及編練。就地發自愛身家之人，以地方官爲帥，不用勳貴之重，七省調發之煩，批却導窾，不用泰山壓卵大而無當之力，此因兵事而詳其兵制者。以下乃可言善後。非元年賊巢平隴未下，和琳等遽奏善後六條，後悉作廢之比也。

傅又言：「至其屯田一事，與修邊禦苗錯舉，皆於十年蕆事。其始不無廣占民田以權利害輕重，及事定民爭復業，屢有訟言，於是議者人異詞。今獨載鼐上巡撫高杞書曰：『防邊之道，兵民相輔。兵衞民，民實屯，有村堡以資出聚，必有碉卡以固防維。邇者貴州巡撫初公奏商均田一事，請陳利害情形而效其說。湖南苗疆，環以鳳凰永綏乾州古丈坪保靖五廳縣，犬牙相錯。其營汛相距，或三四里，或五六七八里。故元年班師後，苗雲擾況潰如故。維時鼐竭心籌之，無出碉堡爲上。遂募丁壯子弟數千，以與匪苗從事。來痛擊，去修邊，前戈矛，後邪許。得險卽守，寸步而前。而後苗銳挫望絕，薪爐燄熄，隄塞水止。然湖南寅卯二載(乾隆五十九及六十兩年)用兵以來（苗亂奏報，以六十年正月爲始。湖南本省用兵，乃先一年已起。）已糜帑金七百餘萬。國家經費有常。而頑苗叛服無定。募勇不得不散，則碉堡不得不虛，後患不得不虞，則自圖不得不亟，通力合作，且耕且戰，所以招亡拯患於始也。均田屯丁，自養自衞，所以一勞永佚於終也。相其距苗遠近，碉堡疏密，爲田畝多少。鳳凰廳堡八百，需丁四千輪守，並留千人備戰，共需田三萬餘畝。乾州廳碉堡九十餘，守丁八百，屯田三千餘畝。保靖縣碉堡四千餘，守丁三百，屯田千五百餘畝。古丈坪廳苗馴，止設碉堡十餘，守丁百，屯田五百餘畝。永綏廳新建碉堡百餘，留勇丁二千，亦屯田萬餘畝。而後邊無餘隙，各環苗境以成圈圍之勢。峻國防。省國計也。異族逼處，非碉堡無以固。碉堡非勇兵無以守，勇丁非田畝無以贍，在邊民瀕近鋒鏑。固願割世業而保身家，卽後路同資屏藩，亦樂損有餘以補不足（此所以謂之均田。始本民願，後有訟言，不爲主者罪。）況所募土丁，非其子弟則其親族，而距邊稍遠者則仍佃本戶輸租，視古來屯戍，以客卒土民雜處者，勢燕越矣。與其一旦散數千驍健無業子弟，流爲盜賊，爲無賴，何如收駕輕就熟之用，而不費大帑一錢。稽之古效則如彼，籌之今勢則如此，惟執事裁之。』其堅持定義者，大指蓋如此也。

以上爲善後之根本。高杞任湖南巡撫在嘉慶七年至八年，時辦屯已有效。以丁禦苗，以屯養丁。與屯之田，視需丁之數而定。均之於民戶。而計其所養之丁，仍爲各戶子弟親族。又有但輸屯租，不以田別授者。後來首禍已弭，民思故業，不免興訟。遂於朝有間言。當其初不費國家給養而得節制精勁之兵，功成之後，民有觖望，國家當設法代彌之，而反爲任事者之謗讟。較之福康安之泥沙帑項，師亦無功，徒得封拜，何可比也。

傳又曰：「積久制益密，田益闢，則又有出於前議外者。於是墾沿邊隙地二萬畝，曰官墾田。又贖苗質民田萬餘畝，曰官贖田。以補助折耗，以廩賞，以葺繕，以賙邺，百務並舉。而苗占田三萬五千餘畝，亦以兵勒出，別屯苗兵五千。其苗弁復自呈七千餘畝爲經費。以苗養苗，即以苗制苗。於五年陳屯政三十四事，十年陳經久八事，十二年復陳未盡七事。大抵其經費田皆佃租變價者，其屯丁田則附碉躬耕者，其訓練與農隙講武，則屯守備掌之，以轄於兵備道者。使兵農爲一以相衞，民苗爲二以相安。故約官與兵民曰：『無擅入苗砦，毋擅役苗夫。』約苗曰：『毋巫鬼椎牛羣飲以靡財，毋挾槍矛尋睚眦以釀釁。』則永永不窮且變。遂同學校同考試。嗚呼，其亦善深長思矣。」以上爲眞善後。先正事略又詳之云：「又以詩書禮樂化其獉狉之氣。請將乾鳳永保四廳縣，編立邊字號，廣鄉試中額一名。苗生編立田字號，外加中額一名。苗益感奮。」李元度亦湘人，故事略亦得其詳。然大致用魏氏說稍補苴耳。當時收拾人心，以科舉爲最有力，新疆於淸末行科舉數次，遂與滿蒙藏情態迥殊，苗疆善後，至此而收其心矣。

傳又言：「雍正間，張尙書廣泗改黔粵苗歸流，設九衛軍屯法。蓋以經略督撫之權行之。故帖帖無異議。鼐區區守土吏，未領縣官斗糧尺兵，所事大府，不掣肘卽已幸，徒自奮於齟齬拮据中，蓋獨爲其難。卽其始欲不借屯以養丁，繼不長屯以安烏合數千衆，其可得乎。後之君子設身以處之，綜其始末，揆其利害，而知其用心苦矣。十三年，屯務竣，入覲，詔加按察使銜。明年，授湖南按察使司按察使。以苗弁兵民籲留，命每秋一赴苗疆，慰邊人思。鼐之在苗疆也，日不暇給，門一木匭，訴者投滿其中，夜歸剔出閱之，黎明升堂剖決盡，兵民以事至，直至榻前。及爲按察使，一如同知時。下無壅情，故事無不擧。十五年，兼權湖南布政使司布政使。十六年，復入覲，天子方將擢鼐巡撫湖南，而六月卒於官。事聞震悼，贈巡撫，賜祭葬，敕祀名宦祠，並許苗疆專祠。嗚呼，捍大災，禦大患，有大功德於民者矣。鼐年五十有四，嗣子端弼幼，故未有碑狀。嗣兵備道者，桐城姚興潔，招源纂屯防志，鳳凰廳志，志例當有傳，乃傳。」以上略擧興屯之與所憑藉，爲三省安邊，民得蘇息，不當以事後之浮議爲據。以平苗之人而留苗疆去思，苗人德之如此，立苗疆專祠，較之配享太廟，入祀京師賢良等祠，純出於君主恩私者，其榮辱何如也。嗣子端弼幼，國史作四歲。四歲嗣子主鼐後，故無碑狀。則本無諛墓之文。魏源修屯防志及鳳凰廳志，皆鼐立功所在，而屯防尤由鼐而成，志當有傳故爲傳，更非有傅氏後人請託之，此誠地方人士之公論矣。

傳後論曰，魏源曰：方鼐之苦於大吏以掎齕也，則鎮筸鎭，總兵富志那實保全之云。又擧歲給降苗數萬金畀之，故鼐得以豢苗者饜苗。富志那從征大小金川，習知山碉設險之利，鼐實從受之，卒以威功，仁人之利溥哉。二妾遺孤，飦粥不給，而議鼐者至今齗齗焉，吁，北山勞大夫所爲太息也。

傳論亦敍事也。鼐築碉堡而苗出爭阻，大吏遂將罪以開釁，事在三年。保全之者總兵富志那，其並以歲給降苗數萬金者，時所以餌苗苟安之費，鎭筸鎭應給此數。既平吳陳受，可以裁此費而不以自私，不以要功，獨畀能事之廳員爲展布地。且築碉之法，鼐亦從受之。武臣中有此人，旗員中有此人，仁宗能用此等人，淸中葉之所未墜盛業也。鼐既能且廉，議者猶未盡相諒；必如福文襄王，世以威望之。悠悠之口，何足問哉？

嘯亭雜錄謂福文襄王惑於幕客言，欲養賊自重，以邀封拜，乃頓兵不進，與川督和公琳日夜飲酒聽樂，苗因玩視王師，煽惑句連者日衆。加以山巖險阻，我兵不能寸進，又有不肖將士，與言以價贖地，苗益肆無忌憚，日相焚掠。二公受瘴相繼死。傅重庵鼐，浙江人，以吏掾仕湖南，習知苗中情形，文襄王倚重之，明參政亮因薦公爲鳳凰廳同知。公受命時，乾州鳳凰各廳苗民出沒，居民逃竄。公翦荆棘，招逃亡，團練鄉勇，數月，曰可以用命，因率兵攻苗寨。苗目笑曰：「往時宿將如福王者尚不敢攖吾鋒，藐爾微員，何足汚吾刃。轉戰數旬，苗大敗，奔遠砦，公圍之，苗請降。公與約，嗣後闌入漢界，概誅不貸。匪稽首惟命。公乃撫之曰：「叛吾仇，降即吾子，忍不撫育耶。」苗民益感激。公在任十年，苗民無敢出砦滋事者，天子喜，擢公按察使。

昭槤以宗室親王，於福康安亦作此語。然其曰養賊自重邀封拜，則無是理，封拜則已封拜矣。爵賞山寇，養之何足自重？若不死，則久頓兵必且無以見天下，其不進乃計無復之，非養賊也。

乾隆間闢新疆二萬里，自是事實。然純由天予，將帥無足稱。餘所謂十全武功，亦自乘富強之勢耳。至征苗而亦於太上訓政時告蕆，務與十全之語相配。其後十年，傅鼐成功，然後知平苗有表裏二役。鼐之眞實平苗，爲清代武事之足訓於後世者，不可不知其詳也。

第三節 嘉慶間兵事二

三省教匪之役，爲清代第一次長期之內亂。旗軍之不得力亦顯露於此。其亂象與明季流寇相仿：衆股迭發，不相統率，殘破各處，不據城池，出沒三省；大股人數動輒數萬。事亦起於乾隆中葉以後，而大發其毒於內禪告成太上訓政之日。蓋吏治至乾隆朝而壞，內亂之原無不出於吏虐。康熙間崇獎清廉，大吏中有若湯斌、于成龍、張伯行、陳璸諸人爲尤著，風聲所樹，爲大吏者大率端謹。雍正時亦勤於察吏。至高宗則總督多用旗人，風氣大壞。時方自謂極盛，亂機已徧伏矣。乾隆三十九年，山東壽張清水教民王倫，以治病練拳號召徒黨，於八月閒起事，襲城戕吏，連陷旁邑。方據臨清舊城奪新城，援軍大集，擒倫於城中，凡一月而平。明年而白蓮教事發河南鹿邑，遂爲川楚鉅匪之嚆矢：

聖武記：白蓮教者，奸民假治病持齋爲名，僞造經咒，惑衆斂財，而安徽劉松爲之首。乾隆四十年，劉松以河南鹿邑邪教事發被捕，遣戍甘肅，復分遣其黨劉之協宋之清授徒傳教，徧川陝湖北。日久黨益衆，遂謀不靖。倡言刦運將至。以同教鹿邑王氏子曰發生者，詭明裔朱姓，以煽動流僞。乾隆五十八年，事覺，復捕獲，各伏辜。王發生以童幼免死，戍新疆。惟劉之協遠颺。是年，復跡于河南之扶溝，不獲。於是有旨大索。州縣吏逐戶搜緝，胥役乘虐，武昌府同知常丹葵奉檄荊宜昌，株連羅織數千人。富破家、貧陷死、無算。時川、湖、粵、貴、民方以苗事困軍興，而無賴之徒亦以嚴禁私鹽私鑄失業。至是益讎官思亂。奸民乘機煽惑，於是發難于荊襄達州，蔓延于陝西而亂作。

以上教匪緣起，東華錄不載，當出方略。東華錄於嘉慶元年正月戊申朔舖張內禪盛典。二十五日壬申，枝江宜都白蓮教匪聶傑人劉鳴盛等糾衆滋事，命惠齡剿之，惠齡時湖北巡撫也。二月，禽聶傑人，而當陽教匪林之華陷城戕官。命西安將軍恒瑞率滿兵二千往剿。三月初三日丁酉，命烏魯木齊都統永保往會剿。三月，襄陽匪姚之富與教首齊林妻王氏陷竹山保康，施南之來鳳亦陷于匪，擾及四川酉陽。而恒瑞復竹山。四月丙子朔，命將鄖縣鄖西匪責陝甘督宜縣督屬辦理，竹谿至保康匪責永保恒瑞，當陽遠安東湖匪責湖廣督畢沅，枝江宜都匪責惠齡富志那，襄陽穀城均州光化匪責侍衞鄂輝等，來鳳匪責四川總督孫士毅，各剿辦。於是匪徧三省之交。三省大吏又益以北來禁旅盡赴軍，聲勢浩然矣。未幾，孫士毅且以剿來鳳匪功晉男爵。又命直隸提督慶成、山西總兵德齡、各以兵會。又散蒙古竊犯之在湖廣河南者從軍助騎隊。六月，永保復請調湖南苗疆兵二萬移剿。前督湖廣之福寧，已調任督川，留辦賊，與荊州將軍觀成破賊於旗鼓寨。投出者二千餘，誘坑之，而以陣斬報，加宮保。益堅脅從逃計。大帥麕集，各頓兵避賊，久無功。賞復頭等侍衞明亮追襄陽賊，賊竄河南唐縣，官軍勞頓，復請增請調山東直隸兵四千，簡健銳火器營兵各一千。九月，以和琳卒苗疆，詔明亮馳往湖南，遂受平苗封爵而返。十月，四川達州奸民徐天德等激於胥役，與太平東鄉賊王三槐冷天祿等並起。四川故有嘓匪，蓋金川之役，永保之父溫福以大學士督師，於乾隆三十八年敗歿於木果木，逃卒無歸，與悍民以剽掠爲生計，散處於川東北者，官捕之急，遂合於教匪。襄陽敗賊亦多竄入川，皆習戰鬥爲悍匪。孫士毅已卒，新川督英善，咸都將軍勒禮善，陝西巡撫秦承恩，皆無敢掩其烏合者。畢沅惟力請罷苗疆兵移剿。賊蹤愈蔓延，所過則官軍報捷蒙獎，賊本不堅留一地也。總兵大員累有戰死者。

二年正月，苗事報大定。額勒登保奏移荊州將軍興肇兵回襄陽。總兵張廷彥兵二千餘赴長陽，都統德楞泰，將軍明亮，率兵六千赴達州。賊又有王廷詔李全諸股，出沒豫西，河南巡撫景安尤怯敵，其人和珅族孫，任用別有徑竇，仁宗親政後乃發之。在鄂境之姚之富齊王氏亦入河南南陽，虜脅日衆，不整隊，不迎戰，不走平原，惟數百爲羣，忽分忽合，忽南忽北，而豫西之賊則被追又入陝，齊姚各股又與合。官軍尾追每後數日程，所犇突無迎阻者。去則謂之撲滅，來則謂之滋擾，謂之蹂躪。四月，詔言：「明季流寇，緣其時紀綱不整，朋黨爲奸，文恬武嬉，置民瘼不問。方今吏治肅淸，勤求民隱，每遇水旱偏災，多費帑金，蠲賑兼施。百姓具有天良，均應知感。邪匪不過烏合亂民，國家威棱遠播，荒徼無不賓服，若內地亂民，糾衆滋擾，不能立時殄滅，其何以奠九寓而服四夷耶」云云。勤求民隱，實有此意。蠲賑兼施，實有此事。其不至爲明之流寇者在此。至云吏治肅淸，根本卽爲欺謾。教匪蠢動數十年不已，豈得與吏治並存。時太上訓政，和珅當事，錮蔽聰明，矛盾不自覺也。同日卽免應山等匪區五縣額賦。後七日，又予達縣等三州縣被賊難民三月口糧，及修屋銀。此皆邮民之可證者。後復常有其事，然未知實惠及民否也。

剿匪軍事，嘉慶初中制之最謬者爲嚴斥明亮德楞泰奏請守堡禦賊事，事在二年九月。東華錄竟不載，國史明亮德楞泰傳亦無之。聖武記：「明亮德楞泰奏言：『臣等自楚入陝，所經村莊皆已焚燼，蓋藏皆已搜劫，男婦皆已虜掠，目不忍見。已擾者固宜安輯，未擾者尤宜隄防。查各州縣在城之民，有城池以保障，是以賊匪皆不攻城。其村落市鎮，僅恃一二隘口鄉勇，或遠不及防，或間道失守，倉皇逃避，不但衣糧盡為賊有，且備衛之火藥器械，反以藉寇而資盜。而各賊所至之處，有屋舍以棲止，有衣食火藥以接濟，有騾馬芻草以奪騎更換，有偪脅之人為之人為之鄉導負運，是以自用兵來，所殺無慮千萬，而賊不加少。且兵力以保城為急，則村市已被虔劉；以保荊襄為急，則房竹安康已難兼顧。為今之計，欲困賊必須衞民，莫若飭近賊州縣，於大鎮市勸民修築土堡，環以深溝。其餘因地制宜，或十餘村為一堡，或數十村為一堡。賊近則更番守禦，賊遠則乘暇耕作。如此以逸待勞，賊匪所至，野無可掠，夜無可棲，敗無可脅，加以大兵乘壓其後，殺一賊卽少一賊，滅一路卽清一路。近日襄陽紳士梁有穀等築堡團守，賊屢攻不能犯。此保障之成效。至川東各屬，多有險峻山寨，祗須令鄉民臨時移守其中，一如守堡之法，於以禦賊安民，必可尅期撲滅。』奏上，雖奉旨以『築堡煩民，不如專擒首逆』，而堅壁清野之議實始此。」魏氏不指當時之失計，而以後卒築堡收功，謂實始於此。史稿本紀：十月戊戌（初二日），明亮德楞泰請廣修民堡以制賊勢，詔斥其迂緩。而列傳不見此事。可知實錄本無，而東華錄自無可錄矣。

是時匪情，據九月癸巳諭：「聞近日匪至一村，先將年壯平民偪令入夥，遇官兵輒令當先，賊匪隨後接應。當先者被剿敗，匪卽先竄。官兵殺掠報功，節次摺稱殺賊無數者，皆偪脅平民，而眞匪早遠颺。所以日久不能成功。而新起入夥之賊，未必不由官兵驅迫所致。」至十二月癸亥，勒保奏言：「賊匪隨處焚掠，即隨處勾脅。是以日久愈多。川陝楚三省犬牙相錯，數千里崇山峻嶺，處處有險可恃，有路可逃。及官兵擇隘堵禦，賊又向無兵處滋擾。致有賊之地無兵，有兵之地無賊。並有賊過而兵未來，兵到而賊已去者。東剿西竄，南擊北馳。以言兜剿，即數十路難以圈圍。以言堵禦，雖數十萬兵亦不敷分布」等語。其爲清野之法不行，任匪肆竄，官兵以備多而見少，匪以所向隨意而見多。徒以朝旨急於滅賊，不許先爲滅賊之備，雖亦屢有奏捷之時，官軍亦屢喪敢戰之提鎮大員，得失略相當耳。三年正月，以明亮德楞泰追剿高均德，責其不先殲齊王氏姚之富等，盡奪世職及優賞，止留本職，戴罪圖功。二月，並將明亮革職，拏交刑部治罪。而是時明亮德楞泰已破齊姚於鄖西，賊隕崖死，梟其首以奏。諭尙以未能生擒爲不滿，僅予明亮副都統銜花翎。且言此時陝省首逆係高均德李全，其次張添文阮正通，不可再令自斃逃戮。

賊之熾也，由於吏虐。僅憑匪鼓衆之口實未可爲信。教匪之擾，則有反證焉。四川南充縣知縣劉清，以貴州廣順拔貢官蜀，適當匪擾。清數以鄉兵破賊，所撫兵民皆以兒子畜之，人樂爲死。賊自爲民時知清名，戰莫爲用，故遇清輒逃。賊分青黃藍白爲號。白號賊王三槐橫於蜀，總督宜綿命清親入三槐營，三槐跪謁清，隨至謁督，約率所部出降。清知降非誠意，設備以待。三槐於所約納降之日，詭來投，伏匪沿途接應，將爲掩襲計，清大敗之。此二年四月事也。三年，總統勒保受命專責剿辦三槐，委清署廣元縣事，再議撫三槐。令清迭赴三槐營宣諭，三槐詣軍門，勒保擒以奏捷，符詔書「生致首逆」之旨。勒保由侯晉公，晉和珅由伯爲公，封珅黨福長安爵侯；時距平賊尚遠，祇得聾匪首中之一耳，賞亦不及劉清。清旣爲總督所賣，然有所招徠輒遣清。清仍累至賊營，賊懲三槐事不敢出，以清廉吏，不忍加害。其非著目信清者仍夥，前後招降川東賊二萬，皆遣散歸農。清撫賊有恩，戰賊亦最勇，所練鄉勇尤敢死，嘗破羅其清冉文儔於方山坪，破三槐於巴州江口。轉戰川東數載，大小百十戰，斬馘萬計，見奏牘者十僅二三。入賊營撫賊，出賊營殺賊，往返虎狼之穴，如慈母訓撻嬰兒，論者以爲史冊所希有。三槐被紿俘至京，廷訊時供官偪民反。帝問：「四川一省官皆不善耶？」對曰：「惟有劉青天一人」。於是劉青天之名聞天下。以軍功累進官至建昌道。嘉慶十年，匪已平，清入覲，仁宗賜詩，首有「循吏清名遠邇傳，蜀民何幸見青天」之句。丁艱起復，授按察使，升布政使；自陳才力不勝藩司任，懇開缺，斥其冒昧陳奏，降補員外郎。十八年，清已補山東鹽運使，教匪李文成起河南，熘及山東，請再從戎，破屬家集功最。諭以布政使缺與伊不甚相宜，以二品頂戴留運使任。二十一年，因病請開缺，令來京醫治，旋授山東登州總兵，調曹州總兵。年老休至回籍，卒於家。奉旨入祀貴州賢良祠，山東名宦祠，給子孫廕。

川楚之役，以劉清事爲最奇特。尤奇者賊皆頌劉青天，被斬馘而不讎，被招撫失信而不怨。非一二匪目之特性，蓋凡匪皆戴青天，然則良民之甏禮於賢長官，能過是乎，且能及是乎？以如此有性情之匪，而卒不樂爲良民，是可知官逼民反之非藉口矣。當三槐供及劉青天時，太上尚訓政。明年正月太上崩，和珅獲罪，仁宗諭：「教匪滋事，以官偪民反爲詞。昨冬賊首王三槐解到，訊供亦有此語，聞之惻然。是以暫停正法。我國家百數十年，厚澤深仁；皇考臨御六十年，痌瘝在抱。普免錢糧漕糧，以及蠲緩賑貸，不啻億萬萬，百姓安土樂業，焉肯挺而走險？緣親民之吏，不能奉宣朝廷德意，激變至此。然州縣剝削小民，不盡自肥己槖，半奉上司，而督撫之勒索屬員，不盡安心貪黷，無非交結和珅。是層層朘削，皆爲和珅一人。而無窮之苦累，百姓當之。現在大憝已去，各省官吏自當大法小廉，湔除積習。民無擾累，可遂其生」等語。蓋已認官偪民反之語爲眞，而一委其禍本於和珅，或未可盡其事理。以廉吏僅得劉清，而不用以整率百僚，乃使浮沈吏議，至不欲爲藩司之官，改武職而後守職數載，仍以老休致，一以尋常禮數待之，視康熙時激濁揚清，使成風俗，度量之相越何其遠也。知去和珅爲積年隱忍之憾，非眞爲去吏治之蠹也。國家愛惜廉吏之心，尚不如三省普徧之匪。以吾輩今日計之：若以異等之禮待劉清，以能識劉青天之良心獎匪，直使清主兵，號召匪衆，大甄汰地方長官，大籌措歸農生計，或不至更閱五六年而後仍以武力靖亂。不數年絡續匪禍，兵及宮廷，知守文之主果不足與大有爲也。

二月辛卯（初四日）又諭：「自川楚邪教滋事以來，所過刦掠焚燒，迫脅煽惑。良民不得已，從賊日多。奔驅三載，不能自拔者數逾十萬。室廬焚蕩，田畝抛荒，欲返無所歸，卽歸無所食，勢不得不託賊巢棲身，藉盜糧餬口。此非徒作招撫空談能收解散實效者也。前經降旨，勦撫兼施。大約謂自古惟聞用兵於敵國，不聞用兵於吾民。自相攻擊，屠戮生靈，朕日夜哀憐，幾廢寢食。百姓極困思安，久勞思息，諒必一見恩旨，翕然來歸。第思旣歸之後，目前何以食？將來何以居？務使此番安集，卽成永遠規模。設非慮及他時，必倍難於今日。凡從各股賊匪中受撫來歸者，應如何綏輯安插之處，令勦保就近傳喚同知劉清，及川省素有清名之州縣，俾其悉心妥議具奏。劉清既素諳民望，必能深識民情。他鄉流落者如何資送還農？失所無依者如何編丁占籍？朕幾餘檢閱明史成化中項忠原傑先後辦理荆襄流民一案，具有章程，或可採取其法，施之當今。或因事異時移，不宜泥古，可一一詳細奏聞。至陝省撫輯情形，馬慧裕新授藩司，正伊職分中事，亦著詳議具奏。」此諭亦知從官偪民反之後求其癥結而理之。顧首稱「邪教逆匪」，意少矜憐，既不重視劉清，僅與他州縣同被勒保傳喚，卽非有清勇於任事之地。在受撫者意中，見傳喚者爲旗下紈袴之勒保，被傳喚者有靦然與青天並列之多員，固已索然意盡矣。項忠與原傑並稱，前例已未能確辨性質，固知其知識在明昧之間。既知貪污害民，不向百姓告罪，而作此是非蒙混之語，知亂事之不能豁然立解也。清居官廉，逢陋規必裁，爲大吏所不便。任州縣，所礙大吏者僅一州縣，若任藩司則礙一省矣。清後爲藩司，勒保勁卽劾以「民社有餘，方面不足」，改降運使。清知若任財賦，終不見容，致改武職去，帝竟聽之。編修洪亮吉於四年上書，卽云「進賢退不肖，似尚游移。劉清尙爲州牧，僅從司道之後辦事，似不足盡其長」。亮吉幾殺身，特宥猶獲遣戍。劉清則終不大用。此足以見仁宗之持國是矣。

築堡禦賊之策，二年已被斥不行。及仁宗親政，有蘭州知府留川督宜綿軍中充左翼長之龔景瀚，復上堅壁清野之議，備陳調兵增兵募勇三害，剿賊四難。謂先安民然後能殺賊。民志固，賊勢衰。使之無所裹脅。多一民卽少一賊，民居奠則賊食絕。使之無所擄掠，民有一日之糧，卽賊少一日之食。用堅壁清野之法，令百姓自相保聚，賊未至則力農貿易，各安其生；賊既至則閉柵登陴，相與爲守。民有恃無恐，自不至於逃亡。其要先慎簡良吏，次相度形勢，次選擇頭人，次清查保甲，次訓練壯丁，次積貯糧穀，次籌畫經費。如是行之有十利」。反復數千言，切中事理。嗣是被兵各省，舉仿其法，民獲自保，賊無所掠，成效大著。論者謂三省教匪之平，以此爲要領（以上史稿循吏景瀚傳）；史稿循吏景瀚傳略具全文，不備錄。四年六月，庚寅（初三日）詔曰：「朕聞湖北隨州未被賊擾，因民人掘溝壘山，足資捍禦，民間村堡，儘可照辦。勒保松筠吳熊光，即曉諭百姓知之」。時勒保爲經略，松筠督陝甘，熊光撫河南。四川則勒保兼督，湖北則勒保經略所在也。十一年，續修皇清文穎，仁宗出此議付館臣載入，蓋深賞之。而明亮德楞泰前所奏爲始行矣。

先是諭斥清野策爲迂緩，嚴敕諸將力戰。三年正月，擒覃加耀，以蔵事緩，奪額勒登保爵職。六月，破齊王氏姚之富，逼令隕崖死。七月，擒羅其清，又斬冉文儔，又誘擒王三槐，遂封拜勒保和珅福長安等，並釋勒保弟永保於獄，而匪竄擾如故。四年，仁宗親政以後，三月，斬蕭占國張長更，又殲冷天祿一股。額勒登保迭進爵至一等男。七月，斬包正洪。八月擒龔文玉，又擒卜三聘。九月，斃汪正瀧。十月，德楞泰奏生擒首逆高均德，封二等男，授參贊大臣，德楞泰前亦奪爵職。十二月，擒王登廷。五年二月，槍斃王金桂。三月，擒冉天元，晉德楞泰三等子。四月，殲匪首雷士玉孫嗣鳳。五月，以殲淨陝西逆首劉允恭劉開玉，擒獲頭目王洪儒，晉額勒登保三等子。七月，教首劉之協就擒於湖南寶豐，訊明正法。八月，殲斃匪首伍金柱，宋麻子。九月，斃匪首唐大信。十月，獲張子聰。十二月，殲首逆楊開第齊國謨。六年正月，斃首逆張世隴等，又斃首逆徐萬富等。二月，射死王士虎，生擒王廷詔。四月生擒首逆高三馬五及馬五之子，餘黨悉平。並前擒王廷詔功，晉額勒登保二等子，予提督楊遇春騎都尉世職。德楞泰又殲逆首張允壽。六月，德楞泰等奏，追剿青號匪，淹斃首逆徐添德。額勒登保等奏，督剿冉逆等股匪，生擒首逆張添倫伍懷志，餘匪肅清。七月吳熊光等奏，殲斃白號匪首王鎮賢，勒保奏生擒徐添壽王登高等。八月，勒保奏生擒首逆冉學勝等，賞還一品頂帶（本年四月，以剿匪不力，革勒保翎頂）。封三等男。是月，以三省大功將蕆，撤盛京兵歸伍。十月，額勒登保奏生擒首逆辛斗及其總兵蘇啓志。德楞泰奏殲斃首逆龍紹周，全股掃蕩。十一月，額勒登保奏督剿通江一帶殘匪，擒獲元帥冉添潰頭目龐思宇等，又奏殲擒首逆高見奇周萬友等。十二月，陝甘總督長麟奏提督慶成殲擒苟文明股匪。額勒登保奏斃苟文明匪頭目苟朝獻。七年正月，額勒登保奏生擒首逆辛聰，殄除餘黨。吳熊光等奏生擒首逆張允壽之子得貴，並將青號餘匪全數撲滅。二月，額勒登保奏道員劉清生擒首逆李彬，及辛聰之弟辛文。殲斃餘匪。三月，勒保奏殲斃首逆張添倫魏盛，及其元帥陳國珠等。德楞泰奏截剿線號教匪，斃首逆龔其堯，生擒老教師李世漢李國珍等，全股洗淨。五月，勒保奏生擒首逆廣向瑤，並老教掌櫃徐添培張思從，頭目多名。慶成奏剿捕張魏餘匪，生擒元帥康二麻子，總兵張昌元等。六月，德楞泰奏冒雨趕勦樊曾秀匪股，淹斃首逆樊人傑等，並其妻子弟姪，全行殲滅。晉三等侯。勒保奏殲斃匪首楊步青。七月，勒保又奏殲除黃白青藍四號教匪，生擒首逆劉朝選。晉一等男。額勒登保奏殲斃匪首苟文明。晉一等伯。勒保奏斃楚省竄匪首賴先鋒，撲滅全股，並兜截張長吉一股。十二月，額勒登保德楞泰勒保惠齡吳熊光等，奏報川陝楚勦捕餘匪一律肅清。自成親王儀親王以下，論功行賞有差。額勒登保德楞泰，俱晉一等侯。勒保明亮俱一等男。賽沖阿楊遇春俱輕車都尉世職。八年，詔四川湖北陝西甘肅河南被賊各州縣，自元年至七年，帶征緩征逋欠錢糧，普予豁免，與百姓休息。

是時三省之靖也，不過著名匪首，絡續擒斬；大股匪衆，無復橫行。山林藪逋逃，未可核也。詔經略參贊毋遽來京，諸帥分扼三省要衝，窮搜遁伏之匪。匪皆百戰之餘，出沒爲變，誘官軍入林，突出格殺。翼長穆克登布中矛死。穆克登布與楊遇春同爲經略翼長，俱以敢戰名，經略痛惜之，詔世襲輕車都尉。諸帥擁勝兵，分多路會哨排搜，並予招撫。先後降青黃藍及有名號之股匪多起。八年五月，額勒登保奏陝境已無賊，川楚各有零匪數百，散竄延喘，已成從前嘓匪。別籌搜捕之策。乃與勒保德楞泰督諸將分二十餘路，排搜老林。七月，三大帥再報三省肅清。官兵凱旋，鄉勇遣撤，每人以銀五錢繳刀矛，二兩資回籍。各勇多驍桀習戰，無家可歸，復入山澤，與匿賊合。匪有苟文潤者領其衆，復猖獗，戕副將朱槐。此衆具悉官軍號令，及老林徑路，騰趫如猱，忽陝忽川，忽聚忽散。分軍遇之則不利，大隊趨之則兎脫。三省不得解嚴。十一月，德楞泰剿賊山中，前隊鄉勇忽與賊中鄉勇舊識相訴苦，官軍大敗，陣亡副將以下數十。鄉勇中以功曾得翎頂者，遣往招諭，苟文潤殺之，詔懸賞購捕苟文潤，與向購苟文明等重。大帥統重兵，與畸零之匪角逐，時圍偪一隘，輒復竄逸。將士且久役思歸，額勒登保時已改任欽差大臣督師，乃先汰遣疲病兵勇，又下令四卒擒一賊者，即優遣回籍。既募搏賊，亦資遣兵。而賊反糾散遣鄉勇以益數，牽綴甚久。至九年夏，詔書切責，而暑雨時行，額勒登保德楞泰楊遇春三大帥皆皆病。時尚無欺飾報竣之弊，則諸帥尚得人也。八月，賊黨趙洪周乃應購斬苟文潤出降，匪乃渙散。官軍又奮起搜捕數著目，於是重報肅清，以九年九月班師。其爲明季流寇之續者，以全盛博一隅，勢不同耳。明年五月，追思堅壁清野功，加勒保太子太保銜，明亮由一等男晉一等子。

用兵易，撤兵難。兵歸原額則易，撤無歸之兵大難。教匪之役，用鄉勇無幾，撤時尚綴大兵經年而後定。其不先籌消納之生計，仍是國無吏治也。鄉勇之起，以劉清爲始。一縣令無領兵之分，而有需兵之急。以德惠相感。團民禦匪，爲功甚大。鄉勇中成就兩大將，最著之羅思舉，卽由清所拔。桂涵與思舉，同應募，皆東鄉人，皆積功至官提督，加宮銜，歿膺上諡。思舉後且以平江華猺畔得一等輕車都尉世職。爲軍與特著之材武。山鄉用奇，非二人之蹻捷不濟。智勇爲其天資，思舉尤壯烈。少爲盜，積案纍纍，名捕不獲。旣貴，不自諱。檄川湖陝各州縣云：「所捕盜羅思舉，今爲國宣力，可銷案矣」。世始知其所自來。嘗再入覲，仁宗問「何省兵精」？曰「將良兵自精」。宣宗問「賞罰何由明」？曰「進一步賞，退一步罰」。要言不煩。其爲提鎭，官俸外不名一錢。終日練兵，如臨大敵。然奇功皆在未建節鉞時。軍中號羅必勝。蓋有三必勝：晦夜劫營必勝，巖溝間道必勝，冒旗誘敵必勝。貧時得重疾，無以自療，妻請鬻身以給，不得已，涕泣別去。病得藥乃已。貴後具重金贖妻還，爲夫婦如初。魏源言：「陶尚書澍備兵川東時，與思舉同城駐，嘗共飲。一日酒酣，袒身示戰創斑斑。別有封痕七：左股四，右股三，乃爲親病致此云」。

淸自國初用兵，皆以八旗爲主軍，始命將皆親貴；至乾嘉時，已酣豢不足臨敵，而猶用旗籍庶姓勳爵之裔，最疏遠亦必爲滿洲世僕。時尚能得人。若額勒登保德楞泰爲將，爲有方略及忠實可任使。史稿言仁宗親政，以三省久未定，卜宮中，繇曰：「三人同心，乃奏膚功」。遂常以勒保參兩帥，功非其比也。而敍勞以清野策由勒保首行之，膺上賞，封伯爵，加宮保，正揆席，領軍機，卒贈一等侯，謚文襄。殆亦自應其兆歟。漢人立功，楊遇春後由武轉文，爲總督，亦爲異數。滿人文武不分，漢人當時則僅有。與遇春起稍晚而齊名者爲楊芳，時稱二楊；三省平時爲提督。道光初回疆有變，乃以功封侯，以宿將屢平川滇邊夷。至鴉片案起，對英吉利兵乃頗怯，爲粵人所笑。則國防將轉變矣；未幾亦卒，幸以功名終焉。

第四節　嘉慶間兵事三

海盜之爲患，至明而始大且久，統名之曰倭，與萬歷間之出兵朝鮮禦倭，截然非一事也。嘉靖平倭之說，亦不過殲其名酋，稍殺一時盜燄耳。至明末乃歸結於鄭氏。鄭芝龍受撫而並殲他盜劉香，鄭成功用其遺衆而開臺灣，則爲明之遺忠。清用旗綠各營，舉不足以與海盜爭長技，則於漳泉習海之人中物色其能勝大任者，要亦皆鄭氏舊部，有內釁而離鄭自歸，且亦視清爲可與共功名者耳。臺灣平後，經營海疆，習海者既開功名之路，亦遂暫分盜業，而倚海爲巢，盜故時有。海上言勦捕之事，日有所聞，至乾隆末而大熾。蓋盜以安南爲外援。得大肆於粵閩海濱也。安南黎氏自明宣德間有國，入清累世臣服。其強臣阮氏，世逼其君，至乾隆五十四年，阮光平終逐其君黎維祁而代之；朝廷先救黎氏，維祁已一次復國，及阮氏復逞，王師大敗，總督孫士毅退入鎮南關，帝撤士毅歸，以福康安代將，光平乞降，而請主其國，懇賜封號，福康安遽受之，帝亦俞允，而轉以福康安不能於此役受王封爲惜。是爲高宗之暱於所私，而猶以安南已降，張大武功，爲十全之一。此高宗之汰侈而亦清室之衰徵也。

阮光平之發難，由佛蘭西教士阿蘭特爲介，乞得佛國兵船爲助。又仿造船械，訓練其兵。頗師西人海上餘技。既以兵篡國，國用不足，乃遣鳥槽船百餘，總兵官十二，以採辦軍餉爲名，多招中國海盜爲嚮導，爲寇海疆。當乾隆五十七年，光平死，子光纘嗣。嘉慶初，各省奏擒海賊，屢有安南兵將及總兵封爵敕印，詔移咨安南，尙不謂國王預知。安南黎氏甥阮福映以暹羅兵黎氏復讎，號舊阮，而以篡黎氏者爲新阮。光纘既與舊阮搆兵，益苦費絀，其總督陳寶玉，招集粵艇，肆掠海中。浙定海總兵李長庚禦盜，獲安南艇隊大統兵進祿侯倫貴利，又有安南總兵黃文海，與賊目伍存七有隙，以二艇投於閩，閩乃用其式以造艇。蓋是時盜有較堅巨之艇，官軍弗及也。浙撫阮元訊倫貴利供，備得安南夥盜爲患狀。光纘謝罪，委之舊阮，而以倫貴利爲罪首。時貴利已於取供後磔死，朝廷又以川楚匪日棘，未暇深問，以國王不知赦之。嘉慶二年，光纘解盜犯六十餘名至廣東，降勅褒賜，而盜不止。七年，舊阮剋新阮，光纘被擒。八月，福映縛送光纘所招中國盜犯莫觀扶等三名，皆受光纘封東海王及總兵職者。十二月，福映滅安南，遣使入貢，並陳復讎始末。又言其國本古越裳，乞以南越名國。帝以南越古兩廣地，不可予此名，八年，改爲越南，封福映爲越南王。越南不復通盜，而盜已得船械駕官軍之上，爲海疆鉅患矣。盜以同安人蔡牽爲魁，有鳳尾水澳諸幫，皆附牽。商船出洋，勒稅番銀四百圓時（銀圓乃外國幣，謂之番銀），回船倍之。結陸地會匪濟其糧械。官無艦，有艦亦不可用，雇商船載兵任戰。既而粵仿商船造艇有效。浙撫阮元先奏，以李長庚總統浙定海黃巖溫州三鎮水師，旋陞提督。阮元率官商捐金付長庚，造大艦三十，名霆船，鑄配大礮四百餘。而粵撫孫玉庭尙奏言：古有海防，不聞海戰。蓋入海搏賊，固非時議之所擬及也。而詔特行之。六年艇成，兵威大振，迭獲盜中著目。八年正月，追盜首蔡牽於閩，牽窘，乞撫於閩督，玉德納之。牽請勿令浙師由上風來逼我，玉德調長庚兵居下風，牽遂繕器備物揚帆去。以畏霆船故，厚賂閩商，更造大於霆之船，載貨出海濟牽，而以被劫報。牽得大船，復振，橫渡臺灣，劫米數千石，分濟閩粵溫盜米，遂與合，大船至八十餘，勢甚熾。長庚建議禁商造大船，免資盜。海上馳逐累年，牽未就獲。十一年二月，扼賊於鹿耳門，復脫去，詔奪長庚翎頂。長庚奏言船不得力，臣坐船尙較蔡牽船低五六尺，諸鎭船更下於此，曾與諸鎭議，願預支廉造大船三十號，督臣以爲需時費財，不肯具奏。詔褫玉德職逮治，陞湖南巡撫阿林保代之，阿林保至，連疏密劾長庚，請革職治罪。帝疑之。密詢浙撫。時阮元以憂歸，代者爲淸安泰，頗能與元同意倚長庚，爲疏辨。帝意解，切責阿林保。疏言當時海事狀甚悉，東華錄不載，淸安泰本傳亦無之。諭旨中稍述數語，其原文詳聖武記，而先正事略採之入長庚事略，今錄之，以見中國前所無之技術，官與盜皆習海者，而後爭此奇勝。後則爲歐洲尤習海而兼科學先進，海上技術，更非此比，則非徒不習海者不足言海事，中國之習海者亦相去甚遠。此世運之不同，而善事之必先利器則一也。

淸安泰奏言：長庚熟海島形勢，風雲沙線，每戰自持柁，老于操舟者不能及。且忘身殉國，兩載在外，過門不入。以捐造船械，傾其家貲。所俘獲盡以賞功，故士爭效死。且身先士卒，屢冒危險。八月中剿賊漁山，圍攻蔡逆，火器瓦石雨下，身受多創，將士亦傷百有四十人，鏖戰不退，故賊中有「不畏千萬兵，只畏李長庚」之語，實水師諸將冠。惟海艘越兩三旬，若不燂洗，則苔粘蠔結，駕駛不靈。其收泊非逗留（長庚函署督溫承惠言，以七月十日收港燂洗。阿林保抵任得其書，疑為私自回署，為具劾之首）。且海中剿賊，全憑風力。風勢不順，雖隔數十里猶數千里，旬日尚不能到也。是故海上之兵，無風不戰，大風不戰，逆風逆潮不戰，陰雲蒙霧不戰，日晚夜黑不戰。颶期將至，沙路不熟，賊衆我寡，前無泊地，皆不戰。及其戰也，勇力無所施，全以大礮相轟擊，船身簸蕩，中者幾何。我順風而逐，賊亦順風而逃。無伏可設，無險可扼，必以鈎鐮去其皮網，以大礮壞其柁牙蓬胎，使船傷行遲，我師環而攻之，賊窮投海，然後獲其一二船，而餘船已飄然遠矣。賊往來三省數千里，皆沿海內洋。其外洋浩瀚，則無船可掠，無嶴可依，從不敢往。惟遇剿急時，始間以為逋逃之地。倘日色西沈，賊直竄外洋，我師冒險無益，勢必回帆收港，而賊又逭誅矣。且船在大海之中，浪起如升天，落如墜地，一物不固，即有覆溺之憂。每遇大風，一舟折桅，全軍失色。雖賊在垂獲，亦必舍而收泊。易桅竣工，賊已遠遁，數日追及，桅壞復然。故常屢月不獲一賊。夫船者官兵之城郭營壘車馬也。船誠得力，以戰則勇，以守則固，以追則速，以衝則堅。今浙省兵船皆長庚督造，頗能如式。惟兵船有定制，而閩省商船無定制。一報被劫，則商船即為賊船。船愈高大多礮多糧，則愈足資寇。近日長庚剿賊，使諸鎮之兵隔斷賊黨之船，但以隔斷為功，不以擒獲為功，而長庚自以己兵專注蔡逆坐船圍攻，賊行與行，賊止與止。無如賊船愈大、礮愈多，是以兵士明知盜船貨財充積，而不能為擒賊擒王之計。且水陸兵餉例止發三月，海洋路遠，往反稽時，而事機之來，間不容髮，遲之一日，雖勞費經年，不足追其前效。此皆已往之積弊也。非盡矯從前之失，不能收將來之效。非使賊盡失所長，亦無由攻其所短。則岸奸濟賊之禁，尤宜兩省合力，乃可期效。

帝責阿林保，謂「到任不過旬月，地方公事，海洋情形，素不熟悉，於李長庚更從未謀面，輒連次參奏，殊屬冒昧。朕又不昏瞶糊塗，豈受汝蠱惑，自失良將？朕已降旨，將剿辦蔡逆責成該提督，若阿林保因參奏不遂，遇事掣肘，致蔡逆逋誅，海疆貽誤，朕惟執法懲辦。浙省既無高大商船，阿林保等遽在閩省雇募，迅即解交李長庚。口糧火藥，亦須源源接濟」。事在十一年八月。疏內皮網鉤鐮云者，蔡牽船用牛皮網紗多層，淋海水使濕，以禦礮火。必用長柄鉤鐮拉去之，礮始有效也。嗣是長庚迭擊賊，至十二年十二月，牽閩水師提督張見陞追牽窮所向，至黑水外洋，當粵潮陽縣地，牽僅存三舟，長庚擊破牽舷篷，自以火攻船推賊船後，賊急發一礮，適中長庚喉而殞。時閩粵水師合剿，船械數十倍於賊，而張見陞見總統船亂，即麾舟師退，牽乃遁，未就獲於此役。

嘯亭雜錄：上罷玉德，以阿林保代之。阿林保見賊勢難結局，置酒款長庚曰：「大海捕魚，何時入網？然海外事無左證，公但斬一假蔡牽首至，余即飛章報捷，而以餘賊歸善後辦理，則不惟公受上賞，余亦當邀次功。孰與窮年冒鯨波僥倖萬一哉？」長庚慨然曰：「石三保聶人傑之事，長庚不能為。且久視海船如廬舍，不畏其險也。誓與賊同死，不與賊同生。」閩督不懌。丁卯十二月，賊以三舟艤某島，去官軍半里，長庚以舟師圍港口，計日就禽。閩督飛檄促戰，動以逗橈為詞。長庚斫舷怒，下令誓一日禽賊，賊決死戰，有卒跳上賊船，幾禽牽者再，牽奴林阿小素識長庚，暗中由蓬窗出火槍，中長庚胸而薨。

覘貴紀事，不滿於旗員，而悼惜名將如此，其時滿人之信望已墜矣。然核其言殊未可信。玉德以五月革，阿林保由湘撫升閩督，奉命在五月十九日丙寅。七月間連劾長庚，諭旨明謂其到任不過旬月，於長庚更未謀面。但據稱拆閱長庚致代督溫承惠書，有「七月初十將兵船進港燂洗」，疑其私行回署。又於七月二十一日盜首李按一事，尚未知悉，遽迭參其玩誤縱賊，力請革職治罪，疑忌參劾，自是實情。長庚在浙逐賊不暇，安有暇赴閩督置酒宴。新督亦知舊督以不得於長庚而奪職，因此謂「非去長庚，督威不立」則有之，若敢於以大不韙之語要長庚同意，必無是理。長庚本海中搏賊，並非困之於一島。浙閩督剿，何能飛檄專促長庚。長庚與阮元交最密，剿海盜事互助為功，元撰長庚傳，於長庚中礮時事則云：「閩陸本庸懦，又窺總督意，頗不受提挈。及是，遠見總帥船亂，遽率舟師退。牽乃遁入安南夷海中」。則閩督與長庚自有芥蒂，亦屬事實。但未必如禮邸所錄之甚也。

長庚死事聞，帝諭有「覽奏心搖手戰，震悼之至」等語，追封伯爵，謚忠毅，命以所部王得祿邱良功嗣任。軍無總統，命阿林保擇駐廈門漳州一帶調度。海盜巨酋，自蔡牽外有粵盜朱濆，與牽時合時分，互寇海疆。十三年，濆為金門鎮總兵許松年轟斃，弟朱渥復領其衆。浙洋復有土盜張阿治駱亞盧等，為浙兵邱良功等所殲。十四年，朱渥以衆三千餘，船四十二，礮八百餘，降於閩。旋邱良功為浙江提督，王得祿為福建提督，浙閩將帥無間，以是年九月，合剿蔡牽於定海之漁山，乘上風逼賊，轉戰至黑水深洋，逾一夜至明日午，良功見水已綠，近內洋，懼日暮賊更遁外洋，大呼以己舟駢賊舟，閩舟又駢浙舟，賊死戰，毀浙舟蓬，扎傷良功腓，浙舟脫出，閩舟又駢賊舟，賊餘舟皆為諸鎮所隔，不能救牽，牽船賊創斃餘三十人，鉛丸亦罄，以番餅作礮子，得祿亦受傷，擲兵火其尾樓，復以坐船衝斷其柁，牽乃首尾舉礮，自裂其船沈於海。封王得祿二等子，邱良功三等男。粵洋尚有安南餘艇之賊，百齡代吳熊光督粵，嚴斷接濟，糧及硝磺不得漏出洋，外洋無可掠，賊乃冒死入掠內河。官兵守待捕斬，有以制賊，而尚有總兵許廷桂敗死，賊突圍遁走一事。賊終以窮蹙，各幫先後降。百齡所降賊至二萬餘衆，船三百餘，礮千數百，粵賊平，賞百齡輕車都尉世職。蔡牽餘黨亦降於閩，尚有千餘人。時澳門葡萄牙人備兵船二，英吉利備兵船四，各願助剿海賊，朝議不許。見聖武記。自後海上外國船械日精，官與賊舊法皆見絀，遂開新海防時代。

第五節　嘉慶間兵事四　畿輔教匪

嘉慶兵事，有何可紀？紀兵事，見吏治之敗也。乾隆以前，非開闢疆外之兵不紀，乾隆中葉以後，臺灣已爲內屬後之兵事，亦略之。臨清一役，乃嘉慶教匪之先見者，以爲時甚暫，亦不專述。而內亂之萌孽，實始乾隆朝之驕泰，爲種敗亡之因。嘉慶間苗匪教匪海匪，皆內地子民。所以爲匪者，皆緣官吏之非人；縱不盡由迫壓，亦必由縱弛而後容奸。寸土皆官治之地，民皆受治之人，豈有省道郡縣層層統攝，而爲變之民能久久部勒不散，釀成大亂之理？海盜甫靖，教匪又興。此事前接川楚，後接金田。祕密黨會之無法解散，於劉清之不見用驗之。

嘉慶十六年春，有星孛見紫微垣，教匪指爲惑衆之具，謂應在二年後之九月十五日。十八年七月十八日壬午，帝東巡啓鑾，秋獮並謁東陵。九月甲子朔，命隨扈之皇次子綿寧、皇三子綿愷、先還京。綿寧即宣宗諱，以先還，故得以宮中禦寇立功，封智親王者也。初十日癸酉，帝自避暑山莊回鑾，而是時匪已事露先發。蓋距九月十五之期已近，一則伏戎於道，要回鑾之駕，再則竄跡入宮，起事即在禁中；皆匪所預謀，以應期會。匪之主名則爲天理教，又名八卦教。以卦名八字爲分股之目，聖武記謂天理教聚衆斂財，愚民苦胥吏者爭與焉。可知民之從教，亦由官迫也。從教則何以減胥吏之苦，今不知其詳。清末之耶穌基督教，教民以事繫於官，教士往往力出之，故爲羣不逞之所托庇，而教士以此爲傳教之餌。意當時胥吏多奉教，入教則城狐社鼠共一家，藉保身家，冀少受肉耳。教首在河南者爲滑縣李文成，在直隸者爲大興林清。匪衆謀久，自必外洩。會知滑縣者爲強克捷，亦不似他上官及同僚之憒憒。有退吏訟繫，感克捷白其誣，告以匪謀。克捷密封白巡撫高杞，申衞輝知府郎錦騏，請兵掩捕，皆不應。克捷知事急，於九月初六日突執文成，先刑斷其脛，及其黨二十四人，繫之獄。夜半，匪黨牛亮臣劫獄出文成等，屠告發之退吏家，踞城叛。克捷及家屬均死之。時高杞已調任熱河都統，新任方受疇未到，旋仍命高杞留署，台斐音署巡撫，而滑縣失陷事由直隸總督溫承惠奏聞行在。十二日乙亥諭：「溫承惠奏河南滑縣老安地方有匪徒黃興宰黃興相並宋姓，爲首興天理會。於本月初七日聚衆滋事。滑縣已失，縣官被戕，長垣縣亦有習教之人。高杞若尙未離豫，著督同河北鎭總兵色克通阿防堵，勿令匪渡河滋蔓。」又以溫承惠爲欽差大臣，偕古北口提督馬瑜馳往長垣滑縣勦賊。又命陝西提督楊遇春來直協勦。又命山東巡撫同興巡防山東邊境，勦捕賊黨。十三日丙子又諭：「據素納（當是正定鎭總兵）奏，東明縣朱煒稟報，縣屬齊五集鐵匠張文典首稱，長垣縣南樂集人姜復興，託打鋼刀十把，該縣盤獲姜復興，究出伊與滑縣白家道口宋義升，長垣縣馬塞村馬文隴、滕同習教，當將姜復興收禁。又於初十日，長垣縣典史劉世治稟報，民人王自小向都司陳夢熊首告，知縣被害，都司領兵搶出該縣屍骸，偏身有傷，身首異處。又知開州于曉稟報，東明縣城被圍危迫，郵長垣知縣趙綸，量賞鐵匠張文典。」十四日丁丑諭：「色克通阿奏，滑縣匪徒牛亮臣等殺入縣署，劫放獄囚，著添兵併力殲除。」十五日戊寅，駐蹕髫髻山行宮。山東巡撫同興，前奏拏獲金鄉縣編造歌詞歛錢惑衆之匪徒李允魁崔士俊張文明等十八人，至是又奏崔犯供，先從城武縣劉燕習八卦離字教，又從直隸長垣縣徐安國習震卦教。徐安國告以今歲九月交白洋劫，屆時老教首給白布小旗插門首可免殺戮。又據奏定陶縣城於初十黎明被陷，文武官存亡未保。又遞到十三日由五百里馳奏摺，十一日曹縣續陷被據，敕溫承惠與東省併力夾擊。此皆九月十五以前各日事。由強克捷先破賊謀，刑傷賊首，致三省交界窟匪，不及期盡發，而行在無警矣。十六日己卯諭：綿寧綿愷奏：本月十五日午刻，突有賊入蒼震門，經總管太監擒獲；未刻，內右門西又有賊越牆入，綿寧倉猝取進鳥槍，擊墜牆上一賊，又擊斃手執白旗在上指揮之賊。又諭：儀親王等遞到摺，稱剿辦事已大定，訊取活賊供詞：賊進禁城二百名，殲斃及活拏者三十一名；又供地安門外尚有賊五百名。此項餘賊如何辦法，著回奏。旋知已爲留守京師王大臣入衞將所殲禽。此爲九月十五剋期直犯內廷之賊拒退情狀。十六日，詔停謁陵回京。十七日，下詔罪己。是日，步軍統領英和等選派番役，於近京之宋家莊拏獲林淸，蓋由前同興奏首犯劉眞空潛匿離京二十八里之沙河，即諭英和派弁兵巡察，至是拏獲。供稱前生姓劉，所有十五日禁城賊匪，由伊派撥屬實。又據賊供太監劉得財等夥同入教。引賊入東華門者，劉得財劉金。引入西華門者，張太高廣福。又王福祿閻進喜在內接應。又究出楊進喜一犯，亦由西華門引賊。復嚴詰林淸，堅供太監在內同謀者止此七人，凌遲處死完案。此辦理禁城賊犯情形也。

直東豫三省失守各州縣，以李文成爲首逆，旣戕官據滑縣城，阨斷不能遠出，遂不能與京畿股匪相應。林淸竟不知外賊消息，坐待所定期日行事，無援而敗。滑城賊萃精銳於距縣十八里之道口鎭，鎭臨運河，有積糧，據以號召諸所據州縣，而出兵圍濬。時溫承惠督兵大名，巡撫高杞軍濬，皆按兵不動。同興亦聞報踰旬不發兵。劉淸於川楚軍罷，仁宗從其志辭布政使，改任山東運使，力爭於同興，始發。

身先士卒，攻賊皆清。總兵陳某反隨其後作策應。而奏報中以同與在山東戰績獨佳。帝不滿於溫承惠，詔以陝甘督那彥成代爲欽差大臣，節制三省兵剿賊。那彥成以阿桂孫蒙倚任，又調禁軍及西安徐州兵益之，至衛輝，聞滑賊盛，請俟調山西甘肅吉林索倫兵五千而後進。詔以遠道徵兵，非數月不達，任賊蹂躪，束手坐視，停留長智，或奔突四出，嚴旨斥之。賴楊遇春能戰，在東省又有劉清，諸大帥亦因以有恃。至十一月，各縣皆復，惟滑堅厚而多糧，賊脅居民守，無敢忤。官軍圍之久，賊黨擁李文成出收外賊，西入太行爲流寇計。文成歷創，以車載乃行。招賊四千，入輝縣山據司寨。總兵楊芳追之，累戰，殺賊二千，奪司寨，李文成自焚死。獲其屍，然後併攻滑。滑城外官軍已屢隧地謀轟城，輒爲賊覺阻之。楊芳來乃成掘隧計。十二月十日，藥發，城崩，賊震死千百。官軍奪城，巷戰自晡至夜，共殲賊二萬，免老幼男婦二萬有餘，俘賊首牛亮臣徐國安等。滑賊平，那彥成加宮保封三等子，楊遇春三等男，楊芳劉清賞賚有加。是役敢戰者惟平川楚舊將，而那彥成居功首，劉清則徑改武職，名從其志，抑可謂失人矣。時用人之柄，滿洲固例居人上，漢人以科目爲重。若劉清起拔貢，與苗役之傅鼐起吏員，皆不易自顯；視雍正時之用田文鏡李衛，不受翰林出身者排擠，雖未必盡當，然帝王自有魄力，非仁宗之所能及矣。

強克捷以先發，且刑賊首已斷脛，弭患於先，功甚大。事後又賜謚忠烈，世襲輕車都尉，官其二子，於原籍韓城及滑縣各建專祠，並加韓城學額。匪擾各縣中，惟金鄉知縣吳堦守禦有法，得不破。事平，擢升曹州知府。沈寶麟撰堦傳，詳其城守功，乃頗得義和團之力。此知義和團由來已久，與天理會向仇敵，故官收其助。寶麟嘉慶三年舉人，官湯溪教諭。所紀自當時事。然則義和團乃不以反政府爲職志，光緒間仇洋扶清，猶初志也。近言祕密會黨者，謂白蓮教在北變義和團，又言諸教會皆明遺忠，世持種族見，皆迎合潮流語。今滿族去矣，各省紅槍黑槍大刀小刀之會如故，此又何說？在理會彌漫全國，亦不聞有他變。說者又附會呂留良之孫女呂四娘，曾刺雍正帝至死。呂四娘之說，余親見吾鄉許國豪僞造，當時責其紊亂史實，有失紀載之道德，許唯唯，今許君歿矣，而其說爲淺薄好事者所樂述。又以聊齋俠女篇爲證。夫聊齋多脫胎廣記，以筆墨自娛，原不負紀事之責。且蒲松齡卒於康熙五十四年，何以能知雍正十三年以後事？以好奇之故而不顧常識，願談歷史者自重，勿蹈此陋習。

宣宗禦賊有功，相傳因此而得大位。然據東華錄，宣宗錄首云：「嘉慶四年四月初十日，仁宗遵密建家法，親書上名，緘藏鐍匣，默體先志，慎簡元良。由是壽皇展拜，則命隨行；裕陵敷土，則命恭代；隱然以神器攸歸，面稽列聖，寅承對越，胥寓深心」云云。則建儲不待立功後矣。云「緘藏鐍匣」，不云「緘名於乾清宮正大光明匾額後」，其鐍匣究藏何所？緘名之制，定自世宗，高宗承之，皆在正大光明匾後。但高宗兩緘儲名，一則先殀，一則親行內禪，俱不待受遺而後啓鐍。仁宗則緘鐍而不書正大光明匾。文宗以後，穆宗係獨子。德宗宣統係西后援立，以便其私，無所用其緘鐍。高宗作儲貳金鑑，發明從古立儲之害，若千聖百王，早定太子，皆爲不智。此實因咽廢食之拙計。父子兄弟，一片機心，天倫薄，人道乖，眞夷狄之俗也。正大光明匾不過在乾清宮內，苟欲竊視，有何阻難？仁宗以後更不置匾後。據當時紀載，乃托之於內侍之身畔。以內侍之身，當正大光明之匾，此一內侍，懷此重器，在宮中給事歷數十年，以小人挾此神祕，其變幻何所不有。其未肇清室之大變者，別有天幸，謂爲可作家法，可傲千聖百王，則眞夷狄無知之見矣。宣宗已名在鐍匣二十餘年，宮中更有禦寇大功，又仁宗元后所生惟此一子，依歷代立儲法，亦爲天定無可改移之事，乃仁宗崩後徧覓鐍匣，徧不得，大臣搜索御篋，最後於內侍之身得之，不知彼內侍於帝崩後，猶不自陳明者何故。若搜而不得，是否遂不立嗣君？以此言之，尤爲出於情理之外，雖夷狄亦不若是之荒誕也。清史稿於戴均元托津兩傳，俱載其事，尤詳者包世臣所撰戴均元墓碑。世臣童試時即受均元知，均元歷官中外，世臣從游數十年，得之口授，不應無據。且墓碑傳拓行世，方當宣宗在御之時，豈能以無據之言誣衊宮寢。將不爲戴及己身家計乎。然則語必可信。錄如下：

戴均元墓碑：庚辰（嘉慶二十五年）春，拜文淵閣大學士，晉太子太保，管理刑部。七月，公偕滿相托文格公（托津），扈灤陽圍，甫駐蹕，聖躬驟有疾不豫，變出倉猝，從官多皇遽失措。公與文格督內臣檢御篋十數，最後近侍於身間出小金盒，鎖固無鑰，文格捧金鎖發盒，得寶書，公即偕文格奉今上即大位，率文武隨瑞邸成禮，乃發喪，中外晏然。

所云「鎖固無鑰」，以爲愼密，而盒在近侍之身已二十一年，謂無鑰爲不可開，是何異俚俗語謂箱篋被盜取去，主人自慶云，「鑰尙未失，盜無如此篋何也。」

第六節　道光朝士習之轉移

嘉慶朝承雍乾壓制，思想言論俱不自由之後，士大夫已自屏於政治之外，著書立說，多不涉當世之務。達官自刻奏議者往往得罪。紀清代名臣言行者亦犯大不韙。士氣消沉已極。仁宗天資長厚，盡去兩朝箝制之意。歷二十餘年之久，後生新進，顧忌漸忘，稍稍有所撰述。雖未必即時刊行，然能動撰述之興，即其生機已露也。若趙翼之皇朝武功紀盛，嚴如熤之苗防備覽、三省邊防備覽，皆有涉世務之作。但在嘉慶朝爲極少數。至道光時則時事之接觸，切身之患，不得不言者有三端：曰鹽曰河曰漕。議論蠭起，當時亦竟有彙而刻之以傳世者，賀長齡之經世文編是也。未幾海警漸動，士大夫急欲周知外事，疆臣爲倡：林則徐之譯各國圖志，徐繼畬之譯瀛寰志略，皆爲蓽路藍縷之功。而紀蒙古之游牧，作藩部之要略，皆在於此時。道光間學士大夫之著作，非雍乾之所有，亦可謂非嘉慶朝所有矣。鹽漕河三事，能文績學之士皆有論述，而當事之臣采用之，朝廷聽納之，頗有改革。惟河患迄未能以人力挽回，至咸豐初天然潰決，不可收拾，而後改道，乃得苟安數十年。此道光朝之國事，亦即道光朝士習所由成也。分述如下：

鹽務之壞，壞於高宗之侈心。清代家法以不加賦爲永制，不加賦云者，固念民生，尤杜子孫之以侈得禍也。聖祖六次南巡，東巡西巡及親征漠北，累巡塞外，俱不聞所過病其勞費。高宗亦六次南巡，則昭示太平，蹕路所過，皆有點景，尤以揚州爲極盛。高宗所謂「商人捐辦，不礙務本之民」，此即取之鹽業，一時自謂得計。實則節次內亂用兵，平教匪者三，平海盜者一，何一非由私鹽利厚而成？然事非直接，上下相蒙，不發其覆，至道光間國課積虧，乃始譁然鹽法之弊，此士論以鹽爲集中之點者一也。

考唐以前榷鹽之法，偶行輒罷，不爲經制。劉晏以善理鹽筴著名，置十三巡院以捕私，私之名始見於史。纔晏者更累加鹽賦，而私之利益厚。積私販爲梟盜，有厚利以歆之，而趨附日衆；有拒捕以習之，而獷悍日增。捕以公戰怯，梟以私鬥勇。既當苦於不相敵。而爲他劫掠之盜，民必仇之，助官蹤跡除患。爲梟盜則與國爭利，無累於民，民反得廉價購鹽之益，故不加嫉視，或反陰庇之。至秕政更多，善良失業，倚盜爲生者益多，則大亂成矣。黃巢之亡唐，張士誠方國珍之亡元，皆最著之鹽梟。明之倭寇，清之海盜，倚海爲巢，卽依鹽爲活。其餘凡持久不散之秘密社黨，無資糧不能團結。爲匪盜之資糧，莫如私鹽，此必然之事，無待疑議者也。官鹽價平，至私鹽無利而梟自散，無所用其捕也。以捕勝私，則爲盜練牴抗之力，使由小盜爲大盜而已矣。

史稿食貨志：「乘輿屢次巡遊，天津爲首駐蹕地，蘆商供億浩繁，兩淮無論矣。」此說蓋指高宗之南巡。夫謂長蘆兩淮因供億乘輿而致困商耶？則正不然。虧帑許其病國，加價許其病民，商挾帝眷以揮霍於其間，正是最得意之日。蘆商海寧查氏，聲氣之廣，交結之豪，世稱天津水西莊。至所謂查三膘子，歷見諸家筆記，至今流爲戲劇。淮商則揚州畫舫錄所載，園林櫛比，盡態極妍，備一日之臨幸，卽爲諸商家豪侈娛樂之所。河道稍寬，則就鑿爲湖，所鑿之土壘於湖中，名小金山；巖石嵌空，樓臺曲折，經營於其上，導御舟至其地登岸；蒙允則一夕造成御碼頭，自石廣平，翼以欄盾，登岸卽天寧門外上下街，諸商所造園林盛處。今雖一片荒涼，遺址猶人人能指點也。食貨志又言：「鹽商時邀眷顧，或召對，或賜宴，賞賚渥厚，擬於大僚，而奢侈之習，亦由此而深。」此商倚國而爲豪舉。帝自以爲不累民，而鹽貴私盛，養成梟盜，不知凡幾。國取潤於商資，商轉嫁於民食，國取其什一，商耗其百千，謂民食貴鹽而即有礙生理，其說爲主張加價者所笑，謂斤加數文，人食鹽多不過三錢，斤鹽可供兩月之食，一人一月多負擔數文，何至告病。不知商品賤則銷，貴則滯，所爭在毫釐之間。官鹽價貴，即爲梟販毆除。內亂之萌，起於梟販，梟販必有結合，則所謂秘密社會，皆發生於是，長養於是。近時人留意秘密社會史料，吾以一言蔽之：官鹽價不敵私鹽，有以造成之耳。

乾隆間帝王與鹽商之自生轇轕，尤可怪嘆。食貨志言：「或有緩急，內府亦嘗貸出數百萬，以資周轉。帑本外更取息銀，謂之帑利。年或百數十萬、數十萬、十數萬、不等。自三十三年，因商人未繳提引餘息銀，數逾千萬，命江蘇巡撫彰寶查辦。鹽政高恒、普福、盧見曾，皆置重典，其款勒商追賠；至四十七四十九兩年，乃先後豁免三百六十三萬二千七百兩有奇。」

國史館彰寶傳：乾隆三十三年二月，調江蘇。六月，兩淮鹽政尤拔世奏歷年提引徵銀，諭曰：「此項銀兩，歷來鹽政並不奏明，顯有朦混侵蝕情弊。且自乾隆十一年提引之後，每年二十萬至四十萬不等，以每引三兩計，應有千餘萬兩。著彰寶會同尤拔世詳查。」尋查得前任鹽政高恒、普福、運使盧見曾、藉端侵肥狀，俱伏法。

此一案，各書敍述不明。東華錄雖諭斥之文甚繁，而提引之來源未著。清世三通，述鹽法皆不及此事。各記載中，以盧見曾之牽涉多爲一代文學名流，往往道及盧之得罪。所謂盧雅雨都轉獄事，王昶紀昀趙文哲等皆得罪，高恒普福定斬候，盧定絞候。時盧已七十八歲，未伏法死於獄。合食貨志與彰寶傳觀之，知高宗借帑給商，規取利息，本利齊拔，年數十萬。前後套搭，永無清日。其實則商人按引提銀備繳，所提之數甚鉅，而繳者則年止二十萬至四十萬而止，其餘商又中飽，鹽政運使則坐享其饋送，代爲朦混，不報提引確數。事歷二十餘年，忽於尤拔世爲鹽政時，題明所提爲每引三兩，則至少以年銷五十萬引計，亦應有三千萬兩，以致興此大獄。夫鹽引所提，皆鹽價所出。孟子所謂「上下交征利而國危矣」。財貨不自天降，不自地出，必有自來。理財者以爲取於鹽爲最輕微而易成大數，是誠然矣；殊不知有私鹽以擬其後，此則國危之眞諦，聖賢所垂戒，斷非揣測過甚之詞也。

乾隆中葉以後，教匪海盜，迭起不止。民生之糜爛，軍餉之耗費，不可數計。而養盜之源，尙無人指陳鹽弊者，商人營求鹽政，定爲封輪之制，輪到售鹽，不准爭先搶售，致有跌價。把持愈甚，鹽價愈堅，私銷愈暢。道光元年，兩江總督孫玉庭奏請楚岸開輪。二年，鹽政曾燠奏稱輪規散後，有虧商本。玉庭奏駁之。湖廣總督陳若霖亦言本年較前實溢銷二十六萬餘引。既而楚督易李鴻賓，又徇商求，言搶售難免。八年復封輪。時兩淮私梟日衆，鹽務亦日壞。淮鹽歲應行綱額百六十餘萬引。及十年淮南僅銷五十萬引。虧歷年課銀五千七百萬。淮北銷二萬引，虧銀六百萬。於是朝廷始認爲切己之事，召江督蔣攸銛還京，以江蘇巡撫陶澍代之。澍湖南安化人。嘉道以後，留心時政之士夫，以湖南爲最盛。政治學說亦倡導於湖南。所謂首倡經世文編之賀長齡，亦善化人。而澍以學問爲實行，尤爲當時湖南政治家之巨擘。下開咸同戡亂諸名臣，皆當時學風所成就，胡林翼爲其女夫，左宗棠爲其子之師，而卽爲其子娶宗棠之女爲婦者也。澍之治鹽務，先見於其嘉慶末爲川東道時。川東道駐重慶，私鹽橫行，沿江千百成羣。當事議令營汛開銃擊過，澍謂是必激變，請減價敵私，計減四分之一，居民盡食官鹽，私販遂絕，數郡安堵，而商銷亦倍額。此川鹽事。川鹽之減價，有司尙能主持，遂有此效。淮鹽則積重更難返而。

減價敵私爲根本之計，則天下所同也。

道光十年，澍既爲兩江總督，朝命戶部尚書王鼎、侍郎寶興、赴江寧，與澍會商改革鹽法。京朝官條陳變法有二：一就場定稅，二立廠抽稅。皆主一稅後聽其所之。澍用運使俞德淵議，皆以爲未可遽行，主申明舊章，以除弊爲興利。奏定章程十五條。欽差亦密請裁鹽政歸總督管理以一事權。於是先行票鹽法於淮北，廢淮北綱商，以裁陋規爲輕本敵私之根本辦法。陋規悉在槓壩，起槓過壩，歷五壩十槓，再改捆大包赴岸，官吏胥役，層層需索，每引成本，至十餘兩。今立法在改道不改捆，不由槓壩淮所舊道，而改從王營減壩渡河入湖。且每包百斤，出場更不改捆，直抵口岸。除鹽價錢糧外止加運費一兩，河湖船價一兩，每引五兩有奇，減於綱鹽大半。民販由州縣給照，付場買鹽，分司給以三連票之一連，立限運岸，不准票鹽相離，及侵越到岸。始則官胥吏擧譁然議其不便，澍委員領運倡導，使人灼知其利，遠近輻輳，鹽船銜尾到岸，未及四月，請運已逾三十萬引。無改捆之攙雜，鹽質純淨，而本輕價賤，私販無利，改領票鹽乃有利，販私皆販官矣。非特完課有贏無絀，兼疏場河、捐義廠、修考院、本爲鹽引附納之項，以銷暢收旺，百廢俱興。蓋以輕課敵私，以暢銷溢額，故一綱行兩綱之鹽，即一綱行兩綱之課也。又是歲海州大災，饑民賴販運之多，轉移傭值，全活無算。此淮北徹底變法之效也。

淮南則釐除積弊，大端有三：（一）曰裁浮費。淮鹽自正課外，揚商大費，謂之公費。岸商有費，謂之匣費。公費舊定七十萬兩外，總商復浮用數十萬兩。蓋存留普濟育嬰書院義學等項，而裁其御書樓務本堂孝廉堂等處挂名董事歲支二十餘萬兩。又各衙門公費，及鹽政運司書役薪工紙飯，並乏商月摺等項，歲需銀八十餘萬兩，則加刪除。於本身所管鹽政衙門卽裁十六萬餘兩。揚州每年正開支三十萬，匣費則湖廣漢岸每引徵至一兩二錢，已有百餘萬兩。乃奏定公費匣費兩共每引正徵四錢，永不加增，各費共減銀百十餘萬兩。至綱商並不自運，沿卤前明，卽得國家特許，謂之窩家，亦名根窩。其運鹽之商，先向有窩之家買單，然後赴場納課，以一紙虛根，先正課而享厚利，致商本加重，昂價病民；但既未革綱商之名，定爲每綱每引給一錢二分，亦省費百四十餘萬兩。領運舊例，名目過多，致運司衙門書吏多至十九房。商人辦運請引，文書輾轉至十一次。鹽務大小衙門，節節稽查，爲需索陋規之具，交運司查明刪併。(二)曰愼出納。鹽課入庫。向來不分正雜，遇有緊解，百計挪應，始則以帑本抵額課，迨帑本罄，則令商豫納減納，而以豫給印本抵課。迨商墊復窮，則又令其以印本帖息質貸，而以減帖額數攤於後數綱。輾轉葛藤，莫可究詰，又有總商管庫，不行鹽而專領費。甚至名爲報效，實出庫墊冒支，從無報銷。乃奏分二庫：以正項貯內庫，專候部撥；以雜項貯外庫，不可以正項挪墊。革去總商管庫，以杜侵漁。永禁印本減帖，以截虛抵。俾勿貽後患。(三)曰嚴糧私船私，向日糧艘回空，夾帶蘆私，每占正綱三月額銷，澍派弁力查，令行禁止。至十三年，漕督貴慶奏請漕舟許帶蘆鹽，仍完淮課，以劑家丁。御史亦以爲言。澍三奏駁之，謂不但病鹺，亦且誤漕。蓋漕船回空帶私，卽有隨幫風客，除本分利，此出貲附和者卽是梟犯，坐占淮南數十萬引綱額，隨路停泊賣私，尤誤回空歸次之期，卽誤下年遭運。丁情苦累。止可准帶土宜免稅津貼，若以鹺綱爲丁舵沾潤之計，則以天庾正供之船，爲聚集匪黨之藪，所賣盡長蘆之私，所缺盡淮南之課。澍力爭絕之，此嚴於糧私也。鹽船遭險，例予津貼，並許批補沉失之鹽，免其輸課。自淮封輪，守輪待售，遷延時日，船戶盜賣後，鑿沉空船，運商例有津貼批捕，且可分裝多船，越輪先售，是爲淹消之名。盡出賣私虛報，又重斤夾帶，一船所裝，不止報運之數。鹽船由埠頭串通商夥，勒扣水脚，甚且由船戶出錢買裝，倒賠水脚，共圖販私之利。澍定水脚按例價照實繳發，各船擬次統號，連環保結，蹈故智者，船戶埠保一併治罪。漢岸派員會鹽道辦理散輪，永不許再有整輪，以杜延滯。如實有淹消，準其補運，不准免課，並停津貼。又從前淮鹽必由儀徵全數運漢，驗實後折回下游各口岸行銷。糧船江船販私則隨路售鹽。官鹽水脚加重，益不敵私。澍請查明各口岸額銷，豫發防杜越運之水程，照例彙繳，以省周折。又挑濬儀徵內河，利運道而輕商本。此嚴於船私也。三大端既定，綱商自乾隆間所積弊混，固不容復試。然恤商亦無所不至，尤恤實在運鹽之商。可享根窩之利者，則予以限制，此淮南雖不徹底變法，而亦收化私爲官之效者也。

澍未受任以前之十年中，淮南祗行六綱，淮北尤祗行三綱。每年奏銷報解，恃有二途：一則全虧帑本七百餘萬，而以帑利貽患後來納課之商。一則設豫納減帖息名色，寅支卯糧，以數十年後之課，豫虧之於數十年之前。以致舊商累倒，新商裹足。至道光八年十年間，已無可挪墊，無可借貸。遇報解則庫如懸罄，遇開綱則祗收空本。澍改章以後，年清年款，又帶徵還未銷印本積欠殘課三百數十萬。所不得志者，游食於淮鹺之士紳官吏。揚州人家至有以紙牌繪桃樹，另繪一伐樹之人，以寓詛咒者。十一年九月，澍奏蠹商被革，乾俸全裁，從前之每年坐食數千金數百金者俱多怨恨，衆聞揚人相鬥紙牌，繪一桃樹，另繪一人爲伐樹狀，以寓詛咒。其切齒若此，恐誤全局。請易專管爲兼管，以順物情。宣宗不許。

祗有避讓之語，初無根究之心。足國利民，內省不疚，得行所學，固已幸矣。

黃河奪淮數百年，淤墊已甚。至道光間，岌岌不可終日。士大夫以籌河爲急務。河底已高於平地逾丈，賴隄以夾之，行全河於人家屋脊之上，斷無可以安心之理。於是議者爭言改河。或謂隄外築隄，再成一河身，而以原有之河身爲隄之一面。或謂引入六塘河，使改道入海。事皆窒礙難行，徒有議論駁辨而已。至咸豐五年，河決蘭陽銅瓦廂，奪大清河入海，始聽其自然改道。當道光間，所爭議而得行者，惟築壩改用石爲用甎，事易實驗。然且勘駁停廢，爭而後復。其實用石擁堤，亦起於嘉慶之末，而行於道光之初。初用石時，亦多異議。既用石十餘年，議者亦以石爲便，而反對甎。總之，胥儈既成之窟穴，把持者多，工程之學不明，有精心任事之河臣，則以經驗而得善法。中樞無定識，往往爲所動搖。略誌之以見科學未明時河工之程度：

禹之治水，水由地中行。地面高於水，以地域水，所謂隄工，不過使地不刷入水中致有淤墊而已。其時卽有護隄之法。大約隄內隔若干距離，置一當水之物，使水不直衝隄土。蓋視水之流向，而定其有可當之衝，則爲之布置當衝之物也。舊法束柴稭爲之，其形如埽，遂名之曰埽。嘉慶末，黎世序督江南河道以柴稭値昂費糜，於長河埽工挺險處所，兼以碎石塡護，埽遂無失，稭値亦平。遂奏減値十之一，又奏禦黃束淸兩壩，址過深，請積石基之，俱有效。而胥儈側目，異議蜂起。世序言，昔賈讓策言「爲石隄五」，師古云：「纍石隄旁衝要之處，激去其水」。水經注載王誨言：「大河以竹籠石，葺土，爲遏。壞敗無已。請疏山采石，壘以爲障」。工防宜石，古籍顯著。爲固工節帑計，遂於道光元年與總督孫玉庭合奏，略云：「徐城舊有護隄碎石，即濱山工埽，亦以塡護埽禦湍溜，碎石既利於徐，於長河宜無不利。夫河防平時恃埽，水盛沒灘始恃隄。至河流紆曲，溜勢逼隄。則又恃埽衞隄。埽壩專用柴楷，即堅實亦易朽腐，每歲拆舊使新，費倍力殫。自間埽塡石，上下均倚爲固。且埽斗立，易激水怒，故埽前淘深或四五丈，或六七丈，石則迤下，高一而坡二之，水遇坦坡，即游緩無湍激。又膏以河泥，凝緻鞏固，故有石之埽恒少蟄陷。其上下無石之埽即朽塌，補築亦易爲力。難者謂石數衝擊，漸入中深，恒病梗閼，不知南北隄相距千餘丈不等，至狹率七八百丈，河流經者不過二三百丈，餘盡灘淤旁溜，遷徙靡常，攻塌南隄，則北隄生灘，逼扼此隄，則彼隄沙湧。埽石既不患攻塌，則溜互去而刷灘。夫以廣千丈之河，豈懼此十餘丈之埽石。且河中深卒一二丈，獨埽前溜激，始鏤嚙至四五丈，中深不及埽前之半。石既沉重，偎護埽前，庸能舍此之下而就彼之高哉。」奏入，得旨：歲行之爲例。時議始息。此河工用石護隄之一爭議也。

道光十五年，栗毓美督河東河道。時串溝久爲河患。串溝者，在隄河之間，始僅斷港積水，久而溝受河，又久溝尾入河，於是串溝遂成支河。而遠隄十餘里之河，變爲切近隄身，往往潰隄。毓美蒞任，乘小舟周歷南北兩岸。時北岸原武汛串溝，受水已三百丈，行四十餘里，至陽武溝尾，復入大河。又合沁河及武陟滎澤諸灘水，畢注隄下。兩汛素無工，無稭石，隄南北皆水，不能取土築壩。毓美乃收買民甎，拋成甎壩數十所。工甫就而風雨大至，支河首尾皆決數十丈，而隄不傷。於是始知甎之可用。疏陳辦理情形，以圖說進。尋奏請設窰造甎。御史李蒓疏言其不便。十七年五月，命宗室肅親王子尚書敬徵赴東河查辦，並令李耗隨同往勘，七月奏云：「密採輿論，用甎搶辦險工，未可深恃。治河之法，不外以土制水。鑲埽以料合土，取其柔能抵剛。碎石質重體堅，取其剛以制柔。甎本土成，可濟料石之不足。但沿河土性沙鹹，斷難堅實。且近隄例有取土之禁，近料宜防意外之虞。應請停止。燒甎已停，應以改辦碎石爲急務。請自本年始，將豫隄防險銀十萬兩儘數採辦碎石，限明年伏汛前運工。其舊例於添料銀十萬兩內，以六成購石，仍照常發辦。」奉旨如所請行。毓美疏爭言：「豫省歷次失事，皆在無工處所。隄長千里，未能處處籌備。一旦河勢變遷，驟遇風雨，輒倉皇失措。幸而搶護平穩，埽工費已不貲。鑲埽引溜生工，久爲河工所戒。昧者轉謂非此別無良策。查北岸爲運道所關，往者原陽分溜，幾掣動全河，若非用甎，費何可數計。今祥符下汛，陳留一汛，灘水串注隄根，形勢正與北岸同。濱河士民多有呈請用甎者，誠有見於甎工得力，爲保田廬，情至切也。夫事有益於民，斷無不利於國，特事近於創，難免浮言。前南河用石之始，衆議紛如，良由工程平穩，用料減少，販戶不能居奇。工簡務閒，游客幕友，不能幫辦謀生，是以妄生浮議。賴聖明獨斷，敕下東河試辦，至今永慶平成。惟自用碎石，請銀幾七十餘萬兩，嗣改辦六成碎石，然因購石不易，埽段愈深愈多，經費仍未能節省。自試辦甎，三年未生一新工，較前三年節省銀三十六萬。蓋豫省情形與江南不同，采知祗濟源鞏縣，采運維艱，甎則沿河民窰不下數十座，隨地隨時無悞事機。且石性滑，入水流轉。甎性混，入土即黏。卸成坦坡，自能挑溜。每方甎塊直六兩，石價則五六兩至十餘兩不等。碎石大小不一，堆垛半屬空虛。尺甎千塊爲一方，平鋪計數，堆垛均實。每方石重五六千斤，而甎重九千餘斤。是一方石價購甎兩方，而拋甎兩方可當石兩方之用也。或謂甎塊入土易損裂，不知甎得水更堅，拋成甎壩，一經游泥，即已凝結。或謂拋築甎壩，近於與水爭地，不知隄前之地，尺寸在所必爭，自來鑲埽之法，隄前必先築土壩數十丈，然後用埽鑲護，甎則無須平埽，師土壩之意，不泥其法，拋作坦坡，大溜自然外移。未有可築土壩而不可築甎壩者。所占河面無幾，安得有與水爭地之患。夫隄前水深則險，水淺則平，水近則險，水遠則平。自拋築甎壩凡隄前水之深且近者，莫不淺且遠。尙書敬徵來豫，據道廳密稟，謂甎辦工，未可深信，連年水小，未敢自謂必可施行。今十八年盛漲，較二年十二年尤爲猛迅，甎壩均屹立不移，並未出險生工。可知遇大水亦能得力。且上年春間儀睢廳，秋間中河廳，河水下卸，塌灘滙壩，搶鑲埽段，旋卽走失。因甎拋護，均能穩定。甎辦險工，較鑲埽更爲便捷。昔衡工失事，因灘陷不能鑲埽。馬工失事，因補隄不能得碎石。使知用埽不如用甎，運甎易於運石，則費省而工已固矣。各廳有工之處，皆易爲力，雖無工之處，串溝隱患，必應未雨綢繆。若於黃沁下南，豫儲甎塊，則可有備無患。應儲之甎，仍令向民間採買，不必廳員燒造。此外別無流弊。」一疏入，奉諭：「該河督既確有把握，朕卽責成辦理。」毓美又言：「從前治河用捲埽法，並有竹絡木囷甎石柳葦。自用料鑲埽，以稭料爲正宗，而險無定所，亦無一勞永逸之計。緣鑲埽陡立，易激水怒，其始水深不過數尺，鑲埽數段，引溜愈深。動輒數丈。無工變爲險工。溜勢上提，必須添鑲。溜勢下坐，必須接鑲。片段愈長，防守愈難。新工既生，益形勞費。埽工無法減少，不得已而減土工，少購碎石，皆爲苟且因循之計。自試拋甎壩，或用以杜新工，或用以護舊工，無不著有成效。且甎工不特資經久，而堆儲亦無風火堪虞。從此工固瀾安，益復培增土工，專用力於根本之地。既可免漫溢之患，亦保無衝決之虞。」宣宗嘉納之。巡撫牛鑑入覲，諭以「毓美治河得手，遇事毋掣其肘」。此河工改用石爲用甎之又一爭議也。

漕運之制，未行海運以前，爲承明代軍運之法。明軍制徧設衞所，復唐府兵之舊。而漕則始由民運，後乃免與衞軍，明代軍制既紊，除邊衞尚有任戰之軍外，腹地衞所，有漕之處尚充運，其餘調充班軍，祗以供役。萬曆末年以後，衞兵不可用，紛紛召募，兵已重出，餉已不盡由各衞之屯田，屯田亦輾轉侵變，原額紛舛。清初所恃武力在八旗，餘則招降之官兵及羣盜，不編爲漢軍旗者悉隷綠營，向所謂衞所屯田之軍，不任戰守之事，惟於有糧運之處仍任運糧而已。

清通考：順治三年，更定屯田官制，每衞設守備一員，兼管屯田。量設千總百總，分理衞事。其原設指揮副指揮等俱裁去。改衞軍爲屯丁。凡衞所錢糧職掌，及造船事務，並都司行都司分轄，皆仍舊。七年，令衞所屯田，分有無糧運科徵。先是衞所屯田，分給軍丁家種，因有操練城守捕盜領運之責。科徵較民地稍輕。至是裁汰衞軍，凡有運糧衞所，屯糧仍舊派徵。其無運糧衞所，屯田俱照州縣民田例，一體起科。十三年，定屯丁貼運之例。浙江金鄉等衞，有屯無運。杭寗溫台各衞，嘉湖嚴衞各所，有屯帶運。金華等所，處紹等衞，無屯有運。應均算津貼。向例漕船一艘，派屯田一百五十一畝有奇。今議定帶運衞所，無數分派，餘田徵租銀撥貼無屯衞所。至有屯無運衞所，若有願運者，照例給田僉運。若無領運者，計田徵租銀，撥貼無屯衞所運丁。至康熙十年，以屯丁缺額，定每船給田一百一十三畝。

此清初以來規定之漕制。至道光時漕事弊極，其大弊與河患相連，而政事之不理，亦居其一。今先言政事之妨漕者：政既妨漕，漕又妨政，亦論政之可爲烱戒者。蓋屢次開捐，到省候補之員多，無缺可補，則以差委爲調劑。鹽漕河皆容納差委之大窟穴。以漕而論，據當時包世臣剔漕弊 各衞有本幫千總領運。而漕臣每歲另委押運幫官，又分爲一人押重，一人押空。每省有糧道督押，又別委同通爲總運。沿途有地方文武催趲，又有漕委督撫委河委。自瓜洲抵淀津，不下數百員。各上司明知差委無濟公事，然不得不借幫丁之脂膏，酬屬員之奔競，且爲保擧私人之地。淮安盤糧，漕臣親查米數，而委之弁兵。通州上倉，倉臣親驗米色，而委之花戶。兩處所費不貲，又一總運費二三萬金，一重運費二三千金。一空運，一催趲，費皆浮于千金。又沿途過閘，閘夫需索，一船一閘，不下千文。故幫丁專定運糧，其費取給於官而有餘。合計陋規賄賂，雖力索州縣之兌費而尙不足。此幫丁之受朘削於大吏也。又據江督孫玉庭卹丁除弊疏，旗丁勒索州縣，必借米色爲刁制。各州縣開倉旬日，各廒卽已滿貯。各丁深知米多廒少，必須先兌，每藉看米色爲由，逐廒挑剔，不肯受兌。致使糧戶無廒輸納，往往因此滋事；旗丁卽乘機恣索，州縣不敢不應其求；或所索未遂，卽藉口米色未純，停兌喧擾：及至委員催兌開行，各丁不俟米之兌足，卽便開船，冀累州縣以隨幫交兌之苦；此旗丁於受兌前刁制州縣之弊。漕米兌竣，運弁應給通關，而過關出自尖丁。尖丁者，積年辦事旗丁也，衆丁及運弁皆聽指揮。尖丁索費，必先議定私費，再議通幫公費，故有尖丁後手及程儀等項名色。州縣不遂其慾，則通關勒靳不交，至使州縣枉罹遲延處分，此弁丁於既兌後刁制州縣之弊。此州縣之受勒索於幫丁也。又據江督蔣攸銛擬更定漕政章程疏，州縣既須貼費，勢不能不向糧戶浮收，州縣既有浮收，勢不能不受包戶挾制。縉紳之米，謂之衿米。擧貢生監之米，謂之科米。素好興訟之米，謂之訟米。縉紳之米，不能多收。刁生劣監好訟包攬之輩，卽升合不足，米色潮雜，亦不敢駁斥。並有虛收給串，坐吃漕規，以圖買靜求安。受制於刁衿劣棍，仍取償於弱戶良民。良善鄉愚，零星小戶，收至加五六而不敢抗。始則忍受剝削，繼亦漸生機械，賄託包戶代交，較自交加五六之數，所省實多。包戶日多，鄉戶日少，刁民效尤，良民亦漸趨於莠。吏治民風士習，由此日壞。此漕弊之相因而成積重無己之實情也。

至運河受黃河之累，當嘉慶間已成不可救藥之勢。史稿河渠志：嘉慶十四五年間，淮揚運河三百餘里淺阻，兩淮鹽政阿克當阿請俟九月內漕船過竣，堵閉清江三壩，築壩斷流，自清江至瓜洲分段挑濬；下部議，覆稱：「近年運河淺阻，固由疊次漫口，而漫口之故，則由黃水倒灌。倒灌之故，則由黃水墊高，清水頂阻，不能不借黃濟運，以致積淤潰決，百病叢生，是運河為受病之地，而非致病之原。果使清得暢出敵黃，並分流濟運，則運口內新淤不得停留，舊淤並可刷滌。若不除倒灌之根，而亟亟以挑濬運河為事，恐旋挑旋淤。運河之挑濬愈深，倒灌之勢愈猛，決隄吸溜，為患滋多」。命尚書托津等借河督勘辦。此勘辦未言結果。蓋河無辦法，運河終無辦法，部覆已言之甚明也。又曰：「自嘉慶之季，黃河屢決，致運河淤墊日甚。而歷年借黃濟運，議者亦知其非計，於是有籌及海運者。道光五年，上因江督魏元煜等籌議海運，羣以窒礙難行，獨大學士英和有通籌漕河全局，暫雇海船，以分滯運，酌折漕額，以資治河之議。下所司及督撫悉心籌畫，卒以黃運兩河，受病已深，非旦夕所能疏治，詔於明年暫行海運一次。時議論之士，多有力促海運之成者。齊彥槐有海運南漕議，謂駁海運之說者三：一曰洋氛方警，適滋盜糧；二曰重洋深阻，漂沒不時；三曰糧艘須別造，柁水須另招，事非旦夕，費更不貲。然三者皆無慮。出吳淞迤南多磯島，水深瀾巨，非烏船不行。迤北多礦，水淺礁硬，非沙船不行。烏船必吃水丈餘，沙船大者才吃水四五尺。洋氣在閩粵，皆坐烏船，不能越吳淞以北也。不足慮者一。沙船聚上海，約三千五六百號。大者載官斛三千石，小者千五六百石。船主皆崇明通州海門南滙寶山上海土著富民，一船須銀七八千兩。一主多者有船四五十號，名曰船商。自康熙二十四年開海禁，關東豆麥至上海年千餘萬石，布茶各南貨至山東直隸關東者亦由沙船載而北行。沙船有會館，立董事以總之，問其每歲漂沒數不過百之一。今南糧由運河每年失風，殆數倍於此。上海人視江寧清江為遠路，而關東則每歲四五至，殊不介意。水線風信，熟如指掌。關東天津之信，由海船寄者至無虛日，此不得以元明之事為說也。不足慮者二。秦漢唐漕粟入關，未言官艘，唯劉宴傳有官漕之說，諒亦雜僱民船。國家除南糧外，百貨採辦，皆官與民為市，且間歲有採買米糧以民船運通之事。山東江南撥船，皆由僱備。僱船未嘗非政體，何必官艘。沙船以北行為放空，南行為正載。凡客商在關東立莊者，上海皆有店，有保載牙人。在上海店內寫載，先給水脚，合官斛每石不過三百餘文。船中主事者名耆老，持行票店信，放至關東裝貨，並無客夥押載，從不聞有欺騙。又沙船順帶南貨，不能滿載，皆在吳淞口挖草泥壓船。今若於冬底傳集船商，明白曉諭，無論其船赴天津，赴關東，皆先載南糧至七分，其餘准帶南貨。至天津卸於撥船，每南糧一石，給水脚銀五錢；上載時每石加耗米三升，卸載時以九五折收。合計南糧三百五十萬石，不過費水脚一百七八十萬兩，曾不及漕項十之三四。陸續開行，二月初，江浙之糧即定可抵淀。往返三次，全漕入倉矣。船商以放空之船，反得重價，而官費之省者無數。又使州縣不得以免費津貼旗柁名目藉詞浮勒，一舉而衆善備。先期咨會浙江提鎮哨招寶陳錢，江南提鎮哨大小洋山，會於馬蹟。山東鎮臣哨成山十島，會予鷹遊門。以資彈壓護送。而淀津有撥船數千號，足敷過載。由淀津抵通二百里，國糧艘阻滯，挽行順速，惟裝卸及發水脚。若任吏胥尅扣需索，則船商或畏怯不前。悉心耑意，了此一節，亦非難事。至行之有效，然後籌裁撤糧艘，安插柁水，清查屯田，皆有條理可循矣。

彥槐在嘉慶季年上此議於蘇撫，蘇撫召與詰駁，終以不必改章爲言，寢其事。至陶澍撫蘇而辦海運，世以鹽漕兩大改革推澍。澍亦善用通人議也。當道光四年，南河黃水驟漲，高堰漫口，自高郵寶應至淸江浦，河道淺阻，輸輓維艱。吏部尚書文孚等請引河入運，添築閘壩，鉗束盛漲。黃水挾沙，日久淤墊，爲患滋深。朝廷亦知借黃濟運非計，於是嘉慶間駁斥之海運議復興。當嘉慶時，蘇撫之寢彥槐議，亦承朝旨而然。蓋勒保督兩江，時有患運河阻滯，建議海運者。勒保挈浙江大吏，會奏海運十二不可行。於嘉慶十六年，奉諭：「海運既多窒礙，惟有謹守前人成法，將河道盡心修治。萬一盈絀不齊，惟有起駁盤壩，或酌量截留，爲權宜之計。斷不可輕議更張」等語。明旨煌煌也。海運議再起，詔江督漕督蘇浙巡撫魏元煜顏檢張師誠黃鳴傑，各就轄境情形籌議。諸臣憚更張，以窒礙難行入奏。其時前任江督孫玉庭，因渡黃艱滯，軍船四十幫須盤壩接運，請帑至百二十萬金。未幾因水勢短絀，難於挽運，復請截留米一百萬石。上令琦善往查，復稱「玉庭所奏渡黃之船，有一月後尚未開行者，有淤阻禦黃各壩之間者。其應行剝運軍船，皆膠柱不能移動。」帝震怒，元煜玉庭檢均得罪。協辦大學士戶部尚書英和建言：「暫停河運以治河，雇募海船以利運。國家承平日久，航東吳至遼海者，往來無異內地。今以商運決海運，風颶不足疑，盜賊不足慮，黴濕侵耗不足患。以商運代官運，舟不待造，丁不待募，價不待籌。至於屯軍之安置，倉胥之稽察，河務之張弛，胥存乎人。矧借黃既病，盤壩亦病。不變通將何策之從？」詔仍下有漕各省大吏議，遷延半載不決。會澍由皖撫移蘇，與總督琦善奏言：「海運雖屬創行，海船實所熟習。折漕變價數百萬，勢必銀涌貴而穀陡賤，恐官民交困。請以蘇松常鎮太四府各州之粟，全由海運。其安徽江西湖廣，離海口較遠，浙江則乍浦寧波海口，或不能停泊，或盤剝費鉅，仍由河運。使布政使賀長齡親赴海口，督同地方官招徠商船。籌議剝運兌裝等事。」澍又親往雇定沙船千艘，三不像船數十，分兩次裝載，運米百五六十萬石。朝命設海運總局於上海，並設局於天津。復命理藩院尚書穆彰阿，會同倉場侍郎駐津，驗收監兌，以杜經紀人留難需索諸弊。海道水師會哨防護，並如十餘年前齊彥槐所議。六年正月，各州縣剝運之米以次抵上海受兌，分批開行，計水程四千餘里，旬月抵津，一船不損。穆彰阿赴驗米色，瑩潔遠過河運。海商運漕而北，載豆而南，兩次得價。且由部發帑，收買海船耗米十餘萬石。其出力之商，優給頂帶，皆踴躍過望。先後共用銀百餘萬兩，不請一帑，而漕項銀米，自解津應用及調劑旗丁外，尚節省銀米各十餘萬。其海關免稅不過萬餘，視河運又省費過倍。此商民具有組織能力，而國家始利用之；書生具有政治通識，而公卿能採取之；皆世運之漸變也。明年，江督蔣攸銛再請踵行，而朝議以河湖順軌，又不許。歷二十年，各省歲運額漕，逐漸短少，太倉積粟，動放無存。二十六年，詔復行海運，始爲常例。至輪船通行，益無風險之說，而招商局且攬爲國營公司專利，不許外國商船承運，則無復運河之事。由今思之，漕事本不成大議論，且交通既便，亦無庸議漕。而古來代有煩言。清世於道光朝作一改革，在當時爲極可紀載之事實。撮述之以見昔人知識之無法驟開，而士大夫之明通強幹者，能救一時之弊，已不可謂非難能可貴矣。

第七節 鴉片案

道光朝兵事，六年有叛回張格爾之役，十二年有叛猺趙金龍之役，不旋踵而皆定。清廷之威信尚存，亦恃川楚立功宿將：楊遇春楊芳之於回、羅思舉之於猺，轉戰迅速，而賞功必以旗籍大員居上。實則平回大帥長齡，主張割西城賣艭，封回酋而退守東四城；平猺欽差宗室禧恩攘功逃責，均暴露勳貴之無能。其事皆不足述。至鴉片一案，則爲清運告終之萌芽。蓋是役也，爲中國科學落後之試驗，爲中國無世界知識之試驗，爲滿洲勳貴無一成材之試驗。二百年控制漢族之威風，掃地以盡，於清一代興亡之關匪細也。

三代以後，至清中葉以前，國無外交名義。外交二字，作罪惡之稱。禮記所謂「爲人臣者無外交，不敢貳君」。穀梁傳所謂「大夫無境外之交，束脩之饋。」至於國君，則名爲天子，即無敵於天下。四征不庭，乃爲王者。至力屈於敵，明明卑以事之，仍稱彼來曰款，我往曰撫。此古來夷夏相對之通例。鴉片案乃引起事變之端。中國之盲於外交，應受事變之教訓，則固不自量力者所必致也。政治不自量力，必使萬國就臣妾之列；學問不自量力，致使國防民用皆自趨於弱與貧，而以強與富讓人。苟非如此，雅片案何由發生。即發生雅片害人，烏即成束手屈服之交涉。故雅片非主因，中國之政與學相形見絀，乃其主因。今先略述雅片案之來歷：

中國自古有罌粟，詞賦家皆或賞豔其花，農學家或採用其實，爲齊荒之用，從未有發明其爲毒品者。明萬歷間李時珍作本草綱目，始有阿芙蓉一品。時珍解云：「阿芙蓉前代罕聞，近方有用者，云是罌粟花之津液也。」又引王氏醫林集要，言是天方國種紅罌粟花，不令水淹頭，七八月花謝後，刺青皮取之者。作醫林集要者爲王璽，當與李時珍時代尙近。天方國用以入藥，據云紀元前早已傳自希臘，既而流行各國，印度尙爲最後。取漿凝爲乾塊，款客嚼食如檳榔。明末始有蘇門答臘人吸食之法。康熙中，臺灣平，海禁弛，沿海居民，得南洋吸食法，精思之，遂成中國吸烟特色；流行各省，至開館賣烟。雍正七年，定興販雅片罪至充軍，開館賣烟，照邪教惑衆律擬監候，船戶地保鄰佑人等杖徒，失察之地方文武及關監督嚴加議處；是爲雅片定罪之始，時尙未定吸食者罪名也。嘉慶十五年以後，一再飭禁。而自英吉利以公司優占印度之後，製烟土益精。英商以販煙爲大利，始猶泊於澳門，以葡萄牙既有之埠地爲卸載轉販地，旣且移之黃埔，於貨物中夾帶私售。道光元年，申禁洋船至粵，先令行商具結，所進黃埔貨船，並無雅片，方准開艙。若行商容隱，查出加等治罪。開館者絞，販賣者充軍，吸食者杖徒。法愈密矣。行商者，粵商十數家，經官立案，開設洋行，以承接外商之販貨來者。其初十三家謂之洋商，而外商則曰夷商。後訂約諱言夷事，遂稱外商爲洋商，洋行並廢，外商得自設行棧銷售。乾嘉以來不如是也。當有洋行時，外商非投行不能銷貨。英人設公司經理貿易，主其事者名曰大班，大班來粵，率寄寓洋行。洋行優其供應，而朘削之無所不至。初定行用，每兩貨價奏抽三分。繼而軍需出其中，貢價出其中，又與關吏相比，課稅增規費亦增，取之十倍二十倍於前。而十三洋行爲世業，悉索於外商，饕餮處優，駕兩淮鹽商之上。今所傳粵中富家刊刻叢書，若海山仙館潘氏，粵雅堂伍氏，皆當時洋行十三家之一也。雅片不過商品之一，其實卽無燒煙案，通商既久，必有變端，一緣葡萄牙擅澳門之先占利益，二緣粵關之加重規費。葡商在澳門，築高樓而居，其商船到者，祗納船鈔，別無課稅。他國之商，船泊黃埔，鈔課並納，又非投行，無寄頓銷售之策。既銷之後，又不能久寓，必向澳租賃葡人之屋，謂之住冬。葡人儼然爲各國之東道主，各國皆羨之。而英人商務尤盛，印度又近，重以雅片之銷行，視中國貿易尤重，而不得如葡人之有根據，嘉慶間，一再窺澳門，葡人輒請中國援助。粵督輒宣諭不許相犯，或且絕其互市，迫令退師。其時英人不敢深抗。中國固地主，有主權，而心不能平，必欲謀一相當之地，以雪見絀於葡人之憤。此一事也。中國關征之法，應本寬大，守稽而不征之訓。各關所定征額甚微。以粵關論，乾隆會典所載十八年奏銷之額，廣東海關五十一萬五千一百八十八兩，爲天下額征最鉅之關。其時江蘇海關額征祗有七萬七千五百有九兩。今以上海關爲收數最高，年必數千萬。可知通商以後，國家之受惠實多矣。昔時額征之外，或解羨餘，不爲常例。而士大夫往往用名刺討關。關督愛才者，過客投一詩，以爲可觀，卽許其滿載而去。百年以前，中國國民爲別一種風味。但國家並無多取之意，官吏自有婪索之能。課賦之外，加以規費，關員之外，加以行商。所領軍需貢價，未嘗不爲公用，而又決非正供。洋行求取於外商者多端，遂分內用外用名目。當康熙間平定臺灣，始開海禁，外商通互市之處，原不限定粵中。康熙三十七年，設定海關，英人始來通市。然粵近澳門，寄寓近便，多聚於粵，粵關卽迭增重費，外商爭執不見應。雍正中控於大府，稍稍裁減，未幾如故，乃有移市入浙之志。商舶赴舟山者日多，粵督爭之，奏請浙關增稅使倍於粵。朝旨亦以寧波番船雲集，日久留住，又成一粵之澳門，將示限制，許增浙關稅；未幾復定制，外商不准赴浙貿易，歸併粵港。粵洋行益據壟斷之利，誅求不已。於是乾隆二十四年英商喀喇生遣洪任輝仍赴浙請在寧波開港，而浙撫已奉新令，悉毀定海關夷館。聞又有舟泊舟山，發令驅逐，斷其岸上接濟。洪任輝憤甚，自海道至天津，乞通市寧波，並訐粵關陋弊。七月，命福州將軍來粵按驗，得其與徽商汪聖儀交結狀，治聖儀罪，而下洪任輝於獄，久之乃釋。後又禁絲片違禁出洋，亦為英商所不便；隱忍既久，乃於乾隆五十八年，英王雅治遣使臣馬戛爾尼等來朝貢，表請派人駐京，及通市浙江寧波舟山天津廣東等地，並求減關稅。不許。六十年復入貢，表陳中國大將軍前年督兵至的密，英國曾發兵應援。的密即廓爾喀也。奏入，敕書賜賚如例。

英國兩次入貢，其後一次有表文，無專使，特由在粵大班名波朗者呈粵督請轉奏。東華錄具載之。故宮復發表原檔，蓋為前一次貢使回國後之回訊耳。附帶土宜，作為貢物，亦不過大呢六箱。所欲就此次說明者，為廓爾喀之役曾有助力，補述之以見好於中國而已。其動機為欲避粵關，改市赴浙。商人請之不得，由國王具禮命使代請之。此其君民利害之相共，資本主義之實行，與當時中國人心理不同。轉譯表文，亦失原意。在康熙雍正朝當不如此盲昧。

英國經此鄭重聲請，仍不得當。嘉慶中，英遂有一再謀占澳門之舉，中國又禁格之使不得逞。事在七年及十三年。至十五年，其大班又稟控於粵撫，謂貿易資本皆自國帑借領，不堪虧折，請酌量裁減，以利遠人。粵撫韓葑飭司議，寢不行。二十一年，英國復遣使分入京粵，其入粵者，先以謁見儀注起爭執。蓋舊制，外夷貢使見制府將軍皆免冠俯伏，大吏坐堂皇受之。英使加拉威禮不可，署督董教增勉許免拜伏禮，使者免冠致敬，大府離席立受。在粵主賓，尙爲成禮。其入京之正貢使羅爾美，副貢使司當東，舟抵天津，朝命戶部尙書和世泰就天津賜宴，有司諭以謝宴應跪叩，不可。又告以乾隆五十八年該國使臣入覲儀注，不答。和世泰導使臣至圓明園，仁宗御殿受覲，使臣稱病。帝怒其無禮，卻貢不納，旋雖酌收數事，仍頒敕以珍玩以答之。然爲粵關規費事而來，本意竟未能達，怏怏而去。

乾隆五十八年覲見禮節，據故宮檔案：八月初六日字寄留京王大臣，有「使臣遷延裝病，不知禮節。伊無福承受恩典，亦即減其接待之禮，以示體制」等語。次日又有寄字，有「該使臣等經軍機大臣傳諭訓戒，頗知悔懼。旣遵天朝法度，自應仍加恩視，以遂其遠道瞻觀之誠」等語。則是此次英使曾爲中朝勉行拜跪禮也。然據嘉慶二十一年英使來聘檔案，司當東原係乾隆朝貢使之子，隨帶來京，此次責以拜跪，並據當時已行之禮爲諭。而司當東言：「彼時禮節，雖經目覩。實係年幼不記得」等語。或者彼時中朝有自行斡旋之處，對外言貢使已悔懼，而實未面行覲禮，但留其文於案牘中耶？

至道光時，外商已自立公局爲寓所，不住洋行，不復循同澳住冬之例，會粵城外大火，民居蕩然，外商修葺公局，多占民居舊址，爲民所控，粵撫朱桂楨督役拆毀，英商稟訴，以八事相要挾，移泊外洋，停止開艙，相持半年始解。凡此糾葛，外商率致怨於粵。此二事也。

有以上兩種積嫌，國家不足酬遠人儌惠之恩，卽惟有震以畏威之策。若示以威不足畏，則要挾狡展，勢必有變端矣。雅片則會逢其適之物也。當時有一派，目擊煙銷日旺，銀錢外洩，成中國絕大漏巵，昌言自種自銷，抵制英印所產，收回利權。此光祿卿許乃濟所奏陳。知名之士若吳蘭修、儀克中、皆有是說。疆臣則盧坤約略言之，不敢明請。祁撫鄭墳則具稿請鄧督領銜，鄧亦允之，而爲粵紳持清議者所阻。同光間有僞撰洪經略奏對筆記行世，其中主張種烟抵制印土，殆卽許乃濟吳蘭修輩所爲，託之洪承疇以惑宮寢。關修有弭害論，見梁廷枏夷氛記聞，暢發此旨。十八年，鴻臚卿黃爵滋有「漏巵宜防，請置重典」一奏，詔下內外諸臣，廣收衆議。衆無敢言開禁者，獨湖廣總督林則徐言尤悚切，且規畫防禁之法尤備。宣宗爲所動，譴言弛禁者。降太常卿許乃濟六品頂帶，召則徐至京面授方略，以兵部尚書佩欽差大臣關防馳驛赴粵，會督撫商辦。定販賣吸食皆死，著爲令。則徐至粵，粵督鄧廷楨亦賢者，體朝旨厲行禁約。除嚴拏販烟吸烟之犯，又窮治外來烟土，務盡燬之以絕根株。時英商盡匿烟土於躉船，前椗零丁洋面者二十有二艘。欽差粵督坐堂皇，傳集十三洋行，發交諭帖，令轉諭英商公司，呈報存儲烟土實數。時英國領事名義律，得諭遷延不復，則徐偵知英最巨之烟商查頓已遁，其次顚地，尙與義律在夷館諜遁，乃錮其所用買辦華人，而調巡船圍泊夷館後，使不得下河。又筏斷河口。義律計無復之，乃請就黃埔棧房及椗洋躉船所有煙合二萬二百八十三箱，盡數呈繳。則徐親赴虎門驗收，凡二百三十七萬六千二百五十四觔。奏請派員解京。得旨令在海口銷燬，俾軍民知所震畏。乃開池引鹵水入，隨投隨夾以石灰，俟其揚沸，旋自糜爛。蓋以火燒之，煙灰亦爲吸品。同存性之石灰，隨水糜爛，乃與灰黏合，無復烟之用也。則徐之布置周密如此。奏定繳烟外商，計箱賞茶葉五十斤。當時出洋茶稅石二兩五錢。洋行會館，由公司包飼費六兩七錢，並運至海口水腳，及武夷山買價。恩賞則一律蠲免，所得亦頗抵烟僨。遴隨員知府余保純劉開域頒漢夷字結式，令諸國繕繳。義律堅不具結，負氣繳還所賞茶片，謂「遵結則後有烟土夾帶，貨沒入官，人則正法，恐各商在途尚有烟土，不敢由彼一身代認此責。」時在澳門會議，葡商亦謂「貨可充公，人則西國無斬首例，請不具正法字。」則徐以所請不與內地辦法畫一，斥之。保純亦無以難義律之說，爲具牘代請，而義律則謂委員已許之矣。既爲則徐駁斥，乃怨大吏反覆，以護貨之兵與我舟師抗，我舟攻其躉船於零丁洋，燬其二艘，義律率貨船屢戰，皆中於礮而退。有英船願繕結紙求入者，義律揮兵阻之。具結請入之船，見提督巡洋，坐船樹紅旗，又誤以爲來戰，亦燃礮迎擊。接仗凡六次，卒爲舟師擊燬無算。時別國貨船向不帶烟者，皆遵令具結，惟英船不就範。大理卿香山曾望顏請封關禁海，設法剿辦。下粵中議，則徐以違抗祇有英商，不拒各國正可以夷制夷。粵人以海爲生，尤不宜設禁自窘，奏覆而止。

案林文忠禁煙之切實，備戰之嚴密，分別各國之審慎，皆無可議。惟嚴偪具結而不急爲英商裁革粵關規弊，無以慰其積年希惠之心，未免視外人之弊害稍有隔膜。即取結亦稍操切。但嚴禁烟，爲民除害，外人輿論亦不甚以爲非。若有卹商之德意，平衆商之怨尤，義律雖狡，無能鼓煽，事可不至擴大。且體念遠人，保其商利，亦大國應持之正義也。文忠未免忽之。繳烟每箱賞茶葉五十斤，計烟價略相當，出夷氛記聞。然文忠政書原奏作五斤，且總計賞十餘萬斤，合五斤之數。豈記聞之誤耶？

英市既絕，英商船至者三十艘，阻於義律，不得入，咸怨咎之。義律懼，請許率諸商還澳，俟本國信至，開艙貿易。詞頗婉順。而朝旨雖允不禁海，然對英封禁甚嚴，則徐不敢更張，峻拒之。英船泊外洋，以厚利購接濟。則徐自出駐海濱，罔避風雪暑雨，辛勤籌備，民多感愧，相戒無復私售。九年冬，朝命改則徐督粵，調廷楨督兩江，旋改浙閩。英國自得粵中焚烟之訊，其國會議禁烟理直，當聽中國之命。而義律以商人烟土被焚，請國庫給價。且印度烟銷爲大利，慫恿發兵。英廷爭議洶洶，卒決稱兵，命其國戚伯麥率本國兵船十餘艘，駐防印度兵船數十艘，聯艐東向。則徐自奉旨斷英市，首責諸國毋聽英假借船號，毋代運出入貨物。激勵美法，使不直英國所爲。又以俄舊親華，而與印度鄰，英俄相忌，又約屬夷廓爾喀伺印度之隙。且知英遠來費鉅，雅片減值而售，成本不敷盡供軍用，決其持久必蹙。與提督關天培定議，嚴防要隘，全力剿辦，懸賞購捕斬義律，及地白夷黑夷價有差。獲其船者，財物盡充賞，移會閩海江浙，各刻意防其舍粵他犯。二十年夏，英兵船至，則徐奏聞，倘有「以逸待勞，以主待客，彼何能爲」之諭。英船至粵月餘，無隙可乘，駛三十一艘赴浙，經福建，突攻厦門。浙督鄧廷楨駐閩，出駐泉州，檄金厦道劉耀椿守禦，礮擊沈其兵船一，水師焚攻其一船，斃英兵數十。英全艐駛至浙之定海，陷之。朝命江督伊里布爲欽差大臣，赴浙視師。革浙撫烏爾恭額職，旋定罪絞候，以劉韻珂代。經此一挫而朝旨突變。此宣宗意志之不定，任事者之不能執成命以行事，亦世變之所以不可支持也。

浙未失事以前，剿辦意甚堅決。則徐對英人請求較近情之語，亦不能留伸縮之餘地。當上年九月義律以兵抗戰時，九龍礮臺擊沈英船奏捷摺，奉批：「不患卿等孟浪，但患過於畏葸」。而於摺內又累加旁批。摺文云：「苟知悔悟，儘許回頭。」其旁批云：「不應如此，恐失禮制。」摺文云：「奉法者來之，抗法者去之。」其旁批云：「未免自相矛盾。恭順抗拒，情雖不同，究係一國之人，不應若是辦理。」十一月初八日，有詔：「英夷反覆，先放大礮。未絕其貿易，不足示威。即使此時出結，亦難保無反覆情事。茲屢次抗拒，仍准通商，殊屬不成事體。區區貨稅，何足計論。彼自外生成，尚何足惜。着林則徐等酌量情形，即將英吉利國貨貿易停止，船隻盡行驅逐。不必取結。兇犯亦不值令交出，着出示列其罪狀，宣布各夷。倘敢包庇潛帶入口，從重治罪」云云。則徐接此字寄，所以對義律之婉求無從通融也，洎定海一失，粵中之蜚語亦即上聞，謂「繳烟時先許以值，後負之而致激變」。此事當時有數說：

夷氛記聞云：林公至粵，居越華書院。洋行總散各商，僑寓其側，備日夜傳訊。義律呈繳稟至，夜傳總商入見，責以「汝為官商，倘有私許以價，而後設法賠補事，愼汝腦袋」。總商叩首力言不敢而出。蓋是時粵人紛紛疑夷人居奇之物，不數日而呈繳淨盡，意行商必許以事後給價。及聞公言，畏得罪，不能不負約以自保，不暇復計夷怨，而夷已稟繳無及。然語皆出揣測，事秘，罔有顯據也。

金安淸撰林文忠公傳云：公才望赫奕冠寰宇，英酋義律，慴公威重，與廣府余保純，洋商伍姓者，密議，願繳在海船土二萬一千箱，易絲茶償。余乃常州紳士，為公撫吳時激賞，素以幹力著。伍則與義律最昵，知使節不久留，欲彌縫其間，而陰與洋行分年償其直。其稟牘恭甚。公據其詞入告，奉旨嘉獎，有「不慮爾等孟浪，但慮爾等畏葸」語。公乃馳檄宣示英國王，詞意剴壯，外國爭傳其文。就省城外濬大池，焚燬數月始盡。陶文毅卒，旋奉旨調兩江總督，樞相忌其功，思困之，乃請以鄧調兩江，而移公為粵督。命下，余伍之初計沮。

據上兩說，許給烟價事有之，而非則徐所知。但釁之由生，亦不由償價負約。義律並未形諸文牘。因勒令具結，致成決裂。且即給價購焚，亦不甚失體。果有其事，則徐儘可先奏，何必諱言。朝廷以此罪則徐，上欲加之罪耳。當浙陷定海之際，英船留澳門者，忽焚澳門後通香山之關閘，為守閘之前山營都司礮傷英兵數十，沉其小舟。七月十八日，則徐所遣副將陳連升率游擊馬辰，攻其泊磨刀洋之兵船，

戰勝，以捷聞。奉批斥則徐貪功啓釁。則徐遂力陳六月後粵海防範情形，請戴罪赴浙竭力圖克復，不報（

奏言：「竊臣奏報拿獲雅片烟犯摺內，欽奉硃批：『外而絕斷通商，並未絕斷；內而查拿犯法，亦未能淨，無非空言搪塞；不但終無實際，又生出許多波瀾。思之曷勝憤懣。看汝以何詞對朕也。欽此』。」此爲當日所奉嚴旨，亦未有許給價後負約之說，但轉變太速，殊乏君人之度。

是月，伯麥偕義律駛天津陳訴，出一漢文奏本，上直隸總督琦善轉奏。其文爲英人所具，可證則徐無許給烟價之語；文惟見夷氛記聞，錄以明以前粵中英人所藉口之眞相；

奏云：英吉利國臣統領本國水師主帥子爵巴兒多兎，謹呈天朝大清國大皇帝駕下：竊巴兒多兎現奉敝國主命，協同本國陸路統領總兵官布爾利，帶領水陸軍兵戰船，前來貴國。緣爲去年本國之正領事官義律，暨來貴國貿易之商民，竟被廣東欽差林、鄧總督，凌辱無道，以衆欺寡。併一向敝國之商民到廣東，被該省大憲等欺壓無辜。爲此奉命前來上訴。惟思船多兵衆，夫用兵必須水陸擇地，護船安營，是爲首要之機，熟思貴國各直省大憲，以爲業已封港，不通貿易，決不納言，不肯接呈代奏，準有相拒之形，此即必彼此相鬭，因此不得不直登定海，俾得各船安營有所倚。去年林欽差到廣，不幾日，首先將西洋各國人，用水陸官兵圍困在省城寓行之內，立即封艙，連日不準出入，兼絕伙食，勒繳在洋面停泊船內之烟土。又言限日盡繳，否則要斬要殺。如於限內繳出，則仍前交易買賣也。竊思貴國新例，禁買禁賣烟土，但既已禁絕，無人敢買，則西洋人亦必不再來。即有愚人帶來，亦無人敢買，然則帶來何益。且去年所繳之烟土係在洋面，並非起運入內地，而外國商人亦萬萬不能運得入港也。奈林鄧二憲勒繳，而英國商人等如不繳則不受殺亦要餓死，雖不懼殺而饑渴難當，只得含恨忍氣以繳之。後再酌議論。詎料繳之後忽又要具結，稱如有嗣後查出船內夾帶烟土，即將貨物全行入官，其領事人即正法等語。但查犯禁貨物入官，其領事人連船逐出，不准交易。此例西洋各國古今通行。惟正法條西洋古今無殺頭之刑。況且船多人衆，萬一遇有水手一二不倚，私自夾帶，不拘多少，豈不累人。貨物入官，而人亦受殺戮之慘。即因此正領事官義律暨諸客商皆不肯具此結之原委也。林鄧二憲因前事不服衆，未得具結，即著封港，不准交易。切思英國荷蒙通商已來百十餘年，貿易買賣場中豈無賒欠通融。今計貴國洋行商人，前後共欠已有數百萬兩之多，一旦封港，不獨不能貿易，又壞了到廣東船內之貨物，不勝枚擧。英國商人所失之本，何可勝言。且封港之後，林鄧二憲曾與義律商允具結，嗣後貨船到廣，任從查搜，如無夾帶烟土，方准入口，否則逐回，不准貿易。奈林鄧二憲，前言不對後語，反復無常，忽然改變。仍執前議，具甘受正法之結也。後來義律等另有求商事體遞呈，奈林鄧二憲絕不肯收。即去年封港後，適有英國兵船巡海，到廣洋面，該船之總兵官遞呈，係請詢封港之由，以爲開解，奈二憲仍不獨不肯收呈，更又命水師提督帶領水師官兵前來相拒，是以不得不還礮相喧矣。去年林鄧二憲禁止買辦，不准供辦伙食之後，有呂宋貨船一隻，與英國貨船同泊洋面，正欲回帆之際，適其船內人過來英船探望，即或隨送些少食物，林鄧二憲，責言呂宋人不應與英船人往來，不應送食物，竟用毒計，命人於黑夜之中將呂宋船隻燒燬，並傷斃三人。可憐該船無辜，受此慘害，神人共憤。切思歐羅巴洲各國，即大國小邦，帝國王邦，無分統屬。呂宋國與英國，火烟相益，非親即故。今同在異邦客地，過船探候，即或送些伙食，亦係人情之常事。且歐羅巴洲與亞細亞洲相隔九萬餘里，不獨無分統屬，而且只有西洋船隻到中華，而中華船隻萬萬不能到西洋。今林鄧二憲係中國之官，在廣東止可管中國廣東事，豈能管到西洋?即今大英國主仁慈，憐舍呂宋船人無辜受此慘苦，即命如數賠其銀兩。但未審林鄧二憲，此事如何奏辯?

此奏中祇言林鄧於具結事反覆，即上所云「余保純允爲具牘代請，義律請委員已許之」之事也，並不言許給烟價，則並余保純等亦未嘗許之可知也。今以理度之，當是實是以商捐茶葉，用給賞之名。以代給價。故夷氛記聞較量其値，言土每箱給茶五十斤，鑿鑿可據。林摺祇言五斤，乃不欲多擧其數。以本係捐辦，無需奏銷，對朝旨嚴辦之意爲合。此正余保純之幹才。其後因具結有違言，義律亦未受賞，其爲五斤五十斤，更無可辨。竊謂此爲事實也。

英帥奏辭溫雅，其於初次兵船開仗，直曰「還礮相喧」，輕慢已極。要於中國並無必用武力之意，特視其可侮而侮之，亦是事實。奏意雖出自英帥，而達意必有漢奸。以兵官而具此辭令，程度自高。當時中國去文，動足招侮。中西紀事載英人在定海遞書，內言：「二月間遣使暫討烟價數十萬，入粵東配茶，天朝大臣粵憲回復言：『本大臣威震三江五湖，計取九州四海，兵精糧足，如爾小國不守臣節，定即申奏天朝，請提神兵猛將，殺盡爾國，片甲無存』等語」。此語出自英人所遞書中，或非實有其事，然夏燮自加數語云：「此蓋回復外夷之詞，不嫌俚俗也。」然則著書之人有此寒陋，亦見當時士大夫之荒唐召侮，何足與西人比也。奏文外又出其國會致我國相書，要求六事：一索貨價，二求廣州廈門福州定海上海為市埠，三欲敵體平行，四索犒軍費，五不得以外洋販烟船貽累岸商，六請盡裁洋商浮費。琦善以聞，又令嫻習西文之鮑鵬作覆書，稱義律為公使，謂「上年繳烟，必有曲折，將來欽差大臣往粵查辦，不難水落石出。」並犒以牛酒。詔革則徐廷楨職，令俱在粵候勘，而命琦善馳驛至粵代則徐職。琦善在天津見英帥語平和，謂不難馴伏，蓄意稍給烟值，仍許貿易，即當了事。而給值則意粵關監督即能任措。既至粵，義律輩亦回粵守待，見新欽差易與，求索益高。而粵關利厚則費亦素鉅，無餘存，乃知棘手。惟撤海防兵以示無敵英意，冀英人鑒諒。詰開礮創英者將加罪，軍心解體。又欲從英人訴詞，謂則徐拒不上聞，將奏譴之，欲證成於巡撫怡良，怡良不敢應。檢案牘則又無可指摘，不得發。先是，則徐防海所募，擇海濱漁蛋亡命熟沙礁險要者，一旦撤裁使失業，為英購漢奸招引而去。向之所憚，轉濟其用，形便曲折盡洩，要挾益無顧忌。堅索香港為埠地，以抵葡之澳門。琦善不敢決允，但許增煙價，冀就戮。提督關天培請添兵設守，則峻拒以媚英。義律以議遲遲不決，突攻陷沙角大角兩礮臺。敢戰之將副將陳連升以下，束手身殉者數人。事在二十年十二月十五日。琦善委罪於天培，奏請重治，仍請續與夷議款。天培與鎮將請增發兵藥，琦善靳之。然亦恐再有失陷，重得罪，亟奏請開禁通商，給廈門爲市地，以明年正初旬爲期，還以烟價。其與義律伸約，則稱之爲公使大臣，許以香港全島相畀，而以浙江所獲英俘易定海。義律覆文，請繳還兩礮臺，及所掠粵船，願由海道赴浙撤兵，求備文代遞伊里布，俾知繳還定海之由，送給留定英船兵目。琦善依言達浙，而伊里布亦遂無守禦意。時朝旨以兩礮臺失陷，又決痛剿，革琦善天培頂戴，調湖南四川貴州及南贛兵馳赴粵；琦善不知，猶自出閱視虎門，與義律晤商條款。義律耀兵礮以示之，琦善更張皇入奏。奉嚴旨：「朕斷不能似汝之甘受欺侮，迷而不返。膽敢背朕諭旨，仍然接受夷書懇求，實出情理之外。是何肺腑！無能不堪之至。汝被人恐嚇，甘爲此遺臭萬年之舉。今又摘舉數端，恐嚇於朕，朕不懼焉。」此諭見東華錄二十一年正月二十四日辛亥，其失態固與琦善相稱矣。

其前，於正月初七日甲午命宗室奕山爲靖逆將軍。湖南提督楊芳方入覲，道皖，命折往粵，與戶部尚書隆文同爲參贊大臣。前在粵候勘之林則徐鄧廷楨，亦於上年十二月中奉旨著琦善督同辦理。於是杜門候勘之林則徐復出，則詢知舟勇已盡撤，無可爲計。正月初五日，義律已知朝議復變，驅船攻橫檔礮臺，臺藥不繼，關天培陣亡。嗣是英艦進攻岸臺，輒領雅片舟尾入，約寮戶艇泊其旁載運。粵兵名爲迎敵，亦與通同以護販爲利。忠勇之軍，撤潰已盡。利之所在，對敵如戲。楊芳以宿將負威望，官民望其來，道佛山，一路呼噪相逐，既至則謂「夷礮命中，能在船舶蕩漾中擊我實地，較我實地所發轉有準，此必邪教挾術所致」，傳令地方甲保，遍收婦女溺器為厭勝具，載以木筏，約聞礮急眠器口向敵，伏卒即抄出夾攻。敵掠筏而過，守筏副將先遁，芳急勒兵入城，敵船未敢猝入省河，亦震芳威聲，恐有布置，乃使人持書至鳳凰岡臺營，求入城面致芳。營將總兵長春遽引使入，迨返而敵盡知虛實，分攻獵德及大黃滘礮台皆下，芳猶奏長春有禦敵功，賞花翎勇號。時在二十一年二月。其先義律伯麥以琦善已允給香港，聯名出示香港居民，稱為英國子民，有事須稟英官治理。並以此照會大鵬翼副將賴恩爵，恩爵以呈怡良。則徐勸怡良實奏，怡良遲徊，為粵紳所慫促乃允。奏入而江督裕謙參琦善畏葸偏私之奏適至，詔革琦善職，拏解赴京，籍其家。以奉命駐江西理餉之刑部尚書祁墳代粵督，而楊芳亦有攻守八難之奏，乞允通商，意多與琦善合。奕山隆文繼至，芳亦勸其勿浪戰取敗，意在徐就撫議。而奕山忽為人言所動，以三月晦發兵衝突省河英船，搜義律於夷館，義律先遁，官兵遂掠其貨物。越日，英船反攻，官軍潰退，輜重船筏盡失，乘勝奪北門外山顛者定礮臺，俗名四方礮臺，於是俯瞰城中，窺以遠鏡，纖悉畢見。子彈時以城中官署為的。城守始洶懼。而楊芳獨以鎮定聞，火箭亘彈，蕭蕭聲過耳畔，笑駡而已。或勸稍避，不顧也。於時民居遭燬，兵多擯逃，城守岌岌，款夷之議遂決。則徐已於上月奉旨以四品卿銜赴浙候旨。蓋裕謙以欽差大臣入浙，與閩督浙撫先後皆奏則徐在粵無誤故也。粵城上懸白旗示服從，軍帥以下會印付保純，縋城出，就商義律，旋議定：餉軍六百萬圓，計四百二十萬兩，作清還商欠，限五日內交足。大將軍挈外來兵離省遠駐，英船亦退出虎門。洋行括銀不足額，僅得百二十萬兩，由藩運關三虜勢足，由大將軍弈山、參贊隆文、楊芳、駐防將軍阿克精阿、督祁墳、撫怡良、副都統格瑞、會奏給商欠銀議款事。其銀是否卽作烟價，及香港是否停給，款議未之及，奏中亦不以陳明。其實英兵方缺餉，得貲爲窺犯要脅地也。款成，耆定臺未退出，伯麥自臺下率衆闖諸村落淫掠，至姦及老婦。粵人何玉成柬傳南海番禺增城諸村，各備丁壯，出護附郭三元里。各鄉義憤集至數萬人，夷目畢霞率衆與戰，始民稍却，旋各鄉衆大至，圍之竟夜，天明搜殺，伯麥畢霞皆死，收其調兵符劵及防身兵器，夷兵乞命之聲震山谷。村民圍耆定臺英兵，計令餓斃臺上，義律密遣人求救於保純，或勸以兵助民幷縛義律，重與約法。所給商欠銀時僅交四之一，當事以款銀已去，敗盟無利，事在和後，不欲爲戎首；不用其策。粵督令南番兩令隨廣府保純出，步向三元里拱揖代夷乞免，民乃解圍。粵人至今擧三元里爲快。嗣是粵人踵行團練，遂爲後數年拒夷入城督撫封爵之用。

三元里役之後，民氣極盛，英兵已約定退出虎門。粵督大修守備，義律因不欲復入虎門，請與粵人市，不忍肆擾，別營市地於香港，請官爲示，召商民就港貿易。請之至再而內商以越海不願往，又請以退出之尖沙嘴九龍山二地易香港，當事以未奉諭旨却之，反勸其入市黃埔。義律以入市須經虎門，阻我興築礮臺。糾紛不已，款市仍滯不行。五月，革則徐卿銜，發伊犂，廷楨亦遣戍。會英國王別派樸鼎查爲將，巴葛及思亞剌、力巴、敦時、爲副，增兵增艦來粵。義律遂返英。樸鼎查以軍官兼管商務，與伯麥爲將時又有異。弈山偕隆文離省，居三水縣之金山，撤湖南兵歸，而獨留楊芳駐省彈壓。隆文居金山，獨以憤不食死。樸鼎查按義律所議約，止收商欠而撤在粵兵，無與他省事。思嘗試覘中國意，或不止就義律已成之功，於是舍粵洋北抵潮之南澳，泊船於長山尾，且登陸秣馬，漸造屋為層樓。澳官無止之者。澄海縣諸生在粵受課作海防論，乃及此事。書院監院梁廷枏發之，祁督飭海陽令查毀，樸鼎查遂以七月初十日犯廈門，投書駐廈提督，自稱公使，吧嘜稱水師提督，敦時稱陸路提督，謂不照上年天津所議事款，應有兵事，暫借廈門屯軍，定議即繳還。提督陳化成適改官江南去，閩海亦奉旨以粵夷就款撤兵，總督顏伯燾倉卒迎擊，大敗，將士多死喪，遂失廈門。伯燾故有志殺敵，且非議鄧廷楨在閩，謂能守而不能攻，事前購船鑄礮，稱有備。其置礮在臺牆深處，礮口止能對一點，英船窺知之，避其中點，鼓行無阻，奪臺反礮向內攻，所備適以自殺。英既破廈門，不留據其地，即分擾臺灣定海，而尤以定海為注意，犯臺灣者小股嘗試。守臺總兵達洪阿，兵備道姚瑩，早以海警戒防，瑩尤以練達通博知名。當鄧廷楨督閩時，已請奏起泉州在籍提督王得祿，故李長庚部下，平蔡牽封子爵者，出襄軍事。八月十五日，英船挾三板犯雞籠杙，越日進口，礮壞二沙灣兵房，臺礮擊中其船，遁而觸礁，生禽黑夷二百數十，殺數十，白夷殺二人，沈一人。後一日，又搜殺白夷五，獲其圖冊。九月十三日，英船再撲二沙灣，擊斃二夷遂退。其擾定海者，亦以八月十二日至。自伊里布以欽差入浙，一意附合琦善，撤防待義律交還定海。定海名交還，尚留船盤踞。伊里布示諭居民毋敵視，並以已起椗之船數移慰巡撫，又奏收復定海。巡撫劉韻珂以敵方築礮臺，開河達城中，踞住岑港沈家門兩處民房，又出偽示招居民接濟，縷奏其患。會朝命於粵又主剿。逮琦善籍其家，遂革伊里布大學士職，仍留江督任，命裕謙馳往代之。旋召伊里布入京，六月，革職發軍臺。裕謙入浙，奏保則徐，恃為謀主；未幾，則徐還戍去。至聞廈門失守，急檄處州鎮總兵鄭國鴻、壽春鎮總兵王錫朋，會同定海鎮總兵葛雲飛，以兵五千守焉。至是，敵至，連日拒擊小勝。至十七日，敵大舉猛攻，三總兵同時陣亡，定海城再陷，進犯鎮海，分攻金雞招寶二山礮臺，金鷄山奮擊斃敵數百，提督余步雲守招寶山，先有二心，前數日，裕謙召步雲盟神誓師，見裕謙無退志，稱足疾不跪。敵至，不令兵開礮，甫抵山麓，遽棄臺走。敵據招寶山，俯攻鎮海城，城陷，裕謙殉節。裕謙故誠勇公班第曾孫，壯烈思無忝祖先，劾琦善伊里布，慕林則徐，蒙旗籍之矯矯者。旣陷鎮海，即攻寧波，步雲又奔上虞，道府從之。時爲八月二十九日。巡撫急守紹興，扼曹娥江，防其犯省。九月初，英兵迭入餘姚上虞奉化肆掠，毀其倉庫，旋退而亂民乘之，浙東蹂躪甚慘。

九月初四日乙卯，命宗室大學士奕經爲揚威大將軍，馳驛赴浙辦理軍務，所命參贊大臣皆不果行，旋以侍郎文蔚副都統特依順爲參贊。又命怡良爲欽差大臣赴福建，擢河南巡撫牛鑑督兩江。出琦善於獄，使效力軍前。奕經客宿遷，舉人臧紆青勸奕經奏召林則徐來浙勷辦，止琦善，斬余步雲。奕經庸懦不敢用，僅止琦善，乃改發琦善軍臺，未幾即爲葉爾羌幫辦大臣，旋仍柄用如故。蓋有首相穆彰阿爲之內主也。二十二年正月，奕經軍次紹興，與文蔚定議分襲寧波鎮海，預洩師期，兩處皆敗。二月，敵攻慈谿，金華協副將朱桂與戰，督擡槍兵匿崖石樹林自蔽，斃敵四百餘，兵無傷者。軍無後繼，桂請文蔚發兵數百爲援，不許，至暮發兵二百，敵已分兵繞出桂兵後，桂與其子武生昭南死之。文蔚從隨員侍衞容照等議，防敵夜攻，棄軍走，軍資盡失。時僕鼎查方嗾兵艦再攻臺灣，姚瑩督官兵禦之於大安港，別設伏於迤北土地公港，誘敵艦入，觸礁不能駛，盡覆之。除淹斃殺斃外，擒紅白夷十九，黑夷三十。上年獲禁之百三十餘夷，言官請無庸解京，就臺正法；及是，並新獲者皆斬於臺，僅留禁其夷目勿殺。後遂爲樸鼎查誣控所殺非兵，而係商民。穆彰阿主於內，使怡良就訊虛實，怡良嫉臺灣鎮道未以功歸欽差，證成之，鎮道皆下獄，以饜英人意。旋釋之。至三十年，宣宗崩，文宗宣示穆彰阿罪，始正言鎮道之受屈。而擾浙之英人既得志，又以浙爲無可戀，更北擾，乃可脅成前約。有鄭鼎臣者，前戰死之處州鎮鄭國鴻子，志復父仇，投軍自效，率定海水勇，多挈火具，附敵船焚攻，輒燼其船，多有斬擒。文蔚退還浙西，盡撤戰火諸船，鼎臣不從，隨行請治以法，奕經心重鼎臣忠孝，諾而未行。鼎臣於三月中累焚英船，焚溺英兵五六百。奕經文蔚前經因敗奪翎頂，至是因焚攻有功，皆蒙賞復。而浙撫劉韻珂意在羈縻，奏請仍命伊里布至浙主款，又以殺掠爲夷罪，以鼎臣等爲虛報冒功。鼎臣具四大艦，載所獲夷級衣械及擊碎船板送核，事乃白。時朝廷已復命宗室尙書耆英爲欽差大臣入浙，並署杭州將軍。耆英滿洲親貴，爲一時庸劣之尤，足以顯清室之王氣已盡者也。三月二十七日，英軍棄寧波北犯，奕經遂奏收復郡城，旋又棄鎮海，未及誇張克捷，乍浦已於四月初九日失守。駐防副都統長喜投水死。駐防橫暴，平時已與土人不洽，至有警，更多所指摘，謂爲漢奸，於調集助守之福建水勇亦凌辱之。戰時遂舉火爲內應。英水兵登岸頃刻而城陷，平湖海鹽大擾，會城亦戒嚴。事聞，以乍浦頃刻潰散，皆余步雲屢走屢失城池，未議重譴，有以倡之。始奉嚴旨拏解治罪。久之，至歲杪乃伏法。雅片之戰，失律逃潰者相望，正法者止步雲一人。當時朝議，能却敵者既以挑釁得罪，其逃避者自應以彌釁邀賞，則步雲之見法亦寃也。

浙撫劉韻珂，以煦煦爲惠，得民心。浙中軍事，有大將軍參贊及欽差輩先後坌集，責亦不在巡撫。

其竭力贊和，惟恐失敵意致敗，則不可掩。然民乃諒其弭禍，亦頗感之。伊里布之再來，韻珂所請，專為議款。乍浦既失，伊里布詣英船商款事，英人氣驕甚，無成而返。韻珂意鄭鼎臣曩歷獲英俘，未還俘，故仇不解，乃奏出所獲白黑夷於獄，載送乍浦，則英又棄乍浦，虜其軍資去矣。追送鎮海，俘還船不謝，受俘者亦默無一言以復。五月己酉朔，朝命乃以伊里布賞四品頂帶，署乍浦副都統，而英船於是日已泊吳淞。江督牛鑑以辦防駐海口。初三日，英攻寶山。至初八日，提督陳化成在南門外海迎戰，礮沉英船二，折一船桅，英船以礮彈火箭，焚及民舍。牛鑑方與化成分守海口，礮彈落其近處，失色退走還城，所督諸軍從而皆潰。英軍大進。余步雲舊部徐州兵先遁，化成餘親軍不及百，為夙所訓練，隨化成不退，化成手燃巨礮擊賊，臨危猶破一舟，中礮遽卒，鑑遁而城亦陷，駐上海文武官皆走松江。英船隨入上海，城已空矣。十四日，更向松江，先奉調來援之壽春鎮總兵尤渤，沉船塞港，置礮相拒於城外八里之地，英兵亦緣道示威，無意深入，被拒遂退出吳淞，改駛長江口。六月七日甲申，牛鑑奏請倣照乾隆年間征緬罷兵事，准予英人通商。奉批：「中伊里布之害不淺矣，曷勝憤懣。」又批：「朕之用兵，實出於萬不得已。若將征緬之事比擬，事不相類，擬甚不倫。想卿必為伊里布簧惑矣。朕愈加憂憤。儻將士有所窺伺，稍有解體，將成瓦解，可設想耶？總因朕無知人之明，自恨自愧。」先是，寶山失守之報至，朝命伊里布耆英馳赴上海，會同牛鑑籌防堵。至是，又命伊里布回乍浦副都統任，止留耆英會辦防剿。其時江防蕩然，英船已過江陰瓜洲抵鎮江矣。牛鑑遁還江甯，京口副都統海齡守鎮江，忌漢人，謂有漢奸，搜索騷擾。參贊齊慎、提督劉允孝，以兵至，亦拒不延人。相持二三日，英軍梯陴而上，鎮江陷，海齡自縊，家屬多殉。江寧相距，一日可達矣。

樸鼎查先奉英王命，仍赴天津請議約通商，故由寧波迭退而北。闖吳淞，闖長江，皆視可侮而取勝以壯聲勢。既陷鎭江，其部夷馬理遜者，其父爲貢使，曾至北京；當時謂之秧馬理遜，自命爲知中國地理政事，進言於樸鼎查，謂江寧爲南北咽喉，踞以要挾，無不得志。或且揚言將衝挖高家堰堤，壞河防，阻運道，北京必洶懼，勝往天津。樸鼎查從之，令諸船齊進。一路聲礮，焚毀瓜洲儀徵所有鹽船商船殆盡。以六月二十八日，集船八十五，逼江寧城。伊里布以議款情熟，仍具奏馳抵江省，其先既奉有「設法招撫許便宜行事」之旨，遣其家僕張喜赴英船，以候款開導。英果不攻城，但責成議甚亟。初六日，耆英亦至，復遣員與張喜再詣英船。樸鼎查用馬理遜預議，索三千萬圓，稍減爲二千一百萬，以六百爲補償烟價，三百萬爲續還舊商欠，千二百萬爲軍費。本年先交六百萬，餘分三年帶交。又索香港爲彼商僑居地，廣州福州厦門寧波上海五口爲通商貿易地。稅項公立章程，遵中國例則徵輸，先占厦門寧波鎭海定海乍浦寶山鎭江各城岸，俟五口通商卽退還。貿易各口設關，自設領事官經理。貨至，責成領事官赴關納稅。裁去官設行商，由來商自行交易。彼國官至，與中國官用平行禮。及事後彼此釋放俘虜。語畢卽促歸商定，委員佐領塔芬布等還報，當事以不但悉如英初意，且所索更奢，遷延不敢覆。更往返議擬，英船已易白旗以俟，忽於初八日夜令易紅旗，約次日復開仗。謂聞之諜者，中國用緩兵計，實調兵來決死戰也。

總督欽差急遣布政使黃恩彤，偕前委員侍衛咸齡見英帥，開誠告以無他，並一切勉循所請，船衆歡呼。於是牛鑑伊里布耆英會奏言：「夷逼金陵，情形危迫，呼吸卽成事端。根本一有挫動，鄰近如安徽江西湖北，皆可揚帆直達。所請雖貪利無厭，而意但在求市地通商，尙非潛蓄異謀可比。與其兵連禍結，流毒滋深，曷若不惜巨費，以全大局。所索紋平七折銀一千四百七十萬兩，商欠折二百十萬兩，行令粵商按數歸還。本年先交四百二十萬，就將揚州商人現給之五十萬圓扣抵外，（英攻鎭江，揚州鹽商賂以五十萬圓，稱犒師，祈勿過江擾累。）令江蘇捐備百萬，再擬於浙江江蘇安徽三省庫存，及關征粵稅庫，通融借撥；其餘三年帶交，歲不及三百萬（計數實應歲三百五十萬，故意輕減，爲掩耳盜鈴計。），彼國貨稅既新加饒裕，可以作抵（此則甚確），較用兵費實不及三之一。至厦門，夷雖退，尙未收復，香港、古浪澳，定海招寶山，則仍據守未退。與其久被佔踞，不若歸我土地。既願遵輸稅課，卽屬悔過嚮風。此後彼因自擭馬頭，我卽借以捍蔽海疆，以爲國家之利。所請與官講平禮，虛文本可通融。事定後亦應釋俘囚以講和好，寬脅從以安反側。」附單詳載條款以聞。奏入，帝甚怒。穆彰阿委曲曉譬，爲東南數百萬民命強爲抑遏，加恩勉如所請，而諭令反覆詳議，永銷後患。耆英等同詣英船，與立和約十三條，善後事宜八款，鈐以關防。海關丁書巡役陋規，亦悉予禁革。八月初十日，恭値萬壽，英官仰祝純嘏，虔請代奏。英船以八月二十五日出江入海，諸帥設餞於正覺寺而去。此所謂壬寅白門約，卽所謂不平等條約之第一締結也。

第八節　鴉片案究竟

鴉片案之賠款割地，戰敗以後事也。所異者，當時歐亞交通之難，兵艦礮械亦遠非後來堅利之比。

中國以毫無設備而敗。若稍講設備，則如林鄧之辦海防，亦頗使英人卻顧。惟海岸線長，不能得復有如林鄧者二三人。又姦壬在內，始以忌刻而欲敗林，繼則務反林之所為，並譴及力能卻敵之鄧，乃至並譴及禦敵獲勝之達洪阿姚瑩。此皆滿首相穆彰阿所為，而漢大學士王鼎至自經以尸諫，請處分首輔，而為首輔所抑，竟不得達。林則徐褫職，裕謙奏請入浙勷辦，則必令遠戍伊犁，惟恐其禦夷有效。王鼎再留則徐助塞河決，又力促其赴戍。鼎至以死冀一悟君，而卒為穆黨所厄。宣宗之用人如此。至嘆息痛恨之伊里布，卒倚其與英人情熟，使卒成和議。琦善既議斬而復大用，耆英則議和之後專任為通商大臣。蓋帝猶遵祖制，重任必歸滿洲，滿洲無非庸怯，帝亦以庸怯濟之，以乞和為免禍之至計，故口憾之而實深賴之也。王鼎尸諫之事，國史不載，私家紀之，清史稿乃直書於鼎傳，蓋據湯紀尚之書王文恪事、陳康祺之郎潛紀聞，康祺又取證於孫衣言之張芾神道碑。此亦道光間一大事：

湯紀尚書蒲城王文恪遺事：樞相穆彰阿秉政，張威福，尤深嫉兩廣總督林公勳名出己上，乃巧構機牙，媒櫱其短，以觸上怒。由是林公罪廢，虎門防撤，海氛益熾。逮公還朝奏對畢，痛陳御座前，力諍不可得。退草疏請罪大帥，責樞臣。懷疏趨朝，待漏直廬中。燈火青熒，遽自磬暴薨。疏卒遏不上。朝野駭愕，事隱祕，莫測其端。……惜乎，公子孫下材，無以成公志，使公之曲鄭隱慼，卒幽隱而不彰也！

陳康祺郎潛紀聞：蒲城王文恪公鼎，為宣宗朝名宰相。……值西夷和議初成，公侃侃力爭，忤樞相穆彰阿。公退草疏，置之懷，閉閤自縊，冀以尸諫迴天聽也。時軍機章京領班陳孚恩，方黨穆相，就公家滅其疏，別撰遺摺，以暴疾聞。設當時竟以公疏上，穆相之斥罷，豈待咸豐初年？嘉爾烏夷，知天朝有人，或不至驕橫如此。……康祺初入京，聞老輩言是事，猶以爲未確，不敢遽筆也。嗣見馮中允桂芬顯志堂集有公墓銘，稱公自河上還，養痾園邸，行瘉矣，卒以不起。詞意隱約，殆公後人諱言之。朱侍御琦記公事，亦言一夕暴卒。頃見孫方伯衣言所撰張文毅芾神道碑銘，……又云：「領額蒲城，深矉太息。閉閤草奏，忠奸別白。疏成在懷，遂縊以絕。或匿不聞，聞以暴疾。」則情事昭然矣。

吳增祺清史綱要：道光二十二年五月己酉，大學士王鼎自殺，予諡文恪。鼎自河防歸，爲遺疏數千言，極言穆彰阿等欺君誤國之罪，並薦林則徐可大用，遂服藥自盡。穆彰阿使人以危言怵其子，竟不得上。

此皆爲清史稿王鼎傳所本。吳增祺閩人，或得諸林文忠之後。言使人以危言怵其子，與湯紀尙所云「公子孫下材，無以成公志」之說合。後文宗初立，宣示穆彰阿罪狀，不及王相尸諫事，蓋遺疏既改上，官書中無此一事矣。

白門約定，牛鑑革職拏問，以耆英爲江督，而以伊里布爲欽差大臣廣州將軍，辦理善後事宜。奕山奕經文蔚，均議斬候。後仍大用。是年十二月，耆英奏英吉利控訴臺灣鎮道，妄殺遭風被難洋人，蓋樸鼎查於約成後交換俘虜漢奸，始知臺灣所俘，先已正法，無以對所部，遂藉洩憤於鎮道。奏入，命怡良渡臺查辦，怡良以欽差兼署閩督，臺灣爲轄境，戰勝由臺專奏，怡良心嫉之，兼體樞臣意媚夷，遂證成夷訴，逮鎮道入都下刑部獄，輿論譁然，尋釋之。二十三年二月，伊里布卒於粵，贈太子太保。三月以耆英爲欽差大臣，赴廣東辦理通商事宜。先是，法美等國皆在粵通商，燒烟之役，二國頗居間和解，且不直英之所爲，示善意於中國。英約既成，美法求援例未允，英得香港，欲使諸國市船就彼按船抽鈔，而後入黃埔輸稅中國，至五口亦如之，美法皆大憤訝，英始不敢持前說。而法美以必得中國許援英例，五口通商，耆英奏許之，自後援例者紛起矣。

通商非辱國也，中國當時則以爲不得已而允之。白門約十三條，其於賠款割地，乃城下乞盟，一時之事。其於通商，英人亦尙未知以不平等束縛我也。不過以中國不用平等相待，於優待儀式爭平等耳。在本有外交之國，彼此立約，從無需此。英人與中國約，自不能不及此。官立洋行之勒索，關署胥役之徵求，英人所視爲創鉅痛深，國家亦本不當爲此黑暗，若照白門約通商範圍與各國訂定，原無不平等條約發生；其不平等者，中國君臣強要之，使英人不得不覆，而後節節援以侵佔之便利；然其初英人且有不願承受之端，覆辭責中國官不應退讓至此者。略舉如左：

傳教在西國實非惡意，且確有利益於人。中國從前視教會爲蛇蝎，深信挖眼採生等說，以爲西人技術之神，必藉人眼人胎等物以濟其惡，教堂即收集此等物之機關，因而謂傳教之訂入約章，亦始於白門約，今檔案具在，白門約十三條中無有也。而中西紀事言之，近劉氏續清通考亦載之，殊失檢點。傳教入約，自咸豐八年始。自此中國受教案之害者數十年。非無駐外之使節、留學之學生，於教案之癥結竟無人了解。至清末大批留學日本，法政之書，嫺習者衆，始知教士本無干政之理，奸民無復倚教爲惡之緣，於是教案截然而止，信教者反多上流人士。此亦外交知識之一進步。

條約十三條，與善後事宜八款，原非同時所定。自定約奏聞，奉旨指出顧慮各節，著耆英等向該夷反覆開導，不厭詳細，應添注約內者，必須明白簡當，力杜後患，萬不可將就目前，草率了事。於是耆英等與璞鼎查再定善後事宜八條，乃中朝求商於英而加訂。名爲章程，尙非條約。至咸豐八年，中英續約第一款，乃言壬寅年七月二十四日，江寧所定和約，仍留照行。廣東所定善後舊約並通商章程，現在更章，既經併入新約，所有舊約作爲廢紙。則英人所可執爲侵佔之根據者，併入約中，並廢前日之補充非正式之文字矣。因既作廢，外務部公布之條約中遂不見此八條原文。今惟夷氛紀聞獨存之。逐條皆中國向英要求，而由英酋照覆允行之語。總之國際知識太淺，遂至無事生事。自以爲不厭求詳，正所以畫蛇添足也。八條爲他紀載所不具，錄以見當時外交真相，其形式蓋爲八項照會，每一項一去照一來照也

〔一〕廣東洋行商欠。除議定三百萬圓，官爲補交外，此後英國自投之行，即非中國額設行商可比。如有拖欠，止可官爲著追，不能官爲償還。查此項業據該夷照覆：嗣後通商利害，均由自取。若有欠項，由管事官呈明內地官著追，萬不可再求官爲償還。

此爲第一款。洋行商欠，並非官爲擔保，本不應官爲償還。以後所謂洋行，且由洋人自設，即其時洋人尚未定自設洋行，洋貨或需華商百貨行代售，更屬商民貿易常例。因其關涉外商，遂由國家於常法之外特別加以聲明，希冀解除責任。其爲畏洋人如虎狼之心理，烏得不引狡猾西人生心。

〔一〕和議既定，永無戰爭。所有廣州福州廈門寧波上海五處，止可貨船往來，未便兵船游弋。其五處之外，沿海各口，及直隸奉天山東天津臺灣諸處，非獨兵船不便往來，即貨船亦未便貿易。均宜守定疆界，以期永好。查此款業據該夷照覆：一俟五港開關則例頒行，即由英國君主出示，曉諭英民，止准商船在五口貿易，不准駛往各處。至該國向有水師小船數隻，往來各口，稽查貿易，亦當協同中國地方官，阻止商船，不准他往。並請中國地方官嚴禁華民，除議明五港外，不准在他處與英商貿易。

此爲第二款。既有五口通商之約，他口之不通商已明。多此詞費，却輕輕將兵船游弋引入，且並不阻止。正緣英人謂兵船之來，乃協同中國官阻商船他往，中國官不敢與外商煩言，反有借重外國兵船之意。英早已窺之矣。

〔一〕既經和好，各省官兵應撤應留，須聽從中國斟酌。其內地礮臺墩堡城池業經殘毀者，均應次第修整，以復舊規。實爲防緝洋盜起見，並非創自今日。英國旣相和好，不必有所疑懼，或行攔阻。查此款業據該夷照覆：以上各事宜，均聽中國斟酌修整如舊，係屬正辦，英國斷無阻止之理。蓋此次和好惟賴中國誠信踐約，而英國亦當專心以信守爲務。

此爲第三款。中國竟不敢自行修復軍備，且不敢增減兵額，請示於英國而後定，則早放棄其獨立自主權矣。英在當時不願再開玩笑，設若作難其間，宣宗之爲君，穆彰阿之爲相，耆英之爲欽差，其驚惶哀乞必有可觀者矣。

〔一〕廣東福建及浙江等省，距江寧較遠之處，不知和好信息，見有英國兵船駛入，或相攻擊，均[illegible]原情罷戰，不得藉爲口實，致乖和好。查此款業據該夷照覆：兩國和好消息，業經由火船速行曉示，所有英國水陸軍師，自必與中國兵民互相友愛。倘有攻擊之誤，未足爲仇。惟求臣等速將議和情由，飛行各省一體知照，免起紛爭，更屬欣幸。

此爲第四款。廣東等三省有伊里布祁壎怡良劉韻珂等在，自無向英攻擊之事，而猶必請英國不復藉口攻擊，其情如繪。

〔一〕和好之後，付給本年所交銀兩，各兵船自應退出江寧京口。卽福建廣東浙江等省停泊兵船，亦須約定同時退出，散遣歸國，方堅和好。其定海之舟山、廈門之古浪嶼，據議仍留英兵暫爲駐守，但不便多駐兵船，致中國百姓暗生疑忌。與該二處通商之事，轉多窒礙。所有每處泊船若干隻，自應預爲申明，以示限制。查此款業據該夷照覆：俟本年銀兩交清後，所有兵船自應退出江寧京口等處。其他省停泊船隻，除舟山古浪嶼二處酌留兵船數隻管理貨船，及香港仍須留兵駐守外，其餘均可遣散歸國。蓋留兵於他國未免重費。英國意在省費，必不多留兵船。中國不必多慮，致傷和好。

此爲第五款。

〔一〕舟山古浪嶼泊有兵船，須令帶兵官約束兵丁，不得侵奪民人，致乖和好。並聞古浪嶼所泊兵船，曾有攔阻中國商船扣收貨稅之事。此時既經通商，應令各兵船不得於中國商船再行攔阻抽稅。查此款業經該夷照覆：各處兵船本應帶兵官嚴爲約束，此時和議已定，尤當彼此親愛。所有攔阻商船，即行飭放，不得再行抽稅各情，早經行文各處曉諭在案。嗣後倘有不遵，致有侵奪攔阻情弊，即當嚴行訊究，不致有乖和好。

此爲第六款。

〔一〕英國商民既在各口通商，難保無與內地居民交涉訟獄之事，立即明定章程：英商歸英國自理，華民歸中國訊究，俾免衅端。他國夷商仍不得援以爲例。查此款業據該夷照覆：甚屬妥協，可免爭端，應即遵照辦理。

此爲第七款，當時爲英人夢想所不到。不自意處人法律管轄之下，竟能不受管轄也。是爲領事裁判權之由來。領事裁判權乃日本所定之名，舊譯作治外法權，謂統治之外能行使法權也。英所未請，中國強予之。英人報以甚屬妥協四字，不平等之禍，遂延至今而未已！日本對歐洲交涉，初沿我弊，甲午戰勝後乃爭回。我日夜痛心不平等條約，當時則推出此權以爲得計。蓋官長夷而不敢臨其上以損威重，士大夫則以夷狄爲禽獸，不屑以中國之法律治之，聞此損權之條件亦未嘗以爲非也。故許英通商，彈劾者紛起；贈人領事裁判權，反歷久無詆斥之聲也。

〔一〕內地奸民犯法應行究辦，若投入英國貨船兵船，必須送出交官，不可庇匿，有違信誓，致傷和好。查此款業據該夷照覆：內地犯法奸民，若投入香港及英國貨船兵船，即行送出交官，斷不庇匿。其英國及屬國逃民逃兵，若潛逃內地，中國亦須送交英國近地理事官領回，以敦和好。

此爲第八款。

後耆英以伊里布死，改調入粵，再訂通商章程九條，即咸豐八年續約所云善後及通商章皆併入約文者也。通商章程無大關係，不錄。要之，此兩章程，今皆不見官書，惟恃夷氛紀聞存此耳。官中所存官修之籌辦始末亦尙不載，則夷氛紀聞所存之史料多矣。

其所謂強予英人而不受反遭斥者，白門約善後第七款以治外法權奉英，尙云「他國夷商仍不得援以爲例」，則似有所靳於無約國人矣。乃後於咸豐八年中英續約附件中，又有去照稱：「其無約之國，本不應與有約之國視同一律，祇以本大臣等未悉外國情形，不肯遽行立法防弊，合先奉商，再爲定見」云云。英人來照則稱：「至於未立條約各國民人，貴大臣來文詢以作何辦理，此語揆之本大臣，似難置答。何則？因有不歸本國所屬民人，諸凡作爲，本國不任其責。除此，當立將玆款轉報秉政各大臣，奏候御覽外，合爲先奉一詞。果在各口海關，派員曉暢練習著名誠實之人，徵餉皆從一律辦理，相待商民，毫無偏袒，諒貴大臣所指情弊，定必大半消除。來文所稱因貴大臣等不明外國情節，是以行文詢訪，思貴國原謂大邦，貴大臣職推大員，本大臣中懷敬愼，敢問中土大員何以必措不明外事之詞？泰西各邦並無難達祕密之景，各國都城，人皆可履其地，恭遇大皇帝特派稱任大員，前往西土，命以凡有益於國體，保其無礙，應知之學，必得明了。本大臣不論別國，而本國則必以實心友誼接待。如有意博訪審察各節，任便咨詢通徹。由此兩邦永存和好之據。日見增廣。保全周妥矣」。

英人於無約國拒絕干預，且訓斥中國議約大臣如此。其時英法美三國同訂續約，前項商詢無約國人事，亦及法美。法則覆言：「有約之國，不與無約之國視同一律。貴大臣未悉外國情形，不肯遽行設法防弊，合先奉商再為定見。本大臣查此甚屬有理。但刻下尚無定見，只可將貴大臣照會詳至本國，飭令法官之在無和約之國者，轉告無和約國之官，一一遵辦」云云。美則覆言：「本大臣身為和好大國奉使之員，向知此事自應變通。然因稍有難行。今請將中國所能行者略為陳列。首應與討問欲立約之國定立條約也，前大呂宋即西班牙國，來求立約，而中國不允。今大西班即葡萄雅爾，亦已求取矣，使中國肯同定約，自當稍減無約之國，今姑無論，即任其仍前如是。本大臣尚有一法，可稍通融。按泰西各國公使，凡此國領事奉遣至別國者，若不得所往之國準信延接者，即不得赴任。今凡有稱領事而中華國家或省憲地方官不肯明作準信延接者，彼即無權辦事。是則中國於此等兼攝領事立即可以推辭不接。凡已延接者亦可刻即聲明不與交往。設有美國人兼攝無約領事，藉以作護身符以圖己益者，既屬美國之人，地方官可以直卻，不與延款。遇有事故，着彼投明美國領事，自應隨時辦理。間或美國人兼攝領事，而代無約商民討求地方官幫助申理等情，地方官礙於情面代為辦理者，亦可以對彼說明，並非職守理所當然，乃只由於情面而已。又若此等自稱領事，有與海關辦理船隻餉項事宜者，地方官可卻以必須按照條約違行之語。倘彼固執已見干犯制例者，中國或出於不得已，地方官自應用強禁阻。當五月二十日在天津時，本大臣照會桂中堂花冢宰，以中國必須購造外國戰艦火輪船隻者，特爲此故。足徵所言非謬也」云云。據此則法尙答以圓滑語，不過中含調笑。美覆詞則支節橫生，旣爲他國說項，請允通商，又稱無約國外商固執已見干犯制例，則有強權禁阻。先當購造戰艦，事勢誠然，然大出中國議約大臣虛衷請教之意外。畢竟無約國人，任其投有約國領事或商人，皆可包庇，則不平等之領事裁判權，適爲推擴至無窮盡之域而已。

道光中通商約雖成，士民洶洶，所嫉大抵非今日所謂條約之不平等，乃以夷入華地爲大戚。傳言洋人如何無禮凌人，亦未知其信否。粵人嫉夷尤甚，屢起紛糾。余保純爲大府奔走款事，爲粵人所嫉，事成乞病去。後任廣州府劉潯，因杖衝道之民於路，民遽訛言府署藏納英夷，遂聚而火其署，至藩司出爲解釋，搜府無夷乃去。他口通商，英商頗通官署，照約講鈞禮。粵人則習見暹邏越南貢使，隨貢物乃入領宴，必易中國冠服成禮，英人以夷服若入會城，視爲中外大防裂矣。英商視粵垣城門爲禁地，益欲臨門窺探，必爲守門者斥退。若遇居民，必鼓噪聚衆，使之驚遁乃散。亦有闖入而輒遭毆擊者。城外則西人向本不全禁游行，但此期日，得由洋行備通事導遊近處。約定後洋行已裁，西人輒自適野游獵，動輒與住民齟齬。二十七年夏，城西黃竹岐村有英游船駛至，婦女見而譁，村人畢集，英人舉鎗擬衆，衆情激，殺三英人。時徐廣縉始任巡撫，爲縛殺三人以償之。英人照會耆英，謂游處必不能廢，應保後無效尤乃可。粵紳民持之，官亦無以應英人。先是，英人謂其國雖宮院名勝地，他國人至，必導以游觀爲樂，豈有一城而客商不得瞻仰。時時訟言於督撫。耆英與巡撫黃恩彤患之，將以約宴爲酬酢禮，他日非延請無緣自至。與約有所商仍出城就之，以此爲權宜兩全之計。未定期日而省紳已聞之，具呈力爭，遂據以拒英人。英人嘵嘵不已，且據約謂可租地建屋，指地請諭民議租值。託詞阻止，則一再易地相要。彼不厭煩，窮於應付，宛轉商拒，仍以得許入城爲請。且由香港運兵雜貨闖越虎門，入駐夷館近地，占居民房，要以必允。欲以兵逐之，則恐壞約啓釁，不逐則人心皇皇，乃予訂二年後入城之約。謂當於此二年間調解紳民。英兵乃退。且報其國主，普告西人之商中國者，屆期觀禮。耆英於二十八年奏請述職，明年春即行，請以巡撫徐廣縉佩欽差大臣印署督，布政使葉名琛署撫。先英約入城期而去。二月，英領事以文來踐約，廣縉名琛商拒無效，乃用紳民爲後盾，鼓三元里之餘燄，就其已編團練之名籍，張皇用之。士紳人人以爲夷夏大防在此一舉，一時而集至十萬人，武裝旗幟，如臨大敵。法美顧商利勸阻英人，入城之說暫輟。督撫奏報張其事，朝廷亦以爲不世之偉績，與盪平鉅虜獻俘功等，封廣縉一等子爵，世襲，賜雙眼花翎；名琛一等男爵，世襲，賜花翎。粵垣官以軍功議敘，紳士許祥光伍崇曜等皆優獎。督帶壯勇者三百七十餘人，有職者進一階，無則給九品職。是爲道光朝外交之一段落。醞釀至咸豐間，廣縉以禦粵變失機，褫職籍沒論斬，旋釋出從軍自贖，予四品卿銜卒。名琛以使相留督粵，英再請入城不允，爲英所虜，居之印度一樓上，自署所作書畫曰海上蘇武，賦詩見志，日誦呂祖經不輟，卒於拘所、

第五章　咸同之轉危爲安

清至咸豐朝，文恬武嬉，滿州紈袴用事，伏莽遍地。清室本以八旗武力自豪，爲英吉利所嘗試，而旗籍大員之姦佞庸劣無一不備。舉國指目穆彰阿琦善，謂之姦臣。文宗卽位，雖斥退穆相，琦善以下僨事之旗員仍以勳戚柄用。揭竿四起，以太平軍爲蔓延最廣。國際應付尤荒謬，召開取侮，乘內亂方亟之際，挑激不已，致四國聯軍逼京師，文宗走避熱河，清之不亡如縷。其時士大夫講學問，研政治，集合同志，互相策勵，遂收救國之效。同治一朝，遂漸戡定。至光緒初，尙乘勝勢盡復新疆，且開設行省，矯正乾隆間旗人專爲私利之習，一時名以中興，誠亦不愧。要其既危而獲安，非清之主德有汚隆，實滿漢勢力之升降也。滿既必亡，漢既必昌，清若能順應之，與全國爲一體，惟材是用，竟破滿漢之限，則以二百餘年統治之名義，國人習爲擁戴，君主尙有威權，重造一進化之國家可也。氣數有窮，女戎復作，中興之象，轉瞬卽逝。然其旋轉之機，不可不審觀之，以知興亡之關鍵焉。

第一節　太平軍上

道光三十年正月十四日丁未，宣宗崩，大臣啓鐍匣，立文宗，改明年爲咸豐元年。而洪秀全以三十年六月起於廣西桂平縣屬金田村。先是，二十七年間，廣西歲饑，本多盜，巡撫鄭祖琛不能戢，而湖南新寧有亂民雷再浩之擾。新寧與桂接境，桂盜響應，柳慶思潯南寧梧州各郡尤甚。按察使勞崇光捕治稍平。二十九年，新寧復有李沅發之變，竄及柳桂。三十年四月，遂回新寧就擒，而桂亂愈熾。上年匪首張家祥，官兵因不能捕獲，強爲招安，餘黨四散勾結，慶遠柳州武宣象州潯州平樂，所在分股肆擾，以柳州陳亞貴一股爲尤悍。六月，祖琛出督剿，駐平樂，洪秀全以其時起，未有名也。秀全籍廣東花縣，以嘉慶十七年生，師同邑朱九濤，九濤倡上帝會，亦名三點會。秀全既與馮雲山同師之，旋九濤死，以秀全爲教首，時在道光中葉；至十六年，秀全及雲山至廣西鵬化山中傳教，地在桂平武宣間，秀全妹壻蕭朝貴，家桂林，與楊秀清比鄰，秀全就桂平人曾王珩家訓蒙，與秀清相結，桂平韋昌輝，貴縣石達開，皆來入教。以拜上帝爲名，各納銀五兩，爲香燈資。入會不稱師，但稱兄弟姊妹示平等。秀清等兄事秀全。秀全又附托西洋耶教，以耶穌爲兄，名天兄，而撰天父名曰耶火華。官修紀略謂欲篤耶穌教而上之，故上奉天父，未知信否。要其爲非耶教正宗則可見也。

道光之季，兩廣羣盜如毛，廣西尤遍地皆匪。秀全與秀清創保良攻匪會，公然練兵籌餉，招收徒衆。官捕之，搜獲入教名冊十七本。巡撫祖琛不能決，釋秀全出獄。秀清率衆迎歸，招集亡命。貴縣秦日綱、林鳳祥、揭陽海盜羅大綱、衡山洪大全、皆來附，陰受部署者至萬人。以歲值丁未，應紅羊刼讖。丁未爲二十七年。後三年始以起事稱。然其時官軍防勦，尙在修仁荔浦諸股，未以金田村爲意。八月，調固原提督向榮於廣西。九月，以林則徐爲欽差大臣，並命前雲南提督張必祿，俱入桂會剿。十月，奪鄭祖琛職，命以則徐署巡撫，則徐卒於潮州途次。十一月庚子，命湘陰告養在籍之兩江總督李星沅爲欽差大臣，周天爵署巡撫。是月，秀全等出犯平南思旺墟，官軍礮擊却回，戕巡檢張鏞。星沅飭隨張必祿來桂之總兵周鳳岐赴勦。時有嘉應州客民與貴縣民鬨，投金田，二十九日戰，官軍敗績，副將伊克坦布等陣亡。咸豐元年正月初五日壬辰諭旨，始有「金田村賊爲韋政洪秀泉等，恃衆抗拒，水陸鴟張」等語。蓋秀全之名始見朝旨，韋政卽韋昌輝又一名也。

林文忠公爲欽差，督剿廣西，時金田名尙未著，所見奏報，乃象州竄修仁荔浦之賊，爲鄭巡撫剿而無功之股。其餘桂境奔竄各股，不計其數。言官所謂「桂省郡縣，有賊擾者十之七八」。當林任欽差時，未知有金田。卽李星沅代任時亦未必注意金田。至思旺墟告警，始專員往剿，而汪將陣亡。據明年正月諭旨有韋政洪秀泉之名，當卽未敢時之奏報。自此金田村洪秀全之名始大。清史稿文宗紀，道光三十年八月丁卯書「洪秀全窺修文荔浦，勑鄭祖琛剿之」，誤也。各紀載皆言林文忠爲剿秀全入桂，亦不確。

提督向榮自上年十二月，奉巡撫咨調，由橫州回師專剿金田。金田衆又出向大黃江，榮進攻亦敗。秀全遂自稱太平王，是爲太平有名之始。後燬棄大黃墟，分向桂平貴縣武宣平南等縣，入象州。三月，朝廷又以事任重大，命滿大臣大學士賽尙阿爲欽差大臣，率都統巴清，副都統達洪阿，馳往楚粵之交調度，賞遏必隆刀壯其行，隨帶鎭將員司及部庫餉銀甚盛。四月出都，李星沅又卒。未卒前已因病劇命賽尙阿往代，並命周天爵專任軍務，授鄒鳴鶴爲巡撫。自五月以後，官軍累報捷。八月，向榮戰敗，革職留營效力。達洪阿又敗，巴清病歿於平樂。秀全乘勝攻永安州，閏八月朔日甲申，陷之，遂建國號爲太平天国。秀全稱天王，楊秀淸封東王，蕭朝貴封西王，馮雲山封南王，韋昌輝封北王，石達開封翼王，洪大全封天德王，餘各稱丞相軍師等職。是爲稱太平天国及天王之始。

秀全旣踞永安，出屯莫家村爲犄角，副都統烏蘭泰稱敢戰，攻克之。以十一月合向榮等軍圍永安。二年二月，秀全潰圍東出，官軍不能禦，烏蘭泰陣擒洪大全，旋中礮亦卒。總兵陣亡者多至四人。大全送京師，磔於市。起事之渠，且最以通文事著，一出即斃。紀略言大全八齡能默誦十三經，陰自負，所傳詞筆當可信。若石達開之詩，往往與小說黃巢所作爲合，或出附會。太平軍始終限於秘密社會知識，殆所親信者不足矯正之也。

秀全軍自永安突出，間道撲桂林。向榮疾馳先至，會同巡撫以下官守城，被圍三十一日，不下。越而北走。馮雲山羅大綱先驅，陷興安全州入湘。湘在籍浙江知縣江忠源，先奉賽尙阿調，募勇赴粵，是爲湘軍出境勦賊之始，亦爲湘書生學者以兵事自顯之始。既屢有功於粵，至是援金不及，扼下游簑衣渡擊之，斃雲山。太平軍棄船走道州，衡永以安，長沙有備。而道州會黨大集。湖南固積亂之區，雷李諸禍首皆入桂煽亂，是時由桂入湘，附合爲一，太平軍勢益盛。要爲嘉道間養成之莠民。而湘人之辦團成大功，亦由鄉里有急，自爲弭亂計，久之而辦有經驗也。時在二年五月。自是迭破湘南州縣，官軍至輒棄之。七日陷郴州，秀全秀淸等留據郴，蕭朝貴率李開芳林鳳祥等直趨長沙。以七月二十八日至。巡撫駱秉章督官兵鄉勇力守。秉章方以賽尙阿劾其吏治廢弛內召，蓋使相督師，巡撫不善供應，有此劾也。新任張亮基至，縋城入。秉章亦奉命暫留城防。朝貴攻城，官軍擊之殪。秀全秀淸知朝貴死，急悉衆馳赴之。所率自入湘南糾合之煤礦山夫，善穴地。用以攻城，三發皆轟毀城垣，城中皆搶堵無失，秀全等夜引去。攻守歷八十一日，省城卒全。於是湖南遂爲將帥勇丁根本地。亮基延左宗棠入幕，辦全省團練。團紳事有倚官力而辦者，皆以宗棠爲內主。亮基遷總督，秉章復來，更專倚宗棠。屬僚以事上白，直曰問季高先生，湖南遂有兩巡撫之說，而爲異日謗禍所由來矣。

太平軍攻長沙不下，走寧鄉益陽，殺追兵將領，掠民船數千，出臨資口，渡洞庭，抵岳州。提督滿州博勒恭武先三日棄城走，太平軍入城，盡取舊存鄭吳三桂軍械礮位，奪民舟五千餘，遂東下。十一月，陷漢陽。十二月，陷武昌。巡撫常大淳以下司道守令皆殉。時向榮追襲，壁城外洪山日有戰捷。大淳閉城不敢應合，城遂陷。總督程矞采尚留衡州，褫職，旋遣戍，以張亮基陞督湖廣。三年正月，太平全軍裹掠人民男婦約五十萬，船萬餘艘，糧械財帛充載，新舊徒眾夾江兩岸行，所過沿江郡縣縱掠，直至廣濟縣之武穴鎮，與欽差大臣江督陸建瀛相值。建瀛自上年十月被命出省防江皖，募勇未集，率兵無幾，節節潰退。太平軍尾之，直向江寧省城，中途陷安慶，安徽巡撫蔣文慶死之。以正月二十九日，逼壘江寧城外。兵民方謀協守，而聚寶門米商所辦團練出隊赴敵，城頭礮傷練勇數人，遂駭散。布政使祁宿藻見之忿甚，嘔血死。二月初十日城陷，建瀛及同城文武多被戕。駐防據內城守二日，力竭皆殉。太平軍入城，遂以為都城。而向榮以二十一日追至，結營孝陵衛，成相持之局。是日，太平軍所分丞相林鳳祥等軍已東下陷鎮江，越二日又陷揚州。鎮揚當時為最衝要，遂分據旁邑為南北梗。林鳳祥等率大軍北上，迭陷郡縣，留指揮曾立昌據揚城。向榮軍攻江寧，不能下其城，城內亦不能擊之使卻。江北官軍則絡續來會攻揚。湖北則張亮基檄郡邑辦團練，以捕治響應太平之羣不逞。上游稍定，而湖南肅清土寇，曾國藩亦以辦團著矣。

國藩湘鄉世農家，務耕讀，為學篤實，兼漢宋之長。講理學惟課躬行，不矜朱陸門戶。談考據乃以十通為歸宿，重在制度損益，而亦不薄形聲訓詁之事。尤愛文辭，以桐城為宗，而光氣足掩方姚以下。

十通者，九通加秦蕙田之五禮通考也。以寡過克己，誠信照人，治身治心，而後治事治政治軍，皆有使人信賴之原本。撥亂反正，擔負綦重，固非有厚重之度者不能勝也。由翰林累官至禮部侍郎。咸豐二年七月，丁母憂回籍。十一月，奉命會同巡撫張亮基辦本省團練。時太平軍已由湘入鄂，積年亂黨，未離巢翕附而去者，所在屯結。其羽黨散布，地方官不敢詰。國藩以軍興法，十旬中捕斬至二百餘人，謗讟四起。毅然以不要錢自矢，閭閻稍安。羅澤南時以諸生講學，篤守程朱，國藩招與講束伍技擊之法，一以戚繼光練兵實紀為規律。參將塔齊布，雖旗籍而勇敢有膽識，方為提督副將所忌，國藩為劾罷副將，奏保同治團事。且言如塔齊布出戰不力，臣甘與同罪。由是國藩所部為軍鋒冠者，塔羅並稱。塔固所率偏裨多將材，羅挈其門弟子從軍，尤多為名臣儒將：若李續賓續宜兄弟，若王鑫，皆其自始相從之最著者也。卒伍中拔楊載福，彭玉麟亦以諸生而為富家司質庫，劉長佑以訓導，皆為國藩所敬禮。湘中人材，別有風氣，盡剗朝野承平積習。蓋湘人勳業以國藩為中心，而奇傑所聚，最著者固為胡林翼左宗棠。然澤南開湘中理學之大宗，顯儒者預人家國之實效，尤非但以一身為世棟梁而已。

羅忠節公年譜略言「公幼貧，其尊人至不能具饘粥，勉從師讀。十九歲應童子試，不售，始授徒自給。為學亦僅留心詞章。三十歲讀性理書，遂究心洛閩之學。三十三歲始補弟子員。三十四歲著周易朱子本義衍言。三十八歲著姚江學辨。三十九歲著孟子解。四十一歲補廩膳生，改定人極衍義。四十二歲著小學韻語。四十三歲著西銘講義。四十四歲著皇輿要覽。是年湘鄉令朱孫詒舉公孝廉方正。四十六歲，是為咸豐二年，太平軍入湘，長沙被圍，湘鄉始辦團練，公與同邑王鑫劉蓉任其事。鑫公門人，蓉公論學摯友，始倣戚氏法部署其衆，教之擊刺。四十七歲，巡撫檄公與王鑫帶勇赴省，會曾公國藩辦全省團練。五月，奉檄剿桂東由江西上游竄犯之匪，於路先平衡山土匪，遂桂寮匪遁還。六月，太平軍自金陵分軍犯江西，江忠烈公守會城乞援湖南。曾公檄公往援，李忠武公續賓在麾下。六月至江西擊賊有功。」

此為湘勇出援鄰省之始。澤南所至，無堅不摧。節制之師無能敵也。時國藩從郭嵩燾江忠源議，以東南阻水，敵得掠民船，瞬息百里，官軍無可邀截，軍行反有阻梗，非有舟師不能得志。乃駐衡州造船練水勇，計成師而後出。下游則金陵為敵都，揚州亦為敵據。欽差大臣向榮督和春張國樑等營金陵城外，攻守相持，是為江南大營。欽差大臣琦善率直隸陝西黑龍江馬步諸軍攻復揚州，是為江北大營。太平軍以金陵大營壓都城而駐，多顧忌而不能卻，則分軍四出以撓之。遣丞相吉文元等由浦口至亳州，與陷鳳陽之林鳳祥合，遂入河南。朝廷又以直督訥爾經額為欽差大臣，會山東西大吏合力防河。太平軍又遣豫王胡以晄等出安徽，再陷安慶，更遣丞相賴漢英石祥貞攻九江湖口，進圍南昌。江忠源時已官湖北按察使，奉命赴金陵大營，道聞南昌急，疾馳救，太平軍見楚軍旗幟，驚曰：「江妖來何速！」忠源入城助守，時出戰挫敵，飛書湘中乞援。時方五月，至七月而羅澤南軍至，解圍。其在河南之太平軍，又渡河趨懷慶，攻城未克，走山西。以八月陷平陽，學士勝保統師收復之。朝廷以勝保代訥爾經額為欽差大臣。太平軍由洪洞東趨，直入畿輔，踞臨洺關至深州。逮訥爾經額，命惠親王綿愉為奉命大將軍，科爾沁郡王僧格林沁為參贊，總統四將軍，督旗營察哈爾精兵，會勝保進勦！京師並設巡防所。是為太平軍直逼燕京之師。而太平所都之金陵，則亦為向榮所統之江南大營緊逼不舍，且亦間分其兵收復旁郡失陷之地。而太平軍則以清中葉之廢弛養癰，伏莽遍地，地方官又積慣承平粉飾之習，所到即破，以故力不能摧向軍，惟有分軍旁突，使向軍自陷於孤立而撤退。既圍南昌未克，退趨九江，陷之，遂入湖北境，連陷黃州漢陽。其踞安慶者則由桐城舒城向廬州。舒城有督辦團練之在籍侍郎呂賢基殉之。廬州則自安慶陷後，大吏僑寓以爲安徽省治。江忠源既出南昌圍中，即由臬司超授安徽巡撫。聞廬州急，疾趨入廬城，所部兵僅數百，胡以晄以十萬衆圍之，拒守月餘，敵勢盛，外有赴援者亦格不能達。以十二月十七日城陷殉節。時林鳳祥等北上之軍爲僧格林沁等所扼，秀全乃命皖北之軍渡河入山東，以爲河北之軍應援。鳳祥已進至天津，據靜海縣，以獨流鎮爲堅壘地。四年正月，僧格林沁軍攻破獨流寨，鳳祥南退河間之阜城。入山東之太平軍由金鄉破臨清，冀聲勢與相接。時在四年三月。旋爲勝保克復臨清，退走冠縣鄆城，至曹縣堅守。勝保追至，四月破之，逼入黃河，並緣道所追殺，此一軍自丞相曾立昌許宗揚以下皆沒。而僧格林沁亦攻克阜城，鳳祥退連鎮，復分兵入山東，冀應合曹縣之軍。蓋未知勝保已肅清曹縣也。五月陷高唐州。是時太平軍之北上者日退日蹙，而曾國藩之所治水陸軍已成。會湖北官軍由總督吳文鎔率以出剿，敗死於黃州，太平軍連陷德安諸郡縣，金陵復益師會之。溯江，復入湘，陷岳州，至湘陰。舟集靖港，國藩與戰不利。太平已間道襲湘潭，益掠民船，將溯湘江通兩粵。國藩於靖港之敗，投水將殉，爲人救起，乃派水師楊載福彭玉麟等，陸師塔齊布等，急援湘潭。水師連戰，焚燬太平軍船六七百隻，斃者千餘，並退入湘潭城。四月初五日，陸軍克湘潭。太平軍水陸死者萬數，解散之衆稱是。以團勇克此大敵，湘軍之氣始揚，自信必可任征討之任矣。

太平軍之由漢入湘，越武昌而過，期得志於岳州以上。曾軍既克湘潭，太平軍尙走陷常德，兵鋒至辰州。既知曾軍將規取岳州，湘中太平軍皆退。先至岳，期扼守以阻曾軍。在漢陽者亦渡江陷武昌。武漢岳州扼長江衝要，而肆掠於荊襄間。曾軍於六月之杪以水師攻岳，七月初一日克之。陸路塔齊布軍亦陣斬太平驍將丞相曾天養。閏七月復捷於高橋，遂迭復通城崇陽各邑。八月二十一二兩日，水陸攻武漢，同時並下其城。九月，克興國大冶。十月，克蘄州。十一月，克廣濟黃梅。十二月，方攻九江湖口，而太平軍乘湘軍已至下游，突再入鄂。湖廣總督楊霈敗於廣濟，武漢岌岌。五年正月，漢口復失，太平軍入襄河，迭陷各邑。湘軍回救，而水師之已入鄱陽湖者遂爲九江太平軍所梗，不得出。別爲內湖水師，調羅澤南移師，與水師相依倚，洗濤江西腹地。而湖北荊襄軍大敗。三月，武昌復陷，巡撫陶恩培死之。於是胡林翼署鄂撫圖規復，湘人始有任地方兼兵柄者。前江忠源甫任皖撫而殉節，曾國藩有督師之名，至今尚困於江西。餉事握於各省長官之手，軍權由其自奮而有立，政權則未之屬也。林翼以湘中第一流，當武漢兵事之衝，任全鄂地方之責。武漢經三陷，百孔千瘡，至林翼之收武漢，乃爲第三次克復。遂能用爲東征根本。察吏安民，以政事足財用。以一身繫湘軍全局。問兵事曰惟我在，問餉事曰於我取。朝廷所置荊襄等處欽差大臣兼湖廣總督滿洲官文，人尚長厚，而爲清廷所倚，務交歡之，使不掣肘，有功則推與之，官文亦惟命是聽，結爲兄弟，登堂拜母，相得無間，遂以其間出境督師，收復濱江九江安慶各要地。敵於其時猛撲鄂境，以撓後路。武漢時有危機。林翼遣將赴援，卒不撤九江安慶之圍，以終其事。向時積亂稔禍之湖北，林翼用之而爲平亂弭禍之淵泉。以此與太平軍相角，乃非浮寄之軍一切接濟聽命於朝廷所置賢愚不等之大吏矣。其時直取畿輔之太平軍，亦於五年正月爲僧格林沁攻破連鎮堅壘，擒林鳳祥送京師磔之。二月，復高唐州，餘衆退踞馮官屯，四月破之，擒李開芳等。北軍盡覆。無復孑遺。凱旋，撤大將軍、參贊大臣，京師解嚴。是爲成敗大略可覩之一段落。

當秀全始下金陵，議圖河北，卽詔丞相林鳳祥李開芳等間道疾趨燕都，先東下破鎮江揚州，爲北上之路。羅大綱以懸軍深入爲不然，且謂秀全不應安居金陵，委諸軍犯難而不顧。則林李之全軍皆覆，卽秀全輩之無志於中原。事載清史稿甚詳：

史稿洪秀全傳：「既都金陵，欲圖河北。羅大綱曰：『欲圖北，必先定河南。大駕駐河南，軍乃渡河。否則先定南九省，無內顧憂，然後三路出師：一出湘楚，以至皖豫；一出漢中，疾趨咸陽；一出徐揚，席捲山左。咸陽既定，再出山右，會獵燕都。若懸軍深入，犯險無後援，必敗之道也。且既都金陵，宜多備戰艦，精練水師，然後可戰可守。若待粵之拖罟咸集長江，則運道梗矣。今宜先備木筏，堵截江面，以待戰艦之成，猶可及也。』乃遣丞相林鳳祥李開芳羅大綱曾立昌率軍東下。秀全詔之曰：『師行間道，疾趨燕都，無貪攻城奪地縻時日。』」大綱語人曰：「天下未定，乃欲安居此都，其能久乎？吾屬無類矣』。」

此段據李秀成供。其北上之軍盡沒，果如大綱言。至東南必用水師，其識與郭嵩燾江忠源同，而國藩能用之。大綱謂廣東拖罟船來，猶以拖罟船爲可懼。其實拖罟之來，亦無甚效。湘軍乃取法戰船而自造自練。以湖南固水陸皆備，材木亦豐富之土也。定都可在金陵，但未宜高拱不出。後來之敗，俱如大綱言。故湘軍既成師，北伐又已絕迹，金陵城下終未能擺脫留攻之清軍大營。湘之人材，利用清廷二百年之威令，勝負之數頗可料矣。

第二節　太平軍中

太平軍時代軼聞，近日所得自外國者，率鄙誕無識，頗易爲人所卑視。據紀略所載及曾軍在武穴行營所據蘄州田家鎭俘獲文籍編行之賊情彙纂，比而觀之，尚不及淸史稿所敍，於太平尚有一時紀律可言，且删汰當時官書醜詆之語，專明其治軍治民之法，較爲修潔。錄如下：

> 金陵建都，擁精兵六十餘萬，群上頌稱明代後嗣，首謁明太祖陵，擧行祀典。其祝詞曰「不肖子孫洪秀全得光復我大明先帝南部疆土，登極南京，一遵洪武元年祖制。」軍士夾道呼漢天子者三。頒登極制誥。大封將卒，王分四等，侯爲五等。設天地春夏秋冬六官，丞相爲六等，殿前三十六檢點爲七等，殿前七十二指揮爲八等，炎水木金土正副一百將軍爲九等，炎水木金土九十五總制爲十等，炎水木金土正副一百監軍爲十一等，前後左右中九十五軍帥爲十一等，前後左右中（九十五軍）師帥爲十二等，前後左右中二千三百七十五旅帥爲十四等，前後左右中一萬一千八百七十五卒長爲十五等，前後左右中四萬七千五百兩司馬爲十六等，又自檢點以下至兩司馬，皆有職同名目。其制大抵分朝內、軍中、守土三途：朝內官如掌朝門左右史之類，名目繁多，日新月異。軍中官爲總制監軍帥師帥旅帥卒長兩司馬，凡攻城略地，嘗以國宗或丞相領軍，而練士卒，分隊伍，屯營結壘，接陣進師，皆責成軍帥，由監軍總制。上達於領兵大帥，以取決焉。其大小相制，臂使指應，統系分明，甚得馭衆之道。守土官爲郡總制，州縣監軍鄉軍帥，鄉師帥，鄉旅帥，鄉卒長，鄉兩司馬。凡地方獄訟錢糧，由軍帥監軍區畫，而取成於總制。民事之重，皆得決之。自都金陵，分兵攻克府廳州縣，遂即其地分軍。立軍帥以下各官。而統於監軍，鎭以總制。監軍總制受命於朝。自軍帥至兩司馬爲鄉官。鄉官者，以其鄉人爲之也。軍帥兼理軍民之政。師帥旅帥卒長兩司馬，以次相承，皆如軍制。此外又有女官：曰女軍師、女丞相、女檢點、女指揮、女將軍、女總制、女監軍、女軍帥、女卒長、女管長，即兩司馬也，共女官六千五百八十四人，女軍四十，女兵十萬。而職同官名目亦同。總計男女官三十餘萬。而臨時增設及恩賞各職，尚不在此數也。

此爲太平天國官制。當是初制，其後於侯爵之下更設豫燕福安義五名，每名之上冠天字，天字上再祗一分別字，如承天豫頂天燕之類。此尚無有，故云初制。自丞相以上皆爲爵而非官。官則各有司存，如殿前檢點，必云殿前掌某檢點。檢點、指揮、將軍，皆朝內官，其軍中官及守土官，職有治軍治民之分。而各級名目無別。就其創制之意而言，不可謂非大有思想。朝官不用元以前之三省總攝，亦不用明以來之七卿分治，有檢點指揮將軍之等級。額定之外，復有職同之名，以濟額限之窮。其職掌則據紀略言，朝內官有掌朝、掌率、尚書、僕射、承宣、侍衛、左史、右史、疏附、等名。蓋名多法古，但各職不相統屬，乃漢列卿治事之意。

職同二字，文內已兩見。又據紀略言，更有職同恩賞等職。……封賞不時，改革不一。曾見有撰僞官表者，大率以節令星辰肆意編造。一職有至三十餘者。爛羊都尉，竈下中郎，猶不足狀其惡態也。據此則職同與恩賞並稱，猶古之所謂儀同耳。草創之朝，官職冗濫，不免因事因人。亦不足怪。

國宗當包括丞相以上凡有爵者而言。賊情彙纂中，全錄太平禮制稱呼原本。中一條云：「朕仁發兄仁達兄稱國兄，嫂稱國嫂。慶善伯續奎伯元玠伯輩稱國伯。慶軒紹衍叔輩一體同稱國叔。仁正兄仁賓稱國宗兄。元清輔清四福章賓輩，一體同稱國宗兄。貴妹夫及后宮父母伯叔兄弟輩，一體同稱國親。細分之：后宮父稱國丈，后宮母稱外母，后宮伯叔稱國外伯國外叔，后宮兄弟稱國舅。」詳其文義，仁賓當是凡洪族仁字輩者，自仁正以下皆是。蓋非若仁發仁達等近支。據紀略：仁發仁達，秀全異母兄。郵王洪仁政與干王洪仁玕，俱秀全同祖兄弟。然則同祖以下之仁字輩，皆稱仁賓，即皆稱國宗兄矣。兄爲太平全國通稱，惟耶火華稱天父。耶穌即稱大兄，而秀全自爲二兄。賊情彙纂言：「壬子十二月，賊陷武昌。初十日，於獵馬場設高臺，賊目登其上，曰講道理。鳴鑼於市，命闔城人往聽。內有漢陽生員馬姓者，擠出人叢，挨至臺下，云有要言關白，賊目令其前，問有何說。馬生云：『爾才說之言，一派傷天害理，犬吠之聲，何道理之有？試問自有人即有五倫，爾賊頭於群醜皆稱兄弟，是無君臣；父子亦稱兄弟，媳亦稱姊妹，是無父子；男女分館不准見面，是無夫婦；朋友兄弟離散，是無朋友兄弟。可謂五倫俱絕，即依爾所逃，亦只有兄弟一倫。況舍親兄弟不認，而別呼他人爲兄弟乎？如此悖謬，是眞無用之狂賊也』。據此則講道理之時，即講明人類皆爲兄弟之義。馬生所斥，主觀不同，不足深論。要之太平國中盡人皆稱兄弟，在廣汎稱謂中，父子亦兄弟之。固是事實，猶今言四萬萬同胞也。

四福之義，據禮制稱呼中，東王西王之第二子以下皆稱萬福。南王北王下不見此文，或是略之。則四福者，東南西北四王之第二子以下。其長子則稱某嗣君千歲。又後增之侯以下五等爵，其第三等爲福，或亦於此有關，今未能定。元清當是楊秀清，輔清爲秀清之弟。章賓輩則包括五王之兄弟子姪，一體同稱國宗兄。此國宗之義也。

軍中官與守土官，名目皆同，此尤有意義。守土治民之官，其於民人，亦以人數編制，是即周官比閭族黨之制。自鄉軍帥以下，悉用鄉人爲之，是自治系統已成，戶口之調查亦確。領之以朝命之郡總制州縣監軍，則州縣以上爲官治，以下皆自治，與今各國制頗相合。

女官別編四十軍，是男女平權，女子亦服軍役。就太平制度論，皆謂其男女之別甚嚴，雖夫婦同居亦斬。咸豐五年正月，以舊人亦多逃，詢知爲不准有家故，乃許婚配。此武昌馬生所謂男女分館不准見面者也。其有姦掠，乃初到未禁縱掠時。分館後則不然，此亦見紀律之嚴。

傳又云：其軍制，每一軍領一萬二千五百人，以軍帥統之，總制監軍監之。其下則各轄五師帥，各分領二千五百人。每師帥轄五旅帥，各分領五百人。每旅帥轄五卒長，各分領百人。每卒長轄四兩司馬，每兩司馬領伍長五人，伍卒二十人，共二十五人。其陣法有四：曰牽陣法，凡由此至彼，必下令作牽陣行走法。每兩司馬執一旗，後隨二十五人。百人則間卒長一旗，五百人則間旅帥一旗，二千五百人則間師帥一旗，一萬二千五百人則間軍帥一旗。軍帥監軍總制乘輿，馬隨行。一軍盡，一軍續進。寬路則令雙行，狹路單行。魚貫以進。凡行軍亂其行列者斬，其牽線行走時，一遇敵軍，首尾蟠屈鉤連，頃刻全集。敗則聞敵金方退，仍牽線以行，不得斜奔旁逸。曰螃蟹陣，乃三隊平列陣也。中一隊人數少，兩翼人數多。其法視敵軍分幾隊，即變陣以應之。如敵軍僅左右隊，即以中隊分益左右，亦爲兩隊。如敵軍前後各一隊，則分左右翼之前鋒爲一隊，以後半與中一隊合而平列，爲前隊援應。如敵軍左右何隊兵多，則變偏左右翼以與之敵。如敵軍分四五隊，亦分爲四五隊。次第迎拒。其大陣包小陣法，或先以小隊嘗敵，後出大陣包之。或詐敗誘敵追，伏兵四起以包敵軍。窮極變化。至於損左益右，移後置前，臨時指揮，操之司令。兵士悉覩大旗所往而奔赴之，無敢或後。曰百鳥陣，此陣用之平原曠野。以二十五人爲一小隊，分百數十隊，散布如星，使敵軍驚疑，不知其數之多寡，敵軍氣餒，即合而攻之。曰伏地陣。敵兵追北，至山窮水阻之地，忽一旗偃，千旗齊偃，瞬息千里，皆伏地不見。敵軍見前寂無一卒，詫異徘徊，伏半時，忽一旗立，千旗齊立，急趨撲敵。往往轉敗爲勝。其營壘，或夾江夾河，浮筏阻山，據村市及包敵營爲營。動合古法。每數營必立一望樓瞭敵，守城無布帳，每五垜，架木爲板屋。木牆土牆亦環皮板屋。地當敵衝，則浚重濠，築重牆。濠務寬深，密插竹簽。重牆用雙層板片，約以橫木，虛其中如複壁。中塡沙石磚土，築二重牆。築物無定，或密排樹株，或積鹽包糖包及水浸棉花包。異常堅固。其攻城專恃地道，謂之龍翻。土營而外，又有木營金營，組織諸匠，各營以指揮統之。其總制至兩司馬，皆如土營之制。立水營九軍，以軍帥統之。但未經訓練，不能作戰。專以船多威敵而已。

觀太平軍制，亦迥非烏合之比，蓋亦訓練成軍而後出。太平軍自言其起事在丁未，應紅羊劫讖，時在道光二十七年，廣西羣盜方熾，而秀全輩直至三十年冬，金田始有官軍接觸，一戰而勝，遂不可制。其部勒固已甚久矣。惟水軍爲虛名，恃擄掠民船，結成巨幫，便運輸而壯聲勢。其船不能作戰，確係事實。湘軍水陸均練。水師一出，太平軍船艦遇即被焚。後江湖之險，惟湘軍利用之。此爲太平軍最露短之一事。初都金陵，羅大綱言之而楊秀清不用，以此馳逐於東南水鄉，勝敗之數亦定於是。

傳又言：行軍嚴搶奪之令，官軍在三十里外始准擄劫。若官軍在前，有取民間尺布百錢者，殺無赦。

觀此則搶奪令嚴，專防官軍利誘。去敵三十里即可擄劫。非有要結民心之術。因糧於敵之說，不可行於弔民伐罪之時。若因糧於民，即與民爲敵矣。

紀略：賊之所至，先貼僞示，令人貢送，首重米穀，次則銀錢珍寶，名曰進貢。給以字條，名曰貢單。云貼門首則賊不敢擾，人爭趨送，單貼門首爲護符。殊不知後到之賊，稱屬別隊，照單復索，累擾不已。最後則入室搜刼，盡所有而後已。更有專事搜括之賊，名曰打先鋒。每至一處，即肆意搜括，必招本地無賴爲眼目。就富家大小，以次搜索。有豫爲埋藏者，亦十不免一。蓋賊傾水於宅，遇坎即入，從而掘之。有溝渠則戽水以求，無不得者。是以賊氛所經，蓋藏如洗。

太平軍因糧於民，確是事實。吾幼時聞諸年稍壯長之人，無不言之鑿鑿，與紀略言合也。

當咸豐五年，胡林翼既爲湖北巡撫，從上游規復武漢。時曾國藩所率水師尚困於江西，不得出湖口。而林翼急思得湘軍上將爲助，請調羅澤南入鄂。國藩方倚澤南軍肅清江西腹地，而澤南以爲武漢不急復，不足圖九江，即江西之師終不得與外江合；自請行，國藩許之。會江西之義寧州被由鄂來之太平軍攻陷，澤南赴剿，以七月十六日克其城，而官文胡林翼調援武漢之檄至，遂由義寧入鄂。緣道皆太平軍據地，澤南連克通山崇陽蒲圻咸寧，轉戰至十一月而達武昌。林翼亦從上游會官文督率楚軍，攻克德安府，又克漢川縣，與湘軍水師之在外江者楊載福鮑超等均來會。林翼見澤南，以師禮事之極恭，事必咨而後行。羅門弟子李續賓續宜兄弟輩，林翼與親密如昆季，是爲湘楚會攻武漢之師。

方澤南之赴剿義寧，曾軍正由塔齊布籌攻九江，力闢出江之路，而塔齊布忽於七月十八日驟卒。曾軍始起，稱將材者以塔羅爲首，羅既入鄂，塔又不幸，年止三十九，江西部曲稍弱，又增調湖南平江勇，以李元度等爲管帶，由南康渡湖，攻湖口，克之，惟石鐘山未下，並復都昌。是時江南北兩大營亦尚能久駐，且亦分軍出剿，克復旁近郡邑，但亦旋得旋失。江中官兵亦有水營二：一爲浙艇，泊焦山，一爲粵艇，泊金山。然不足斷江南北太平軍之聯絡，蓋湘水師未下駛，太平軍所憚之粵艇不過如是。咸豐六年三月，揚州再陷，十餘日而復。太平軍於江南北四出攻掠。江皖之間，城邑迭陷，向榮疲於援應，遂以五月失陷江南大營，賴張國樑力戰，保榮突圍出，退守丹陽，是爲江南大營第一次敗退。向榮旋卒，朝命江南提督和春代榮，而其先湘楚軍力攻武昌者，以三月初乘勝薄城，羅澤南中流彈入腦，傷重，數日卒，時官至寧紹臺道。其部衆即由林翼派羅門弟子李續賓接統，攻武昌如故。

向榮之卒也以七月，由廣西提督與太平軍相角，雖不能全捷，而尾追出境，直至太平所定都之金陵，攻守歷三年有半。使太平根本之地無一日釋警。張國樑本廣東高要人，少習賈於貴縣；值太平軍興，已被脅附，令入向軍詐降爲內應。榮察知之，而重其人，感以誠，遂眞服，所向立功，與榮相處如父子。榮死以軍事屬之，江南營遂能復振。和春實受成而已。太平軍初聞榮已死，以爲莫予毒也。楊秀清在軍中攬事過秀全，凡有誥諭，首署秀字，拆爲禾乃二子。其文曰「禾乃師、贖病主、左輔、正軍師、東王楊」。至是，遂令其下呼以萬歲。秀全懼逼，召北王韋昌輝、翼王石達開歸圖之，昌輝自皖先至，秀清招飲，即飲次刺秀清死，割而烹之，盡殺其黨。達開自鄂後至，責昌輝處秀清太過，昌輝怒，併圖之。達開夜遁，昌輝盡誅其母妻子女。秀全益懼，復與秀清黨共攻殺昌輝，傳其首，招達開乃返。時同起事之五王皆盡，惟達開存，終覺爲秀全所猜，未久復出之皖，而國樑之師已由丹陽日偪。時在六年八月。至十一月，胡林翼偕官文以一日間同復武漢，水師乘勝下清江面，迭克興國大冶蘄州蘄水等州縣。時湖南以曾國藩久困江西，由巡撫駱秉章募勇二千，遣國藩弟國荃往援。國藩諸弟國華國葆亦先以父命乞師於林翼，林翼予以五千人，先後由湖南入江西，收復袁州並旁近諸縣地，兄弟會於南昌。而上游水陸軍由武漢捷後東下者，李續賓軍亦自大冶興國入江西，克瑞州遂攻九江。南昌已無西顧憂，國藩親至九江視師。續賓所統，卽上年國藩所遣援鄂之師。轉戰各一年有半，至此方會。江南張國樑軍亦迭勝，克江寧諸屬邑。而太平軍以內變後勢又大蹙。七年二月，國藩丁父憂，與諸弟奔喪回。續賓濬長壕困九江，力攻又閱一年半，至八年四月乃下。

太平軍既不得志於畿輔，而金陵爲定都根本之地，官軍留屯攻剿不絕，勁敵惟有湘楚，而長江關鍵，腹地門戶，武漢而下，集中於九江安慶兩城。官軍欲圖金陵，非克此兩郡城，不能固其後路。胡林翼既平武漢，專意二城。太平軍亦以全力救護之。英王陳玉成率大兵屯皖豫鄂三省之處，結合捻匪爲用，四出摧陷，冀解兩城之圍，尤注意武漢，將覆湘楚根本。李續賓既專攻九江，林翼亦率師出省，助之規畫。守九江太平貞天侯林啓榮力扼鄱陽湖口，使湘軍水師，入湖者數年不得出，國藩但力保南昌，分剿旁郡，以爲鄂湘捍蔽。七年二月以父喪歸，准假三月。國藩連疏終制，乃開兵部侍郎缺，令守禮廬候旨。楊載福接統水師，時外江內湖尚梗，湘軍雖一克湖口，然石鐘山太平壘仍堅踞，湖口終非官軍所能守。載福總理內外水師，時官提督，以彭玉麟爲協理，時官惠潮嘉道。玉麟建議，拔石鐘山乃爲克湖口，克湖口則九江自下。於是年九月約外江進攻，內湖衝出，陸師拔臬司李孟羣一軍，聲言開皖北禦玉成軍，繞山後攻其壘，水師攻其前，太平軍方悉衆堵禦，出不意焚其壘，遂克湖口。兩軍傷亡皆鉅，爲湘軍第一血戰。後國藩有石鐘山昭忠祠記記之。克湖口之日，爲七年重九節。湖口下六十里爲彭澤，江中有小姑山，太平築堅壘以守彭澤，與湖口共爲九江聲援。玉麟旣下湖口，計非拔彭澤小姑山，不能取九江，林啓榮以善守聞，陳玉成則善戰，皆爲國藩所極口稱道，而惜其爲敵。玉麟於九月二十二日再克小姑山，並破彭澤，遂賦詩自喜，所謂「彭郎取得小姑回」之作也。內外水師旣合，順流耀兵，直過安慶，至池州，破太平沿江各城壘。望江東流銅陵三縣皆復。旬日間轉戰千餘里，與江南水師營會。江南水師所用廣東之紅單船，久攻銅陵下流泥汊兩壘，懸賞萬六千金購之，不能克。湘軍水師至，擲火彈入壘，適中儲火藥處，壘石迸裂，登岸剿戮殆盡。得其米六屋，悉推與紅單船，獎其久屯敵境。紅單船驟見湘軍旗幟，正驚愕，復見立破敵壘，又得厚贈，奇詫感愧。而湘水師立回駐彭澤以攻九江，已名震各軍中，知水師無能及湘楚者。而太平軍之無水師，雖踞長江兩岸，無奈此中流之大敵何。官軍得水陸相依倚，卽攻堅不難。太平軍所控濱江險要，設守亦不易矣。時江南軍張國樑復逼金陵，漸復向榮大營之舊。八年四月初七日，李續賓克九江，太平軍斃者至一萬六七千，得林啓榮尸於亂尸中，寸磔梟示。江西列郡風靡。太平軍退趨閩浙。林翼指揮湘軍，進規安慶。是爲收復長江中游一段落。

第三節　太平軍下

曾國藩守制不出旣逾年，九江下後，閩浙告警。胡林翼趣起國藩，朝廷亦急於援浙，遂以咸豐八年五月二十一日乙未，卽家召國藩起。始命赴浙，又改命援閩。蓋石達開自六年離金陵，橫行皖贛境，至是犯浙及閩。國藩俟命江西，未定所向，而廬州復陷，李續賓趣救陣亡，國藩弟國華偕殉。續賓以羅澤南門人，從辦團練，澤南死，代統所部，七年間克四十餘城，經六百餘戰。至是，歿於廬州城南八十里之三河鎮。廬州為安徽僑省，二年一失而江忠源殉。五年，江南軍復之，復為省會。太平軍以金陵敵軍漸逼，急取遠勢解危局，以七月陷廬州。適林翼亦丁母憂去，續賓以安慶後路所在，而三河又為水陸衝途，急攻之。太平軍陳玉成李秀成李世賢諸軍皆會救，衆至十餘萬。續賓軍止五千人，被圍血戰竟日，力竭陣亡，國華等從死者數十員。會達開回竄江西，福建浙江響應之太平軍皆不振，官軍進剿，屢有克捷，而江皖軍事轉亟。朝命急起林翼，並詔國藩統籌全局，規進取形勢。國藩乃於九年正月奏：「數省軍務，安徽最重，江西次之，福建又次之。計惟大江兩岸各置重兵，中流水師，三路鼓行東下，剿皖南以分金陵勢，剿皖北以分廬州勢。閩省則兵力足自了。皖豫捻匪與太平軍相結，能以馬隊衝鋒，請調察哈爾戰馬三千匹，赴營調練應用。」詔允之。方部署間，達開自江西窺知湘軍盡出，本省空虛，擁裹脅之衆十餘萬，由南安道崇義，入湖南，陷桂陽興寧宜章各縣。巡撫駱秉章與湘紳左宗棠急召湘中假歸將士久習戰陣者，所在募勇設守，飛咨楚中。林翼乃分軍水陸援湘，自駐黃州固守，令圖皖之軍不受掣擾。達開方悉銳北圖犯鄂，鄂中援湘軍以李續宜統之，達開方圍攻寶慶，援軍屢挫敵。敵勢大，號衆數十萬，屹不為動。續宜後至，與劉長佑劉嶽昭諸將領決策大戰，解寶慶圍。達開南退，湘軍躡追，遂由東安永明回桂。是時達開與金陵久隔絕，軍制官名皆有不同。俘獲中旗號名色，有統戎佐旗提審通傳等名，皆太平軍向所未有。以九月犯桂林，湘軍劉長佑蔣益澧蕭啟江等踵至，擊走之。達開軍遂盤旋於湘粵桂之間。時江南軍屢克金陵城外要隘，太平軍出襲各郡邑以圖牽掣。十年二月，由廣德趨安吉武康撲杭州，陷其城，旋退，巡撫羅遵殿等皆殉，滿城未陷；蓋太平軍圖解金陵圍，非力能取江浙也。顧欽差大臣和春頗自謂克金陵在近，有驕意，援浙值敵退有功，兵分在外，餉又不繼，以四十五日發一月餉，太平軍驟乘之，自閏三月初七起，撲大營，張國樑拒戰數日，漸不支，再退丹陽，並陷溧陽宜興，進圍丹陽大營。國樑受傷投水死。和春走常州，再敗退滸墅關，亦以傷重死。常州爲總督僑駐地，督何桂清遽率司道退蘇州，巡撫徐有壬不納，乃退常熟。士民守常州，數日城陷，蘇州繼之，有壬殉焉。於是由蘇而浙，東南糜爛。朝命逮桂清，加國藩尚書銜，署兩江總督，督辦江南軍務。國藩又與林翼會保左宗棠募勇赴敵。宗棠在湘居撫幕，負才氣，任天下事。巡撫駱秉章倚任專，會劾罷永州總兵樊燮，燮訐控於總督官文，以紳士把持官事爲罪，官文檄宗棠赴鄂質審。樊燮者，湖北鍾祥人，樊增祥之父也。宗棠故高視一切，不爲人下，秉章奉以賓師，不受保奬。視湘中立功之將帥，指揮或加訓廸，以諸葛孔明自居，嘗稱「老亮」。而郭嵩燾之弟崐燾，亦以佐理幕府，稱「新亮」配之。以避督府威燄，出走至湘軍諸帥軍中。曾胡乃奏請給京堂職名，獨當一面。是爲國藩以督師任地方，始有軍餉兼理之權。宗棠出幕府，爲朝官，遂爲封拜之初步。而太平軍事居戡定之功者，遂皆出湘軍或其所提挈，無有與之同功者矣。

江南大營之陷也，在十年閏三月十五日。時宗棠已避讎入林翼軍中，聞而嘆曰：「江南營將蹇兵罷，不足資以討賊。得此洗蕩，而後來者可以措手。天意其有轉機乎？」林翼亦曰：「朝廷能以江南事付曾公，天下不足平也。」四月十九日癸未，朝命國藩署江督，翌日，宗棠奉賞給四品京堂，襄辦國藩軍務之命，促救蘇常。時國荃已由林翼遣攻安慶，議者謂國藩當撤安慶圍師，先所急。國藩謂安慶關係淮南金局，即爲克復金陵張本，不可動。自身渡江趨祁門，扼江西安徽軍衝。以六月十一日至祁門，二十四日奉諭實授江督，並命爲欽差大臣，督辦江西軍務。七月，英法兵陷天津，八月，文宗幸熱河，國藩林翼疏請入衞，會和議成，敕止北上，得專力對太平軍。國藩既駐祁門，太平軍在江南者，李世賢李秀成黃文金等，疊出江皖之間，斷祁門餉道。宗棠率鮑超張運蘭諸將轉戰，敵屢却仍奮進。國藩大困。蓋自靖港初出時一困，鄱湖隔絕時再困，至此凡三困。咸豐十一年四月乃移駐東流，與水陸相依倚，全局始活。時宗棠已以功擢三品京堂，補太常卿。國藩請改宗棠爲幇辦軍務，俾事權漸屬，儲爲大用。而江皖經宗棠收復郡縣，太平軍漸退入浙。其在江北者，陳玉成以安慶爲必救，家屬亦留居安慶，糾合太平諸將，從英山霍山間道入鄂，擾安慶圍師根本。林翼先遣李續宜回援，繼自返赴急。國荃圍安慶之師迄不令解。國藩亦身至國荃軍，商撤否便宜。國荃示以必可駐攻狀，日夜與太平軍之來援者血戰，卒不退撤。

是年七月十七日癸卯，文宗崩於熱河，立穆宗。八月初一日丁巳，國荃克安慶，是爲肅清東南之基。時林翼久病咯血，力疾成此勝算，至二十六日，卒於武昌軍次。蓋猶及見安慶之捷也。至九月，國荃軍進克安慶以下沿江諸隘，駸駸直指金陵。十月十八日，朝命國藩統轄江皖贛三省，並浙江全省軍務。所有四省巡撫提鎮以下，悉歸節制。宗棠赴浙援剿，浙省提鎮以下歸宗棠調遣。又諭江北軍將軍都興阿，皖北軍欽差漕督袁甲三，遇緊要軍務，均會商國藩辦理。國藩力辭，並請明降諭旨，令宗棠督辦浙江軍務。謂宗棠前在湖南，贊助軍謀，兼顧數省，實應獨當一面。奉諭不允辭。惟宗棠准自行奏事。

十一月，太平軍陷杭州，將軍瑞昌巡撫王有齡皆殉。先是，浙江軍務猶命瑞昌爲帮辦，至是，專待湘軍入浙，亦宗棠所謂洗蕩而後可以措手者也。十二月，詔授宗棠浙撫，李續宜皖撫。時江浙淪陷，江蘇則江北僅保揚州以東裏下河，江南僅保鎮江及上海。鎮江依水師而存，上海依洋商開埠而太平軍不顧擾。浙江則浙西僅有湖州，爲籍紳趙景賢所固守，而四面皆太平軍，孤懸隔絕。浙東則衢州一，爲官軍由贛進浙之路。宗棠先平江西，進趨衢州，爲綽有後路之軍。蘇則大軍尚在皖境。朝廷原意以國荃下援鎮滬，規復蘇常。國荃意金陵指日可達，攻彼都城，足致敵救，攻金陵正所以分蘇常敵勢，使之易取。國藩壯之。其時上海爲退守之官、避難之紳、麕聚棲託之地，羣推代表粵人錢鼎銘等，攜公函，籌雇洋商輪船，乞師於安慶大營，即以輪船迎載。文有蘇籍大學士翁心存奏言：「蘇常紳民，結團自保，盼官國藩如慈父母，請飭該大臣派援。」奉旨詢國藩，並詢國荃「安慶克後，回湘募勇，曾否回營。着速東下。」國藩乃定留國荃攻金陵，而薦幕下延邵建道李鴻章堪膺封疆重寄，請明詔令署蘇撫，赴滬圖進取。鴻章以道光二十八年丁未進士，入翰林。父文安，以刑部郎中記名御史，其通籍與國藩同歲，故鴻章早以年家子師事國藩，國藩賞之。太平軍既陷金陵，各省紛起辦團練，安徽以旌德籍侍郎呂賢基爲團練大臣，奉命擇人自助，鴻章方在籍，賢基奏留之，鴻章始從戎。未幾，陳玉成攻陷皖北各郡縣，賢基在舒城殉，朝命江忠源撫皖，國藩以鴻章可任事告忠源，而忠源又殉於廬州，遂從新巡撫福濟，建議欲復廬州先取含山巢縣，福濟授以兵，遂復二縣。時咸豐四年十二月。福濟將以道員疏薦，而左右忌者爭擠之，遂輾轉無所就。八年，國藩以奪情起，督軍江西，鴻章遂入軍幕，多所贊助。十一年，安慶既下，議攻金陵、援浙、援蘇三大任，國荃願任金陵，宗棠已由贛漸向浙，蘇爲財賦重地，亦急於收復，遂委之鴻章。疏保鴻章才大心細，可獨當一面，令招淮勇七千，以淮甸人健銳，且久爲太平軍出入地，習攻守擊刺者多，遂選鄉里帶勇之劉銘傳等數人，並編修劉秉璋舉潘鼎新等爲將領，並綜營務。弟鶴章亦從軍。又於湘軍中選程學啓郭松林等，用曾軍編制法成軍。是爲淮軍與湘軍代興之始。自此以國藩一身，總戡亂之成，而大功告蕆之基，悉定於是。

同治元年正月一日，詔授國藩以江督協辦大學士。初四日又授國荃浙江按察使。倚畀之殷，加於往日。旋以軍中奏報較簡，諭詢其故，並列款問當時要務，敕國藩及浙撫左宗棠皖撫李續宜速奏。國藩奏言：（一）國荃募勇，二月底可抵安慶，擬令進攻巢和含以達金陵。楊載福回湘，因辰沅有警，留湘防守，已催令先於二月回營。（一）鴻章新募淮勇立營，另撥湘勇數營，二月可成軍，擬由陸路赴鎮江。（一）攻金陵必脚根先穩。（一）潁州被圍，續宜派兵赴援。（一）謀浙從衢嚴入。見左宗棠屢獲大勝。（一）松滬告急，擬借洋兵防守。並陳奏報甚少之故：凡謠傳之言，未定之事，預計之說，皆不輕奏。嗣後擬十日奏事一次，急則加班。諭又以「各路軍營，往往以游移無據之詞馳奏，本屬陋習，擬定十日一奏，有警加班，轉覺拘滯，仍當毋失常度，力求實濟。」二月，國荃抵安慶，詔授江蘇布政使並諭兄弟無庸迴避。淮勇成軍，本擬由巢含遶越金陵，從揚州達鎮江，而江蘇紳民備銀十八萬兩，雇輪船八艘來迎，遂以三月初八日由安慶分起開行，徑抵上海。旋奉命署江蘇巡撫。是月，國荃與弟貞幹，盡克皖境江北岸各隘，直破西梁山堅壘。四月，復南渡會彭玉麟水師，克太平府金柱關東梁山蕪湖縣。於是金陵上游門戶盡闢。會皖北軍將軍多隆阿克廬州，陳玉成走壽州投苗練沛霖，沛霖縛獻勝保軍前斬之。玉成號四眼狗，久踞皖北，屢突上游，為安慶解圍，卒不可得。至是，為苗練所賣。苗練者，苗沛霖以練起，既擁衆，反側於官軍與太平軍之間，本諸生，自稱老先生，諸練目皆稱先生。久與玉成往來。玉成事急往投，遂為縛獻，因以為勝保功，而師事勝保。勝保暱之。為攻金陵之師去一後路患，未始非當時一功也。

五月初一日國荃攻秣陵關，收降其守將，遂進偪大勝關。初三日又奪大勝關，平三汊河壘。彭玉麟以水師助攻江心洲堅壘，又奪之，遂泊金陵之護城河口。國荃由陸路偪紮雨花臺。是為規取金陵之始。與向榮張國樑時故壘略同。而上游穩固，各軍帥取遠勢相應合，則迥不侔矣。時廷旨尚盼鴻章至鎮江，會江北都興阿之軍並攻金陵，命國藩量其緩急。鴻章方以太平軍偪上海，軍初至，裝械皆遠遜洋兵。洋兵守禦租界者稱常勝軍，頗笑淮軍之陋。鴻章思以戰狀雪之。五月初。乘洋兵小挫之後，鴻章學啓以數千人戰太平軍聽王陳炳文納王部雲官之衆數萬，斬馘一二千，解脅從數千，奪獲器械無算。洋兵大服，翕然聽命。鴻章因陳洋兵助防之難恃，舍滬赴鎮之非便，乃不復移師鎮江。國荃獨攻金陵，以雨花臺營最得形勢。山高可俯視城內，而中窪，且平坦，可藏兵。太平軍竭全力守雨花臺城。國荃累攻未克。皖南鮑超等軍，累克寧國廣德等郡縣，削金陵旁郡滋蔓之勢。宗棠漸收衢處嚴各郡邑，將向杭州。會江南大疫，攻堅力戰之兵皆病，國藩疏陳危懼，乞派在京親信大臣來會辦。奉旨溫慰，且言「恐朝政多闕，上干天和，非該大臣一人之咎。」其簡派大臣一節，則諭以「環顧中外，才力氣量，無如國藩，非特在京無可簡派而已。」蓋倚任專之至矣。是時士卒方多死亡，而太平軍忠王李秀成率蘇常之衆二十餘萬至，堵禦歷十五晝夜，不得休息。侍王李世賢率浙江數十萬衆繼至。雨花臺營被圍四十六日，穴地轟發數次。國荃左頰中槍，將士獰目猱面，皮肉幾盡。軍興以來，無此苦戰，不得逞而退，遂分掠皖南北新復之地。國荃又分兵守東西梁山以禦之。蘇浙兩軍迭有進取。十月，洋將美國人白齊文閉松江城索餉，遂至上海大譁，鴻章奪其兵捕治之，裁常勝軍為三千人，以戈登李恒嵩同領，而白齊文遂投太平軍。久之，被獲於閩，解上海訊治，覆舟，斃於水。

二年正月，宗棠肅清浙東各縣，並分軍會鮑超軍攻剿皖南，謂不難攻取杭州，而難於杜其分竄。故先清旁邑，不急圖省城。鴻章自二年克常熟，太平軍力爭之，累戰至二月乃卻。三月，詔授國荃浙撫，以宗棠為閩浙總督，兼署浙撫。四月，太平軍欲解金陵圍，分股一由徽寧窺贛，一由和含圍鄂。鄂中有捻匪回竄，皖北苗沛霖亦復叛，與太平相結，氣燄頓張，將圍裹安慶以救金陵。賴鮑超援剿卻敵。鴻章亦克崐山逼蘇州。國荃以是月克雨花臺城，及聚寶門外九石壘。五月，會水師克下關草鞋夾燕子磯，並破九洑洲壘。長江肅清。太平軍忠王李秀成率水陸號數十萬，援江陰，犯常熟，鴻章軍大敗之。六月，鮑超軍偪紮金陵北面諸門。八月，鴻章克江陰，又大捷於無錫，秀成痛哭去。失兩王，船百餘艘，死者萬衆。十月，鴻章克蘇州。太平軍納王郜雲官等約誓於程學啟，斬慕王譚紹洸首來降，旋以雲官等擁衆要挾誅之。事仍為學啟所主張。洋將戈登服學啟勇略，交最密，至是以其殺降背誓，且設誓時已為證人，乃雲官輩所取信，憤極將與學啟鬨，鴻章力解之乃已。論者則以為蘇城乃李秀成分地，秀成全力在焉，雲官約降，學啓本令圖秀成紹洸自效，雲官輩不忍於秀成，會秀成亦知蘇不可守，與紹洸泣別他去，雲官等四王四天將刺死紹洸，擁精壯二十萬而降。其衆自歃血誓生死不相離棄。八人者要總兵副將官，部署其衆，仍屯閶胥盤齊四門，雲官且未薙髮。學啓密白鴻章，設宴邀八人，即坐伏甲駢殺之。副將鄭國魁乃雲官所由以通學啓，先與雲官誓不相負者，亦怨學啓相賣，憤不食，臥三日，鴻章亦咎學啓太忍，學啓大怒，將引軍去，鴻章慰謝之。又欲慰國魁戈登輩，令國魁爲雲官設佛事，親詣祭弔，泣數行下，衆乃輯服。學啓固爲地方弭變，爲鴻章任怨，使鴻章得以情感轉旋其間，皆預定之機密也。未幾，學啓以蘇州軍收嘉興各屬邑。明年二月攻嘉興府城。先登中礮傷而殞，人猶有謂其應誓致殃及者。學啓桐城農家子，始從太平軍，爲陳玉成部，玉成奇其勇，極籠絡。學啓雅不願終事太平軍。國荃圍安慶，知其情而愛其材，地近學啓故鄉，求得其族媼往勸降，學啓諾之而事洩，率三百人踰城出，扣國荃弟貞幹壁門，大呼「某來投誠，有追賊在後，信我納之，不信急擊我，無兩敗。」貞幹大驚，遽納之。太平軍殺學啓妻子，懸首城上。安慶之克，學啓在國荃軍中功最，故鴻章援蘇，國藩選良將爲助，商國荃遣學啓，強而後可。迨圍江寧事亟，國荃又欲索學啓回軍，鴻章以淮勇成軍，最良者推學啓，不肯還國荃，彼此且有相尤相斬語。克蘇州後半年，學啓以傷卒。戈登自殺降後不與相見，至其歿，乃乞得其戰時大旗二，携歸英國，詫示彼中人而述其戰蹟云。

當國荃克雨花臺，鴻章規取蘇州時，太平軍翼王石達開爲川督駱秉章所擒斬，於是太平始起之五王皆盡。達開蓄大志，能籠絡其下，自離金陵，頗欲獨樹一幟。由皖而贛，官軍苦之。達開亦轉戰無所就。咸豐八年，國藩奪情起，入江西督師，達開圖竄浙閩，既而變計西向，盤旋湘桂粵蜀滇黔諸省，皆不得志。以蜀為古來據地自王之國，尤出入不舍。自咸豐十一年四月，始由黔竄蜀時駱秉章督蜀，剿蜀匪藍朝柱李永和等。蜀中守備嚴，達開連犯不得逞。蜀匪未幾悉平，達開退走黔走滇輒復入，官軍禦却至五六次。至二年正月，復殲其犯寧遠之中旂將賴裕新。達開猶以圖蜀為志。四月，復渡金沙江走土司覓，計避實而蹈其虛。秉章已策其必至，預懸重賞示土司，使抄其後。檄總兵唐友耕迎擊其前。達開將渡大渡河，河水暴漲，官軍復擊其半渡，死亡多。達開覓涉松林小河，冀遁瀘定橋入天全，復為土練所遏。土司自後偃古木塞路，糧罄路窮，奔老鴉漩，官軍誘擒送成都斬之。太平軍之別部，本可不與金陵同盡，乃反自趨絕地而先亡，則疆臣能事之效也。鴻章軍既克嘉興，已由蘇入浙，時在三年二月。先是，宗棠亦自肅清浙東後，師入浙西，由嚴州進克富陽，遂薄杭州，海寧自以城降，進復桐鄉，與由蘇來克嘉興之軍會。杭州太平守將聽王陳炳文知不能守，官軍急攻之，遂與出援餘杭之康王汪廣洋皆棄城走德清。時為二月二十四日。三月初四五日，又克武康德清石門三縣。同時鮑超軍由東壩進克句容，旋收金壇。鴻章軍由蘇州進攻常州，四月六日未時克其城，與咸豐十年失陷常州為同日同時，時以為異。自是蘇浙之間無堅城。江寧旁近諸邑迭下。國荃軍苦戰江寧城下，自正月二十一日克鍾山石壘，即太平軍所謂天保城者，城圍遂合。蓋天保城既克。於太平門外築二營，與原紮洪山北固山兩路相應，堵神策門大路，城內外援應始絕。蘇浙皖南及江南北軍復層遞進偪，秀全遂以四月二十七日仰藥死，埋屍宮中，祕不發喪。既而不可復祕，諸王號會帥共立秀全子襲天王位。子年十六，本名天貴福，秀全生時即號之為幼主。其刻印稱名，名下並列三小字眞主，見者意福瑱二字相連爲名，一時軍報皆稱太平幼主爲洪福瑱，遂入奏牘官書不改。後就擭自供於江西，乃得其說。然洪福瑱之名猶流播也。太平軍既立幼主，人心尙堅附不變。國荃仍以苦戰，得於五月三十日攻克龍脖子地保城，乃得附城穿穴，於六月十六日克江寧。李秀成挾幼主，冒官軍號衣，從城壞處雜出，由別將擁之去。軍中先報福瑱已死，後得秀成供，仍以爲疑義。逮江西席寶田軍截獲之，始信城破未得幼主，因有捷報不實之議，朝廷亦不深問也。克江寧時，搜獲李秀成洪仁發，連日搜殺十餘萬衆，及其稱王稱主將天將有名號者三千餘人。大封功臣。國藩兄弟以次均得上賞。太平餘黨走江西者，由昭王黃文英挾幼主行，以九月二十五日爲席寶田所獲，並擒洪仁玕洪仁政黃文英等，餘衆竄閩竄粵，由宗棠追剿之，迭有捕斬。直至是年十二月，踞嘉應州，宗棠師至殲焉。

第四節　太平軍成敗及清之興衰關係

洪秀全舉事無成，既經官軍戡定，一切紀述，自多醜詆。然改元易服建號定都，用兵十餘省，據守百餘城，南北交爭，居然敵國，論者以爲必有致此之道。於是求輯太平天國事實者甚夥。所得之遺文斷簡，乃無非淺陋之迷信，不足以自欺而偏欲以欺人。孩稚學語之文，拘忌舛改之字，無有足以達政治之理想，動民衆之觀聽者。則所謂馬上得之馬上治之，縱有戡亂之具，終無濟治之能者也。其戡亂之具，第一能軍，官書所載，反有可觀，但須省其醜詆之詞耳。其次以軍法部勒民事，頗與三代寓兵於農闇合，但未能於民事有所究心。民政非如軍政，一定制卽可收效。事具本章第二節太平軍中篇。至其頹敗，則李秀成被獲後之口供，頗有可采。

秀成亦籍粵西，與陳玉成皆爲太平之後起用事者。咸豐三年，陷金陵，定爲都，大封拜。時固未有秀成與玉成也，玉成有叔承鎔，爲金田起時舊目。玉成以幼故，未任戰事。至咸豐四年，向榮軍方駐攻金陵，太平諸將四出圖解圍，乃有玉成上犯武漢，秀成與其從弟侍賢犯江西福建之舉。是時玉成爲十八指揮，秀成爲二十指揮，蓋偏裨耳。六年，金陵內亂，楊秀清韋昌輝相戕俱斃，蕭朝貴馮雲山洪大全俱早被擒殺，石達開又自離，秀成與玉成始用事，支柱太平軍事最勤且久。玉成尙前死於苗練，秀成則金陵破後，手絜幼主出城，而後就獲，蓋以馬與幼主，已則恃鄉民相憐，匿民家圖觀望，爲蕭孚泗親兵王三淸所搜得，此親兵旋爲鄉民捉而殺之，投諸水以爲秀成報怨。其能結人心如是。旣入囚籠，次日又擒松王陳德風，見秀成猶長跪請安，其能服將士如是。國藩因此二事，不敢解京，訊得秀成親供四萬餘字，即以七月初六日斬之。當時隨摺奏報之親供，相傳已爲國藩删削，今眞本尙在曾氏後人手，未肯問世。或其中有勸國藩勿忘種族之見，乘淸之無能爲，爲漢族謀光復耶？聞親供原稿尙存之說甚確，今但能就已行世者節采，稍證太平軍自伐自亡之故。

咸豐九年十二月，玉成自江浦回援安慶，秀成獨屯浦口。時金陵困急，援兵皆不至，秀成以玉成兵最強，請加封王號寄閫外。秀全乃封玉成英王，賜八方黃金印，便宜行事。玉成雖專閫寄，然威信遠不如秀成，無遵調者。李世忠者，本天長捻首，名兆受，或作昭壽，上年以城降淸，授以參將，屯近浦口，致書秀成，言「君智謀勇功，何事不如玉成？今玉成已王，君尙爲將，秀全憒憒可知。吾始反正，淸帝優禮有加。君雄才，胡鬱鬱久居人下？盍從我遊。」太平朝內官兵部尙書莫仕葵，以勘軍至秀成營，書落其手，大驚，示秀成，秀成曰：「臣不事二君，猶女不更二夫。昭壽自爲不義，乃欲陷人！」仕葵曰：「吾知公久矣。」乃代奏之。秀全命封江阻秀成兵，並遣其母妻出居北岸，止其南渡。仕葵曰：「

如此則大事去矣。」偕蒙得恩、林紹璋、李春發入宮切諫曰：「昭壽爲敵行間，奈何墮其計，自壞長城？京師一線之路，賴秀成障之。玉成總軍數月，不能調一軍，其效可覩矣。今宜優詔褒勉，以安其心。臣等願以百口保之。」秀全遽召秀成入，慰之曰：「卿忠義，誤信謠傳，朕之過也。卿宜釋懷，戮力王室。」即封爲忠王榮千歲。太平天國自楊韋搆殺，秀全以其兄弟仁發等主政，甥幼西王蕭有和，尤所倚任。以一將畜秀成，不與聞大計。至是晉爵爲王，以秀全任己漸專，不料其疑己也。浦口當金陵咽喉要地，迫於清軍，糧援又無措，南渡時見秀全問計，秀全語以事皆天父排定，奚煩計慮，但與仁發等謀。留秀成助守金陵，秀成曰：「敵以長圍困我，當謀救困。俱死無益。」乃襲浙江以分江南大營力，是爲明年春杭州失陷之第一次。秀成爲解金陵圍計，棄杭州不守，而和春果奔命，以致敗死。九年之末，秀全更大封諸王。當秀全初定金陵都，一切文武之制，悉由秀清手定，規模甚盛。正殿爲龍鳳殿，即朝堂。有議政議戰大事，鳴鐘擊鼓，秀全即升座，張紅幔，諸王丞相兩旁分坐，依官職順列，諸將侍立於後。議畢，鳴鐘伐鼓退朝。是爲第一尊嚴之所。第二則說教臺。每日午，秀全御此，衣黃龍袍，冠紫金冕，垂三十六旒，後有二侍者，持長旗，上書天父天兄天王太平天国。臺式圓，高五丈，階百步。說教時官民皆入聽，有意見亦可登座陳說。文從左上，武從右上，士民由前後路直上，立有一定之位。第三則軍政議事局，乃軍事調遣，糧餉器械總登所。秀全自爲元帥，東王爲副元帥，北王翼王爲左右前軍副元帥，六官左右副丞相爲局中管理各科員，中分軍馬軍糧軍械軍衣軍帳軍船軍圖軍俘軍事諸科。又有糧餉轉運局、文書管理局、前鋒告急局、接濟局，皆屬軍政議事局內，以六官左右副丞相領之。其最尊者爲軍機會商局長，以東王領之。遇有戰事，籌畫一切，東王中坐，諸王丞相天將左右坐立，各手地圖論形勢，然後出師。秀清在日所定所行如此。

秀清爲秀全所圖，東北兩王同盡，翼王繼東王領軍機會商局長，翼王脫離去，秀成領之，後東入蘇杭，此局遂虛設。內訌以後，人心解體已久，秀全以不次超擢，冀安諸將心，自此幾無人不王，轉以王號攝行丞相天將之職，各持一軍，勢不相下。可以調遣諸王者，秀成分擁東下之衆，其與金陵犄角者，僅玉成一人在諸將上，能呼召救急。故八年以前，太平軍攻守互用，八年以後，不過用攻以救守，遂至日危，以底於亡。十年閏三月，秀成玉成既解金陵圍，聲勢大張。秀全之旁，祇有親貴攬權嫉功，政事既不問，軍中有功亦不及獎敍。祇教人認實天情，昇平自至。仁達仁發嗾秀全下嚴詔飭秀成，限一月取蘇常，秀成果取之，遂以蘇州爲分地，不恒入朝矣。秀成踞蘇，改北街吳氏復園爲王府，入城十有一日，而後出示安民。後蘇人習於秀成，盛稱秀成不嗜殺，蓋較之他被難區，尙爲彼善於此。由蘇入浙，勢如破竹，而奉秀全命趣還江寧，令經營北路。秀成鑒林鳳祥李開芳之失，未敢輕舉，而江西湖北匪目具書來降，邀其上竄，自稱有衆十萬備調遣，秀成允之，留陳坤書守蘇州，自返江寧請先赴上游，招集各股，再籌進止。秀全責其違令，秀成堅執不從，秀全亦無可奈何，乃定取道皖南上犯江鄂之計。方是時，秀成與江寧諸將領議曰：「曾國藩善用兵，非向張比，將來再困天京必此人！若皖省能保猶無慮，一旦有失，京城卽受兵。應豫謀多蓄糧爲持久計。」秀全聞之，責秀成曰：「爾怕死，我天生眞主，不待用兵而天下一統，何過慮？」秀成嘆息而出，因與蒙得恩林紹璋等議，勸自王侯以下，凡有一命於朝者，各量力出家財，廣購米穀儲公倉，設官督理之，俟闕乏時平價出糶，如均輸故事，以為思患預防之計。洪仁發等相謂曰：「此亦一權利也。」說秀全用鹽引牙帖之法，分上中下三等販米，售帖即充樞府諸王祿俸，無須報解。稍提稅入公，大半充洪氏諸王私橐。商販無帖以粒米入城者，用私販論罪。洪氏諸王擅售帖利，上帖售價貴至數千金。及販至下關，驗帖官皆仁發輩鷹犬，百端挑剔，任意勒索，商漸裹足。而異姓王侯因成本加重，米價昂，不願多出資金，米糧反絕。秀成請廢洪氏帖，秀全以詰仁發，仁發謂「恐奸商借販米為名，私代清營傳遞消息。設非洪氏，誰能別其真偽？我兄弟輩苦心所以防奸，非罔利也。」秀全信之，置不問，秀成憤憤然去。及安慶圍急，玉成赴救不利，分兵窺鄂，以圖掣圍師。秀成嘆其誤，謂湘軍決不舍安慶，長江為官軍水師所獨擅，運道無梗，非後路所能牽掣，與昔時攻浙以誤和春往救，遂陷江南大營者，敵之堅脆不同。後玉成卒敗走死，秀成頓足嘆無為助矣。金陵食糧。昔時江南北皆有產米之地，太平軍禁令嚴明，新得之土，民得耕種。江南米出蕪湖金柱關，江北米出和州裕溪口，皆會於金陵。自湘軍逼攻，耕農已廢，沿江各隘復盡失，不待合圍，已足制其死命。軍令既弛，營塹草率，無復舊規。封王至九十餘人，各爭雄長，敗不相救。當時知無幸，獻城歸降者日多。至同治二年冬，蘇州已為清軍所復，秀成潛入江寧圍城中，勸秀全出走，圖再舉。秀全侈然高座曰：「我奉天父天兄命，為天下萬國獨立真主，天兵眾多，何懼之有？」秀成又曰：「糧道已絕，餓死可立待。」秀全曰：「食天生甜露，自能救饑。」甜露，雜草也。秀全既戀巢，而諸王聞秀成謀回粵，後入黨之湘皖等籍者皆沮之，遂坐而待亡。城未下秀全先自盡。幼主有從亡之臣，遺臣亦多並命不悔。失國之狀，似尙較淸末爲優。則知淸代之自域於種族之見，正自絕於華夏之邦也。

太平軍事以前，淸廷遇任何戰役，皆不使漢人專閫寄；至燒烟一案，能却敵者皆漢臣，辱國者皆旗籍，然必譴立功之漢臣，以袒旗員。西人固無意於戰，以利啖之卽止，此固旗人所優爲也。太平軍則與淸無兩立之勢，不用漢臣，無可收拾，始猶欲以賽尙阿充數，後已知難而退，一委湘軍。間有能戰數旗員，皆附屬於曾胡兩帥之下：若塔齊布爲曾文正所手拔，固不必言；都興阿用楚軍，始能自立；多隆阿與湘軍將領習處，得顯其戰績；舒保爲胡文忠所識拔，皆以旗員從漢將之後，乃始有功。惟官文職位較高，胡文忠極籠絡之，使惟己之命是聽，方不掣肘。金陵既下，文正且推使奏捷領銜，極保向來淸廷重滿輕漢故習，乃未幾爲文正弟忠襄所劾而去。文正能容此庸劣，忠襄竟不能忍，而朝命亦竟聽之，尊漢卑滿，前所未有。是滿族氣數已盡之明驗也。乃事定之後，縱容旗人如故，保持旗習如故，無絲毫悔禍之心，淸之亡所由不及旋踵。名爲中興，實已反滿爲漢。不悟則亡，其機決於此矣。

第五節 平捻

道光以來，伏莽遍地。太平軍興，響應附合。熾則百難並發，平則百孔皆塡。同治四年十二月，嘉應州克後，凡與太平軍相屬者，已悉被戡定矣。惟有兩起性質不同之叛變，不可與太平軍併爲一談者，曰捻，曰回。當附存其略：

捻子之起源甚久，不與太平軍同時生，亦不名太平軍之名，隨其名號而滅。捻子馳騎衝突，舊稱馬賊，亦曰紅鬍，稱一股爲一捻，故曰捻匪。軍興時，捻亦熾，其捻中人數特多，公然與大軍搏戰，有異於前後無兵亂時。其實今亦有之，最著者乃東三省耳。咸同時紀載，多所附會，稱捻爲揑，或謂有捻物爲號，皆非也。

東華錄：嘉慶十九年十一月戊申，諭軍機大臣等，御史陶澍奏紅鬍匪徒日熾，敬陳緝捕事宜一摺。河南南汝光一帶，以及安徽潁亳等處，向多紅鬍匪徒，屢經降旨飭緝，總未斂戢。今據該御史奏稱：近來日聚日多，橫行益甚。每一股謂之一捻子。小捻子數人數十人，大捻子一二百人不等；成羣結隊，公肆搶劫；或奪人貲財，或搶人妻女，甚至挖人目睛。且有頭目指揮。河南之息縣光山正陽羅山汝陽項城爲尤甚。其在逃未獲之王妮子，即屬頭目，而地方官揑稱爲從。其在安徽者，有李東山馬大振二人，最爲出名，見在藏匿阜陽縣境內，每人手下約有千人，州縣顢頇不辦等語。

山東軍興記：皖匪篇：起於皖北潁壽蒙亳之間，有廬旅，有妻孥，不饑寒而抗征稅。國家因用兵粵匪，撻伐稍稽，遂乃子弟父兄，相率爲盜。私立名號：曰堂主、曰先鋒。或數百人爲一捻，數千人爲一捻，故當時號曰捻匪。恒於春秋二時，援旗麾衆焚掠。自近及遠，負載而歸。飽食歌呼，糧盡再出。有如貿易者。

此皆得捻匪眞相。但咸豐時之每捻以數百人數千人爲量，則擴大於陶文毅所云。蓋乘軍事方啓，無暇捕此不立大號不據地方之小醜，遂放膽爲此耳。咸豐初，捻爲潁亳間土匪，不甚著。三年，太平軍陷安慶，踞金陵，分黨進至皖豫，於是匪踪蠭起，張樂行起於蒙城雉河集，爲羣寇冠。朝廷遣重臣剿辦累年，忽聚忽散，此起彼滅。太平軍陳玉成久踞皖北，常與捻合而攖官軍，以救九江安慶之危，捻匪奔突，踪跡愈遠。同治二年，科爾沁親王僧格林沁方爲欽差大臣剿捻，攻破雉河集老巢，斬張樂行，其衆仍屬樂行姪張總愚，奔突如故。當是時，太平軍扶王陳得才、遵王賴文光等，挾捻上竄，由豫鄂入陝，連陷興安漢中各郡邑，已開西捻之路，旋因金陵圍急，得才等復糾捻東還，豫鄂魯皖遂所在皆捻氛矣。得才聞金陵陷，服毒自殺，餘太平諸王多降，賴文光遂入捻黨。僧格林沁奔命不遑，官文堵禦累敗。三月十日，朝命曾國藩赴楚皖豫交界，督兵剿賊。李鴻章暫署江督，鴻章奉命至金陵，國藩與商，東南軍事告竣，楚軍急應裁撤。北捻未平，淮軍舊部在鄉里團練，素爲捻所畏，屬鴻章留淮勇剿捻。於是淮軍儘裁老弱數千，是爲國藩急避擁兵之嫌，暫留後起之淮軍，以靖中原之餘匪，而平捻遂爲淮軍所專任之勸。國藩又以僧王官相，並爲欽差大臣辦賊，已再加入其間，啓匪輕視，疏請但駐安慶調度。會朝廷知陳得才大股或死或降，命國藩仍留江督任。四年四月，僧格林沁追剿張總愚賴文光等大股於曹州，全軍敗歿。仍命國藩赴山東，督辦直隸山東河南三省軍務。捻又竄海沭，向徐淮，官軍與戰而勝。然捻已並合大衆，疾馳日數百里，非官軍所能跟踪。國藩以賊成流寇，若寇流而兵與俱流，則彼之資糧無限，我之兵力有窮。乃定議以四省十三府州之地，設四鎭重兵，安徽以臨淮爲老營，山東以濟寧爲老營，河南以周家口爲老營，江蘇以徐州爲老營。另派馬隊一支，爲游擊之師。從前各軍剿捻，以追截爲能事，自四鎭設而變尾追之局爲攔頭之師，以有定之兵制無定之寇。此應流寇之一勝着。又議捻迹太廣，完善之區皆彼擄掠之地，雖欲堅壁淸野，而相距甚遠，不及預計。然匪倏忽可達，收保無及。於是就山東之運河東岸，沿隄築墻，以兵守之，不令捻越運河而東。捻自五年二月圖渡運，徘徊於曹徐淮泗者兩月餘，不得逞。官軍就所在與戰，輒破之。時捻衆至十萬，張總愚牛洛洪等股，渡沙河而南，入蘇豫之間。任柱賴文光等股，渡賈魯河而西，入豫。國藩以運防有效，再議防河。自周家口下至槐店，扼守沙河，上至之朱仙鎭，扼守賈魯河。逼賊於豫西南，山多田少之處，使賊騎隊不便衝突。河督張之萬謂賈魯河沙淤已久，萬難與挑。豫紳亦執是言。國藩奏言「河防上下千餘里，地段太長，本是極難之事，惟馬隊不敵賊騎，賊可隨地掠奪騾馬，官兵購馬喂養，皆有所限制，戰事別無把握，不能不兼籌防守。防河之舉，辦成有大利，不成亦無大害。」仍力任其難。併請將朱仙鎮以上至黃河七十里，中間有開封省城，上距河三十里，下距朱仙鎮四十里，商豫撫駐省堅守，不得議豫軍頓兵不進。至全河防局無成，願獨任其咎。因進駐周家口調度。自借用水道設防以限戎馬，又爲應流寇之第二勝着。既而於八月十六日，捻由豫撫防地竄入，河防無成，國藩以所策失效，自請開協辦大學士及江督缺，以散員留營效力，另簡欽差大臣接辦。時諸軍力戰賊於山東境，保運防，賊屢敗。九月，遂復西竄，而分爲二：張總愚一股回豫境，經剿益西，遂入秦；而任柱賴文光盤旋楚豫間。從此捻分兩大股，世謂東捻西捻。十一月，朝命國藩回江督任，授鴻章欽差大臣剿捻。時西捻已由湘軍劉松山躡其後，捻不得東還。而陝中有回亂，朝命左宗棠以陝甘總督爲欽差大臣，兼剿回捻。東捻則回竄山東，鴻章方踵國藩成規防運，而運河在濟寧以北防段由山東巡撫任之。會天旱水涸，人馬可行。六年五月，突破運防，議者譁然，以爲防河防運，有同兒戲。鴻章不爲動，乃創倒守運河之策，再東捻於運河以東。捻更東趨入登萊，鴻章乃更於膠萊河設防，蹙賊於海隅而殲之。仍嚴運防，以爲膠萊河防之重固。七月，捻又反撲，由海神廟潛渡濰河，山東軍不能禦，膠萊防潰，急扼運防。追賊至贛榆，降人潘貴升陣斃任柱，餘賴文光衆無幾，復流竄至揚州，守運軍擊擒之。東捻遂平。時在六年十二月。禦流寇之法，以不流之兵待之，限以河道，守以長牆，無河之處，掘濠續之，其事甚拙而不能保其無失，一失則譴責隨之；疆臣尤不樂於境內設防，以爲戰鬥乃督帥之責，代分防線之任，又且域而限之，使久戰於其土，皆所不便；故當議防河之說甚盛，朝廷亦疑之；鴻章堅持國藩始議不少詘，雖累遭失敗，然辦賊得多迎剿而少尾追，防賊得縮小其區域而少保聚不及之患。使賊之擄掠日少，損折日多，以至於亡。此亦曾李有功以後之威信足以堅持之。不然亦敗於羣口矣。

西捻之竄陝也，由湘軍劉松山躡之，不令停足。惟陝中回匪方熾，捻酋張總愚乘機奔迸，終以湘軍緊追，無從久踞。六年，左宗棠入陝，聲勢益壯。時總愚竄渭北，屢爲官軍所敗。宗棠慮其回竄鄂豫，檄諸軍扼渭上，並檄山西按察使陳湜防河。而賊無所戀於關中，急趨北向，竄陷綏德，分擾米脂。以十一月二十二日，由龍王廟乘河冰已合，呼嘯過河，山西平陽蒲州並警。晉豫急急防守，賊已由絳州曲沃垣曲山僻小路竄豫。十二月初九日，過晉豫界邵原關，抵濟源縣境，遂徧竄懷慶衞輝兩郡地，逼近畿輔。其時正東捻就殲，論功行賞之日。近畿驟警。宗棠自賊竄渡河，急督所部入晉，請敕劉典暫行督辦陝省剿回事務，至是由翼城東趨入直，已奉「調度無方，革職留任」之旨。而山西巡撫趙長齡、防河按察使陳湜則遣戍矣。劉松山之軍，由宗棠飭從北路逕向畿南，朝命又嚴催鴻章入援。時直督爲官文，亦以毫無布置被責。七年正月，松山軍追賊及之於河內，大捷。賊竄直隸境衡水定州等處，再降宗棠二級。而松山軍已抵保定，宗棠亦抵獲鹿，又有旨獎之，而切責鴻章不即至，亦奪職。鴻章疏陳：「辦流寇以堅壁清野爲上策。川楚教匪辦理十數年，卒賴此收功。任賴捻股流竄數省，畏圩寨甚於畏兵。豫東淮北，民風強悍，被害已久，故圩寨到處高堅，與城池等，捻不能久停肆擾。湖北陝西素無圩寨，籌辦不及，賊得盤旋飽掠，其勢愈張。自渡黃入晉，沿途擄獲騾馬，步賊多改爲騎，我軍騎少步多，即趨兵每人不過一馬，追逐病斃，即已無馬，賊每人二三騎，隨地擄添，狂竄無所愛惜，官軍不能也。又彼可隨地擄糧，我須隨地購糧；勞逸飢飽，皆不相及。今欲絕賊糧，斷賊馬，惟趕緊堅築圩寨。如果十里一寨，賊至無所掠食，其技漸窮，或可剋期撲滅。」蓋以平東捻之經驗言之。時朝命恭親王節制各路統兵大臣及各督撫，又命宗棠總統各軍。宗棠連破賊於獻縣深州東鹿博野深澤饒陽肅寧等處。二月，賊再竄衞輝，直至臨清，官軍追剿。四月，突囘竄直境襲天津，宗棠又以落賊後降三級留任。鴻章亦到，遂與宗棠會籌且防且剿之策。閏四月，黃運兩河增漲，官軍既逐捻南下過滄州，滄州南有捷地壩，在運河東岸，當減河口，乃開壩導運入減，就減河北築牆，以爲滄青靜海屏蔽，復圈之於徒駭黃運之間，湘淮諸軍就而殲之。六月二十八日，諸軍追捻至東昌之茌平境，水溜泥陷，總愚奔走無路，携八騎至徒駭河濱，下馬投水死，西捻亦平。諸大帥所被降黜嚴譴皆復，且有加賚焉。治馬賊之法，卒用阻水築牆，堅壁清野，是爲長策。明之亡於流寇蓋以將帥不足任此。捻禍之與闖獻，相去能幾何哉。

第六節　平回

囘亂乘太平軍事而起，然不與太平相應合。有宗教之隔閡，有種族與地域之限制，故無迎附太平之意，亦不遽逐鹿於中原。中原方急，清廷可置爲緩圖，惟養亂久故戡定較費力耳。囘事分三部分：㈠陝甘，㈡新疆，㈢雲南。陝甘雲南，皆自古爲囘族入居之地，而聲勢又不相聯絡。新疆則域外之囘部酋長乘虛來襲，而南疆囘部從之，北疆亦爲所蠶食，俄羅斯又從而生心。此囘亂糾紛之派別也。求亂之前，甘陝雲南漢回讎殺之案，相續不絕。人數則漢少於回，回有宗教之團結，漢又較分散無力。平時受制於官法，尙時時釀亂，太平軍時，兵餉皆絀而官力微，又往往招募回丁助戰，益藉寇兵而長其燄。此回亂之因也。

（二）陝甘回　陝甘回民之多，不能劃定其來自何代，但以種族之固結，與漢民讎，與國家抗，其來已久。以清代論，順治五年四月，有河西回米喇印、丁國棟攻陷甘涼，渡河連陷蘭岷臨洮，遂圍鞏昌。時所奉爲明故延長王朱識鋅，則猶有眷懷故國之意也。既爲總督孟喬芳所敗，盡復河東地，渡河而西。游擊張勇禽朱識鋅，斬米喇印，復涼州，僅餘甘州未下。圍之累月，食盡乞降，逾月復叛，盡殺撫道提鎮以下官多人，西破肅州，又立回酋土倫太爲王子，關外諸回蠭起響應。張勇等復破斬之。至六年十一月而始平。其間漢回械鬥仇殺，由官捕治，不勞師旅者不計。至乾隆四十六年，甘肅循化廳回馬明心創新教，所奉墨克回經，變舊教之默誦爲朗誦，遂兩派相仇。新教徒蘇四十三，聚黨殺老教百餘人。官捕之，殺一知府，一協鎮。總督勒爾錦大調兵剿捕，獲教首馬明心，囚蘭州。回衆陷河州，犯蘭州，敗督標兵，斷黃河浮橋，譟索馬明心，詔以大學士阿桂爲欽差大臣，率禁旅征之，逮勒爾錦，以李侍堯代。阿桂至軍，築汲道，閱三月乃復河州。賊平班師。閱二年，四十八年四月，新教徒田五復起，據通渭之石峯堡爲巢，分出殺掠。朝命褫總督李侍堯職，逮提督剛塔。大學士阿桂率禁旅往討，以尙書福康安，內大臣海蘭察爲參贊。先剿平隆德寧靜竄踞之回，進攻石峯堡克之，封福康安嘉勇侯，阿桂由公加一輕車都尉，海蘭察由侯加一騎都尉，勅撰石峯堡紀略。蓋亦張皇之以爲貴戚封侯地耳。

回變多在甘肅，而陝西之回衆聲勢，其時有巡撫畢沅一疏，因查禁新教苛擾激變而言，可藉見陝甘回民之狀。疏言：「陝屬回民，較他省爲多，而西安及所屬之長安渭南臨潼高陵咸陽，及同州府屬之大荔華州，漢中府屬之南鄭等州縣，回民聚堡而居，戶口更爲稠密。西安省城，回民不下數千家，城中禮拜寺七座，其最大者係唐時建立，各寺俱有傳經掌教之人，稱爲阿洪，不相統屬。從前長安回民械鬥案件頗多，究因地方有司管教不善所致：非存心姑息，遇事寬縱；卽因其回民，有意從嚴。遂致私圖報復，互相仇殺。此後如實有隨同新教，或別立邪教，卽當嚴絕根株。倘不過尋常念經禮拜，卽不必另立科條，致滋擾累。」疏入，諭各省行之。自此內地回族安堵。咸豐末，河南巡撫嚴澍森遣募荔渭涇陽回勇六百，赴汴防守，頗資其力。未幾，澍森調湖北，遣撤回勇。回勇詣陝省團紳投効，時在同治元年。太平軍陳得才合捻匪入武關，窺省城，省防標兵多遠征，巡撫瑛棨飛章乞援，官文曾國藩商遣多隆阿或舒保援陝，道遠弗能至，民團戰敗，回勇亦散歸，經華陰小張村，伐民家竹爲矛，主家噪逐，格鬥斃回人二，餘逃入回居之秦家村，糾衆復讎。會太平軍阻渭不得渡，仍出潼關入豫境，而回亂則已醞釀甚熾，漢民亦起相抗，焚殺相踵，村鎮往往爲墟，詔瑛棨諭解，而由團練大臣張芾親往，遂被戕於回，由是困城戕官，殺屠萬計。同州西安回燄既熾，鳳翔回亦殺漢民與相應。甘肅回皆蠢動。時川滇土匪，及太平軍與捻匪，出入奔竄，多隆阿已入陝，又追剿東還，詔勝保督陝西軍，以雷正綰副之。二年二月，甘回陷固原，寧夏河州狄道平羅靈州皆反側。旋又圍攻平涼。多隆阿既逐賊出陝，仍返剿回。自二月至四月，連戰皆捷。八月，甘回陷平涼，復攻涇州。詔趣多隆阿西援鳳翔平涼。九月，解鳳翔圍。鳳翔被圍已十四月。將進剿甘回，而於十月眞匪藍大順竄陷盩厔，多隆阿移師困之。盩厔城小而固，大順百計守禦，久不能拔。而陝回懼多隆阿軍威，漸西趨。寧夏又有漢回互鬥之事起，兵備道侯登雲練民備之。將軍慶瑞主撫，奏劾登雲，勒漢團繳械，回遂夜襲陷寧夏城，登雲被害，漢民屠戮無遺，滿城隔數里，慶瑞佯爲弗聞。次日，靈州回起陷州城，而馬化隆本據金積堡，設碉卡，納亡命，反側鴟張。寧夏既陷，其酋赫姓，使使迎入城，衆回跪道左，咸聽命焉。化隆自其父馬二與穆大阿渾善。穆大阿渾習新教，臨死，以所服白帽紅衣授化隆，屬徒衆歸其管束。大阿渾之孫穆三穆四穆五，均爲新教阿渾，自京師天津及黑龍江、吉林之寬城子、山西之包頭、湖北之漢口，均有新教徒黨，潛匿勾引。化隆又自託神靈，妄言禍福，衆回傾信之。化隆既起，遂足以號令甘回，厚集其毒矣。時陝回已漸肅清，多隆阿兵若不頓，甘回可以被懾不動。既爲由滇入川之藍匪所掣，而旗員之爲將軍於寧夏者又助成之，是爲陝甘回毒盡發之日。

多隆阿攻盩厔久，朝廷以多隆阿行軍決勝最神速，怪此役獨遲，嚴旨催督。多隆阿以爲恥，三年二月，力攻之，自登礮臺援枹鼓，槍傷目，卒克其城。藍大順走漢陰，爲鄉團所截殺。多隆阿以傷重，請以穆圖善權欽差大臣，四月，卒於軍。朝命西安將軍都興阿督辦甘省軍務，提督雷正綰幫辦。又以楊岳斌爲陝甘總督，代熙麟。巡撫爲劉蓉，亦湘中名流，督諸將進攻回所陷城邑，時勝時敗，此克彼又蠢起。又艱於糧運，軍以缺餉而譁變，即不變亦屢爲回所乘。當同治五年間，甘省小麥一石値銀一百六七十兩，他糧稱是。甘既窮瘠，不能不仰給於陝。西捻復入陝蹂躪。六年春，曾國藩檄鮑超霆軍、劉松山老湘營西援。超以勇著名，爲宿將。松山爲王鑫舊部，能得鑫部勒法，而益以識力膽勇，爲後起之異材。國藩之爲陝計、爲剿捻計，可謂周矣。顧於是時，鮑超方剿東捻，與淮軍劉銘傳共扼捻於湖北德安安陸之間。尹隆河之役，超出銘傳於險，銘傳恥素輕霆軍，而今反倚霆軍自救，乃以其失利諉咎於霆軍之失期。李鴻章據銘傳言入奏，時超已援銘傳於圍中，績得累勝，自喜有功，忽奉嚴飭，大憤，引疾解軍職。惟松山獨入關，逐捻方急，亦不暇問回。岳斌督陝甘被困，乞養，且陳病。朝廷乃移左宗棠自閩浙督陝甘。時爲五年十一月。未幾，宗棠於武昌途次，又奉欽差大臣之命，且從所請，以按察使劉典改三品卿，幫辦軍務。松山於其時先抵西安，蓋五年歲杪事也。甘回乘陝有捻患，時時入掠，逐之則退，去輒復來。劉蓉以事罷，喬松年代。六年二月，回捻分擾全陝，各路請援，松年無以應，惟奏催宗棠。宗棠頓漢口，募勇未集，陝官紳瀝請宗棠速赴，宗棠非於軍事餉事有成算不遽進，惟松山一軍戰捻，所至必勝。蓋用老湘營之節制，又倚國藩之餉源。老湘營者，王鑫始起之名也。是時剿捻尙得力，而甘回蔓延，不暇深問。其入陝，則遇輒剿之，亦倏進倏退。至六月，宗棠始抵潼關。九月，赴涇西分布諸軍，所部近百營：劉松山領萬餘人、郭寶昌三千人、劉厚基三千人，是爲剿捻之師；高連陞三千人、劉典五千人，是爲剿回之師；楊和貴周金品三千餘人屯鳳翔，周紹濂二千餘人屯宜君，吳士邁千餘人防渭，復以親兵三千餘人，水師千人，黑龍江馬隊千餘人，分佈華州、華陰、潼關、渭南、臨潼間，是爲兼討捻回之師。是時羣捻銳意渡河掠山西以窺畿輔，朝廷召宗棠，宗棠急東下，置回爲緩圖，而以前之部署皆暫輟。奏以劉典代督陝甘軍，與將軍巡撫聯銜奏事，自金鎖關移駐省城，諸將均聽節度。時肅州亦久陷，甘省徧地皆回。七年二月，劉典以喬松年病免，兼署陝撫，身駐三原捍回，或退咸陽，或回駐三原，遣兵漸擊回於北山，寇巢皆盡。六月西捻平。宗棠入覲，所部松山實昌等軍及喜昌之馬隊皆還陝。

宗棠之入覲也，帝詢平陝甘期？奏五年竣事。時為同治七年六月。至十月還西安，既剋滅賊期，亦約定竭鄰省力供餉。士飽馬騰，一洗關隴饑困故態。蓋無此時會，無此信用，無此籌策，皆不足以成之。自宗棠入陝而西陲氣象一變。西捻由陝竄晉，震向畿輔，急於入衛而又，停頓，至是乃有一全局之規畫，與自立不敗之把握，則必勝之道在是矣。宗棠既還西安，分檄諸將定屯駐地，兼顧防剿。獨留松山一軍稍憩於洛陽，待畢婚乃行。宗棠檄由茅津北渡入晉，乘冰過河，逕趨陝北。時陝中漢民屯結禦回者，久而成盜，遂為陝省土匪。匪以延綏間董福祥為悍。犯綏德，窺榆林，失業無賴及飢軍潰卒附之。衆至十餘萬。十一月，松山至汾州永寧，購行糧渡河入綏德。匪巢散布大小理川間，縱橫二十里。松山分軍攻大理川，自攻小理川，所下匪巢以百數。度榆林，至靖邊，屯定定，又屢敗之。匪併竄鎮靖堡老巢，松山抵鎮靖，福祥之父世猷跪地乞降，旋福祥亦降，收其衆十七萬，自是土匪無悍股，得專力於剿回。回方自陝屬集隴邊慶陽，北通金積，東走陝疆，往來無阻。甘省大帥以撫回為得計，回旋叛旋服，玩弄諸將。隴西士民，望左軍如時雨。八年正月，陝境漸平。二月宗棠州移駐乾州，益督諸軍西進。時慶陽羣回，以董志原為堅巢，十八營兇渠皆聚。宗棠檄諸軍剋期破董志原，兇渠亦敗死相繼，乃議棄董志原，併入金積堡。老弱輜重既去，官兵攻之輒下，遂以董志原為入隴諸軍駐地，四出收復慶陽涇州所屬，殲回至二萬餘，燬騾馬萬計，拔難民萬餘人。三月，詔促宗棠赴涇州受總督印，兼顧秦隴。以陝事責劉典，邊外事責金順。四月，諸軍肅清陝境，宗棠檄分趨隴東，自率親兵道永壽邠州長武以赴涇，開賑邮，集流亡，勸民種秋糧。兵燹遺黎，栩栩有生意矣。

宗棠之檄諸將入隴也，松山獨受令由定邊趨花馬池。蓋使徑向靈州攻回中最鉅之酋，以拔禍本。鉅酋以金積堡之馬化隆為最。化隆又名朝清，能嗾使蠢回，而文陽代陝中諸回乞撫，反側取便利。隴中寧夏將軍署督穆圖善惑撫議，西寧辦事大臣玉通，更惟回是聽。松山以八月抵靈州，甘回自謂已撫，詣軍訴冤懼狀。松山曰：「陝回拒命者集此，故來討。已無甘回皆良民，何懼。」飛札金積回酋馬朝清，告各寨安居無恐。且以甘回十餘人前導，示無猜。乃奮擊來踞陝回郭家橋 毀其壘二十一。戰時甘回恐動，榜堡列隊，放槍大呼。松山誡軍士勿問。旋逕來犯，始開壁擊之，回敗勿追。陝回既敗，竄踞吳忠堡，金積回陰合之，復來犯。松山擊之，回敗，遂逼吳忠而壘。自是累蹙回，並擣其刈禾。而都中乃有言松山濫殺激變者，穆圖善亦疏言馬化隆不宜剿，恐激其走險。朝廷疑松山不可恃，命宗棠別派軍顧北防，適宗棠報捷疏至，疑稍解。陝回被攻，輒因馬化隆乞撫，令繳馬械乃議撫，則出朽鎗羸馬以應，而晝夜修備如不及。官軍盡破金積旁近回壘，乃進攻靈州。先諭化隆令回獻城，化隆陽乞展期，陰移靈州眷屬入金積，引陝回入城助守。不數日，攻下靈州，並其城南石壘，斬回酋數人，俘獲亦夥。十月，西向掃盪狄道河州間，而駐軍安定會寧靜寧，以通省城驛路。官兵連破回寨，化隆亦連乞撫。十一月，宗棠又移駐平涼。松山督諸軍逼金積，盡翦其旁近堡壘。宗棠以平涼固原涇州慶陽急，檄數將領分屯一路要隘，以相犄角。此當時湘中所推左軍獨以避長圍防後路為勝著，正此謂也。化隆屢嗾諸回間道拊官軍之背，或斷其糧道，皆以有備不得逞。官軍得步進步，故失敗恒少。九年正月，化隆嗾黨返擾陝，一由寧州正寧入陝之三水，一竄甘泉，與延綏土匪合，於是陝北皆警。朝旨嚴催宗棠還顧陝。化隆自詡得計。松山攻回酋馬五寨，寨大而堅，誓以死拒。松山自督軍士舉薪燒寨門，飛礮中左乳，諸將奔視，松山叱其出戰，遂俘馬五克其寨，還報松山，乃瞑。

松山字壽卿，湘鄉人。兄弟皆從王壯武公鑫軍。兄名厚榮，從鑫岳州戰歿，是為襄勤公錦棠之父。松山嗣子鼐，當即厚榮少子。舊國史劉錦棠傳：自新疆敉平，建置略定，錦棠即引疾，且以祖母老病陳請終養。十三年（光緒）二月復申前請，諭令錦棠弟河南候補道劉鼐回籍侍養。則知鼐係錦棠胞弟也。其卒後，左公奏言「松山以勇丁從征，游擢提督，剿辦髮捻回匪，無役不從，無戰不克。自入靈州以來，蕩平堡寨五十餘，賊巢九十餘。上年七月初，師由花馬池前進時，馬化隆潛調西寧馬朵三，嗾撤回助逆，馬朵三以千五百騎應。未及一月，經松山剿敗遁歸。自此西寧逆回不敢復至。河州逆回馬占鼇，前在寧夏，大言於衆，密助陝回，及松山屢捷，目覩軍威，不敢復逞。故化隆求援於臨洮謝四，及靖遠馬聾子，而河回終未與俱。其威震西陲如此。治兵嚴，不倘苛察。臨財廉，不肯苟取。行師禦敵，得古人靜如山動如水之義。居心仁厚而條理秩如。語及時局艱危，輒義形於色，不復知有身家性命。從征伐十八載，僅募勇歸籍一次，家居十餘日耳。年三十有七，聘婦未娶者二十餘年。臣由直隸西旋，知其婦家送女至南陽已兩年餘，屬其行抵洛陽，於募勇未到之暇，剋期完婚。適甘肅土匪蔓延，臣飭令督隊入秦，松山奉檄即行，婚甫半月。觀人於微，雖古良將何以過之。」曾文正公亦奏言：「松山在軍，無日不討士卒而訓迪之。雖戰罷宵深，尤殷殷勸誡不休。平日公忠自矢，又實足以激發士氣。是以守寧國之時，疾疫盛行，十人五病，餉項久虧，而有警則一呼齊集，弁勇不以為困。渡江剿捻，誅罰不用命者，弁勇不以為酷。北道崎嶇，軍中盛暑運糧，與羸驢負重並行，弁勇不以為虐。綏德之役，哥老會匪，一見主將歸來，羅拜輸服，不聞退有後言。（西征軍屢有譁變，中有哥老會匪嗾之，老湘營亦有此事。松山聞變，自入變軍，曉諭即帖服。）其與淮軍及豫皖秦隴諸將相接，亦皆推心置腹。至性相孚，衆情之翕服，實為近今所罕見。乞併宜付史館。俾名將行實昭著。」

松山既歿，所部即以其從子錦棠代將。天生劉氏叔姪以定西陲之亂，以成左相之功，非偶然也。宗棠喜與賢者共功名，然遇年輩相匹名位相埒者，則務欲以意氣勝之。金陵克城時，以曾軍先報洪福瑱已燬，及逸寇皆戮，遂極詆曾軍奏報欺飾，致相齟齬。然至西捻平時，有奏云：「臣嘗私論曾國藩素稱知人，晚得劉松山，尤徵卓識。松山由皖豫轉戰各省，國藩常足其軍食，俾一心辦賊，無憂缺乏，用能保垂危之秦，救不支之晉，遠衛畿輔，以步當馬，為天下先。此次巨股蕩平，平心而言，何嘗非松山之力？臣以此服國藩知人之明，謀國之忠，實非臣所能及。仰懇天恩宣示中外，以為疆臣有用人之責者勸。」其推挹松山，因而歸美國藩。後國藩既逝，宗棠即以此為輓聯，所謂「謀國之忠，知人之明，自愧不如元輔」者也。要其用意氣結合松山者至矣。松山卒於同治九年正月十五日，馬化隆知之，兇燄頓熾，號召河州狄道諸回，亦皆受賕來犯，被突陷雷正綰所守峽口壘。又自寧州正寧竄陝境。朝廷恐宗棠所留兵不敷分剿，詔李鴻章入陝，督辦陝省援剿事宜。旋劉典奏陝已肅清，乃止。錦棠益痛擊金積內外援應之回。化隆既踞峽口，決渠水灌官軍，錦棠預濬溝洩水，因以築隄，困金積。化隆再乞撫，仍賕同黨犯陝，既皆不得逞，盡逐來援諸回益遠，金積外援益絕，掘濠築墻以困之。至十一月，力盡乃降，繳出礮數十尊、槍數千桿、金銀銅錢合銀十九萬有奇。又掘地搜得所匿洋鎗千數百桿。十年正月，訊得北口貿易交通洋人等罪狀，化隆及其子耀邦俱磔死，殺其弟姪等助逆者十三人，及偽官八十餘人。其客民及被脅甘回三千餘，安插平涼。金積男婦一萬二千餘，安插固原。毀其王城東府西府，搜違制諸物悉焚之。化隆就俘同黨見之猶長跪，呼之始起。既誅，回勢遂瓦解。

金積堡既下，宗棠搜捕平涼以北寧夏以南回土餘匪，匪盡西竄河州。宗棠檄諸將修治蘭州道，利轉輸，儲軍火於平涼之靜寧，徐圖進取。三月，朝旨促進規河州。宗棠以洮河湍急與黃河等，自狄道隴西安定進兵，皆須造船架橋，勢難立辦，且收穫期遠，前無可因之糧，非穩著也。五月，橋成糧備，乃檄諸將進。錦棠扶櫬南旋，以蕭章開暫統其軍。七月，宗棠移駐靜寧。陝回入甘者，自寧夏既平，益竄而西。白彥虎、崔三、禹得彥等巨酋，皆掠西寧旁近。肅州回先已納降，至是復叛，甘涼戒嚴。八月，宗棠復移駐安定。諸將轉戰，攻毀洮河以西回壘。三甲集在洮西，為河州門戶，十月下之，進克數堡。會諸將攻河州大東鄉，回獻馬乞撫，察其未至極窘，非誠意，弗應，迭破四壘。至十一年正月，諸將傅先宗、徐文秀先後戰歿，軍氣稍挫。宗棠急檄王德榜接統傅軍，沈玉遂接統徐軍，申明紀律，乃復振。河州回酋馬占鼇詗官軍增壘復進，使使詣行營哀請繳馬械聽撫，先後繳馬四千有奇，鎗矛一萬四千餘件。西寧回自馬永福等亦乞降。二月，各遣子弟赴宗棠安定大營，獻馬五十四。宗棠縱令歸巢，羣回疑畏盡釋。乃奏「辦撫以遷徙客回、安輯土回為要；河州全境周五六百里，回多漢少，雜以番眾，同治元年變亂以來，陝回多避居其中。自陝境肅清，金積掃蕩，固原東西山相繼平定。各屬倡亂之回，亦多寄孥其間，此客回之應徙者。其本籍漢民有受河回脅制，甘心役使名為隨教者；有讎隙已深，逃至洮岷狄道充當勇丁，而親屬仍留者。宜分別拔出。其外來漢民，有被陝回裹脅而來者，有被河回裹脅、認為義子、齒諸奴僕者，宜勒令交出，送回原籍。此漢民之應徙者，至安輯之法，則檄安定會寧平涼隆德靜寧各牧令，擇荒地便水草者，安置降回。」以此分別辦理，河州平。

肅州之叛也，宗棠奉詔派勁兵西赴，已檄徐占彪赴之。四月，占彪進屯肅州中和橋。五月，攻肅州東關，克其大卡一，遂攻塔爾灣，破其堡四，墩卡十九。時錦棠自湘還隴，宗棠令道平涼蘭州趨西寧。蓋白彥虎禹得彥猶踞西寧旁近拒命。錦棠至碾伯，榜諭甘回安堵，專討陝回。七月，宗棠進駐蘭州省城。時肅州東西南三面賊壘皆盡，而陝回禹得彥崔三白彥虎等旋圍西寧。九月，錦棠破走之，西寧解嚴。十二年正月，悉定西寧各回堡，羣酋皆降，惟白彥虎竄肅州，官軍攻肅州未下，彥虎先遁關外，入安敦玉境，遂獨與回疆踞回合。肅州城濠深三四丈，冬夏不涸，古所謂酒泉。官軍以巨礮轟城，城坍而阻濠不得進，輒被回酋砌補。占彪因攻堅傷足，宗棠乃親赴肅州督軍。八月至肅州，將士踴躍攻城，礮中數將，不克，宗棠見仰攻損精銳，乃增修濠壘困之。錦棠蕆西寧事，檄令至肅助剿。九月錦棠至，日令降回馬福壽等馳馬城下，呼回酋馬四等曰：「死期將至，善自為謀。」馬四乃親詣大營乞命。諭令先繳馬械，次造土客各回清冊，聽候安插。核對冊籍，拔出漢民，磔馬四等八人，殺客回一千五百餘，土回五千四百餘，皆積悍所並聚也。肅州平，大陞賞，宗棠以總督協辦大學士，追論松山功，賞男爵，餘給賞有差。

(二)新疆　乾隆開闢新疆，前已敘及。至道光初，昔時大和卓木博羅尼都，子孫遁居敖罕，有孫曰張格爾，以和卓之名，乘回疆辦事旗員昏憒失職，境外屬回之憤怨，得用安集延布魯特之衆作亂，陷喀什噶爾，時在六年八月。當是時，朝廷猶以故事主兵者必旗員，詔用伊犂將軍長齡為揚威將軍，宿將楊遇春以署陝甘總督為參贊。賊旋盡陷西四城，官軍扼渾巴什河，東四城無失。楊遇春楊芳等迭復各城，以七年歲杪，會擒張格爾於喀爾鐵蓋山。是役經年餘而畢，以非甚勞瘁，不詳列其曲折。自是歷三十餘年，至同治初，陝回乘太平軍之釁倡亂。有陝中阿渾妥明出關，至烏魯木齊，結參將索煥章，煥章奉妥明爲帥。會烏魯木齊都統勒捐防餉，奉行之役皆回人，漢民怨憤抗捐兼有仇回之意。

都統時爲平瑞，爲回所戕，國史列之忠義，遂不言其激變之由。此從湘軍記。

三年四月，奇臺縣回漢民鬥於市，回敗。其時庫車有叛回嚮，南路回皆蠢動。烏魯木齊爲都統提督所駐，乃新疆都會。提督業布沖額遣兵赴南路討叛，其兵多回人，至喀喇沙爾（今改焉耆），潰歸，舉城反。時在六月。索煥章手戕提督，並其家屬，據漢城，推妥明爲主。煥章自爲元帥，進圍滿城，八月，陷之。都統平瑞殉節。於是烏城屬邑奇臺、綏來、昌吉、阜康及哈密、吐魯番、呼圖壁、庫爾喀喇烏蘇，先後失守。妥明進號清眞王，不用煥章，多引馬姓諸回爲元帥。此爲陝甘出關之回。其人與內地回無別，亦與漢人無異式。是爲新疆東路之回變始擁有名號者也。

旣而東路回結新疆纏頭回，共取南八城。纏頭回與境外屬回爲近。屬回舊以敖罕部爲敢戰，敖罕一作浩罕；有四城。其東一城名安集延，距回疆喀什噶爾城僅五百里。其人好賈遠遊，新疆南北各城處處有之，故西城即以安集延名敖罕。敖罕其時爲俄所逼，國都已被併入俄。其會號帕夏。宗棠奏中謂即伯克轉音。其人名阿古柏，東保安集延而王。喀什噶爾奸回金相印導帕夏入境，以兵取喀什噶爾，次第攻奪南八城，纏回以其同類，頗歸附之。妥明欲結纏回取此八城者，已爲纏回導屬回先之，遂遣黨分陷山北諸城，塔爾巴哈臺回民亦叛。五年，纏回又攻陷伊犂九城，新疆南北皆亂。其間漢民乃結團自保，寇至則戰，寇去則耕。其田公種公收立壯士爲之長：兵事田事皆屬焉。烏魯木齊諸屬城皆有團，團各有長，先後戰死，而迪化徐學功戰最力，而歷久不敗，遂獨以民團支柱其間，隱然爲一重鎮。學功者，烏魯木齊農家子，好技擊，値回亂，結健兒數十，掠回莊貲貨自贍，遇漢民力護之；後附者益衆，集至五千人，精鍊馬隊，每戰突陣，驟如風雨，回見之輒走；帕夏聞其名，憚之，使使約和，九年，妥明遣將攻庫車而敗。帕夏潛勾妥明他將馬仲，自吐魯番共攻妥明。妥明降帕夏帕夏，仍令爲清眞王，居烏垣。以馬仲爲阿奇木，總回務。仲又與學功戰，被陣斬，仲子人得襲職。人得與妥明積仇，糾安夷攻妥明。帕夏乃約學功共攻吐魯番、烏魯木齊，皆下之。妥明走綏來死。於是安夷又踞烏魯木齊。始叛之回，名號無復存矣。新疆遂爲安夷所據地。

帕夏之交學功也，以學功善戰，計必爲清廷所用，冀與相結，向清廷薦己王南八城，而以烏魯木齊至哈密地，使學功歸獻清廷以爲功。既見學功百戰不得一階，乃輕之，令還南山，以烏垣仍任馬人得綰回務。

湘軍記云：「初帕夏聞徐學功善戰，故與友善，冀其柄用，薦己爲哈密王，以南八城歸獻朝廷」。清史稿學功傳因之。夫帕夏乃安集延酋，失其本國之西境，東取中國回疆八城，其壤地故相接也。若謂冀作哈密王，而以八城使學功歸朝廷，則回疆全歸中國，而東取哈密，與其本部安集延相隔數千里，且棄安集延本土，帕夏亦何愛於錮入腹地之哈密一隅以自王乎？以其不近事理，且此本帕夏之願望，後來並無事實可徵，輒爲改其文如上。

學功大恚，屢攻烏城。土回纏頭時投學功，時投人得，轉輾受役，迄不得息。十年五月，俄羅斯以代收伊犂來告，且言將進攻烏魯木齊，詔署伊犂將軍榮全赴伊犂收回城池。直隸提督劉銘傳出關，規復新疆，都統景廉成祿規復烏魯木齊，左宗棠穆圖善撥兵顧關外。銘傳等皆不果行。宗棠則飭徐占彪馳赴肅州，代成祿使出關而已。時攻河州方急，不遑圖遠舉也。其冬，俄人果糾土回纏頭襲烏垣，陽稱赴綏來市易，驅駝馬羊隻數千，載洋貨銀鈔以行。學功截之於石河，距綏來止八十里，斬俄人及回纏數十，餘悉縱還，盡奪其畜牲貨鈔。俄東窺之念乃息。十一年春，景廉率師抵古城，招學功率所部開屯。哈密辦事大臣文麟亦招之，於是烏垣附近屯田大興。學功及哈密團首孔才，皆以其衆爲朝廷任耕戰，官皆漸擢至提鎮。回疆稍見中朝號令措置矣。十二年三月，陝回白彥虎西竄，官軍方攻肅州，彥虎爲肅回應援，敗走出關。至秋，掠烏垣綏來，爲學功所截，奪其駝隻貨物，彥虎勢益孤弱，遂服屬於安夷矣。九月，宗棠克肅州。陝甘平，乃議掃除關外。

左軍之掃除關外，事已在光緒年間，與本節標題不合。但收復新疆與戡定關隴，人材國力，俱是相連之一事，不能不乘關內既平，併述其始末，且認此爲同治中興之結果，湘楚立功之終局。以後之事，即西后干政，賄賂公行，有亡徵無起色矣，故越時代界限而列之於此。

新疆向爲旗員豢養之地，清廷本不願漢人過問。當陝甘既平，有詔乘勢進規關外，但令金順景廉穆圖善輩主兵事，而命宗棠接濟軍餉，指派左軍中張曜、宋慶，馳往哈密，會文麟剿賊。蓋以漢人領兵者爲偏裨而已，初未欲以督師之任畀宗棠也。是時新疆形勢，南八城已爲帕夏所據，伊犁爲俄所代收，其極東之一州三廳，原與安西同屬甘肅。然自肅州嘉峪關以外，清廷已視爲禁臠，故使穆圖善自涇州移駐安敦玉，爲景廉金順等聲援。其於宗棠，蓋以外人視之。至十三年七月，命宗棠爲大學士，猶使留陝甘總督任，而以景廉爲欽差大臣，督辦新疆軍務，金順爲幫辦，是時猶未有任宗棠出關意也。光緒三年二月二十七日乙未，景廉乃奏宗棠籌辦糧運，未能合宜，以宗棠主由北路烏里雅蘇台科布多，用駝運；戶部侍郎專辦西征糧臺之袁保恒，主由南路肅州，用軍贏運；意不合。宗棠既已奏爭之，景廉乃右保恒而抑宗棠。蓋不但兵事不欲任宗棠，餉事亦不欲任宗棠也。宗棠復奏稱：

涼與甘肅，向稱腴郡。亂後人少地荒，關外安玉敦尤甚。今採買至十九萬石，抵承平時全省一年額賦，猶疑其尚可加採，奪民食以餉軍，民盡而軍食何從出乎？以輓運言之，車贏負糧多，而飼養所耗亦多，駝負糧少，而飼養所耗亦少。以所運程途言之，車行三十日而所負之糧盡，駝行三十日而所負之糧尚可稍餘以濟待餉之軍，駝行內地及戈壁，日耗糧三斤，若行邊外，則食草不必食料，所省又多。自來軍行北路，用北路以糧，無由關內運濟北路者。今肅甘涼運安西，由安西運哈密，已爲從前承平時所難，若尚責其踰天山運巴里坤，更由巴里坤運古城，勞費固不必言，試思關內之糧，除人畜食用，無論贏之與駝，能運至哈密者幾何？能運至古城至巴里坤者更幾何也？臣前稱糧僅可運至哈密者，祇就運至哈密尚有餘糧供軍計之，且指負多食少之駝而言，非指車贏也。景廉但知烏科之糧難運，不知肅州之糧可採可運，而無可供前敵之軍，翻不如北路駝運，勞費相當，免耗糧草，尤有可供前敵之軍也。臣指烏科爲言，蓋以北路商旅往來，有一捷路：由歸北城包頭而西，稍北至蛇太大巴，共十餘站。其間爲烏科及歸化各城所屬蒙地，無臺站而有屯莊。蒙漢雜處，自爲聚落，產糧之地頗多，雇駝亦易。由大巴西北十六站抵巴里坤，則無臺站，無屯莊。計程以駝行一日爲一站，自歸化城起，駝行三十餘日可抵巴里坤，遂呼爲三十餘站。所經之地屬何城管轄，無從確悉。但稱烏科，實則近時商旅赴西路者均以此路爲捷徑，未嘗繞道烏科兩城也。臣意欲此路糧運可辦，於前敵軍食有裨，而關內之糧，遞運安西哈密，亦可由巴城用駝接運。庶前敵軍食，以兩路供之，不虞缺乏。此後安敦玉耕墾漸廣，庶運糧兩事，尚或不至束手。

由此奏，可見新疆用兵，以軍食爲最難繼。宗棠惟確有成算，乃有用兵關外把握。軍機大臣恭王及文祥輩皆尙曉事，故能知旗員之不足恃；又因宗棠言，召回景廉，並召還袁保恒，遂以宗棠爲欽差大臣，仍用金順為幫辦。是為宗棠任關外軍事之始。顧宗棠既任關外事，朝論又主棄關外矣。道光以來，海防緊急，曾左李諸帥，於太平軍事之後，即兢兢以造船製械取法泰西為務。同治九年五月，天津教案，毆死法國領事，焚毀教堂，法人責言洶洶。曾國藩方督直，委曲與法議結，正法滋事人民至十五人，軍流者二十一人，天津府縣官皆遣戍。國藩至有「外慚清議，內疚神明」語。其實是時普法開戰，法且不國，而時無電信，中國不之知也。十三年四月，復有日本船避風泊臺灣，為生番所殺，日本派兵登岸，進攻番社，朝命沈寶楨為欽差，與日本議卹金五十萬，乃撤歸。議者多注重海防，遂以新疆為當棄，乃可專注意於海上。由今思之，恐亦旗員不主新疆兵事之影響也。從前軍事，雖非若新疆之本為旗員私物，猶未嘗以漢人主兵。太平軍明明由漢人戡定，金陵既下，報捷猶推官文領銜。淮軍平捻，當時亦推都興阿領銜奏捷，都興阿絕不敢自任乃止。是為漢人主兵之始。新疆則事更不同。撤景廉而命宗棠，或旗員以為與其坐失湯沐地以資漢人，不如滿漢均失之之為快也。遂提言棄南八城封帕夏為外藩。英使威妥瑪乘機復為之請。二年春，宗棠方將自蘭州啓行出關，而關外應棄之說甚盛。時宗棠方籌定糧運之法，又與俄商訂定購糧，諸有次第。乃奏言：「烏城之賊，土回居多。白彥虎復挈陝甘悍回，分踞紅廟、古牧、瑪納斯，與相聯絡，而皆南通帕夏。帕夏即敖罕部安集延回酋和碩伯克也。帕夏當即伯克之轉音。自帕夏踞南路各城，吐魯番闢展以西土回皆附之。帕夏能以詐力制其衆，又從印度多購西洋鎗礮，勢益猖獗，土回纏頭皆倚之為重。然不敢顯為俄國敵。俄夷亦頗言其狡悍異諸賊。今官軍出塞，自宜先剿北路烏垣等處，而後加兵南路。當北路進兵時，安集延或悉其醜類，與白彥虎合勢死拒，當有數大惡戰。如天之福，事機順利，白逆殲除，安集延悍賊亦多就戮。由此而下兵南路，其勢較易。是致力於北而收功於南也。若賊情先圖自固，但作守局以老我師，則曠日持久，亦在意中。外間議論，或以爲事可緩圖，或以爲功可速就，或主撤兵節餉，或言難得易失。其命意皆因裨益洋防起見，豈眞由衷之言哉。臣一介書生，高位顯爵，爲平生夢想所不到，豈思立功邊域，覬望恩施？況年已六十有五，日暮途長，乃不自忖量，妄引邊荒艱鉅爲己任，雖至愚極陋，亦不出此。而事固有萬不容已者：烏魯木齊各城不克，無總要之地以安兵。今伊犁爲俄人所踞，喀什噶爾各城爲安集延所踞，此時置之不問，後患環生，必有日蹙百里之勢。此區區愚忱不敢不盡者也」。疏入，軍機大臣文祥力贊之，乃獲成行。

是時英俄印度之接觸，英欲扶回部以爲印度藩籬，故安集延親英而遠俄。俄與安夷不洽，故不禁其商民售糧於中國征回之軍。俄糧可直運至軍前，其價必需現金，現金不易驟集，因有募債之舉。募債之事，起於宗棠。時有杭州鉅商胡光墉，恒與洋商交易，爲宗棠獻策，可以預提經入之款，作目前急用，稍付利息，分期償還。宗棠前曾借三百萬兩元充西餉，而於同治十三年，因日本啓釁臺灣，亦曾爲沈寶楨介紹借款。其借款無需政府名義，但由借債之主管官給予付息還本之印票，胡光墉即作保人。至西征餉款，出自各省海關協解，借債即由各關扣還。宗棠任關外餉需，早已籌及，故定借洋債一千萬兩。江督沈寶楨奏以爲債不可借，而西征兵不可罷，當國家自爲計。東撫丁日昌則以爲借債之額，愈少愈好。乃定爲借四百萬。而奉旨准借五百萬，並於部庫撥借四成洋稅二百萬，各省應解西征協餉，提前撥解三百萬，仍足千萬之數。斯爲朝廷曲諒勞臣，亦宗棠之廉名有以致之。夫西征軍事，有老湘營之節制，有劉氏叔姪之才氣，有百戰之經驗，有宗棠之調度，何愁不克？所難者餉與運耳。宗棠於二年二月二十一日由蘭州啓行，奏言：「所部已陸續拔行，至肅州取齊，分起次第繼進」。另奏有云：

> 「師過哈密，行戈壁中，糗糧可裹帶以趨，柴薪草束可儲峙以待。惟水泉缺乏，雖多方疏濬，不能供千人百騎一日之需，非分起緩進不可。
>
> 「大約由肅州以西，接臺站行走，中途無需停頓。由巴里坤達古城十一站，應察看地形，留騎數營，防賊旁竄。抵古城後，須軍糧取齊乃可趣戰。臣宗棠所帶親兵馬步各營，暫駐肅州，俟前路糧料運至古城，後路肅州安西哈密各有糧積，乃可前進。其前路進止機宜，已面授總理行營營務處西寧道劉錦棠，令其相機辦理，不爲遙制。俄糧之運古城者，截至四月，可四百八十餘萬斤，僅敷金順全軍馬步之需。繼進之軍所需糧料，除官私馱騾駝集裝運，軍士自行裹帶外，餘均取給哈密巴里坤。哈密糧源，自甘州肅州安西而來，巴里坤糧源，自歸化包頭寧夏而來；遠者五千餘里，近者三千數百里。截至四月，巴里坤存糧可六百餘萬斤。安西哈密之糧運至古城者，可四百餘萬斤。存儲待運者尚千餘萬斤。然勞費已不勝計矣。其巴里坤有數徑可達安西，不復經由哈密。已飭記名提督徐占彪，俟臣宗棠到肅後，帶所部馬步四營駐之。哈密則有張曜一軍馬步十二營，宋慶所留步隊八百人，擇要扼守，以防吐魯番東犯之賊。如此，庶後路常通，糧運不匱，乃可言勁氣直達也。」

觀此措置，糧料運道及軍之後路，無一不穩。料理軍事如家事。向來出兵混戰，有得有失，甚或大敗決裂，以大軍而敗於小醜者，亦坐無此預備耳。古城子在後設之奇台縣西，奇台爲迪化府屬邑，迪化即烏魯木齊。是時官軍所規取者烏垣，古城已逼近烏垣。徐學功輩能據其地而守作耕屯，故可爲前敵根據地。總之，回非勁敵，所易致失敗者，調度之失宜也。宗棠自稱老亮，生平以諸葛自居，其眞實本領讀史者不可不尋其肯綮。

道光以前，國家財政，中央主之。咸豐軍興以後，各省習慣，各自籌措，惟以造報爲統一。故督師而不兼督撫，餉源盡仰他人，即不可恃。西征一舉，督師雖兼督撫，而陝甘貧瘠，仰外協者多。宗棠之受任，先理舊日西征軍之原餉，並其所帶軍隊之原餉，一一淸其來源。惟指定爲一事，實解又爲一事。信用、威望、交情，缺一不可。宗棠之量而後入，從無失敗。其所分配鄰省協餉，自較他人任此事者爲有力。又恐欠解及緩不濟急，乃用指協款借外債之策。斯時沈寶楨爲臺灣事借款之原在事者，故宗棠以同條件再借與商，而寶楨即奏阻之，略言「舉債之故不同：開礦、造路、挖河，以輕利博重利，故英美等國，有國債而不失爲富強。若以國用難支，姑爲騰挪，後此且將借本以還息，歲額所入，盡付漏巵。此舉債之故不同也。舉債於本國之商，國雖病而富藏於民，有急尚可同患。若輸息於外，一去不返，此所舉之債不同也。臺灣之役，本省羅掘一空，外省無絲毫協濟，急何能擇，出此下策。然日本貿然深入絕地，無可久之資，堅與相持，情見勢屈，照原議借六百萬，則善後備舉。煤礦茶山所出，漸足饋軍，一借斷無須再借。嗣借過二百萬，倭事已定，部令停止，臣即不敢再申前議。新疆廣袤數萬里，戈壁參半，回部本其土著，既無盡剿之理，又無乞撫之情，似非一二年所能就緒。即使諸城盡復，與俄爲鄰，互市設防，重煩擘畫，非放牛歸馬之時。洋人以巨款借我，恃有海關坐扣，海關仍待濟於各省。各省協餉愆期而海關病。海關無可彌補，斷解部之款而部庫病。雖日劾各省督撫藩司，亦坐待嚴譴而無如何。前屆宗棠借洋款三百萬，計息七十萬，若以七十萬供餉未必無補。今以一千萬照臺灣成案，八釐起息，十年淸還，計息約近六百萬，幾處虛一年之餉。若照除則西征僅得四百餘萬實餉耳。前屆三百萬，至光緒四年始清。續借千萬，今年即起息，明年即還本。海關應接不暇，而西陲之騰飽不及兩年，涸臣立待，進兵愈遠，轉運愈難，需餉亦愈鉅。半途而廢，勢必不可。責各省還債外另籌解濟，勢又不能。將再借洋款，則海關無坐扣之資，呼亦不應。徒令中興元老，困於絕域，事豈忍言。然謂西征可停，則又斷斷不可。我退則敵進，關隴因而不靖，徒棄祖宗辛苦締造之地，而列戍防秋，勞費亦等。臣等以爲宗棠此行，不當效霍去病掃穴犂庭，而當師趙充國養威負重，扼其衝要，堅壁清野，開水利，廣屯田，考畜牧。關外多一分之耗，即關內省一分之運。甘餉之鉅，困於運耳。運省則一年之餉可支兩年。目前飭各省勉力籌濟，臣請朝廷發曠代之德音，以內庫爲之倡。數不在多，足生疆吏同仇之感。並懇敕下部臣，熟權緩急，將有着之款，移稍緩者於最急之區，庶各省關可以勉強從事。」

寶楨此奏，視西事爲不易速了，不料宗棠兵事之神速也。又請發內帑以免借外債，此是正論，是以有撥庫存四成洋稅二百萬之旨。夫四成洋稅，本專爲海防而設，時海防之任，在南北洋大臣。寶楨爲南洋大臣，自謂兵事非其所長，推之北洋大臣李鴻章，造報興辦海軍。鴻章不能折孝欽奢慾，遂多移作頤和園經費。此爲後數年孝貞后崩後之事。其時本可借用，同是向協餉歸款，何必以息擲與洋商。宗棠以主兵之人，自不能指內庫索餉，反嫌要挾而敗事。寶楨徑言之，則當時士大夫謀國之忠。後來新進言官或間有戇直者，疆吏已無此風概矣。

宗棠既得的餉，於是年五月，糧運遞達古城。閏五月，前敵總理行營營務處劉錦棠駐古城，宗棠調兵節節填防後路。錦棠偵踞烏垣者馬人得，而白彥虎踞紅廟子，土回馬明踞古牧地。古牧爲烏垣紅廟藩難，法當先取，而又當先據阜康，以遏賊西竄之路。六月，宗棠親赴金順所駐之吉木薩，約金順屯阜康城。白彥虎聞大軍至，亦自紅廟移踞古牧，薙髮易服，附於安夷，安夷亦遣纏回助戰。是月二十三日，錦棠圍古牧，安夷騎賊來援，敗之。二十八日克古牧，殲守賊六千。明日趨烏垣，安夷土回已宵遁，遂克廸化州及僞王城。城爲妥明所築，諸將分追賊至戈壁，烏垣旁近守城皆遁，帕夏後遣援騎至距烏垣二百里之達板城，不敢進。新疆北路已略定。七月，宗棠咨金順等分扼要隘，檄錦棠等進規南路。時帕夏踞托克遜（在吐魯番南），築三城自衞：北守達板，拒錦棠烏垣之兵；南守吐魯番，拒張曜哈密之軍；烏垣敗黨麕集達板。白彥虎踞南山小東溝，錦棠趨之，彥虎驅衆併入托克遜。帕夏勒其衆盡薙髮易服，傍其三城以居。宗棠檄張曜徐占彪攻吐魯番。時北路回城尚有瑪納斯南城未下，金順攻之不克。八月，錦棠遣軍助之。九月，克瑪納斯南城，殲妥明餘黨。於是分屯北路要害。而冬令大雪封山，不能踰天山而南。帕夏遣白彥虎馬人得守吐魯番，其子海古拉守托克遜，遣大通哈守達板，自居喀喇沙爾策應之。大通哈、安夷官名，猶大總管。是爲二年歲杪相持未靖之局。

三年三月，錦棠自烏垣踰嶺攻達板，張曜自哈密西進，與徐占彪會趨吐魯番。初五日，集達板城下，城回發西洋鎗礮下擊，軍頗有傷亡，不退。錦棠坐騎亦中鎗，易馬而進，飭各營築壘掘濠困之，敗托克遜來援之回，回騎皆反奔。次日，遂克達板。錦棠使人呼「縛異裝者賞」，於是大小頭目悉致麾下，所謂大通哈名愛伊爾呼里，亦就擒。大通哈以下各酋，同聲代帕夏乞款，願縛白彥虎，獻南八城，錦棠聽其致書招帕夏，而釋所俘南八城纏回及被脅之土爾扈特人數千，悉給衣糧縱歸。十四日，錦棠遣軍會徐占彪等軍攻吐魯番，馬人得及纏回萬餘降。錦棠亦於是日克托克遜三城，海古拉先遁，降纏回三萬餘。自此南八城門戶洞開，纏回降者繳馬械即釋不問。南八城回傳相告語，思自效。帕夏日夜憂泣，四月，於喀喇沙爾之庫爾勒城飲藥死，海古拉舁其屍西行，將達庫車，爲其兄伯克胡里所截。伯克胡里非帕夏阿古柏所愛，本以海古拉爲小帕夏，帕夏死而小帕夏爲兄所戕，遂繼其父保南八城，令白彥虎守庫爾勒。彥虎自踞開都河西岸，覬入俄，而英人又與中國駐英使臣郭嵩燾再爲安夷緩頰，事下宗棠。

嵩燾奏在帕夏死後。其言云：「觀英人之指，尤懼俄羅斯侵有其地。謀爲印度增一屏障，是以護持尤力。西路軍務情形，此間一無所聞。能乘阿古柏冥殛之時，席卷掃蕩，當不出此數月之內。或尙有阻滯，及時議撫，亦可省兵力，以爲消弭邊患之計」云云。

宗棠奏言：「安集延侵我回部，諂附英人，英人陰庇之十餘年，明知爲國家必討之賊，從無一語及之。上年官軍克復北路，乃爲居間請許其降，而於繳回各城，縛獻叛逆，節目一字不及。經總理衙門向其辨斥乃止。玆德爾比威妥瑪復以此絮聒於郭嵩燾，以護持安集延爲詞，以保護立國爲義。其隱情則恐安集延之爲俄有。臣維安集延係我喀什噶爾境外部落，英俄均我與國，英護安集延以拒俄，我不必預聞；英欲護安集延而駐兵於安集延，我亦可不預聞。至保護立國，雖是西洋通法，然安集延非無立足處，何待別爲立國？即別爲立國，則割英地與之，或即割印度與之，可也；何爲索我腴地以市恩。雖奉中國以建置小國之權，實則侵佔中國，爲蠶食之計。且喀什噶爾即古之疏勒，漢代已隸中華，固我舊土。喀什義爲各色，噶爾義爲磚房，因其地富庶多磚房故名。八城富庶，以喀什噶爾和闐葉羌爲最，此中外所共知。英以保護安集延爲詞，圖佔我名城，直以爲帕夏固有之地，其意何居？從前恃其船礮，橫行海上，猶謂祇索埠頭，不取土地；今並索及疆土，彼爲印度增一屏幛，公然商我於回疆撤一屏幛，此何可許？我愈示弱，彼愈逞強，勢將伊於胡底？彼向總理衙門陳說，總理衙門不患無辭；來臣營陳說，臣亦有以折之。見在南路之師，與嵩燾片奏『乘阿古柏冥殛之時，席捲掃蕩』一語，尚無不合。惟迫於數月之內，轉戰三千餘里，竊恐勢有難能。臣前聞英有遣淑姓赴安集延之說，已馳告劉錦棠張曜善爲看待，如論及回疆事，則以『奉令討賊，復我疆土，別事不敢干預。如欲議論別事，請赴肅州大營』。臣於此次奉到諭旨，當加飭其體察情形，妥爲經理，務期預爲籌量，以顧大局」云云。奏中於數月內掃蕩，以爲難能，不肯先作自滿語。其實本年全疆悉平，距此不過六閱月耳。

據宗棠疏，郭嵩燾在外國所進言，自緣不知國內事實。且亦言「數月內果能掃蕩，即無異說。倘有阻滯，則趁此議撫，亦省力之一法」。此尚不足深論。其時國內主棄南八城者，實爲旗人。故知旗人以新疆爲私擅之湯沐地，不得擅則頗欲割棄，蓋不服其徒爲漢人見長地也。時有庫倫大臣志剛上言：「西事今昔不同，慮其陽不與我爭而陰助之，宜於天山南北，安置兵勇，招徠農商，爲深根固本之計。然後與兩大從長計議，畫定疆界，庶不至與接爲搆，進退維谷」。廷臣議者，亦皆謂「西征耗費過多，烏城吐魯番既得，有屯兵之處，當棄建以爲藩籬，藉省兵力」。宗棠貽書總署爭之。詔統籌全局，密速奏聞。宗棠乃合對俄對英，陳其利害。略言：「我朝定鼎燕都，蒙部環衛北方，而後畿甸宴然。蓋剷平準回，開新疆立軍府之所貽也。重新疆所以保蒙古，保蒙古所以衛京師。新疆不固則蒙部不安，匪特陝甘山西各邊，防不勝防，即直北關山，亦將無晏眠之日。況今俄人拓境日廣，由西而東萬餘里，與我北境相連，僅中段有蒙部遮閡。徙薪宜遠，曲突宜先，不可不預爲綢繆者此也。高宗平定新疆，拓地周二萬里，一時不能無耗中事西之疑，聖意堅定不搖者，擴舊戍之瘠土，置新定之腴疆，邊軍仍舊，餉不外加，疆宇益增鞏固，可爲長久計耳。今北路已復，惟伊犁尚未收回，南路已復吐魯番全境，祗白彥虎偷息開都河西岸，喀什噶爾尚有叛弁逃軍，終煩兵力。此外各城，如去虎口而投慈母之懷，自更無抗顏行者。新秋採運足供，餘糧棲畝，鼓行而西，無難挈舊有之疆土還隸職方矣。英慮俄蠶食其地，有所不利，我收復舊疆，兵以義動，彼將何以難之？設有意外爭辯，枝節橫生，在我仗義執言，決無撓屈。新疆全境，向稱水草豐饒牲畜充牣者，北路除伊犁外，奇臺、古城、濟木薩（濟木薩縣丞，後改孚遠縣），商民散勇，土著民人，聚集開墾，收穫甚饒。官軍高價收取。足省運脚。餘如經理得宜，地方有復元之望。南路各處，以吐魯番爲腴區。八城除喀喇沙爾地多磽瘠，餘雖廣衍不及北路，饒沃過之。今已復烏魯木齊吐魯番，雖者駐軍之所，而所得腴地尚不及三之一。若全境收復，經畫得人，軍食可就地采運，餉需可就近取資，不至如前此之拮据靡措矣。地不可棄，兵不可停。餉事匱絕，非速復腴疆，無從著手。至爲新疆畫久安長治之策，紓朝廷西顧之憂，則設行省，改郡縣，事不容已。懇敕戶兵兩部，將咸豐初年陝甘新疆報銷冊，及新疆額徵、俸薪、餉需、兵制、各卷宗，由驛發交肅州，俾臣得稽考舊章，斟酌時勢，以便從長計議。奏請定奪。」

奏入，議乃定。蓋英人之無理要求，本盡出中國人情理之外，乃旗下親貴自有此主張，而朝士或附和之，足爲外人張目耳。時金順又有「願以本軍，乘俄用兵土耳其，襲取伊犂」之議，宗棠則貽書總理衙門，謂「北路兵力未必足恃，即有把握，亦無容舍堂堂正正之旗，爲乘間抵隙之計。縱目前因事就功，將來必更難了結」。乃止。於此知宗棠決不冒昧圖功，非萬全不力主其說也。

是年八月朔，錦棠遣軍啓行，趨開都河。白彥虎已壅河漫流百餘里，阻官軍。師行繞道百餘里始達。九月朔，抵喀喇沙爾。城內纏回，已爲白彥虎掠去。城中水深數尺，廬舍蕩然，招回避亂之蒙古數百人，令遷幕至開都河東，以實後路。初三日，收復庫爾勒城，城亦已空，掘窖糧得數千石，救食乏，偵城知所向，待糧三日復進。及之，則步騎數萬，以遠鏡瞭之，持械者才千餘人，餘悉老幼回民挽車牛雜遝以隨。乃下令惟執械者斬。寇委難民去，追及，敗之，遣軍護難民還。初十日，再及賊，敗之。次日收庫車。自庫勒爾六日馳九百里，拔難回約十萬。宗棠遣員隨軍設善後局，招耕牧，籌籽種，治塗造船，以通商賈。纏回爭思歸附。白彥虎經拜城，與安夷夷目掠城外纏回，城內回閉關拒之。十五日，官軍至，拜城回開城迎降。十六日，追及賊於上下銅廠，連敗之。十七日，度戈壁百四十里。十八日，薄阿克蘇，城回十萬出降。白彥虎見官軍日近，乃與安夷分竄，冀各緩其死。安夷竄葉爾羌，彥虎竄烏什。錦棠不以寇分而自分其兵力，乃令數將綴安夷而專追彥虎。十九日，行戈壁八十里，俘其渠馬有才等。二十日，再敗之烏什城東，遂復烏什。彥虎仍由布魯特邊遁喀什噶爾，與安夷合。於是東四城皆下。東四城者，最西烏什，稍東阿克蘇，迤東而庫車，而喀喇沙爾，是也。東四城距三千餘里，以二十日取之。錦棠開西寧道缺，晉三品京卿秩，備大用，餘諸將給奬有差。

十月初二日，張曜軍由喀喇沙爾進庫車。有回酋麻木爾，自庫車南之沙雅爾遁還阿克蘇西南之哈番。至是，謀襲庫車官車，錦棠自阿克蘇偵知之。初七出兵，初九日擊哈番回，破斬解散其衆。麻木爾受創遁。時西四城猶在安酋手：伯克胡里自踞喀什噶爾，其南英吉沙爾，又南而偏東葉爾羌，再南而東曰和闐。和闐距喀城最遠，其伯克名呢牙斯，圍葉爾羌以應官軍。伯克胡里憤甚，率衆救葉爾羌，呢牙斯敗走，降張曜軍。伯克胡里進踞和闐，其留守喀城酋名阿里達什，於白彥虎之失烏什而來投，拒不納，而喀城原有從逆之守備何登雲，章京英韶，及滿漢兵弁數百人，守漢城反正，使使迎官軍。阿里達什保回城以攻漢城，告急於和闐。伯克胡里方以復保西四城向外國英俄兩邊告捷，聞警，棄和闐奔回喀城之回城，且先屬收納彥虎自助。錦棠方自阿克蘇遣軍將攻葉爾羌，而喀城漢城反正並告急之使至，乃分軍三道取喀城，期以十一月十四日入喀城。十三日日中，兩路進取之軍皆抵喀城，距數十里之外。錦棠自統之兵，方進駐葉爾羌和闐間衝要，以為聲援。賊候騎猝遇官軍，急歸呼言「大軍至矣」！纏回皆駭潰，安酋禁殺不能止。安白兩酋皆逃走，其黨猶城守。夜三鼓，軍抵城下，騎賊出戰，漢城降弁遞城大呼助威，賊大敗。守城賊亦盡走。未明而克喀城。追獲著酋于小虎、馬元、王元林等。白彥虎、伯克胡里、及阿里達什，遁入俄。錦棠師截殲逸賊，疾驅而前。十七日復葉城，二十日復英吉沙爾，二十九日復和闐。於是南疆西四城皆下。俘故帕夏四子三孫及妻女，按律治之。磔于小虎、馬元、麻木里、及倡亂之金相印父子於市。誅悍黨安回纏回陝甘回千一百六十六人。新疆平。以次查各城流寓番夷：英國有商官商人凡十人，乳目國有洋操教習二，商三，阿剌伯人三，皆給資遣還國。印度痕都斯坦及回部各國人五千餘，去留聽自便。希魯特本分十九部落，喀城西北五部落已附俄，其餘十四部落附安集延，至是附安者求內附，納之。嗣是四年十月、五年正月，俄迭縱逋回犯境，皆擒斬極多，並由回目捕獻其來寇之酋阿里達什。迨俄交還伊犁約定後乃已。新疆之改行省，亦在俄約定後，事由錦棠主政。其郡縣名與舊設治之沿革，史稿地理志詳之。不具列。

附俄還伊犁始末

俄乘亂據伊犁，由其駐使以代收來告，事在同治十年五月。並告將收烏魯木齊。其地有結團自保之漢民徐學功等，非純在亂回手，故不得逞而退。伊犁已爲俄據七八年，而後回疆平，而後索返之事起。蓋據伊犁在金積堡下後、寧夏始告肅清之日。光緒元年五月，俄兵官索思諾福斯齊等五人，奉命來華，取道甘肅出關歸國，至蘭州，謁宗棠於節署。是年正月，英翻譯官馬嘉理在滇爲騰越官軍所戕，英使威妥瑪揚言英將調印度兵由緬甸入滇，結俄兵由伊犁進，以牽制西師。既而有俄使過隴之事。廷議皆疑其受威妥瑪指，來觀我虛實。告宗棠毋示以瑕。宗棠復總署董尚書恂書，略謂「我復舊疆，與英無涉。英欲越緬甸開市滇邊，以銷鴉片，非各國共有之利，必不甘附和。由緬至滇，非用兵地，以主制客，不爲利誘，地險心固，足捍吾圉。此時乃與顯起釁端，亦不可專以柔道牽之。至俄使奉命來在上年，何知有馬嘉理事？何從受其指使？至則坦懷示之。隴禍已十數年，無可掩覆」。至是，果至，宗棠引居節署，間日一會食，詢以外傳與英有約之事。俄使言「英人叵測，俄與中國從無釁端。國主意與中國永敦和好。伊犁駐兵，乃防回侵害。俟中國克烏魯木齊瑪納斯，即以交還」。又言「此行意在請由內地開通茶市，徑運隴邊」。宗棠念俄已於恰克圖通商，此請徑銷茶引，正可杜私販，自我定釐稅章約；許以邊事定後徐議；俄使卽以關外糧運艱，自請代購其國，徑運古城，欲速師期以通茶運；相與訂約而別。

二年六月，官軍復烏魯木齊，北路略定。宗棠奏言：「新疆與俄毗連，疆埸之事，一彼一此，不但措置乖方，動多妨礙；卽語言交際，偶爾失當，亦啓猜嫌爭執之萌。臣奉恩命督辦新疆軍務，身在事中，利害安危，不敢不引爲己任。應懇敕下將軍都統各大臣，於俄人交涉事件，除本有定章，應各照常辦理外，遇交涉新疆者，應咨臣定見主辦，不必先與商議，致遠人無所適從，庶徑路絕而軌轍互通，論說少而爭辯自息」。從之。於是議者謂「俄人始約克烏魯木齊瑪納斯，交還伊犂。各城已復，當與卽申前議」。宗棠以爲北路鮮當一面之才，卽與旁緣舊說，必多要挾。卽收回後或別有意外之虞，翻難兼顧，不若姑以此委之，得一意南路，南路平卽伊犂亦爲不索而還。既而兵事愈順，京朝益議交還伊犂。駐京俄使數以邊境商民交涉各案未結爲詞，宗棠皆爲平情定讞以報。三年十二月，新疆悉平，叛回渠魁遁入俄。四年正月，宗棠請敕總理衙門，與俄使按約索取。復飭金順移書俄邊官，以還伊犂交叛逆兩事併議，而許以重犒。久之不報。是秋，俄藉貿易給白彥虎等路票，入邊爲寇，擒斬甚衆。五年正月，俄復縱逋回犯邊，亦多擊斬。時朝廷已命吏部侍郎崇厚爲全權大臣，與俄政府議收還伊犂事。據宗棠奏俄據伊犂後地方情形：「伊犂西面舊有拱宸、瞻德、廣仁、塔勒奇四城，均棄而弗守，傾圮殆盡。綏定一城，近以之雜置陝回，距伊犂僅三十里。伊犂大城人烟甚少。俄兵及商戶，均萃居東面惠寧、熙春、寧遠三城，而金頂寺煙戶尤多。伊犂管事俄官名馬伊爾，品秩不過中國同知通判之類。主伊犂之事者七河巡撫也。七河一作七水，其官爲固必納三爾，其名爲喀爾怕科斯克依。所駐阿爾圖，地屬俄境，在伊犂西八百餘里。其兼轄之官，名圖耳齊坦總督，名爲克復滿，亦呼高伏滿，自稱代國大臣，駐浩罕故都塔什干城，距我喀什噶爾不過數十程」云云。觀此知俄於伊犂並不設重兵防華，金順輩之欲以兵襲取，自是無識之談。襲取不患其不得，交鄰固不當輕以兵相見也。

崇厚使俄，在四年五月，其後以俄屢縱逋回假通商爲名入犯，乃奏請俄人未交伊犂以前，應禁其通市。五年三月，崇厚奏言：「俄人於還伊犂以通商、分界、償款三端相要，而先請沿邊弛禁通商。」廷議通商地方太廣，界務復圖侵佔，償款又無的數，詔崇厚不可急於索還伊犂，遽行弛禁貽患。下其書於宗棠，宗棠亦剖析其利害甚切。至八月，崇厚遽依前議，迭電報稱約章見皆定議，於八月初八日，起身赴黑海畫押後，即回京復命，並將見議條約十八款摘要知照等語（此語見宗棠奏中所敘八月二十三日上諭）。蓋此約爲崇厚與俄皇面訂。中國有全權使臣，俄國即君主身任，並無留待批准之手續，此見曾紀澤與總署書。崇厚曾任三口通商大臣，曾以全權大臣訂中國丹麥通商條約，曾承辦中葡換約事宜，未嘗非經過訂約之熟手。紀澤又謂其牽於私事，回華太急。則其匆匆畫押，直是爲早作歸計。一時輿論譁然。洗馬張之洞特疏、修撰王仁堪庶吉士盛昱等公疏，皆請立誅崇厚，宣布廢約。今觀其索償不過二百五十萬兩，所不足計。通商設領事雖多處，在當時爲大患大辱，較之後來開埠日繁，未爲甚病。惟分界，於伊犂西以霍爾果斯河爲界，已盡進數百里。南界於伊犂山外特克斯河流域悉割予俄。伊犂之通道南疆，越天山而行者本有兩路，皆在此特克斯河流域以內，割去則祇可通烏魯木齊，再與南疆相接。伊犂將軍舊餘轄南北，今無可達之道矣。塔爾巴哈台城，界址亦改。照同治三年議定之界，畫去地段不少。尤無理者為南界。伊犁本天山北路重鎮，乃不得復自達於天山。此蓋除中國之使臣，旗員之奉使，必無更有冒昧及此者矣。朝命逮崇厚下獄，以六年正月初三日命曾紀澤使俄，改訂條約，俄亦接受新使，惟以舊使入獄為辱及俄皇。紀澤電請寬釋，以全顏面，乃允開議。惟索全權字樣。且一不合則云派員赴華，與華政府直接商訂。宛轉磋商，卒將特克斯河爭回，餘亦無大更改，然已為交涉之破格矣。方事之殷，宗棠以備戰進駐哈密，輿櫬而行。俄亦使兵艦游弋中國北洋，畿輔戒嚴。朝廷召宗棠入都備顧問，以劉錦棠代為欽差大臣。至七月約成。其於白彥虎等，錦棠主索回，俄以國事犯公例相抗，卒以由俄圈禁定議。回疆從此不擾，又保數十年之安。當其時，左帥兵競於內，曾侯名重於外，人材會合，力等回天。較之軍閥稱雄，舶來袁異，微有殊焉。此可以覘士大夫之風氣矣。

(三)雲南回　回之變也，多由聚族而居，與漢人痕跡不化。始而以漢藐回，迨天下多故，則以回仇漢，而漢人無以禦之，則變作矣。故回有地域與宗教之繫著，陝甘新疆尚不盡一氣，雲南與陝甘新，更隔絕自為一系。湘中良將，未暇及此。貴州平苗，尚出湘軍之席寶田劉嶽昭輩。戡定滇回，太功成於岑毓英。嶽昭雖督雲貴，亦惟虛己聽之。毓英自有部屬，自有節制。蓋惟此一隅，不在湘軍建績之列。

今先言滇事之起因：滇自漢至於唐初，亦為中國郡縣地。新唐地理志：「戎州姚州及瀘州三都督府，所隸諸蠻州九十二。皆無城邑，椎髻皮服。惟來集於都督府，則衣冠如華人焉。天寶末，諸蠻中南詔蠻蒙氏據有其地，旋自立國號大禮」。輾轉易姓改號，自五代石晉至宋，皆稱大理國。宋末元起北方，當理宗寶祐元年，即元之憲宗三年，滅大理，復爲蒙古統地。時蒙古尚未取宋，先有雲南。其色目種人，自西域回部移來者至夥。雲南回民之多，蓋自此始。回漢相讎之事，自來不可勝數，至道光間，漢回互鬥，焚殺幾無虛日。賀長齡爲雲貴總督，二十五年十月，永昌府又有回匪糾衆肆掠之事。迤西道羅天池殺戮永昌回民，指爲內應，殲除幾盡。回益懷憤報復。長齡以辦理不善降調，代以李星沅，稍理其紛，未久調任兩江，又代以林則徐。是時梗法爲暴者，與其謂爲回民，寧謂實由漢民改變。回以被迫而控之官，省不能理，至控之京部。官不庇漢以虐回，提犯鞫訊。而漢民先以燬官署，劫獄囚，搜殺回戶，拆橋梗道，抗敵拒捕聞矣。惟亦有回人滋事者。則徐所謂「止問良莠，不問漢回」，自是正辦。然粵亂漸熾，賢長官不能久任滇中。漢回相讎，回以種族宗教之結合，心力易齊。漢以各地之土豪，逞其勢力於一地，至回合各地以成衆，則聲勢不相侔矣。於是遂成十九年據地僭號之禍。

僭號之回爲杜文秀，以大理爲都，久攻始下。其在道光時，則受漢民所欺壓，挺身赴京控訴，而爲呈首者也。非不奉法之亂民也。後又助林則徐緝獲亂黨，且有功於平亂者也。此事近罕知者。

金安清撰林文忠公傳：保山回民滋事，公奏親臨督剿。……中途聞彌渡有警，乃疾趨先擊之，一鼓掃蕩。保山匪徒聞風震懾。公未至，即呈請縛獻。公素偵知首要各犯姓氏。別有杜文秀者，機警多智，曾入都控滇事，公撫而遣之。入賊巢，按名就縛，無一人遁。公詳列各犯罪狀，五雀六燕，悉當辠。即漢民有勾煽附和先事凌激者，亦一一窮治之。中外讋服。

此言緝回犯，以杜文秀爲眼目，所得悉當辠。別言漢民有犯亦一窮法，所以別於文秀所偵之回。文秀赴京呈控者漢人，若緝漢犯，自不能託之文秀，然則文秀以回人緝回犯，不以同教推諉，其初固深自效於大吏者。但保山之役，罪在地方官過於袒漢，多戮回人。犯法亦以漢人為甚。文秀卽為保山事京控。其助官緝犯，當是保山以外案犯。錄國史舊傳林則徐傳：

> 二十七年（道光）陞雲貴總督。時雲南漢回互鬬，垂十數年，焚殺幾無虛日。則徐抵雲南，適回民丁燦廷赴京疊控保山縣漢民沈振達，串謀誣害，劫殺無辜。經地方官提犯鞫訊，漢民遂糾衆奪犯，燬官署，劫獄囚，搜殺回戶，拆瀾滄江橋，道路以梗。永昌鎮道舉兵往擒，漢民遂拒捕。二十八年，則徐督兵赴剿，途次聞趙州之彌渡有客回勾結土匪滋事，遂就近移兵剿之，破其柵，殪匪數百，並撫卹受害良民。趙州底定，保山民聞風懾服，縛犯迎師，則徐按其罪重者百數十人，立誅以徇，復乘勢搜捕永昌、順寧、雲川、姚州，歷年拒捕戕官諸匪千餘名，寘諸法。

據此，知漢回讎殺，在雲南歷年已久。保山為漢人犯重，他處回犯正多。傳言京控者為丁燦廷，據則徐奏議，則丁燦廷與杜文秀皆為迭次控辭呈首：

> 則徐有飭提永昌京控人證，未據報解情形片，內言：「兩起回民京控，欽奉諭旨，交臣等審辦。其原告丁燦廷等一起，於十月十七日由部咨解到滇。又杜文秀等一起，亦於十一月初三日咨到。」
>
> 則徐又有審明丁燦廷等兩次京控摺，內言：「十一月內，又准部文，奉旨：『此次復舉雲南回民杜文秀等控告匪棍劉書等，挾嫌藉端，誣控從逆，致被搜殺搶掠，迨招撫回籍後，又被殺害多命等情』」。

是兩起京控之原告文秀確居其一也。

文秀等所控，亦不盡係漢人。文秀之未婚妻，卽為回人帶去窩藏，並殺其妻父，但為署知縣嗣代府事之知州恒文所用之家丁名黃貴者為之，並經慘殺其家多命。溯其起釁原因，則緣道光二十五年四月間，有已經殲斃之陝省回匪馬大等，在保山板橋地方，唱曲譏笑漢民，被逐起釁。漢回互相糾衆，仇殺焚掠，經永昌文武帶兵往拿。回匪率衆拒戰，戕害大小營員及兵練多人。各處漢村回塞，彼此互燒。其燒斃殺斃之人，事隔數年，難以追查確數等語。此唱曲必是山歌。南方山歌，原有專練相罵歌無數。彼此以歌詞多而惡毒，層出不窮爲勝。若在慣用械鬥之處，必爲啓釁之一大原因。至其助亂壯膽之資，則又有緊皮藥，服之刀砍不進，槍打不透。此似即義和拳等方法。今之大刀會小刀會，亦多有此語，昔之小說所謂金鐘罩鐵布衫等法，似亦其類。

道光二十九年，林則徐告病去滇。明年，金田事起，朝廷不暇多問邊遠事，不成兵禍者不見官書。而於咸豐三年六月，東川府屬回起事，總督吳文鎔帶兵出省剿辦，報迭有斬馘，其首匪馬二花仍不獲。至九月，滇督已易羅繞典，匪尙據東川之翠雲寺小雪山。護總兵王國才奉檄窮剿，擒獲馬二花及餘匪，安插難回一萬三千餘人，東川尋甸始平，具見國史館羅繞典吳振棫等傳。可知回變歷年未息。是時中原騷亂，鄰滇之黔桂兩省亦羣盜縱橫。滇省內又有猓夷擺夷等出掠。朝廷以全力禦太平軍，遠省之兵事餉事，聽省自爲計。大吏坐困無術，則聽將領料民爲兵，就地徵餉。驕將悍弁，所以對地方者益不可問。五年而杜文秀起迤西之蒙化廳矣。

文秀之起，官書皆甚隔膜。至後專剿迤西時，始揭其名。同治十一年克大理時，滇督劉嶽昭、滇撫岑毓英，奏捷疏中言：「杜逆倡亂，歷十八載」。則自其年上推十八年，知爲咸豐五年也。又同治七年，毓英始擢巡撫，疏陳軍事，首言「杜文秀竊踞迤西，十有三載，根深蒂固」。自其年上推十三年，乃係咸豐六年。蓋五年起事，六年而踞有迤西也。東華錄於咸豐五六年間，屢言漢回互鬥滋事。又言回民抗糧，朝廷與疆吏皆存一敷衍之見。疆吏諱重爲輕，朝廷不求甚解。當時總督爲恒春，出省剿貴州苗。巡撫爲舒興阿，其奏報諭旨，有如兒戲。如六年五月甲戌（十八日）舒興阿奏：「楚雄回匪，迭受懲創。剿撫兼施，尚易得手。惟尋甸悍匪，理喻不從，地方多被擾害。見已飛調昭通開化各鎮兵，相機剿辦」。得旨：「尋甸豈不能剿撫兼施？若必期剿洗殆盡，焉有多兵？但不可遷就了事也」。此蓋以尋甸屬迤東道，逼近川黔，爲省城通內地之後路，不能拋棄；楚雄雖已在大理之東，距省不遠，然尚屬迤西道轄，意將置之度外，以一撫字掩飾了事。而諭旨則並不責其兵取迤東矣。是時滇事，朝廷與疆吏互相粉飾，究其實狀，乃從旁見側出之文，略知咸豐六年亂象。劉嶽昭等同治十一年摺，有追敍文云：「咸豐六年，提臣文祥，調川軍助剿，克紅崖，圍賓居，而東西各回圍省。退兵還援，則彌渡雲縣失矣。」賓居塞在賓川州，紅崖當卽賓川州之赤石崖，與趙州之白崖爲對。彌渡鎮在趙州，雲縣卽大理之雲南縣。據此知大理初陷，提督尙調鄰省兵赴剿。賓川趙州雲南，皆大理所屬州縣，而省城於是被圍，遂加陷數地。又清史稿忠義淡樹琪傳：「咸豐六年，以知府候補雲南。先是，雲南各郡縣漢回相殺，回人據大理諸州縣。樹琪至滇境聞變，遣家屬還，間道至省城。次日，城門晝閉。……初，樹琪以部郎出守貴州，苗匪亂，辦賊有聲。……大吏率遣樹琪及副將謝周綺防堵碧雞關。關去城三十里。……樹琪旋遇害。時六月二十六日，距至雲南僅七十餘日。」是卽六年省城被圍事，而大理則早被回據。樹琪於抵滇境時已聞之，必是春間之事。東華錄於六月十六日辛丑諭，據滇撫舒興阿有「回匪勾結日眾，見飭分股剿辦」一摺。又另片奏「漢回讎鬬，勢難姑息，擬次第查辦」等語。八月初二日丙戌，又奏西路剿匪獲勝，及剿辦海口回匪各一摺，並不言省城被圍。朝廷亦方飭滇督恒春由黔回滇，仍令其酌度情形，先其所急。初九日癸巳，諭本日侍郎何彤雲奏滇省回匪滋事情形，略言「當漢回互鬥之初，自應持平辦理，迨至因焚殺而戕官，回已叛逆，漢無此事，地方官力持並剿之議，又盡撤各鄉團練，而轉募回匪守城。見在迤東迤西各屬，回勢燎原。海口碧鷄等處，偪近省垣，回皆屯踞。非大加懲創，不能使之畏威斂迹。」並保前任知府彭崧毓及在籍侍郎黃琮，御史竇垿、總兵周鳳岐等，辦團練佐兵力。劾從前縱回袒回諸員，責令恒春舒興阿查照商辦。並詢恒春能否回滇。旋又諭恒春奏貴州剿辦吃緊，未便折回。惟爲滇請兵請餉，朝廷亦無如何，惟飭四川助兵二千，籌撥三四萬金，往資接濟而已。九月十九日癸酉諭，乃由恒春奏澂江臨安兩府幾無完區，海口未能獲勝，姚州未復，浪穹失守，大理被焚，開化滋擾等語。於是三迤皆匪區，滇亂不可復掩。詔恒春回滇督剿，而舒興阿仍奏回方求撫。十二月十五日戊戌，又以恒春奏，迤西大理永昌，迤東開化廣南，回仍猖獗。責舒興阿前奏難信。二十四日丁未，又諭有人奏滇回猖獗，總由官意專主撫，致墮術中。大理紳民赴省請剿，舒興阿置若罔聞，見患怔忡，任信門丁巡捕，表裏爲奸，著恒春查奏。七年正月，恒春奏回省調度，依違剿撫之間。諭旨責令出省剿辦，恒春覆奏在省可以兼顧，不敢出省。舒興阿旋乞病回京，回又逼省垣。六月初一日夜，恒春與妻博爾特氏在署皆自縊，乃調前曾在滇撫之川督吳振棫督滇。

振棫杭州人，承平文學侍從之才，原難倚之戡亂，時回雖猖獗，漢亦不弱。惟回有特殊結合，其勢見強。官無用漢人之方略，思倚外省之兵之餉，則方太平軍益熾，無可徵調，益成坐困。苟幸撫局覊縻，益攉散漢人抗回之力。振棫由川來，前所諭撥之川兵川餉，可以措辦携來，暫供支柱。回於省吏，但得事事聽命，即任其存在，亦無相害之意。其所謂撫，有求割地言和之意。省吏雖不敢明許，終之撫事上聞。即明明不剿，不啻默許連和矣。振棫未至滇，猶奏言「必需大兵鉅餉，痛剿一二處，方可就撫。」七月二十五日甲辰，得旨稱奬。迨行抵曲靖，即奏「籍紳黃琮竇垿，辦團設局，刻關防，貼告示，令民集團殺回，以致回亂蔓延」等語。諭琮垿革職，交振棫查訊治罪。事在十一月。旋御史陳濬尹耕雲奏：「吳振棫辦理失當，恐誤地方。」吳焯復復奏：「愚民誤會，恐團練解體。」朝廷方倚振棫，諭斥言官爲顚倒是非。蓋中外希望撫局或有成也。四月，振棫奏至，則大理回蔡七二陷順寧府城。七二爲杜文秀姻婭，見湘軍記。五月，振棫又奏「回民就撫，省城解嚴。經疊次推誠曉諭，漢回均各輸服。並據回人出具永不滋事甘結。其屯聚省城外之回民二萬餘人，咸已解散，地方肅清。」是爲振棫敷衍叛回，暫促離去省城之局。至十一月，遂乞病去，以巡撫張亮基代督滇。亮基薦按察使徐之銘升巡撫。之銘以剿匪自命，躐躋高職，實傾險挾回爲重。亮基不能制。十年十月，亮基又乞病罷，之銘復疏請留亮基。詔候新督劉源灝至乃行。亮基在滇不敢發之銘事。源灝久不至，明年，亮基逕去。二月，至湖北，疏陳之銘罪狀。會雲南布政鄧爾恒，前總督廷楨子也，升陝西巡撫去滇，於曲靖途次爲賊所殺。亮基亦奏「傳聞係候補副將何有保之練丁所爲」，並有「撫臣主使」語。朝廷罷源灝，改任潘鐸督滇，並命亮基督辦雲南軍務。之銘嗾所撫回將馬如龍等拒亮基來。同治元年，鐸先至滇，奏鄧爾恒獄正犯何有保已斃，之銘主使無實迹，候亮基來再會同查辦。又以馬如龍可用，澂江知府岑毓英有將材，皆爲之銘所識拔，密陳之銘尙能撫回。朝命改亮基署貴州巡撫，以羈縻之銘。未幾，之銘文檄杜文秀之叛黨馬榮署武定營參將。二年正月，榮忽率二千人至省，踞五華書院。鐸令遷出，不應。自往諭遣，被殺，並殺府縣各官，縱兵大掠。時毓英代理藩司，獨立藩署拒戰。馬如龍來援，榮乃率衆携所掠去。回衆戕總督，已擁其掌教馬德新爲總督。之銘故諂事德新，以聯絡回衆。及是，如龍逐德新，取總督關防授之銘，之銘遂以巡撫讓如龍，如龍不受，遂令署都督，一切拱手聽命。是時雲南如化外，之銘疏但報杜文秀勾匪犯省被却退而已。論者謂之銘與亂謀。朝命褫職，以勞崇光爲督，賈洪詔爲撫。皆不能至。數年無督撫。兵事由岑毓英馬如龍爲主，而毓英乃卒成平亂之功焉。之銘未就逮旋死，死時尙保毓英如龍，滇事所賴，其言亦驗。後雖有言之銘罪者，朝廷亦不究。

毓英，廣西西林州附生，咸豐初辦團保縣丞。六年，帶勇入雲南，投效迤西軍營，轉戰至迤東。九年，有克宜良縣功，即署縣事。十年，有偕參將克路南州功，即署州事。方丁報，以之銘奏不令解署任。十二月，兼署澂江府事。十一年正月，剿毀澂江賊壘。時馬如龍尙爲迤東叛回酋帥，毓英屢破其衆。杜文秀僭號大理，授如龍職，不受，遂有隙。如龍自據近省諸州縣入寇，勢駸盛。迤西杜酋復陷楚雄廣通祿豐諸城，亦逼首垣。之銘主撫迤東回，其酋如龍亦自陳爲殉難九江鎮總兵馬濟美之姪，三世效忠，願反正。毓英檄往諭，如龍聽命，獻所踞八城。之銘即奏毓英暫代藩司。如龍巡令署臨元鎮總兵，留省襄解撫事。朝廷以爲投誠叛酋，遽擅授鎮將，諭張亮基潘鐸查辦。嗣納駱秉章言，暫置不問，以羈縻之。遂授如龍鶴麗鎮總兵。如龍旋出剿臨安回。二年正月，馬榮之變，毓英所部粵勇千餘人，與弟毓祥毓毓琦死守藩署，密馳書如龍，以大義趣赴援。乃夾擊殲敗。時滇民健者：楊玉科、李維述，皆從毓英，以戰回為樂。蓋滇事起於漢回相仇，誤在大吏怵於回強，務抑漢人以媚，漢人無所憑藉，惟毓英以粵勇來，久戰有功，漢人有材力者附之，毓英之軍益盛。如龍則擁回衆為一軍。文秀貽書掌教馬德新，斥如龍自殊同教。如龍亦馳書迤西，數文秀狂悖，德新不明大義，勸回衆勿為所惑。德新入省申割地媾和議，如龍力止之。毓英方進兵迤西，屢復城邑，而迤東回馬榮聯陞等復陷曲靖各邑。毓英回救，所復地復盡失。毓英與如龍分下尋甸霑益諸城，盡擒馬榮馬進才馬聯陞諸酋，剖榮屍祭潘鐸。四年，迤東平，如龍加提督銜，賞效勇巴圖魯號。毓英加布政使銜，賞勉勇巴圖魯號。五年，毓英署布政使，勞崇光方入省就督任，乃命如龍主迤西軍事，圖大理。毓英出省剿貴州豬拱箐苗清後路，豬拱箐隸大定府之畢節縣，毘連雲南昭通之鎮雄，四川之敍永廳，險隘，為三省毒害。楚軍劉嶽昭席寶田用兵貴州，久未竟功，朝廷方擬以主軍，同治四年，授嶽昭雲南布政使，以援貴州，未赴，五年正月復擢雲南巡撫。川黔大吏爭留嶽昭藏黔事乃行。勞崇光乃檄毓英由滇入剿，毓英剋百二十日，以滇軍獨任豬拱箐事。如期克之，僅逾四日。時在六年六月。七月又攻克海馬姑。崇光卒於滇。如龍征文秀屢失利，聯部回練多通文秀，如龍稱疾還省，文秀大舉東犯，連陷二十餘城，省垣告急。嶽昭奏令毓英回師，朝旨亦從嶽昭赴滇。如龍既失回衆，專倚漢兵守省城。其冬，毓英凱旋抵曲靖。七年正月，迤西回迭陷附省各縣，新督張凱嵩未赴乞病，詔以嶽昭升總督，毓英為巡撫。迤東回馬添順距尋甸應文秀，如龍部回弁亦倒戈，毓英將李維述救之乃免。嗣是如龍暱就毓英，無復角立志，滇事待毓英而辦。嶽昭亦散遣其弟嶽朘軍，專倚毓英。是年，文秀遣鉅股應尋甸，迭進迭退。省城糧路再絕再通。八年五月嶽昭諸弟嶽曙嶽晙攻克尋甸。八月，省城圍解，嶽昭入省，是年，再定迤東。惟澂江新興尚未下。迤西軍事，亦克楚雄，至彌渡，進圍蒙化，距大理百里而近。至歲杪，收賓以居麗江，攻克劍川緬寧，圍永昌騰越威遠姚州。九年正月克威遠。二月，澂江回又出犯，新興回亦得援襲陷圍師營。毓英自將攻澂江，如龍自將攻新興，嶽昭親至觀地勢。四月，楊玉科克姚州。姚州回悍，攻之三月餘，地雷再發乃克。五月，如龍克新興。澂江至十年二月乃克。時大理北已略定，官軍已復三十二城，攻廣西州彌勒縣之竹園，踰一年乃下。回舉火自焚死，無一降者，其悍如此。十一年，東南兩迤悉平。迤西惟大理及順寧騰越未下。楊玉科方攻大理，十一月，毓英抵大理，督將士斷順寧騰越來援路，直薄城下，掘地轟城，奪東南兩門。回猶守西北門，及文秀所築內城，謂之王城。文秀自出戰而敗，退入內城服毒死，部將以其屍舁獻，並其僞帥印，毓英以爲詐，悉斬之。限城內餘黨三日內繳械出城，其黨約半年。毓英飭玉科選死士二百人，入城收械，嚴布重兵於城外，夾擊之。斬其將軍參軍等三百餘名，生擒其大司衡楊榮，大經略蔡廷棟，大冢宰馬仲山，磔之。嶽昭毓英奏言：「杜遊倡亂，歷十八載，攻陷五十三城，西及四川會理，東及貴州興義。僞造禁城，規僭王制，與東南鉅寇，並駕一時。官軍四次西征。咸豐六年。提臣文祥調川軍助剿，克紅崖，圍賓居，而東西各回圍省。退兵還援，則彌渡雲縣失矣。九年，提臣褚克昌鶚鵠關雲南驛，而館驛澂江回衆攻陷廣通楚雄鎮南以襲其後，則褚克昌之全軍覆矣（克昌敗死在十年。此云九年，乃克鶚鵠關時）。同治二年，臣毓英在署藩司任內，連拔景東鎮沅永北楚雄廣通定遠，進規鎮南，而馬連陞馬榮率霑益尋甸之衆，佔據曲靖馬龍平彝。撤兵回顧，而大理之役遂不果矣。六年，提臣馬如龍甫至定遠，前軍失利，而合國安楊振鵬等內外勾結，連失定遠楚雄以次二十城，則省圍幾莫解矣。皆由東南黨援未除，則迤西寇氣氛益熾。故先從各路征剿，克曲靖而東隅固，解省圍而內患清，復澂江而內地寧，平臨安而南徼定。內顧無憂，遠圖易舉。臣等所以先事東南而後專事迤西者，職是故也。」是月，李維述楊玉科克蒙化大小圍埂，為文秀倡亂地。十二年二月，楊玉科克錫臘，蔡標克猛郎，玉科克順寧。四月，玉科蔡標克雲州，和耀曾克小猛統。五月，李維述克騰越，雲南平。玉科維述為驍將。玉科初事毓英，驕蹇，嘗殺仇，持其頭謁毓英，意詰責即為變，毓英笑釋之。維述驟馬為業，不知有榮貴，及奉朝廷賞玉搬指，適與指合，驚以為天子聖神，益效忠藎。所設市肆，悉以巴圖魯名號名之，戇直榮幸朝命如此。其他諸將：和耀曾、蔡標、段瑞梅、夏毓秀、何秀林、楊國發、張保和皆滇人，而從毓英積功為大將，皆滇之率練勇起家者。方事之初，大吏務媚回抑漢，摧敗練事，不顧後路而坐圍省中，或畏亂而不入省，皆不能收漢人為用。遂獨以功名讓毓英。毓英能用諸將，嶽昭又善用毓英，並善用如龍以彈壓回衆，如龍以師事嶽昭焉。此皆咸平復之功者，舉與前數輩有殊也。

【附註】

①參見孟先生撰「清太祖起兵為父祖復仇事詳考」（載北平故宮博物院年刊——民國二十五年七月出版）。

②見孟先生撰「清太祖告天七大恨之眞本研究」（載北京大學史學社刊行之「史學」第一期——民國二十四年一月出版）。

③參見孟先生撰「明本兵梁廷棟請斬袁崇煥原疏附跋」（載北平研究院史學集刊第一期——民國二十五年四月出版

）。

④參見孟先生撰「洪承疇章奏文冊彙輯跋」（上海商務印書館刊行）。

⑤見孟先生撰「明烈皇殉國後紀」（載北京大學國學季刊第四卷第三期、民國二十三年九月出版）。

⑥見孟先生撰「書清世祖賜建言詞臣牛黃丸令引疾事」（載北京大學國學季刊第五卷第四期）及「清世祖實條初纂本跋」（載民國二十六年一月二十八日天津大公報圖書副刊第一六七期）。

⑦見孟先生撰「南明永曆帝致吳三桂書跋」（載民國二十五年七月十六日天津益事報讀書周刊第五七期）。

⑧見孟先生撰「國史所無之吳三桂叛時漢蒙文敕諭跋」（載禹貢半月刊第六卷第十二期）。

⑨見孟先生撰「巳未詞科錄外錄」（張菊生先生七秩壽辰紀念論文集——商務印書館）。

⑩見「明烈皇殉國後紀」。

⑪見心史叢刊中之「字貫案」等篇（商務印書館印行）。

⑫見孟先生撰「重印李成供狀序」（北京大學出版組印行）。

附錄一　清初三大疑案考實

（一）太后下嫁考實

清世雖不敢言朝廷所諱言之事，然謂清世祖之太后下嫁攝政王，則無南北，無老幼，無男婦，凡愛述故老傳說者，無不能言之。求其明文則無有也。清末禁書漸流行，有張煌言蒼水詩集出版，中有句云：「春官昨進新儀注，大禮恭逢太后婚。」此則言之鑿鑿矣。然遠道之傳聞，鄰敵之口語，未敢據此孤證為論定也。革命以後，教育部首先發舊禮部所積歷科殿試策，於擡寫皇上處，加擡寫攝政王，而攝政王之上，或冠以「皇叔父」字，或冠以「皇父」字，亦不一律，一時轟然，以為「皇父」之稱，必是妻世祖之母，而後尊之為父也。然當時既不一律稱皇父，則視之與皇叔父等。初入關，攝政王祇稱「叔父攝政王」。後以趙開心言，叔父乃家屬所稱，若臣民共稱，「當作皇叔父」，詔從之。嗣稱「皇父先發」，見者為殿試策。後大庫紅本皆出人間，順治四年以後，內外奏疏中亦多稱「皇父」。父之為稱，古有「尙父」「仲父」，皆君之所以尊臣，仍不能指為太后下嫁之確據。

若以「皇父」之稱為下嫁之一證，則既令天下易尊稱，必非有所顧忌不欲人知之事。誠應如蒼水詩，春官進大禮儀注，且有覃恩肆赦，以志慶幸。使皇帝由無父而有父，豈不更較大婚及誕生皇子等慶典為鄭重乎？故必覓得當時公平之記載，不參謗毀之成見者，乃可為據。蒼水自必有成見；且詩之為物，尤可以興到揮灑，不負傳信之責，與吾輩今日之考訂清史不同。今日若不得確據，雖別有私家記述，言與蒼水合，猶當辨其有無謗書性質，而後定其去取。況並無一字可據，僅憑口耳相傳，直至改革以後，隨排滿之思潮以俱出者，豈可闌入補史之文耶？

蔣氏東華錄所據之舊實錄，所載攝政王事實，為王錄所無者極多。「皇父」之來歷，蔣錄有之。清主中原，用郊祀大禮，以效漢法，乃始于順治五年。此兩實錄所同也。是年冬至郊天，奉太祖配，追崇四廟加尊號，覃恩大赦，即加「皇叔父攝政王」為「皇父攝政王」。凡進呈本章旨意，俱書「皇父攝政王」，蓋為覃恩事項之首，由報功而來，非由瀆倫而來，實符古人尙父仲父之意。張蒼水身在敵國，想因此傳聞，兼挾讎意，乃作太后大婚之詩。所起人疑者，尤在清世屢改實錄，王氏東華錄，於順治五年冬至郊天恩詔則云：叔父攝政王治安天下，有大勳勞，宜增加殊禮，以崇功德，及妃世子應得封號，部院諸大臣集議具奏。以下不載議奏結果。蓋王錄詳其改稱之前，蔣錄但舉其改稱之事，其實一事，而王錄則諱言「皇父」屬實，想係後改實錄如此。王錄所諱不但「皇父」之稱，凡攝政王之所享隆禮，皆爲所削，如初薨之日，尊爲「懋德修道廣業定功安民立政誠敬義皇帝」，廟號「成宗」，八年正月，以追尊攝政睿親王爲成宗義皇帝妃爲義皇后，祔太廟，禮成，覃恩赦天下並載詔文；凡此皆爲王錄所無。則知後改實錄，乃本其追奪以後之所存者存之，亦非專爲皇父字而諱也。又蔣錄於議攝政王罪狀之文，有王錄所無之語云：「自稱皇父攝政王」，又親到皇宮內院。又云：凡批票本章，概用「皇父攝政王」之旨，不用皇上之旨；又悖理入生母於太廟。其末又云：罷追封撤廟享，停其恩赦。此爲後實錄刪除隆禮不見字樣之一貫方法。但「親到皇宮內院」一句最可疑，然雖可疑祇可疑其曾瀆亂宮廷，決非如世傳之太后大婚，且有大婚典禮之文布告天下等說也。夫瀆亂之事，何必即爲太后事？雖有可疑，亦未便泰甚其惡。

全國口傳，惟曰太后下嫁，而文人學士則又多所牽涉，謂太后大婚典禮，當時由禮部撰定，禮部尙書爲錢謙益，上表領銜，故高宗見而恨之，深斥謙益。至沈德潛選謙益詩冠別裁集之首，亦遭毀禁，而德潛以此得罪於身後。此說也，仍由蒼水詩中春官進儀注而來，聯想至錢謙益以實之。今考錢謙益之爲禮部尙書，乃明弘光朝事。清初部院長官不用漢人，至順治五年七月，乃設部院長官漢缺，其領銜尙不得由漢尙書。世祖紀五年秋七月丁丑，初設六部漢尙書都察院左都御史，以陳名夏謝啓光李若琳劉餘祐黨崇雅金之俊爲六部尙書，徐起元爲左都御史。而謙益之入清受官，據貳臣傳，順治二年五月，豫親王多鐸定江南，謙益迎降尋至京候用；三年正月，命以禮部侍郎管秘書院事，充修明史副總裁；六月，以疾乞假，得旨，馳驛回籍，令巡撫按視其疾痊具奏。謙益之入朝僅此。

東華錄順治三年正月甲戌，以故明禮部尙書錢謙益仍以原官管秘書院學士事；禮部尙書王鐸仍以原官管宏文院學士事。此文與貳臣傳不合。今北京大學有世祖實錄底本，則曰順治三年二月初五日壬午，禮部尙書王鐸，禮部右侍郎錢謙益，隨豫王赴京，除授今職，各上表謝恩：則又與貳臣傳合。不知東華錄所據之實錄本何以兩歧？然即使東華錄爲可信，其以某官管某職，原無此官而但有其職，榮以虛銜而已。在三年固未有漢禮部尚書，至五年有是官時，謙益去國久矣。

因東華錄與舊實錄及貳臣傳，載錢謙益入清之官不符，再考之貳臣王鐸傳：明崇禎十七年三月，擢禮部尚書，未赴，流賊李自成陷京師，明福王朱由崧立於江寧，鐸與詹事姜曰廣並授東閣大學士，道遠未至。大學士馬士英入輔政，出史可法督師揚州，嗾其黨朱統鍡劾曰廣去之；鐸至，遂爲次輔。……本朝順治二年五月，豫親王多鐸克揚州，將渡江，明福王走蕪湖，留鐸守江寧，同禮部尚書錢謙益等文武數百員出城迎豫親王，奉表降，尋至京候用。三年正月，命以禮部尚書管宏文院學士，充明史副總裁。六月賜朝服。四年，充殿試讀卷官，六年正月，授禮部左侍郎，充太宗文皇帝實錄副總裁。十月，遇恩詔，加太子太保。八年，晉少保。……九年三月，授鐸禮部尚書，而鐸先以二月間祭告西嶽江瀆事竣，乞假歸里，卒於家。事聞，贈太保，賜祭葬如例，謚「文安」。夫鐸之入清，其原官爲東閣大學士，非禮部尚書矣。如曰原官與謙益同爲禮部尚書，此與事實不合。鐸以次輔入清，而用禮部尚書管學士，已降其官，謙益以禮部尚書入清，自應亦降一官而得侍郎爲銜名。此可證東華錄之未合者也。謙益未久留而去，後無官歷可驗；鐸則名爲禮部尚書，閱三年乃實授侍郎；再閱三年餘，共歷六年餘而始眞授禮部尚書，則初到時之受官，可見絕非實官。況尚書漢缺未設，謙益能以禮部領銜奏事，其爲虛誣，不待辨矣。謙益詩文多觸忌諱，乾隆時方大興文字之獄，禁毀何足爲怪？順治初年之禮部尚書爲郎球，太宗時謂之禮部承政，入關後改名，由元年直任至十年五月乃免，具在部院大臣年表，與謙益無涉。

世祖時之尊爲皇太后者有二后：太宗元后孝端，太宗莊妃以生世祖而尊爲后曰孝莊。孝端崩於順治六年，年五十一，攝政王薨於順治七年，年三十九。孝莊后崩於康熙二十六年，年七十五。計其年，孝端長於攝政王十三歲。順治五年間，攝政王稱「皇父」時，孝端已五十歲矣。孝莊則少於攝政王者兩歲。以可以下嫁論，當屬孝莊。孝莊崩後，不合葬昭陵，別營陵於關內，不得葬奉天，是爲昭西陵。世以此指爲因下嫁之故，不自安於太宗陵地，乃別葬也。孝莊后傳：后自於大漸之日，命聖祖以太宗奉安久，不可爲我輕動。況心戀汝父子，當於孝陵近地安厝。此說姑作爲官文書藻飾之辭，不足恃以折服橫議。但太宗昭陵，已有孝端合葬：第二后之不合葬者，累代有之。世祖元后廢，不必言；繼后亦不合葬；先合葬者董鄂氏端敬后，後合葬者乃聖祖生母由妃尊爲后之孝康后。繼后孝惠后別葬，謂之孝東陵。世宗亦惟一后合葬。高宗生母尊爲孝聖后者，崩於乾隆四十二年，高宗亦不爲合葬，別起泰東陵。仁宗第二后孝和后，又別起昌西陵，不合葬。宣宗則第四后孝靜后別起慕東陵。文宗則第一后未即位以前崩之孝德后合葬。第二后孝貞后，卽同治初垂簾之慈安太后，則別起定東陵；穆宗生母由貴妃尊爲后之孝欽后，又並葬定東陵，皆不合葬。凡此皆以意擇定，何獨強孝莊不能以遺言自指葬所？此昭西陵雖清代無他例可援，亦不能定爲下嫁之證。況列帝之后皆有此例乎？

由是則太后下嫁之證無有。而舊時所以附會其下嫁者，皆可得其不實之反證。以此欲作一考以辨其訛。然卒未有不下嫁之堅證。遲之又久，乃始得讀朝鮮李朝實錄。私念清初果以太后下嫁之故。尊攝政王爲「皇父」，必有頒詔告諭之文；在國內或爲後世列帝所隱滅，朝鮮乃屬國，朝貢慶賀之使，歲必數來，頒詔之使，中朝亦無一次不與國內降勅時同遣。不得於中國官書者，必得於彼之實錄中。著意繙檢，設使無此詔。當可信爲無此事。既徧檢順治初年李朝實錄，固無清太后下嫁之詔，而更有確證其無此事者。急錄之以爲定斷。世間浮言可息矣。

朝鮮仁祖李倧實錄：二十七年己丑，卽清世祖順治六年，二月壬寅，上曰：「清國咨文中，有『皇父』攝政王之語，此何舉措？」金自點曰：「臣問於來使，則答曰：今則去叔字。朝賀之事，與皇帝一體云。」鄭太和曰：「勅中雖無此語，似是已爲太上矣。」上曰：「然則二帝矣。」以此知朝鮮並無太后下嫁之說。使臣向朝鮮說明「皇父」字義，亦無太后下嫁之言。是當時無是事也。當時無之而二百數十年尙傳其說，此有數故。清初人民皆不饜夷族入主，先有視爲無禮教之成見，會攝政王逼肅親王豪格死於獄，而取其福晉。此爲當時議攝政王罪狀，所明載奏疏及諭旨者，自是事實。肅王爲太宗長子，世祖親兄，此而可以無禮，則去無禮於太后者幾希？天下譁傳，明遺老由此而入詩，國人轉輾而據以騰謗。後人好奇，平正之論或久而不談，新奇神秘不敢公然稱道者，反傳述之不已，無從辨正。有加辨者，亦以爲媢嫉一人，不足息好奇之念。今以異代訂定史事虛實，則不能不有考實之文耳。

附一　胡適之君來書

心史先生：

「太后下嫁考實」大稿送還，承　賜先讀爲快，感謝感謝。今早別後車中讀此文，至佩　先生不輕置信之精神。惟讀後終不免一個感想，卽是終未能完全解釋「皇父」之稱之理由。朝鮮實錄所記，但云「臣問於來使」，來使當然不能不作模稜之語，所云「今則去叔字」，似亦是所答非所問。單憑此一條問答，似仍未能完全證明無下嫁之事，只能證明在詔勅官書與使節辭令中無太后下嫁之文而已。鄙意決非輕信傳說，終嫌「皇父」之稱似不能視爲與「尙父仲父」一例。下嫁之傳說已無證據可憑，而「皇父」之稱自是史實。後之史家於此事只能說：據殿試策與紅本及朝鮮實錄，攝政王雖改稱「皇父」，而民間有太后下嫁之傳說，但無從證實了。鄙見如此，乞　先生恕其妄說。

胡適敬上。廿三、六，廿六

附二　作者答胡適之君書

適之先生：

朝鮮之問皇父來由，實錄載在順治六年二月壬寅。金自點所答「曾問使臣」，其問使臣必非當日之事，或在其前有若干時日矣。今姑作爲問在是年是日，則壬寅乃十三日，當是時攝政王方全掌國事，如以太后嫁彼爲倫理上之汚點而諱之，則必不以皇父之稱詔示天下。至勢力名分之不應褻瀆太后，當時本非攝政王所慮也。既以皇父之稱詔天下，如果因得婚太后之故自尊異，則必以太后下嫁明告天下，而後知有其實故據其名。因其公然稱皇父，必不諱太后下嫁。惟其無下嫁之事，則坦然稱皇父以仲父尙父自居，則亦無嫌，故有皇父之稱。卽事實祇有兩途：一則太后實行下嫁，一則非但不下嫁，並無不可告人曖昧情事。若云下勅，而在中國則後來諱之，朝鮮或實錄失載，但其君臣有此討論，則勅書可決其無有。使臣知爲國諱，必在攝政王死後，朝局將翻之日。攝政王之死在七年十二月初九日戊子，其時世祖之擧哀行禮固未嘗不用帝崩之儀注也。是月二十五日甲辰，尊故攝政王爲懋德修道廣業定功安民立政誠敬義皇帝廟號成宗。八年正月十九日丁卯，成宗義皇帝祔太廟。二月十五日癸巳，蘇克薩哈、詹岱、穆濟倫，首告故攝政王多爾袞逆節。二十一日己亥，暴多爾袞罪於中外，削其尊號，及母妻追封，撤廟享。故朝事之反覆，始於八年二月十五，卽云攝政死而朝局必翻，使臣有先見，亦當諱於七年十二月初九以後。若在兩年以前，國有大慶，太后大婚，使臣方負宣揚之責，若以爲可諱，卽清廷何必用公文稱皇父？夫以國無明文之曖昧，吾輩今日固無從曲爲辨證。但中冓之言本所不道，辨者爲多事，傳者亦太不闕疑。此爲別一事，不入鄙作考實之內。惟因攝政王既未婚於太后，設有曖昧，必不稱皇父以自暴其惡。故知公然稱皇父，既未下嫁，卽亦並無曖昧也。復請再鑒，並示當否。

弟森拜上　廿八

（二）世祖出家事考實

清世祖好佛，延高僧入禁中，尊禮甚至。時有木陳玉林二禪師，皆世祖所敬事。而玉林尤爲本師，爲取法名曰行癡。「行」字在龍池祖法派中，爲「通」字之下一輩，玉林名通琇，其弟子皆「行」字排也。木陳較有世間法習氣，世宗時深斥之，而獨尊玉林，責木陳所著北遊集乖謬，飭部行文各省查燬。然木陳歸天童，諸御書已摹刻上石，作奎煥樓貯之。天童寺在明州萬山中，當時無追跡者，故石刻至今尙存。民國十九年，余游浙東西諸山，讀奎煥樓壁嵌世祖與木陳敕及手札，並書唐詩軸。世祖書法蒼勁，非康雍乾累朝可比。鈐章有「塵隱道人」，有「懶翁」有「癡道人」等各文字，札稱「木陳師兄」，有一軸書梵網經及蓮池解，說明僧人不拜人君之旨。余明州雜詩中有一首云：「禪榻安眠奎煥樓，藥師龕後敕書留。道人塵隱翁貪懶，萬乘蕭然第一流。」記此事也。

玉林國師年譜：順治十六年己亥。譜有云：「世祖請師起名。師辭讓。固請師曰：『要用醜些的字眼。』師書十餘字進覽。世祖自擇「癡」字，上則用龍池祖法派中「行」字。後凡請師說戒等御札，悉稱弟子某某，即璽章亦有「癡道人」之稱。然師珍重世祖之深信，未嘗形之口吻楮墨。凡師弟子，俱以法兄師兄爲稱。至四月八日，佛誕道場圓滿，師即辭歸葬親。上俞允所請。四月十三日，欽差內十三道張嘉謨近侍李國柱賫勅至萬善殿，賜黃衣銀印，師號大覺禪師，並賜帑金營葬，仍遣司吏院官張公嘉謨送歸。師自前三月十五日面聖，留供西苑萬善殿者兩閱月，常不御帽，不脫伽黎，上傳師眞，留供大內，恩蒙顧問者非一一。然上如不問，則不敢強對。語不及古今政治得失，人物臧否，惟以第一義諦啓沃聖心。蓋不敢孤徵召僧伽之明詔也。」

世宗之斥木陳也，舉其北遊集所載。如述世祖諭旨云：「願老和尙勿以天子視朕，當如門弟子旅庵相待。」以爲誕妄之至。又如云：「上龍性難攖，不時鞭朴左右，偶因問答間。師啓曰：『參禪學道人，不可任情喜怒。』故曰：「一念嗔心起，百萬障門開」者此也。』上點首曰：『知道了。』後近侍國柱語師云：『如今萬歲爺不但不打人，即罵亦希逢矣。又萬歲爺極賞老和尙胸懷平坦，亦最慈和樂易』」云云。謂此乃必無之事，明係憑空結撰者。木陳漏洩世祖言動較多，故爲世宗所嫉。但世祖敬禮二僧，亦爲世宗所承認。北遊集中語，未敢謂其必無。世宗又舉北遊集有譏玉琳語，謂其不知分量。而玉琳年譜亦言木陳非議其世祖所傳之眞，爲不脫帽之像，有違僧律，玉琳有駁正語甚詳。然則二僧相輕，固自數見。今姑不論二僧之公案，要於世祖之入禪宗，禮本師，受法名，序輩行，雖不下堂階，早與同泰捨身比烈。若不以攻乎異端爲惡德，則於其樂道忘勢，服善改過，反引爲恥，乃世宗之褊心，非世祖所任受也。故木陳所記，吾以爲無可反脣也。

然則謂世祖出家，正足道世祖之志。而世之所傳，則又加以神秘，謂在位十八年，棄天下如敝屣，遯入五臺爲僧。其文字之證，則取之吳梅村清涼山讚佛詩。其事實之證，則謂聖祖奉太后屢幸五臺，必有所爲。又光緒庚子，兩宮西狩，道經晉北，供御器具，地方無從措備，借自五臺，宛然內廷法物，益堅信此中必爲王者所居。並由梅村詩多言帝王內寵事，而世祖升遐之前數月，適爲端敬皇后董鄂氏之喪，世祖哀悼逾情，爲世所歎異，因謂由悼亡而厭世，脫離塵網，廻向空門，成萬古鍾情天子之佳話。以故傳說益多，不可嚮邇。今先將世祖崩於宮中之明證，一一搜出，再以國史箋釋梅村詩，不但瞭然於世祖出家之眞僞，並將順治末年宮中之恩怨，主德之汚隆，爲談清宮情史者參一解焉。

玉林國師年譜：「順治十八年正月初三，中使馬公二次奉旨至萬善殿云：『聖躬少安』。師集衆展禮御賜金字楞嚴經，遶持大士名一千，爲上保安。初四，李近侍言：『聖躬不安之甚』。初七亥刻駕崩。初八日，皇太后慈旨，請師率衆即刻入宮，大行皇帝前說法。初九寅刻，新天子登位矣。二月初二，奉旨到景山，爲世祖安位，初六重掃笑祖塔，欲南還，禮辭祖翁耳。二月十五日，得旨南還。欽差內十三道惜薪司尚公護送，並賜千金到西苑。師力辭。復送到。至第三次，尚公曰：『和尚己亥出京，曾及大行皇帝千金，此番不受，恐持國大人致疑。』師曰：『己亥之賜，實是太皇太后賜臣僧葬母者，今日之賜，雖感朝廷厚恩，受之實無名也。煩爲實奏，決決不受者。』尚公復命。持國大人曰：『我等素知此老和尚不愛財的，不必強矣。』師自入京、巨細儀、禮、例皆不受。師乘御馬，至景山大行皇帝前，遶持楞嚴諸品神咒，問訊而出。即晚到張家灣。」據此節，紀世祖之因病而崩，崩於正月初七，至二月初二，移殯景山，歷歷可考。其時所謂內十三道盡仿明代宦官十三衙門之制，遺詔中引爲失德而罷之，清之懲奄禍，在康熙即位之後，事別詳下。

王林年譜，就世祖信佛之近證，先爲舉出，同時士夫之紀載最可據者，莫如王文靖公熙所述。文靖爲親受世祖末命之漢大臣，世祖遺詔出其手，此見之清初各家文集所撰王文靖公傳狀碑誌。而各家皆言公於此事，面奉憑几之言，終身不以語人，雖子弟莫得而傳。若韓菼之爲狀，張玉書之爲誌，皆如是云云。檢國史舊傳，則略其事不著。大以爲可疑。意其中必有諱言之故，則又假定爲行遯五臺，或有其事矣。既而購得王文靖集，中並有自撰年譜一首，載世祖病證及晏駕之事極明。韓張之說，蓋謂遺詔中世祖自責各款，乃皇太后及受遺之王大臣有所增改，文靖爲原述旨之人，增改之後，仍以末命行之，文靖終身不洩宜也。年譜此段文如下：

> 辛丑三十四歲。元旦因不行慶賀禮，黎明入內，恭請聖安，召入養心殿，賜坐，賜茶而退。翌日，入內請安，晚始出。初三日，召入養心殿，上坐御榻，命至榻前講論移時。是日，奉天語面諭者關係重大，並前此屢有面奏，及奉諭詢問密封奏摺，俱不敢載。惟自念身係漢官，一介庸愚，荷蒙高厚，任以腹心，雖舉家生生世世，竭盡犬馬，何以仰答萬一？豈敢顧惜身家，不力持正論，以抒誠悃也。吾子吾孫，其世世銘心鏤骨，以圖報効也。初六日，三鼓，奉召入養心殿，諭「朕患痘勢將不起，爾可詳聽朕言，速撰詔書，卽就榻前書寫。」恭聆天語，五內崩摧，淚不能止，奏對不成語。蒙諭「朕平日待爾如何優渥，訓爾如何詳切，今事已至此，皆有定數。君臣遇合，緣盡則離，爾不必如此悲痛。此何時，尙可遷延從事，致悞大事？」隨勉强拭淚吞聲，就御榻前書就詔書首段。隨奏明恐過勞聖體，容臣奉過面諭，詳細擬就進呈。遂出至乾清門下西圍屏內撰擬，凡三次進覽，三蒙欽定，日入時始完。至夜，聖駕賓天，泣血哀慟。初八日，同內閣擬上世祖章皇帝尊謚，又同內閣擬今上皇帝卽位年號，又爲輔政大臣撰誓文。」

如上所言，順治十八年正月初二日，卽王公所謂是日聖躬少安者，蓋其前已甚不安也。文靖於是日奉諭，關係重大，俱不敢載，則必有遺詔中事項發生，或爲與詔相符，或爲下詔時所已改，其自言不敢載，而諸家所諱言其愼密者，蓋在此一日內事。元旦卽不行慶賀，黎明入內問安，可知不豫在上年之杪，而東華錄書上不豫在正月壬子，卽初二日，其前未以爲當宣布不豫之消息也。初六日諭，有患痘勢將不起之言，則病證亦明矣。康熙朝東華錄之首云：「順治十八年辛丑春正月辛亥朔，越七日丁巳夜子刻，世祖章皇帝賓天。先五日壬子，世祖不豫。丙辰，遂大漸。召原任學士麻勒吉學士王熙至養心殿，降旨一一自責，定皇上御名，命立爲皇太子，並諭以輔政大臣索尼、蘇克薩哈、遏必隆、鼇拜姓名，令草遺詔。麻勒吉王熙遵旨於乾清門撰擬，付侍衛賈卜嘉進奏。諭曰：『詔書着麻勒吉懷收。俟朕更衣畢，麻勒吉賈卜嘉。爾二人捧詔奏知皇太后，宣示王貝勒大臣。』至是，世祖崩。麻勒吉賈卜嘉捧遺詔奏知皇太后，即宣示諸王貝勒貝子公大臣侍衞等。宣訖，諸王貝勒貝子公大臣侍衞等皆痛哭失聲。」此一段是世祖崩日之宣布遺詔。下云：「戊午，頒大行皇帝遺詔。」則布告天下之遺詔矣。夫云奏知皇太后而後宣示，又云即宣示諸王貝勒貝子公大臣侍衞等，其間必有太后及諸王斟酌改定之情事。就遺詔全文觀之，未必世祖能徹底悔悟至此，而既有此遺詔，則淸祚之所以綿長，太后諸王之所以能爲宗社計也。俟後再詳之。玆更言世祖崩御之證，則當時更有京曹中文學著名者之記載在。

民國二十年四月，上海人文雜誌載雜記一篇，云係金山錢氏守山閣錢熙祚之後人名燦若者所贈，而不得其主名。余閱其中有云：「端敬皇后喪，中堂命余輩撰御祭文。山陰學士曰：『吾輩凡再呈稿矣，再不允，須盡才情，極其致。』予具稿，中堂極歎賞。末聯有『渺玆五夜之箴，永巷之聞何日？去我十臣之佐，邑姜之後誰人？』等語。上閱之，亦爲墮淚。」云云。因舉嘉慶上海縣志張宸傳示人文社，乃於次期雜誌中補載撰雜記者之名爲張宸焉。宸字青琱。向讀魏源聖武記，於康熙親征準噶爾記後附錄內大臣馬思哈出師塞北紀程，云見上海張宸青琱集。所紀乃康熙二十九年之事。既而讀汪琬堯峯文鈔，則有張青琱詩集序，中言青琱「官不越郎署，年不及耄期，最後遂轗軻困頓以歿。」又云：「異時天子右文，詔舉博學鴻儒。」而青琱之歿已久。「於是其女夫金生名定者。排纂遺藁若干卷。乞予序之。」然則宸之歿，在康熙十七年詔舉鴻博以前，鈍翁亦卒於康熙二十九年，所序青琱集，決不能尙有二十九年甫入集之文，默深所記，或有誤也。惟上海縣志宸傳，則可證雜記之出於宸筆。於世祖崩問極翔實，先錄本傳以證其人：「張宸，字青琱，博學工詩文，由諸生入太學，選中書舍人。時詞臣擬撰端敬后祭文三奏草未稱旨，最後以屬宸。有云：『渺玆五夜之箴，永巷之聞何日？去我十臣之佐，邑姜之後誰人。』章皇帝讀之，泣然稱善。尋遷兵部督捕主事。康熙六年，以求直言上疏請撤本邑客兵二千四百人，並巡海章京，以甦民困。報可。邑用安堵。旋罷歸病卒。有蘆浦莊詩，北征使輿草。弟宿，字月鹿，著田間草堂詩。」宸之名定，其所記乃可據。記云：

辛丑年正月，世祖皇帝賓天。予守制禁中，凡二十七日。先是正月初二日，上幸憫忠寺，觀內璫吳良輔祝髮。初四日，九卿大臣問安，始知上不豫。初五日，又問安。見宮殿各門所懸門神對聯盡去。一中貴向各大臣耳語，甚倉惶。初七晚，釋刑獄，諸囚獄一空。

，止馬逢知張縉彥二人不釋。傳諭民間毋炒豆，毋燃燈，毋潑水，始知上疾為出痘。初八日，各衙門開印。予黎明盥漱畢，具朝服將入署，長班遽止之曰：「門啓復閉，止傳中堂暨禮部三堂入，入即摘帽纓，百官今散矣。」予錯愕久之。蓋本朝制度，有大喪則去纓，詎上春秋富，有此變也？早膳後出門問訊，則人復訊予，無確音。時外城門俱閉，列卒戒嚴，九衢寂寂，惶駭甚。日晡時，召百官攜朝服入，入即令赴戶部領帛。領訖，至太和殿西閣門，遇同官魏思齊，訊主器，曰：「吾君之子也。」心乃安。二鼓餘，宣遺詔，淒風颯颯，雲陰欲凍，氣極幽慘，不自知其嗚咽失聲矣。宣已，誡百官毋退，候登極。群臣惟余輩及科臣就署宿，餘俱午門外露坐。是夜，彗星見中天，芒東北指。早，風日晴和，上陞殿畢，宣哀詔於天安門外金水橋下。群臣有饑色，各退就本衙門守制。蚤暮哭臨九日，在喪二十七日，毋得歸私第。閱三日，輔臣率文武百官設誓。旗下每旗一誓詞，各官每衙門一誓詞，詞正副三通，一宣讀。焚大行殯宮前。一赴正大光明殿焚讀上帝前，一藏禁中。詞曰：「臣等奉大行皇帝遺詔，務畢力一心，以輔沖主。自今以後，毋結黨，毋徇私，毋黷貨，毋陰排異己，以戕善類，毋偏執己見，以妨大公。違斯誓者，上天降殛，奪算凶誅。」語小有不同，然大意如此。予是時始得入乾清門，仰觀內殿，蓋哭臨在宮門外，惟一二品大臣上殿哭，餘俱不能也。殿上張素幃，即殯宮所在。兩廡俱白布帘，壺闑肅穆，非外廷可比。宮門外大廠二，東釋西道，豎旛竿，晝夜禮經懺。大光明殿在宮城太液池西，圓殿，白石甃，碧瓦金頂，干霄耀日，光奕奕動。十四日，焚大行所御冠袍器用珍玩於宮門外。時百官哭臨未散，遙聞宮中哭聲，沸天而出，仰見皇太后黑素袍，御乾清門臺基上，南面，扶石欄立，哭極哀。諸宮娥數輩，俱白帕首白衣從哭。百官亦跪哭。所焚諸寶器，火焰俱五色，有聲如爆豆。人言每焚一珠，即有一聲，蓋不知數萬聲矣。謂之小丟紙。自初八至十六日，哭臨畢。二十日，始票本發所繕制敕。予因得登太和殿請寶。寶方匣，玉色不甚白，惟皇帝之寶係碧玉，俱交龍紐，貫以黃絨繩，如指大。兩內相擡至殿。殿左設方矮桌，鋪褥，用寶其上。殿九楹，每楹朱漆柱九，中楹柱繪蟠龍，殿頂俱五彩隔塵，金碧燦爛，中一室懸鏡如星，中懸一軒轅鏡，直御座上。御座朱紅漆鍍金，嵌以綠色寶。座上大椅皆三展，不設几。座四面俱丹陛三道，道各三累，有圍欄，殿上俱黃絨地衣，下襯以棕薦席，惟御座一間，加以五彩蟠龍地衣。殿兩旁近南，有二朱扉，東西向，不甚高大，上有金滴水。東西柱下各一方桌，黃綾四面圍，東桌黃綾袱蓋一物如方函，西桌金緞袱蓋一物如盔，餘無所有。殿前月臺，白石雕龍甃，三層，上有銅獅八，銅鶴銅龜各八，俱各炷香，烟從口出。殿後即中和殿，實一方亭圓頂如廳事。後過道又一層為保和殿。殿後玲瓏雕牆，即乾清門外院矣。予思仕宦至大僚，非政府，有終身不得上殿者。予小臣，乃得奔走，執事其間，一何幸也！閱幾日，議謚號。應曰「高」，而以為遜於太祖太宗，故廟號「世祖」，謚曰「章」。予輩撰玉册文，中堂示明穆廟時錢震川先生所撰世宗册文，為楷式焉。又幾日，移殯宮於景山壽皇殿。先一日，陳鹵簿隊，象輦。象出東華門，俱流淚簌簌不已。共異之。明日，微雪。黎明，百官排班自東華門至景山，魚貫跪道左。予是時始見鹵簿之全。開道二紅楷，有黑漆描金如竹篇上廣而下銳者，凡十餘對。又二紅楷，如前篇而剖其半，又十餘對。自後則有若鎗者，若戟者，若戈若矛者，蛇其首者，若錐者，如瓜者，如手執錐者，皆鍍金朱桿；有若節者，幢者，旛者，旌者，旂者，纛者，錦綺輝耀。每色各數十對。每易一仗，即間二紅楷。諸仗俱直立持，不橫仆。惟傘繖最多，扇有圓者，方者，兜者，如鳥翅者，每式具五色，色各一；繖亦且五頂，每色五頂，俱刺繡五簷，惟黃羅曲柄者止二頂。隊中有散馬，轡而不鞍，八十餘匹，有鞍馬數十匹。刻金鞍轡鐙，黃鞦靷，鞍首龍銜一珠，如拇指大，鞍尾珠三，如食指大，背各負數枕，備焚化，枕頂亦刻金爲龍銜珠，如鞍首，共百餘。駝數十匹，繁纓垂貂，極華麗，皆負綾綺錦繡，及帳房什器，亦備焚。腰弓插矢者數十人，俱乘馬。捧御弓箭者數十人。牽獵犬御馬者數十人。御箭皆鵰翎粘金。御撒袋俱黃綺，鍼縫處密密貫明珠，計一袋珠，可當民間數婦女首飾，眞大觀也。近靈輿，各執赤金壺，金瓶，金唾壺，金盤，金碗，金盥盆，金交牀椅杌等物，皆大行所嘗御者，亦備焚。靈輿黃幔軟金簷，紫貂大坐褥，其後即梓宮，用朱紅錦袱蓋，諸王大臣乘馬執紼，蓋至是不覺哭聲之愈高矣。雖疏遠小臣，無不汎瀾涕盡者，以此見先帝之深仁厚澤入人最深也。梓宮前有青布衣童子二三十人，或曰大臣子弟，育於太后所，故衣尚青。梓宮後爲貞妃櫬，上用紫花緞袱，蓋貞妃者從先帝死，故賜號貞妃，或曰即端敬皇后之妹也。其後，皇太后黑緞素服，素幔步輦送殯。舉哀後，素車五幔青車六七，不知中宮誰人。各官隨至景山，梓宮啓東牆入。命婦在壽皇殿門內，百官在殿門外。擗踊奠稽，焚前所載諸物，謂之大丟紙。禮畢而散。當是時，青松碧樹，翠帳重幄，旌旗鼓吹，掩映其間，雖當遏滅之時，具見天家富麗矣。廻思今上御極之晨，去大行纔一日夜，所陳儀仗，即已煥新，無一物仍舊，上方製器，又何神速也！又三日，爲二月初五日，二十七日之期已滿，百官至景山圓孝，各解所繫素帶，彙而焚之，卒哭，易服而出，然後得退歸私第焉。予惟先帝臨御十八年，無日不以民生疾苦爲念，其御臣下，新舊人一體無偏畸，間有不測恩威，亦雷霆雨露，稱物平施，所以諸臣哭泣之哀，爲前代所未有。予守制時，因滿漢官騈集，內三院公署不足容直宿，賃東華門內前星門左側一內相小直廬寄宿。前星門止一坊。前有三石橋，後爲麟趾門，蓋前代青宮也。今殿廢，止一門存焉。寓前房一區，門扃鎖，詢之，爲魏忠賢私拷人處，至今尙存。東華門晨啓，命諸婦入哭，俱細白布袍，白帕首，後垂二白帶，長竟身，手執一細竹杖，抵暮方散，車如流水，馬如游龍，此俱從龍貴人一二品大臣妻也，可謂盛矣。又有柴車載器具入內庫，詢之爲馬逢知籍產，當是時，即已知其不赦云。時議停奉先殿時享，殿爲先帝改造，方工役時，予宗揆原督工，因得與觀其規模，又同時造元穹殿，祀上帝，爲宮中祈天之所，今亦議停祀，欲毀，以費徒役，故暫止焉。又議朝祭俱用日出，免燈籠庭燎不設。宮中出一元狐，純黑色，額點白，徧體光澤，前阯螺文如柔黃，一大木籠，如三層樓，上層以備其寢息，中層以餇食飲，下層以備溲溺，云將縱之野外。又一三尾羊，亦縱之。又宮中新造佛像極多，工緻絕時輩，俱分送京城各寺院。凡諸珍玩，焚化不盡者，俱市之民間，以備山陵之費。卽盆卉鞍韉諸物，亦有貨者。於是知皇太后之儉德，固逾他代，抑亦抱烏號而增痛故然歟？

據宸所記，世祖崩於痘，與王文靖所記合。尤特殊者，爲正月初二日，世祖尙幸憫忠寺，觀內璫吳良輔祝髮，是可知東華錄於是日始書不豫，其前實無劇病。憫忠寺卽今之法源寺，唐太宗征遼東，歸途經此，造寺以薦陣亡將卒，故名「憫忠」。世祖旣耽於釋氏，又惑於奄人，吳良輔蓋於世祖崩後伏誅，此事在淸代亦微有所諱，不欲彰世祖之過，然世祖亦非愛而不知其惡，究與明代任奄諸帝不同。考淸一代，最懲內官之弊，宮中警御，領以大臣，謂之內府，而刑餘一流，退而分女官之職，司禮秉筆之責，緝事詔獄之威，終淸世無之。淸馭宦官，所定制度，實超過漢唐以下各代，然爲世祖崩後，太后及諸輔臣爲之，非世祖所及料也。世祖於順治十年六月二十九日癸亥，設內十三衙門，悉本明制，論文中痛發寺人之禍國，意在嚴防，亦不過與明之太祖太宗比烈，未嘗有意爲康熙以後之內府體制也。十二年六月辛巳，立內十三衙門鐵敕，明舉明代諸奄爲鑒戒，亦不過倣明太祖鐵牌故事，未若康熙卽位後之根本改革。蓋康熙後所未達一間者，僅未能禁止宮刑耳。世祖朝之吳良輔，據宮史，順治十五年三月，宮史載世祖諭吏部：「內監吳良輔等，交通內外官員，作弊納賄，罪狀顯著，研審情眞。有王之綱王秉乾交結通賄，請託營私，良輔等已供出，卽行逮問。其餘行賄鑽營，有見漢名帖書柬者，有餽送金銀幣帛者，若俱按迹窮究，株連甚衆，姑從寬免。如此情弊，朕已洞悉，勿自謂奸弊隱密，竊幸朕不及知。嗣後務須痛改前非，各供厥職，凡交通請託行賄營求等弊，盡皆斷絕，如仍蹈前轍，作奸犯法者，必從重治罪。」觀此諭辭似嚴厲，然卒不窮究，毫無懲治，則於良輔之有犯，明明聽其漏網。東華錄載此諭，略加增添，末又綴「良輔尋伏法」一語，則合後數年之究竟言之，非當時事實矣。從張宸所記，則世祖晏駕前數日，尙命良輔祝髮而親往觀之，佞佛縱奄，兩擅其勝，此亦英主之一偏蔽也。抑本以此奄爲代帝出家，未可知也。世祖時，太祖諡「武」不諡「高」，故記云然。康熙初元，卽改太祖諡「高」，亦議世祖諡時所觸發矣。

正月初七日丁巳，世祖崩，遺詔旣云奏知皇太后而後宣示，則可知其實受成於太后之意旨。觀張宸所記，亦歸美於太后，當時之衆論可知。遺詔臚列罪己各款，如暱近奄官、內寵踰制，皆世祖所不能自克者，故知原詔文未必然也。

東華錄：丁巳夜子刻，上崩於養心殿。遺詔頒示天下，詔曰：「朕以涼德，承嗣丕基，十八年於茲矣。自親政以來，紀綱法度，之人行政，不能仰法太祖太宗謨烈，因循悠忽，苟且目前，且漸習漢俗，於淳樸舊制，日有更張，以致國治未臻，民生未遂，是朕用罪一也。朕自弱齡，即遇皇考太宗皇帝上賓，教訓撫養，惟聖母皇太后慈育是依，隆恩罔極，高厚莫酬，惟朝夕趨承，冀盡孝養，今不幸子道未終，誠悃未遂，是朕之罪一也。皇考賓天時，朕止六歲，不能服衰絰行三年喪，終天抱憾，惟侍奉皇太后，順志承顏，且冀萬年之後，庶盡子職，少抒前憾，今永違膝下，反上廑聖母哀痛，是朕之罪一也。宗室諸王貝勒等，皆係太祖太宗子孫，爲國藩翰，理宜優遇，以示展親，朕於諸王貝勒等，晉接既疏，恩惠復鮮，以致情誼睽隔，友愛之道未周，是朕之罪一也。滿洲諸臣，或歷世竭忠，或累年效力，宜加倚託，盡厥猷爲，朕不能信任，有才莫展，且明季失國，多由偏用文臣，朕不以爲戒，而委任漢官，即部院印信，間亦令漢官掌管，以致滿臣無心任事，精力懈弛，是朕之罪一也。朕夙性好高，不能虛己延納，於用人之際，務求其德與己相侔，未能隨才器使，以致每歎乏人，若舍短錄長，則人有微技，亦獲見用，豈遂至於舉世無才，是朕之罪一也。設官分職，惟德是用，進退黜陟，不可忽視，朕於廷臣中，有明知其不肖，不即罷斥，仍復優容姑息，如劉正宗者，偏私躁忌，朕已洞悉於心，乃容其久任政地，誠可謂見賢而不能舉，見不肖而不能退，是朕之罪一也。國用浩繁，兵餉不足，而金花錢糧，盡給宮中之費，未嘗節省發施，及度支告匱，每令會議，諸王大臣，未能別有奇策，止議裁減俸祿，以贍軍餉，厚己薄人，益上損下，是朕之罪一也。經營殿宇，造作器具，務極精工，求爲前代後人之所不及，無益之地，糜費甚多，乃不自省察，罔體民艱，是朕之罪一也。端敬皇后於皇太后克盡孝道，輔佐朕躬內政聿修，朕仰奉慈綸，追念賢淑，喪祭典禮，過從優厚，不能以禮止情，諸事踰濫不經，是朕之罪一也。祖宗剏業，未嘗任用中官，且明朝亡國，亦因委任宦寺，朕明知其弊，不以爲戒，設立內十三衙門，委用任使，與明無異，以致營私作弊，更踰往時，是朕之罪一也。朕性耽閒靜，常圖安逸，燕處深宮，御朝絕少，以致與廷臣接見稀疏，上下情誼否塞，是朕之罪一也。人之行事，孰能無過，在朕日理萬幾，豈能一無遺錯，惟肯聽言納諫，則有過必知，朕每自恃聰明，不能聽言納諫，古云：「良賈深藏若虛，君子盛德，容貌若愚。」朕於斯言，大相違背，以致臣工緘默，不肯進言，是朕之罪一也。朕既知有過，每自刻責生悔，乃徒尚虛文，未能省改，以致過端日積，愆戾愈多，是朕之罪一也。太祖太宗剏垂基業，所關至重，元良儲嗣，不可久虛，朕子（貼黃）佟氏所生，八歲岐嶷穎慧，克承宗祧，茲立爲皇太子，即遵典制，持服二十七日，釋服即皇帝位。特命內大臣索尼、蘇克薩哈、遏必隆、鼇拜爲輔臣，伊等皆勳舊重臣，朕以腹心寄託，其勉矢忠藎，保翊沖主，佐理政務、布告中外，咸使聞知。」

遺詔中深抑奢靡，有撙節愛養之意，是國祚之所以能久。排斥漢人，至以漢官偶掌部院印信，亦為罪己之一端，可知意出於諸輔臣。當時漢族新服，滿族方張，柄國者所憚在滿不在漢，四輔臣又均非宗室，當奉遺詔時，即跪告諸王貝勒等言：「今主上遺詔命我四人輔佐沖主，從來國家政務，惟宗室協理，索尼等皆異姓臣子，何能綜理？今宜與諸王貝勒共任之。」諸王貝勒等曰：「大行皇帝深知汝四大臣之心，故委以國家重務，詔旨甚明，誰敢干預？四大臣其勿讓！」索尼等奏知皇太后，乃誓告於皇天上帝，大行皇帝靈位前，然後受事。此見於康熙東華錄之首，中間以太后為樞紐，而四輔臣之將順宗親，敷衍滿族，與宗親滿族之自爭利益，皆在此遺詔中決之。故知王熙之撰詔，大半為太后輔臣之指，不言溫樹，情勢宜然。至追咎董鄂后之祭葬踰侈，並非有所追奪，不過平議者之心，而弭其氣，於事無所出入，但非世祖之所欲言。剷除宦寺，處斬吳良輔，實為清一代最懲覆轍之高見，而亦不似世祖向來優容吳奄之舉動。據張宸所記，世祖於不豫之第一日，即晏駕前之六日，尚親為吳奄祝髮。以後未見吳良輔正法明文，而帶述於二月十五日廢止十三衙門之諭中，則為已誅吳奄之後。東華錄於順治十五年三月申斥吳良輔之諭旨，結之以「良輔尋伏誅」一語，本為要其終而言之，清史稿世祖本紀十五年三月甲辰徑書「內監吳良輔以受賄伏誅」，更不著一他語，此則誤讀實錄，不體會尋伏誅之尋字，至私家尚有記良輔祝髮於十八年之初，世祖並有親臨之事，自更非所及見矣。史書之不得其實，留待後人訂正者多，豈惟清史稿為然？

十八年二月十五日，乙未，在聖祖即位踰月之後矣。革去十三衙門，已發明諭，前載玉林年譜，二月十五日得旨南還，尚有欽差內十三道惜薪司尚公護送，則事在同日，想革去之旨，頒發在後，非早朝例發之諭也。東華錄二月「乙未，諭吏部刑部等大小各衙門，朕惟歷代理亂不同，皆係用人之得失，大抵委任宦寺，未有不召亂者，加以僉邪附和其間，則為害尤甚。我太祖太宗痛鑒往轍，不設宦官。先帝以宮闈使令之役，偶用斯輩，繼而深悉其奸，是以遺詔有云：『祖宗創業，未嘗任用中官，且明朝亡國，亦因委用宦寺。』朕懷承先志，釐剔弊端，因而詳加體察，乃知滿洲佟義、內官吳良輔，陰險狡詐，巧售其奸，熒惑欺蒙，變易祖宗舊制，倡立十三衙門名色，廣招黨類，恣意妄行，錢糧借端濫費，以遂便牟權勢，震於中外，以竊威福，恣肆貪婪，相濟爲惡，假竊威權，要挾專擅，內外各衙門事務，任意把持，廣興營造，糜冒錢糧，以致民力告匱，兵餉不敷，此二人者，朋比作奸，撓亂法紀，壞本朝醇樸之風俗，變祖宗久定之典章，其情罪重大，稔惡已極，通國莫不知之，雖置於法，未足蔽辜，吳良輔已經處斬，佟義若存，法亦難貸，已服冥誅，著削其世職。十三衙門盡行革去，凡事皆遵太祖太宗時定制行。內官俱永不用。又劉正宗亦嘗仰遵遺詔，置之重典，但念其年老，姑從寬免。其黨類亦皆赦宥。爾等卽傳布中外，刊示曉諭，咸使知悉。用昭除奸癉惡大法。」此諭爲清永抑宦官之始。諭中「吳良輔已經處斬」，未明言斬於何日。而其助成內十三衙門之罪魁，尚有一滿洲佟義，雖已死亦削世職。此必亦一勳貴。當時佟養正之後，尚未擡入滿洲，未能考其所出。

世祖崩於大內，無行遯之說，諸證已明。而世仍以吳詩清涼山讚佛四首爲疑：因其爲讚佛，則疑五臺之涉及世祖，必有出家五臺之擧，因其一再用董姓入詩，又疑董妃爲冒氏姬人董小宛。夫世祖媚佛之據甚多，疑爲出家，猶非無故。至董姓何必卽爲小宛？董鄂之「董」，在詩人何必辨其爲非漢姓之「董」，而不以董姓故事附麗之？抑向來學者，於清代故事太不留意，並不知端敬皇后之出董鄂氏耶？昔年爲小宛辨誣，曾有專考⑴行世二十餘年，可不複述。當小宛豔幟高張之日，正世祖呱呱墮地之年，小宛死於順治辛卯，辟疆同人集中，海內名流以詩詞相弔者無數。時世祖尚祇十四歲耳，小宛則二十八歲，所謂年長以倍者也。漢人於滿姓董鄂氏，本多擧其一「董」字爲說，梅村詩程穆衡箋卽如此。學者閧喧傳董妃爲小宛，乃革命後異說爭鳴之一種。若以王杲爲山東人，世祖之太后與之苟合而生世祖，其始見文字中者，爲魏聲龢雞林舊聞錄，旋爲英人濮蘭德所采，遂入英文紀載中，而國人又轉譯以爲異聞，抑何可笑，吳中葉菊裳先生昌熾，世以學人奉之，其緣督廬日記，卽有兩則信董小宛爲董妃之說，民國四年乙卯二月十六日記云：「聰生日映來長談，云有李君熙者燕人也，學經濟特科，廷試翹然高列，熟於紅樓夢之學，謂此書爲董小宛而作，並涉及國初宮闈事，非臣子所敢言，有批注詳言本末，別有提要一卷，中華書局已爲刊行。初訝其說之奇創，旣而恍然悟，梅村清涼山讚佛詩，惝恍迷離，莫測其旨。靳榮藩注，可爲詳矣，然於此篇本事，獨不着一字。今指其第一首云：『王母携雙成，綠節雲中來』已暗藏「董」字。末首『長以兢業心，了彼淸淨理』脫屣萬乘，而又與同泰捨身者迥別。梅村詩史，必不妄作。以此證李君之言，殆可信。」

葉君於李君熙之說，竟由清涼山讚佛詩，而信其附會之有合，不但以雙成一典，信董姓之即爲小宛，又由「長以兢業心了彼清淨理」二語，並信世祖之出家。文人好奇，不暇深考，遽爾輕附流言，在葉君桑海遺民，心存故主，必不願多所誣蔑。然於此竟不免積習。其後九日爲廿五日又記云：「至麥家圈惠中旅館，即平原相國寓室。聽生袖交紅樓索隱提要，王夢阮撰。梅村清涼山讚佛詩雙成一聯之外，又舉『可憐千里草，萎落無顏色』爲證。此詩實可疑，不能謂其穿鑿也。」蓋信之至矣。平原相國謂陸鳳石聽生，或即陸氏子弟，遺老忠於故君，獨於宮闈影事，居然附和新學少年。當時蔡孑民先生亦有紅樓索隱之作，商務印書館取以與余董小宛考合印一冊，皆其時人心思探清初奇秘之見象。尤可笑者，冒鶴亭見余小宛考，以爲代其先世雪誣，贈冒氏先德歷代著述之叢書爲謝。余詰以「君家小宛被誣，君知雪之，太清春覊定庵被君所誣，又將如何？余則兩雪之，君知改否？」則又固言聞之先輩，不欲囘意。然則事非切已，仍以傳播流言爲快意，所謂結習者如是。

清涼山讚佛詩，葉君謂其迷離惝怳，蓋亦未逐句尋其指意，祇見爲迷離惝怳耳。靳榮藩不詳本事，靳固深避梅村詩中涉於時事之解釋。吳詩之專釋本事者，乃程迓亭穆衡，靳或引之，旋又自剷其版。今吳詩集覽中，往往一片墨釘，核之皆程迓亭箋也。迓亭所釋亦不盡確，惟將分體之舊本，改作編年，頗便於考訂時事，雖未能盡確，然以各體之次序，並爲一總次序，大致可據。茲爲吳詩重箋，糾正程箋，亦糾正其編年之有誤，此不過就董鄂妃一事言耳，若全詩則非敢與前賢箋釋立異也。且無國史可據，亦固未能訂其年月矣。

重釋吳詩，首以學者共疑之清涼山讚佛詩爲急。此詩程編於庚子辛丑間，是也。但必其在辛丑，即順治十八年，世祖遺詔已頒之後。題下程原箋云：「爲皇貴妃董氏詠。扈從西巡日錄：『五臺山大塔寶院寺，明萬歷戊寅，孝定皇太后重建有阿育王所置佛舍利塔，文殊髮塔。』知歷來后妃皆有佈造，貴妃上所愛幸，薨後命五臺山大喇嘛建道場。詩特敍致瑰麗，遂有若長恨歌序云爾。」此爲程氏所釋本事，言爲董妃建道場於此山，而有此詩，亦未言世祖行遯此山也。其詩云：

西北有高山，云是文殊臺。臺上明月池，千葉金蓮開，花花相映發，葉葉同根栽。王母攜雙成，綠蓋雲中來。漢主坐法宮，一見光徘徊。結以同心合，授以九子釵。翠裝雕玉輦，丹髹沉香齋。護置琉璃屏，立在文石階。長怨乘風去、我舍歸蓬萊。從獵往上林，小隊城南隈。雪鷹異凡羽，果馬殊群材。言過樂遊苑，進及長楊街。張宴奏絲桐，新月穿宮槐。攜手忽太息，樂極生微哀。千秋終寂寞，此日誰追陪？陛下壽萬年，妾命如塵埃。願共南山椁，長奉西宮杯。披香淖博士，側聽私驚猜：今日樂方樂，斯語胡為哉？待詔東方生，執戟前詼諧。薰爐拂黼帳，白露零蒼苔，吾王慎玉體，對酒毋傷懷。

傷懷驚涼風，深宮鳴蟋蟀。嚴霜被瓊樹，芙蓉凋素質。可憐千里草，萎落無顏色。孔雀蒲桃錦，親自紅女織。殊方初云獻，知破萬家室。瑟瑟大秦珠，珊瑚高八尺。割之施精藍，千佛莊嚴飾，持來付一炬，泉路誰能識？紅顏尙焦土，百萬無容惜。小臣助長號，賜衣或一襲。只愁許史輩，急淚難時得。從官進哀誄，黃紙鈔名入。流涕盧郎才，咨嗟謝生筆。尙方列珍膳，天廚供玉粒。官家未解菜，對案不能食。黑衣召誌公，白馬馱羅什。焚香內道場，廣座楞伽譯。資彼象教恩，輕我人王力。微聞金雞詔，亦由玉妃出。高原營寢廟，近野開陵邑。南望倉舒墳，掩面添悽惻。戒言秣我馬，遨遊凌八極。

八極何茫茫，曰往清涼山。此山蓄靈異，浩氣供屈盤。能蓄太古雪，一洗天地顏。日馭有不到，縹緲風雲寒。世尊昔示現，說法同阿難。講樹聳千尺，搖落青琅玕。諸天過峰頭，絳節乘銀鸞。一笑偶下謫，脫卻芙蓉冠。游戲登瓊樓，窈窕垂雲鬟。三世俄去來，任作優曇看。名山初望幸，銜命釋道安。預從最高頂，洒掃七佛壇。靈境乃杳絕，捫葛勞躋攀。路盤逢一峰，傑閣圍朱闌。中坐一天人，吐氣如栴檀。寄語漢皇帝：何苦留人間？煙嵐倏滅沒，流水空潺湲。回首長安城，緇素慘不歡。房星竟未動，天降白玉棺。惜哉善財洞，未得誇迎鑾。惟有大道心，與石永不刊。以此護金輪，法海無波瀾。

嘗聞穆天子，六飛騁萬里。仙人觴瑤池，白雲出杯底。遠駕求長生，逐日過濛汜。盛姬病不救，揮鞭哭弱水。漢皇好神仙，妻子思脫屣。東巡並西幸，離宮宿羅綺。寵奪長門陳，恩盛傾城李。穠華卽修夜，痛入哀蟬誄。苦無不死方，得令昭陽起。晚抱甘泉病，遽下輪臺悔。蕭蕭茂陵樹，殘碑泣風雨。天地有此山，蒼崖閱興毀。我佛施津梁，層臺簇蓮蕊。龍象居虛空，下界聞鬪蟻。乘時方救物，生民難其已。澹泊心無為，怡神在玉几。長以兢業心，了彼清淨理。羊車稀復幸，牛山窺所鄙。縱洒蒼梧淚，莫賣西陵履。持此禮覺王，賢聖總一軌。道參無生妙，功謝有為恥。色空兩不住，收拾宗風裏。

四詩中，程箋之涉本事者，第一首王母攜雙成一聯下云：「雙成用姓。」第二首可憐千里草一聯下云：「千里草用姓。妃薨于順治十七年七月七日。」末聯駕言秣我馬，遨遊凌八極下云：「堯峯文鈔：『每歲駕幸南海子，必累月，是冬駐蹕纔數日。』」第三首無本事箋。第四首之末云：「題曰讚佛。大意如此。」

程箋四詩，涉本事者本甚少。其中言妃薨於十七年七月七日，則已大誤。程蓋見梅村詩中有七夕即事一題，亦言宮廷中事，誤以爲與妃薨有關，此俟彼詩重箋再論。今所辨者董妃之薨日也。東華錄順治十七年八月壬寅：「皇貴妃董鄂氏薨，輟朝五日」。是月朔爲甲申，壬寅乃十九日，後二日甲辰，東華錄云：「諭禮部，皇貴妃董鄂氏於八月十九日薨逝，奉聖母皇太后諭旨：『皇貴妃佐理內政有年，淑德彰聞，宮闈式化，倏爾薨逝，予心深爲痛悼，宜追封爲皇后，以示褒崇』。朕仰承慈諭，特用追封，加之謚號。謚曰孝獻莊和至德宣仁溫惠端敬皇后。其應行典禮，爾部詳察速議具奏。」然則妃不薨於七夕，程氏以意爲說，並無疑揣之辭，未免武斷。

堯峯文鈔語，見汪氏世祖章皇帝輓詩二首詩注。汪詩云：「已致昇平胙，兼高孝治名。彌留念文母，倉卒託阿衡。寢殿陳龍輴，離宮徹翠旌。猶傳罪己詔，嗚咽走蒼生。」文母句注：「謂昭聖皇太后。」其二云：「南苑停調馬，東邦罷貢鷹。車書方正統，弓劍忽遐升。玉几嗟空設，鸞輿憶舊乘。蒼茫哀痛日，大誓復金縢。」南苑句注，即程箋吳詩所引；東邦句注：「詔罷高麗貢。」大誓句注。「時輔臣率百官，誓於大光明殿。」鈍翁此詩，多本時政及遺詔，無可擬議。惟直謂輓詩，當時原無行遯等謬說也。

今就吳詩本文重繹之，第一首先從五臺山說起，而以金蓮花葉同根映發，引起董妃，喻其承恩繾綣。既以五臺讚佛爲本題，而董妃入宮，轉用五臺金蓮起興，詞人之筆，綰合有情，中間敷陳董妃恩遇，後半忽插入樂極生哀之預言，其事有無不必泥，要以此起董妃之殀亡，即爲第二首之前引，是詩家之筆陣也。第二首入董妃之薨，蟋蟀涼風，其時令亦本不似新秋七夕。妃薨之後，雜焚珍寶，即張瑀青所記之小丢紙，大丢紙。其此言上意覘小臣能助哀者有賞，否則譴，用宋孝武殷貴妃喪，劉德願羊志等奉詔哀哭事，頗譏世祖，據張瑀青記，蓋實有此事。記有云：「先是內大臣命婦哭臨不哀者議處，皇太后力解乃已。」孝陵開創英辟，爲內嬖所蠱，有此昏罔，哲婦之可畏如此。更錄張記如下：「端敬皇后喪，命諸大臣議謚。先擬四字不允，而六字八字十字而止，猶以無「天聖」二字爲歉。命胡王二學士排纂后所著語錄，其書秘，不得而傳。舉殯，命八旗官二三品者輪次舁櫬，與舁者皆言其重。票本用藍墨，自八月至十二月盡，乃易朱。先是內大臣命婦哭臨不哀者議處，皇太后力解乃已。」記所云云，自是事實。據八月甲辰諭，所加端敬皇后謚號，除「端敬」二字，爲皇后上應有之識別，其謚則爲「孝獻莊和至德宣仁溫惠」十字，猶以無「天聖」二字爲歉。歷代嫡后皆有「承天輔聖」等字，非嫡而子爲帝者，有「育聖」等字，端敬既不以嫡論，亦不得以子嗣帝位而得一「聖」字，是誠歉矣。胡王二學士，胡者胡兆龍，王卽王熙，皆當時學士。胡又卽張記所云山陰學士也。二學士之端敬后語錄，時已秘而不傳，語錄當是禪宗語，決非道學家之語錄。金之俊金文通集，有奉敕撰端敬皇后傳一鉅冊，今所行文通集多無此冊，天津圖書館所儲文通集有之，昔年故友沈子肅爲鈔一冊見貽，惜今不在行篋。旗員二三品者皆舁柩，以柩重爲獻諛之辭，人主有所蔽，所得之忠愛皆極可笑。票本用藍墨，瑚靑時在內閣，固其身歷之事。又世宗諭旨推尊玉林國師，並其弟子茆溪森，而又斥玉林弟子行峯。諭云：「惟有骨巖行峯者，玉琳琇之弟子也。曾隨本師入京，因作侍香紀略一冊以紀恩遇。其中荒唐誕妄之處，不可枚舉。如云：『端敬皇后崩，茆溪森於宮中奉旨開堂，且勸朝廷免殉葬多人之死』等語，我朝並無以人殉葬之事，不知此語從何而來？」云云。世宗此諭，並將侍香紀略查燬，行峯削去支派，徒衆永遠不許復入祖庭。今因此諭，彌信董妃之不用殉葬，正得力於茆溪行峯之言必可據。且世宗言我朝並無以人殉葬之事，則武皇帝實錄太祖之喪，卽由太宗及諸貝勒強逼後爲攝政王之睿王多爾袞母爲殉，乾隆間所改之太祖實錄乃隱之，此猶曰未入關時事，世祖之喪，更以董鄂貞妃爲殉，貞妃卽端敬后之從妹，或者亦太后惡端敬而逼其妹以死之，如孝烈武皇后之比，亦未可知。詩又言廣進哀誄，瑚靑所撰一聯卽其中之一。禁中大作佛事，則侍香紀略可證。詩又言赦詔亦傳言由妃之故。東華錄順治十七年十一月壬子朔，「諭刑部：朕覽朝審招冊，待決之囚甚衆，雖各犯自罹法網，國憲難寬，但朕思人命至重，概行正法，於心不忍。明年歲次辛丑，值皇太后本命年，普天同慶，又念端敬皇后彌留時，諄諄以矜恤秋決爲言，朕是以體上天好生之德，特沛解網之仁：見在監候各犯，概從減等，使之創艾省改，稱朕刑期無刑，嘉與海內維新之意。爾部卽會同法司，將各犯比照減等例，定擬罪名，開具簡明招冊具奏。」據此諭則減刑明言從端敬后彌留之屬，然則爲后生人以求冥福耳。先以皇太后本命爲言，本命云者，太后丑年生，肖屬牛，至辛丑亦牛年也。謚孝莊文皇后於康熙二十六年丁卯崩，壽七十五，上推生年，爲明萬曆四十一年癸丑，至順治十八年辛丑四十九歲，夫以本命年爲普天同慶，世無其例，無非爲端敬肆赦，強加太后作一口實。詩言「微聞金雞詔，亦由玉妃出。」略作傳疑之詞，詩人之忠厚耳。詩又言營廟開陵二事，營廟事所必有，今已不見著錄。開陵即世祖後葬之孝陵，世祖有二后合葬：一端敬一爲聖祖生母孝康。其廢后以後所立之嫡后不祔，別爲孝東陵。「倉舒墳」者，以魏武帝子鄧哀王比端敬子榮親王。榮親王生甫百餘日而殤，名尚未命，本不得有王封，爲端敬而特封之，是爲皇四子，聖祖則皇三子也。東華錄順治十四年十月丙子，「皇第四子生」。十五年正月己未，「皇第四子薨」。蓋百零四日。三月甲子，「上以皇子生甫四月而薨，悼之，追封爲和碩榮親王。」四月辛巳，「禮部奏：和碩榮親王墳園圈丈地內，所有寺廟墳墓，宜令遷移。得旨：民間年久墳墓，及供奉神佛之尊廟僧道等，爲朕稚子建立寢園之故，俱令遷移，朕心實爲不忍。況羣黎百姓，莫非朕之赤子，所有墳墓寺廟，不必遷移，仍著照舊存留。禮部尚書恩格德可作速前往，將榮親王新園附近，墳主眷屬，並寺廟僧道等，傳集曉諭，俾知朕體恤民隱之至意。」此即詩所謂「倉舒墳」也。百日未命名之兒，乃有陵園，至圈地括有墳墓寺廟等所在，此豈歷代帝王殤子所有？惟不令遷移一諭，猶有英主一線之本覺耳。末聯秣馬遨遊，起下第三首將往五臺禮佛。

第三首正敘清涼山靈境爲仙佛所往來，宜爲禮佛薦亡之地，既命高僧若道安者預備佛壇，佛壇忽託言天人傳語，帝已不得久留人世。下即敘長安慘象，是世祖未出都而崩也。房星未動，房爲天駟，言未啓蹕。天降玉棺，借用王喬事諧韻，非帝者之故事。洞未迎鑾，道心故在，是以永護金輪。此則明言世祖本將幸五臺，忽然殂落。則行遯之說，梅村早未爲此訛言，不知後人讀吳詩，何以祗見爲迷離惝怳，而反作異說以與詩相牴牾也？

第四首用周穆漢武帝王留情於內寵之事，以明禮佛之由來。大命忽傾，輪臺自悔，正指遺詔自責各款。又歸功於我佛，謂牖啓帝衷，未始非佛。憑几之命，利及生民，所謂以兢業心，了清淨理，菊裳先生所疑者，無可疑也。晉武羊車之幸已稀，齊景牛山，期古而無死之樂，知其可鄙，雖有二妃，無心於分香賣履，則謂遺詔中並以端敬之寢踰侈自責也。末皆歸功於佛，謂禮佛之一念，已致此向道回善之功，收拾色空，宗風不墜，是之謂讚佛。程氏似亦見及此。

讚佛詩既重箋矣，同時吳詩之涉此，或程箋之誤指其本事者，今並箋之如次：七夕即事，程編在順治十七年庚子，箋云：「順治十七年七月，皇貴妃董氏薨逝，即端敬皇后也。是年貴妃先喪皇子，此詩前三首志其入宮之事，末章爲帝子傷逝。」詩云：

羽扇西王母，雲軿薛夜來。鍼神天上落，槎客日邊回。鵲渚星橋迥，羊車水殿開。祗今漢武帝，新起集靈臺。今夜天孫錦，重將聘洛神。黃金裝鈿合，寶馬立文茵。刻石昆明水，停梭結綺春。沉香亭畔語，不數戚夫人。仙醞陳瓜果，天衣曝綺羅。高臺吹玉笛，複道入銀河。曼倩詼諧笑，延年宛轉歌。江南新樂府，齊唱夜如何。花萼高樓迥，岐王共輦遊。淮南丹未熟，緱嶺樹先秋。詔罷驪山宴，恩深漢緒愁。傷心長枕被，無意候牽牛，

程箋吳詩，以此箋爲最謬。董妃死於八月十九，非七月，已見前。程於讀佛詩箋，謂妃死於七月七日，而此七夕即事，在程意以爲即妃死之日之事。乃詩既云即事，並不言妃死，而反豔稱其入宮承寵，則即事之謂何？又言是年先喪皇子，妃子榮親王喪於順治十五年正月二十四日，實錄有明文。又言末章爲帝子之逝，以妃死之日，止用四首中之末首傷帝子之逝，已與題指不合，且所傷逝之帝子，一則用花萼樓事，再則比以[illegible]，[illegible]撫長枕被而生憐，皆傷帝之兄弟，何得牽入貴妃殤子第四子！全首語氣，豈是百日而殤之帝子光景？百日而殤，可登花萼樓乎？可共輦遊乎？可比於淮南緱嶺乎？可與共長枕大被乎？又況即事云者，即日之事也。十七年梅村久已出都，是秋方在家居，八月則至無錫。詩有庚子八月訪同年吳永調於錫山一題。梅村以十三年憂歸，遂不復出。十七年之七夕，既不在京，何能咏宮中即日之事？若在外得京中信，追咏其日之事，即不得云即事矣。余以爲此十三年七夕梅村在京之詩也。董妃以十三年八月冊爲賢妃，十二月晉皇貴妃，蓋本擬七月七日行冊禮，以世祖弟襄親王博穆博果爾之喪，暫停，梅村正咏其事。後仍於八月冊立。梅村以宮中恩寵，盛指七夕爲期，而會有弟喪，無復待牽牛者，謂不行冊禮也。東華錄：順治十三年七月己酉，「和碩襄親王博穆博果爾薨，年十六」。按襄親王爲太宗第十一子，世祖則第九子也。董妃擬以七夕冊爲賢妃，此雖想當然語，但按其他時日，頗相合。若程箋則無一而可通也。

吳詩又有七夕感事，程箋云：「題旨同前。」余亦以爲不然，此自感已事耳。但因宮中事而感已之事，梅村於七夕之日，必有失一所眷者。故其詩云：

天上人間總玉京，今年牛女倍分明。靈圖紅粉深宮恨，砧杵金閨瀚海情。南國綠珠辭故主，北邙黃鳥送傾城。憑君試問雕陵鵲，一種銀河風浪生。

首並言天上人間，三天上，四人間，五六所感之本事。雕陵之樊，其鵲爲人間之鵲，而風浪之生，則與銀河爲同類。天上之七夕，因故稽其美滿，人間則綠珠已辭故主，黃鳥且送傾城，風浪均矣。

與詩有讀史有感八首，程箋云：「與清涼山四首參看。」程亦但如葉菊裳所見，迷離惝怳而已，不能指其事也。今補釋之。其詩曰：

彈能熏弦便殢歌，南巡翻似爲湘娥。當時早命雲中駕，誰哭蒼梧淚點多？
重璧臺前八駿蹄，歌殘黃竹日輪西。君王縱有長生術，忍向瑤池不並棲。
昭陽甲帳影嬋娟，慚愧恩深未敢前。催道漢皇天上好，從容恐殺李延年。
茂陵芳草惜羅裙，青鳥殷勤日暮雲。從此相如羞薄倖，錦衾長守卓文君。
玉靶輕弓月樣開，六宮走動尉遲才。黃山院裏長生鹿，曾駕昭儀翠輦來。
篤摯瓊窻九子鈴，君王晨起婕妤醒。長楊獵罷離宮閉，放去天邊玉海青。
上林花落在芳尊，不死鉛華只死恩。金屋有人空老大，任他無事拭啼痕。
銅雀空施六尺牀，玉魚銀海自茫茫。不如先拂西陵枕，扶下君王到便房。

此詩當詠殉葬之董鄂貞妃。首言帝之崩翻似爲妃之死，此卽後來附會行遯之意。一董妃死而帝崩，帝崩而又一董妃殉，若使帝先逝，而兩董妃不知孰殉之急切也？第二首言非殉不可。第三首言不殉且有門戶之憂。此余前所言貞妃之殉，或亦如多爾袞之母，有所迫也。董鄂氏之奇寵，世祖之濫恩，若使榮親王不殤，端敬不夭，母愛子抱，神器恐非聖祖所能有。其爲親貴側目，歷觀前舉各節，已自可知。世祖元后之被廢，或尚未與端敬之寵有關，繼后之不當上指，則明出董鄂。清史稿孝惠后傳：「孝惠章皇后博爾濟吉特氏，科爾沁貝勒綽爾濟女。順治十一年五月，聘爲妃。六月冊爲后。貴妃董鄂氏方幸，后又不當上指。十五年正月皇太后不豫，上責后禮節疏闕，命停應進中宮箋表，下諸王貝勒大臣議行。」據此則董鄂氏必爲孝惠所不喜，聖祖即位之後，孝惠已爲皇太后矣；孝惠之父綽爾濟，又爲世祖生母孝莊后親姪，孝莊在世祖時爲太后，世祖崩時，大計多所裏定，康熙時爲太皇太后，聖祖孝養備至。又世祖廢后亦爲孝莊后之親姪，縱被廢尙在董鄂入宮之前，然歷年屛處側宮，日益銷沈；而董鄂日益煊赫，人情對此若何。端敬既死，推世祖之愛，董鄂一宗，未有翻覆，然未必非貞妃一殉，有以維繫之。梅村此詩，大可味也。四五兩首，當是端敬薨後，世祖推董鄂舊恩於貞妃。六首世祖不豫至晏駕時情狀。七首身殉而仍回顧廢后。八首決殉。情事了然矣。貞妃殉事，已見前錄張宸記中。清史稿貞妃傳附端敬傳，別見後。東華錄順治十八年，聖祖即位以後。有褒封貞妃之諭，此殆董鄂所以保全。錄云：「二月壬辰，諭禮部：皇考大行皇帝御宇時，妃董鄂氏，賦性溫良，恪共內職。當皇考上賓之日，感恩遇之素深，克盡哀痛，遂爾薨逝。芳烈難泯，典禮宜崇，特進名封，以昭淑德。追封爲貞妃，所有應行禮儀，爾部詳例具奏。」此董鄂貞妃之在實錄者也。

世祖妃出董鄂氏者蓋有三人，其有子者爲甯慤妃。茲錄清史稿世祖諸妃傳如次：「淑惠妃，博爾濟吉特氏，孝惠皇后妹也。順治十一年，册爲妃。康熙十二年，尊封皇考淑惠妃。妃最老壽，以五十二年十月薨。同時尊封者，浩齊特博爾濟吉特氏，爲恭靖妃。阿霸垓博爾濟吉特氏，爲端順妃。皆無所出。棟鄂氏爲寧慤妃，在世祖時號庶妃，子一福全。又恪妃石氏，灤州人，吏部侍郎申女，世祖嘗選漢官女備六宮，妃與焉，居永壽宮。康熙六年薨，聖祖追封皇考恪妃。又在三妃前，世祖庶妃有子女者，又有八人：穆克圖氏子承幹，八歲殤；巴氏子鈕鈕，爲世祖長子，二歲殤；女二：一六歲殤，一七歲殤；陳氏，子一常寧；唐氏，子一奇授，七歲殤；鈕氏，子一隆禧；楊氏，女一，下嫁納爾杜；烏蘇氏，女一，八歲殤；納喇氏，女一，五歲殤。」按福全封裕親王，爲大將軍，聖祖兄也。

清史稿后妃傳：孝獻皇后棟鄂氏，內大臣鄂碩女。年十八，入侍。上眷之特厚，寵冠後宮。十三年八月，立爲賢妃。十二月，進皇貴妃，行册立禮，頒赦。上皇太后徽號。鄂碩本以軍功授一等精奇尼哈番，進三等伯。十七年八月薨，上輟朝五日，追諡「孝獻莊和至德宣仁溫惠端敬皇后。」上親製行狀，略曰：「后婉靜循禮，事皇太后，奉養甚至，左右趨走，皇太后安之。事朕晨夕候興居，視飲食服御，曲體罔不悉。朕返蹕晏，必迎問寒暑，意少倦，則曰：『陛下歸晚，體得毋倦耶？』趣具餐躬進之。命共餐則辭。朕値慶典，舉數觴，必誡侍者。室無過燠，中夜慽慽起視。朕省封事，夜分未嘗不侍側。諸曹循例章報，朕輒置之，后曰：『此雖奉行成法，安知無當更張，或有他故，奈何忽之？』令同閱，起謝不敢干政。覽廷讞疏，握筆未忍下，后問是疏安所云？朕諭之，則泣曰：『諸辟皆愚無知，豈盡無冤？宜求可矜宥者全活之。』大臣偶得罪，朕或不樂，后輒請霽威詳察。朕偶免朝，則諫毋倦勤。日講後，與言章句大義，輒喜。偶遺忘，則諫當服膺默識。蒐狩親騎射，則諫毋以萬邦仰庇之身，輕於馳騁。偶有未稱旨，朕或加譴讓，始猶自明無過，及聞姜后說譬事，卽有宜辨者，但引咎自責而已。后至節儉，不用金玉。誦四書及易，已卒業。習書未久卽精。朕喻以禪學，參究若有所省。后初病，皇太后使問安否？必對曰『安』。疾甚，朕及今后諸妃嬪環視之，后曰：『吾殆將不起，此中澄定亦無苦，獨不及酬皇太后暨陛下恩萬一！妾歿，陛下宜自愛，惟皇太后必傷悼，奈何！』既又令以諸王賻施貧乏。復屬左右，毋以珍麗物歛。歿後，皇太后哀之甚。」行狀數千言。又命大學士金之俊別作傳。是歲，命秋讞停決，從后志也。時鄂碩已前卒，后世父羅碩，授一等阿思哈尼哈番。及上崩，遺詔以后喪祭踰禮爲罪己之一。康熙二年，合葬孝陵，主不祔廟，歲時配食饗殿。子一，生三月而殤，未命名。貞妃棟鄂氏，一等阿達哈哈番巴慶女。殉世祖，聖祖追封爲皇考貞妃。

清史稿鄂碩傳：鄂碩，棟鄂氏，滿洲正白旗人。楡布，太祖時率四百人來歸，賜名督克索。子錫罕，授世職備禦。天聰初，從伐朝鮮戰歿。鄂碩，錫罕子也。太宗以錫罕死事，進世職游擊，以鄂碩襲。八年，從貝勒多鐸伐明，攻前屯衛，斬邏卒，又從噶布什賢噶喇依，昂邦勞薩，率將士迎察哈爾部來歸者，授牛彔額眞。九年，招察哈爾部伐明，自朔州自崞縣，斬邏卒，自平魯衛出邊，明兵邀戰，鄂碩與固山額眞圖爾格擊卻之，進世職二等甲喇章京，擢巴牙喇甲喇章京。崇德元年，與勞薩將百人偵明邊，至冷口，斬邏卒，得馬十五。二年，護甲喇額眞丹岱等，與土默特互市，赴歸化城，斬明邏卒。三年從睿親王多爾袞伐明，自青山口入邊，擊敗明太監高起潛兵。四年，與噶布什賢章京沙爾虎達，將士默特三百，略寧遠挑戰，明兵堅壁不出，得其樵採者以還。五年，從圍錦州，以噶布什賢兵敗敵騎，明總督洪承疇赴援，上營松山杏山間，命吳拜等以偏師營高橋東，鄂碩詗明兵自杏山潰出，告吳拜，吳拜未進擊，明兵復入城，上以鄂碩不親擊，責之。六年，復圍錦州，分兵略寧遠，遇明兵六百騎，擊破之，得人二，馬六十餘。七年，從伐明，自界嶺口入邊，敗明總督范志完軍於豐潤，明兵自密雲出躡我輜重，奮擊卻之，遂越明都趨山東，師出邊，明總兵吳三桂邀戰，復擊之潰歸，斬數十級，得纛三，邏卒二十九，馬二百餘。順治初，從入關，逐李自成至慶都，從豫親王多鐸討之，自成據潼關，倚山爲寨，鄂碩與噶布什賢噶喇依昂邦努山攻拔之。二年，移師南征，鄂碩將噶布什賢兵先驅，至睢寧，敗明兵，從端重親王博洛下蘇州，擊明巡撫楊文 舟師，得戰艦二十五，趨杭州，敗明魯王以海兵，獲總兵一，復與巴牙喇纛章京哈寧阿克湖州，世職累進二等阿思哈尼哈番。六年，擢鑲白旗滿洲梅勒額眞，從鄭親王濟爾哈朗征湖廣，師還，賚白金三百。八年，授巴牙喇纛章京。十三年，擢內大臣，世職累進一等精奇尼哈番。十四年，以其女册封皇貴妃，進三等伯。十四年卒，贈三等侯，諡「剛毅」。子費揚古，自有傳。羅碩，鄂碩兄也。初授刑部理事官，從入關，擢甲喇額眞。順治六年，姜瓖叛命，梅勒額眞卦喇駐軍太原，瓖遣兵陷清源，與卦喇分道擊之，瓖兵棄城走，斬五千餘級，瓖遣兵犯太原，從端重親王博洛破賊壘，斬萬餘級，其徒圍絳州，擾浮山，迭戰勝之。八年，擢工部侍郎，進世職三等阿思哈尼哈番。九年，從征湖南失利，奪官降世職，尋授大理寺卿。十七年，以從女追册端敬皇后，授一等阿思哈尼哈番。康熙四年卒。鄂爾多，羅碩孫，初授侍衛，累遷至侍郎，歷戶刑二部，授內務總管，擢尚書，歷兵戶吏三部。卒諡「敏恪。」

董鄂在明爲毛憐衛地，與清之先同爲建州部夷，而與建州衞李滿住爲親。至和何哩以董鄂部長歸太祖，尚主爲額駙，爲清開國功臣。董鄂實「佟家」之轉音，所居爲佟家江，故名。其先殆與清之先俱本佟姓。淸乾嘉間，尚書鐵保本棟鄂氏，而自考其族譜爲實趙姓，宋神宗子越王偲之裔，此則未可詳究。淸國史舊鄂碩傳，早可考見爲端敬后之父，至淸史稿並詳其世父羅碩，蓋據滿洲氏族譜所載。棟鄂卽董鄂，明實錄中作「東古」或「冬古」，淸初實錄作「東果」，順治間作董鄂，遂以端敬盛名。爲當時文人，以董姓故事緣飾爲詞藻，豈惟梅村，若陳其年詩「董承嬌女拜充華」，亦指此事也。二百年後，更以冒氏妾董小宛強附會之，初不審小宛之盛，尚在明代，今爲詳端敬家世，更可息異喙矣。端敬弟費揚古，康熙間平定噶爾丹有大功，別封一等公，不復以外戚取貴重，士大夫多爲文頌其勳績，見諸家文集中，反無人言其與端敬后關係矣。

吳詩又有古意六首，程氏無箋。余以爲亦咏世祖宮中事。其詩云：

爭傳婺女嫁天孫，纔過銀河拭淚痕。但得大家千萬歲，此生那得恨長門。
豆蔻梢頭二月紅，十三初入萬年宮，可憐同望西陵哭，不在分香賣履中。
從獵陳倉怯馬蹄，玉鞍扶上却東西。一經輦道生秋草，說着長楊路總迷。
玉顏憔悴幾經秋，薄命無言祗淚流。手把定情金合子，九原相見尚低頭。
銀海居然妒女津，南山仍錮慎夫人。君王自有他生約，此去惟應禮玉眞。
珍珠十斛買琵琶，金谷堂深護絳紗。掌上珊瑚憐不得，却教移作上陽花。

此爲世祖廢后作也。第一首言立爲后不久卽廢，而世祖亦不永年，措詞忠厚，是詩人之筆。第二首言最早作配帝主，至帝崩時，尚幽居別宮，退稱妃號，而不預送終之事。第三首言初亦承恩，不堪回首，后本慧麗，以嗜奢而妬失指，則其始嘗非一見生憎也。第四首言被廢多年，世祖至死不回意。第五首第一句言生不同室，第二句言死不同穴，慎夫人以況端敬，端敬直死後永承恩念，廢后一無他望。第六首則可疑，若非董小宛與世祖年不相當，幾令人思冒氏愛寵，旋納宮中爲或有之事矣。余意此可有二說：（一）或廢后非卓禮克圖親王之親女，嘗攝政王爲世祖聘定之時，由侍女作親女入選，以故世祖惡攝政王而並及此事，決意廢之。（二）或端敬實出廢后家，由侍媵入宮，蓋廢后家世貴，太宗之嫡后孝端后，爲廢后之祖姑，世祖生母孝莊后，爲廢后之姑，太宗最寵之關睢宮宸妃，亦廢后之姑，（即孝莊之姊），宸妃之得寵於太宗，幾與端敬之於世祖相埒，太宗方攻錦州，洪承疇祖大壽輩力拒，久不克，太宗聞妃病即回瀋陽，置萬急之軍事由諸貝勒承之，至則妃已薨，太宗慟至迷惘，自午至酉始復常，自悔其輕視王業，頗自刻責，然悲悼不已，屢見實錄』由此見廢后家由太宗以來之戚誼。董鄂雖有從征功，其驟貴在順治十三年端敬爲妃以後，端敬之或先入廢后家爲侍媵，非不可有之事。錄廢后傳如次——錄廢后傳之先，且先詳廢后家世：

太宗孝端文皇后，博爾濟吉特氏，科爾沁貝勒莽古思女。明萬曆四十二年甲寅四月，太祖命太宗親迎成禮。越二十三年，崇德元年，即明崇禎九年，太宗建尊號，后亦正位中宮。二年，追封莽古思和碩福親王。太宗孝莊文皇后，本莊妃，生世祖，尊爲后，莽古思子宰桑女。世祖即位，追贈宰桑和碩忠親王。崇德元年，立「卓哩克圖親王」爵，以宰桑子烏克善爲「第一世卓哩克圖親王」。烏克善即廢后之父。自莽古思以來已三世爲后父矣。宰桑又一子滿珠習禮，爲烏克善之弟，由「科爾沁鎮國公」進爵爲「達爾漢巴圖魯親王」。其子綽爾濟，爲世祖繼后孝惠后之父。孝惠后於順治十一年被聘爲妃，六月立爲后，時尚未有端敬承寵，疑端敬隨孝惠入宮，孝惠爲廢后姪，則孝惠之侍媵，亦廢后家侍見也。

清史稿后妃傳：世祖廢后博爾濟吉特氏，科爾沁卓禮克圖親王吳克善女，孝莊文皇后姪也。后麗而慧，睿親王多爾袞攝政，爲世祖聘焉。順治八年八月，册爲皇后。上好簡樸，后則嗜奢侈，又妬，積與上忤。十年八月，上命大學士馮銓等，上前代廢后故事。銓等疏諫。上嚴拒，諭以無能故當廢，責諸臣沽名。即日奏皇太后，降后爲靜妃，改居側宮。下禮部。禮部尚書胡世安，侍郎呂崇，高珩疏請慎重詳審。禮部員外郎孔允樾，及御史宗敦一，潘朝選，陳棐，杜果，聶玠，張嘉，李敬，劉秉政，陳自德，祖永杰，高爾位，白尚登，祖建明，各具疏力爭。允樾言冗切，略言：「皇后正位三年，未聞失德，特以無能二字定廢嫡之案，何以服皇后之心？何以服天下後世之心？君后猶父母。父欲出母，即心知母過，猶涕泣以諫，況不知母過，何事安忍緘口而不爲母請命「

上命諸王貝勒大臣集議。議仍以皇后位中宮，而別立東西兩宮。上不許，令再議，並責允樾覆奏。允樾疏引罪，諸王大臣再議，請從上指，於是后竟廢。

①見心史叢刊之「董小宛考」（商務印書館刊行）。

（三）世宗入承大統考實

世稱康熙諸子奪嫡，爲清代一大案，因將世宗之嗣位，與雍正間之戮諸弟，張皇年羹堯及隆科多罪案，皆意其並爲一事，遂墜入五里霧中，莫能瞭其實狀。夫嫡之爲嫡，二阿哥胤礽也。聖祖三立后，惟元后孝誠后有子，殤其一，名承祜，長大者一，即胤礽，後更無嫡出子。胤礽之立爲太子，從立嫡古訓也。其奪嫡也，先之以大阿哥胤禔，則用魘道，是以有第一次之廢儲。發覺以後，青宮復建，胤禔永禁，事在康熙中，處分已畢，不入雍正時兄弟相戕案內。繼之以八阿哥胤禩之陰謀，內外黨與甚盛，太子卒廢。諸陰謀者亦爲聖祖所惎，卒亦不遂所欲。聖祖末年，諸王大臣所默喻上意知爲將來神器之所歸者，乃十四阿哥胤禵。胤禵爲世宗同母弟。世宗於奪嫡事實無所預。而雍正間翦滅諸弟，輒牽涉胤禩奪嫡，而又非爲故太子洩忿，就官書之布在耳目間者觀之，惟覺其事外有事，所謂假手焉爾。故宮發現秘檔，仍是用此爲轇轕。而世宗所以有慙德者何在？因其內疚而激爲殘忍者何所變演？稽諸故牘，一一可見，初不在新發見之密檔中，世尚無能言其曲折者，用臚叙以與天下共見之。

今有一語應先聲明者：凡歷代實錄所載，其直接關係帝王本身事者，爲最難得實。嗣主得位，出於常軌之外者，往往故暴先朝之過惡，而惟恐不盡；若金世宗之於海陵，明成祖之於建文無論矣；即嘉靖之於正德，授受之間，本無讎怨，然武宗失德，直書於實錄者獨多。清一代自德宗以前，皆父子相承，有述作而無同異。故後王修前代實錄，觀光揚烈，務使祖宗功德，有大醇而無小疵。加以清之列帝，敬天法祖之盛心，超越往代。往代重修實錄，爲政治之變故，若永樂間之再修三修太祖實錄，爲時君自掩其篡逆之罪，天啓間之改修三朝要典，爲大權落奄人之手，極喪國本，而綱盡清流，其改實錄之舉動，赫赫在人耳目，人亦得而注意之。清之改實錄，乃累世視爲家法。人第知清初國故，皆高廟所刪汰僅存，殊不知清列朝實錄，直至光緒間猶修改不已。其經蔣氏東華錄所錄者，固已異於王續錄時所見之本，而王錄成於光緒十年，偶一與實錄庫中之官本實錄對勘，又刪去重要史實甚夥，且非重要之史實，原無事乎刪也。後於徵引時當隨文指出，今姑不及備舉。但欲引實錄而文爲東華錄所有者，甯取東華錄，讀者勿疑其用私家箸述爲因陋就簡也。

東華錄：康熙六十一年十月癸酉（二十一日）「上幸南苑行圍。」十一月戊子（初七日）「上不豫，自南苑回駐暢春園。」庚寅：「上因聖躬不豫，十五日南郊大祀，特命皇四子和碩雍親王恭代。皇四子以聖躬違和，懇求侍奉左右。上諭郊祀上帝朕躬不能親往，特命爾恭代，齋戒大典，必須誠敬嚴恪，爾為朕虔誠展祀可也。皇四子遵旨於齋所致齋。」辛卯壬辰癸巳，皇四子遣護衛太監至暢春園候請聖安。「甲午（十三日）丑刻，上疾大漸。命趣召皇四子於齋所，諭令速至，南郊祀典着派公吳爾占恭代。寅刻，召皇三子誠親王允祉、皇七子淳郡王允祐、皇八子貝勒允禩、皇九子貝子允禟、皇十子敦郡王允䄉、皇十二子貝子允祹、皇十三子允祥、理藩院尙書隆科多，至御榻前諭曰：『皇四子人品貴重，深肖朕躬，必能克承大統，著繼朕登基，即皇帝位。』皇四子聞召馳至。巳刻，趨進寢宮。上告以病勢日臻之故。是日，皇四子三次進見問安。戌刻，上崩於寢宮。」（以上據王錄，蔣錄較簡而事實無變動，不復載。）

實錄所書世宗得嗣帝位之由，以受聖祖之末命。聖祖末命，在崩御日之寅刻。至巳刻而世宗入寢宮，臨病榻，聖祖尙能親告以病勢日臻之故（「臻」字世宗諭旨作「增」），則其語必甚詳，非病革不能發言情狀。又自寅至戌，歷時凡八，其間已宜露天位之有屬，豈不聲聞於外，道路皆知，然按之世宗自述之諭旨，則不然也。

大義覺迷錄有諭旨一道，因其爲各本雍正諭旨所不收，又非實錄所載，故不能的知其降旨之日，大約在雍正七年九月間，與頒布大義覺迷錄之諭相連屬。頒布大義覺迷錄，在七年九月癸未（二十三日），此可以約計其日矣。諭中言：「康熙六十一年十一月冬至之前，朕奉皇考之命，代祀南郊。時皇考聖躬不豫，靜攝於暢春園。朕請侍奉左右，皇考以南郊大典，應於齋所虔誠齋戒，朕遵旨於齋所致齋。至十三日，皇考召朕於齋所。朕未至暢春園之先，皇考命誠親王允祉，淳親王允祐、阿其那、塞思黑、允䄉、公允祹，怡親王允祥、原任理藩院尙書隆科多至御榻前諭曰：『皇四子人品貴重，深肖朕躬，必能克承大統，着繼朕即皇帝位。』是時惟恒親王允祺以冬至命往孝東陵（世祖廢后以後，所立之孝惠后，未與世祖合葬，陵別名孝東。）行禮，未在京師。莊親王允祿、果親王允禮、貝勒允禑、貝子允禕，俱在寢宮外祇候，及朕馳至問安，皇考告以症候日增之故，朕含淚勸慰。其夜戌時，龍馭上賓，朕哀慟號呼，實不欲生，隆科多乃述皇考遺詔，朕聞之驚慟，昏仆於地。誠親王等向朕叩首，勸朕節哀，朕始強起辦理大事。此當日之情形，諸兄弟及宮人內侍與內廷行走之大小臣工，所共知共見者。夫以朕兄弟之中，如阿其那塞思黑等，久蓄邪謀，希冀儲位，當茲授受之際，伊等若非親承皇考付朕鴻基之遺詔，安肯帖無一語，俯首臣伏於朕之前乎？」

據此則傳位之遺詔，世宗於聖祖既崩之後，始由隆科多述而知之；而謂隆與諸皇子同以是日寅刻受詔，在世宗未至寢宮之前。何以既至以後，聖祖方口語便利，能縷述病勢日增之故，而不一及付託之意乎？且是日世宗三次進見問安，則舒緩如平時之徵恙護視，絕非將屬纊時舉扶迫切之態，聖祖可以自達其意之機會甚寬，而竟以大位相授一事，遺忘不語乎？抑未絕之頃，猶守秘密而不告本人乎？若云秘之，則諸子知之矣，隆科多知之矣，獨不使受遺之人得知，此豈在情理之內？又況允禩允禟世宗所醜詆為阿其那塞思黑者，與夫允䄉為世宗之三憾，世宗既言其久蓄邪謀，希冀儲位，而今忽聞末命，大寶有屬，又豈能代為守秘，而兄弟間若無其事乎？夫其兄弟間之不聞其事，亦於世宗諭旨證之。

上諭八旗：雍正八年五月初七日，怡親王仙逝悲慟諭後，初九日又諭：失此柱石賢弟，德行功績，難以枚舉。中有云：「又如果親王在皇考時，朕不知其居心，聞其亦被阿其那等引誘入黨；及朕御極後，隆科多奏云：『聖祖皇帝賓天之日，臣先回京城，果親王在內值班，聞大事出，與臣遇於西直門大街，告以聖上紹登大位之言，果親王神色乖張，有類瘋狂。聞其奔回邸第，並未在宮迎駕伺候』等語。朕聞之甚為疑訝。是以差往陵寢處暫住以遠之。怡親王在朕前極稱果親王居心端方，乃忠君親上深明大義之人，力為保奏。朕因王言，特加任用。果親王之和平歷練，臨事通達，雖不及怡親王，而公忠為國，誠敬不欺之忱，皎然可矢天日。是朕之任用果親王者，實賴王之陳奏也。」

據此諭，則知聖祖大事後，未奉大行還內以前，隆科多先馳入京。而果親王允禮亦已聞大事而出，將奔赴暢春園，遇隆科多於西直門大街，始聞世宗紹登大位之說於隆科多之口，一驚至於有類瘋狂。父死不驚惟四阿哥嗣位則驚而欲瘋也。是凶問到京，而嗣位之問猶未到也。是阿其那等並無一傳諷於兄弟間，仍憑隆科多一語而始露也。是在園在京所得傳位之末命，皆出於隆科多之口也。夫允禮之見用，由怡親王力保，允禮見獎於世宗，則緣能承世宗之意旨，首先搏擊未敗之阿其那，則所謂「公忠為國，誠敬不欺」之褒語，當知所由致也。此亦可用上諭八旗徵之。雍正三年三月十三日，鑲紅旗滿洲都統多羅果郡王允禮等將工部知會該旗文內，擡寫廉親王之處參奏。奉上諭：「如此方是。甚屬可嘉。王大臣所行果能如此，朕之保全骨肉，亦可以自必矣。將此奏交該部察議，併將朕此旨，令文武大臣等咸各閱看。如有腹誹之人，伊之居心豈不自知，自有上天鑒之。特諭」云云。阿其那是時尚爲廉親王，工部之行文擡寫親王，亦必不自當日始，允禮特假世宗所欲摧折之人而發之，自是公忠誠敬之所表見矣。

隆科多所受者爲末命，而世宗諭中，言其所傳者爲遺詔，可知傳位之命，至聖祖崩後方出，則謂與諸王子同受命於崩日之寅刻者，後來修實錄時所斟酌而出，非當時實狀也，其實狀奈何？仍以世宗諭旨證之：

雍正七年十月戊申，一長諭，凡千餘言，爲曾靜案而發。曾靜服膺呂留良，內中國，外夷狄，思故明，讎滿族，而諭中曲宥曾靜，獨恨恨於阿其那塞思黑。夫此二人，縱極讎視世宗，何至爲種族相讎之禍首，僅讀東華錄，孰不懷疑？逮證以大義覺迷錄，乃知東華錄所存，僅其首尾，中間正是世宗私德，而以傳位一事，獨爲正確之秘密。世宗惟信其漏洩者爲相嫉之諸弟，而洩之於諸弟者即隆科多，故隆科多與諸弟皆獲重譴。始以爲已消弭於肘腋之地，逮曾靜案發，而後知已通國流聞。故一見曾靜之所謂逆書，即確信非曾靜所能自造，窮追謠諑之本，必獲阿其那等線索而後已。而又自以爲濟之以雄辯，廣之以刊版，行之以官力，借庠序爲宣傳，與宣講聖諭廣訓等，爲師儒之職掌，從此可以釋天下之疑，而明已之無此過咎，故心感曾靜之與以宣傳機會，心焉祖之。然後知曾靜一案，其呈爲種族之見，乃乾隆以來高宗所再布之疑陣，非是案之本情也。

前言聖祖傳位于四阿哥之遺詔，實錄言崩日寅刻所發，用世宗諭文，已證明爲戌刻聖祖崩後，始入受傳者之耳，爲不近情。夫證以一諭之文義，猶或可云意有出入，今再以一諭證之。雍正二年八月壬辰（上諭內閣作八月二十二），東華錄所載諭文中有云：「前歲十一月十三日，皇考賓天之後，朕纘承大業，授受之際，中外敉甯，以承國家之善慶」云云。此數語平淡無奇，無可據爲受遺時刻之定讞。上諭內閣中載此諭，則未入實錄之先，原作「朕向者不特無意於大位，心實苦之。前歲十一月十三日，皇考賓天之後，方宣旨與朕。朕豈可明知而任國家之擾亂乎？不得已纘承大業。皇考聖明，凡事預定，所以大業授受之際，太平無事，以成國家之善慶」云云。據此刪改之跡，修實錄已知受遺詔於隆科多之口，爲大嫌疑，故有此筆削。而世宗惟舍曰欲之又必爲之辭，遂留若干罅隙於後世，供人評騭。傳云：「吉人之辭寡，躁人之辭多。」世宗惟欲以宣傳救事實，轉蹈言多必失之弊。孝子慈孫，欲爲補救，而筆舌之流播太廣，顧此失彼，方注意於實錄之掩飾，又不意上諭內閣之上半部，已刊行於雍正九年以前。古云：「萬言萬當，不如一默。」又況本係作僞，安怪其勞曰拙乎！此諭中又有「蘇努等懷挾伊祖舊讎，專意離間宗支，使互有煩言，人人不睦」等語。蘇努爲太祖長子褚英之玄孫。褚英佐太祖並吞同種，以功授「洪巴圖魯」號，又稱廣略貝勒。天命將改元前，爲太祖所誅。明人紀載謂洪巴圖魯諫太祖叛明，遂殺之而後僭號。康熙雍正兩朝實錄，屢言褚英之後，專復祖讎，挑撥於諸皇子之間。其實蘇努輩皆祖允禩允禟等，不甘心於世宗之巧取，世宗所讎，而加以遠年恩怨之牽合，聖祖實錄即世宗所修，凡因諸皇子所發不近情之言，或出世宗之意，不敢信爲聖祖眞面目也。此事當別論，不能盡於本篇之內。惟七年十月戊申一諭，爲隆科多受遺世宗承統之要證，今存庫實錄，盡沒其文，東華錄尙得其節本，今錄覺迷錄全文，以供論證：

上諭自古兇頑之徒，心懷悖逆，語涉詆誣者，史册所載，不可枚舉。然如今日曾靜此事之怪誕離奇，譸張爲幻，實從古所未見，爲人心之所共忿，國法之所斷不可寬者。然朕往復思之，若伊訕謗之語，有一事之實在，朕有幾微不可問心之處，則不但曾靜當蓄不臣之心，即天下臣民，亦應共懷離異之志。若所言字字皆虛，與朕躬毫無干涉，此不過如荒山窮谷之中，偶聞犬吠鴞鳴而已，又安得謂之訕謗乎？上年此事初發之時，朕即坦然於懷，實無絲毫忿怒之意，笑而覽之，此左右大臣皆深知之。嗣令侍郎杭奕祿副都統海蘭前往湖南，拘曾靜到案，明白曉諭，逐事開導，動以天良，祛其迷惑，而伊始豁然醒悟，悔過感恩。其親筆口供不下數萬言，皆本於良心之發見，而深恨從前之誤聽浮言，遂妄萌悖逆之念，甘蹈赤族之誅也。蓋其分別華夷中外之見，則蔽錮陷溺於呂留良不臣之邪說；而其謗及朕躬者，則阿其那塞思黑允䄉允禵等之逆黨奸徒，造作蜚語，布散傳播，而伊誤信以爲實之所致，自上年至今已將一載，朕留心體察，並令內外大臣，各處根究，今此案內著邪書造謗言之首惡，俱已敗露，確有證據，並不始於曾靜者，盡明白矣。與朕初意毫無差謬，則曾靜之誤聽，尙有可原之情，而無必不可寬之罪也。（據曾靜供稱：伊在湖南，有人傳說，先帝欲將大統傳與允禵，聖躬不豫時，降旨召允禵來京，其旨爲隆科多所隱，先帝賓天之日，允禵不到，隆科多傳旨，遂立當今。其他詆謗之語，得之於從京發遣廣西人犯之口者居多等語，查又據曾靜供出，傳言之陳帝錫陳象侯何立忠三人，昨從湖南解送來京，朕令杭奕祿等訊問，此等詆謗之語，得自何人？陳帝錫等供稱：路遇四人，似旗員舉動，憩息郵亭，實爲此語。其行裝衣履，是遠行之客，有跟隨擔負行李之人，言從京師王府中來，廣東公幹等語。數年以來，從京發遣廣西人犯，多係阿其那塞思黑允䄉允禵門下之太監等匪類，此輩聽伊主之指使，到處捏造，肆行流布。現據廣西巡撫金鉷奏報，有造作逆語之兇犯數人，陸續解到。訊據逆賊耿精忠之孫耿六格供稱：伊先充發在三姓地方，時於八寶家中，有太監于義何玉柱，向八寶女人談論，聖祖皇帝原傳十四阿哥允禵天下，皇上將「十」字改爲「于」字。又云聖祖皇帝在暢春園病重，皇上就進一碗人參湯，不知何如，聖祖皇帝就崩了駕，皇上就登了位，隨將允禵調回囚禁，太后要見允禵，皇上大怒，太后於鐵柱上撞死，皇上又把和妃及他妃嬪，都留於宮中等語。又據達色供：有阿其那之太監馬起雲，向伊說皇上令塞思黑去見活佛，太后說何苦如此用心，皇上不理跑出來，太后怒甚，就撞死了，塞思黑之母親亦即自縊而亡等語。又據佐領華賚供稱，伊在三姓地方為協領時，曾聽見太監關格說，皇上氣憤母親陷害兄弟等語。又審乃允禩管都統時用事之厲犬，因抄搶蘇克濟家私一案，聖祖皇帝發行發遣之惡犯，何玉柱乃塞思黑之心腹太監，關格係允禩親信之太監，馬起雲係阿其那之太監，其他如允禵之太監馬守柱，允禩之太監王進朝吳守義等，皆平日聽受阿其那等之逆論，悉從伊等之指使，是以肆行誣捏，到處傳播流言，欲以搖惑人心，洩其私忿。昨據湖南巡撫趙弘恩等一一查出奏稱，查得逆犯耿六格吳守義馬守柱達色霍成等，經過各處，沿途稱寃，逢人訕謗，解送之兵役，住宿之店家等，皆共聞之。凡遇村店城市，高聲呼招：「你們都來聽新皇帝的新聞，我們已受寃屈，要向你們告訴，好等你們向人傳說。」又云：「只好問我們的罪，豈能封我們的口」等語。是此等鬼蜮之伎倆，一無所施，蓄心設謀，惟以布散惡言，為煽動之計，冀僥倖於萬一而已。夫允禵平日素為聖祖皇考所輕賤，從未有一嘉予之語。曾有向太后聞論之旨：「汝之小兒子，即與汝之大兒子當護衛使令，彼亦不要！」此太后宮內人所共知者，聖祖皇考之鄙賤允禵也如此，而逆黨乃云聖意欲傳大位於允禵！獨不思皇考春秋已高，豈有將欲傳大位之人，令其在邊遠數千里外之理，雖天下至愚之人，亦知必無是事矣。祇因西陲用兵，聖祖皇考之意，欲以皇子虛名坐鎮，知允禵在京毫無用處，況秉性愚悍，素不安靜，實借此驅遠之意也。朕自幼蒙皇考鍾愛器重，在諸兄弟之上，宮中何人不知？及至傳位於朕之遺詔，乃諸兄弟面承於御榻之前者，是以諸兄弟皆俯首臣伏於朕前，而不敢有異議。今乃云皇考欲傳位於允禵，隆科多更改遺詔，傳位於朕，是尊允禵而辱朕躬，並辱皇考之旨，焉有不遵上帝皇考之誅殛者乎？朕即位之初，召允禵來京者，彼時朕垂涕向近侍大臣云：「痛值皇考升遐大故，允禵不得在京，何以無福至此，應降旨宣召，俾得來京，以盡子臣之心。」此實朕之本意，並非防範猜忌而召之來也。以允禵之庸劣狂愚，無才無識，威不足以服衆，德不足以感人，而陝西地方，復有總督年羹堯等在彼彈壓，允禵所統者不過兵丁數千人耳，又悉皆滿洲世受國恩之輩，而父母妻子俱在京師，豈肯聽允禵之指使，而從為背逆之舉乎？其以朕為防範允禵召之來京者，皆奸黨高增允禵聲價之論也。及允禵到京之時，先行文禮部，詢問見朕儀注，舉朝無不駭異。及到京見朕，其舉動乖張，詞氣傲慢，狂悖之狀，不可殫述。朕皆隱忍寬容之。朕曾奏請皇太后召見允禵，太后諭云：「我只知皇帝是我親子，允禵不過與衆阿哥一般耳，未有與我分外更親處也。」不允。朕又請可令允禵同諸兄弟入見否，太后方俞允。諸兄弟同允禵進見時，皇太后並未向允禵分外一語也。此現在諸王阿哥所共知者。後允禵於朕前肆其咆哮，種種不法，太后聞知，特降慈旨，命朕切責允禵，嚴加訓誨之，此亦宮中人所共知者。允禵之至陵上，相去太后晏駕之前三四月，而云太后欲見允禵而不得，是何論也！且何玉柱等云，太后因聞囚禁允禵而崩；馬起雲向伊妹夫達色又云，太后因聞塞思黑去見活佛而崩；同一誣揑之語，彼此參差不一者如此。且塞思黑之去西大同，在雍正元年二月，朕將不得已之情，曾備悉奏聞太后，太后是而遣之者，並非未請慈旨，太后不不知不允之事也。即允禵之命往守陵，亦奏聞太后，欣喜嘉許而遣之者，亦非太后不知不允之事也。雍正元年五月，太后升遐之時，允禵來京，朕降旨封伊爲郡王，切加教導，望其省改前愆，受朕恩眷。後伊仍回陵寢地方居住。其間阿其那在京，塞思黑在陝，悖亂之蹟，日益顯著，是其逆心必不可折，邪黨必不肯散。而雍正四年，又有奸民蔡懷璽投書允禵院中，勸其謀逆之事，朕始將允禵召回京師拘禁之。是允禵之拘禁，乃太后升遐三年以後之事。今乃云太后因允禵囚禁而崩，何其造作之舛錯至此極耶！又馬起雲云塞思黑之母親自縊而亡，現今宜妃母妃，朕遵皇考遺旨，著恒親王奉養於伊府中，而逆賊等以爲昔年自縊，眞鬼魅罔談也。前康熙四十七年，聖祖皇考聖躬違豫，朕與諸醫同誠親王等，晝夜檢點醫藥，而阿其那置若罔聞。至聖體大安，朕與之互相慶幸，而阿其那攢眉向朕言：「目前何嘗不好，雖然如此，但將來之事奈何？」是阿其那殘忍不孝之心，不覺其出諸口矣。朕曾將伊不是處，對衆宣揚羞辱之，而伊深以爲愧恨。今乃以六十一年之進奉湯藥，加惡名於朕，可謂喪盡天理之報復，無怪于遭神明之誅殛也。至於和妃母妃之言，尤爲怪異莫測，朕於皇考之宮人，俱未曾有一見面者，況諸母妃輩乎？七年來，如當年皇考宮中之人，即使令女子輩，若曾有一人在朕左右，朕實不對天日以君臨兆庶也。又曾靜供稱伊在湖南時，傳聞皇上令浙江開捐納之例，欲將銀六百萬兩，修造西湖，爲遊幸之地，彼時爲其所惑，今乃知皆奸黨造作毫無影響之語，無所不至。夫西湖所有昔年地方官蓋造之行宮，朕尚皆令改作佛宇矣，而奸黨云欲捐納銀兩，修造西湖爲遊幸之地，不知出自何論？又三姓地方，有人造播流言，皇上在蘆溝橋蓋造官房，收往來客商之飯錢等語，朕因應試士子來京者，橋上查檢行李，不免風雨露處之苦，是以特發帑金，蓋造房舍，俾其住歇，令管理稅務之人，到店驗看應試文憑，即令放行，在士子輩既有投足之地，又可免奸商冒充應試之人，致干漏稅之咎，此朕之仁政，直省舉子感恩頌德之事，而奸黨以朕爲欲收客商飯錢，作此等誣謗之語，實爲可笑，亦可怪也。阿其那允禵縱酒無忌，而加朕以酗酒之名；）阿其那等蓄心陰險，存傾陷國家之念，懷與皇考爲仇之心，而反一一加之於朕。總因阿其那等平日之逆謀不遂，畜養匪類者久矣，播散訛言，分門立戶，各各收買黨羽，欲以鼓惑人之耳目，俾素蓄逆念之人，蠢動而起，然後快心，祖宗之社稷，所不顧也。夫加朕以凶暴惡名，其罪猶輕，獨不念聖祖皇考六十餘年之豐功懋烈，而作如此歸結，豈爲人子者所忍爲乎！阿其那塞思黑等之罪，實萬死不足以贖矣。伊等之奸謀若此，目今敗露者即不勝其數，其他匪類邪黨之聽其驅使者，奚止數千百人，造作種種誣謗之語，已流散於極邊遠塞，則宇宙之內，鄉曲愚人爲其所惑者，豈止曾靜數人而已哉？即如三姓之協領華賚，身在地方，有稽查之責，乃伊將所見所聞，俱行隱瞞，不以入告，朕在九重大內，何由而知之，何從而究之，又何自而剖晰開示，使天下臣民共曉之？今蒙上天皇考，俯垂默佑，令神明驅使曾靜，自行投首於總督岳鍾琪之前，俾造書造謗之奸人，一一呈露，朕方得知若輩殘忍之情形，明目張胆，將平日之居心行事，徧諭荒陬僻壤之黎民，而不爲浮言所惑於萬一，亦可知阿其那塞思黑等蓄心之慘毒，不忠不孝，爲天祖之所不容，國法之所難宥處，天下後世，亦得諒朕不得已之苦衷矣。此朕不幸中之大幸，非人力之所能爲者。即此則曾靜不爲無功，即此可以寬其誅矣。從來奸宄兇醜，造作妖言，欲以誣民惑衆者，無時無之。即如從前妖言云：「帝出三江口，嘉湖作戰場。」此語已流傳三十餘年矣。又如廣西張淑榮等言：「欽天監奏，紫微星落於福建，今朝廷降旨，遣人至閩，將三歲以上九歲以下之男子，悉行誅戮。」又如山東人張玉，假稱朱姓，係前明後裔，遇星士推算，伊有帝王之命：似此誕幻荒唐，有關世道人心之語，往往地方大臣官員，希圖省事，目爲瘋癲，苟且掩護於一時，而未念及其迷惑之害，日月漸遠，傳播漸多，遂不能究問其所自來，轉令無辜之人，受其牽累，此皆庸碌無能，視國家利害於膜外之大臣等，養癰之害也。又如村塾訓蒙之人，本無知識，而又窮困無聊，心懷抑鬱，往往造爲俚鄙怪妄之歌詞，授於村童傳唱，而不知者遂誤認以爲童謠，轉相流布，此皆奸民之欲煽惑人心紊亂國法者，地方大吏有司視爲泛常，不加稽察懲創，以防其漸，可乎？前年有人捏稱侍郎舒楞額密奏八旗領米一事，欲以搖惑旗人之心，舒楞額聞之據實入奏，比時朕隨降旨根究，即得其造言之人，加以懲戒。凡屬流言初起之時，若地方大臣，能肯悉心窮究，必能得其根由，使奸宄不至漏網，庸愚無知，亦不至拖累，其有裨於人心世道者，良非淺鮮。今因曾靜之事，而查出首先造謗之渠魁，蓋以此案發覺尚早，易於追尋，故可遞推而得其根源也。且朕之寬宥曾靜，非矯情好名而爲此舉也。虞書曰：「宥過無大，刑故無小。」曾靜之過雖大，實有可原之情。昔我皇考時時訓誨子臣曰：「凡人孰能無過，若過而能改，即自新遷善之機故人以改過爲貴，但實能改過者，無論所犯之大小，皆不當罪之也。」朕祗承聖訓，日以改過望天下之人，蓋過大而能改，勝於過小而不改者。若曾靜可謂知改過者矣。朕赦曾靜，正欲使天下臣民，知朕於改過之人，無不可赦之罪，相率而趨於自新之路也。且朕治天下，不以私喜而賞一人，不以私怒而罰一人，曾靜狂悖之言，止於謗及朕躬，並無反叛之實事，亦無同謀之衆黨，彼跳梁逆命之人，果能束身歸命，畏罪投誠，尚且邀赦宥之典，豈曾靜獨不可貸其一死乎？且曾靜之前後各供，俱係伊親筆書寫，並非有所勉強，亦並非有人隱授意指，實由於天良感動，是以其悛悔之心，迫切誠懇，形於紙筆，此乃其可原之情，並非以其爲諂媚頌揚之詞，而欲寬其罪也。若今日喜其諂媚而曲宥之，則從前即當怒其誣謗而速誅之矣。況曾靜今日頌揚之詞，較之從前誣謗之語，其輕重懸殊，何止什伯，論其情罪，豈足相抵？若有人議朕置曾靜之諂媚而免其罪者，則與曾靜從前之犬吠鴞鳴，無以異矣。然朕亦不論，除造作布散流言之逆黨，另行審明正法外，著將曾靜張熙免罪釋放，並將伊之逆書，及前後審訊詰問之語，與伊口供，一一刊刻頒布，使天下人共知之。楚省地方大小官員等，平日既不能宣布國恩，敷揚朕訓，化誨百姓，盡去邪心，致有此等悖逆狂亂之人，實有忝於父母斯民之責，此則深當愧恥者。今若以羞忿怨恨之心，或將曾靜張熙有暗中賊害情形，朕必問以抵償之罪。曾靜等係朕特旨赦宥之人，彼本地之人，若以其貽羞桑梓，有嫉惡暗傷者，其治罪亦然。即朕之子孫，將來亦不得以其詆毀朕躬，而追究誅戮之。蓋曾靜之事，不與呂留良等，呂留良之罪，乃皇考當日所未知而未赦者，是以朕今日可以明正其罪；若曾靜，皇考赦免之旨，則朕亦自遵旨而宥其辜矣。特諭。

（右諭，今庫本實錄並無一字，東華錄蔣氏本亦無。蔣所節錄原極簡，若肯如王錄之繁，其所見之實錄，必遠過於王氏。王錄則尚有首段，然首從諭文第一句起，至「而無必不可寬之罪也」句止，以下「據曾靜供稱」云云，至「而加朕以酗酒之名」句爲止，全然刪去。文中用括弧標出。以[illegible]「阿其那等蓄心陰險」句起，至諭文之末爲尾段。據此，則光緒以前之世宗實錄，自謂能爲尊者諱，而仍啓後人之疑念，光緒以後之重修，直根沒其痕跡，於幹蠱之計良得。）

前論中證明世俗流傳世宗之得位，以遺詔中「十」字改作「于」字之故，並非久後野人之語，實是當時宮廷中宣布之言。夫曾靜逆書，既可以無言不盡，則世宗於此書，如果胸中原無此影，自應決爲曾靜所揑造，以意處分之而已。乃一見即推其來由，信其決非曾靜所能虛構，是惟自知其事實之吻合，即語所從出，胸已瞭然，惟待推得其傳說者之主名耳。至其辯訴之詞，云聖祖如何輕允禵而重己，太后如何惡允禵而愛己，皆逝者無可對證之語。命往守陵，豈能自由？乃辯其拘禁在三年之後，且母后所生兩子，何故自分軒輕如此？亦太遠於人情。至以召回允禵，爲閔其無福送聖祖之終，則他諭旨中又可證其不然。惟允禵在軍中爲年羹堯所彈壓，無能爲變，此則非謬。羹堯適爲雍邸心腹，世宗之立，內得力於隆科多，外得力於年羹堯，確爲實事。今悉以世宗諭旨明之：

上諭內閣：二年閏四月十四日（東華錄作丁亥），「奉上諭：阿布蘭雖係宗室，朕素不深知。在皇考時，伊於委任之事，尚爲勉力，廉親王又於朕前保奏，朕因特加殊恩，晉封貝勒，賞給佐領，又令總理事務。外人不知，以爲阿布蘭曾奏聞二阿哥礬書一事，故爾擢用，不知礬書事敗，阿布蘭尚自遲疑未奏，係貝勒蘇努指使奏聞，非其本心也。阿布蘭自任用以來，並不實心效力，而且素行卑污，前大將軍允禵自軍前回時，伊特出班跪接，從來宗室公於諸王阿哥，並無此例也。宗人府建立碑亭，翰林院所撰之文，阿布蘭以爲不佳，另行改撰，並不頌揚皇考功德，惟稱贊大將軍允禵，擬文勒石。朕即位後，伊自知誣謬，復行磨去。辦理旗務，每每徇私。近參奏佐領一事，朕交部查出，曾傳示衆大臣。似此罪惡種種：朕是以交宗人府議處，非有別意也。若即將伊革斥，衆人不知，以爲何以旋用旋斥，遂生議論，則是與廉親王封王時，向致賀者云：『何喜之有，不知死在何日』之語相符矣。朕若不將此詳諭爾等，無論舊時王大臣，即朕所用之廉親王怡親王阿爾松阿勵廷儀等，亦人懷懼心矣。如貝子允禑，人甚平常，朕雖加以殊恩，封之王爵，任以部務，並不黽勉効力，其性好事，其行瑣屑，再李英貴勒席恒俱朕施恩擢用之人，因其不肖，有負朕恩，始行革退；善則用之，不善則退之，朕素性也。皇考每訓朕，諸事當戒急用忍，屢降諭旨，朕敬書於居室之所觀瞻自警。今於阿布蘭，既不詳察而用之太急，至於不可寬宥之罪，又不便隱忍，則皇考訓誡之聖明益著，而朕亦知過矣。阿布蘭應得何罪之處，朕殊難降旨，爾部院大臣會同宗人府定議具奏。」

此諭詳其本意，不專爲阿布蘭，而實用以激刺允禩允禑諸弟。允禩此時尚未變爲阿其那，既提其可濩重譴之語，又與所尊信之怡親王等同論，嬉笑惡罵，不倫不類，東華錄中皆去之，但就阿布蘭一人數說，已非世宗發言本意。但就其所言，亦足證聖祖繼統簡在允禵之說，遂一明之。

礬書案在康熙五十四年十一月，東華錄書其日爲庚子。太子既廢，因福金有病，招醫生賀孟頫治病，令賀醫用礬水寫字往來，一則屬託公普奇保舉爲大將軍，二則從前澤卜尊丹巴胡土克圖言二阿哥災星未脫，因探聽此僧來京之信，又稱皇上有褒獎二阿哥之旨，各處探聽，希冀釋放。普奇具悉其情，不行奏聞。阿布蘭首告。宗人府奏普奇應絞立決，賀孟頫斬立決。得旨普奇拘禁，賀孟頫斬監候。普奇與阿布蘭同爲褚英之後，褚英長子安平貝勒杜度之曾孫。杜度以軍功顯，世宗以爲此一支宗室，世有爲祖報讎之意。然聖祖之嚮用，至廢太子亦求其保舉，則非聖祖之所疏遠可知。廢太子之礬書通信，所求皆可以矜憐之事，亦無所爲惡逆。其求保爲大將軍以自效，皇子之重視大將軍可知。廢太子求之而得罪；允禵承聖祖之命而得之，其爲將降大任，固自可信，阿布蘭不憚開罪於廢太子，而獨求媚於允禵，宗室間固已信其將繼大業矣。立碑頌大將軍功德，在康熙間不懼得罪，至雍正初乃磨去其文，可知聖祖之意，不以頌揚大將軍爲非，自有擬爲諸貳之意。衆望如此，上意如彼，而世宗謂任允禵爲大將軍，乃厭惡而遠之，此在世宗言之則然，威福在心，誰敢駁辨，不得不留待考之餘地矣。

至允禵之不需防範，世宗實倚年羹堯，自允禵赴大將軍之任，即箝制之。雍邸私人，尙有以防範爲說者，未知世宗之早占先著也。故宮文獻叢編載戴鐸口供云：「奴才自湯山叩送，當主子天恩教誨，至今四五年來，刻刻以心自勉，雖不敢謂希賢二字，而天地神明可鑒，各處官民可訪。在任時幾十萬錢糧不清，奴才始終不避嫌怨，爲主子出力。及聞主子龍飛九五，奴才曾向巡撫蔡珽說，恐怕西邊十四爺與總督年羹堯等有事，奴才等當以死自誓，例借給兵丁錢糧，冀用其力，此奴才之愚衷也。」據此，則言防範乃並年羹堯防之，徒爲世宗之所竊笑。羹堯自雍邸初建，即爲邸屬，進妹爲世宗妃。當康熙間，臣僚某爲某邸私人，形諸章奏不諱。故宮掌故叢編年羹堯摺，有回奏孟光祖至川情形摺，康熙五十六年五月二十日所具，中云：「查孟光祖當日一到成都，臣即面加切責，勒令起身。彼時果有親王所賞物件，臣已收受，即不奏明，應有謝啓，若直受而不稟謝，臣係旗人，雖至愚必不敢無禮至此。又謂臣有餽送，臣何故切責其人，勒令起身，又以銀騾取其歡心。且屬雍親王門下，八載於玆，雍親王並未遣人至川賞賜物件，則誠親王何遽有賞賜。此又臣之至愚，所能辨晰者。臣自奉旨緝拏之日，俱已一一奏明，孟光祖果有齎來親王賞物，並臣有餽送之處，又何敢隱匿不奏，自蹈欺誑之條」云云。此摺在五十六年，則八載以前，乃康熙四十八九年間。世宗以康熙十七年十月三十日生，四十八年封雍親王，則所云屬王門下，乃雍邸始立時屬之也。年妃之歸世宗，不知在何年，其生皇第四女，在康熙五十四年三月十二日。世宗封貝勒，在三十七年，年二十一。封雍親王在四十八年，年三十二。妃之入侍，當在羹堯屬雍邸之後。最後生皇子福沛，在雍正元年五月。三年十一月二十三日卒。羹堯已得罪，未幾賜死。蓋羹堯之爲功臣，平青海之功小，箝制允禵之功大。世宗紐合年羹堯隆科多兩人爲一體，可見其同效一事之力，又皆以挾功洩漏秘密遭忌，隆禁錮而年殺身。高鳥盡，良弓藏，對敵國外患者且然，彼敵國外患，或尙有迭起之時，若用秘計扶人作天子，則天位一定，早以屬鏤之柄授之矣。年隆粗材淺躁，烏足知之？

隆科多何以能獨擅聖祖憑几之末命？此當考淸室尊重內親之習慣而知之。先言隆科多之家世：隆科多姓佟氏，曾祖佟養正，以明之遼東總兵叛投淸太祖。國史諱其爲貳臣，史館舊傳云：「養正遼東人，其先爲滿洲，世居佟佳，以地爲氏。祖達爾哈齊以貿易寓居開源，繼遷撫順，遂家焉。天命初，有從弟佟養性輸誠太祖高皇帝，於是大軍征明克撫順，遂挈家並族屬來歸，隸漢軍。六年，從征遼陽，以功授三等輕車都尉，奉命駐守朝鮮界之鎮江城。時城守中軍陳良策，潛通明將毛文龍，詐令諜者爭呼兵至，各堡皆呼譟，城中大驚，良策乘亂據城叛，佟養正被執，不屈死之。長子佟豐年並從者六十人俱被害，詔以次子佟圖賴襲世職。佟圖賴初名佟盛年，後改今名」云云。佟養性與李永芳俱以叛降太祖，太祖配以族女，均稱額駙。養正之降，據國史在養性後，然子孫之貴顯，以養正為尤盛，至今北人語佟之曰「佟半朝」。蓋聖祖之生母孝康章皇后為佟圖賴女，世宗之嫡母孝懿仁皇后為圖賴子國維女，兩朝全盛之國戚，出於一家。養正以死於毛文龍之故，清史且稱以忠義，耆獻類徵列於忠義傳之首。而明時紀載，則云「大逆佟養正伏誅。」文龍緣此一勝，為王化貞所奇賞，而熊廷弼以為發之太早，破三方布置成算，不當言功，熊王冰炭，朝議水火，是為經撫不和之始。明史自不紀養正事，明紀載亦不詳養正事實，朝鮮實錄宣祖朝實錄有云：

三十二年（萬曆二十七年）乙酉，上幸佟副總（養正）所館。行拜禮，坐定，上曰：「有賤疾，稽遲歲禮，心甚未安。」副總曰：「屢承臨覲之命，而恐勞貴體，不敢承當。」上曰：「昔播西方，蒙大人之賜多矣。大人今來弊館，如支供之事，亦知凉薄，常懷愧赧。」副總曰：「曾無尺寸之效，有何謝焉。此來厚荷盛情，不知攸喻。」上曰：「大人輸軍實於弊邦，而多所裨補，未安。」副總曰：「固是事理當為，何裨補之有。」（天朝以養正誤屬楊元之故，使贖軍糧，以資東征。）行茶酒禮，副總曰：「大賊退遁，新年積慶，當以一杯稱賀，而自恨量小。第賊退之後，沿海戍守之備，何以為搘？」上曰：「專賴天威，得有今日，而南邊一帶無人烟，不知所以為自固之計，收拾之間，願留多小兵馬，曾將此意告于軍門矣。然願聞諸大人之教。」副總曰：「多留兵則乏食，小留則無益，以淺見言之，貴邦亟選精兵一萬，教以南兵之長技，分守海岸，或有益也。熟觀此地，人心怠慢，事不及機，賊若復來，當何以禦之？所見如是，不敢不達。」上曰：「軫念小邦，見教丁寧，不勝感激，敢不謹留心。」上曰：「大人駐遼陽，必知老胡聲息，近復如何？」曰：「老胡比歲效順，貢獻不絕。槩聞其結婚於開元㺚子，開㺚欲引老胡犯遼陽云。而時無動靜。俺家住距㺚子地方三百餘里，明知其衆不過一萬，設或起亦不大緊；然在我之備，不可緩忽。咸鏡一帶，另加防備，江界近處，則山峻且險，胡虜以馳突為長技，無虞也。」上曰：「始聞實狀，多謝。」遂呈禮物而出。

時在倭寇初退朝鮮復國之後。朝鮮倭難在萬曆二十一年至二十六年，養正已為東征軍將，今來朝鮮。所云「大賊」，乃指日本；後云「老胡」，則指清太祖。（太祖之名，清定名努爾哈齊，明人謂之奴兒哈赤，或作老哈赤，朝鮮又作老可赤，明人謂建州兵爲「奴賊」，朝鮮稱「老賊」也。）此時養正未認太祖爲眞主，太祖亦未擾明邊，朝鮮已知其聲勢，明人視之則甚忽。云家距獚子地方三百餘里，蓋以女眞爲「獚」，已與蒙古之「韃」並稱，而其相距，則佟家撫順，至太祖所居寧古塔，卽後之興京之里程也。養正是時已爲明副將，至天命初將及二十年養正始降，蓋遼籍武職大員，淸特諱言之。

國維在聖祖時，尊之曰「舅舅佟國維」，以太后弟兄而又爲皇后之父，外戚隆重。晚以激聖祖廢儲，雖旣廢而爲聖祖所憾，康熙末國維死，聖祖不予其子襲承恩公職。蓋國維亦袒允禩，而國綱子鄂倫岱，尤世宗所指目爲阿其那黨，佟氏一家，除隆科多外，皆非暱世宗者。隆科多獨出此間道，以博殊常之富貴，世宗之所以許相酬報者，事不可考。就官書及秘檔之今發見者徵之，蔣氏東華錄：「康熙六十一年十一月甲午（十三日聖祖崩日。），「安奉大行皇帝於乾淸宮，東廡爲倚廬，命貝勒允禩、十三阿哥允祥、大學士馬齊、尙書隆科多總理事務。召大將軍十四阿哥允禵，令與弘曙馳驛來京。命公延信馳驛赴甘州，管理大將軍印務。辛丑，上卽皇帝位，御太和殿，以明年爲雍正元年。諭內閣嗣後啓奏處書寫「舅舅隆科多」。先是隆科多父佟國維，以孝懿仁皇后父封一等公，康熙五十八年卒，其一等公爵，所司以承襲請旨，疏留中，至是命隆科多襲」。據此則大行未殮，隆科多已受命爲總理四大臣之一，王錄尙有之。卽位之日，首尊舅舅爲法，及承襲已寢之爵命，王錄已削之矣。

上諭內閣：六十一年十一月二十一日（卽位之翌日）。「諭內閣，舅舅佟國維襲公奏摺，蒙皇考收貯機密事件之內，敬思皇考必另有主見，始行收貯。孝懿皇后朕之養母，則隆科多卽朕之親舅，此公爵着隆科多承襲。交與該部，修理舅舅墳塋，加祭一次」。按世宗爲德妃烏雅氏所生，而佟后則於康熙二十八年由皇貴妃冊爲后，翌日而崩。世宗尊父命，則當嚴嫡庶之分，不曰「嫡母」，而曰「養母」，殆宮中自有同爲妃侍之舊情，舍名分而以養母之故，認隆科多爲親舅。夫嫡母之弟，何嘗非親舅。尊佟氏則亦無需違棄父命，乃特示私暱以籠絡隆科多，而有此言。夫國維襲公疏留中，不准亦不駁，厭之而亦不欲顯斥之，以全外戚顏面，有何深意？欲貴隆科多，何患無辭乎？錄耆舊館佟國維傳，以存眞相：

佟國維滿洲鑲黃旗人，（佟國綱請入滿洲籍，部議國綱本支改入滿洲，佟姓官職衆多，應仍歸漢軍現任，故國維則仍稱滿洲矣。）都統佟圖賴次子。順治十七年，任一等侍衞。聖祖仁皇帝康熙九年，授內大臣，十二年冬，逆藩吳三桂反，其子吳應熊居京師，明年春，逆黨謀爲不軌，以紅帽爲號，國維發其事，奉命率侍衛三十人，至大佛寺，擒縛十數人，械送刑部，鞫實伏法。二十一年，授領侍衛內大臣，尋列議政大臣。二十八年，因國維爲孝懿仁皇后之父，封一等公。二十九年七月，大軍征噶爾丹，國維參贊軍務，八月次烏蘭布通，國維與兄都統佟國綱並率左翼兵進擊，國綱循河岸戰歿，國維由山腰遶賊後，擊之潰遁，師還，以噶爾丹餓敗，不率兵追剿，部議革職，得旨罷議政，降四級留任。三十五年，上親征噶爾丹，國維從，甫出獨石口，以駝載遲滯，疏於管攝，自請處分，上貰之。三十六年，復從上征噶爾丹，至甯夏聞噶爾丹竄死，上回鑾，叙前隨征功，復所降四級。四十三年，詔賑山東流民之就食京師者，以國維同內大臣明珠等監賑，尋以年老解任。四十八年，正月，召國綱與諸大臣並集，傳旨詰問曰：「前因有人爲皇太子條奏，朕降硃筆諭旨示諭大臣。爾曾奏稱『皇上辦事精明，天下人無不知曉，斷無錯誤之處。此事於聖躬關係甚大，若日後易於措處，祈速賜睿斷，或日後難於措處，亦祈賜睿斷，總之將原定主意，熟慮施行爲善。』爾係解任之人，此事與爾無涉，乃身先衆人啓奏，是何心哉？」國維奏曰：「臣雖以庸愚解任，素蒙皇上優厚，因聖體違和，冀望速愈，故奏請速定其事。今奉明旨詢問，實無詞以對。」奏入，奉諭曰：「將來誠如爾言朕有難於措處，自不必言，衆人亦將謂爾所奏果是矣；若朕無難措處，到彼時自知之耳。人其可懷私仇而妄言乎？」明日復諭曰：「爾年老之人，屢向朕所遣人云：『每日祝天求佛，願皇上萬歲。』朕思自五帝以至今日，尚未及萬載，朕何敢侈望及此！此皆以荒誕不經之談欺朕，朕不信也。爾既有祈望朕躬易於措處之言，嗣後惟篤念朕躬，不於諸皇子中結爲黨羽，謂皆係吾君之子，一體看視，不有所依附而陷害其餘，即俾朕躬易於措處之要務也。」二月，又諭曰：「爾前此易於措處難於措處等語，竟似捨命陳奏，爾乃國家大臣，榮貴極矣，年已老邁，子孫甚多，若欲捨命，則見朕之病勢漸增，即當親身入內奏云，醫生等既可入內，我又何不可入？親身領醫生診看，晝夜侍奉湯藥，使朕病得痊，方可稱爲實心。乃漠不相關，並未嘗念及朕躬。朕仍賴皇太子及諸皇子晝夜侍奉，率領醫人診看，進藥調理，仰蒙上天護佑，今已痊愈。由是觀之，爾並非實心，乃置身兩可，意謂皇上若獲痊愈，我仍沾祿食，苟且度日；倘有不測，則皇太子將何所往，必合我言矣。此非爾之本意乎？皇太子允礽，前染瘋疾，朕爲國家而拘禁之，後詳察被人鎮魘之處，將鎮魘物俱令掘去，其事乃明，今調理痊愈，始行釋放，朕將此情由，俱曾硃筆書出，詳悉諭諸大臣。今譬有人，因染病持刀斫人，安可不行拘執，若已痊愈，亦安可不行釋放，而必欲殺之乎？朕拘執皇太子時，並無他意，殊不知爾之肆出大言，激烈陳奏者，係何心也？諸大臣之情狀，朕已知之，不過碌碌素餐，全無知識，一聞爾所奏之言，衆皆恐懼，欲立允禩爲皇太子而列名保奏矣。朕臨御既久，安享太平，並無難處之事，臣庶託賴朕躬，亦各安逸得所，今因爾所奏之言，及群下小人就中揑造言詞，所以大臣侍衛官員等，俱終日憂慮，若無生路者。此事關係甚重。亂民賊子自古有之，今觀衆人情狀，果中爾所奏日後難於揣處之言矣。爾聞外邊匪類妄言，理應禁止，爾乃倡造大言，驚駭衆心，有是理乎！爾旣捨命陳奏，必有確見。其何以令朕躬及皇太子諸皇子志意安舒，不致殷憂，亦可明白陳奏。朕特降此旨，非欲誅爾也，因衆皆憂慮，須事明後衆心乃可定。爾當體念朕心若懷藏私意，別有作爲，天必誅之」。」國維奏曰：「臣前所奏之言，俱載在檔案。今並不推諉。衆人因臣大言妄奏，皆畏懼列名，致貽聖體及皇太子諸皇子之憂，臣罪莫大。皇上雖憐憫不誅，臣何顏生斯世，祈速賜誅戮以示衆。」奏入，[illegible]奉諭曰：「朕今特爲安撫群下，降旨申明，非欲有所誅戮也。爾前啓奏時，外間匪類不知其故，因甚贊爾，云如此方謂之國家大臣，不懼死亡，敢行陳奏。今爾之情形畢露，人將謂爾爲何如人耶？洵可恥之極矣。朕若誅爾，似類沽名；朕今斷不誅爾，其[illegible]勿懼，但不可卸責於朕躬。觀爾迷妄之言。其亦被人鎭魘歟？」五十八年正月卒，賜祭葬如例。世宗憲皇帝雍正元年，贈太傅，諡「端純」。子隆科多，襲一等公，別有傳。

修國維在聖祖朝旣因激勸廢儲，絕不爲太子稍作調護，爲聖祖所深憾，然卒不罪於國維生前，此則聖祖之牽於外戚情愛，亦種佟氏後來得預大事之因者也，當聖祖末年，佟氏一門，皆爲允禩之黨。國維之爲黨[illegible]如本傳。國維有孫名舜安顏，尙聖祖第九女。據公主表：和碩溫憲公主，孝恭仁皇后烏雅氏出。則世宗之同母妹也，以康熙二十二年九月生，三十九年九月下嫁舜安顏，四十一年七月薨，年二十，舜安顏尙主授額駙，康熙四十八年以黨附皇八子允禩削額駙，禁錮，後釋之，雍正二年，命總理三陵事務，授領侍衞內大臣卒。據此則國維雖以老不加罪，其餘已獲譴，而旋又釋之，則仍推外戚之恩也。雍正初之復進用舜安顏，自緣佟氏方在熏炙之日。迨後隆科多被譴，王大臣議定重罪四十一款時，其大不敬第五款云：「皇上賞銀三千兩令修理公主墳墓，隆科多遲至三年，竟不修理。」則此下嫁佟氏之公主，尙爲羅織隆科多罪狀中一種資料。此公主所歸之佟國維孫，未知爲隆科多之子，抑其從子？據國維傳，則國維之子，惟見隆科多之名，或更無他子，則直爲隆科多之子婦耳。國維之後，除隆科多外卽爲允禩黨，國綱子鄂倫岱，尤世宗所疾首痛心，斥爲阿其那黨者，故云佟氏一門皆世宗敵黨也。聖祖之於廢儲，未嘗不引爲深憾，而卒不免，其中不得已之故，蓋有難言。康熙間名流集中，多有稱頌太子才德，及優禮諸臣者，似又非瘋狂暴戾，如廢儲時諭旨所云，此當別爲彙考矣。

國維生平行事，本無足觀，本傳大半載其議儲忤旨一事，旣有陰助阿其那之嫌，必非世宗之所喜，而世宗甫卽位，以表章國維爲第一事，其作用自必有在。清史稿國維等傳論則曰：「理密親王旣廢，自諸皇子允禩允禟輩及諸大臣多謀擁允禩，聖祖終不許，誠以儲位至重，非可以覬覦攘奪而致也。佟國維陳奏激切，意若不利於故皇太子，語不及允禩而意有所在，馬齊遂示意諸大臣，然二人皆非出本心，聖祖諒之，世宗亦諒之，故能恩禮勿替，賞延於後嗣。若阿靈阿父子、揆敘、鄂倫岱、王鴻緒，固擁允禩最力者，世宗既譴允禩，諸臣生者被重誅，死者蒙惡名，將安所逃罪？鴻緒又坐與徐乾學等比被論，事別見，故不著於此篇」云云。此論頗不得本事情實，載筆在一二百年之後，又經列朝諱飾竄改之餘，史館諸人，非有專致力於此事之考核者，勢不能洞見癥結，蓋允禩之爲阿其那，並非追咎其奪嫡，雍正初，奪嫡案久定，而允禩方封爲廉親王，總理國事，極示尊貴，何嘗有爲故太子鳴不平之意，或且以鷸蚌之利，幸其爲我毆除焉，後來卒以前預議儲之事者，後仍不免私計於承統之秘密，乃始放手誅戮，以杜謗訕。其前死者率無所譴，則原無涉於承統以後弭謗之計也。史稿傳論，獨於馬齊一傳爲較合耳。

隆科多之承殊眷，以年羹堯所受者例之，必有可駭可歎，如年之比者在。而檔案已湮，僅於年案中並見數事，可以推想得之。若其論隆科多罪狀之事，亦有足證受遺案者。隆科多舊傳：「五年閏三月，宗人府劾奏輔國公阿布蘭私以玉牒稿本與隆科多收藏在家，阿布蘭革公爵圈禁，隆科多亦革公爵，仍命回奏。」此一事，驟讀之殊不明，細考之，則阿布蘭乃宗室，太祖之後，其家應有玉牒收藏，今北平市上，常發見故清宗室家藏本支一部分之玉牒，在康熙時，玉牒尚不繁重，宗室人數有限，阿布蘭爲太祖第五世孫，其得藏玉牒，自無疑義。惟其所藏者是否得爲玉牒全分，雖未敢決，但當時宗室，與現代帝系猶爲甚親，不似清末之傳久系繁，襲爵世盡，至見面不相識。意所藏玉牒，亦簡冊無多，各支可得全分。而阿布蘭即二年諭中，謂其跪接允禵，撰碑頌大將軍而不頌皇考者，蓋爲深信大將軍即爲儲貳之人。其所以深信之故，或即於玉牒中屢有聖祖暗示之意。隆科多以漢人冒充旗籍，欲得玉牒何用？當是留此把鼻，以顯己回天大力，是以得成爲罪案。以前隆科多雖屢譴，猶以革員往議俄羅斯邊界事，自私藏玉牒案發，乃大震天威，命王大臣勘鞫，獄成定至重罪四十一款，則可知玉牒之關係大矣。

隆科多之口銜天憲，處分嗣統，既在聖祖崩逝之後，諸皇子何以一無牴牾？固緣世宗得此一語，即可握生殺大權，而急切中萬一有所指揮，豈能無壁後置人之預備？細尋其機括所在，則隆科多方爲步軍統領，警蹕中之武力，實在掌握。此與年羹堯之方爲陝西四川總督，同一扼要。以此兩人爲擁戴主名。聖祖晚年用人，天然爲世宗嗣統布置，此不可謂非天相也。隆科多於康熙五十年，授提督九門步軍巡捕三營統領，五十九年，擢理藩院尚書，仍管步軍統領事。其四十一款重罪中。第一項大不敬五款，第一款「私鈔玉牒，收藏在家；」第三款「則妄擬諸葛亮，奏稱白帝城受命之日，即是死期已至之時」。此款明是憤世宗之背棄秘約，特提受遺事作負氣之語。第二項欺罔四款，第二款「狂言妄奏提督之權甚大，一呼可聚二萬兵」。此款亦有意味。隆科多在雍正，初仍留任九門提督，於三年正月解任，定罪時離提督任已久，豈非仍以受遺時鎮定之力，自詡其功？但言之過甚，故爲欺罔之罪。考兵志：步軍統領所轄爲左右翼總兵以下官，及十六門門千總，海淀暢春園，樹村汎靜宜園，樂善園設副將或守備各官不等，置兵共三千人。京城內九門，外七門，每門設千總二，門甲十，或二十，門軍四十人，左翼總兵統步軍營巡捕南左二營各汎官，凡兵三千六百有奇，右翼總兵統步軍營巡捕北右二營各汎官，凡兵二千五百有奇。（兵志謂乾隆間已設巡捕五營之制、本傳尚稱三營）又考金吾事例：步軍統領所統，除官長外，步甲二萬三千一百二十一名，去其各項遠近長差一萬四千四百二十三名，下剩八千六百九十八名，分爲兩班，在堆撥柵欄內當差，另有五營馬戰守各兵一萬名，五營與三營，不過官長之分合，其步甲及兵數，原無改革，隆所言一呼可聚二萬兵，就名額言，並非虛僞；但步甲皆分地當差，雖言呼聚，其爲馬戰守兵者一萬而已。暢春園自有專設之官，兵不待呼而自聚，餘可呼者西郊各園苑之兵，尚易使聚，又餘兩翼各守汎地，已不能一時集合，故坐以欺罔，亦欲加之罪焉爾。若爲制三數皇子之死命，則但能發命令於暢春園之官兵，其力已足，隆科多可居之功，原不在聚至二萬兵也。尤可異者，欺罔罪第一款：「聖祖仁皇帝升遐之日，隆科多並未在皇上御前，亦未派出近御之人，乃詭稱伊身曾帶七首，以防不測。」此一款竟以隆科多未預見聖祖升遐爲說，欲爲世宗澌雪淨盡，然疏入奉諭，即有「皇考升遐之日，大臣承旨者惟隆科多一人」之語，以定讞論，王大臣原疏，即應以不實駁回，而國史實錄俱併敘於一幅之中，不嫌矛盾，尤見欽案之不以常法定矣。而隆科多與世宗之承統，別有委曲益顯矣。

隆科多之獨在寢宮，祗候於不豫靜攝之際，其來亦有自。聖祖嚴於外戚，待外戚之子弟，寬於諸皇子，可以鄂倫岱享見之。上諭內閣雍正三年二月二十九日諭有云：「戊子年拏問允禩開赦後，次年春，皇考從霸州回鑾，自行宮起身至南紅門，言及鄂倫岱等結黨之事，皇考震怒，沿途切責鄂倫岱，行至三十里，而聖怒未解。鄂倫岱悍然不知畏懼，亦無一毫愛君之心。朕在傍悚惕不安之甚，於行幄前向婁徵額云：『聖躬初愈，今又震怒，於風沙中行三十里。若少頃聖駕出，又復動怒，爾開端奏勸，我當隨同奏懇。』及聖駕出，而鄂倫岱仍悍然向前迎立，以觸聖怒，致皇考復嚴加切責。婁徵額進前奏勸，朕遂泣奏云：『皇父聖體初愈，此等悖逆之人，何足屢煩聖怒，亂臣賊子，自有國法，若交與臣，便可即行誅戮。』因朕懇奏再三，皇考之怒方解。又在熱河時，皇考聖體甚是違和，大臣侍衛等俱請安，求瞻仰聖顏，惟鄂倫岱並不請安，且率同乾清門侍衛等，每日較射遊戲。鄂倫岱罪惡多端，皇考行圍哨鹿時，悉數其罪，令侍衛五哥鞭責之。又一年元旦清晨，在乾清門院內掀衣便溺，朕見之駭異，知其行同畜類。至於每事干犯聖怒，以致天心鬱怒不寧者，不可枚舉」云云。鄂倫岱爲佟國綱之子，所臚罪惡，皆瑣屑之事，決非諭斥時有所附會增飾，則其頑劣驕縱之態，豈鄂倫岱偶犯之事？正緣聖祖寬待太過，習以爲常，責之不懼，鞭之不改，乾清門院內至掀衣便溺，是日方在元旦清晨，世宗必以行禮肅至，突然遇見，其無禮之態，必非一時一事所爲。由此可知鄂倫岱之游戲狎褻於大內正寢，康熙雍正間、離宮別館未盛、乾清宮爲正寢。有過於諸皇子之親暱遠矣。隆科多之於聖祖，其誼更親，同爲聖祖舅氏之子，而獨爲聖祖皇后之胞弟，其暱侍聖祖者亦必無所不至。又況聖祖責佟國維不侍湯藥，此時正子代父職，爲聖祖所喜見之事。皇子之侍疾，或進見有時，隆科多之侍疾，可以獨承專責，不足怪也。

允禵之受制於年羹堯，羹堯之以齮齕允禵，自結於世宗，均有諭旨可證。上諭內閣：三年四月二十八日，又諭議政王大臣：「年羹堯因皇考大事，來叩謁時，曾奏：『貝勒延信向伊言，貝子允禵在保德遇延信，聞皇考升遐，並不悲痛，向延信云：「如今我之兄爲皇帝，指望我叩頭耶？我回京，不過一觀梓宮，得見太后，我之事即畢矣。」延信回云：「汝所言如此，是誠何言，豈欲反耶？」再三勸導，允禵方痛哭回意。』朕聞此奏頗訝之。及見允禵到京，舉動乖張，行事悖謬，朕在疑信之間。去冬年羹堯來京陛見，朕問及此事，何以未見延信奏聞？年羹堯對云：『皇上可問延信，彼必實奏。』朕言「伊若不承認，如何？」』年羹堯奏云：『此與臣面語之事，何得不認』？朕因諭問延信。延信奏稱並無此語。及延信至西安，朕又令年羹堯訊之。年羹堯回奏云：『今延信不肯應承，臣亦無可如何』等語。此事著岳鍾琪石文倬二人，面視延信年羹堯對質回奏。」此諭東華錄所無。當三年四月，世宗已與羹堯驟變面目，將羹堯所以相媚者轉竄羹堯。因其諭文，若惡羹堯而欲爲允禵滌實昭雪，故編上諭內閣時收入，及修實錄時去之，又不見東華錄。夫羹堯之進此言，在允禵未到京之前，羹堯於世宗即位之始，即以叩謁梓宮，馳抵京師，本傳不見此次入覲事，乃以無憑之語入告，想其所陳何止此一端，竊世宗欲除允禵之意而投之，其有憑者自一一可加鍛鍊，留此無憑之語，爲今日窘年之用，年亦自取之咎，但以證允禵之爲年所扼，此其一也。

上諭八旗：三年十二月二十二日，諭中有云：「太監閻進，係允禩深信委用之人。雍正元年，年羹堯來京時，閻進在乾清門見年羹堯，指云：『如聖祖仁皇帝賓天再遲半載，年羹堯首領斷不能保』等語，聖祖仁皇帝之必誅年羹堯，閻進何由預知？著交與刑部嚴行審出。」此諭東華錄所載允禩本事甚略，此段並不在內，由此知允禵之被扼於羹堯，蓋意去之，而允禵與黨允禩等，奪嫡不行，已甘心爲允禵應和，謀去其害。允禵與羹堯相圖，勢已岌岌，聖祖不遽賓天，世宗之事未可知。此六十一年十一月十三日之事，聖祖以病勢不重而忽大變之故，不能無疑；參湯一碗之說，明見諭中，較之斧聲燭影，出於他人之筆者，至少不能無同等之嫌疑也。

上諭八旗：二年十一月十五日諭，有云：「夫爲君難，爲臣亦不易，豈惟爲君必親歷始知其難，即爲臣不易，亦非親歷其境者不知。如不爲諸王，豈知諸王之難；不爲大臣豈知大臣之難。即如年羹堯建立大功，其建功之艱難辛苦之處，人誰知之？隆科多受皇考顧命，又誰知其受顧命之苦處？由此推之，廷臣不知外臣之難，外臣不知廷臣之難，總之非身親其境者不知其難也」云云。此時距與年隆破裂，期已不遠，然傾倒贊揚之態度未改，後來此諭亦不入實錄，蓋亦覺其語病。夫功臣之艱難，世視平青海原非易事，若云受顧命之苦處，則豈非事外有事，文外有文？否則耳聽口宣，有口耳者皆能之矣。本諭中又一段云：「去年皇太后賓天時，外間謠言，朕欲令允禵總理事務，允禵奏云：『若欲令我總理事務，須將隆科多年羹堯二人擯斥，再發庫帑數百萬賞賚兵丁，我方任事。』因朕吝此數百萬，又不肯斥此二人，故允禵不從任事。其荒誕無稽，駭人聽聞，至於如此云云。」此雖託諸外間謠言，然當時人皆知允禵與年隆兩人，不能兩立，則此又一證。

世宗初嗣位之尊重年隆，實出情理之外。此從故宮發見秘檔內所見爲多，不能盡錄，錄其最動目者：

雍正元年正月初二日，年有會陳軍務事情請先具稿密陳摺，硃批：「朕安，朕原不欲爾來，爲地方要緊。今覽爾所奏，爾若不見朕，原有些難處；難處者軍務總事結局處，舅舅隆科多奏，必得你來同商酌商酌。地方情形汝可以來得，乘驛速來。再舅舅隆科多，此人朕與爾先前不但不深知他，眞正大錯了。此人眞聖祖皇考忠臣、朕之功臣、國家良臣、眞正當代第一超群拔類之希有大臣也。其餘見你之面，再細細問你，有旨。」此批爲紐合年隆之始。隆之於年，據上諭八旗：八年五月初九日，因表章新死之怡親王，諭有云：「又如青海背叛之時，年羹堯領兵進勦，而隆科多以私怨年羹堯之故，百計阻撓，不顧軍國之重務。王在朕前，力言此番軍旅之事，既已委任年羹堯，應聽其得盡專閫之道，方能迅奏膚功；朕從王言，而隆科多不能從中掣肘，於是青海旋卽蕩平。」此諭所述，必初卽位之事。世宗與年關係，豈隆科多所能阻撓，惟隆在是時，必未知年之作用，與已同功，世宗尙未兩相介紹，故有此語。元年正月之硃批，始爲年隆作合。而其中稱隆爲忠臣功臣良臣，其功臣身分，專對於己，隆有何功？世宗在外稱年之功，可共喻也；在內頌隆之功，則惟顧命一事耳。顧命亦何功？不有旋乾轉坤之力，口耳固不得言功也。隆與年始本異趣、又見後定四十一款罪中、紊亂朝政三款、其第二款云：「妄奏調取年羹堯來京、必生事端」云云、此或代世宗慮西甯允禵事也。

羹堯於雍正二年六月十五日，有謝賜詩扇摺，硃批：「朕已諭將年熙過記與舅舅隆科多作子矣。年熙自今春病只管添，形氣甚危，忽輕忽重，各樣調治，幸皆有應，而不甚効。因此朕思此子，非如此完的人，近日着人看他的命，目下並非壞運，而且下運數十年上好的運，但你目下運中言刑尅長子，所以朕動此機，連你父亦不曾商量，擇好日卽發旨矣。此子總不與你相干了，舅舅已更名「得住」，從此自然全愈健壯矣。年熙病，先前卽當通知你，但你在數千里外，徒煩心慮，毫無益處；但朕亦不會欺你，去歲字中，皆諭你知老幼平安之言，自春夏來，惟諭爾父健康，並未道及此諭也，朕實不忍欺你一字也。爾此時聞之，自然感喜。將來看得住功名世業，必有口中生津時也。舅舅聞命，此種喜色，朕亦難全諭，舅舅說：『我二人若少作兩個人看，就是負皇上矣。況我命中應有三子，如今只有兩個，皇上之賜，卽是上天賜的一樣，今合其數，大將軍命應尅者已尅，臣命應得者又得，從此得住自然全愈，將來必大受皇上恩典者，爾父傳進宣旨，亦甚感喜，但祖孫天性，未免有些眷戀也。特諭你知」。此批紐合年隆，懇切竟非人所料，豈但從古君臣所無。家人婦子間亦少此情話。乃一年之中，殺機卽一動不可救，其爲機深不測，待時始發耶？抑兩人實有挾持其秘密以相脅之形迹，而恩讎中變耶？此未可知矣。

羹堯二年七月初二日，謝賜琺琅鼻煙壺摺，旁批：「眞奇才！如不悲失一年熙，賀舅舅添一得住之句，朕實欣賞嘉獎之至，非錦心秀手，何能此令人快心悅目。」此批亦謬托知己之極。但年熙不久卽死，羹堯於是年九月初六日有謝蒙慰誨摺，中言「九月初三日恭接聖諭，惟恐臣因年熙之事，致有過傷，諄諄慰誨」等語。此年熙之究竟也。於七月初二摺後，又有硃批云：「覽卿奏謝二摺，朕甚嘉賞，皆從眞如三昧中得來，非泛泛口筆之章句也。朕躬甚安，卿足疼可全愈否？得住近日又好些，總不與卿有干之事，一點放在心上也使不得。寫一柄閑扇賜卿，如此等者，不必具本奏。再手尺甚如意得用，帶一個來，此亦怡親王之製度。王今春夏總是小不爽，只覺瘦弱，入秋以來，已大愈矣。朕命王子莊親王，同四阿哥五阿哥，於七月十七日，往哨鹿圍場地方，學習弓馬，以示朕不廢武備之意；二者，着他們養之，特令你知。因論怡王之待你，眞豈有此理，一片眞誠敬愛，朕實嘉之。還有笑話，京中有一姓劉的道人，久有名的，說他幾百歲壽不可考。前者怡王見他，此人慣言人之前生，他說怡王前世是個道士，朕大笑，說這是你們前生的緣法，應如是也。但只是爲什麼商量來與我和尙出力？王未能答。朕說不是這樣，眞佛眞仙眞聖人，不過是大家來爲利益衆生，栽培自己福田，那里在色像上着脚。若是力量差些的，還得去做和尙，當道士，各立門庭方使得。大家大笑一回，閑寫來令你一笑。」據此批，羹堯想有前生道士之說在前，而世宗自命爲和尙，於其捨宅爲雍和宮，及自撰語錄等事，自必自命已久。此等閑言語，無事生風，作灌米湯之用，太出於常情之外，知幾者可以深省矣。羹堯粗材，未必知耳。

其前於二年閏四月初一，羹堯有謝賜枷楠暖手摺，硃批：「實在是塊好香，做四件玩器，賜怡王舅舅兩塊，給你帶一塊來，朕留一塊，現今不時把握。」此亦紐合年隆，以自身及親弟居中作介，又時時以玩好作兒女子之酬贈，亦視年爲股掌間物，非敬禮士大夫之道也。此類低意識之籠絡太甘太媚之誘惑，多不勝錄，略之。

二年七月初九日，羹堯有請補運使府廳摺，硃批：「皆依所請，已諭部矣。但沈廷楨，朕意，陳時夏要用他按察使，開歸道要用沈廷楨；西安府，你陝西得人，況卽中材者，你鼓舞訓導，亦可用矣。開歸再想不起個人來，和你商量。」此硃批乃正當官人之事，亦用米湯出之，彌見不情。又二年八月十五日，羹堯謝賜中秋餅果摺，中言「今年自二月以至七月，風雨陰晴，適如人意，現在鹽場所積，足供三省三年之用，此非可粉飾而爲者。」數語之旁，批云：「覽此奏，朕實喜慶。但不願我君臣一德之小人，恐以爲粉飾詔諛之擧也。雖然，螳螂伎倆，亦不能阻天恩浩蕩，頻加賜佑也，徒增其愧忿而已。」此批因奏中有非可粉飾四字，遂用此作米湯，其實是知其不免粉飾，足致人言矣。不然，何用無風生浪？

年羹堯爲米湯所灌，居然謬託知己。硃批雖回灌米湯，然點出斤兩，實已有鋒鋩可覺，羹堯自不覺耳：

（一）故宮藏羹堯眞跡奏摺無年月，其文云：「今年三月，臣將所刻陸宣公奏議一部恭進，蒙聖恩許賜序文，臣踴感激，不知所云：伏念萬幾無暇，恭勸節勞頤養，何敢以此上煩聖心？不揣固陋，代擬一序，倘得賞（硃批：得暇好好寫來，定不得日期。）宸翰揮灑頒發，臣之榮耀，永永無極。謹奏。」硃批：「朕覽爾此奏，比是什麽更喜歡。這才是。卽此一片眞誠，必感上蒼之永佑。凡百就是如此待朕，朕再不肯好而不知其惡。少有不合朕意處，朕自然說給你。放心爲之。」此奏是元年間事，許賜序文，並未令其代作，公然擬上，蓋爲米湯所毒，認萬乘眞作布衣交矣。硃批明示以知其惡，又云「不合朕意處自然說給你，」則亦有以儆之，似此時尙予以教戒，非甘心養其殺身之禍也。而羹堯不悟眞粗材也。

（二）二年三月十二日，有謝琺琅雙眼翎摺，末云：「更懇聖慈，如有新製琺琅物件，賞賜一二，以滿臣之貪念，臣無任悚惶之至！」硃批：「琺琅之物，尙未暇精製，將來必造可觀，今將現有數件賜你。但你若不用此一『貪』字，一件也不給你，得此數物，皆此一字之力也。」羹堯以貪字露游戲之態，硃批卽指出亦作戲語答之。實譏爾之不敬，在我洞鑒之內，亦是警戒之意，而羹堯終不悟。

世宗本性，最講邊幅，好繩人以體制儀節，獨對羹堯，滿口胡柴，毫無人君之度。其始寵羹堯，固貌爲戲謔以示暱，其後逼羹堯以必死，仍以佻達出之。推原其故，正由在雍邸時托以心腹，共其秘計，納其妹以篤私親之誼，其時卽指天誓日，生死不相背負，形迹不相隔閡，禮法不相繩檢，年深月久，習爲故常，卽位以後，在世宗一時未能變顏，羹堯粗材，竟昧古來可共患難難共安樂成例，卽無他殺以滅口之故，語言文字之隙，已是以殺身而有餘。當康熙時，繳還硃批之規律，並不嚴切，雍正間乃視爲重事，後議羹堯九十二款重罪中，其大逆之罪五，中一款卽云：「奏繳硃批諭旨，故匿原摺，詐稱毀破，仿寫進呈。」以此爲大逆，蓋自知筆跡之不可以流出人間，而羹堯偏有留以爲質之想。突然反顏，用羹堯表中「夕惕朝乾」一語，爲意顚倒其詞，嚴旨苦詰，遂盡發平[illegible]羅織成九十二款罪惡爲定讞。羹堯臨死哀求摺云：「臣今日一萬分知道自己的罪了。若是主子天恩，憐臣悔罪，求主子饒臣，臣年紀不老，留下這犬馬，慢慢的給主子効力。」其稱「主子」仍是藩邸習慣，其言年紀不老，留作犬馬自効，尚以青海軍功，冀動世宗之念。世宗視此蔑如，所念羹堯之功，惟有箝制允禵一事，而又彼此不能承認；若青海軍務，當時滿族方盛，旗兵可用能了者極多，世俗傳年大將軍軼事，正緣世宗以他故假之殊寵，震動百年來庸愚耳目，何嘗必欲倚此邊材乎？當假寵時所獎借之語，皆非人臣所能受，再略舉一二爲例：雍正二年三月十八日，羹堯有奏謝自鳴表摺，硃批除旁批外，摺後又批云：「覽卿奏謝知道了。從來君臣之遇合，私意相得者有之，但未必得如我二人之人耳。爾之慶幸，固不必言矣，朕之欣喜，亦莫可比倫。總之我二人做個千古君臣知遇榜樣，令天下後世欽慕流涎就是矣。朕實實心暢神怡感天地神明賜佑之至。」此時以君臣知遇爲言，或尚望羹堯自憶其爲臣，非藩邸主子奴才故態，自藴形迹，自請變易舊習，或亦有保全之意。又於二年三月二十九日，羹堯有奏謝鹿尾摺，硃批：「朕實無心作不驕不滿之念，（原摺有頌世宗戰勝不驕、功成不滿語。）出於至誠，惟天可表。此一番事，若言朕不福大，豈有此理？上天見憐，朕即福人矣。但就事而言實皆聖祖之功。自你以下，那一個不是皇父用的人？那一個兵不是數十年教養的兵？當西海勢湧，正當危急之時，朕原存一念，即便事不能善結，朕不肯認此大過。何也？當不起原是聖祖所遺之事。今如此出於望外，好就將此奇勳自己認起來，實實面愧心慚之至。朕身即是聖祖之身，然到底是父子君臣，良心上過不去。所以各陵告祭皆如例撰文，另擬祭文，以告景陵，將文稿發來你看畢，即知朕之眞心也。爾等此一番效力，是成全朕君父未了之事功，據理而言，皆朕之功臣，據情而言，自你以下以至兵將，凡實心用命效力者，皆朕之恩人也。言雖粗鄙失理，爾等不敢聽受，但朕實實居如此心，作如此想。朕之私慶者，眞正造化大福人則可矣。惟有以手加額，將此心對越上帝，以祈始終成全，自己亦時時儆惕，不移此志耳。」此批亦不過辭氣輕佻，恩人等名辭，故爲失體；其實正告以國家平此小醜，自是滿族積威，非將帥所能自任也。無奈羹堯終不悟，亦自恃別有秘密存焉。此則世宗所深忌而必欲殺之之故矣。

世宗承統一案，年羹堯隆科多之關係既明，世宗與年隆之決裂，自在國史及故宮已刊各檔，無庸悉數。惟此事眞相，希世宗之指而推鞫成讞者，實爲廣西巡撫金鉷。有此成讞，而後有大義覺迷錄之頒行，天下乃窺見其秘。在世宗自謂得此宣傳可以移奪人意，及高宗則深恨宣傳之功，適得其反，一嗣位即不卹世宗有子孫永不許翻案之諭，首誅曾靜張熙毀禁大義覺迷錄，又怨金鉄之多事，不若王國棟輩之模稜，反可掩此家醜，於是故挑金鉄過失，又出情理之外。此亦嗣統一案反覆之餘波，清史稿於金鉄傳不得其情，今用舊傳揭之，並爲補其始末於左：

上諭內閣：七年九月初二日，諭王國棟不勝湖南巡撫之任，著來京另有諭旨，其下縷言從前發遣廣西人犯，在外揑造流言，已據廣西巡撫逐一密查，確有證據，乃王國棟於各犯經過之湖南地方，並未查出一人一語，明係苟且塞責。又言：陳帝西等傳播流言，本人皆已承認，而流言來自何人之處，王國棟等竟不能究訊根由，屢經降旨，仍復含糊朦混，縱奸曠職，莫此爲甚等語。東華錄止載其另發之着來京一諭，刪去此諭，夫流言則不必有實，何必定有來處？世宗惟知其非流言，故知有可究之根由。廣西巡撫即金鉄，所究得之根由，正世宗心底所認定之根由，故毫無疑議，判定湘桂兩撫之功過。又十月初七日諭，亦東華錄所不載，九年以前之諭旨，乃編於雍正年間，未經修實錄時之洗刷，故間有應刪未刪之文存在。其文云：「發遣廣西之犯，沿途怨望，造作逆語，且需索驛站，狂肆無忌，今直隸河南廣西三省一一查出；而王國棟等，乃以湖南各州縣解役兵丁，未聞一語覆奏。豈該犯等於直隸河南廣西，則肆其怨誹，而於湖南地方，獨肯奉法安靜，默無一言乎？況曾靜僻處山野之中，尚備聞謗訕之語，豈有看守解送之兵役，與各犯最爲親密，轉無一聞見之理？此皆王國棟等朦混草率，全不以此爲意也」云云。（下略）。世宗以曾靜手製逆書，而決不疑爲杜撰流言，且斥王國棟之耳目不如曾靜，是意中已確知語有徵實，非曾靜所能造；其造言之人，亦已簡在帝心，惟待地方官一鞫實而供作大義覺迷錄之資料耳。金鉄承帝指究出主名，在當時亦非無線索可據，不待捕風捉影而得；至世宗誤會宣傳之效力，後必有悔，甘心落後之王國棟，或已見及，鉄銳於進取，顧近而失遠耳。然鉄固能吏，又爲廉吏，高宗心憾之，一時齮齕之態，無理可喻，幾乎啼笑皆非，既奪其官，復力索其在官之弊，而竟不可得，反得其清貧之據；高宗天資英敏，原非胸無黑白，故能免其罪而棄其人，免其罪以存公道，棄其人則以洩私忿也。考世宗於雍正十三年八月二十三日己丑崩，高宗於柩前即位，至十月初八日癸酉，即將阿其那塞思黑子孫屏除宗牒一事，謂緣諸王大臣再三固請，非皇考本意，著廷臣議奏。同日翻曾靜案諭云：「曾靜大逆不道，雖置之極典，不足蔽其辜，乃我皇考，聖度如天，曲加宥寬。夫曾靜之罪，不減於呂留良，而我皇考，於呂留良則明正典刑，於曾靜則屏棄法外，亦以呂留良謗議及於皇祖，而曾靜止及於聖躬也。今朕紹承大統，當遵皇考辦理呂留良案之例，明正曾靜之罪，誅叛逆之渠魁，洩臣民之公憤，著湖廣督撫，將曾靜張熙即行鎖拏，遴選幹員解京候審，毋得疏縱洩漏。其嫡屬交地方官嚴行看守候旨。」十九日[illegible]申諭：「大義覺迷錄著照徐本所請，停其講解。其頒發原書，著該督撫彙送禮部，候朕再降諭旨。」十二月十九日甲申：「曾靜張熙伏法」，乃結大義覺迷錄一案。此書遂更成禁毀之物，今所見者又成較罕見之秘籍矣。其閒屢赦宥康熙諸皇子之在者，或其子孫，頗爲世宗補過，而是時四川巡撫王士俊，徵陳不宜將世宗時事翻案，語又爲高宗所不受，至論士俊斬候，久而僅得釋。而於報憾於金鉷者，則尤可味。今錄鉷舊傳如下：

金鉷鑲白旗漢軍人，由監生授江西廣昌縣知縣。雍正元年，洊升太原府知府。五年，擢廣西按察使，尋遷布政使。六年，授廣西巡撫。奏言思明州地方狹小，毋庸專設流官，思明知府又係土司，從無統轄流官之例，請將該州仍歸太平府管轄。下部議行。又奏召募本地殷實商人，開採桂林府屬各礦，並梧州府所產金砂，請委專員辦理，其採得之銅，亦請發價官買，以供鼓鑄。俱下部議行、七年二月，奏請將南甯府正雜等官，歸部銓選，其沿邊之南甯慶遠府等屬，知府同知通判知縣知州二十三缺，及慶遠新設同知一缺，俱請旨調缺題補，五年俸滿即升；至太平府通判，泗城府知府同知，西隆州知縣，西林縣知縣等五缺，皆地處極邊，水土惡劣，請改爲三年即升，推升之後，果於風土熟悉，人地相宜，再留三年，照升銜升用。吏部以歸部銓選及五年即升之處，應如所請，其太平等缺地處極邊，宜加體恤，未便令其久留，應無庸議。諭曰：「該撫身在地方，必有所見。部議不使久留，雖據情理而言，但推升之員既熟悉土地，非初到者可比，或其人情願再留，以圖上進，亦未可定。惟是再留三年之後，果能稱職，或格外加恩，或令該督撫於本省要缺保題優升，以示奬勵，著該部另議具奏。」尋議如所請行。八月請移駐宜山縣縣丞於楞村。從之。九年二月，奏桂林平樂等九府，鬱林一縣，開墾雍正七年分田地八百六十頃有奇。報聞。三月，疏言東蘭州新改爲流，水土最劣，請將正雜等官揀選調補，俟俸滿題咨到部之後，即行升用。四月，奏請復設廣西鬱林州州判一缺，添設鬱林州撫康巡檢，柳州府懷遠縣梅寨巡檢各一員。又奏泗城鎭安等處，向無應試童生，請令外省及本省別府之人，有情願入籍者，咨查本籍，如無過犯，准其入籍考試，嗣後土屬內改流之州縣，均照此例，應於十科後照例停止。十年七月，請添設馬平縣屬三都汛、穿山鎭，巡檢各一員。八月，請改右江道原轄之鎭安府，歸左江道管轄，南甯府原轄之胡潤寨及下雷土州，歸鎭安府管轄，俱得旨允行。十一年六月，疏報鬱林縣所屬之富民鄉藤薹坡，忽涌瑞泉二穴，味甘色清，足灌田三千餘畝，諭曰：「朕從來不言祥瑞，今蒙上天福佑邊氓，頗賜大澤，朕心不勝感慶。著該撫選擇善地，建立祠宇，奉祀泉源之神，以荅靈貺。」八月，奏鎭安府東蘭縣等處，業經改土爲流，請添設學官，酌定取進學額又奏思城州土知州趙康祚，緣事革職，無人承襲，請改隸[illegible]善縣管轄，添設縣丞一員，分駐彈壓，徵解錢糧。九月，又奏言添設泗城府照磨一員，桂林府永福縣縣丞一員。十二年九月，請裁武宣縣永安巡檢一缺。均從之。乾隆元年四月，廣西提督霍昇奏：巡撫金鉷言躁而失實，志大而氣浮，失封疆大臣之體。得旨：「金鉷原屬不妥，不因汝奏後始知也。」五月，上諭總理事務王大臣曰：「朕奉皇考諭旨，辦理苗疆事務時，見廣西巡撫金鉷陳奏事件甚多。朕即位之初，伊於一兩月間，亦連奏事四件，今半年以來未見伊陳奏一事。巡撫管轄通省，事務繁多，豈半年之久，地方民生竟無一可陳奏之處耶？抑私心揣度，以朕欲尙簡靜而爲迎合之舉耶？看來金鉷竟未能深知朕心，此次申飭之後，料伊必又將不應陳奏之事，喋喋數陳矣。若此存心，何以膺封疆之重寄，可傳旨曉之。」尋諭密舉賢良以備擢用，諭曰：「以人事君，固爲臣之要節，但汝所奏薦，朕介在疑似之間耳。」六月，密奏：奉旨隷問之原任湖廣提督董芳，謀勇忠直，可備國家緩急之用。諭曰：「國家以賞罰馭群臣，豈汝淺劣小才，所能窺其萬一哉！」八月命來京陛見，以刑部左侍郎楊超曾署理廣西巡撫，鉷又奏革桂林廠雜稅九條，北流縣臨江廠雜稅九條。部議從之。二年正月，實授楊超曾爲廣西巡撫，以鉷爲刑部左侍郎。尋楊超曾奏參金鉷於廣西巡撫任內，用印票向蒼梧道黃岳牧私借銅務充公銀一千二百兩，請旨革職交刑部審訊。四月，刑部請將金鉷照例枷賣。得旨：「前因楊超曾奏參金鉷借用存公銀兩一摺，內稱『金鉷任內各項錢糧收支不清者甚多，容臣陸續查明奏參』等語，朕意其必有貪劣實蹟，是以交部嚴察議奏。後楊超曾查參到來，皆係瑣屑無關重輕之事，則金鉷尙無劣蹟可知。今覽刑部所審此案，原非正項錢糧，且金鉷用印文支借，而黃岳牧用印册申報，亦非暗相侵蝕可比。部議金鉷枷賣之處，著寬免，所借銀兩亦不必著追。」五年七月，特旨授河南布政使，尋吏部查奏金鉷已於本年四月卒。報聞。

鉷爲袁枚鴻博舉主，枚撰鉷墓碑，於鉷事亦含蓄可味。更錄如下：

乾隆元年春，枚起居叔父於廣西巡撫金公幕下，見公；公奇枚狀貌，命爲詩，大異之。當是時，天子詔舉博學鴻詞之士，四方舉者毎疏累數人，多老師宿儒，公獨專爲一奏，稱某年二十一歲，賢才通明，羽儀景運，應北選克稱，詞多溢美，天下駭然，想見其人。廣西自高爵以下，至於流外，驚來問訊。亡何，枚報罷，公亦以事去官。後二年，枚乞假歸娶，拜公於安肅。會日暮，天大雪，公聞其至也，喜曳杖走出及門迎且笑曰：「果然翰林耶？」枚再拜，公答拜，命入見夫人。五年枚再入都，公之兩子來曰：「斑玉振玉等不孝，不能延先君之年，今先君薨，葬有日矣。惟貞石之未書，翰林其銘先君哉？」枚乃泣而言曰：「公仕宦垂三十年，盛業若干，枚與兩郎君俱年少，知之難，文之尤難。雖然，就所聞以光幽宮，翰林事也，亦門生志也，不敢任，亦不敢辭。」謹按公諱鉷，字震方，一字德山。祖友勝，本姓金，襲明金帶指揮，世居山東登縣。流賊破城，友勝死之，存三歲兒，名延祚。太夫人余氏將死，屬諸側室趙氏曰：「守節，經也；存孤，權也；我行經，汝行權。」趙氏泣而頷之。挈兒至遼陽，轉適郭氏。既長從本朝入燕，歷任工部侍郎。生公。及公貴，始復姓。公通易理，善兵法，爲粵西布政使，奏州縣向例雖有「繁」簡兩調，而於所治處分析未備，則人地難相宜，請分「衝」「繁」「疲」「難」四條，許督撫量才奏請。上嘉納焉。今直省所行自公始。西隆州八達寨苗反，公討平之。奏免泗城六年舊稅。以汛兵少，粵土蕪不治，乃行屯田法，設都司官駐柳州，與民牛，招之耕，教之技，軍每名給水田十畝，公田一，旱田三十畝，公田二，存公田租於社倉。行之期年，粵萊田萬餘，於是天下人皆曰：「公以一廣昌知縣，莅任五年，蒙世宗皇帝擢太原知府，才三年，遷廣西按察使，才一月，遷布政使，才三月，遷巡撫，今入粵者望氣蒸蒸然，政行民和，大異疇昔，然則世宗非用人之驟也，其知人之深也。」公之自太原入覲也，方廷議耗羨歸公，公奏不可。世宗不悅曰：「朕已定養廉矣，汝在官私官乎？」公叩頭曰：「臣非爲官游說也，從來財在上不如財在下，州縣爲親民之官，甯使留其有餘。養廉者，養其家使知廉恥也。家有大小，所定數豈能胥足？一遇公事，動致併張。皇上之意，豈不曰月是官辦，皆許開除正供。但從司院按覈以至戶部，層層隔閡，報銷甚難，從此州縣將多苟且之政。皇上意在必行，臣請養廉外多增公費，或存縣，或存司，做北宋留州之法，庶於事有濟。」會左都御史沈近思持論與公合，世宗乃敕山西巡撫覈公費章程，巡撫希上意，定數較他省爲優。公撫廣西九年，今上登極，召補刑部侍郎。治行時，印券借司庫千金，後任巡撫楊超曾劾之，罷職雜治。居月餘，楊揣摭不已。上怒曰：「朕以金鉷撫粵久，恐有他故，故置之獄。今楊超曾數來奏，皆極細事，是金鉷平日無可奏也。免鉷罪。以所借銀賜之。」即日甯公於家。五年春薨。薨後，天子念公賢，授河南布政使。吏部以爲公存也，文書下其家，叩門不應。鄰一叟出曰：「公亡三月矣。」乃奏明收詔。嗚呼，罪之雪也，雪之者必有人，而公以加擯而得脫；黜而起也，起之者必有人，而公以身死而得官。然則公之孤直，與天子之明聖，可以見矣。性仁儉而靜，置古鐘一枚，繫之以招僮豎，侍者聞鐘聲始往。遣人至大同買妾，詢爲宦家女，厚其資歸之。嘗謂雲貴總督鄂公爾泰曰：「改土歸流，非計也，異日當思我言。」公享六十有三。先娶繆氏，再娶陳氏，俱誥封夫人。

高宗謂鉷雍正間奏事多，含有厭其多事之意。即位後兩月內得鉷四奏，時覺迷錄案未翻也，旋知失新天子指，悸不敢言，高宗乃指摘不少貸，一時鉷左右皆無所可，名爲內召，而使繼任者搜索其過，既諒其介，仍以他事奪官，此曾靜案之結局，實不在穢族，而在發世宗嗣位之憾。高宗之憾金鉷，乃憾覺迷錄之由鉷能學其官而促成，舊傳按其時日，尚可推見。清史稿敘事多采袁枚神道碑而少其功罪吞吐語氣，但云：「乾隆元年提督霍昇劾鉷言燥氣浮失封疆大臣之體，高宗召入京授刑部侍郎，鉷瀕行，裝不治以印券屬蒼梧道黃岳牧借銅務充公銀千二百，巡撫楊超曾論劾奪官，交刑部嚴訊。上以非正項錢糧，鉷以印券支借，岳牧以印冊申解，非侵蝕比，命免罪，毋追所借銀。五年，授河南布政使，而鉷已卒」云云。則失鈇與時事相涉之情矣。作史之人，安能每事洞其表裏，此無足責，惟清史資料，存者尚多，考訂補苴，治史者之事矣。

世宗紹統事相關之謗議，有一供狀式之諭旨諸書皆已削，惟大義覺迷錄獨存，錄以終此篇。中有數行，已摘錄於上，爲全文順讀計，亦仍存之，不見他錄，故不詳其月日（註）。文云：

朕荷上天眷佑，受聖祖仁皇帝付托之重，君臨天下，自御極以來，夙夜孜孜，勤求治理，雖不敢比於古之聖君哲后，然愛養百姓之心，無一時不切於寤寐，無一事不竭其周祥。撫育誠求，如保赤子，不惜勞一身以安天下之民，不惜殫一心以慰黎庶之願，務期登之衽席，而無一夫不得其所。宵旰憂勤，不遑寢食，意謂天下之人，庶幾知朕之心，念朕之勞，諒朕之苦，各安生業，共敦實行，人心漸底於善良，風俗胥歸於醇厚，朕雖至勞至苦，而此心可大慰矣。豈意有逆賊曾靜，遣其徒張熙，授書於總督岳鍾琪，勸其謀反，將朕躬肆爲誣謗之詞，而於我朝極肆悖逆之語，廷臣見者，皆疾首痛心，有不共戴天之恨。似此影響全無之事，朕夢寐中亦無此幻境，實如犬吠狼嗥，何足與辯。既而思之，逆賊所言，朕若有幾微愧歉於中，則當回護隱忍，暗中寢息其事；今以全無影響之談，加之於朕，朕之心可以對上天，可以對皇考，可以共白於天下之億萬臣民，而逆賊之敢於肆行誣謗者，必更有大奸大惡之徒，揑造流言，搖衆心而惑衆聽，若不就其所言，明目張膽，宣示播告，則魑魅魍魎，不公然狂肆於光天化日之下乎？如逆書加朕以「謀父」之名，朕幼蒙皇考慈愛教育，四十餘年以來，朕養志承歡，至誠至敬，屢蒙皇考恩諭，諸昆弟中，獨謂朕誠孝，此朕之兄弟及大小臣工所共知者。朕在藩邸時，仰托皇考福庇，安富尊榮，循理守分，不交結一人，不與聞一事，於問安視膳之外，一無沽名安冀之心，此亦朕之兄弟及大小臣工所共知者。至康熙六十一年十一月，冬至之前，朕奉皇考之命，代祀南郊，時皇考聖躬不豫，靜攝於暢春園，朕請侍奉左右，皇考以南郊大典，應於齋所虔誠齋戒，朕遵旨於齋所致齋。至十三日，皇考召朕於齋所。朕未至暢春園之先，皇考命誠親王允祉，淳親王允祐，阿其那，塞思黑，允䄉，公允祹，怡親王允祥，原任理藩院尚書隆科多至御榻前諭曰：「皇四子人品貴重，深肖朕躬，必能克承大統，著繼朕即皇帝位。」是時惟恒親王允祺以冬至命往孝東陵行禮，未在京師，莊親王允祿，果親王允禮，貝勒允禑，貝子允禕俱在寢宮外祇候。及朕馳至問安，皇考告以症候日增之故，朕含淚勸慰。其夜戌時龍馭上賓，朕哀慟號呼，實不欲生。隆科多乃述皇考遺詔，朕聞之驚慟！昏仆於地。誠親王等向朕叩首，勸朕節哀，朕始強起辦理大事。此當日之情形，朕之諸兄弟及宮人內侍，與內廷行走之大小臣工，所共知共見者。夫以朕兄弟之中，如阿其那塞思黑等，久蓄邪謀，希冀儲位，當茲授受之際，伊等若非親承皇考付朕鴻基之遺詔，安肯帖無一語，俯首臣伏於朕之前乎？而逆賊忽加朕以謀父之名，此朕夢寐中不意有人誣朕及此者也！又如逆書加朕以「逼母」之名，伏惟母后聖性，仁厚慈祥，闔宮中若老若幼，皆深知者，朕受鞠育深恩四十年來，備盡孝養，深得母后之慈歡，謂朕實能誠心孝奉；而宮中諸母妃，咸美母后有此孝順之子，皆爲母后稱慶。此現在宮內人所共知者。及皇考升遐之日，母后哀痛深至，決意從殉，不飲不食，朕稽顙痛哭，奏云：「皇考以大事遺付沖人，聖母若執意如此，今臣更何所瞻依，將何以對天下臣民，亦惟以身相從耳。」再四哀懇，母后始勉進水漿。自是以後，每夜五鼓，必親詣昭仁殿，詳問內監，得知母后安寢，朕始回苫次。朕御極後，凡辦理朝政，每日必行奏聞。母后諭以不欲與聞政事，朕奏云：「臣於政務素未諳練，今之所以奏聞者，若辦理未合，可以仰邀訓誨，若辦理果當，亦可仰慰慈懷，並非干預政事也。」嗣後，朕每奏事，母后輒言，以皇考付托得人，有「不枉生汝，勉之莫怠」之慈旨。母后素有痰疾，又因皇考大事，悲慟不釋於懷，於癸卯五月，舊恙舉發，朕侍奉湯藥，冀望痊愈，不意遂至大漸，朕向來有畏暑之疾，哀痛擗踊，屢次昏暈，數月之內，兩遭大事，五內摧傷，幾不能支。此宮廷所共知者。朕於皇考母后大事，素服齋居，三十三月如一日，除祭祀大典及辦理政事外，所居之地，不過屋宇五楹，不聽音樂，不事遊覽，實盡三年諒陰之禮。此亦內外臣工所共知者。至於朕於現在宮中諸母妃之前，無不盡禮敬養。今諸母妃亦甚感朕之相待。豈有母后生我，而朕孺慕之心，有一刻之稍懈乎？況朕以天下孝養，豈尚缺於甘旨，而於慈親之前，有所吝惜乎？逆賊加朕以逼母之名，此更朕夢寐中不意有人誣朕及此者也！又如逆書加朕以「弒兄」之名，當日大阿哥殘暴橫肆暗行鎮魘，冀奪儲位，二阿哥昏亂失德，皇考爲宗廟社稷計，將二人禁錮，比時曾有硃筆諭旨，朕若不諱，二人斷不可留。此廣集諸王大臣特降之諭旨，現存宗人府。朕即位時，念手足之情，心實不忍，祇因諸弟中如阿其那等，心懷叵測，固結黨援，往往借端生事，煽惑人心，朕意欲將此輩徐徐化導，消除妄念，安靜守法，則將來二阿哥亦可釋其禁錮，厚加祿賜，爲朕世外兄弟，此朕素志也。所以數年以來，時時遣人賚予服食之類，皆不令稱御賜，不欲其行君臣之禮也。二阿哥常問云：「此出自皇上所賜乎？我當謝恩領受。」而內侍遵朕旨，總不言其所自。及雍正二年冬間，二阿哥抱病，朕命護守咸安宮之大臣等，於太醫院揀擇良醫數人，聽二阿哥自行選用。二阿哥素知醫理，自與醫家商訂方藥，迨至病勢漸重，朕遣大臣往視，二阿哥感朕深恩，涕泣稱謝云：「我本有罪之人，得終其天年，皆皇上保全恩也」。又謂其子弘晳云：「我受皇上深恩，今生不能仰報，汝當竭心盡力，以繼我未盡之志。」及二阿哥病益危篤，朕令備儀衛，移於五龍亭。伊見黃輿，感激朕恩，以手加額，口誦佛號。以上情事，咸安宮宮人內監百餘人，皆所目覩者。及病故之後，追封親王，一切禮儀有加，且親往哭奠，以展悲慟，其喪葬之費，動支庫帑，悉從豐厚，命大臣等盡心辦理，封其二子以王公之爵，優加賜賚。今逆賊加朕以弒兄之名，此朕夢寐中不意有人誣謗及此者也！又如逆賊加朕以「屠弟」之名，當日阿其那以二阿哥獲罪廢黜，妄希非分，包藏禍心，與塞思黑允䄉允禵結爲死黨，而阿其那之陰險詭譎，實爲罪魁。塞思黑之狡詐奸頑，亦與相等。允禵狂悖糊塗，允䄉卑污庸惡，皆受其籠絡，遂至膠固而不解。於是結交匪類，蠱惑人心，而行險僥倖之輩，皆樂爲之用，私相推戴，竟忘君臣之大義，以致皇考憂憤震怒，聖躬時爲不豫。其切責阿其那也，則有父子之情已絕之旨。其他忿激之語，皆爲臣子者所不忍聽聞。朕以君父高年，憂懷鬱結，百計爲伊等調停解釋，以寬慰聖心，其事不可枚舉。及皇考升遐之日，朕在哀痛之時，塞思黑突至朕前，箕踞對坐，傲慢無禮，其意大不可測。若非朕鎮定隱忍，必至激成事端。朕即位以後，將伊等罪惡，俱行寬宥，時時教訓，望其改悔前愆，又加特恩，將阿其那封爲親王令其輔政，深加任用。蓋伊等平日原以阿其那爲趨向，若阿其那果有感悔之心，則群小自然解散。豈料阿其那逆意堅定，以未遂平日之大願，恚恨益深，且自知從前所爲，及獲罪於皇考之處，萬無可赦之理，因而以毒忍之心，肆其桀驁之行，擾亂國政，顛倒紀綱，甚至在大廷廣衆之前，詛呪朕躬，及於宗社。此廷臣所共見，人人無不髮指者。從前朕遣塞思黑往西大同者，原欲離散其黨，不令聚於一處，或可望其改過自新。豈知伊怙惡不悛，悖亂如故，在外寄書允䄉，公然有「機會已失，悔之無及」等語。又與伊子巧編格式，別造字樣，傳遞京中信息，縫於騾夫衣襪之內，詭計陰謀，甚於敵國奸細。有奸民令狐士儀投書伊處，皆反叛之語，而伊爲之隱藏。其他不法之處甚多，不可勝數。允禵賦性狂愚，與阿其那尤相親密，聽其指使。昔年因阿其那謀奪東宮之案，皇考欲治阿其那之罪，允禵與塞思黑在皇考前袒護强辯，致觸聖怒，欲手刃允禵，比時恒親王允祺抱勸而止。皇考高年，知伊愚逆之性，留京必致妄亂啓釁，後因西陲用兵，特遣前往效力，以疎遠之。伊在軍前，貪婪淫縱，惡蹟種種。及朕即位，降旨將伊喚回，伊在朕前，放肆傲慢，犯禮犯分，朕悉皆曲宥，仍令奉祀景陵。竟有奸民蔡懷璽投書伊之院中，造作大逆之言，稱允禵爲皇帝，而稱塞思黑之母爲太后。允禵見書，將大逆之語，剪裁藏匿，向該管總兵云：「此非大事，可酌量完結」。即此則其悖亂之心，何嘗改悔耶？允䄉無知無恥，昏庸貪劣，因其依附邪黨，不便留在京師，故令送澤卜尊丹巴胡土克圖出口，伊至張家口外，託病不行而私自禳禱，連書雍正新君於告文，怨望慢褻，經諸王大臣等以大不敬題參，朕俱曲加寬宥。但恐若聽其閑散在外，必不安靜奉法，是以將伊禁錮，以保全之。伊在禁錮之所，竟敢爲鎮魘之事，經伊跟隨太監舉出，及加審訊，鑿鑿可據。允䄉亦俯首自認，不能更辨一詞。從前諸王大臣，臚列阿其那大罪四十款，塞思黑大罪二十八款，允禵大罪十四款，又特參允䄉鎮魘之罪，懇請將伊等立正典刑，以彰國憲。朕再四躊躇，心實不忍，暫將阿其那拘禁，降旨詢問外省封疆大臣，待其回奏，然後定奪。仍令太監數人，供其使令，一切飲食所需，聽其索取。不意此際阿其那遂伏冥誅，塞思黑從西寧移至保定，交與直隸總督李紱看守，亦伏冥誅。夫以皇考至聖至慈之君父，而切齒痛心於阿其那塞思黑等，則伊等不忠不孝之罪，尚安有得逃於天譴者乎！朕在藩邸，光明正大，公直無私，諸兄弟之才識，實不及朕，其待朕悉恭敬盡禮，並無一語之爭競，亦無一事之猜嫌，滿洲臣工及諸王門下之人，莫不知者。今登大位，實無纖毫芥蔕於胸中，而爲報怨洩憤之舉，但朕纘承列祖皇考基業，負荷甚重，其有關於宗廟社稷之大計，而爲人心世道之深憂者，朕若稍避一己之嫌疑，存小不忍之見，則是朕之獲罪於列祖皇考者大矣。古人大義滅親，周公所以誅管蔡也。假使二人不死，將來未必不明正典刑；但二人之死，實係冥誅，衆所共知共見，朕尚未加以誅戮也。至於朕秉公執法，鋤惡除奸，原不以誅戮二人爲諱；若朕心以此爲諱，則數年之中，或暗賜鴆毒，或遣人傷害，隨時隨地，皆可損其性命，何必諮詢內外諸臣，衆意僉同，而朕心仍復遲迴不決，……俾伊等得保首領以歿乎？至允禩允禟將來作何歸結，則視伊本人之自取，朕亦不能預定，而目前則二人現在也。朕之兄弟多人，當阿其那等結黨之時，於秉性聰明稍有膽識者，則百計籠絡，使之入其匪黨，而於愚懦無能者，則恐嚇引誘，使之依附聲勢，是以諸兄弟多迷而不悟，墮其術中。即朕即位以後，而懷藏異志者尚不乏人，朕皆置而不問。朕之素志，本欲化導諸頑，同歸於善，俾朝廷之上，共守君臣之義，而宮廷之內，得聯兄弟之情，則朕全無缺陷，豈非至願。無如伊等惡貫滿盈，獲罪於上天皇考，以致自速冥誅，不能遂朕之初念，此朕之大不幸，天下臣庶當共諒朕爲國爲民之苦心。今逆賊乃加朕以屠弟之名，只此一事，天下後世自有公論，朕不辯亦不受也。

至逆書謂朕爲貪財，朕承皇考六十餘年太平基業富有四海，府庫充盈，是以屢年來大沛恩澤，使溥海黎庶，莫不均霑，如各省舊欠錢糧，則蠲免幾及千萬兩，江南江西浙江之浮糧，則每年減免額賦六十餘萬兩，地方旱潦偶聞，即速降諭旨，動帑遣官，多方賑恤，及災傷勘報之後，或按分數蠲除，或格外全行豁免，今年又降諭旨，將被災蠲免分數，加至六分七分，至於南北黃運河工堤工，興修水利，開種稻田，以及各省建造工程，修辦軍需，恩賜賞賚，所費數百萬兩，皆令動支帑項，絲毫不使擾民。夫以額徵賦稅，內庫帑金，減免支給，如此之多，毫無吝惜，而謂朕爲貪財，有是理乎？祇因從前貪官污吏，蠹國殃民，即置重典，亦不足以蔽其辜，但不教而殺，朕心有所不忍，故曲宥其死，已屬浩蕩之恩，若又聽其以貪婪橫取之資財，肥身家以長子孫，則國法何存，人心何以示儆？況犯法之人，原有籍沒家產之例，是以將奇貪極酷之員，照例抄沒，以彰憲典，而懲貪污，並使後來居官者，知贓私之物，不能入己，無益有害，不敢復蹈故轍，勉爲廉吏。此朕又安百姓，整飭吏治之心，今乃被貪財之謗，豈朕不吝惜於數千百萬之帑金而轉貪此些微之贓物？至於屬員虧空錢糧，有責令上司分賠者，蓋以上司之於屬吏，有通向侵蝕之弊，有瞻徇容隱之風，若不寘其責成，則上司不肯盡察之道，而侵盜之惡習無由而止，是以設此懲創之法，以儆傷之，俟將來上官皆能察吏，下寮群知奉公，朕自有措施之道，若因此而誘爲貪財，此井蛙之見，烏知政治之大乎？至逆書謂朕好殺，朕性本最慈，不但不肯妄罰一人，即步履之間，草木螻蟻，亦不肯踐踏傷損。即位以來，時刻以祥刑爲念，各省爰書及法司成讞，朕往復披覽，至再至三，每遇重犯，若得其一線可生之路，則心爲愉快，稍有可疑之處，必與大臣等推詳討論，期於平允。六年以來，秋審四經停決，而廷議停決之中，朕復詳察其情罪稍輕者，令行矜釋，其正法及勾決之犯，皆大逆大惡之人，萬萬法無可貸者。夫天地之道，春生秋殺，堯舜之政，弼教明刑，朕治天下，原不肯以婦人之仁，弛三尺之法，但罪疑惟輕，朕心慎之又慎，惟恐一時疏忽，致有纖毫屈枉之情，不但重辟爲然，即笞杖之刑，亦不肯加於無罪者。每日戒飭法司，及各省官吏等，以欽恤平允爲先務。今逆賊謂朕好殺，何其與朕之存心行政，相悖之甚乎？又逆書謂朕爲酗酒，夫酒醴之設，聖賢不廢，古稱堯千鍾，舜百榼，論語稱孔子惟酒無量，是飲酒原無損於聖德，不必諱言。但朕之不飲，出自天性，並非強致而然。前年提督路振揚來京陛見，一日忽奏云：「臣在京許久，每日進見，仰瞻天顏，全不似飲酒者，何以臣在外任，有傳聞皇上飲酒之說？」朕因路振揚之奏，始知外間有此浮言，爲之一笑。今逆賊酗酒之謗，即此類也。又逆書謂朕爲淫色，朕在藩邸，即清心寡慾，自幼性情不好色欲。即位以後，宮人甚少。朕常自謂天下人不好色，未有如朕者，遠色二字，朕實可以自信，而諸王大臣近侍等亦共知之。今乃謗爲好色，不知所好者何色？所寵者何人？在逆賊既造流言，豈無耳目，而乃信口譏評耶！又逆書謂朕爲懷疑誅忠，朕之待人，無一事不開誠布公，無一處不推心置腹，胸中有所欲言，必盡吐而後快，從無逆詐億不信之事。其待大臣也，實視爲心膂股肱，聯絡一體，日日以至誠訓誨臣工，今諸臣亦咸喻朕心，有感乎之意。至於年羹堯鄂倫岱、阿爾松阿則朕之所誅戮者也。年羹堯受皇考及朕深恩，忍於背負，胸懷不軌，幾欲叛逆，其貪酷狂肆之罪，經大臣等參奏九十二條，朕以國法，應置極刑，而朕猶念其西藏青海之功，從寬令其自盡，其父兄俱未處分，其子之發遣遠方者，今已開恩赦回矣。鄂倫岱阿靈阿實奸黨之渠魁，伊等之意，竟將東宮廢立之權，儼若可以操之於己。當阿其那塞思黑敗露之時，皇考審詢伊之太監，比將鄂倫岱阿靈阿同在共濟之處，一一供出，荷蒙皇考寬宥之恩，不加誅滅，而伊等並不感戴悔過，毫無畏懼，愈加親密，鄂倫岱仍敢強橫倨傲，故意觸犯皇考之怒。當聖躬高年頤養之時，爲此忿懣恚恨，臣工莫不切齒。阿靈阿罪大惡極，早伏冥誅，伊子阿爾阿倣效伊父之行，更爲狡獪。朕猶念其爲勳戚之後，冀其洗心滌慮，以蓋前愆，特加任用，並令管理刑部事務，而伊逆心未改，故智復萌，顛倒是非，紊亂法律，一日審理刑名，將兩造之人，用三木各夾一足，聞者皆爲駭異。又與鄂倫岱同在乾清門，將朕所降諭旨，擲之於地，其他狂悖妄亂之處，不可殫述。朕猶不忍加誅，特命發往奉天居住，使之解散其黨羽，尚可曲爲保全。豈料二人到彼，全無悔悟之念，但懷怨望之心，而在京之邪黨，仍然固結，牢不可破。朕再四思維，此等巨惡，在天理國典，斷不可赦，於是始將二人正法。至於蘇努則老奸大蠹，罪惡滔天，實逆黨之首惡；隆科多則罔上欺君，款蹟昭著，二人皆伏其誅，未膺顯戮。逆書之所謂懷疑誅忠者，朕細思朕於年羹堯鄂倫岱阿爾松阿三人之外，並未誅戮忠良之大臣，想逆賊即以年羹堯鄂倫岱阿爾松阿蘇努隆科多等爲忠良乎？夫天下自有公論也。又逆書謂朕爲好諛任佞，朕在藩邸四十餘年，於人情物理，熟悉周知，讒諂面諛之習，早已洞察其情僞，而厭薄其卑污，不若沖幼之主，未經閱歷者也。是以即位以來，一切稱功頌德之文，屏棄不用，不過臣工表文，官員履歷，沿習舊日體式，作頌聖之句，湊合成章，朕一覽即過，不復留意。日日訓諭大小臣工，直言朕躬之闕失，詳陳政事之乖差，以忠讜爲先，以迎合爲戒。是以內外諸臣，皆不敢以浮夸頌禱之詞，見諸言奏，恐爲朕心之所輕。今逆賊之所謂好諛任佞者，能舉一人一事以實之否耶？以上諸條，實全無影響，夢想不及之事，而逆賊滅絕彝良，肆行詆毀者，必有與國家爲深讎積恨之人，捏造此言，惑亂衆聽，如阿其那塞思黑等之奸黨，被朕懲創拘禁，不能肆志，懷恨於心，或貪官污吏，匪類棍徒，怨朕執法無私，故造作大逆之詞，洩其私憤。且阿其那塞思黑當日之結黨肆惡，謀奪儲位也，於皇考則時懷忤逆背叛之心，於二阿哥則極盡搖亂傾陷之術，因而嫉妬同氣，排擠賢良，入其黨者則引爲腹心，遠其黨者則視爲讎敵。又如阿其那自盜廉潔之名，而令塞思黑允禟允禵貪贓犯法，橫取不義之財，以供其市恩沽譽之用。且允禵出兵在外，盜取軍需銀數十萬兩，屢次遣人私送與阿其那，聽其揮霍，前允禵之子供出，阿其那亦自認不諱者。又如阿其那殘忍性成，逐日沉醉，當朕切加訓誡之時，尚不知改，伊之護軍九十六，以直言觸怒，立斃杖下，長史胡什吞，亦以直言得罪，痛加箠楚，推入冰中，幾至殞命。允禵亦素性嗜酒，時與阿其那沉湎輕生。允禵又復漁色宣淫，不知檢束，以領兵之重任，尚取青海台吉之女及蒙古女子多人，恣其淫蕩，軍前之人誰不知之。今逆書之毀謗，皆朕時常訓誨伊等之事，伊等既負疚於心，而又銜怨於朕，故即指此以爲訕謗之端，此鬼蜮之伎倆也。且伊等之奴隸太監，平日相助爲虐者，多發遣黔粵煙瘴地方，故於經過之處，布散流言，而逆賊曾靜等，又素懷不臣之心，一經傳聞，遂借以爲蠱惑人心之具耳。向因儲位未定，姦宄共生覬覦之情，是以皇考升遐之後，遠方之人，皆以爲將生亂階，暗行窺伺。及朕纘承大統，繼志述事，數年以來，幸無失政，天人協應，上下交孚，而兇惡不軌之徒，不能乘間伺釁，有所舉動，逆志追切，自知無得逞之期，遂鋌而走險甘蹈赤族之罪，欲拚命爲疑人耳目之舉耳。殊不知實於朕無損也。

以下乃辨曾靜所傳呂留良種族之見，從略。「謀父」「逼母」「弒兄」「屠弟」，爲世宗倫紀中四大罪款，得世宗自爲辯訴而款目始定。後來於弒兄屠弟二款，尚有人言之，屠弟一款，尤爲世宗所自稱不辯亦不受者。夫不辯是否即受，論者可自得之。至謀父逼母二款，知者較罕，不有大義覺迷錄，烏能成此獄詞？其中事實，合七年十月戊申一諭，如今律師撰狀，分理由事實等項云爾。

此稿脫後，胡君適之閱之，見示云：「覺迷錄長諭中，明說聖祖死之日，果親王允禮也在寢宮外祇候。而雍正八年五月初九日諭八旗，又引隆科多之言，說是日允禮在京城內值班，至隆科多從暢春趕回京，始知大事出。據此看來，康熙死時，究竟諸皇子是否在側，甚屬疑問。此點亦賴鈎稽各諭始能看出。」適之點清此句，極醒目。余又謂隆之先馳回於大行移殯之前，正挾其提督京營之武力，效滕公之爲代邸清宮，可謂一手擁立，夜半宮中出片紙，正此時事耳。

（註）、吳相湘謹按：據故宮文獻叢編第七輯「雍正朝文字獄范世傑呈詞案」中之福建學政戴瀚摺，有云：「雍正六年十一月內奉頒發上諭一道，內中宣示皇上繼統登極之事，甚爲著明」。又右錄長諭後段有「朕承嗣鴻基……六年以來」語，綜核之：此長諭即雍正六年十一月頒發者。

附錄二　海寧陳家

淸世談官閥，侈恩遇者，無不知海寧陳家。其見之紀載，出自王言者：道光朝有建昌道陳崇禮，召見時詢家世，崇禮以佐貳起家，知當時重科目，意頗慷仄，乃陳奏爲陳元龍陳世倌之後；宣宗莞然曰：「汝固海寧陳家也！」遂擢鹽運使，旋除臬開藩，得力於門望者如此。事見崇禮從孫其元庸閒齋筆記。則此「海寧陳家」之目，上自淸中葉以前，其語流傳於朝野，至君主亦襲其辭以稱之，可謂成一名詞矣。故用以標題，不爲一時荒率語也。

世傳海寧陳家之隆盛乃至謂：淸代有一帝，實其家所產，或謂係聖祖，或謂係高宗；而集四方傳言，則以指目高宗者爲多。蓋高宗嘗四幸陳氏之安瀾園，而陳之宅有堂扁曰愛日堂，爲御書，又有一扁曰春暉堂，亦御書，皆以帝王賜題，而用人子事父母語意，此皆帝出乎陳之所本也。當淸季世，上自搢紳，下迄婦孺，莫不知海寧陳家子有一爲帝之說，而以爲淸雖滿族，滿爲胡虜，必無此氣度福澤，實由漢族暗移其祚，乃有此光昌之運。是說也，尤爲漢人所樂道。故衆口一詞，牢不可破。今爲一一分析言之：

其以聖祖爲陳氏子者，世祖年二十四而崩，或意其子孫不蕃，急欲抱他人子，自飾其有後。今考世祖有八子六女，聖祖已爲第三子。皇長子牛鈕，順治八年生，二歲而殤。皇二子裕憲親王福全，順治十年生。聖祖生於順治十一年。皇四子以下不必再計。福全至康熙三十三年六月乃卒。若無三子，皇二子可嗣位，不能謂無子而抱他人子也。聖祖六次南巡，其五次皆至浙江，實錄逐日載其駐蹕之地，蓋皆至杭州而返。時未深識及浙江海塘，故無事乎海寧。然陳氏之後，自稱其家祖墳之異，聖祖會駐蹕觀焉。此亦委巷之流言，雖陳氏子孫，不免失實，可知流言之爲力大矣。

陳氏後人陳其元庸閒齋筆記：

> 余家系出渤海高氏，宋時以勛戚隨高宗南渡，籍臨安。始祖東園公諱諒者，明初居仁和之黃山，遊學至海寧，困甚，偶憩賴家橋上，忽墜於水。陳公明遇設豆腐肆於橋側，晝寢夢靑龍蟠橋下，驚起，見一男子方入水，急援之，詢知世族，乃留之家。公老無子止一女，因以女妻之，而以爲子焉。東園公一傳爲月軒公諱榮，承外祖姓爲陳氏，而世其腐業。業腐者起必以戌夜，一日者，

於門隙見雙燈野外來，潛出窺之，則一儒衣冠者，一道士也。道士指公室旁一地曰：「此穴最吉，葬之位極人臣，有一石八斗芝麻官數。」儒冠者曰：「以何為驗？」曰：「以雞卵二枚坎其中，明日此時雞子出矣。」乃於懷中取卵埋之而去。次日公起磨腐，忽憶前事，往探其處，則闐然二雞雛也。正駭異間，又見雙燈遙遙至，雛已出殼不能埋，急於室取卵易之，而屏息以伺。二人者至，撥之則仍雞卵也。儒冠者咎其言之不讎，道士遲疑良久曰：「或氣運尚未至耶！」遂去不復返。居久之，公乃奉東園公骨甕葬其中。二世之後，遂有登科者，至今已三百年，舉貢進士二百數十人，位宰相者三人，官尚書侍郎巡撫布政使者十一人，科第已十三世矣。初葬時，植檀樹一株於墓上，堪輿家稱為海寧陳氏檀樹墳。聖祖仁皇帝南巡時，聞其異，曾駐蹕觀焉。

此則筆記，純為野人語，雖出陳氏後人，理固難信；使果有其事，以詭道篡取人之佳地，而要數百年之福，冥冥中果有主者，將攖陰譴之禍矣。在流俗則以為此本定數，應由陳氏享此奇福，特假手彼儒冠道者發之。考陳氏登科，始於明正德八年癸酉鄉科陳中孚，其所謂東園公者，當在仁宣以前，以近在康熙間南巡迎蹕之事，尚不能得其實，又何論再前二百餘年檀樹墳之緣起，尚有可信之說乎！夫謂陳氏屢次迎駕，故傳帝出於陳氏之說，則康熙六次南巡，不一至海寧，其必非與海寧陳氏有何關係，已不待言矣。然則考此傳言，當就乾隆朝考之。

雍正初，一再以浙江塘工，發帑修築。至十一年，乃命內大臣海望、直督李衛，赴浙查勘海塘。諭曰：「如果工程永固，可保民生，即費千萬不必惜。」此為大舉修浙塘之始。十三年十月，高宗已即位後，又諭：「浙江修理海塘工程，該督郝玉麟等奏，增添捐納條款，經九卿會議准行，朕思捐納一事，原為一時權宜，無益於吏治，並無益於國帑，朕知之甚悉。浙省增捐之處不必行。海塘工程著動正項錢糧辦理其事。」清帝盡心於民事，並不惜動支國庫，以杜捐輸渡且之謀，自是國運方興之日。而於海寧一地，為帝室屢系之區，故乾隆中南巡，第一次於十六年正月啓鑾，雖入浙而苟錢塘，登禹陵乃返，未至海寧。第二次在二十二年，至杭而返，亦未至海寧。時塘工尚未注重海寧，猶不以海寧之行為意也。

陳氏科名仕宦之盛，實為海內所稀有。閉關之世，民氣樸僿，視承寵於國家者，必與君主有特殊之誼。若諸城出一劉統勳，與其子墉再世為相。劉氏父子尤以風節著聞，北方人遂謂：乾隆南巡乃因有過為劉統勳所斥，故發遣南行，途中御龍頂上尚注一鐵鍊，以為伏辜之表示。此語南方人無信者，獨信高宗屢幸陳家，實為陳氏子耳。再者「愛日堂」，

「春暉堂」兩賜額以實之，此已由野人之口移入文人學士之心矣。今更考此兩額，乃皆非高宗所書也。國史館陳元龍傳：「康熙三十九年，遷侍講學士，明年，轉侍讀學士，四月上御便殿作書，賜內直翰林同觀，諭曰：爾等家中各有堂名，不妨自言，當書以賜。元龍奏父之闓年逾八十，擬『愛日堂』三字。御書賜之。」此愛日堂御書之由來也。詞林典故恩遇門載此事。時元龍同邑諭德查昇，擬請「澹遠」二字，亦即揮毫賜之。且按云：「凡賜從臣堂額，各隨其職任所存，用示訓誨。茲乃蒙恩書其所欲書者以賜，尤見體羣臣之至意，自古藝林所罕覯也。」夫愛日堂則明載國史矣，其春暉堂之由來，則檢之海寧州志：康熙五十四年六月，賜詹事府左春坊左中允兼翰林院編修陳邦彥者。邦彥父維紳，爲元龍胞弟，早卒，娶黃氏。州志烈女：「陳維紳妻黃氏，錢唐相國文僖公姪孫女，觀察懷玉季女也。年十九歸陳，三載寡，守節四十一年，丸熊教子，迄於成立。以子邦彥貴，封淑人。康熙丁亥，御書『節孝』二字旌其門。癸巳賜『春暉堂』額。」據此則兩額皆在乾隆以前所賜。

高宗生於康熙五十年，至雍正十三年，年二十五，始即位，八十九歲崩於嘉慶四年。無論其是否異姓抱養，要其生年必爲在此年內，且月日亦不當大異。是年陳氏之在朝者，蓋有兩達官，一爲乾隆時相國世倌之父詵，時方由湖北巡撫內陞工部尚書。其內陞以四月，而高宗之生則在八月十三日，是詵方在朝也。一即元龍，於是年八月辛酉由吏部左侍郎遷廣西巡撫。辛酉爲八月初四日，距高宗之生日祇九日，元龍當尙在朝，未赴新任。詵與元龍爲同祖兄弟，詵父之問，元龍父之闓，皆元成子。其前陳氏之貴顯，在明爲與郊與相兄弟。與郊之後，雖有科第官職，無與相之後之侈。與郊在明，官至提督四夷館太常寺少卿，與相官至貴州左布政。子元暉、祖苞，同登萬曆癸丑進士。元暉官至山東左參政。祖苞官至順天巡撫。是皆明末事。海寧陳氏科第之奇，恒以父子兄弟同登一榜爲慣例。蓋自明以來已然。至乾隆間乃漸不如初，則其昌盛不由清高宗明也。祖苞之子之遴，崇禎丁丑榜眼，在明官至中允，入清遂累升至大學士。惟一再得罪遣戍，卒歿於戍所。弟之暹子凱允，於康熙初爲尙書，十七年三月出工部尙書缺，諡文和。而祖苞之後，雖多清貴，然不登卿相矣。元成亦與相子，終太學生，而卿相皆出其後。元成諸子，兩子之後最貴。一爲之闓，州志作「之闓」，國史作「之閫」，拔貢生。其子元龍爲宰相，孫邦彥爲侍郎。一爲之問，歲貢生，其子詵爲禮部尙書，論爲刑部侍郎；孫世倌爲宰相；曾孫用敷爲巡撫。世倌爲詵子，用敷亦詵孫，用敷之父世仁，翰林檢討，乃世倌兄也，世倌在雍正朝，已歷巡撫，至乾隆初，由工部尚書大拜。用數之大用，已在乾隆中葉以後。陳氏至乾隆朝，實已稍衰，康熙雍正間，陳氏仕宦顯達，中外居要任者極多，而科第尤以康熙時爲盛。四十二年癸未會榜，元龍弟嵩，姪邦彥，詵子世倌，三人同榜。五十六年乙未會榜，元龍子邦直，世倌兄世仁，又一名武婴者，於服屬較疎，亦爲兄弟三人同榜。科舉取士，本不異抽籤拈鬮，而得之者以爲至榮；一時以天下之大，就試者之多，而屢爲陳氏一家所占者，如此其頻數。俗語不實，流爲丹青。無怪其以神秘之見解附會於帝出乎陳也。然不知皆非乾隆朝有此異數，且皆在高宗未生前多年也。

陳詵之爲刑部侍郎也，已於康熙四十三年與尚書王士禎同以公罪罷職。士禎手定讞案題稿，失察辦稿司員馬世泰，陳縱逗索私債縱僕鬬毆之捐納通判王五、太醫院吏目吳謙等。陳詵願與士禎同退，不自剖白，遂皆罷。士禎以文學負重望，詵與同退，不失物望。此所謂高宗生年陳氏以卿貳在朝者，祇有詵與元龍也。元龍既以侍郎外簡桂撫，世傳一可笑之談柄，事見鮚埼亭集：有所謂「廣陵相公傷逝記」者，記其出任桂撫時事也。廣陵蓋元龍號。

廣陵相公傷逝記：明太師劉文靖公之家居也，楊文襄公以故相起爲三邊總督，謁之洛陽里第。文靖咎之曰：「公爲閣臣，而今乃俯就此位，政府之體吾恐自公而壞也！」文襄有媿色。予竊謂唐宋宰相，其出爲牧伯而後入中書者，不可指屈。大臣受國恩，亦豈得以內外資地之隆殺爲去就。文靖宿德老成，而爲是言，似乎不廣。然有明官府之儀衞，則固如此，故自吏禮二部及翰詹長官，輒不欲外任，以損其入相之望也。今海寧相國陳公之夫人，長洲相公宋公第四女也，長者適合肥相公李公之子宮詹學士，其次適太倉相公王公，其次適海寧顧侍郎，其次即相公，其次適長洲繆宮諭，獨少女適陳氏者，僅以科甲知南充縣，襟袂相聯，俱在翰詹坊局清華之選，而宣府者二，開府者三，前代晏元獻公以善擇壻稱，亦未有若是之盛。方相公官吏部侍郎兼掌院學士，已而出爲廣西撫軍，當改吏部爲兵部，出掌院銜，夫人愀然不樂者數日，內外親表姑婦聞之，皆不解其所以，爭來慰問，則曰：「少宰與翰長皆入相之資也，今一麾而出委蛇疆官，豈非恨事！吾無以見仲姊矣！」聞者皆笑之。而同館老成相告曰：「古人所以重世家者，豈不以通明典故，諳習體統，有非小家子所能者乎？今觀夫人之言，乃知天下膏粱之貴，其所見固自不同，足以證明三百年來之史案。」相公撫軍數年，入司工部，已而卒正揆席，則夫人已先卒矣。沙堤拜命，泫然流涕，恨夫人之不及見也。嘗語臨川侍郎李文穆堂，欲爲文以記之，而侍郎轉以屬之予。予以爲王事之不以內外分者，人臣之誼也，若今之官翰詹坊局者，不安於侍從之枯寂，而垂涎於外吏之足以自潤，甘去清華而思叢雜，是則可恥也。是夫人之所不屑見者，不特文靖所羞稱也。是爲記。

海寧陳家之以家世自重，當康熙間已如此，非高宗使之重也。而按其時日，此正陳元龍外簡後數日，即正高宗之生日左右。若以爲高宗出自陳家，則此時抱而易之者，爲聖祖爲之耶？聖祖以多子爲累，時方媟蘖太子，至將再廢。而諸王躍躍思動，釀後來兄弟相戕之禍。聖祖何故抱一異姓子，置之一王之邸，而又隱諱其事，以成漢種潛移滿族之事？果必欲爲此，則聖祖殆蓄意以天下與漢人，而其立世宗爲後，亦已早定，無奪嫡之疑案可言矣。此情理以外之事。且若果爲之，諸王且聲討有辭，阿其那塞思黑輩，不必別假歸惡世宗之語柄矣。若世宗潛自爲之耶？則其時世宗已前有三子，兩子雖殤，第三子弘時時已八歲，世宗亦安知奪位之必勝，又安知陳氏子之必有福？如後來之乾隆，而於此時易之；且方與諸兄弟角勝於毫芒之間，而於廷臣間留此支節，以供諸兄弟攻擊之資，亦非世宗所肯爲。天下方爲此讕語，而陳氏後人，亦自詭言其家檀樹墳爲聖祖南巡時所親詣。支離影響，不符事實，皆謠諑之所由來也。

惟世宗諸子高宗兄弟之間，不無一可疑之點。世宗三子弘時，以康熙四十三年二月十三日生，爲藩邸側妃李氏所出，李氏後封齊妃。齊妃共生三子，皇二子弘昀，皇三子弘時，固皆齊妃出。弘時之前先有一早殤之弘盼，生於康熙三十六年，二歲即殤。其生與嫡妃烏拉納喇氏所出之皇長子弘暉同歲，而後兩月餘，既殤而皇長子尚在。玉牒遂不序入世宗諸王之次，但以弘昀爲皇二子，弘時爲皇三子。弘時長大，且已有子，忽於雍正五年八月初六日申刻，以年少放縱行事不謹，削宗籍死。時弘時年二十四，高宗六十七齡矣。夫「年少放縱行事不謹」，語頗渾淪，何至處死並削宗籍，以前不聞訓誡！是日上午，猶御經筵如常，突有此非常之舉，世遂頗疑中有他故。皇子而處死削籍，亦是天倫之變，世宗最講規律，豈能悍然放手爲此。或先學之子屢殤，而於帝位之傳授，中有隱覬，邸中生育不蕃，亦是不足取重於聖祖之一端，故亟欲以女易男，充實胤胄，當時或私與陳氏相洽，有此隱事。逮皇四子長成，在聖祖末年，已賞其有福相，世宗亦自覺當意，無需有異姓兒舛入其宗，故突然除之歟？然考弘盼固殤於康熙三十八年，而弘暉則殤於四十三年六月初六日，弘時之生爲四十三年二月十三日，則弘暉猶未殤也。豈弘暉雖未殤，而已羸弱有徵，抑弘時之生日稍爲提早，以成此一舉耶？惟弘昀生於三十九年八月初七日，至四十九年十月二十日乃殤，則弘時之生，弘昀尚在。或齊妃所出皆無壽相，他妃又不育，故一時有此譎計。其時尚未動廢太子之議，一王邸中之事，尚未足爲諸王注目，故偶爲之耶？然此所謂附會之談，不足爲訓。

若以史實衡之，則弘時之獲罪，與太祖時戮其長子褚英，殆相等也。褚英勸太祖無叛明，又不忍於太祖之殺弟，太祖罪之。弘時死於雍正五年，其前一年，即世宗大戮其弟之歲。允禩允禟二人削宗籍在四年正月，允禩於二月圈禁高牆，三月改名阿其那，九月初五日幽死；允禟於四月繫保定獄，五月改名塞思黑，八月二十七日死於禁所。又允䄉則前於二年削爵禁錮。弟允禵則亦於四年削爵拘禁壽皇殿。允禩允禟允禵三人，同以四年六月經廷議罪狀多款，宣示天下。世宗兄弟間之禍極甚於此時。至十三年八月二十三日，世宗崩，高宗既即位，於十月初八日即諭廷臣，議改阿其那塞思黑處置之法。諭言當初辦理此事，乃諸王大臣再三固請，實非皇考本意。則其為世宗幹蠱之意，已自顯然。至是月二十四日，又諭允䄉允禵收禁數年，定知悔過，當酌寬宥，予以自新。而於同日即復弘時宗籍，諭言：「從前三阿哥年少無知，性情放縱，行事不謹，皇考特加嚴懲，以教導朕兄弟等，使知儆戒，今三阿哥已故多年，朕念兄弟之誼，仍收譜牒之內」云云。察其年月線索，不能謂非出於一事。蓋世宗處兄弟之酷，諸子均不謂然。弘時不謹而有所流露，高宗謹而待時始發也。以此推定，不中不遠。

至此而清帝抱養於陳氏之說，可以完全闢除。科名仕宦，偶鍾於一處，用賭博式之科舉取士，往往有之。博徒連擲得梟，雖孤注亦輒勝，博進盡入一家，無理可喻。古以門閥用人，江左之王謝，北地之崔盧，其盛貫數朝不替，有過於近代之世族，然神秘之說反少者，門蔭承襲，世以為分定故也。科舉則本為寒畯自奮破除門第之制，而又忽由一門獨僥天幸，齊東之語，烏得不驚奇而失實乎？晉時有「王與馬，共天下」之說，清代有「陳與帝，共一宗」之謠，意固無別。陳氏邀聖祖兩書堂匾，高宗四幸家園，震動愚民之耳目者在是。匾中「愛日」「春暉」，尤易使人聯想及親屬之義，為造謠者之有力證明，前已舉其牴牾不足據矣。今更詳高宗幸陳氏園之故事如下：

聖祖幸浙，未至海寧。高宗南巡至浙，第一次乾隆十六年，但渡江至紹興，亦未至海寧；第二次二十二年，自杭回鑾，亦未至海寧，是無成心詣海寧也。乾隆二十五年，海寧潮信告警，於是因海塘工程，有石塘柴塘之爭議。二十七年，三次南巡，乃親臨勘視。三月初二日諭：「朕稽古時巡，念海疆為越中第一保障，比歲潮勢漸趨北大亹，實關海寧錢塘諸邑利害，計於老鹽倉一帶，柴塘改建石工，即多費帑金，為民永遠禦災捍患，良所弗惜。而議者率以施工難易彼此所見紛歧，昨於行在，先命大學士劉統勳、河道總督高晉、巡撫莊有恭前往工所，簽試樁木；朕抵浙次日，簡從臨勘，則柴塘沙性涩汕，一椿甫下，始多扞格，卒復動搖，石工斷難措手。若舊塘迤內數十丈許，土即宜椿，而地皆田廬聚落，將移換石工，毀拆必多，欲衞民而先殃民，其病甚於醫瘡剜肉矣。朕心不忍，且並外塘而棄之乎？抑兩存而贅疣可乎？以玆蒿目熟籌，所可為吾民善後者，惟有力繕柴塘，得補偏救弊之一策耳。地方大吏，其明體朕意，悉心經理，定歲修以固塘根，增坦水石簍以資擁護，庶幾盡人事而荷神庥。是朕所宵旰廑懷不能刻置者。至繕工欲固，購料不得不周，現在採辦柴薪，非河工秫葦之比，向為額定官價所限，未免拮据。應酌量議加，俾民樂運售而官易集事，其令行在戶部，會同該督撫詳加定議以聞。朕為浙省往復咨度之苦心，其詳具見誌事一詩，督撫等可並將此旨，於工次勒石一通，永志遵守毋忽，欽此。」又同日奉上諭：「尖山塔山之間，舊有石壩，朕今親臨閱視，見其橫截海中，直逼大溜，猶河工之挑水大壩，實海塘扼要關鍵，波濤衝激，保護匪易，但就目下形勢而論，或多用竹簍加鑲，或改用木櫃排砌，固宜隨時經理，加以防修，如將來漲沙漸遠，宜即改作條石壩工，俾屹然成砥柱之勢，庶於北岸海塘，永資保障。該督撫等其善體朕意，於可興工時，一面奏請，一面動帑債辦，並勒石塔山，以誌永久，欽此。」

乾隆二十七年三月，巡閱海塘，御製觀海塘誌事，示總督楊廷璋，巡撫莊有恭：

明發出慶春，駕言指海寧，海寧往何為？欲觀海塘形。沙漲沙無常，南北屢變更，北坍危海寧，南坍危紹興，惟趨中小亹，南北兩獲平，然苦中亹窄，其勢難必恆。紹興故有山，為害猶差輕，海寧陸且低，所恃塘為屏。先是常趨南，漲沙率可耕，兩度曾未臨，額手謝神靈。庚辰忽轉北，海近石塘行。接石為柴塘，易石自久經，費帑所弗惜，無非為民生。或云下活沙，石隄艱致擎，或云量移內，接築庶可能。切忌道旁論，不如目擊凴。活沙說信然，尺寸不可爭。（塘邊試下木椿，始苦沙澀，用二百餘斤之硪，一築率不及寸許；待椿下既深，又苦沙散不能翻木，椿搖搖無着也。）移內似可為，閭閻櫛比並。（柴塘向內數十丈，其土似宜椿，可以即工，然所在皆田廬，此處為塘，必致毀棄田廬，患未至而先殃民，心復有所不忍。）其無室廬處，又復多池阬。固云舉大事，弗顧小害應。然以衞民心，忍先使民驚！且如內石建，寧聽外柴傾。是將兩隄間，生靈餧滄瀛！如仍護外當（去聲）。奚必勞內營。以此吾竟決，致力柴塘成。坦水簍石疊，可固隄根撐。柴艱酌加價，毋俾司農程。（命行在戶部及該督撫詳議加柴價。）補苴示大端，推行宜殫誠。

觀高宗諭旨及詩，當時之勤政殊可愛。乾隆御製詩最劣，此首以中皆實際擘畫，祇覺筆力健舉，並詩亦可觀矣。

此非從臣所能代筆。有帝王主持於上，大功始成。固不得謂清代太平之由倖致也。庚辰爲二十五年，潮勢北趨，海寧始警，南巡中此民事關係之大者。而民愚無知，反爲陳氏殉室，而增神秘之觀念，以高宗爲求省其本生之親，殊可笑也。

高宗既至海寧，海寧自當有供張之地。陳氏本三朝宰相，與國同休，其家園尤爲海寧名勝，則迎駕固宜無以易此矣。州志園在陳氏本名隅園，原爲宋封安化郡王王氏家園故址，故有老樹爲南宋故物，此最不易得者。安化郡王爲宋靖康間太原守將王稟，見宋史忠義劉士英傳，既以身殉所守土，高宗封以王號，召其後襲爵，而賜第於鹽官，即今海寧城內也。歷元明，園尚有遺蹟。萬曆間陳與郊得之，築而新焉，名曰隅園，在城一隅也。數傳而後，又移轉於陳元龍。元龍以雍正十一年，年逾八旬乞休，子邦直以編修侍養歸籍。元龍以乾隆元年卒，諡文簡。而邦直遂不復出，專力營構此園，務爲美備。高宗既幸此園，愛之，而遂於圓明園仿爲之，與無錫秦氏寄暢園同例。今寄暢園猶存頤和園中，而陳氏園則由高宗易名爲安瀾園，此亦見臨幸爲海塘之故。今安瀾園存海寧者已毀，在圓明園者亦無存，而故宮整理檔案，尚得內府所藏之安瀾園圖，可想見海寧陳家，以園邀駕之實狀。

安瀾園既有圖矣，內府原說，不足以得其曲折。檢州志有州人陳璂卿所撰安瀾園記，錄左：

園於城之西北隅，曰隅園，隅陽公故業也。歸文簡相國，更號遂初。迨愚亭老人擴而益之，漸至百畝。樓觀臺榭，供憩息可遊眺者三十餘所。制崇簡古，不事刻鏤。乾隆壬午，純皇帝南巡，復增設池臺，爲駐蹕之地，以樸素符上意，因命名以賜，園由是知名。曲巷深里之中雙扉南向，來遊者北面入，數武有亭，巍獨立，刊純廟賜題五言詩。駐蹕凡四次，故碑陰及匾皆徧焉。稍折而西歷一門，中爲甬道，左右古檜數十本，參天鬱茂，垂枝四蔭。道盡爲門三楹，御書「安瀾園」三字榜於楣。少進又一門，而繚以垣，不復可直望。乃更西折入小扉，爲廊三折，而至於「滄波浴景之軒」。軒面池，有橋焉，曰「小石梁」，爲入園之始徑云。自軒後東出，有屋九架，背於前而面於後，左右各廂，庭平曠，歷階而登爲正室，由其左循廊而入，後又有室，左右亦各翼如廂。是內外二室者，老人所自居，故並未有名。老人秉資高明，早直絲綸之閣，及季相國考終，遂幡然定謀，養志林泉，平居不卽於宅，而園乎偃仰，笑傲夷猶，幾三十年。春秋佳日，招集羣從，酌酒賦詩，效李青蓮桃李園之會。又嗜音律，蓄家伶，遇宴集輒陳歌舞，重簾燈燭，燦若列星。老人中坐，年最高，而風采跌宕，若神仙然。一時從容閒雅之色，播聞遠近，人爭慕之。小石梁之西，戟門雙啓，內藤花二樹，共登一架，架可盈庭，徑必自其下而入。春時花發，人至遊蜂隊中，紫英樸面，鬢影皆香。其內爲堂，舊名環碧，今奉御書「水竹延青」及「怡情梅竹」二榜於中。堂後爲樓，面廣庭，負曲沼，幽房邃室，長廊複道，中於一園。入其內者恆迷所向。凡自仁廟以來所頒宸翰，及駐蹕時陳充上用，燕賞玩好之器，並貯樓中。樓前曲折而右，有軒然於湖上者，和風皎月亭也。三面洞開，湖波瀲灩，秋月皎潔之時，上下天光，一色相映。北瞻寢宮，氣象肅穆，南顧赤欄曲橋，去水正不盈尺。西望雲樹，蒼鬱萬重，意若有無窮之境。其南數十武，爲瀲瀾之館，以補秋亭望月之或有不足。別有廊南行，以達掞藻樓之西偏。掞藻樓者，居環碧堂之西，檐楹與堂，邐迤相接。傍有桂六七樹，開最早。樓四面皆廠廔，南則其正向也。階瀕池，砌石作洲，暗水入其際，可供泛觴，因摹右軍「曲水流觴」四字顏其前。北墉有契神玉版石，鐫御臨東坡尺牘數行。自古藤水榭西來，爲環碧堂。又西來，至此皆面水。隔岸有山，亦合沓而西，爲之障焉。由樓右小庭垣角斜出，即爲赤欄曲橋。歷山徑二十餘武，豁然開朗一亭中立，棱桂千餘本周繞之，天香隝也。羣芳閣踞其東南。由閣底入，更東南行，繞潑月軒之後，而入於其中。軒東向瀕水，故其前不可入也。迤南沿池爲隄，過竹扉，轉向東行，經一亭，可六七十步，始北轉至十二樓。南向面水者爲南樓，其左東向者爲東樓，轉而南向者爲北樓，亦面水，與古藤水榭斜相望。由南樓之西，有山路達於水濱，水似溪，通以小矼，過溪山下有隄，南行陟山，尋折西而北，登羣芳閣，道旁有樹，本分而復者，交枝楓也。若不陟山，則緣隄北行，出於閣下，復經天香隝，斜趨西北入月門，經一小樓，又西北入一扉，睹木香滿架，架旁翠竹，幽蔭深秀，西走折而北出，水次小隄，迤北而接以虹梁，稱環橋，橋之南，西折入竹扉，有亭北向，爲方勝之形。亭後修竹秀石，翛然意遠。迤西東南跨水而居者，爲竹深荷淨，環橋正當其面。左出過璞石之橋，甚小可一人行。轉向池之北岸，沿之而東，十三四步，有徑北去，循行至筠香之館，館之名純廟之所命也。蓋是處多竹，左右翠竿彌望，內外不相窺，故得是名。館右叢竹之中，又別有徑東去，復曲而南，環橋之北，當以小壁，綠篠蒙密，路頗窮，循壁西轉，其途始見。旁有小屋臨池，可望竹深荷淨。一門在道右，窺之琅玕正綠，即筠香館東別出之徑也。東行數武，北望有層樓聳然，掩映於竹樹之間，意復爲之無盡，然無他奇徑，亦至樓而止耳。舍足而東，倏入山徑，左右皆高嶺，古木淩漢，風篁成韻，池臺亭館不復可見。彷彿有猿啼狖嘯鸛鶴悲鳴之家。向登和風皎月之亭，所言西望雲樹蒼鬱萬重者，至此始信其境之果不同也。山漸開，徑亦見寬，一舉首而寢宮在望矣。寢宮舊稱賜閒堂，自奉宸居而其額遂撤。爲屋三架，架各三層，齊井田然，周以步欄，三面若一，皆拾級而登。東則別爲二廊，前一廊東去爲梅林，山徧種梅，厥類不一，林盡板橋，隔岸有屋相接，即環碧堂之後樓也。稍北一廊亦東去，入一門有屋三架，後有樓亦如之，以爲宸游翰墨怡情之所。其東皆屈曲步廊，一東一南行，或接以飛樓。或映以棧閣，委宛而達於老人自居之室。宮後一峯矗立，多植篔簹。西北有磴可上，遙視城堞。自山徑來，在室之右，轉步而前，庭廣數畝，寬平如砥，欄俯清流，縠文緲遠，望隔湖山色，在煙光杳靄之中。夏日荷翠翻風，花紅絢日，雖西湖三十里，無以過之。緣湖西南隄行，抵碕石磯，有亭俯於水濱，可偃臥垂釣。返行數武，有登山之徑在綠篠間。尋之至巔，又一亭，榜曰翠微。四圍皆箭竹，密不可眺瞰。繞亭而北亦有徑可下云。若命舟，則於梅林板橋之西，便可鼓枻，西入於寢室前之大湖。又西循隄而行，南過碕石磯，有港西北去，遂入環橋，迤竹深荷淨環石之橋而止。室前放乎中流，東南過曲橋，分兩道，一南行，水漸狹，經羣芳閣下之隄，過石矼，乃出溪口，西至瀠月軒而東，迤於十二樓之南樓。一東行，經棪藻樓，與瑤碧堂及古藤小榭，乃北轉過小石梁又北入於飛樓，亦漸狹不勝篙檝，然涓涓者仍西流而達於梅林之板橋焉。若夫負陵踞麓，依木蔭流，或藤蓋一椽，或花藏數簷，因其借景，點綴閒閒，皆有可觀，不能殫記。嗟呼！天地之道以變化而能久，故成毀恒相倚伏。蛇虺狐兎之區，忽焉而湖山卉木，騷人文士，佳冶窈窕，聽鶯而携酒，坐花而醉月，覽時樂物，詠歌肆好，日落歡闌，流連不去，何其盛也！至於水閣依然，風簾無恙，而其人既往，事不可追，有心者猶俯仰徘徊，興今昔之感，矧當年華屋山邱，遺蹤歇絕，其慨歎當復如何耶！夫自湖山卉木，而更漸即於蛇虺狐兎之時，非數百年不能復其故，而碩果之剝，必有值其時而無可如何者。又況生也有涯，神智易敝，更不若草木之堅，與花鳥之往來無息也，不尤可太息耶！自老人歿一再傳於今，園稍稍衰矣。一邱一壑，風景未易，猶可即其地而想像髣髴，過此以往，年彌遠而迹日就湮，余恐來者之無所徵也，故記之。

隅陽爲陳與郊號，文簡爲陳元龍謚，愚亭老人則爲元龍子邦直號。邦直當高宗初幸園時，似尚在，故記文云然。而高宗御製詩中，有「內翰肯堂年」之句，正記邦直之增修此園。又有「木天飄影捐」句，當謂邦直不復起官，未嘗重入翰林耳，非謂其已故也。錄御製駐陳氏安瀾園即事雜詠六首：

名園陳氏業，題額曰安瀾，至止緣觀海，居停暫解鞍；金隄築籌固，沙渚漲希寬，總廑萬民戚，非關一己歡。

兩世鳳池邊，高樓睿藻懸（樓中恭懸皇考「林泉耆碩」御書，是編修陳邦直之父原任大學士陳元龍予告時賜額也。）渥恩賚耆碩，適性愜林泉。是日亭臺景，春遊角徵絃；觀瀾還返駕，供帳漫求妍。

隅園舊有名，（以是園爲暫憩之所，因賜今額，隅園其舊名也。）巖壑杳而清；城市山林趣，春風花鳥情。溪堂擅東海，古樹識前明；世守獨陳氏，休因擬奉誠。

別業百年古，喬松徑路尋，梅香聞不厭，竹靜望偏深。瑞鶴舞清影，時禽歌好音。最佳泉石處，撫帖玩懸針。

元臣娛老地，內翰肯堂中，賭墅棋聲罷，木天甎影捐。竹堂致瀟灑，月閣抱清娟（竹堂月閣皆園內名勝。）信宿當廻蹕，池邊坐少延。

天朗惠風柔，臨溪禊可修（是日上巳），趣眞如谷口，姓不讓岡頭。意以延清永，步因覓韻留。安瀾祈同郡，寧爲暢巡遊。

陳氏在乾隆間，在朝最貴者爲宰相世倌。世倌自乾隆六年，由工部尚書大拜，至二十三年准回籍，未行，尋卒。則在高宗駐陳氏園時，世倌已前卒。徒以園爲元龍父子之業，留詩亦美元龍父子，並不一及世倌。此尤但爲海塘而來，與陳氏無多恩禮之證。世倌自六年爲文淵閣大學士，至十三年十一月，以錯擬票簽革職。考此案，因雲南巡撫參屬員虧空。撫參之案，應批督審，閣臣票旨仍交該撫審擬。經帝看出改正，且請交部察議。高宗諭稱：「察議不過降罰了事，今以五人在閣，似此向有定例之事，竟至辦理錯誤，使朕萬幾之煩，尙須審詳至此，於心何忍，豈不有愧！著交部嚴查議奏。」遂至以革職處宰相矣。諭又謂：「張廷玉、來保、陳大受，均在軍機處行走，尙有交辦事件，或係一時疎忽。」則又開脫三相，所嚴查議奏，惟有世倌及史貽直二人。及革職之議上，貽直得留任，而世倌竟革。得旨，蓋又舉世倌他罪。旨云：「陳世倌自補授大學士以來，無參贊之能，多卑瑣之節，綸扉重地，實不稱職。着照部議革職。」又諭言：「朕前降旨，謂陳世倌多卑瑣之節，並非泛論。卽如伊乃浙人，而私置產兗州，冀分孔氏餘潤，豈大臣所爲？今旣革職，著諭山東巡撫不准伊在兗州居住！」十五年八月，來京恭祝萬壽，賞原銜，令回籍。十六年三月，命仍來京入閣辦事。九月，兼管禮部事。自後遂仍以閣臣資望，委蛇政地，至二十二年，以老病乞解任。諭旨亦毫無倚重之辭。蓋翰林循資必入閣，世倌於閣臣中，並不承帝眷也。

康熙間，陳元龍頗受聖祖恩遇。然於帝出乎陳之說，既已無關，其所以得蒙厚遇者，自是聖祖朝一定之政策。南中士大夫，得此溫渥者甚多。且文學有專長者，待遇尤高。蓋順康間極籠絡世族，是爲政不得罪於巨室之深意。又極重科目，引才秀之民，盡入文雅之途，爲明季亂後，洗盡不屑利祿不忘種族之見。此與乾隆朝禮士之意又不同。陳氏之見禮於康熙朝，正是歷代科舉僥倖獨甚之結果，與滿族無他神秘也。庸閒齋筆記所記，雖出陳氏後人之言，實不盡足據，不欲多引。國史元龍本傳，則極稱其以詞臣親切禁近，多承御書之賜，亦無特殊於同時侍從之臣。中間爲郭琇所參，與高士奇認爲叔姪，爲其奔競近臣之罪，與士奇及王鴻緒皆休致回籍，數年後雖起用，國史於元龍士奇鴻緒諸傳，俱不言有所辨白，而認琇原參爲誣。琇亦祇言其參劾不避權貴，不云有高陳反駁事。筆記言：『都御史郭琇劾高文恪公士奇，指公爲交結，有叔姪之稱，得旨一並休致。公奏辨謂：「臣宗本出自高，譜牒炳然，若果臣交結士奇，何以士奇反稱臣爲叔？」事遂得白。再擢學院學士吏部侍郎。』云云。此蓋元龍家人自爲分辨之詞，陳出自高，固爲事實，但明初襲陳姓，至康熙中葉被參時，已二百數十年，縱與士奇同姓，而認爲叔姪，形迹必較密而後顯其交結之狀。此亦海寧陳家之一故實矣。

高宗朝，海寧塘工爲朝廷特意區畫之事，幾與康熙之治河同。於是南巡必至海寧。乾隆二十七年爲第三次南巡，三十年爲第四次南巡，四十五年爲第五次南巡，四十九年爲第六次南巡。無一次不至海寧，是爲高宗四幸陳氏安瀾園之故。自二十七年以後，雖不舉行南巡之年，而理會海寧塘工之諭旨，載於實錄者亦多。蓋始主柴塘治標，待其接漲沙堅，終改爲石塘，以成永久之計；既不退縮以棄已成之田廬，又不鹵莽以督難成之工役，持之二十餘年不懈，竟於一朝親告成功。享國之久，謀國之勤，此皆清世帝王可光史冊之事。漢人詆爲如此君主，非異族痛癢隔膜者所能，一傳出自海寧陳家，易動人聽，要亦有親愛之意存焉。茲錄取最後一次南巡諭旨，恰結海寧塘工之局。

乾隆四十八年五月十五日，奉上諭：「兩江總督薩載、閩浙總督富勒渾等合詞陳奏：以江浙兩省望幸情殷；且河工海塘，以次告竣，一切善後事宜，尤冀親臨指示，懇請於乾隆四十九年春，六舉南巡，以愜輿情一摺。朕自庚子南巡時，巡閱高家堰石塘，及徐州城外石隄鉅工，俱逐一親臨指示。茲據奏以次告成，所有一切善後事宜，自應親臨閱視，指授機宜，俾河流永慶安瀾。至浙省海塘，前經降旨，將柴塘四千二百餘丈，一體改建魚鱗石塘，爲濱海群黎永資捍衛。今要工將竣，亦不可不親爲相度。且四十一年告功闕里，復閱時已久，應行展謁孔林，以伸景仰。今據該督撫等合詞陳奏，江浙兩省耆庶，望幸悃忱，尤爲肫切。着照所請，於乾隆四十九年正月，諏吉啓鑾，祇謁孔林，巡幸江南，順道親閱河工海塘。所有各處行宮座落，俱就舊有規模，略加葺治，毋得踵事增華，致滋煩費。該督撫等其善體朕意，妥協辦理，副朕省方問俗觀民孚惠之至意！摺並發。欽此。」是時高宗年已七十三矣，明年爲六次南巡，矍鑠從公，可云盛矣。其四幸陳氏園皆有詩，除二十七年詩已見前外，復錄如次：

乾隆三十年閏二月，巡幸浙江，御製自石門縣跋馬度城，易輕舟至陳氏安瀾園，卽並雜詠：

艤舟跋馬度由拳，心喜觀民緩着鞭；更有閱塘予正務，遂循溪路易輕船。

夾溪萬姓喜迎鑾，桑柘盈郊入畫看；廿四橥過風帆駛，片時新壩到長安。

壩隔高低換換舟，綵舟置重櫓聲柔，仍圖迅利策予馬，蓄眼韶光面面酬。

鹽官三載重經臨，兩字安瀾實匪心。駐蹕春風憇陪暇，果然城市有山林。

此次幸浙，未抵杭州，先至海寧。據實錄，閏二月初五日庚戌諭：「海寧石塘工程，民生攸繫，深厪朕懷。茲入疆伊始，親臨相度。先視繞城石塘，實爲全城保障。而塘下坦水，尤所以捍衛石塘。但今潮勢頂衝，外沙漸刷。二層之外，若普築三層，於護城保塘，尤資裨益。該督無等其董率所屬，勁務興修，無濫無浮，以收實濟。」是蓋閱海寧繞城石塘，正爲全塘改柴爲石之先機，跋馬而行，易舟而進，先到海寧，太后御舟緩行僅一日。壬子，實錄又書上奉太后臨幸杭州府。則其往返，已從長安壩繞道一匝，可謂勤矣。又有御製駐陳氏安瀾園叠舊作卽事雜詠六首：

如杭第一要，籌奠海塘瀾。水路便方舸，（前巡杭城，由陸路赴海寧閱塘。今年舟次石門，卽從別港水道前進，先駐是園。取便程急先務也。）江城此稅鞍。汐潮仍似舊，宵旰那能寬？增我因心懼，慚其載道歡。隔園城角邊，新額與重懸，意在安江海，心非就石泉。喬柯皆入畫，好鳥自調絃；有暇討言志，雕蟲不尚妍。

鹽官誰最名？陳氏世傳清。詎以簪纓赫，惟敦孝友情。春朝尋勝重，聖藻賜褒明（原任大學士陳元龍請老時，皇考書賜「林泉耆碩」額，以寵其行，今恭奉園樓正中。）來日尖山詣，祈麻盡我誠。

書堂橋畔路，熟路宛知尋。既曲越延趣，惟幽不礙深。風翻花動影，泉出峽留音。古栝無榮謝，森森齊玉針。

園以梅稱絕，蟠根數百年，古風度迥別，時世態都捐。春入香惟淨，月來影亦娟。閒吟將對寫，消得意爲延。

溪泛櫓聲柔，溪涯有竹修，獺時看伏翼（是園水中有獺。）魚並育槎頭。似此眞佳處，無過信宿留，觀塘吾本意，詎可恣漱遊。

此爲二次幸陳氏園，所見安瀾園之新額已懸。可知前遊爲賜名，駕去後乃能製額。至四十五年第五次南巡，又駐安瀾園，有再叠前韻六首：

觀海較前異，石塘貼近瀾；州臨因捨舫，城入更乘鞍。熟路原相識，名園頗覺寬。就瞻與民便，雷動夾塗歡。

沙坍逮北邊，數歲爲心懸。（塘外漲沙，南北坍漲靡常，北漲則塘工鞏固。壬午閱視蠻誌情形，命撫臣每月勘驗，具圖奏報。自庚辰春以來，沙痕漸覺北坍，實爲廑念不置。）對此蒿增目，懟異言湧泉。急愁塘與壩，孏聽管和絃。對景惟惕息，摛辭那復妍。

安瀾易舊名，重駐蹕之涖。御苑近傳蹟，（圓明園曾仿此爲之。即以安瀾名之，並有記。）海疆遙繫情，來念自親切，指示慚允明。行水緬神禹，惟云盡我誠。石砮雖詰曲，步來那用尋？無花不具野，有竹與之深。磵戶開生面，泉聲振舊音。御書樓好在，垂露護葺針。

溪上三間屋，棲遲似昔年，非圖燕寢適，頗覺犀塵捐。老栝詩中釁，古梅靜裏娟，別來十六載，可不意爲延。

拂岸柳絲柔，出擔竹个修，重來亦儻耳，昔事憶從頭。南北漲坍屢，（自乾隆戊寅，潮勢漸趨北亹，恃魚鱗大石塘及坦水竹絡壩爲之鞏護。丁丑南巡，時值南坍北漲，大溜已向南。已卯以後，潮復趨北。壬午乙酉兩經親閱，溜勢或南或北，遷改不常。隨時指示大吏，添用坦水竹簍防護。並有詩紀事。）愁欣詩句留。（北漲則爲之欣，坍則爲之愁，亦經屢矣。即今値愁際，那得愜情遊。

壬午即二十七年，初幸海寧。其云丁丑南巡値南坍北漲者，丁丑乃二十二年，其時二次南巡，未至海寧。因海寧未覺有潮患也。戊寅二十三年，已夘二十四年，所云「漸趨北」、「復趨北」，其又明年爲庚辰，即二十七年誌事詩中所謂「庚辰忽轉北」之由漸而來也。前兩次南巡，不以海寧塘工爲意，適於丁丑巡後，逐年潮信北趨，至二十五年而大著；於是二十七年之三次南巡，造成初幸隅園之會，而動天下帝與陳有特別關係之疑。乙酉即三十年之四次南巡，合之本年五次南巡，所欣戚者皆爲此潮，而於石塘則尚未有鞏成之語，惟安瀾園之已彷入圓明園，則已見於此詩，此前攝內府圖之由來也。本篇專就高宗與陳氏園之因緣，詳其經歷，至其廑念塘工，別有諭旨及詩文甚夥，未能備錄。方策具在，浙西人固未忘清代有此愛民大舉，則引而親之曰：乾隆我漢人陳氏之子也。亦頗有報德之意存其間耳。嗣是復爲四幸陳氏園疊前韻之詩：

北坍今次水，塘尚近洪瀾。春月來觀海，古稀仍據鞍。魚鱗期越固，鬻市較蘇寬。鄉語分疆異，民心一例歡。

塔山已近邊，踏勘慰心懸。竹簍喜增漲，蟻壞惕漏泉。隅園且停憩，比戶有歌絃。自是文章邑，然當戒藻妍。

舊家原有，熟路不須尋。世業傳來久，國恩受已深；翰林玆挂籍，雪個也繩書。重展蔡襄蹟，依然懸古針。

安瀾詎祗名，永觀晏而清。明日觀形勢，一宵廑慮情。前吟巡驛舊，聖藻頼稽明。載語世臣者，承家在敬誠。

是園有紫竹，不計歲和年。畫格應寫劍，詩情詎可捐。松非自稱直，梅亦捨其娟。三益於斯盡，都因靜以延。

一溪春水柔，溪閣向增修。月鏡懸榱用，古芳披案頭。去來三日駐，新舊五言留。六度南巡止，他年夢寐遊。

是年高宗七十四歲。詩云：「古稀仍據鞍」。蓋已不止古稀，其「重展蔡襄蹟」等語，皆以陳氏園有渤海藏珍帖。陳之不復高姓，亦不忘高姓，其來已久。詩又言：「六度南巡止」。帝自知無復南之日。且上繩聖祖，亦止六次南巡，待聖祖時，有一次至德州而止耳。

隅園爲明代屬陳與郊時所命，園歸元龍，已改遂初。志有舒瞻遊遂初園詩：「試裘天氣居初寒，問訊園林秋已殘；隔院不知邱壑好，入門最愛水雲寬。梅花修竹有閒地，雪鷺銀鷗得飽看。彷彿平泉舊時路，哦詩倚遍曲闌干。」至高宗駐蹕，改安瀾園。袁枚集有安瀾園席上詩：「百畝池塘十畝花，擎天老樹綠槎枒，調羹梅也如松古，想見三朝宰相家。」「鳥歌花笑有餘歡，新得君王駐蹕看，分付窗前萬竿竹，年年替海報平安。」「福地瑯嬛主亦佳，留賓兩度午筵開，逢逢海上潮聲起，還道催花羯鼓來。」此皆當時士大夫之詩，雖未必佳，以當錄御製詩之後，聊解胸膈之滯。帝王作詩，若高宗可謂大膽，作古體猶可，近體直使人難耐，然爲史實要不能不存也。袁詩尚不脫海塘，是當時幸園事實；且園內即聞潮聲，其地望可想。

宋元明以來，海寧未當兵衝，蓋海隅僻地也。安瀾園猶享有南宋樹木。至安瀾園絢爛史蹟之後，志言咸豐七八年間毀廢，千餘年老樹參天，砍伐殆盡云云。千餘年老樹，其語太侈，南宋至清咸豐，亦不過六百餘年。又咸豐七八年間，江南大營，方捍太平軍於江寧城外，浙中尚安堵。十年二月，乃有李秀成圖解江寧之圍，間道入浙，亦僅一至杭州。未幾即退。至閏三月大營潰，江浙乃紛紛被陷。太平將蔡元隆以十一年十一月陷海寧州城，安瀾園被毀，當在此時，蔡軍踞海寧二年，同治二年十一月，降於左軍部下蔣益澧。此志文之不盡確也。

海寧陳氏後人陳其元，作庸閒齋筆記，頗述祖德，侈言其家清初之盛，然實語焉不詳，且多不確。其言陳氏之疊膺異數，如云：『歷朝官制不同，然一朝之中亦復前後互異。我朝凡一甲一名及第者，均授職翰林院修撰，故有「殿撰」之稱。而六世從祖丙齋公司寇，則曾官翰林院修撰，兼左春坊左諭德。司寇諱綸，以三甲進士由庶吉士授檢討遷此職。

故吾家雖無狀元，而有修撰。』云云。夫以陳氏科第之盛，復有此等破格之事，似乎清代帝王眞有成就陳氏一家，俾備佳話之意，其實非也。考詞林典故，順治九年五月，令內三院修撰編修檢討，依科分序資陞轉。是年六月，擢編修程芳朝、蔣超爲修撰，檢討李蔚、沙澄、傅作霖、宋杞、劉澤芳、石申爲編修。館臣按云：「謹按一甲一名進士授編撰，二名三名授編修，二甲三甲選庶吉士，俟散館時，二甲授編修，三甲授檢討。品級雖分，陞轉無別，定制也。是年之擢，後不復見。」此爲清初沿明制，而以所謂內三院之國制，悉令合明代翰林院之官體。明翰林院修撰檢，固可爲陞階，非以甲第名次坐定也。然是科以後無之，則又定翰林新制矣。至陳論之以諭德爲修撰，則又係明代兼銜之舊，康熙時尙仍之。當云「會官春坊左諭德兼修撰」，則與官制合而文義亦明。今云「官修撰兼春春坊左諭德」，是陳論會官修撰，且又兼官左諭德，竟皆爲實官非虛銜，且又以修撰本官兼諭德矣。又考詞林典故：「康熙十四年十一月，奉詔置詹事府。（順治十五年裁詹事府。）設滿漢詹事各一員，兼翰林院侍讀學士。少詹事各二員，兼侍講學士。左右春坊庶子各二員，兼侍讀侍講。諭德各二員，兼修撰。左右中允各四員，兼編修。贊善各四員，兼檢討。司經局洗馬一員，亦兼修撰。主簿各一員，錄事各二員，正字各二員。」蓋此亦沿明制，詹事府官皆兼翰林院官銜。諭德及洗馬皆兼修撰，陳論官諭德，故兼修撰也。詹事府官兼翰林院官，實爲虛銜，自乾隆末以前皆然。直至乾隆五十四年十二月，諭：（東華錄在庚午，即十二月十九日）「本日，閱洗馬居瓊呈請代奏謝恩摺，內有補授司經局洗馬兼翰林院編修字樣。修撰係一甲一名進士專銜，何用假借兼攝，因思詹事府衙門，自詹事庶子中允贊善等官，亦俱兼翰林院讀講學士侍讀侍講編修檢討等銜，此係相沿前明舊例。詹事等官既皆有專銜，嗣後毋庸再兼翰林院虛銜，以昭覈實。」自此詹事府官乃不兼翰林院官。筆記不嫻故事，純用家門傳說之言，爲張大語，又何怪帝出乎陳之久傳於世，而莫或以事實正之也。

再考明詹事府官之必兼翰林院官者，以尊天子之侍從也。翰林院爲天子之侍從，在明爲官署之最高。內閣非大學士之本衙門，特在內廷設一辦公之署。文華殿爲明常朝之地，內閣卽與最近，猶清以乾清宮爲常朝，軍機處卽在乾清門也。大學士以翰林院爲本衙門，入相則爲翰林院之堂上官。堂上官中坐，故謂之中堂，卽中翰林院之堂也。此制至清不改，故非翰林不得入相。惟左宗棠以功高特相，必且先賜翰林官職。清乾隆時本不立太學，其詹事府特留爲陞轉之階，已冗散之地，其不兼翰林也亦宜。以乾隆以後之人，不知故事，而附會祖德，其言不可信如此！

高宗之於海寧陳家，毫無加厚之意，蓋有證焉：貳臣作傳，高宗之所特定，開千古未有之例者。貳臣傳中人，高宗之所抉擇，書以示百世之誡者也。故佟養性佟養正之流，以聖祖之太后爲養正孫女，聖祖后又爲養正曾孫女，佟氏遂一概不列貳臣。且於國史大臣傳中，諱佟氏之仕明，而言養正等以先世商於撫順，遂家於是，故早歸太祖。陳氏則列陳之遴於貳臣不諱。夫仕明者亦並不皆入貳臣也。國史明明有傳之人，其人明明曾仕於明，若趙開心即不入貳臣。茍援此例，如欲稍爲陳氏地，何不逭陳之遴之過惡乎？而高宗不稍貸也，故知無加厚之意。世傳及其後人所傳，皆未確也。至帝出乎陳之說，則雖其後人不敢言，純乎里俗傳訛耳。

陳氏僥倖於科名仕宦之途者甚夥，而以明參政與相之後爲大備。與相後子孫甚多，達者不少，而祖苞及元成兩子之後爲尤顯。祖苞房早顯，亦早減退。其顯在明季。祖苞旣開府，子之遴得鼎甲，亦即由明入淸，而爲貳臣。祖苞孫爲尙書，謚文和，終於康熙十七年，後遂無甚貴者。元成房顯於康熙初，元成不仕，其諸子中又以兩房爲顯。之闇房有子元龍爲相，孫邦彥爲侍郎。之問房子論爲侍郎，詵爲尙書，詵子世倌爲相。當高宗御宇以前，陳氏之爲卿相者皆已逝，惟世倌邦彥存，是爲高宗所親任之陳氏要職。然考淸史稿部院表，邦彥之爲禮部侍郎，在乾隆十五年十一月，次年十二月卽革職。邦彥在康熙四十二年已入翰林，且以其母節孝邀奬，得御書「春暉堂」額之賜。至乾隆中，在翰林已五十年，而後得一侍郎，已不爲遲化。又簡任一年，卽革其職。是所尙未薄待者，祗一世倌而已。世倌爲相，亦中遭革職。在同時諸相中，最不爲高宗所敬禮，特以其爲康熙朝舊臣而優容之，告休卽允，無所倚重。則謂高宗之厚待陳氏者，較之前朝乃適得其反也。至巡幸海寧，駐蹕隅園，其時世倌邦彥皆已歿。四幸海寧，必駐隅園，自緣海寧無他處可迎駕耳。高宗賞其園林，而於陳氏子孫，初無禮接之事。觀陳氏紀恩錄，僅以屢荷御題自炫，別無召封事實可言。此皆高宗對海寧陳家之態度，足以覘流行語之無一可信矣。錄告休時諭旨以結之。

世倌國史本傳：乾隆二十二年，以老病乞解任。諭曰：「大學士陳世倌，雖年近八旬，而精力未甚衰邁，簡任綸扉，歷有年所；今以老病，奏請解任回籍，情詞懇切。大臣中齒宿望高，宣力年久，任皤皤黃髮，爲班聯表率，誠熙朝盛事。然老倦而思故鄉，亦常情所有。果其以衰老陳情者，朕自曲加體恤，俾得榮歸故里，以資頤養。初未嘗強為羈留，如張廷玉之年力既衰，朕即允其歸田。迨後輾轉獲咎，乃其自取，實非朕初意所及料也。且陳世倌奏內，既稱為其生母修改墳塋，此亦人子未竟之責，自宜及身而為之。著照所請，准其回籍，現任漢大學士原有二人，不必開缺另補，聽其自為酌量，如一二年後精神清健，仍可來京辦事，以昭優念老臣之意。

味此諭，不信其決然肯去，若嘲若諷。即留，亦不過以黃髮表率班聯，自點綴其熙朝之盛事耳。且明言若有以去要君之意，即如張廷玉之自取其咎。此豈敬大臣之禮耶！又何論其私厚於陳也。至明年春乃辭朝，亦聽之。遲遲未行遂卒。世倌之不敢遽去，高宗之不肯輕留，皆適見君臣之未盡以禮始終而已。

董綬經先生言：「清初妃嬪，每有陳姓。其為漢人之姓，雖不盡可知，但若清帝之母為陳氏，則以外家之故而誤為本宗，亦或可備一說。」余極以為然。因徧考順康雍三朝后妃。世祖有庶妃陳氏，乃生皇長女及皇五子恭親王常寧者。聖祖之母則為佟圖賴女。圖賴為佟養正子，在明時原名盛年，隨養正叛投建州，乃改夷名為圖賴。佟氏在康雍朝有無窮故事。其必為聖祖之外家，無可疑者。則世祖之庶妃陳氏，不必附會為聖祖之生母也。至聖祖妃則有陳氏四人：㈠純裕勤妃陳氏，二等侍衛雲麾使陳希敏女，生果親王允禮。㈡熙嬪陳氏，陳玉卿女，生慎郡王允禧。㈢贈穆嬪陳氏，陳岐山女，生誠親王允祕。㈣貴人陳氏，陳秀女，生皇子允禝。世宗妃獨無陳氏者。而高宗之生母為鈕祜祿氏，巴圖魯贈弘毅公額亦都曾孫女，四品典儀追封一等承恩公淩柱女，則所出甚明。據外戚表，淩柱祖名額亦騰，「騰」即「都」字之異譯。父名吳祿，則非襲弘毅公爵者，襲者為康熙初補政之遏必隆。而乾隆中大學士訥親，為高宗所譴，命以其祖遏必隆之賜刀，於軍營正法。此亦大有故事之家，決與陳氏無涉。

吾鄉又傳：海寧陳氏，於清帝室以男易女之後，其女之養於陳氏者，後歸常熟蔣氏。蔣氏築樓居之，後世猶謂之「公主樓」云。既而親問諸常熟人，則云不知。又親問諸蔣氏後人，亦云不知。近乃有海寧馮君柳堂，有心考訂其鄉邦軼事，務欲證明清高宗為陳氏子，且直云文簡公陳元龍子。其證據與余所據，詳略不同，余斷其為誣，馮君則信其為實。今月十六日，平津方與南中隔絕，忽接一本月六日之上海信，乃趙君叔雍所寄，即馮柳堂先生之「乾隆與海寧陳閣老」一冊也。兵火危迫中，忽得逸情勝事，耳目為之一新。披讀之，覺見仁見智意各不同。吾存吾說，自可由世人評判。惟蔣氏得婚公主之說，馮君搜訪甚勤。據其結論，亦以爲確係公主。余就而理解之，則益信余言之可復，而馮君則未免好奇之過也！因爲列舉如左：

馮君言：曾託陳陶遺曾盧白兩先生，分函常熟蔣韻九蔣志範兩先生，檢查譜牒。韻九先生爲文恪公（蔣溥）直系後裔。據查蔣氏宗譜所載，僅云繼娶陳氏，寥寥二十一字。（文見前云：「誥贈一品夫人，繼配陳氏，大學士禮部尚書文簡公女。）後接志範先生復曾盧白先生函，係引蔣引之先生咸豐辛亥科硃卷所載履歷，中云：「文恪公先娶汪夫人，爲禮部郎中諱無亢之女；繼娶陳夫人，爲東閣大學士諡文簡之恩撫女，而爲禮部郎中諱亘高之親生女；再繼娶王夫人爲太倉王文恭公之孫女。至陳夫人生卒年月，譜亦不詳。文恪於雍正八年登第，年甫弱冠，原配汪夫人，則續娶陳夫人，必在登第後。至欽賜完婚及偷龍換鳳，舊時傳說，等諸齊東野語耳。」

此馮君所得蔣氏後人兩書，語甚審慎。馮君則必欲證成陳夫人爲帝女，蔣溥爲主壻，則有數說：

㈠陳元龍恩撫其弟之女。元龍已有一子二女，則不須撫兄弟之女爲女。其弟亦爲郎中，有子爲郡守，非孤貧不能育女，何必爲其兄元龍恩撫之女？且元龍之弟係庶出，嫡庶曾有相嫌之事，更必無恩撫其女之事。然則何故托名兄弟之女？馮君謂隱秘以免殺身之禍，且面貌不似親生，故云他人所生而已撫養之，較掩飾。此說神經甚敏。但世宗既以女易男，正是令此女坐定爲陳元龍之女，何故由元龍掩飾以動天下之疑？謂面貌不似元龍所生，將遂能似其弟所生乎？恩撫弟女爲女，家庭中瑣事，有何法理可言？謂已有子女，即不當撫弟之女，此豈有定律乎？謂弟女非貧不能育，即不當爲伯父所撫，此有何定訓乎？謂嫡庶有嫌，無論元龍兄弟之果否有嫌，難尋確證；即有一時意見，親兄弟親子姪，將遂永成隔閡乎？以此而斷其實出親生，僞稱恩撫；即緣此謂女爲帝之故，此難言顚撲不破之論也。

㈡蔣氏父子在雍正朝甚尊顯，科名仕宦，爲他家所罕，此必暗中聯姻帝室而然。此說之難使人心服，亦與第一說相等。

㈢蔣溥父喪不守制，直以滿官目溥，故信其爲主壻。非金革之事而奪情，自是禮教之不飭。馮君舉李光地之被劾，以證奪情之非可輕事，然又舉雍正四年之朱軾母喪，及溥父廷錫之丁母憂，亦皆奪情，不若明代之重視矣。明李賢張居正，以奪情負大謗於世。清李光地偶緣彭鵬等交劾，聖祖又適於其時有意試道學眞僞，致處分光地，解任在京守制。然於朱軾則第一次父憂奪情，猶在康熙六十年任左都御史時，至雍正四年已再奪情矣。軾於雍乾間爲理學名臣，名望不下光地，然竟無劾之者。唐氏學案小識以光地入之守道，以軾入之翼道，於奪情不復齒及。蔣廷錫奪情亦在雍正四年。清世視奪情既輕，帝王欲奪卽奪，有何限制！南齋以書畫侍從，蔣氏父子以寫生擅名。人主高興，卽留與盤桓，人臣視爲榮遇，卽亦不復知有清議。若使眞爲私愛其壻，則何地不可加惠？何時不可遷官？必乘此人子大故之時，使之干犯名義而後爲快乎？且奪情與主壻，事之相違甚遠，何以竟併爲一談乎？

㈣襲職都尉。蔣廷錫於雍正八年，與馬爾賽、張廷玉，同得輕車都尉世職。馮君謂此時必卽蔣溥婚於陳氏之時，襲輕車都尉，卽是駙馬都尉之意。夫主壻之爲駙馬都尉，原屬前代官名，清稱「額駙」，並不與都尉相屬。雍正七年始設軍機處，以馬爾賽張廷玉蔣廷錫入值。八年帝有疾，靜攝旣愈，而軍機處事不廢，因有此特恩。旣給世職於三大臣，卽非獨厚於帝壻。若爲「駙馬都尉」之隱語，則應給尙主之人，豈可以阿翁代爲駙馬？況彼二相之同給世職，又何說焉？

㈤親往視疾。蔣溥病歿於乾隆二十六年，高宗曾親往視疾兩次。以此爲主壻之證。溥於是時，久爲宰相，宰相病亟，帝往視疾，前後循此禮文用此故事者何限？若云主壻，則溥旣三娶，而最後之婦爲王氏。則迨其將死，已決非主壻矣。故事：主歿而額駙之恩禮悉停，況又別娶續室乎？且溥初娶汪無亢女。汪無亢名見祺，卽著西征隨筆之汪景祺之兄，於雍正三年，已處景祺立斬。其兄弟親姪，期服之親，俱革職發遣寧古塔。是年溥止十九歲，婚於汪氏，必當在此年之前，而亦相距決不能遠。出嫁女固不至連坐。但溥爲汪壻，陳氏可不以爲嫌，若事干帝室，世宗能無因溥之前室爲何氏，遂因以憶及西征隨筆之恨乎？則蔣氏因此獲譴，未可知也。溥第一繼室世所疑爲帝女之陳氏者已死，而溥自以宰相蒙視疾之禮，又以爲尙主之徵，此非吾之所敢安也。

㈥奩目中之金蓮花。馮君言有陳氏後裔言：其家請一塾師，爲太史公，而忘其姓名，在館曾見一本奩目底稿，爲陳嫁女時故物，中有御賜金蓮花；此金蓮花，非公主郡主不能得云。夫以姓名均無之塾師，得見當時之奩目，旣不與他人共見，亦不知其人爲誰何，已難作爲憑證。至金蓮花何以非公主郡主不能得？試問出何典故？公主稱「下嫁」，郡主稱

「出嫁」，會典、通禮及宮史等書，禮制截然不同。公主出自天家，郡主出自王府，公主所能得，未必郡主亦能得；郡主所能得，未必品官之家不能得。以金蓮花本出自不知姓名塾師之口，而卽斷定公主郡主之物。査內務府掌儀司則例，具載公主賠嫁物單，且分出適蒙古與留居京師爲兩種，均無金蓮花在內。然則公主卽有金蓮花，亦隨意玩好之物，非典禮所載也。非典禮所載，則又安知其爲非公主郡主不能得也？

以吾鄉所流傳蔣氏公主樓之說，久欲一考其究竟，賴馮君搜輯證據，補我折衷，殊可感謝；然益知帝出乎陳之爲無稽野語，如蔣君志範所云：「可以告之當世，釋一疑團矣。」內務府各司則例，出自故宮，近方陸續印行未畢。惟掌儀司已出版，可參考。條目甚繁，不及備錄，請檢原書可矣。民國二十六年八月十九日，書於北京大學史料室。同人謂：南北消息不通，傳者謂北方教授多微服出奔；屬余作一文，如期出版，且證明在平之不棄所業，以示國人。故樂爲之書。

附錄三 香妃考實

森以年齒日增，老將知而耄及，方切愧悚！乃蒙同仁同學獎飾逾恒，無以為報，願作一較有興趣之文，以供撫掌。特拈此題，冀承刮目，惟題佳而文恐不稱，尚祈垂諒！

香妃相傳爲西域回部酋長女，清高宗平回部，納其女爲妃。委巷之說，語多不經，熟於人耳。今考其可信者，以糾羣說。

高宗有回妃，且爲回族最尊貴之掌教女。清史稿后妃傳：「高宗容妃，和卓氏，回部台吉和札麥女。初入宮號貴人，累進爲妃薨。」此高宗回妃之明文也。和卓爲回族中派罕帕爾之裔。派罕帕爾一作別譜拔爾，或作派罕巴爾，回族尊稱，卽天使之意。蓋隋唐之際，有謨罕驀德，生而神靈，盡臣服西域諸國，爲天方國主，掃佛教而自立教，造經三十篇，敬天禮拜，持齋戒，葱嶺以西皆尊曰天使。其後世之爲掌教，統轄回民。元代雖以兵力平西域，以蒙古爲其國汗。至明猶存。然掌教之尊，與汗相埒，未嘗屈也。掌教回語謂之「和卓」，亦作「和卓木」，乃譯音詳略之異。回妃和卓氏，乃和卓之女，而遂命爲妃姓。又以和札麥爲妃父之名，和札麥卽和卓木。清代於回妃之女家，不似蒙古之世通戚好，其姓及父之名皆以譯文所有對音約略用爲標識。可知其亡國之後，於姓名皆不求甚解也。

當清史開館修纂時，江蘇人唐邦治，以館長幕賓入館，緬檢舊國史館紀錄，搜輯頗力，不與史稿纂修之事，而自成一書，名清皇室四譜。其后妃譜於高宗容妃云：「容妃和卓氏，台吉和扎麥女。初入宮賜號爲貴人。乾隆二十七年五月，以克襄內職，冊封容嬪，三十三年十月，晉容妃。五十三年戊申四月十九日，卒。」其文較史稿爲詳。書成於民國十一年十月，較史稿之成於十六年八月者，早以五年，固非從史稿出也。而其所根據，則今皆可覆案矣。

清文獻通考成於乾隆三十六年，其帝系考中，已詳當時高宗之后妃及妃嬪。其文云：「容妃和卓氏，台吉和扎麥女。乾隆二十七年五月，封容嬪。三十三年六月，晉封容妃」。通考所叙容妃至晉封妃號而止，後不復及。凡妃死在三十六年以前者，通考俱載其謚，此不復及，其時妃固在也。「和扎麥」浙本九通作「和扎賚」賚字上半同麥，通考誤也。至和扎麥之爵名，則稱台吉，其實和卓爲清所戮，未有封爵，回族中他效順之酋長多封台吉，遂姑以台吉繫之；此與姓稱和卓，名稱和扎麥，皆約略標之，以諱其爲被戮叛酋而已。晉封容妃之年月，通考言在三十三年六月，而唐邦治言在三十三年十月；考之實錄，則兩俱不誤；備詳於後。

今先叙和卓氏之緣起，「和卓」爲派罕帕爾後裔家所專有之稱。當乾隆平準部時，回疆始與中朝接觸，乃聞有和卓之名。當時和卓爲準部所羈徙，離其本轄之回疆，而拘置於準部。所拘者爲和卓阿哈瑪特，旋死於準部之阿巴噶斯地。斯時回疆即無和卓。至乾隆二十年第一次平伊犁，獲準酋達瓦齊，釋和卓子歸，而回人稱阿哈瑪特爲舊和卓阿哈瑪特二子歸至回疆。則兄弟二人復爲大小和卓矣。

清國史館回部貝勒霍集斯傳：「乾隆二十年，六軍征準噶爾，抵伊犁。達瓦齊竄險庫魯克嶺。霍集斯偵達瓦齊將赴喀什噶爾，伏兵給迎，擒以獻。阿卜都伯克（霍集斯之兄）來告，葉爾羌喀什噶爾將借色沁（準部官名，專司職者。）希卜察克衆襲庫車阿克蘇賽里木多倫諸回城，請遣舊和卓子歸。舊和卓曰阿哈瑪特，爲派罕帕爾裔，世居葉爾羌喀什噶爾，轄回族，準噶爾誘執之，禁諸阿巴噶斯，竟恨死。子二，長布拉呢敦，次霍集占，仍羈阿巴噶斯。大軍至，乃釋之。將軍班第遵旨，遣霍集斯偕布拉呢敦歸，撫葉爾羌諸城。」

葉爾羌爲漢莎車國地，喀什噶爾爲漢疏勒國地，本佛教流行之地，至回教興而教宗變。明末乃有派罕帕爾之裔瑪木特玉布素自阿剌伯來，回人奉之爲和卓。準部誘執之舊和卓瑪哈木特乃瑪木特玉布素之曾孫。舊和卓長子布喇呢敦先遁歸，遂入葉爾羌，復爲和卓。次子霍集占仍留準。準之平也，本非盡中朝之武力。康熙間，戰勝準酋噶爾丹。噶爾丹雖走死，中朝僅能逐出其所佔之外蒙，準本部之地，仍爲噶爾丹從子策忘阿拉布坦所有，清軍不能入也。至世宗大舉圖準，狃於青海之捷，以爲可竟聖祖未竟之功。又用傅爾丹爲靖邊大將軍，而使青海有功之岳鍾琪爲寧遠大將軍，分西北兩道而出，蓋軍事必不肯專任漢人也。傅爾丹敗績，並遷怒岳鍾琪被逮，頗戮僨事諸勳貴，而與準部議和。世宗之不用忿兵，知難而退，究爲英爽有識。要之準不易平，非中朝所能力征經營明矣。乾隆初，循世宗成約頗與準部講修好。既而準部內亂，達瓦齊以篡得國，其他酋阿睦爾撒納先助達瓦齊行篡，復搆成準亂而陰欲自取之，入覲於中朝，密陳達瓦齊可取狀。中朝大喜，封阿睦爾撒納為雙親王，使為軍鋒，清廷以禁旅繼之，準夷渙散，兵不血刃而下。是時和卓長子歸回疆，次子霍集占留伊犁，見阿睦爾撒納聲勢甚盛，私欲倚以乞封於回部，以教宗而兼用朝命握其政，得自立國於回疆。既而禁旅撤回，阿睦爾撒納遂叛，霍集占即從之。清兵復返，而阿酋遁，先入哈薩克，追之急，又遁俄羅斯。清移檄索之於俄，會阿酋亦以痘疾死，俄為移屍近邊以報命，伊犁遂平。而霍集占已潛歸葉爾羌，與其兄布拉呢敦共謀糾回衆，據境自守。回衆以其為和卓子，仍擁為和卓，兄弟遂並為和卓，而稱大小和卓矣。

妃之為和卓氏，自必出於和卓之家，但若為舊和卓之女，則與大小和卓為兄妹，若為大小和卓之女，則亦不能定其究為大和卓之女，抑小和卓之女。惟大小和卓在伊犁初定時，實為受中朝之惠，而得返故境。迨其叛也，已在二十二年間，始漸明叛狀，至二十四年秋，乃討平之，兩和卓授首。而和卓妃之入清，當在其先。蓋兩和卓由準得釋時，以乞恩於中朝而進其女，非叛後以俘虜入朝也。妃以回部女子至中朝，為自古不通之域；高宗不以置之後宮，特營西苑中一樓，以為藏嬌之所，後並於所居之地，築回教禮拜堂，並使內附之回民族居其旁，屋舍皆用回風，以悅妃意，其承寵可想。然妃所居之寶月樓，則築自二十三年之春。當時回疆軍事方殷，張弧為寇，非脫弧婚媾之時，故知其來必在未叛以前。所謂以貴人入宮，蓋承寵而後營舍以處之，以其言語不通，嗜欲不同，乃不與諸妃嬪聚居，特隔於南海最南之地，其地又臨外朝之外垣，得以營回風之教堂及民舍，與妃居望衡對宇，不隔禁地。此皆特殊之安置，非尋常選納之規矣。夫長安街回子營及回教禮拜堂，傳說之由來舊矣。不徵諸高宗自述之言，不敢以委巷語為必可信也。今以高宗御製詩文為據，一一徵之。夫南海之南，臨長安街而對回子營者，今之新華門，即昔之寶月樓也。猶憶民國元年三海甫議改總統府時，余嘗入觀其經營改築之狀，時大清門已改中華門，初議改時，方擬門名，袁世凱左右獻議：大內東為東華門，西為西華門，今國為中華民國，而正朝之門適當東華西華之間，天然一中華門也。語既巧合，遂定議。舊大清門額為青金石質，思落取而反面書中華門額，既下其額視之，反面乃大明門字，蓋清初已仍明之舊額矣。時清室尚以優待條件居大內，以外朝先歸民國。民國先易其正中之門名，旋議以西苑為總統府，府門與正朝門相並，必臨長安街以闢寶月為府門，位置適合。余猶及徘徊寶月樓頭，與衆話香妃故事。故二十年遊舊京雜詩，有一首云：「亭倚迎薰風日柔，翬飛遙對海西頭。新華未闢吾猶及，二十年前寶月樓。」正憶彼時事也。

高宗寶月樓記：「寶月樓者，介於瀛臺南岸適中，北對迎薰亭，亭臺皆勝國遺址，歲時修葺增減，無大營造。顧液池南岸，逼近皇城，長以二百丈計，闊以四丈計，地既狹，前朝未置宮室。每臨臺南望，嫌其直長鮮屏蔽，則命奉宸，既景既相，約之椓椓。鳩工戊寅之春，落成是歲之秋。」

戊寅爲乾隆二十三年，是時和卓鴟張，回疆未入版圖，言獻俘則非其時。妃之來道路轉般，入宮承寵，至築屋以居，其中有二年以內之回旋，計時則可合。

又曰：「樓之義無窮，而獨名之曰寶月者，池與月適當其前，抑亦有乎廣寒之庭也。」

此則中有一奔月之嫦娥在，知有營爲金屋之意。

又曰：「夫人之爲記者，或欣然於所得，而予之爲記，常若自訟，是宜已而不已，予亦不知其何情也。」

此又見高宗之用情，而秉露英主本色，自以爲宜已，則對此叛回之女不宜尊寵，亦明知之；然不能已，則自問亦不知其何情，可知其牽於愛矣。然非一味欣於所得，而有自訟之言，是謂英察不忘大計。蓋回叛在高宗知其軍報，妃處深宮，正未必有所聞見，帝自問心而爲此言，似有慙德焉者。若謂區區一小樓，以土木之費爲歉，自媿於靈臺靈沼之經營，當不然也。其形諸文字如此，可想其中有所蘊矣。自有此記文，可定寶月樓始搆之年月。御製集中，詠寶月樓之詩，自二十四年始，時時成詠，可知其幸寶月樓之時甚多。庚辰夏寶月樓詩云：「輕舟遮莫岸邊維，衣染荷香坐片時，葉嶼花臺雲錦錯，廣寒乍擬是瑤池。」此詩亦以月中嫦娥寓意，與記文同。是年爲乾隆二十五年，兩和卓之授首，已在其先一年。蓋二十三年之秋，定邊右副將軍兆惠，移伊犁得勝之師入回疆，被圍於黑水，其先籌回之阿敏道爲所執死；兆惠用平準之師南來，又爲所困。於時已可見旗員之無用。以準部所魚肉之弱回，部落分散，無厚集之力，又習於城郭國，無弓馬慓悍之長，以中朝方盛之勢，大將軍既勝之威，而道中被圍，至數月之久不能脫。以視光緒間湘軍之平回，拮据於大亂之後，兵事餉事皆需主帥一人籌之，難易何可並論？而左相出邊，從無輕出失機之事，兆惠輩眞兒戲耳！天方祐清，亦促成其十全武功之驕侈，爲日中則昃之漸，卒以廿四年之春，黑水得援而圍解。回衆於未解圍前，亦早已心力不齊，紛紛納款，所倔強者獨兩和卓耳。回衆解體之後，僅挈妻孥徒衆三百餘人，走巴克達山國。巴克達山酋素勒沙坦奉將軍檄擒獻，猶以回部，信奉經典，不能自擒族類轉送與人對。既而和卓怒巴克達山不恭，欲約隣部擾之。乃興兵拒戰於阿爾渾林之嶺，禽其兄弟，函首軍門以獻。八月庚申，捷奏至京，宣示中外，故云在庚辰寶月樓御製詩之前一年也。高宗以和卓罪狀宣諭回部各城，在二十三年正月，正寶月樓興工之時。明年十一月，御製集復有平定回部告成太學碑文，中言：「大小二和卓木者，以回部望族久爲準噶爾所拘於阿巳噶斯鄂拓者也。我師既定伊犂，乃釋其囚。以兵送大和卓木布拉呢敦歸葉爾羌，俾統其舊屬。而令小和卓木霍集占居於伊犂，撫其在伊犂衆回。乃小和卓木助阿逆，攻勤王之台吉宰桑寺，阿逆賴以苟延。及我師再入，阿逆遂逃入哈薩克，而霍集占亦即收其餘衆竄歸舊穴。」云云，此亦述兩和卓之始與中朝有涉，與國史霍集斯傳略同。其於和卓之譯文則作和卓木，以「和卓」爲姓，以「和札麥」爲其父之名，此其任意點綴之由來也。

和卓之領土既亡，和卓妃之冊封乃始。其先，妃爲貴人「至二十六年十二月，諭奉皇太后懿旨：貴人拜爾噶斯氏，霍卓氏，克勤內職，俱封爲嬪。二十七年五月甲寅，冊封愼嬪容嬪。」愼嬪即拜爾噶斯氏，而容嬪則霍卓氏即和卓氏也，事具實錄。其封容嬪也，命兵部尙書阿里袞爲正使，禮部侍郎五吉爲副使，冊封霍卓氏爲容嬪，其冊文曰：

朕惟二南起化，丕助鴻猷；九御分官，共襄內治。珩璜叶度，旣仰贊夫坤元；綸綍宣恩，宜特申夫巽命。爾霍卓氏秉心克愼，奉職維勤，壼範端莊，禮容愉婉；深嚴柘館，曾參三褋之儀；肅穆蘭宮，允稱九嬪之列。玆仰承皇太后慈諭，冊封爾爲容嬪。法四星於碧落，象服攸加；賁五色於丹霄，龍章載錫。尙敬承夫恩渥，益克懋夫芳徽。欽哉！

世傳妃爲皇太后賜死，冊用皇太后諭行之，此不足爲不賜死之證。冊文固不必合事實，但體制應如是耳。其不如委巷所傳，自有確證在後。寶月樓歷年有詩，雖難指爲與妃有涉，但其留連寶月樓，與三海中他處不同，則已可見。至三十三年戊子新年有寶月樓詩，則於樓對回營，明見御製詩注，是可紀也。詩云：

淑氣衢和澹，高樓拾級登。北杓巳東轉，西宇向南憑。（自注：「樓臨長安街，街南俾移來西域回部居之。室宇即肖其制。」）
門戶新粘帖，街衢早點燈。園圖三五近，眺賞又何曾。（自注：上元例在御園陳燈火，此樓從未賞節。）

此詩既徵實回子營之對寶月樓事，末又言上元決不在此樓賞節。夫寶月樓爲南海盡處一小樓，若祇爲補液池南畔空缺，則似此倚壁之補景處所，何足爲賞節之地，且以歷年從未賞節自誇，正見其地爲絕可留戀之地，而偏於鄭重之節日，不肯破例自褻體制；此見高宗之自詡英明，不爲私愛所牽，有損觀聽；正以妃爲所暱，而情欲之愛，無介於儀文。較之結綺臨春，沈湎無度，實不可同年語矣。觀冊封時不止一人，又有一並冊者，後晉妃封時且有並封二人，皆自表其未嘗失態專寵。英主不受尋常蠱惑，以權馭愛，非愛所能溺，時時留意檢束如此。然宮禁森嚴，向與人間隔絕，乃可以使之臨衢，可以令望衢對宇，作異域殊詭之狀，以慰其懷土之情，此亦因寵而破例之至；殆亦自覺其已甚，而特於閒處自表其有節制也。

二十八年己丑，新年又有寶月樓詩。詩云：

冬氷俯北沼，春閣出南城。（自注：樓近倚皇城南牆。）寶月昔時記，（自注：向作寶月樓記粘壁。）韶年今日迎。屏文新茀祿，鏡影大光明。鱗次居回部，（自注：牆外西長安街，內屬回人衡宇相望，人稱回子營。新建禮拜寺，正與樓對。）安西繫遠情。

據此詩言禮拜寺爲新建，與衡宇相望之回子營創非同時，可知寶月之所以臨衢，正爲可以見牆外衡宇。則始構回子營，必與寶月樓鳩工之時略同。長安街迫近禁籞，本不許民居相近，何況詭異之回風？其爲奉敕所造成，固無疑義。高宗有此自述之詩，固非故老流傳，倘煩擬議之比矣。

三十三年實錄：「六月辛酉，上詣暢春園，問皇太后安。諭奉皇太后懿旨：慶妃著晉封貴妃，容嬪著封爲妃，貴人鈕祜祿氏著封爲嬪。欽此。所有應行典禮，各該衙門察例具奏。」此爲通考書是年六月容妃晉封之所本。至是年十月己未，實錄又書：「以冊封慶貴妃容妃順嬪，遣官祭告太廟後殿、奉先殿。庚申，冊封慶貴妃容妃順嬪。」其於容妃則書：「命大學士尹繼善爲正使，內閣學士邁拉遜爲副使，持節冊封容嬪霍卓氏爲容妃。」此爲唐邦治譜於十月所本，東華錄亦祇載十月冊妃。冊文曰：

朕惟禕褕著號，克襄雅化於二南；綸綍宣恩，宜備崇班於九御。爰申茂典，式晉榮封。爾容嬪霍卓氏，端謹持躬，柔嘉表則；秉小心而有恪，久勤服事於慈闈；供內職以無違，夙協箴規於女史。玆奉皇太后慈諭：冊封爾爲容妃。尚其仰承錫命，勗令德以長綏；祇荷褒嘉，劭芳徽於益懋。欽哉！

世言高宗寵回妃，而妃有復讎之志，帝愛不能釋，太后患之，召妃賜死。此委巷談也。太后壽考，至乾隆四十二年乃崩，已八十六歲，後十一年容妃乃卒，此豈可以太后賜死誣之？且三十年侍帝承恩，又豈可以復讎之意望之。夫專寵其來歸之女，而滅其母家，是淸室之家法。太祖之孝慈高皇后，親誕太宗，無救於葉赫之湛族焚身也。猶曰事在后亡後也。攝政睿王之母，在太祖時實稱繼后，初纂之太祖實錄可考，後來乃改稱大妃。然太祖之滅兀喇，何嘗爲宮中有所瞻顧？后亦何嘗顧及母家？古來以強陵弱，滅人之國，而納其子女於後宮，大有爲之君往往有之，於高宗何怪？於香妃何賨？妃卒在乾隆五十三年，會典事例喪禮門妃喪儀中，有高宗容妃之喪，其卒之日爲是年四月十九日，而云喪儀與四十二年舒妃喪禮同。由此上推之，事例所載舒妃喪禮，與三十八年豫妃喪禮同；豫妃喪禮，與雍正十二年寧妃喪禮同；寧妃喪禮，與康熙五十年良妃喪禮同；良妃喪禮，與三十五年平妃喪禮同；平妃喪禮，與九年慧妃喪禮同；慧妃之喪，事例具載其儀節，此卽香妃喪禮之所用也。香妃以後，至嘉慶九年三月十八日，仁宗華妃薨，一應禮儀與乾隆五十三年容妃喪禮同。以後再用此禮者，卽云與嘉慶九年華妃喪禮同。各妃遞推而下，則淸室妃喪之用此喪禮者，自乾隆五十三年至嘉慶九年，十六年中以容妃喪禮爲一代之經制矣。玆錄其喪儀原文，以見妃薨時高宗待遇之恩禮：

康熙九年四月二十二日，慧妃薨。聖祖仁皇帝輟朝三日。大內以下，宗室以上，三日內咸素服、不祭神。妃宮中女子內監，剪髮截髮辮，咸成服。二十七日除服，百日剃頭。闔處人等成服，二十七日而除，百日剃頭。茶膳房人員男婦成服，皆於大祭日除服，百日剃頭。

又定：妃初薨日，親王以下，奉恩將軍以上，民公侯伯以下，一品官子以上，公主福晉以下，縣君奉恩將軍妻一品夫人以上，齊集。奉移日祭日同。二周月內，日上食三次。百日內，日上食二次。均內府官及執事內管領下官員，男婦齊集。

又定：妃金棺奉移殯宮，行初祭禮，用金銀錠七萬，楮錢七萬，畫緞千端，楮帛九千，饌筵二十一席，羊十有九，酒十有九尊，設綵仗，衆齊集行禮。次日繹祭，金銀錠楮錢各五千，饌筵五席，羊三，酒三尊，不設綵仗，執事內管領下官員男婦齊集。大祭與初祭同。次日繹祭，與前繹祭同。周月致祭，用金銀錠楮錢各一萬，饌筵十有一席，羊五，酒五尊。二周月，三周月，百日致祭，及未葬期年致祭，羊酒楮帛之數，皆與初周月同，淸明設挂楮錢寶花一座，中元及冬至歲暮，用金銀錠二千，楮錢一千，皆饌筵五席，羊一，酒一尊，執事內管領下官員，男婦齊集。

二十年，妃金棺由殯處奉移妃園寢。豫期行奉移禮，用金銀錠楮錢各一萬五千，饌筵十有三席。羊五，酒五尊，設綵仗，衆齊集。沿途住宿，饗餼筵一。至陵日，不值班之大小官員，咸於十里外跪迎舉哀，候過隨行，奉安園寢饗殿。次日行奉安禮，陳設祭物與奉移同。送往大臣官員，暨在陵之大小官員等，及其妻，咸齊集。將入園寢，先一日行奉移禮，與前奉禮同。至吉期安葬。

容妃喪禮既成經制，即園寢亦應求之會典。俗傳南下窪有塚，不知何人題為「香塚」，因而又有認為香妃冢之說。過客徘徊，動涉遐想，物由心造，幾乎若有人焉，呼之欲出矣。考會典事例四百三十二、大祀門陵寢五、附妃園寢：乾隆五十三年，奉移容妃金棺於純惠皇貴妃園寢安葬，設神位於舒妃之次。然則妃固從葬裕陵者也。其云於純惠皇貴妃園寢安葬者，清禮制：祔葬天子山陵者，不別治園寢，不祔則在帝后陵屬地內別治妃園寢。帝后均在，未有陵即無從有園寢。故若康熙九年慧妃之喪，即久不行葬禮。至二十年乃葬。其至二十年乃葬者，聖祖元后孝誠皇后崩於康熙十三年五月初三日，自是始營山陵，至二十年葬后，即妃園寢亦成，慧妃亦於是年安葬也。聖祖孝誠皇后之陵，在聖祖在時，以皇后陵名。聖祖崩後既奉安，乃稱景陵。當稱皇后陵之日，妃園寢即冠以孝誠皇后陵，稱孝誠皇陵之妃園寢。第一次從葬之妃園寢，至第二次從葬之妃，又以第一次從葬之妃冠其園寢。此高宗時之容妃安葬之園寢，所以謂之純惠皇貴妃園寢也。高宗元后孝賢皇后，崩於乾隆十三年三月十一日，營皇后陵成，以十七年十月葬。高宗在時稱皇后陵，高宗妃以純惠皇貴妃為最前卒，卒於二十五年四月十九日，二十七年安葬。蓋營妃園寢需時，故二年乃葬，其時稱孝賢皇后陵之妃園寢。會典事例：二十七年，奉移純惠皇貴妃金棺於孝賢純皇后陵妃園寢安葬。奉安神位於饗殿。嗣是二十九年之忻貴妃安葬，四十年之慶貴妃豫妃安葬，皆稱葬於純惠皇貴妃園寢。容妃葬時同此例。至五十八年葬愉貴妃猶稱葬純惠皇貴妃園寢。至嘉慶四年高宗為太上皇崩，山陵禮成，名曰裕陵；嗣是無皇后陵之名，而妃園寢亦屬於裕陵，稱裕陵妃園寢。故嘉慶四年之葬高宗循貴妃即稱奉移循貴妃金棺於裕陵妃園寢安葬。六年之穎太貴妃芳太妃，十三年之婉太貴妃、惇太妃，皆稱於裕陵妃園寢安葬。據此可辨容妃園寢安葬時稱純惠皇貴妃園寢之故。其實至裕陵告成之後，即併稱裕陵妃園寢矣。從今日言之，當曰裕陵妃園寢之容妃園寢。

近日吳生豐培示余容妃園寢神像，問其所從得？則云有太倉陸夫人藏此。夫人為陸文愼賓忠之子婦，徐相國郙之女；於民國二三年間至東陵，瞻仰各陵寢；至一處，守者謂即香妃冢，據標題則容妃園寢也。凡陵寢園寢饗殿皆有遺像，一大一小，小者遇有祭祀卽張之，大者年僅張設一次。陸夫人以香妃之傳說甚厖雜，親至其園寢，始知流言之非實，請於守者，以攝影法攝容妃像以歸。所攝乃其小者，大像封扃未得見也。夫人本屬吳生加敳以訂俗說，今取而佐吾考實之文，亦猶夫人之志爾。

容妃園寢神像攝影　與世之香妃戎妝像有別

陸夫人以遊東陵而至容妃園寢，今更詳容妃園寢屬在東陵之故。考清代陵寢，太祖福陵、太宗昭陵，俱在奉天盛京。顯祖以上陵，則在興京，四祖陵統名永陵。世祖入關，始於京東遵化州營孝陵，聖祖亦就營景陵。至世宗自營京西易州之陵，後稱泰陵。高宗自定陵地，仍在遵化，且命後世間一代分葬遵化易州兩地。在遵化之陵皆稱東陵，在易州之陵皆稱西陵。高宗裕陵則東陵也。容妃園寢屬於裕陵，故陸夫人以遊東陵得見之也。

容妃，史言其姓和卓氏，回部台吉和扎麥女。和卓為回部大酋，且無他回酋可用此名，必派罕帕爾後乃稱之。故世言香妃為回王女，舍此和卓容妃無可當其人也。和卓之裔，乾隆間大小兩和卓既誅，惟大和卓布拉呢敦有後，再見於史。布拉呢敦子名薩木克自巴克達山逃匿敖罕生子三，其次子即張格爾世仍以和卓之望，尊顯於回教之國。道光初，張格爾號召回衆，復突入中國回疆，禮拜其先和卓之墓，行回人所謂「瑪雜」之禮。旗員不能禦，回疆盡陷，楊遇春以川楚軍功宿將討平之。俘張格爾至京師磔於市。今雍和宮有人皮一具，云是張格爾皮，則雍和宮喇嘛之言也。至同治光緒間纏回名帕夏復自敖罕入回疆，左文襄督師平之，據文襄言帕夏則伯克之轉音，伯克為回教中尊官，其為和卓之裔與否不能詳矣。

自容妃葬後，高宗尚有寶月樓詩。五十六年辛亥三月，寶月樓詩題加「自警」二字。其寶月樓自警詩云：

液池南岸嫌其遠，搆以層樓據路中。卅載畫圖朝夕似，新正吟咏昔今同。　俯臨萬井誠繁庶，自顧八旬恐脞叢。歸政五年亦近矣，或當如願昊恩蒙。

此詩在乾隆五十六年，距容妃之喪已將及三年，詩中殊有悼亡意味。高宗文字不足以綺靡言情。且又須保持帝王尊嚴態度，祇得如此。然感慨之意溢於言表：云「卅載畫圖」，決非樓之圖。樓為南海底倚牆盡處，何有於卅載之畫圖，而朝夕求其似否？　蓋知畫圖即樓中人之圖也。香妃像舉世流行於今日，當時有郎世寧畫本戎妝一像，為遊行從蹕圍獵行宮之貌。殆即詩之所指。卅載之圖倘朝夕求其相似，可知珍惜之意。曰「新正吟咏昔今同」，同之中分今昔焉，即所謂物是人非者也。俯臨萬井，繁庶依然，而自顧八旬，知亦不久人世，惟歸政在念，有退志焉，不肯過作衰颯語，論其境遇，則方自修十全，無絲毫歉仄之意。

惟於寶月樓作此語，故曰悼亡之作也。其前丁未有寶月樓詩，丁未爲五十二年，即香妃未死之前一年。其詩口吻大異，一比較可得其情感。詩云：

樓盾枕黃城，長安街俯呈。萬年祝鞏固，百室率寧盈。豈不還淳願，兼思同豫情。匪哉惟保泰，遑敢詡豐亨！

流俗說香妃之尤可怪笑者，武英殿旁有浴德殿，形製甚奇特，說者謂爲土耳其式，並傳爲香妃賜浴處。余疑土耳其式之稱，正緣香妃出於回族，回部未必有此建築，遂加之以回教名國土耳其之稱。土耳其之浴室是否如此，余未敢必，即使相似，土本突厥西遷，安知非携帶東方古建築風而去？　吾友章唐容作故宮遊覽指南，考浴德殿已見於日下舊聞考，亦不能詳其緣起。可見非乾隆朝所創，故入舊聞，又無緣起則久已無考。　又城外金魚池地方，復有類此一建築，亦謂之土耳其式浴堂，豈亦香妃之城南分浴堂耶？　從古昏穢淫亂之君，任何不道，未聞以愛寵就浴於朝堂之側，以爲觀美而示矜寵者，何況高宗自命英辟，凡所舉措皆極自高貴，佛家所謂「我慢」則有之，謂其智出童昏之下，則未必然。余嘗通覽外朝宮殿位置：太和殿東文華殿，西武英殿，文華殿，又東爲大庖井，武英殿又西爲浴德殿，翼然相對。　乃爲之釋曰：古宮室必具庖湢，上自室堂，下至庖湢，皆具矣，則工事始畢。古堂室相連，前堂後室，即在一列之內。天子居明堂太室，及其左右各個，朝會寢興，皆在一處。　曲廊洞房，古本無之。　茅聖，雕峻而亡，垂爲明訓。庖湢不在屋後，而在舍旁，此古人渾樸茨而之風。　人家居室，今已不用古制，惟有帝王宮殿，猶存太古遺意，若告朔之有餼羊，不必有其事，不可去此形也。　人家合用之庖湢，已無定所，帝王家不用之庖湢，猶遵成式。　其制詭異，今所謂土耳其式，或實爲太古所遺，而加以恢廓耳。　湯之盤銘銘其中之一盤，不害其爲土耳其式之下，決非謂木製之洗澡盆也。民國以來，三殿開放，任人游覽，乃於浴德殿中，供香妃像，使人聯想其賜浴情狀，尤爲穢褻！　此亦談香妃故事者，共在意中之影象也，並以糾之。

香妃戎妝像

附

一、香妃戎妝像原附事略

香妃者回部王妃也，美姿色，生而體有異香，不假熏沐，國人號之曰香妃，或有稱其美於中土者。淸高宗聞之，西師之役，囑將軍兆惠一窮其異；回疆既平，兆惠果生得香妃，致之京師，帝命於西內建寶月樓（卽今之新華門）居之。樓外建回營，毳幕韋鞲，具如西域式。又武英殿之西浴德堂，仿土耳其式建築，相傳亦爲香妃沐浴之所。蓋帝欲藉種種以取悅其意，而稍殺其思鄉之念也。詎妃雖被殊眷，終不釋然，嘗出白刃袖中示人曰：「國破家亡死志久決，然決不肯效兒女子汝汝徒死，必得一當以報故主。」聞者大驚，但帝雖知其不可屈而卒不忍舍也，如是者數年。皇太后微有所聞屢戒帝弗往，不聽；會帝宿齋宮，急召妃入，賜縊死。上圖卽香妃戎妝畫像，佩劍矗立，糾糾有英武之風，一望而知爲節烈女子。原本現懸浴德堂係郞世寧手筆。

此像之由來，不似近日故宮整理所得之正確，相傳爲得自熱河行宮，早有影印片流行。或者所傳非誣，則亦祇可信其像，而事略則盡與官書紀載不符，無非委巷荒唐之語，說已見前。有此事略，卽其像之可信成分，亦大減矣。故存之附錄。

二、勅建回人禮拜寺碑記

碑記攝影

（另附）

勅建回人禮拜寺碑記

爲天下共主，俾阻遐逖聽壹，稟我約束，而後戎索所屆，風氣莫敢以自私，尙已。顧在昔寄象鞮譯之掌，必與之達志通欲，脩其敎
不易其宜，厥旨豈稍戾哉□□□□□□。
齊以致其大齊，而觀化者益臻於無外。攷前史回紇自隋開皇時始入中國，至唐元和初偕摩尼進貢，請置寺太原，額曰大雲光明，實
爲禮拜寺所由昉□□□之□或□□

師或以瀍市於納土服屬，我甿我隸之義，故無當焉，朕寅承
天地
宗社鴻庥，平準噶爾，遂定回部各城，其伯克霍集斯霍什克等並
錫爵王公，賜居邸舍，而餘衆之不令回其故地者，咸居之長安門之西，俾服官執役□□□□□□□□□□
營夫齒繁則見厖，類辨則情渙，思所以統同合異，使瞻聽無奇衺，初不在闢其教而揉矯之也，且準部四衛拉特內附，若普寧寺，若
固爾札廟，既悉次第勅□□□□□□
亦吾人也，若之何望有豉耶？爰命將作支內帑羨金，就所居適中之地爲建斯寺，穹門塏殿，翊廡周阿具中程度，經始以乾隆癸未淸
和吉日，浹歲落成回衆□□□□□
而輪年入覲之衆伯克等，無不歡欣瞻拜，詫西域所未曾覩聞，有叨近日之榮，而兼擅土風之美，如是擧者乎 咸鞠膯虔抃曰然，復
重諗之曰：爾回之□□□□有□□□
今則朔奉朝正矣，饗惟知有騰㭿，今則鑄頒泉府矣，越及屯賦覲饗諸令典，其大者靡弗同我聲教，而國家推以人治人之則，更爲之
因其教以和其衆，□□萬備銅□之
技九賓綴纓頭之班，此物此志云爾，其誰曰不宜？乃爲之記，而系以銘：
孰爲天方，孰爲天堂，花門秘剎，依我雲閶，厥城默伽，厥宗墨克，派哈帕爾，傳衣鐵勒，經藏三千，咨之阿渾，西向北向，同皈
一尊，珉墄㭬梁，司工所作，會極歸極，萬邦是□
乾隆二十九年歲在甲申仲夏月之吉御製并書
此碑但侈回之皈伏，不言曾經征討，但稱錫爵賜邸之伯克霍集斯霍什克等，不復涉大小和卓布拉呢敦霍集占兄弟之
名，本以悅其所寵自不當復觸其所忌。　西域距宮庭甚遠，兩和卓之叛而被討，討而被誅，或竟非香妃所及知，未
可定也。十全武功集平定回部文中，亦不載此碑記。　碑爲漢滿蒙回四體文字，碑蓋亦四體，其漢字爲御製二字，
漢字十三行，行六十六字每行下截字多漫漶，而文義已可測識。
所臆度和卓之滅亡，未必爲妃所及知者，一則以寶月樓之築，在回部方叛之初。　妃由西域至京時，當爲和卓未叛
之日。　二則高宗自言回語皆自操，不用通事，則宮中可無別畜回人，回營回寺，皆許其隔大道遙觀，更無接近一

人之機會矣。十全集癸巳上元燈詞有一首云：「萬里馳來卓爾齊，恰逢嘉夜宴樓西，面詢牧盛人安否？郛更傳言藉譯鞮。（自注：蒙古回語皆習熟，弗藉通事譯語也。）又其前十年癸未上元燈詞有一首云：「翡翠火成蒼頡字，琳琅花吐赤城霞。越裳重譯還重譯，笑語樓前總一家。」（自註：葉爾羌回人，譯愛烏罕語，準噶爾人譯回語，然回語準語，皆習而能之，若以周時語論之，當爲四譯矣云云。）蓋言通譯之例，愛烏罕，即敖罕，在回部之西，其語應由回譯，而回語則由準部人譯，今皆已習而能之，可以笑語一家，而視古人所言重譯之陋。蓋由回疆邊外屬國譯回，由回譯準，由準譯蒙，由蒙譯漢，是爲重譯之重譯，即所謂四譯也。高宗多材藝，其敏慧可知，而回妃之祇候起居，通詞甚易，亦想見其愛寵之移情也。

□□＊＊原碑每行當刊出二三行，爲存其舊，各於原每行另起首，則下□□□□載漫漶情形可存表見。

與相湘謹按：拙撰「香妃考實證補」（大陸雜誌第三卷第九號），根據故宮內務府檔册有可與　先師是文相互發明者。

【編後記】孟森的《清代史》及《心史叢刊》

蔡登山

孟森是著名的史學家，被公認為明清史的權威，不僅中國學人奉為宗師，連日本的研究學者，對其著作也特加珍視。他撰述之富，成就之大，影響之深，代表第一代清史研究的最高水平，自非後輩末學所能望其肩背，是近代清史研究發展的重要里程碑。

孟森（一八六八～一九三八），字蓴孫，筆名心史，著作多以此署名，世稱為孟心史。江蘇武進人。年十四，就學於當地名師周載帆，後入江陰南菁書院讀書，稍稍窺見學術、事功、文章、經濟之門徑。嗣獲廩生銜後，因受洋務運動、戊戌變法思潮的影響，他沒有再沿科舉的正途升進，而涉獵有關時務的譯著。光緒二十七年（一九〇一年）赴日本留學，入東京法政大學習法律，同時對政治、經濟等學科知識也如饑似渴地汲取吸收，日漸精進。越三年，畢業回國。其法學修養已經相當深厚，好友鄭孝胥有詩贈曰：「能忘新舊學不俗」，又云「新故巧吐納，讀書兼讀律」，這為他日後從事政治活動和研究著述打下了堅實的基礎。

光緒三十一年春，他入廣西邊防大臣鄭孝胥幕府，利用幕府中收藏的箋奏、函牘、札答等大量公私文獻資料，撰成《廣西邊事旁記》，經嚴復題簽並擇要加以按語後，是年八月由商務印書館印行。是年冬，鄭孝胥辭職，孟森隨鄭同回上海，發起預備立憲公會。光緒三十四年七月，孟森接任《東方雜誌》主編職，特闢許多專欄，其中「憲政篇」尤引人注意，他以其法學修養，親自執筆，自不同凡響。宣統元年五月，孟森當選江蘇省諮議局議員。同年秋，他被派往奉天、吉林、黑龍江、直隸、山東各省考察憲政，希望能聯合各省諮議局，共同發起請願運動，上奏清廷，請求速開國會成立立憲政府。民國成立，孟森被推為共和黨幹事。同年秋，與張謇因建議組織中美銀行和改革鹽政以減輕政府財政困難，受到袁世凱的青睞。一九一三年一月當選為眾議院議員，七月又被選為國會憲法起草委員會委員。同年十一月，袁世凱下令解散國會，停止眾、參兩院議員職務，從此，孟森結束其政治生涯。

一九一三年十一月，孟森發表〈朱三太子事述〉於上海《時事新報》，這是他飲譽文壇的先聲。他相當注重對清代「公案」即歷史疑案的研究，將世所豔稱而耳熟能詳的清初掌故或傳說重加考訂，糾正其訛誤，敷陳其真相。他十分重視利用第一手檔案資料，相繼發表了不少篇有關清史專題的高水準的學術論文，如：〈滿洲名義考〉、〈清國號原稱後金考〉、〈清始祖布庫里英雄考〉、〈清初三大疑案考實〉、〈八旗制度考實〉以及〈奏銷案〉、〈科場案〉、〈朱方旦案〉、〈金聖歎考〉等，後來多被收入《心史叢刊》一、二、三集中。上述各文涉及前朝典章，國故謏聞，事無巨細，有見必述，考證具見功力，論斷令人折服，在當時的學術界引起強烈反響和重視，自此孟森的論著被認為是有關清史問題的權威之作。

一九二九年孟森就聘於南京中央大學歷史系為副教授，講授清朝入關前歷史。翌年，他出版了《清朝前紀》，這在中國學術界是有關滿清祖先正確史實的開山之作。一九三一年，他北上應聘北京大學歷史系教授，前後主持北大明清史講壇凡七年有餘。講授《滿洲開國史》，編纂《明元清系通紀》，該書著力於對清朝入關前後的歷史資料進行發掘、梳理和考訂，這是他一生學養的結晶，是按明代之紀元敘清代之世系，闡明滿清先世史實，可補明清兩朝歷史之闕漏，揭發清世隱諱之秘密的一部空前偉著。孟森於課餘著述，七年之間，成書數百萬言。著有《明史講義》、《清史講義》，對史實進行考訂敘述，多有發明創見；所作評議，亦具精闢獨到之處。

一九三六年某日，前清理藩部舊藏檔案中的〈宣統三年調查之俄蒙界線圖〉散出，雖賣主索價甚高，因其對於中國北部邊境的勘定極具參考價值，於是孟森和北大歷史系商妥，終得以購進。孟森特撰文〈宣統三年俄蒙界綫圖之考證〉，對該圖製作之來龍去脈進行考證。一九三七年七七事變後，孟森蟄居北平。日軍強迫其交出原圖，他深感受屈痛恨，「氣憤至極，步行回家，祭拜先靈並寫下『白髮孤兒辭先靈』詩句後即臥床不起」，經協和醫院診察，斷定是胃癌。於一九三八年一月十四日病逝於北平，享年七十。

孟森致力於明清斷代史研究，成績斐然，多有精湛之處。他還先後發表明清史及其他斷代史論文近百篇，多收入《心史叢刊》、《清初三大疑案考實》中，另有少量未發表過的文章，一九五九年才由其學生商鴻逵輯印成《明清史論著集刊》及《續刊》由上海中華書局印行。主要有〈清太祖起兵為父祖復仇事詳考〉、〈女真源流考略〉、〈橫波夫人考〉、〈海寧陳家〉、〈清世宗入承大統考實〉、〈太后下嫁考實〉、〈世祖出家考實〉等。孟森治史在傳統方法上吸收了近代史論研究方法，開創了明清斷代史研究之先河。

孟森的《清代史》包括《清史講義》及《清初三大疑案考實》、〈香妃考實〉、〈海寧陳家〉四部分。其中《清史講義》，原是他在一九三五年至一九三七年在北大教授清史的講義，全書分總論各論兩篇十章，但第二編原稿目錄注明：「第六章　光宣末造　嗣出」。故實際上全書只有九章，時間自開國以迄咸同，光宣則缺如。雖光宣缺如，制度缺如，而有論輒詳，故不覺其缺。孟森於史料之取捨甚為嚴謹，其所據史料最要者有：《清史列傳》、《清史稿》、《各朝實錄》、《李朝實錄》、《王氏東華錄》、《蔣氏東華錄》、《大清會典》、《八旗通志》、《清一統志》、《滿洲老檔秘錄》、《皇室四譜》、《清宮文獻叢編》、《聖武記》、《清通考》、《夷氛記聞》……等等。公私史料，不計其數。而於各史料之有異同詳略者，則往往互為比勘，校其正譌，求其至當。因此《清史講義》，可說是一部高水準的斷代史專著。而〈香妃考實〉原發表於北京大學《國學季刊》第六卷第三期，是孟森為答謝北大師生慶祝他七十壽辰而特撰的，而該期的《國學季刊》尚未印好，「七七事變」發生，幸〈香妃考實〉抽印本有幾冊已送到孟森寓所，遂得以保存。不久孟森病逝，弟子吳相湘於一九四七年重回北平，方從同學單君手中獲得此抽印本，旋又渡海來臺，始終挾持這一流傳極稀的劫遺珍本，至一九六〇年將其收錄於《清代史》一書中。又〈海寧陳家〉是孟森在「七七事變」後的作品，也可說是他最後成篇的論文，抗戰勝利後，吳相湘於一九四七年在孟森寓所整理遺稿時發現此文，後按原稿影印刊於《北京大學五十周年紀念論文集》中，後吳相湘遷臺，未能見及此《論文集》。直至一九五九年夏遊歷美國，方在美國西岸圖書館見及。後也將其排印收入《清代史》。因此吳相湘在〈編校前言〉中說，《清代史》這一冊書的珍貴價值就更不待煩言了。

《清代史》出版時還有胡適的題簽，胡適與孟森曾共事於北京大學，孟森為歷史系教授，胡適則為文學院院長。孟森長胡適二十三歲，胡適相當敬重這位史學前輩。胡適在一九六一年七月二十四日給蘇雪林的信中說：「……我曾觀察王靜安、孟心史兩先生，他們治學方法何等謹嚴，但他們為了《水經注》的案子都不免對戴東原動了『正誼的火氣』，所以都不免陷入錯誤而不自覺。」大概在《水經注》上，胡適是有意見的，他在一九四三年十一月七日的日記云：「我生平不曾讀完《水經注》，但偶爾檢查而已。故對此大案，始終不曾發一言。但私心總覺此案情節太離奇，王國維、孟森諸公攻擊戴震太過，頗有志重審此案。」除此而外，翻檢《胡適日記》得知，一九三四年六月五日，孟森送給胡適〈清世宗入承大統考〉，該文長達兩三萬字，胡適居然一口氣讀完，並於當晚覆信云：「此案為清朝第一大案，因史料湮沒，終無人作有系統的整理與考核。先生此考，認定隆科多為主要人物，詳考其家世，並指出他當日掌握京城兵權，故能一手擁立新君，而人不敢誰何；此為最重要之論斷。次則鈎稽雍正先後各論，指出其支離矛盾之點，以證成雍正帝之作偽心勞日拙：此亦是大貢獻。次則，詳記雍正帝與年羹堯的親暱關係，及年與隆科多的關係，證明年之大功固有不僅在平青海一事者。先生判此案，如老吏斷獄，當可成為定讞。佩服佩服。」又直到一九五〇年，此時孟森已故去十二年了，胡適還在讀其著作，七月四日日記云：「讀孟森《心史叢刊》二集。〈金聖歎考〉後『附羅隱秀才』，有幾條我很感興趣。」

而周作人也高度評價孟森的《心史叢刊》，他在《知堂回想錄——北大感舊錄四》中說：「孟君名森，為北大史學系教授多年，兼任研究所工作，著書甚多，但是我所最為記得最喜歡讀的書，還是民國五、六年頃所出的《心史叢刊》，共有三集，搜集零碎材料，貫串成為一篇，對於史事既多所發明，亦殊有趣味。」又謂「孟君耆年宿學，而其意見明達，前後不變，往往出後輩賢達之上，可謂難得矣」。《心史叢刊》中〈董小宛考〉一文，刊於一九一五年《小說月報》第六卷，糾謬紅學中的清世祖與董鄂妃故事說，為胡適等人所稱道，也為新紅學立了一大功，並為小說考證建立一歷史方法的基準。魯迅在《中國小說史略》中講到《紅樓夢》時早已援引孟森的〈董小宛考〉。在《且介亭雜文．隔膜》中魯迅也提到孟森的《心史叢刊》，可見周氏兄弟對孟森文章是頗為讚賞的。尤其是《心史叢刊》三集的〈小說題跋〉、〈丁香花〉等文，讀之令人解頤，讓我們看到嚴謹的史學大家在觸及看似微不足道的歷史疑案時，如何抽絲剝繭，層層深入，最終得出堅實的結論。正好比看福爾摩斯在不經意間就從被大家忽略的細節中推斷出重大的犯罪事實，讀之大有「談笑間，強虜灰飛煙滅」的快感。而這其中表現出的對於史料史實的信手拈來和游刃有餘，更讓我們對作者的淵博學識欽佩不已。

可以說，孟森這些「考實」文章某種程度上繼承了乾嘉學派考據之傳統，然其自有超越前賢之處。孟森根據多年的經驗悟出：言清代史，非從官書中求之不足徵信，於官書中旁見側出，凡其所不經意而流露者，一一鈎剔而出之，庶幾可得真相。也就是說在絕對證據無從獲得的情況下，藉助這些側面的旁證來幫助解決歷史疑案的疑難不明，這些瑣細零碎的資料，在很多地方卻是構成重大事件的重要環節，因此只要您下功夫去蒐集比勘，常可以疏通史傳記載之疑難，補正史書之不足。孟森以此法研究明清歷史，成就非凡，其自視也甚高，謂「至今日始大發明，而以余為發明最多，可云前無古人者也」，其實並非誇大之言。孟森考據所追求的目標是歷史之真相，選題亦非尋章摘句、為考據而考據，看似餖飣文章，實皆有關重大歷史背景下之重要問題，其立論也就往往從大處著眼，見解自然超凡。

讀歷史31　史地傳記類　PC0332

清代史

原　　著／孟　森
校　　讀／吳相湘
主　　編／蔡登山
責任編輯／陳佳怡
圖文排版／楊家齊
封面設計／王嵩賀

發 行 人／宋政坤
法律顧問／毛國樑　律師
出版發行／秀威資訊科技股份有限公司
114台北市內湖區瑞光路76巷65號1樓
電話：+886-2-2796-3638　傳真：+886-2-2796-1377
http://www.showwe.com.tw
劃撥帳號／19563868　戶名：秀威資訊科技股份有限公司
讀者服務信箱：service@showwe.com.tw
展售門市／國家書店（松江門市）
104台北市中山區松江路209號1樓
電話：+886-2-2518-0207　傳真：+886-2-2518-0778
網路訂購／秀威網路書店：http://www.bodbooks.com.tw
國家網路書店：http://www.govbooks.com.tw

2013年11月　BOD一版
定價：600元

國家圖書館出版品預行編目

清代史 / 孟森著. -- 一版. -- 臺北市 : 秀威資訊科技,
2013.11
面； 公分. -- (史地傳記類)
BOD版
ISBN 978-986-326-118-6(平裝)

1. 清史

627 102009429

讀者回函卡

感謝您購買本書，為提升服務品質，請填妥以下資料，將讀者回函卡直接寄回或傳真本公司，收到您的寶貴意見後，我們會收藏記錄及檢討，謝謝！

如您需要了解本公司最新出版書目、購書優惠或企劃活動，歡迎您上網查詢或下載相關資料：http:// www.showwe.com.tw

您購買的書名：________________________________

出生日期：________年________月________日

學歷：□高中（含）以下　□大專　□研究所（含）以上

職業：□製造業　□金融業　□資訊業　□軍警　□傳播業　□自由業

□服務業　□公務員　□教職　□學生　□家管　□其它____

購書地點：□網路書店　□實體書店　□書展　□郵購　□贈閱　□其他

您從何得知本書的消息？

□網路書店　□實體書店　□網路搜尋　□電子報　□書訊　□雜誌

□傳播媒體　□親友推薦　□網站推薦　□部落格　□其他________

您對本書的評價：（請填代號　1.非常滿意　2.滿意　3.尚可　4.再改進）

封面設計____　版面編排____　內容____　文／譯筆____　價格____

讀完書後您覺得：

□很有收穫　□有收穫　□收穫不多　□沒收穫

對我們的建議：________________________________

____

____

____

請貼
郵票

11466
台北市內湖區瑞光路 76 巷 65 號 1 樓
秀威資訊科技股份有限公司 收
BOD 數位出版事業部

(請沿線對折寄回，謝謝！)

姓　名：＿＿＿＿＿＿　年齡：＿＿＿＿　性別：□女　□男

郵遞區號：□□□□□

地　址：＿＿＿＿＿＿＿＿＿＿＿＿＿＿

聯絡電話：(日) ＿＿＿＿＿＿＿＿ (夜) ＿＿＿＿＿＿＿＿

E-mail：＿＿＿＿＿＿＿＿＿＿＿＿＿＿